The Unique World

方 寸

方寸之间　别有天地

The Story of Work

理解工作

一 部
人类劳动史

A New History
of Humankind

〔荷〕扬·卢卡森（Jan Lucassen）/ 著

王小可 —— 译

社会科学文献出版社
SOCIAL SCIENCES ACADEMIC PRESS (CHINA)

目　录

序

20 世纪 90 年代，我便萌生了写这本书的想法，那是柏林墙

倒塌之后的一段乐观时期。受剥削的劳动者只能在完全"无阶级"的社会中获得解放的理念被一个乌托邦式的新梦想取而代之。这个新梦想最先出现在西方，但很快便被全世界接受，就像可口可乐在全世界广受欢迎一样。从此，我们似乎可以作为独立创业者赚钱，把我们的创造才能出租给开价最高者。我们可能每天只工作几个小时，甚至一周只工作几个小时。我们最终将会无比成功，将有大把的休闲时间去享受。生活将由消费，而不是生产来定义。

至关重要的是，在这个乌托邦中，只有失败者才会为别人工作；个体劳动者和创业者才是真正的、崭新的个体，每个人都渴望"投资组合"（portfolio）型职业。虽然 2008 年的金融危机和最近的新冠疫情在一定程度上削弱了人们的热情，但或许是因为没有遇到真正的挑战，人们仍然对这个乌托邦津津乐道。创业者是英雄，普通工作者只是奴隶。

这种误解之所以普遍存在，是因为它不仅存在于"自由"市场的拥护者之中，它也是左翼乌托邦思想的来源。当然，这种

观念并不是鼓吹独立创业，而是赞扬为社会服务的雇佣劳动，以及随之应有的自由时间概念。

有观点认为传统的劳动者要么是被剥削的受害者，要么是缺乏创造力和想象力的笨蛋，我对这种观点越发感到不快。我并不是反对个人的创业精神，但是，所谓工作——我指的是雇佣劳动或缺乏无限扩张的乌托邦式愿景的小型企业中的工作——难道就是一项死气沉沉的任务吗？难道普通人的工作史对我们就不再重要了吗？赞颂休闲时间和创业精神对女性解放意味着什么？对女性在劳动力市场上追求平等机会又意味着什么（姑且不谈家务劳动的价值）？

毫无疑问，我对这种观点感到不快，这与我自己在脑力雇佣劳动中感到愉快有关，也与我成长在战后工作精神的背景下有关。显然，1968 年自由精神给我造成的触动比我想象的要小。我与工作及其历史的接触，尤其是自 20 世纪 90 年代中期以来在印度的经历，使我更加坚信，对于每个大陆上的几乎每一种人生来说，工作都至关重要。

与左右两派都宣扬的乌托邦相反，现实是，世界上大多数人的日常仍然是每周工作五六天，通常包含家务劳动和雇佣劳动。而且我预计这种情况不会很快发生改变。工作不仅是我们所有人都必需的，而且总的来说，工作也使我们感到充实。我们从自己的成就中获得满足感，工作满足了我们在家庭内外对陪伴的基本需求。

工作并不是来自《旧约》的诅咒，也不是必须不惜一切代价避免的罪恶。无论从积极还是消极的角度来看，工作都决定了我们的生活和社会交际。天堂既不在我们身前，也不在我们身后。

我一直不明白为什么两种工作的报酬会如此不同。例如，为什么中小学教师（比如我父亲）的工资只有大学教授（比如我）的一半，甚至不到一半？为什么护士（比如我母亲）的工资比医生的工资低？明明他们忙着同样的事情，教育着同样的孩子，治疗着同样的病人，明明他们的工作量和奉献都一样多。为了减轻这种不平衡，在家庭内部，我们将收入集中起来使用；在整个社会，我们利用税收来均衡不同收入。但这并没有回答最初的问题，也没有消除最初的不公正，即同样的工作量和奉献所获得的报酬却不同。

我的"不快"或许是提出这一问题的一个好的出发点，但它还不足以成为我写这本书的理由。我个人对世界各地人们长期工作的经历感到好奇，但这也不足以成为理由。至于像目前的大多数人那样，只对近代西方人的工作经历感到好奇，就更不是理由。那么，我们为什么需要这本书呢？

我个人认为，我们需要公正地看待尽可能多的劳动者的经历，无论他们的文化、种族或社会背景如何，因为只有这样才能使我们团结起来。认识到工作带来的所有好处和坏处至关重要，因为只有这样才能作出改变，在我们不断缩小的世界中保护和改善劳动者的未来生活。毕竟，工作至少占用了全球人口三分之一的时间，因此我们需要尽可能在更广泛的背景下理解工作。这样做也可能会减轻一种感觉：许多人认为朝九晚五的工作在某种程度上是失败的，认为这种工作谈不上理想，也不可能通过它实现理想。本书基于社会背景（家庭、部落或社区、城市、国家），对人类最重要的工作经历及其组织进行了综述，如果它能成功地直达读者内心，我便会感到真正的满足；但是我当然也知道，到那个时候，对上述人类经历的反思才刚刚开始。

从认知的角度来看，这是劳动史上的一项实践，但它远远超出了迄今为止这一研究领域强加给自己的限制，即只集中研究世界最发达地区工厂的男性工人的历史。在过去的25年里，劳动史学家们开始提出一些在时间和空间上更加深入的问题。阿姆斯特丹的国际社会史研究所（International Institute of Social History，IISH）在这方面发挥了不小的作用，我很高兴我的想法能够在这样的环境中得到延伸。

我写这本书受到了多方启发，首先，是我父母为我树立了超乎想象的职业道德榜样，还有我自己和我所爱之人的工作经历。其次，过去的几十年里，我的想法毫无疑问也受到了同事们的启发和影响，尤其是国际社会史研究所的同事们——仅列举其中几位：马歇尔·范德林登（Marcel van der Linden）、莱克斯·赫尔玛·范沃斯（Lex Heerma van Voss）、吉斯·凯斯勒（Gijs Kessler）和卡琳·霍夫梅斯特（Karin Hofmeester）。希望此处没有提到的人能够谅解，本书的参考文献中有他们的作品，或许可以略作补偿。此外，包括威尔·罗布鲁克斯（Wil Roebroeks，莱顿大学，尤其是第一章）和伯特·范德斯佩克（Bert van der Spek，阿姆斯特丹自由大学，尤其是第三章和第四章）在内的一些同事对早期版本提供了热情且全面的专业评审，对此我十分感激。非常感谢国际社会史研究所的雅普·克鲁斯特曼（Jaap Kloosterman）、里奥·卢卡森（Leo Lucassen）和马蒂亚斯·范罗苏姆（Matthias van Rossum），以及我的一生挚友里纳斯·彭宁克斯（Rinus Penninx），还有一些匿名评审专家，感谢他们对制作中的整本手稿进行了批判性阅读，还要感谢普丽塔·特雷汉（Prita Trehan）的宝贵评论和弗朗西斯·斯普福德（Francis Spufford）的鼓励。当然，有这些帮助和启发，本人依旧要承担本书的全部责任。非常感谢朱利安·洛斯（Julian Loose）对我的信任和全力支持，感谢他在耶鲁大学出版社的同事［瑞秋·朗斯代尔（Rachael Lonsdale）、凯蒂·厄克特（Katie Urquhart）和瑞秋·布里奇沃特（Rachel Bridgewater）］，感谢安娜·耶德尔－摩尔（Anna Yeadell–Moore）出色而富有创造性的翻译和编辑，感谢玛丽安·范德海登（Marien van der Heijden，IISH）对研究所藏品插图的建议，感谢玛丽－何塞·斯普雷乌文伯格（Marie–José Spreeuwenberg，IISH），当然也要感谢阿德·布洛克（Aad Blok，IISH）在本书最后完成阶段的热心帮助。最后，感谢我的伙伴列斯克·沃斯特（Lieske Vorst），他见证了这部作品的构思和成长。

　　我将这部作品献给国际社会史研究所的同事以及后起之秀：玛利亚（Maria）、马蒂斯（Mathies）、格尔特耶（Geertje）和他们的伙伴，以及其他所有敬业的工作者；已经成为一名出色比萨快递员的华金（Joaquin），还在开启新工作生活的塞西莉亚（Caecilia）、乔里斯（Joris）和洛迪（Lotte）。

2020 年 12 月 15 日于荷兰豪达

对工作的历史、方法和理论的说明

或许，工作的历史不是从古至今的直线式演进，而是不成体系的多样化呈现？又或许，这段历史的叙事是暗藏着某种内在逻辑（尽管非常复杂）的？社会科学领域的巨擘们都认为这种内在逻辑的确存在。亚当·斯密、卡尔·马克思和马克斯·韦伯都曾预测有某种"引擎"会推动劳动关系的变化，但这种"引擎"由什么"燃料"推动，其"气缸容量"有多大，以及其运转之"经济性"如何，每个人的看法则各不相同。

上述思想家都认为市场是决定性的力量，从市场在西欧（尤其是近代早期的荷兰共和国）迎来爆炸性增长的那一刻便是如此。[1]亚当·斯密认为市场的影响最终是创造性的；马克思则认为市场的影响是毁灭性的。马克斯·韦伯认为"资本主义精神"，即某种专注于营利的心态，是市场经济成功的必要条件。这种精神并不存在于其他时代，例如古希腊和古罗马的地主精英们就缺乏这种精神。因此，韦伯以及在他之后的卡尔·波兰尼（Karl Polanyi）和摩西·芬利（Moses Finley），都认为各种古代社会与1500年后逐渐形成的欧洲社会有着根本不同的秩序。[2]

根据上述哲学家及其追随者［比如受韦伯影响的马克思主

义者卡尔·维特福格尔（Karl Wittfogel）[3]〕的说法，在商品市场、资本市场和劳动力市场得以发展之前，存在一种"更原始的"社会形式，他们将其称为封建制、奴隶制，或东方专制主义。这是一种可以追溯到古典时代的偏见——希罗多德等作家就曾宣称，希腊人天生渴望自由，而波斯人注定要生活在一个以非自由劳动为特征的等级社会。作为社会演化的结果，西方从"封建主义"过渡到了"资本主义"，一些国家则必然会走向"社会主义"。世界其他地区也会走上同样的演化道路，虽开始晚得多，但速度极快。[4]

　　长期以来，这种关于世界历史发展演化的观念一直盛行，从某种意义上说，之所以如此，是因为自由主义思想家和马克思主义思想家都认同该观念。20 世纪上半叶，亚历山大·恰亚诺夫（Alexander Chayanov）和卡尔·波兰尼提出了一些不同的理论，它们听起来很有趣，但最终在实践成果上并无说服力。[5] 这主要是因为，他们严重夸大了自给自足的重要性，以及自新石器革命（Neolithic Rovolution）以来全球范围内的反市场行为。根据 1880—1920 年关于俄国农民的大量统计数据，恰亚诺夫得出了他的结论；波兰尼和他所在的学派纳入了更多案例进行研究，从美索不达米亚到达荷美，但远不及恰亚诺夫深入。[6]

　　我将在后文更详细地讨论这两种有影响力的理论。需要向读者说明的是，我目前并不倾向于这两种理论中的任何一种；同时我也无意自行提出一种更宏大的理论。基于对全球工作史的研究，我首先学到的重要一课便是：这些传统理论可以应对每一次可能的转折；但在我看来，现在就厘清这种叙述的内在逻辑还为

xiv

时过早。

为什么这么困难？为什么不沿袭前人的老路呢？[7] 鉴于最近历史编纂学的全球化，我们发现这些理论存在共同的缺陷，即它们的经验基础有限，因此产生了偏见。它们以地中海地区自古典时代以来的发展为出发点，主要或专门研究西欧地区的发展，最关键的是，随后它们试图将世界历史的其他部分也纳入这种表现形式。最终，当前这个由北大西洋地区（即欧洲和北美）主导的世界，被描述为"现代的"和/或"资本主义的"。

世界历史上，没有人比法国历史学家费尔南·布罗代尔（Fernand Braudel）更能直面这种欧洲中心主义。他迫使我们承认，资本主义在工业革命之前的几个世纪就已开始，不仅出现在欧洲，在亚洲也有踪迹。最近，荷兰历史学家巴斯·范巴维尔（Bas van Bavel）跟随他的脚步，进一步追溯至中世纪的伊拉克。范巴维尔指出，资本主义在美索不达米亚，文艺复兴时期的意大利北部、荷兰共和国，以及后来的英国和美国，都经历了一个重复的、长达几个世纪的周期：社会动乱—市场发展并占据主导地位—不平等—衰落。他认为，我们当前的资本主义正处于"衰落"阶段："资本主义可以被定义为市场在土地、劳动力和资本的交换与分配中占主导地位。这是一个首要因素，它出现在每个周期的开始阶段，其中雇佣劳动的增长引人注目。"[8]

这种想法逐渐将"资本主义"一词等同于市场的发展和繁荣；一些作者现在也或多或少地（尽管有些犹豫）倾向于将资本主义等同于市场经济。[9] 最近参与这场辩论的其他人中，有人认为资本主义起源于中世纪早期（如范巴维尔）；有人认为资本主义起源于 1400—1800 年；也有人认为起源于大约 1500 年或 1600 年；有人认为起源于 1600—1800 年；还有人认为起源于 1850—1920 年的工业化阶段。[10] 我的结论是，尽管今天资本主义这个概念得到普遍使用，但对其内涵并没有达成共识，因此对其起源年代也没有达成共识。同样，我们也看到"现代性"的范围在不断往前推，有些人已经将 1500—1815 年的荷兰经济称为"第一个现代经济"。[11]

简而言之，资本主义和现代性的核心概念如今正处于变化之中，因此失去了其最初的解析功能——为世界历史划出一条清晰的分界线。[12] 这给这部长历史的编写带来了困难。[13] 我也因此想起阿尔伯特·爱因斯坦在 1916 年说过的话："在排列事物时被证明有用的概念，很容易在我们中间产生一种权威性，使我们忘记了它们平凡的起源，而把它们当作某种一成不变的、既定的真理。"[14] 出于这个原因，我没有在本书中着重讨论"资本主义"（以及相关的阶级和阶级斗争）和"现代"（相对于传统）这两个术语。这与意识形态无关——不同意马克思[15]、韦伯或其追随者的观点，是因为我相信，这些术语在过去一个半世纪的讨论中已经变得混乱不堪，以至于在全球劳动史上，它们在很大程度上失去了解析能力。但我确实使用了在它们之后出现的术语，尤其是"市场"（内部和外部）、"劳动关系"、"社会不平等"、"集体行动"，甚至"剥削"等带有道德色彩的术语。

作出这个选择，并不意味着我必须从头开始分析。自 19 世纪中叶以来，许多作者撰写了有关劳动史的纲要，尽管它们现在大多已经过时，但是仍给了我很大的启发。这些劳动史纲要几乎无一例外地以欧洲或大西洋为中心，而且大多数涉及的历史不超过几个世纪（偶尔可能追溯到希腊和罗马的古典时代）。[16] 正如马克思和韦伯所说，这并不是一种指责，而只是反映了历史科学（包括考古学，甚至是跨学科的史前科学）取得的发展。这就使得卡尔·毕歇尔（Karl Bücher）这位德国思想家的成就更加显著，他与马克思和韦伯一样伟大。早在一个多世纪前，毕歇尔的知识广度就发挥了作用（作为一名经济学家，他创立了新闻学这门学科）。[17] 在许多启发我的早期学者中，索尔斯坦·凡勃伦（Thorstein Veblen）和汉娜·阿伦特（Hannah Arendt）等有影响力的学者也对工作这一主题进行了深入的思考。[18]

　　近几十年来，人们进行了许多新的高质量研究，并随着时间和空间的合理扩展，使得开辟一条新的道路成为可能。[19] 在我看来，基于这些研究，我们对劳动关系的发展产生了四个主要结论。[20] 第一，我区分了市场经济的两种重要选择："互惠关系"（reciprocal relations），在狩猎采集者中占主导地位，但如今在世界各地的家庭中仍然活跃；以及"贡赋—再分配社会"（tributary redistribution societies）。此外，市场经济在全球历史上不是只出现了一次，而是好几次，且很多时候又再次消失。因此，我们在不同的地方遇到了与劳动关系相关的重大变化。第二，在此背景下，大规模的雇佣劳动、奴隶劳动和个体劳动在历史上多次兴起，并常常再次衰落甚至消失。第三，劳动者的报酬水平并不一定与强制规定的最低工资水平相符，而是表现出较大的变化和波动。第四，工资波动不（仅）是当权者一时冲动或盲目进行市场调节的结果，而（也）是劳动者个人或集体行动的结果。关于公

平的劳动报酬和相应的社会（不）平等的观点，在这方面起到了
至关重要的作用。

***

本书的时间和空间跨度甚大，从而在实质上具有比较的视
野。因此，本书必然会利用比较研究法所具有的优势，跨越时
空，假设人类劳动者之间极具相似性——或者说劳动者的机会以
同样的方式受到限制——以便从一开始就在全球范围内追寻他们
的发展轨迹。

从理论上讲，我同意另一门学科，即人类学的描述。也就
是说，在我看来，人类学同样适用于本书的历史综述。罗伯
特·麦克·内汀（Robert McC. Netting）因其在文化生态学等
领域的研究而闻名，他将自己的研究领域定义为：

> 一门关于实践理性的实证社会科学，其基础是启蒙信
> 仰，即相信人类行为和制度存在规律性，相信这些行为与
> 制度可以被理解为在地理、人口、技术和历史等特定环境
> 下对人类的生理及心理需求的满足。人类各个群体被时空
> 分隔，显现出各式各样的文化价值观、宗教、亲属制度和
> 政治结构；但从跨文化的角度来看，这些群体也表现出人
> 类共有的特性。[21]

"实证"（empirical）一词也意味着关注工作所涉及的确切内容：
描述男性和女性的日常行为，并尽可能用他们自己的语言或图像

来描述。[22]

同样，有些读者可能会错过更详尽的理论探讨和历史编纂学辩论。我并不反对在历史学或社会学中创建模型，因为没有这类模型就不可能写出这本书。但是，我更愿意展示我在平衡一些计划后得出的结论，这些计划来自过去两个世纪的文献。如有人想要更多地了解我的最终选择，可以参考我早期的作品，特别是注释。[23]

请允许我在此强调，全球劳动史是一个高度动态的领域，常常在经验、方法和理论方面取得进步；没有这些进步，这本书就不可能完成。我很期待我们能在这些方面继续进步发展。尽管我的参考文献很长，但我仍尽我所能地阅读和总结；同时我也非常清楚地意识到，自己在这方面的工作还远远称不上完美，还望诸位专家不吝指出本书错漏之处。最近的二手文献非常丰富，恰恰证明了这个主题极具生命力。

引 言

娜·范阿森代尔夫特·范维克-梅杰夫人在自家门前

用浴缸给她的孩子们洗澡

1951年摄于阿姆斯特丹林登大街

001 　　如今，地球上多数人醒着的时间里有一半以上的时间都在工作，包括往返于工作地点和住所之间的通勤时间；而睡眠时间也是为了缓解工作所带来的疲劳。这样看来，工作的故事在很大程度上就是人类的历史。但我们所说的工作究竟是什么意思呢？

　　无数对工作和劳动的定义都存在问题，主要就在于它们都具有片面性。一般来说，这些定义会强调某些形式的工作而忽略其他形式的工作。例如，与男性相比，女性的工作常常被忽视；与在工厂内的工作相比，工厂外的工作常常被忽视；与体力工作相比，脑力工作常常被忽视；与在家之外工作相比，在家工作（还得是在家工作得到认可时）也常常被忽视（这也被称为"生育—生产"矛盾）。

　　对于这样一本雄心勃勃，想要涵盖整个世界历史的书来说，002 给工作下个定义实在不易。美国社会学家查尔斯·蒂利（Charles Tilly）和克里斯·蒂利（Chris Tilly）父子给工作下的宽泛定义是个好的开始。[1]

　　工作是指任何为增加商品和服务的使用价值而付出的人类劳动。无论劳动者多么喜欢或厌恶这些费力的事情，诸如谈话、唱歌、装潢、贩卖色情作品、餐桌摆设、园艺、房屋清洁和修理坏玩具，它们都涉及提升其消费者满意度的相关工作。20世纪之前，世界上绝大多数劳动者的大部分工作都是在其他工作场所中进行的，而不是我们今天所知的带薪工作。即使在今天，整个世界范围内的多数工作也是在日常工作之外进行的。只有西方资本主义及其工业劳动力市场所滋生的一种偏见，才将在家庭之外为金钱付出的艰苦劳动视为"真正的工作"，而把其他人类劳动归结为娱乐、犯罪和纯粹的家务。[2]

这一定义的最大优点在于其明确表示工作不限于与市场相关的活动。需要重申的是，蒂利父子把家务劳动视为真正的工作："尽管外卖、快餐和餐馆等就餐方式兴起，但在美国人今天从事的所有类型的有偿或无偿工作中，为家人无偿做饭可能占据了最长的一段时间。"既然麦当劳巨无霸和肯德基最早也是如此诞生的，那么我们当然可以把这一观点应用到世界其他地方，乃至整个人类历史之中。[3]

　　这种宽泛定义的问题在于，它永远不能完全明确哪些人类追求不能被定义为劳动。蒂利父子明确将三种类型的活动排除在他们给工作下的定义之外："纯粹的破坏性行为、表现性行为或消费性行为。"[4] 他们认为纯粹的破坏性劳动是反劳动的，因为它不能增加使用价值，反而剥夺了商品的价值。这样似乎就排除了军人的许多或所有活动，因为这个职业的破坏性不可否认；但是，军事技术的确是一种工作，其原因不仅在于现实中军营的日常生活是非破坏性的，还在于许多（如果不是全部）有意识的破坏其实是为了增加其他商品和服务的价值。[5] 蒂利父子排除掉纯粹的表现性行为和消费性行为，是因为它们原则上只对生产者本人有使用价值。他们的逻辑是自洽的。关于"使用价值"，其最为宽泛的定义，也不会包括"为满足个人爱好独自在家举重"，而只会包括"为取悦体育爱好者进行举重竞技"。加上这类社会标准之后，只有一小部分活动会被排除在蒂利父子的定义之外：维持每个人，即每个生产者之生存所必需的饮食、睡眠等活动（可统称为"恢复活动"）。而在我看来，休闲或自由时间之外的任何个人活动均可视为工作。

关于"休闲"的概念，在此简短说明如下。[6] 20 世纪中叶的一系列研究发现，工作或与工作直接相关的活动占男性 25%—30% 的时间（包括雇佣劳动和通勤），占家庭主妇 40% 的时间，占带薪工作的母亲 50% 的时间；而睡觉时间占所有个人时间的 1/3，吃饭和个人护理则占所有个人时间的 1/10。因此，个人剩下的休闲时间各不相同，工薪阶层（大多是男性）约有 30% 的休闲时间，家庭主妇约有 15%，带薪工作的母亲有略多于 5% 的休闲时间。[7] 然而，即使是休闲时间也不一定是自由的。研究发现，男性和女性的大部分自由时间都在履行社交义务，如加入俱乐部、志愿服务、拜访他人。这些活动虽然令人愉快，但也被视为义务。有趣的是，对厄瓜多尔原住民的研究显示，他们对义务和休闲的看法与欧洲人不同："他们在必要时会稳定工作，但并不按照西方的节奏……他们充分利用所有时间，不是用在工作上，就是用在其他'结构化活动'上。然而，在非工作时间……他们很喜欢喝酒作乐。印第安人的工作和储蓄就像婚礼、洗礼、生日和节日一样，是他们收入的主要来源。……他们不像西方人对待休闲的态度那样看待娱乐。"[8]

美国社会学家奈尔斯·安德森（Nels Anderson）认为，即使在工业化国家，"非工作义务"也不等同于休闲："正是通过履行这些义务，一个人才能获得好配偶、好父母、好邻居、好公民、好朋友等身份，这些身份都必须通过努力去争取，所付出的努力还要让他人非常满意才行。这种努力有可能和休闲活动一样，给人带来满足感。"[9]因此，尽管蒂利父子可能会把这些类型的社交义务置于他们对工作的定义之下，我却觉得这样分类有些极端。我们在这里谈论的当然不是人们可以随意填补的时间。在历史上的绝大多数时间里，自由时间包括短暂的玩耍和娱乐，对少数幸福的人来说，则包含为了消遣去旅行（所谓的长时间旅行）、假期和业余爱好；也就是说，休闲是纯粹为享乐而自费进行的活动。[10]西方的普通人直到20世纪才有机会体验这些事情；而对全球大部分人来说，直到今天，这类活动仍从未或很少是他们的选择。

无论我们在个体劳动（Self-employment）和带薪工作之间偏好何者，无论我们对典型男性或女性工作持何种看法，无论我们认为自己所做的工作应该得到怎样的报酬才算公平，针对工作在我们生活中所扮演的角色，我们都持有坚定的看法。这些看法在人类存在之初便已存在，并基于人类的集体工作经验，随着时间的推移而发展。

我们对工作的定义不仅取决于个人的付出，比如背部疼痛、额头上的汗水或精神疲劳，还取决于我们与谁一起工作，为谁工作，甚至不愿与谁一起工作。人不是孤零零的岛民：就连鲁滨孙·克鲁索也找到了他的星期五（并迅速让星期五成为他的仆人）。人际关系是工作的核心，也是本书的重点。回顾全球的漫长工作史，我们可以看到工作原则在我们亲密的社会交往中是如何循环的——其循环方式根深蒂固；还可以看到我们是如何享受或花费劳动成果的，以及工作对我们意味着什么。我们是被迫为别人工作还是说我们有选择的余地？我们劳动的报酬是多少？谁来决定我们的报酬是多少？我们能忍受报酬差距吗？我们是在一个家庭内一起工作，还是与家庭外的其他人一起工作？当我们不能再工作时，谁来照顾我们？工作在社会的方方面面定义了我们。因此，（通过私人和集体的策略）追求公平报酬，是工作所固有的社会特性。

史前时代至今，人们发明了许多组织工作的形式。直到大约 1.2 万年前，也就是说直到"发明"农业之前，人类历史 98%的时间里的工作都是在由几户人家组成的小社区内进行分工的。在密切合作的情况下，他们收集食物，并在互惠的基础上分享劳动成果。我们可以将这种狩猎采集者群体中少数家庭成员之间的互惠劳动关系 [11] 称为内部劳动关系，与后来的外部劳动关系（家庭或游群之外的劳动关系）形成对比。

农业社会的粮食盈余使得大规模劳动分工成为可能。数千年后，最早的城市出现了专门的劳动分工，最终，在 5000 年前，出现了第一批国家。在这些由成百上千个家庭组成的更为复杂的社会中，其他外部劳动关系与互惠劳动关系同时出现。这些劳动关系可以分解为个体劳动和贡赋劳动，在市场出现后，自由雇佣劳动、奴隶劳动和雇佣劳动也加入进来。从那时起，我们基本上可以将人类历史看作几种不同劳动关系的折中组合，劳动关系在此之后相继发展，并相互竞争。

苏联解体后，我们对这种折中主义有了更多了解。中国、非洲和大发现时代前的美洲都有各自迷人的工作史。综上所述，历史表明劳动分工的发展路线并不是简单而稳定的。从狩猎采集者到古代奴隶、中世纪的农奴、被赶进工厂的农民和手工业者，再经过后来的改造营劳工的时代，才演化成如今的状况。

跨越时间和空间来看待工作，我们才能知道工作史有多么复杂（参见第xiii—xvii页*"对工作的历史、方法和理论的说明"，可了解工作和劳动关系的不同历史以及理论领域的概况）。在我们如今视为天经地义的市场经济之外，我们还能发现基于（由我们的狩猎采集祖先建立，但今天的家庭仍然熟悉的）互惠关系和贡赋—再分配社会而形成的经济关系。除此之外，我们还可以看到历史的循环重现：大规模的雇佣劳动、奴隶劳动、个体劳动，甚至市场经济本身都曾在世界各地多次出现，然后（有时）又消失了。这一切反过来又产生了不同的劳动关系，导致薪酬的剧烈波动——后者并不总是由市场自然形成，或出于当权者的命令，而是因为劳动者为争取工作的公平报酬采取了个人或集体行动，减轻或加剧了社会不平等。

---

* 正文中提到的页码皆为英文原书页码，即本书页边码。——译者注（书中脚注皆为译者注，后不再标示）

***

个体劳动者的经历和行为是工作史中根本性结构变化的基石。一般来说，人们不会独自工作，当然也不会仅仅为自己工作。首先，每个人一生中的大部分时间在家庭中工作，或为家庭工作（这里简单地将"家庭"定义为一群亲戚），他们通常将收入集中起来，一起生活，因此可以将所有成员的活动视为一个整体。[12] 成员协调各自的活动，我们可以将其称为集体策略，即"家庭生存策略"。[13] 这种家庭生存措施主要是根据技能、性别、年龄和婚姻策略，来对任务进行分工。以个体为核心，我们可以划分出围绕个体的第一个圈层——家庭。

此外，不同家庭的成员在更大的社会群体中一起工作，我们称之为政治体（polity），也就是第二个圈层。这种社会群体在很长一段时间里都很小，就像狩猎采集者的群体一样，但这样一来，家庭小群体得以在更大的群体中运转。例如，小群体之间会交换婚姻伴侣，这对遗传多样性是有必要的。后来，新石器革命的开始，使得（城市）国家开始出现。这些复杂的政治体可以在内部通过贡赋—再分配来交换商品和服务，例如古埃及或印加帝国就是如此，但也可以逐渐通过市场来进行交换。[14] 政治体允许市场自行建立规则，但也可能受到市场某些参与者的挟持。[15] 参与者之间的权力关系可能变化无常，他们有时更依赖政治体，有时更依赖市场。

人们与他人一起为他人工作，这说明家庭内外存在横向和纵向的劳动关系。横向劳动关系就是与同事或跟自己地位平等的人一起工作。纵向劳动关系决定我们为谁工作以及在什么规则下工作。这些（隐晦的或明确的，成文的或不成文的）规则决定了工作的类型、报酬的类型和金额、工作时间、身心紧张程度，以及自由和自主程度。[16]

通过对个人、家庭、政治体和市场进行区分，我们可以绘制出一幅纵向劳动关系图：谁决定做什么工作以及在什么样的规则和条件下完成工作？我们通常是这样讨论工作关系的。因此，对特定社会的所有成员进行分类时，可以提出以下简单问题：他们是还没有工作，或是不能再工作了？他们的钱多到根本不用工作吗？他们主要是在家庭或小型群体单位中工作，还是在过去的贡赋—再分配社会中工作，抑或通过市场工作？如果是贡赋—再分配社会，那么每个人的精力都会集中在神和神庙上。如果通过市场工作，那他们是作为小独立生产者、企业家、工资劳动者工作，还是作为奴隶工作？

所有劳动关系的总和就是一个社会的特征——无论对狩猎采集社会、贡赋—再分配社会，还是市场经济社会来说，都是如此。

迄今为止，劳动史的缺陷之一在于，劳动关系主要局限在市场社会内部，即雇员和雇主、奴隶和奴隶主、公民和国家之间的纵向对立。当然，这很重要，因此本书会谈到工会、罢工、（书面和非书面的）雇佣合同，以及工作激励措施——雇主通过工作激励措施鼓励工人，甚至是奴隶，以使他们表现得更好。正如蒂利父子正确指出的那样，这种激励措施从来不完全是钱的问题：仅靠工资绝对无法激励工人。除了"薪酬"奖励，蒂利父子还加上了"奉献"和"胁迫"。[17] 在讨论任何从事工作的人时，这三个词都可以在不同程度上得到使用。但是，尽管雇主和雇员之间的权力关系（无论是否为自由劳动）是真实且重要的，但可以解释劳动者行为的远不止这一种从属关系。在所有已知的社会中，人们通常与他人（同家庭成员、工薪族同事、奴隶同事，以及非自由劳动者同事）一起工作，他们相互之间的横向关系是劳动史的内在组成部分。

基于某种形式的"契约"，各种各样的相互合作和竞争才成为可能。家庭成员之间一起工作的无声契约，即无偿护理工作，或在家庭农场劳动是相互合作和竞争的基础。现在大多数读者都有个人劳动合同，但仍然需要每天与同事打交道，无论高兴与否。这与过去没有太大的不同，尽管在过去我们也经常遇到这样的工人，他们雇佣自己，通过合作分包获得计件工资。[18]"血汗工厂"也存在分包但没有合作，它证明了现在多数劳动关系都还是横向的。然而奴隶也一起工作，自由和非自由的劳动者可以在同一份工作中合作。横向劳动关系可能会让劳动者的生活变得更容易，也可能变得更困难，因为劳动关系不仅仅取决于他们的主人和老板。

简而言之，横向合作关系和纵向从属关系都是书写全面工作史的关键要素，也是本书的主题。[19] 纵向劳动关系中的权力资源之所以更大（比如主人对仆人，或种植园主对奴隶），是因为它们最终可以通过政治体来强制执行。但这并不意味着，在日常实践中，只有纵向劳动关系才能产生或破坏工作的乐趣。

工作量和报酬之间的关系也是将个人工作经验与结构性变

化联系起来的一个关键要素。在狩猎采集者的例子中，人们以群体形式一起工作，并在原则上由成员平均分配产出；这在最早的农民中并没有太大的不同（在非洲直到一千年前仍是如此）。然而，农业最终会产生大量的盈余，那么群体中的一些成员就可以专门从事非农业手工业，少数人则可以自己占有更大的盈余比例。此外，群体也可能变得过于庞大，以至于必须由"扩张者"承担领导角色。

新出现的城市和城市联盟将采取一种特殊的形式分配盈余。这些复杂社会中出现了正式的再分配制度，例如围绕神庙进行分配。理论上，所有农业盈余都属于神庙供奉的神和他们的仆人，也就是说，盈余属于精英，由祭司进行分配。当然，这种再分配存在差异，主要取决于家庭在政治体中的重要性。毕竟在这样的神权社会里，祭司比农民更重要。因此，公共收入的不均衡再分配被制度化。

在从城市联盟中产生的政治体中，无论是内部还是外部，精英们都变得越来越强大。在内部，精英现在不仅可以向国家索要所有收入，还可以索要生产资料，让没有财产的公民为他们服务以换取报酬（例如作为职业军人）。与此同时，公民可以为自己工作，此外，商人和其他专业人士可以获得生产资源，他们最终还可以雇佣工资劳动者。在外部，政治体可以获得战俘，并让他们充当奴隶。一旦战俘成为生产资源，那么私人就也可以获得这些被奴役的人和他们的后代，并让他们投入工作。除了土地和商品市场，奴隶和劳动力市场也被创造出来。

自国家出现以来，工作量和报酬之间经常出现不匹配的情况，简言之，即社会不平等。关键问题在于不平等的受害者（有时是富有同情心的外邦人）作何反应。毕竟，狩猎采集者之间更为平等的工作关系尚有遗存，这种关系涵盖我们人类历史98%的时间，这一点强调多少遍也不为过。正如我将在第一章中详细阐述的那样，互惠原则是人类工作关系的基础。互惠原则在随后的贡赋—再分配和市场政治体中出现了许多偏离，需要进行必要的思想调整，以使劳动人民接受新的不平等趋势（或至少试图让劳动人民接受）。毕竟如果不这样做，政治体的稳定性就会遭到破坏。[20] 在本书中，我们将看到个人和集体为消除不平等所作出的尝试。

个人通常会尝试与老板或他的助手保持良好关系，以改善自己的工作条件（或缓和或避免恶化工作关系）。类似的行为也适用于个体劳动者及其客户，如果行不通，他们就会尝试在当地或通过移民找一个新老板（或新客户）。[21] 但劳动者也可以选择其他解决方法。在实践中，工作条件的改善是随着时间的推移结合不同劳动关系来实现的，而不是突然改变策略。比如家庭手工业中，农民把农活和织布结合起来。农民成为工厂工人，这种"无产阶级化"需要好几代人，有时甚至需要十代人才能完成。即使是罗马帝国和19世纪巴西的奴隶，也可以把他们的收入存起来换取自由。通过这种方式，他们可以为自己或后代换得自由，并作为小农或小手工业者继续独立生活。俄国农奴除了被迫为领主工作外，还为自己工作；但在很多情况下，他们也会在城市打工以增加收入。

此外，集体权力是通过罢工、互利社会和工会来行使的。

个人为争取改善工作和报酬（或防止恶化）所做的多种选择也适用于集体策略。劳动者可以参加罢工或不参加罢工，保持中立或越过纠察线。奴隶们可能会逃跑，充分利用他们的处境，发动叛乱或联合起来抵制。

所有已知的劳动关系都是由这些策略及其各种转换和组合形式产生的。随后的趋势变化则显然由国家推动，首先是日益占主导地位的奴隶劳动，其次是雇佣劳动。例如，国家可以强制实行奴隶制，但也可以再次废除奴隶制。国家可以通过立法和监管，使自由雇佣劳动或独立创业成为可能；但也可以取消原有的立法和监管，就像各国的共产主义革命那样。

区分这些转变是由国家发起的还是由劳动者发起的，从工作史的角度来说具有意义，对劳动者来说也十分重要。但这样也会掩盖国家和公民之间的联系。国家不能随意改变规则，劳动者也不能未经批准就与国家作对。其约束力源自有关工作和劳动关系的现行规则与思想体系，我们可以称之为工作意识形态在社会中的约束力作用。

**

本书按时间顺序和主题来组织架构，讨论了在每个时期或多或少重复出现的主题。在此我划分了六个主题。第一个主题是迄今为止时间跨度最长的，从智人的出现（根据基因测算，智人在70万年前从尼安德特人中分离出来）到新石器革命或农业革命。首先，人类和动物的生存尝试基本上没有区别，但随着人类语言的发展和新交流形式的出现，产生了新的合作形式，这是我们的起点。个人生活在一个家庭中，家庭组成群体，个人又在群体间流动。所有工作都在这些单位内进行。

从大约1.2万年前开始，互惠一直是新石器时代采用的原则。然而，互惠为获取食物和囤积食物提供了更多的机会，因此也增加了劳动分工的机会，这可能使得一些家庭更加富裕，最终造成家庭之间的差距。这就播下了不平等的种子，在合作的同时，也产生了从属关系。然而，在本书所划分的第二个时期，这种家庭之间的差异仍然很小，非洲的情况证明农业革命和社会不平等之间没有因果关系。

随着城市的出现，城乡之间以及城市居民之间的劳动分工成为可能。劳动分工最早在智人进化的晚期（也就是约7000年前）出现在美索不达米亚，随后出现在中国和印度。公元前3000年城市联盟和国家的出现加剧了这一趋势。这就是第三个时期，该时期出现了我们目前所知的劳动关系的各种形式。除了个人和家庭外，政治体及其制度也变得不可或缺，从收集生产盈余（其中一些例子是以神的名义）的政治体（城市、神庙或国家）开始，然后发展到进行再分配的政治体（采取贡赋—再分配劳动体系，如古埃及和前哥伦布时期的美洲）。最初的国家里，出现了四种新型的劳动关系：自由雇佣劳动（free wage labour）、奴隶劳动（slavery）、个体劳动（Setf-employment，包括雇佣佃户者），以及雇佣劳动（employership）。从这一点来看，人类历史可以看作不同劳动关系之间的竞争，其合作关系与从属关系一直在波动。这就决定了第四、第五、第六个时期对劳动关系的分类。

大约在公元前500年，人力交易在世界三个地方发生了改变，对已经存在的劳动关系产生了深远影响，因为货币出现了。货币的"发明"，尤其是日常使用的小硬币的发明（深度货币化），扩大了市场交易，尤其适用于支付劳动者工资和使用工资从个体劳动者那里购买日常食品和手工艺品。鉴于这些工作形式在今天已经变得非常重要（如果不是显而易见的话），我们专门用一章的篇幅介绍了世界上大规模雇佣劳动和货币工资支付发展起来的地区。事实上，对于取得长期成功（完成城市化）、蓬勃发展的国家而言，巩固政权至少是与扩张和侵略同样重要的事情。公元前 500—公元 1500 年，亚欧大陆很多地方都有这样的例子。继而进入第四个时期：在本书特别关注的亚欧大陆西部，先后经历了波斯—希腊—罗马—拜占庭—阿拉伯的更迭；在南亚，这一时期是孔雀王朝及其后继者；中国则是汉朝和宋朝。与其他地方（尤其是非洲和美洲国家）的形成相比较，亚欧大陆没有雇佣劳动的参与。

有些国家非常成功（尤其是在经济方面），它们在我归类的第五个时期（约 1500—1800）向全球扩张。这就是当前意义上的"全球化"时期。[22] 在这几个世纪里，国家之间的全球化竞争使得世界不同地区的劳工组织开始出现很大差异。举个最突出的例子：西欧以新的合作形式扩大了自由劳动力，相反，东欧产生了被称为农奴制的新式从属关系；非洲和美洲以及南亚和东南亚还存在奴隶制。然而，与此同时，在东亚和西欧（相互独立的），随着女性劳动力的增加，农民家庭的劳动力也在增加，这就是所谓的工业革命。

第六个时期也是最后一个时期（按主题分为第六章和第七

012

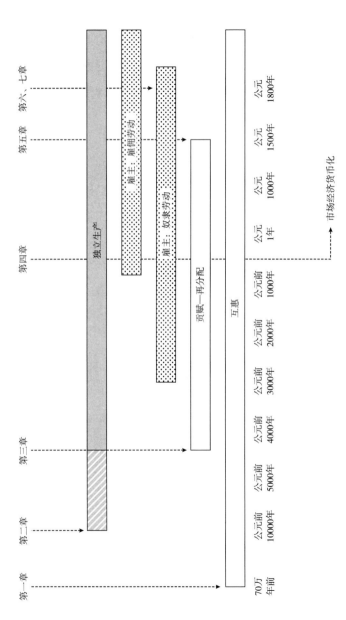

图 1　本书概述的劳动关系的变化

章），是从工业革命开始至今。工作和技能的分工产生了无数新职业，随后又消灭了许多其他职业。我们现在正处于自动化阶段。自动化也导致了劳动关系的重大改变，尽管过程是非连续性的。缓慢但可以肯定的是，国内的、相对独立的、发展也较快的非自由劳动力市场的重要性下降。海地奴隶制、跨大西洋奴隶贸易和东欧农奴制度的废除，国际劳工组织（以下简称劳工组织）的建立和《世界人权宣言》，都能够证明这一点。

本书概述了劳动关系的变化（见图1），以及过去两个世纪劳动关系在全球范围内的趋同。劳动关系的变化和趋同不应该被视为一种自然现象，而应被视为劳动人民的个人以及集体策略和行动的结果。最终，合作关系与从属关系恢复了些许平衡。这是劳工运动、工人政党和福利国家（经典劳动史之核心）的历史。此外，不仅全球劳动关系出现趋同，更重要的是，男性和女性之间的劳动关系也出现了趋同。

然而，西欧、俄罗斯和中国的近现代史以及当前的全球经济危机告诉我们，劳动关系趋同不是简单的单线发展。在"二战"以来全球经济极大繁荣的同时，劳动者之间的不平等却加剧了。本书最后对未来的发展进行了反思。在当前对移民、自动化和社会平等等紧迫问题的担忧背后，长历史模式能否给予我们启示，揭示工作将把我们带向何方？在瞬息万变的世界中，我们对工作的基本需求将如何体现？未来的我们还能选择自己的职业生涯吗？

本书认为，上述问题都有答案。人类的长期经验表明，即使在自动化时代，工作也不仅仅是我们生存的必要条件，对于我们的自尊和对同伴的尊重而言，工作所带来的成就感同样不可或缺。人类的历史处于两个基本张力之间：我们的进化史和几千年前我们作为狩猎采集者的历史，决定了我们要为自己的劳动争取公平报酬；但在更复杂的社会中，劳动分工很容易造成不平等。工作的故事清楚地表明，捍卫不平等的强大意识形态可能会持久成功，而全球化却指向了另一个方向。尽管过去几个世纪是薪酬不公平的最低点，但如今，公平似乎是人们的普遍诉求。在不屈从于各种乌托邦诱惑的前提下，将其付诸实践，是未来我们所面临的一项艰巨任务。

第一章
工作中的人类
70 万—1.2 万年前

一名哈扎族妇女正在挖掘

可食用的块茎。哈扎族是世界上少数仍依赖

野生资源为生的社会族群之一

015　　　大约 70 万年前，现代人类和尼安德特人开始分化。这就是本书的开端——但对于现代人类与其他物种在工作方面的异同之处，本书也并非不作考量。在人类历史的大部分时间里，所谓"工作"指的都是狩猎和采集；直到 4.5 万年前，少数专门化工种才开始出现，继而催生了根据性别和年龄加以区分的多样化社会关系。

工作中的动物与人类

　　美国"时间与动作"研究先驱弗兰克·B. 吉尔布雷斯（Frank Bunker Gilbreth）于 1911 年称："人类与家畜无异，都不过是产生能量的装置罢了，且会受到几乎所有规章制度的管制和约束。"[1] 此番言论听起来多少有些刺耳。为了更加精准地定义

016　"工作"，我们的首要任务，便是必须将人类之工作、动物之劳作，以及机器之运转 *，精准地区分开来。

　　对新购买或最近维修好的设备很满意时，我们会毫不犹豫地夸赞它"能够正常工作"。显然，机器会工作——但这只是因

---

*　人类之"工作"、动物之"劳作"、机器之"运转"，在本书原文中都用"work"来表达。

为人类让它们工作，它们也必须由人类启动之后才会工作。科幻小说以外的世界里，没有人类的介入，机器是无法工作的。这个问题的答案相对简单，但对于下一个问题——"动物会工作吗？"——答案就相对复杂了。

首先，我们必须重新定义这个问题。我们应该问的是，正在工作的现代人类，和正在工作的人类近亲——灵长类动物，这二者之间有什么区别？[2]我们或许会不假思索地回答，动物和机器差不多，离开人类就无法工作。如果没有人类的强制训练或命令，小熊不会跳舞，毛驴不会拉车，利比扎马也不会表演。

然而，多种因素表明，与机器之运转相比，动物（尤其是倭黑猩猩和黑猩猩）之劳作与人类之工作具有更高的相似度。因此，本书理应从灵长类动物劳作的基本原理谈起；这也势必能促进人类对于自身工作的了解。第一，在大约1.2万年前，即新石器革命之前，人类唯一的活动是通过狩猎和采集获取日常食物，大多数动物也是如此。所以，如果我们承认人类的狩猎和采集是工作，就必须得承认动物的同类活动也是工作——不受人类驱使的独立工作。第二，在食物、住所、医疗方面，奴隶得到的补偿与耕畜的遭遇无异，工作条件也和马的差不多。以上两点足以说明，我们不能轻易否定动物和人类活动之间的共性。因此，下文将会对动物（尤其是倭黑猩猩和黑猩猩）的日常活动进行更为详细的探讨，借以了解早期人类工作的起源和特点。

对于人类来说，觅食不仅是最必要的工作，也是每个个体从独立生活开始，就必须从事的最基本工作。但对于灵长类动物而言，觅食并非严格意义上的个体行为；事实上，其觅食行为意味着劳动分工。关于动物界的劳动分工，最著名的例子当属蜜蜂——蜂王、雄蜂和工蜂在蜂群中共同生活，各司其职。[3] 鉴于蜜蜂与人类之间的进化差距过大，深究这个例子并无价值；但是对于原始人类的研究，我们可以参考动物行为学和社会生物学这两个学科。这两个学科对大型猿类——尤其是倭黑猩猩和黑猩猩——的社会行为展开了研究；而在1000万年至700万年前，这两种猿类曾与人类拥有共同的祖先。[4]

既然如此，关于劳动分工，特别是成年灵长类雄性与雌性之间的任务分配，我们有哪些了解呢？首先，对于大多数物种而言，雄性和雌性会承担不同的任务，雌性专门负责抚育后代，因为只有雌性能够哺乳。关键的一点是，母亲之外的个体如果与幼崽之间不存在紧密的血缘关系，即使母亲将照顾幼崽的任务托付给它们，它们也不会接受。[5] 换言之，在大部分灵长类动物中，照料幼崽是雌性的特有任务，族群其他成员并不会因为雌性承担该任务，就自觉承担具有互惠性质的其他任务，如主动帮助母亲采集食物。

但少数几种灵长类动物的情况稍微复杂，它们在劳动分工上，特别是在狩猎方面，确实存在互惠性质。对于大型猿类来说，植物类食物的采集大体相对简单，也是每个成员都要负责的固定任务；至于狩猎这项任务，耗时费力，且收获与风险皆不可预测。[6] 一般来说，狩猎者都是成年雄性（雄性猿类的体格通常比雌性更大、更强壮），并由最熟练、最强壮的成员带领。在高效合作，且运气较好的情况下，它们能够不时通过捕猎获取珍贵的肉类。这些肉往往是整块的，量大且易腐烂，狩猎者自己吃不完——因此在黑猩猩和卷尾猴中，狩猎者一旦获得肉食，常会基于互惠原则，自愿将其分给族群内的其他成员。谁能得到多少可能是基于自己先前分发食物时的慷慨程度，又或与繁殖和情感上的付出相关（比如猴子之间互抓跳蚤）。这些幸运的受赠者并不一定是狩猎者的近亲（这与鸟类不同，鸟类在繁殖季节会互相喂食）。[7]

深入研究猿类与人类的社会行为后，荷兰灵长类动物学家弗朗斯·德瓦尔（Frans de Waal）指出，进行狩猎的杂食性非人属灵长类动物，与巴拉圭、南非以及巴西的人类狩猎民族有着相似之处。对于后者的社会行为，他赞成美国人类学家兼灵长类动物学家凯瑟琳·米尔顿（Katharine Milton）的说法：

> 在我们现代人类的经济体系中，通常情况下，每个人都会尽力获取和控制尽可能多的可用资源；狩猎采集者的原始经济体系则不同，它建立在一系列关于合作和共享的高度形式化的期望之上。……例如，在有幸猎得大型猎物之后，没有哪个狩猎者会认为，所有的食物都应只属于他自己，或只属于他的直系亲属。[8]

许多关于狩猎采集者的专著中，都阐明了这样一个原则：狩猎者及其亲属不能独享肉食，而必须让营地中的所有人共享。[9]

萨拉·布拉弗·赫尔迪（Sarah Blaffer Hrdy）的开创性著作《母亲及他人》（*Mother and Others*, 2009）对我们颇有帮助。对于人类及非人属灵长类动物中雌性行为的进化基础，该书使我

018

们能从更加新颖的角度来理解。她指出，在进化后期，早于现代人类出现之前，就已经出现了另一种合作形式——母亲可以将自己那发育缓慢的珍贵幼崽托付给他人，后者即所谓的异亲（alloparent，包含父亲在内）。据作者所述，这一形式可能在180万年到150万年前就已出现。[10] 与其他大型猿类相比，人类的出生率更高，生殖寿命更长，且断奶期更短，这也许是其中的一个关键因素。因此，人类的后代能够与更多兄弟姐妹一起成长，进而提高了他们的社交和认知能力。再者，用火加热和烹调食物，也使得人类能够进行体前或体外消化，促进营养吸收，改善身体健康。[11]

此外，人类特有的更年期还催生出了"祖母假说"："多一个帮手，女儿和儿媳便可以更快地繁衍后代。"[12] 在某些非洲狩猎采集族群中，就存在这种模式，例如当代坦桑尼亚的哈扎族（Hadza）。在孩童时期的前四年里，哈扎族的孩子有31%的时间与母亲以外的人待在一起。难以想象，大型猿类会允许它们的同族，甚至是母亲的兄弟们跟自己的孩子生活在一起，因此，类人猿的生育间隔很长，足有4—8年之久。[13] 这是一个重要的进化步骤，大约与人类语言的诞生同步出现。随着语言的出现，第一批石器工具也取得了突破性发展，这种变化发生的条件是必要的技术和技巧可依托最早的语言形式（"是"与"不是"，"这里"或"那里"）进行传播。[14]

古人类学家莱斯利·艾洛（Leslie Aiello）已经证明，出现于200万年前的智人拥有更大的体型和脑容量，这在雌性智人中尤为显著，极大地影响了雌性在妊娠期和哺乳期的繁殖成本。[15]

据她所言："生育间隔时间缩短后，养育后代的平均精力投入可能大幅降低。"在人属进化的早期，他们迁移到了更开阔却也更危险的新环境，意外死亡人数由此增加，而生育间隔的缩短无疑是有利的。但也存在弊端，由于分娩间隔较短，还在照顾刚刚断奶孩子的母亲，又要怀孕，或哺乳下一个孩子。这会对社会造成什么影响？在考虑了多种可能性之后，艾洛提出猜想，认为古人类可能使用如下方法，来解决雌性繁殖成本高的问题：

> 若族群中的雄性在狩猎时鲜有成功，但成功一次便可满载而归，那么，该族群的理想规模应是能够确保有限资源的合理稳定供应。在这种情况下，只要能保证雄性提供的食物在族群中进行分配，同时族群的大小能控制在合理范围内，从而保证在雄性与雌性提供的资源相加之后，能够满足其生殖能量需求，那么，为何要进行食物分配，以及如何分配，也就无关紧要。[16]

在此基础上，我们还必须考虑另一个重要因素：三代人之间的食物（能量）和知识传递。[17] 因为，与非人属灵长类动物相比，人类的特点是：体型大，脑容量大，寿命也尤为漫长，有特定的生活模式，饮食营养丰富，偏好高质量且不易获得的食物。在 14 岁之前，他们的能量生产量（觅食量）不仅比消耗量（用食量）少，且食物净产量还呈现负增长趋势。直到 20 岁之后，产量才会出现正增长。在 30 岁至 45 岁，人类会进入"生产过剩"阶段；大约在 45 岁时，每日食物净产量达到峰值，约为 1750 卡路里。在 60 岁至 65 岁，净产量又再次回到负值区间。从中我们可以了解到：人类需要大量的时间来尽可能高效地产生能量（即获取食物）；在学习觅食的时间里，他们依附于较年长的族群成员，即不同年龄段的男女长辈。在此期间，年长者向年少者传授知识，这些知识被编纂成神话和仪规（即所谓的宗族百科全书）。[18] 黑猩猩的成年年龄约为 12 岁，直立人约为 14 岁，尼安德特人为 15—16 岁，智人为 18—19 岁。[19] 因此，艾洛与其他学者的观点是既赞同德瓦尔提出的人类合作，也支持赫尔迪提出的异亲养育概念。[20]

确切地说，这种方法需要对这三个群体的社会行为进行比较：现存动物，特别是灵长类动物（尤以倭黑猩猩和黑猩猩为著）；当代或近代的狩猎者；新石器革命之前的整个人类群体。从可比性的角度出发，德瓦尔和赫尔迪认为进化论在历史研究中已经过时。[21] 尤其是德瓦尔，他公开反对那些信奉"适者生存"格言，并将其视为社会唯一基础的人，诸如 19 世纪的哲学家赫伯特·斯宾塞（Herbert Spencer）、有"达尔文的斗牛犬"之称的托马斯·亨利·赫胥黎（Thomas Henry Huxley），以及他们的无数拥趸。[22]

和其他所有灵长类动物一样，人类无疑也具有竞争和攻击行为，但并非只有这一面。[23] 在物种的成功进化中，同样重要的还有人类的合作能力。最直接的原因在于，灵长类动物易受掠食者攻击，人类亦如此："安全是社会生活的首要原因。……我们在很大程度上依赖彼此而生存。任何关于人类社会的讨论都应以这一现实为出发点，而非参照数百年前的遐想，幻想我们的祖先像鸟儿一样自由，没有任何社交义务。"[24]

在人类工作的发展中，值得注意的是，互惠的基本原则，以及随之而来的分担育儿任务，可能从一开始就是人类的特性。这一说法与上面所提的定义问题相符。假如在智人出现之前，除了觅食活动可定义为"真正的"工作外，相互间的情感和繁殖互动也是人类行为的固定元素，但这样一来，"真正的"工作和社交义务之间的界限就模糊了。因此，克里斯·蒂利和查尔斯·蒂利在广义上对"工作"进行了界定（见"引言"，第2页），这就整个世界史而言，是一个很好的起点。个体及其后代的生存能力有两大基础：一是觅食方面长期依附于他者，二是知识的获取。广义上的长期知识转移决定了觅食者的生存机会。[25]

人类这个物种不仅可以通过竞争来理解，还尤其能够通过合作这一维度来理解。此外，人类女性无须单独照顾孩子，其他家庭成员，尤其是祖母，会一同承担育儿任务。这为我们研究狩猎采集者的工作历史提供了两个重要起点；它或许还是我们后续研究的基础：除服从外，合作更为重要。[26] 总而言之，现代人类至少在其存在的前95%的时间里所进行的工作，一直都呈现为某种"互惠利他主义"的形式。[27]

工作中的狩猎采集者

新石器时代之前，人类的工作是如何发展的？要想回答这个问题，我们必须首先回顾一下几百万年的人类历史。[28] 自黑猩猩与人类在大约1000万年到700万年前分化以来，古人类已历经两大重要进化发展，且均发生在非洲。250万年至200万年前，人属出现了；在过去的 200 万年里，一直以直立人为典型代表。人属有两个最著名的分支，一是尼安德特人（已于 3.9 万年前灭绝），二是智人（即现代人类）。这两个分支大约在 70 万年前分裂。当今的人类都属于智人，不过当智人走出非洲后，也与尼安德特人及丹尼索瓦人（40 万年前从尼安德特人中分离出来的分支）进行了混血，只是后二者的混血比例较少。[29] 这份人类物种清单相当枯燥，却象征着一些激动人心的事情：脑容量增至原来的 3 倍；男女身高差距缩小（此前的女性身形更为矮小）；结肠容量大幅减小，小肠容量增大，由此形成了多样化且高质量的饮食习惯，寿命得以延长。经过所有这些发展之后，智人最终出现，他们的饮食最具多样性，而这一点对于"工作"这一研究主题来说十分重要。[30]

与更早出现的其他古人类分支一样，现代人类走出非洲，迁徙到了其他大陆。[31] 可以肯定的是，他们慢慢地取代了旧大陆（亚洲、欧洲和非洲）的所有古老同类。我们在此不列举大数字，只讨论历史概要：7 万年前，人类一度濒临灭绝；然后在 4 万年至 1 万年前，第一批狩猎采集者成功发展出了农业，当时，全世界的人口数量大约为 800 万。[32]

大约 16 万年前，走出非洲的现代人类曾大量进入黎凡特；约 5 万年前，他们最终进入亚欧大陆。此后，现代人类迅速迁徙扩散，遍及整个亚欧大陆，一路抵达澳大利亚。[33] 东南亚要经由南亚海岸方可到达，其形成的时间要晚得多（1.4 万年前），因为当时的海平面要远高于现在，巽他古陆（Sunda）与萨胡尔大陆（Sahul，包括新几内亚和澳大利亚）被有海峡的岛屿区（称

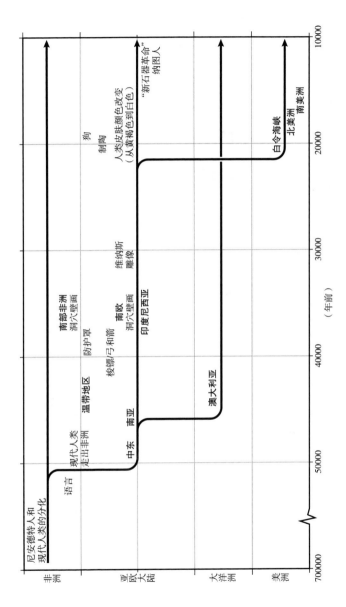

图 2 直至 1 万年前，现代人类才成为狩猎采集者

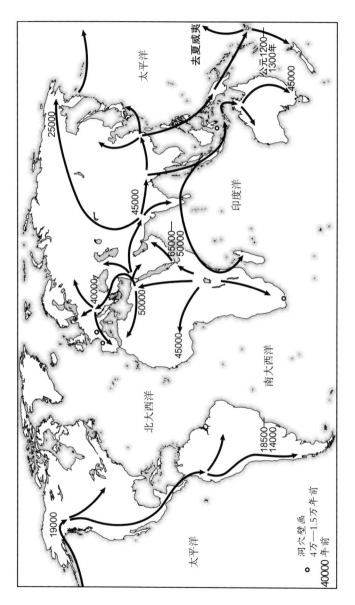

地图 1　7 万年前现代狩猎采集者的迁徙轨迹 *

* 本书地图皆系原书插附地图。

为"华莱士区",由菲律宾群岛、苏拉威西岛和小巽他群岛组成)隔开。但可以肯定的是,现代人类在4.7万年前就已经到达澳大利亚,只是由于缺乏合适的船只,无法再继续向太平洋地区迁移。不久之后,迁徙人群横跨温带亚欧大陆,向北和西北迁至欧洲,又从南亚向东迁徙至东亚大陆。在距今约1.9万年,人类从东北亚经白令海峡迁移到美洲,还沿着同一太平洋海岸生态区,以相对较快的速度到达了智利南部。自此,人类这个物种遍布整个世界,但是也有例外,比如大洋洲的大部分岛屿。这些都是目前考古学和遗传学研究的重点,几乎每天都在修改、校正和重新定义。

迄今为止,在人类历史上最漫长的一段时间里,整个世界上的现代人类,都和他们的非人属灵长类祖先一样,几乎只从事食物狩猎采集工作,诸如采摘或挖掘植物及其果实、收集贝壳、捕鱼和狩猎等。也就是说,与其他灵长类动物不同,非洲现代人的祖先(亚欧大陆的尼安德特人也是如此)约在70万年前就取得了相当大的技术进步。[34]

大型猿类(尤其是黑猩猩)以植食为主,偶尔辅以肉食(主要来源于集体猎取的体型较小或年幼的猿类,或其他动物)。多数情况下,雄性和雌性猿类都会参与集体狩猎,实际的猎杀则是由强壮的雄性完成。250万年前,人属出现了,同一时期的人类不仅会使用挖掘工具收集植物根茎以供食用,还会利用石器,食用被大型掠食者杀死的猎物遗骸——用石器碾碎死去猎物的腿骨和头骨,取食骨髓和脑髓。早在200万年前,直立人就已经能够制造手斧和砍刀。[35] 50万年前,古人类习得了捕猎活体动物的技能，人类捕到的动物的体型甚至比人类本身还要大，这说明古人类已经充分了解了这些动物的行为。大约30万年前，古人类在狩猎中用到了木刺、长矛和诱捕技术，这些未必是狩猎的重大变革，但也有所助益。在这一时期末，即新石器革命之前的几千年里，狩猎发生了巨大变化，我们将在下一章进行讨论。但首先，我们必须解决这样一个问题：作为一种生存手段，狩猎究竟意味着什么？

狩猎与食物采集之实践

如今，大多数人很难想象狩猎和采集食物具体需要做些什么，需要多少时间，由谁来做，以及如何组织。对于这些涉及所有狩猎采集者的问题，目前还没有一个全面的答案。原因很简单，人类生存的区域如此之多，且属于不同的气候带——从海岸到高山，从沙漠到雨林。[36] 在全球的不同生态气候区，分布和发展出了不同类型的工作；只有发生过重大基因突变，并分化出新种属的动物，才能承担这样的多元化工作。随着大脑机能，以及语言交流能力的进化，人类承担上述工作便成为可能。智人出现后，人类便再未进化出新的分支。从进化的角度来看，智人迁移到更偏北的地区后，受气候影响，肤色和身体比例变得更加多样化；但除此以外，在其历史上，他们并没有发生更显著的进步。

描述和理解早期现代人类作为狩猎采集者的工作生活并非易事，原因之一是考古学只能提供部分证据。幸而这些证据的可信度日益增加。针对这个问题，寻找类似动物进行平行比较并无帮助，所以在很大程度上，我们仍要依赖于过去几百年对近代和现存的狩猎采集者的记述。这样做的问题是，近代和现存的狩猎采集者会不可避免地受到"更先进"生存手段的影响，我们无法规避这种影响，在"纯粹"状态下研究这些群体。[37]

一直到 1.2 万年前（公元前 10000 年），所有人类都以觅食为生，而在 500 年前，哥伦布发现美洲时，这种生活模式已经扩散到澳大利亚、北美大部分地区、东北亚，以及南美洲和非洲的大部分地区。据乐观统计，21 世纪初所有的游牧民族、驯鹿牧民、渔民和开发临时性农田（刀耕火种）的农民加起来有 2.5 亿。这相当于世界人口的 4%，而其中的核心群体是"已在近一两代人中摒弃了原始觅食方式的，数以十万计的族裔"。在这些核心人口中，只有一小部分（大概几万人）保持着大体上直接起源于古代狩猎采集者的传统，其余的则是农民或牧民的后代，他们抛弃农牧重新转向了原始觅食方式，正如南美洲人在躲避西班牙人入侵时所做的那样。[38]

在《剑桥百科全书——狩猎采集者》（*Cambridge Encyclopedia of Hunters and Gatherers*，CEHG，2004）中，则更为详细地研究了人数不多的八个近代狩猎采集者族群。根据历史学，特别是考古学证据，这一研究假定他们的祖先一直遵循这种生活模式。[39]但在这部鸿篇巨制的百科全书中，我们无法确定其他几十个近代或现存的，以狩猎和采集食物为生的民族是否以同样的模式生活。不过可以证明的是，或者说确有可能的是，这些民族早期依靠农耕或养牛为生，比如生活在马达加斯加岛的米克亚人（Mikea），以及目前南亚和东南亚的大多数狩猎采集民族。[40]

数千年来，上述八个族群的一代代族裔始终以狩猎和采集为生，他们是"真正的"狩猎采集民族。但即便如此，我们在进行研究时也必须保持谨慎。这些族群也经历了显著的历史发展，特别是在社会关系方面——他们不仅与邻近的农民有往来，最近还与工业国家的代表，如石油钻探公司产生了接触。[41] 以上内容虽有存疑之处，但我们仍会试图通过类比来重现史前狩猎采集者的工作及相关社会关系。

《剑桥百科全书——狩猎采集者》的编纂方将"狩猎采集者"的觅食行为定义为："既不种植作物，也不驯养除犬以外的牲畜，而依靠狩猎野生动物、采集野生植物、打鱼捕鱼为生。"[42] 关于核心的社会元素，该书还补充说："大多数（并非所有）狩猎和采集民族的基本社会组织单位为'游群'（band），是由 15—50 个具有亲属关系的人组成的小规模游牧族群。"其成员具备以下共同特征：相对平等；可以流动（遵循的模式为：一年中部分时间集中在较大族群内，部分时间分散在较小族群中）；土地权属制度建立在共同财产制度的基础上——这是一种以亲属关系为基础、以互惠为原则的集体制度。

平等、共享、慷慨、互惠之原则主要是针对游群内部成员，并非任意施行；他们还会采取各种各样的边界防护措施。我们或许可以假设，包括早期智人在内的古人类，以及其他灵长类动物和现存的狩猎采集者都是如此。狩猎采集者获取土地和资源的方式则存在一些差异："共享不是某一进化阶段或生存模式的产物，而是决策的结果。共享资源有利也有弊，因此，狩猎采集者决定分享食物或允许外人进入其领地时，需要权衡利弊。"[43]

基于上述狩猎采集者生活方式的特征，下面将探讨狩猎和采集食物的实际工作。在下文中，我们将会探究其他活动专门化的可能性，包括男女之间的劳动分工，工作与休闲时间的关系，族群内部的社会关系（家庭与"游群"的内部劳动关系），以及进行商品交换、服务交换、人员交换（婚配）的不同游群之间的社会关系。

虽然不同生态气候区的狩猎采集者之间存在诸多差异，但也有一些标志性的共通模式，最显著的可能是捕猎大型猎物时的合作需求。[44] 在学会使用猎犬之前，人类在狩猎中完全依靠自身的奔跑能力。南非人类学家路易斯·利本伯格（Louis Liebenberg）在博茨瓦纳与"桑人"（San，非洲南部地区原住民）一起狩猎时发现，得益于臀肌和排汗能力，人类善于长跑，这有利于他们的狩猎活动。利本伯格加入的狩猎队中，猎人们已经年近 40，但他们仍然能够在一天中最热的时候（42℃）追着羚羊跑 23—40 公里，一直跑到羚羊筋疲力尽，被人捕获为止。猎人们平均每小时能跑 4—6.5 公里，但有记录显示，有人曾以每小时 10 公里的速度跑了 35 公里。[45] 如前所述，这样的狩猎队由很多人组成，因此合作至关重要。

举例来说，北美的游牧部落会使用"围堵法"来猎杀野牛，[46] 这种做法至少已有两千年的历史。深入了解尼西塔皮人（Nitsitapii，或称黑脚印第安人，以下简称"黑脚人"）之后，就能得知此种"围猎"包含哪些具体做法。黑脚人进入北美大平原生活的历史至少可以追溯到 14 世纪，每个族群有 80—160 人，居住在 10—20 个圆锥形帐篷里，每个帐篷里都住着两个健壮的男人、两个女人，以及 4 个孩子或老人。春季时，他们会建起野

028

牛栏，让年轻人"哞哞"地模仿野牛叫，把牛群引到围栏里。狩猎主力则躲在围栏附近的岩石或灌木丛后，一旦牛群靠近围栏，整个游群就会跳起来，挥舞长袍，大声喊叫，吓得牛群狂奔涌进围栏里躲避。而在围栏里，早已有人等待着用棍棒和弓箭杀死这几十上百头野牛。随后，6名身强力壮的成年人会组成一个团队，负责处理这些野牛的尸体。他们会趁新鲜食用野牛的胃容物和内脏，并把大部分瘦肉晒成薄条状的肉干，再混入脂肪和干浆果，将其制成干肉饼，然后装进皮袋储存起来。这些干肉饼可供族群食用到第二年的春季大型狩猎期，此外有记录显示，他们也会将其用于对外交易。

几百年前，这些野牛猎人还未开始使用马匹，因此活动半径必然很小。春季大型狩猎期之后，数千人会在初夏时节聚居，到了秋季则分散到隐蔽的溪谷中。制作干肉饼时用到的浆果由妇女采集，与黑脚人的狩猎活动相比，这属于不同的工作类型——植物性食物的采集；除了采集浆果，妇女还需要种植克美莲球茎和草原萝卜。此外，妇女不仅要搭建帐篷、做饭、制衣，还要为每个人提供庇护，以及承担一项重点工作：主持仪式。

然而，除了狩猎，还有一种觅食活动同样需要密切合作——捕鱼。早在3000年前，伊坦姆人（Itenm'i）就在堪察加半岛定居，他们作为半定居的渔民、猎人、采集者，主要以季节性捕鱼为生。[47] 每年的5月至10月，鲑鱼洄游期，族群中所有身强力壮的成员——人数从几十人到两百多人不等，都会徒步跋涉到河口密集地带捕捞鲑鱼。男人成群结队地建造捕鱼堰，使用不同种类的网和矛来捕鱼，女人则对捕获的鲑鱼进行加工处理然后保存起来。她们在老人和孩子的帮助下把鱼晾在外面风干，也会拿一些来腌制。鱼干是他们最重要的食物，腌鲑鱼则是宴会上的美味佳肴，而鱼皮可以用来制鞋。除了这些集体的捕鱼活动，女人们还负责捕捉贝类，采集山莓、醋栗、狗鼻等浆果，以及坚果、青草和树根，还要缝衣制鞋，编篮织网，照顾孩子。其间，男人们猎捕貂、狐狸、海豹等毛皮动物，还负责提供燃料，制作雪橇和独木舟，以及准备食物。女人会在某些事务上占据重要地位，如主持传统的婚嫁典礼（新郎在婚礼前将与新娘的父母共同居住一段时间），以及萨满教仪式。只有两类人能够成为萨满：女性，或者从事女性劳动并身着女装的男人。在仪式中，萨满会使用萨满鼓，以及用鹅膏菌制成的致幻剂。

　　在以上两个例子中，合作是关键要素，这普遍适用于世界各地的狩猎采集活动，尤其是狩猎。若要成为一名成功的狩猎采集者，就必须学会合作，而且要学习很长一段时间。[48] 在前述内容中，我们已经了解到人类获得食物净产量所需的时间——14岁便要开始学习觅食，即便那时他们尚未成年。下文将简单介绍澳大利亚中部地区捕猎袋鼠的一种常见方法，借此了解狩猎采集者必须掌握的技能。这种狩猎活动须在午时，趁着袋鼠正于灌木丛中或小树底下乘凉时进行。

　　猎人首先要观察袋鼠的朝向，并调整自身位置，使自己的影子恰好与袋鼠面前的阴影重叠。他要站得笔直，全身赤裸，以免衣服随风飘动发出声响，然后再慢慢靠近袋鼠。他的手臂要紧贴身体，动作幅度很小，每次只向前轻探一条腿，以确保袋鼠不因看到他身形轮廓的移动而有所警觉。袋鼠在警惕状态下会来回轻跳，左右观察。经验丰富的猎人知道这一点，所以会等着这一幕出现，袋鼠一旦跳起，猎人也会随之起跳，再随之降落，与袋鼠视线保持平齐，同时一步一步地接近它。猎人一直保持这个动作，直到离袋鼠足够近时，就迅速用梭镖刺向袋鼠。

上述内容引自 20 世纪最有影响力的考古学家路易斯·宾福德（Lewis Binford）的观察记录，他详细而深刻地记述了成功狩猎所需的知识，却又加上一句："只要有把 AK47，你就不需要了解这么多了！"[49]

通过对人类学资料的比较，[50] 可以得出以下关于未成年人参与狩猎采集活动的训练模式：比示范教学更重要的是观察工具制作和狩猎过程，聆听狩猎故事，以及实际练习。在孩子很小的时候，大人就会给他们一些玩具或小型狩猎工具；当孩子长到 5—7 岁时，大人会带他们一起外出打猎；12—13 岁时，他们就开始和同龄人一起外出打猎，或是学习更多的狩猎技巧。到了青少年后期，他们将开始学习如何捕捉大型猎物。

030 以上描述极易造成误解，我们可能会因此把 1.2 万年前的漫长人类历史看作一段几乎没有技术进步的历史。事实显然并非如此。古人类的发展历程并不是一直停滞不前的，也不是突然在新石器时代变得异常活跃。甚至在新石器时代之前，古人类就已经取得了技术上和组织上的重大飞跃。最近，有研究表明，至少在 40 万年至 30 万年前，欧洲和近东地区就出现了人类在野外生火的现象，从而改变了当地的景观地貌和人类的生存方式。重要的是，这一现象发生在"据古人类化石记录，人脑之相对体积增长最快的那段时间范围内"。[51] 即使是懂得照顾病人和老人的尼安德特人，也在一定程度上具有较为复杂的认知能力，以及抽象鉴赏能力——18万年前建造的环石阵和13万年前用鹰爪制成的珠宝证明了这一点。[52]

在东非地区有两大尤为重要的发展。首先是语言的发展，人类语言大约起源于7万年前，然后在5万年至4万年前经历了"大跃进"式的重大发展，先是在东非和近东地区，稍后扩展到南欧地区。[53] 其次是标准化石器的出现，以及我们称之为艺术品和展示品的东西，比如用鸵鸟蛋壳制成的"珠宝"。最早的针、锥子、雕刻工具、鱼叉和绳子都可以追溯到这一时期。在法国、西班牙、印度尼西亚和南非发现的洞穴壁画、雕塑和乐器也同属该时期。[54] 同一时期，以智人为首的古人类开始进入热带和温带地区居住，而智人随后不久就成为古人类唯一存活的亚种。此外，在过去几十年里，考古学研究也并非停滞不前，只是现在的考古学家更喜欢以"数次跃升"这样的措辞来代替"一次大跃进"。[55]

射击武器的发明极大提高了捕获大型猎物的成功率。这一进步过程具体体现在从长期使用手掷长矛，转变为使用梭镖、梭镖投射器以及弓箭。弓和箭（或梭镖和箭）——用细石器磨得更锋利——的发明可能也促进了智人向欧洲以外的大陆扩散。

关于新石器时代之前的重要"发明"，还有其他典型例子，比如大概在2万年到1.2万年前，南部非洲人制作了毒箭，亚洲

人则驯化了用于捕猎的犬。还有一些不那么惊人但同样值得我

031 们关注的创新，如将食物保存更长时间的技术。对于狩猎采集
者组成的平等社会，顶尖的理论学者詹姆斯·伍德伯恩（James
Woodburn）主张将狩猎采集社会分为两种类型：一类是"即时
回报"型社会（通常在劳动后即时获得回报），另一类是"延时
回报"型社会（长期经济管理模式）。这种划分使人联想到路易
斯·宾福德提出的游牧民族和采集民族之间的区别。[56] 深受地形
影响，游牧民族需要频繁迁移营地；而狩猎采集民族的营地则较
为固定（冬夏两季或有变化），即便迁移也是以营地为中心，在
周围地带来回迁徙（与很久之后的牧羊人类似，见下文）。关
于"延时回报"型社会和狩猎采集民族的技术发展，可以参考
如下例证：极地和副极地地区的定居者使用各种技术风干和熏
制食物。还有一个很好的例子——日本绳文文化（前 14500—前
500）。在其文化早期，绳文族的狩猎采集者就已学会制作陶器
（储存食物的重要容器；制陶是一项无须外出的"静态"工作）
和漆器、打磨石斧、熏制食物、装饰器具物品。简言之，在人类
早期的非农业社会中，随着技术的重大进步，以及社会平等的持
续化，"静态"生活方式的确存在。[57]

　　陶器的起源地并非日本，制陶技术可追溯到更久之前。已
知约 2.5 万年前便已存在黏土雕塑，如欧洲中部著名的维纳斯雕
像；最早用火烧制过的陶器则出现在约 2 万年前的中国。狩猎采
集社会在学会制陶技术之后不久，又学会了将鹿角制成工具。在
环境相对恶劣的末次冰盛期（Late Glacial Maximum），这类陶罐
被用于烹煮食物。这种烹饪方式是一项重大进步，从兽皮隔火烹

制的旧技术演进为用陶罐在火上烹煮的新技术。4000 年后，这项新技术传到了日本，稍晚又传到了西伯利亚。[58]

对于狩猎采集民族而言，他们在坚持以狩猎和采集为主要生存手段的同时，其技术发展也不曾停滞，即使在其他地方的新石器革命结束之后也是如此。4000 年至 3000 年前，澳大利亚出现了带柄工具和种子研磨技术，这是已有技术的进一步发展。[59] 已知的技术发展还包括在南美地区独立发展出来的植物采集技术。[60] 可以肯定的是，农耕民族也进行了类似的技术创新。这类独立的技术发展也好，诸如西伯利亚的狩猎采集民族与农牧民族进行接触之后的技术发展也好，都可视作技术蓬勃发展之例证。[61]

女人、男人及儿童间的劳动分工

抚育后代是一项极为繁重的任务，在最早的古人类中，这一任务由男女共同承担——基于这一观点，我们现在需要回答的问题是：在某一特定时期内，女人、男人及儿童之间的劳动分工是怎样的？仅仅以人类学对现存或近代狩猎采集民族的描述为据，是无法给出清晰答案的——上述材料具有参考价值，却很难据此追溯远古的事实。[62] 现有的直接研究寥寥无几，只有一项相关的骨骼活动形态学研究成果。本书在此试图重现男女劳动分工的历史真相——这是一切劳动关系的基础。

人类学家凯伦·恩迪科特（Karen Endicott）总结了关于现代狩猎采集民族的所有资料，并得出结论："可以说，没有任何一个地方的女性和男性生活在完全平等的状态下。"据记载，在狩猎采集民族中，还存在殴打妻子和强奸女性的情况。尽管如此，凯伦仍然认为狩猎采集社会的女性比大多数当代社会的女性拥有更高的地位。她着重强调了这一通用结论，并提出一系列显著的观察结果作为支撑。在描述实际的狩猎采集活动时，凯伦写道："'男人狩猎，女人采集'是一种刻板印象，只能用来描述众多狩猎采集民族的日常劳动分工。事实上，狩猎采集时代的许多男性也会采集蔬菜，女性也同样捕猎动物——虽然后者通常不会被称作'狩猎'。"[63]

由于过度捕猎，大型猎物数量不足的情况经常发生；人类为了生存，只得更加关注小型猎物的猎捕和其他食物，这一现象随即促进了男女的劳动分工。与尼安德特人相比，现代人类更注重将采集作为核心生产任务。这一方面意味着食物采集者的风险有所降低，另一方面也促进了劳动分工的出现，因为游群中的每一名成员都可能被分配到特定任务。采集到的种子、坚果和块茎需要进行研磨加工，从而催生了进一步的分工。[64]

至于其他非觅食类任务，则按不同的方式进行分工。男性和女性倾向于从事与其觅食任务相关的工作，而其他任务的分工，如建筑工作，则因族群而异。最后是照顾婴幼儿的任务，虽然主要由母亲承担，但孩子的父亲也会在不同程度上有所参与。

关于对澳大利亚的近代狩猎采集民族，即原住民的描述，最有力的证据可能来源于19—20世纪的许多游记和民族志研究。在这类民族中，劳动分工通常存在明显的性别差异，即男性狩猎体型更大、更危险的猎物，女性则负责搜觅食物（包括捕猎小型动物）、烹制食物、抚育孩子。专注于研究非洲大陆的人类学家曾不厌其烦地强调，这样的分工可能导致社会关系的不平等。[65]
但这也存在许多例外情况，例如，澳大利亚西部菲茨罗伊河谷的
金伯利人（Kimberley）虽也采取基于性别的劳动分工，但其分
工方式被描述为"互补型"分工。

> 虽然女性更多地从事食物采集工作（如野生土豆、西
> 红柿、芭纳纳葱、野生蜂蜜等），但同样也会捕猎小型动
> 物（如蜥蜴）；男性更多地从事狩猎活动，同样也会采集野
> 生蜂蜜等食物。准备和烹饪食物的任务虽然通常由年长的
> 女性承担，但有时会由大家共同分担……对于女性，尤其是
> 20—60 岁的女性而言，她们通常要照顾子女和孙辈，所以
> 要花相当多的时间来获取食物，才足以养育尚无谋生能力
> 的子孙后代。[66]

据悉，与澳大利亚其他地方的原住民相比，澳大利亚东南部的拿
林杰里人（Ngarrindjeri）在食物采集和加工方面的劳动分工并不
存在那么明显的性别差异，分工也更为公平。[67]男性负责狩猎和
捕捉鱼类、鸟类、哺乳动物、有袋动物、爬行动物等作为食物，
其猎捕对象数量庞大且品种众多，故在食物搜寻上需要比女性花
费更多的时间和精力；女性则专门搜集种子、浆果、蔬菜、植物
和贝类等食物，搜集对象较为专一，且通常以合作的方式进行。
类似的例子还存在于澳大利亚北昆士兰地区的约克角半岛——在
原住民中，男女在劳动分工方面相对平等。[68]

据记载，博茨瓦纳和纳米比亚的芎瓦西人（Ju'hoansi）在

狩猎时，男女之间有着很紧密的合作关系。[69] 他们的日常饮食中有 2/3 是植物性食物，尤以女性采集的水果和蒙刚果（或称曼杰提果）为主，肉类食物反而居于次要地位。尽管人们非常渴望肉食，但肉食的获取往往需要男女一齐出动，并辅以精湛的捕猎技术、强壮的体魄以及经验技巧才能够实现。通常来说，男人打猎时，其妻子会帮忙追踪猎物，当然，还会协助进行猎物的宰杀和烹制工作。这种男女之间的合作基础可能是，一个 15—50 人的族群的核心组成往往是男女双方的几个兄弟姐妹以及各自的"姻亲"伴侣。结婚后，男性通常也成为妻子家庭族群中的一员。与上述男女分工对应的是，经济权和决策权都掌握在女性手中。

近来，在刚果东北部伊图里森林的俾格米特瓦人（Mbuti Batwa）中，也发现了类似的男女合作的狩猎方式。[70] 他们主要的捕食活动是集体网猎——把大约 10 张 1 米高、30—50 米宽的网连在一起，形成一个大的半圆形网。然后，女人们反复击打灌木丛，将灌木丛中的猎物赶至网内，男人们则负责收紧大网，并将困在网中的猎物杀死。随后，再由女人们将猎物运回营地。

19 世纪时，在火地岛的雅玛纳人（Yámana）族群（或与雅玛纳人拥有相似生活方式的族群）中，依然存在男女双方密切合作的狩猎方式。雅玛纳人自 6200 年前就居住在比格尔海峡地区，[71] 是典型的海上狩猎民族，他们更多时候会在冬季捕猎。捕猎时，他们会乘船出发，一靠近海豹和鼠海豚，就用鱼叉将其捕获。当地的狩猎队伍通常由 15—20 只独木舟组成。像海上捕猎这样的日常活动需要男女间的密切合作，通常由妻子熟练地操纵独木舟，帮助丈夫找准时机，成功捕获猎物。除了建造独木舟不需要女性参与，其他所有与独木舟相关的任务都由女性承担，她们有权向其船员下达命令。寡妇和鳏夫的再婚关系也与此密切相关——是维持"独木舟式"平衡的关键。[72]

在最新的人类学谱系中，有较为极端的案例——女性独自狩猎，比如吕宋岛东部的阿埃塔人（Agta）。在阿埃塔人的一些族群中，女性可以捕猎菲律宾鬃野猪、鹿、猴子和其他小型猎物；同时男女都戴着眼部护具，拿着钢丝矛在河里和太平洋沿岸捕鱼。他们每天都要捕两三次鱼，这些鱼是他们的主要蛋白质来源。阿埃塔儿童可能从 4 岁就开始"玩"钓鱼，10 岁左右开始和父母或兄姊一起去打猎。最新的考古学和历史学证据也表明，女性独自狩猎是真实存在的，比如在近代早期的达荷美共和国，就有女性猎象行会；又如 8000 年前，在安第斯高地和美洲地区其他早期族群中，狩猎大型动物也有女性参与。[73]

基于过去几百年来对狩猎采集者的上述所有观察结果，我们可以得出以下结论：在觅食方面，男女双方都发挥了关键作用。但在准备食物方面，女性似乎扮演了更为重要的角色；同时毫无疑问，他们也花了大量时间照顾婴幼儿，直到孩子成长到至少 4 岁。此外，"异亲"的作用也不容低估，尽管在这方面女性似乎比男性更具代表性，或者说，至少祖母比祖父更具代表性。

当然，最大的问题在于，上述所有观察结果，是否可以简单地套用到 1.2 万多年前的古人类身上？要获得基于性别分工差异的考古学证据并非易事。[74] 在秘鲁中部海岸的拉帕洛马，曾发掘出一些狩猎采集族群的定居点，它们存在于 8000 年到 5000 年前。这些发掘表明，族群中的男女都曾从事着同一种繁重的工作："可能是由于经常拉网，男人和女人都进化出了更加强壮的上半身肌肉，且双方都因搬运重物而患上了轻微的关节炎。"[75]这些发现似乎推翻了"男人狩猎，女人采集"这一陈旧而简单的对立概念。不过，古代狩猎采集者的骨骼材料显示，男性肘部肌腱的损伤比女性的要严重得多，这表明他们在狩猎过程中主要负责投掷武器，因此更容易患上"投掷者肘（即尺侧副韧带损伤）"的毛病。[76]

狩猎采集之外的活动

对于古人类而言，狩猎和采集是最必要和最重要的生产活动。但这并不意味着在农业出现之前，他们没有除了狩猎采集外的其他活动。他们也会有空余的时间，从事一些私人活动。因此，我们还必须更深入地研究狩猎采集族群的社会关系，因为这对更好地理解其工作具有直接意义。

专门化分工

起初，现代人类在全球的迁徙涉及的范围很广泛，这就导致，除了采集、准备食物和防御天敌的任务外，在新地区间的频繁移居和跨越气候带的行为衍生出了其他工作。4.5万年前，就有人类迁徙到了较冷的北半球，而想要在此处生存，就必须有火种、衣物[77]（这是动物所没有的）和住所[78]（一些动物有居所，但一般是在洞穴中）。

我们已经知道，火的重要性可以体现在户内取暖和食物烹煮上，以及户外景观多样性的创造上；除此之外，火还具有社会意义。[79]它能令人感到温暖舒适，有助于促进社会关系。有了火，相当于白天的时间得到了延长，人们不再日落而息，有机会在一起讲述故事、传承神话、举行仪式。以上活动不同于白天的谈话，后者在本质上更偏重实用性。

然而，据我们所知，古人类劳动分工的专门化并未受到用火活动的影响，而实际产生影响的可能是衣物和住所的出现。最古老的带孔针（用于缝制动物皮毛）可以追溯到 3.7 万年前，用于编织的绳子则可以追溯到 2.6 万年前。值得注意的是，同一时期的维纳斯雕像已经头戴编织而成的帽子，身着由植物纤维制成的衣服。由此可以得出以下结论：编织工艺最初是由女性发明并使用的。[80]

不过，我们可以假设，此处讨论的并非全职工作。[81] 全职从事该类工作的人员无法自行觅食来满足自身的食物需求，但他们可以通过再分配轻松获得食物。按照美国著名人类学家马歇尔·D. 萨林斯（Marshall D. Sahlins）的观点，早期狩猎采集者之所以几乎没有发展出专门化分工，是有其他原因的。其中一大原因在于，这种生存模式迫使人们不停地为捕食而奔波，最后的所得物分配也成了一种负担。引用萨林斯广为人知的表述，就是"流动性与所得物之间存在矛盾"。[82]

尽管如此，萨林斯也确实考虑到了现代民族志研究所忽略的，另一种可能出乎人意料的专门化分工形式——艺术劳动。[83] 虽说视觉艺术在更早之前便已得到发展，但似乎直到大约 4 万年到 3.5 万年前，工艺水平才发展到近乎完美的地步。这一点显然体现于该时期最古老的洞穴壁画中肉眼可见的特殊工艺。这些壁画是在法国和西班牙的洞穴中发现的，例如肖维洞穴、拉斯科洞穴和阿尔塔米拉洞穴；同类壁画也存在于印度尼西亚的洞穴中，不久之后在南非洞穴中也有类似的发现。也许更令人惊讶的是，这种特殊工艺曾在千百代人中传承不断。在持续时间如此之长的高水平工艺背后，一定存在"某种令人信服的传授形式"。[84] 另一些学者则指出，至关重要的一点在于，这要求有足够数量的跨代个体共存。[85] 帕特里克·曼宁（Patrick Manning）将这种制度演变中的"基本形式"称为"工作坊"（workshops）。[86]

有的族群也会参与重要物品的交换活动，无论以今天的标准来看，该类商品流动是多么的微不足道。针对这一时期，我们主要讨论的是作为族群流动之结果的外来物品传播，而不是字面意义上的"贸易"——后者在新石器时代晚期才发展起来。[87] 对于这种"交换"的典型，我们可以再次以澳大利亚东南部的拿林杰里人为例，他们拥有发达的物质文化。[88] 与大洋洲大陆其他地方的族群相比，拿林杰里人的经济活动具有更高程度的专门化；这既与蔬菜、鱼类和肉类的季节性保存方式有关，也是因为资源的可得性存在区域差异，有时还会因特定氏族而异。拿林杰里人中已经出现一些核心职业的从业者，虽然并非全职工作：包括作曲家、巫师、医师以及加工毛皮、制作斗篷和编制竹篮之类的手工业者。日趋完备的贸易路线使远方的红赭石和原产烟草得以流入。因此，在拿林杰里人领土之内和之外都存在较为活跃的商品交换体系，也就不足为奇。交换物包括斗篷、地毯、网、线、动物油和鱼油等特色商品。此中涉及的活动有贸易探险和物物交换，也在个人及其家庭之间催生出更为正式、持久且具有重要文化意义的礼仪馈赠关系。

之所以判定史前时期不同区域的族群间存在物物交换，最早是因为有人发现，燧石曾出现在其自然原产地以外的地方。这些燧石最初是通过人际关系网，经"传递式交换"到达那里的。但这并不足以表明不同人群之间存在某种形式的劳动分工。物物交换对相关族群的总体活动模式产生了多大程度上的影响？这是否催生出了其他社会关系？这些都尚不清楚。举例而言，我们确定在今巴基斯坦南部的信德省罗里山（Rohri Hills）工厂遗址，曾经有某个或某些族群生活过；但对于他们之间的劳动分工，我们所知甚少。我们只能通过遗址判断，那里的古代族群曾专门采购并使用过优质燧石，该行为一直持续到公元前 1000 年。[89]

与此相关的还有狩猎采集群体之间的物品互换。在安达曼岛民中，丛林游群和沿海游群之间会进行内部的物物交换。这些游群大小不一，每个游群由 20 人至 50 人组成。在丰水季，丛林居民会用弓箭猎杀野猪，沿海居民则用渔网或鱼叉捕捉海龟。"猎猪人（丛林居民）"用黏土颜料、陶土、蜂蜜、弓箭木、木筏和槟榔等物换取"猎龟人（沿海居民）"在海岸收集的金属、用作装饰品的贝壳、绳索、丝线以及可食用的野生青柠。游群间会轮流举行交换仪式。此外，"猎猪人"和"猎龟人"之间的婚姻是由长辈安排的（已婚女性通常共同参与营地的重要决策）。除了打猎，男性会和女性一起承担其他所有的日常活动，包括照顾孩子、做饭、采集大部分食物和物资。[90]

工作与休闲：原始时代的富裕社会？

对于原始社会工作与休闲二者之间的关系，我们的认知几乎全部基于人类学观察——观察对象是 1925 年至 1975 年遗存的，仍以狩猎采集模式生存的少数代表性族群。萨林斯据此认为，虽然狩猎采集生活方式有时很艰苦，但成年人每周仅劳作两三天所采集到的食物，便足以供给整个族群一周的食物需求，也使得他们拥有了大量的休闲时间。1968 年，萨林斯发表了一篇颇具争议的文章，他在文中将此类狩猎采集者生活的社会称为 "原始富裕社会"（original society），并将这一时期的历史进程称为市场经济出现之前的 "禅式富裕之路"（Zen road to affluence）。在该时期，技术手段 "单一恒定，但总体上合乎需求"，因而人类有限的低物质需求很容易得到满足。当然，与后来的时期相比，当时的生活水平很低。市场经济时代的社会却正好相反——物质生产水平高，但人类的物质欲望更高，因此难以满足。随后萨林斯又指出："人类的需求是巨大的，甚至是无穷的，而人类的供给能力是有限的。不过人类可以提升自己的供给能力，因此，需求与供给之间的差距可以凭借工业生产力的进步来缩小，至少可以达到'必需物资'极大丰富的程度。"[91] 上述引文引自约翰·肯尼思·加尔布雷思（John Kenneth Galbraith）十年前出版的《富裕社会》（*The Affluent Society*）一书，该书对 "二战" 后美国社会状况所作的分析颇负盛名。

在新石器革命之前的漫长人类历史中，发生过无数次技术和社会变革——这些变革的内在逻辑，乃至于新石器革命本身的逻辑，似乎都与萨林斯的技术手段单一恒定且逐渐进步的观点相左。此外，萨林斯似乎还忽略了一点：通过建立主流共同规范，以及通过维持庞大的父系母系社会网络来分散风险，是具有必要性的。[92] 对于萨林斯的基本观点——"需求有限，欲望不高"意味着狩猎采集者有"充足的休闲时间"——美国人类学家罗伯特·L. 凯利（Robert L. Kelly）从根本上提出了批评。凯利还抨击了由萨林斯及其同僚提出的、流行甚广的"普遍觅食模式"，通过将其与狩猎采集社会内部的显著差异——以及用于觅食的时间因环境而存在的巨大差异——进行对比。简言之，"所谓'禅式经济'（Zen economy）也必须服从生态环境的基本法则"。[93]

在重新构建对原始时代"休闲"情况的认知时，我们需要解决的问题之一，就是"工作"的定义。例如，凯利指出，工作——特指人们离家在外所做的工作——其定义往往是不自觉地根据西方国家的有关情况而得出的。换言之，在研究狩猎采集社会时，"花时间在丛林中寻找和获取食物的行为"和"在营地中加工食物所进行的劳动"，二者之中，只有前者能被定义为"工作"。[94]

也许萨林斯关于休闲时间的观点主要适用于儿童和青少年，而非成年人。所以，接下来的话题就转到对"成年人"群体的讨论。几乎所有人类学文献都显示：狩猎采集者在婚前仍然享有极大的自由，不以游群正式成员的身份参与集体合作活动。据此我们可以猜想，对于原始人类走入婚姻这件事，应当存在某种阻碍。对于女孩来说，这可能与她们的月经初潮来得很晚有关——她们在 16 岁左右才会经历初潮。[95] 所以，女孩的结婚年龄在 15—20 岁。男孩则比女孩晚 5 年。结婚较晚，以及工作时间相对较短这两点，或许正好解释了喀拉哈里沙漠的布须曼昆人（!Kung Bushmen）中为什么会有这么多健康、充满活力的青少年——他们活跃于不同的营地间，担负照顾幼儿的重要职责，年长的亲属则为他们提供食物。[96]

与青少年形成鲜明对比的是勤劳的长辈，尤其是祖母辈。毕竟，虽然当时的平均预期寿命只有 30 岁，但能够从 15 岁活到 45 岁的概率仍高达 60%，能够活到 60 岁以上的人口比例也有 8%——有些人寿命长达 72 岁，这是现代人类身体的"设计寿命"所能达到的极限。[97]

成年狩猎采集者要花多少精力和时间才能凑齐他们的食物？据计算，20 世纪 60 年代，博茨瓦纳和纳米比亚的昆人或苟瓦西人由女性负责觅食，她们平均每年要步行 2400 公里的路程，即每天步行 6.6 公里，去执行觅食任务。[98] 同时，她们在返程中还要携带工具和 7—10 公斤的植物类食物，而且往往还得带着一个孩子。一般来说，在孩子出生后的前 4 年里，母亲每年要带着孩子走约 7800 公里的路程，相当于每天走 5.4 公里。根据记载，在巴拉圭东部的阿谢人（Aché）中也可见类似的模式：一天之中，男人艰苦狩猎 7 小时，女人则要花 2 小时觅食，另外，还要再花 2 小时带上沉重的物件迁移营地，剩余的时间则花在精心抚育后代上。[99] 当然，这里指的是照顾那些还活着的孩子。这一方面是因为当时的婴儿死亡率非常高，另一方面则是因为，在如此艰苦的生活中，那些存活概率渺茫的婴儿会被主动杀掉。[100]

在过去的 2000 年里，圭族人（Gui）和加纳人 (Gana) 可能一直生活在博茨瓦纳中部地区。据观察，这两个狩猎采集族群中存在类似的工作时间。这些狩猎采集者于1979年开始定居生活，此时每个族群的平均领地范围约为300平方公里；在此之前，这一活动范围则约为50平方公里。男人每周要狩猎3—5天，每天5—12小时。这些狩猎活动能供给20%的食物量，剩下的则来源于女人采集的植物类食物，她们几乎每天都要花1—5小时来搜集块茎、坚果、浆果、瓜类、松露和百合等植物类食物。[101]

显然，如能再现奎瓦人（Cuiva）的工作状态，才能更好地印证萨林斯的观点。奎瓦人生活在哥伦比亚和委内瑞拉的交界地带，他们每周的工作时间不超过15—20小时；同时，他们大多数人一天中有15—16小时是在吊床上度过的。[102]然而，在以最大摄氧量表示的体质测试（其方法与力量测试类似）中，现代狩猎采集者的平均体质强度比现代北美人高出整整1/3。[103]如果这一测试结果能够反映狩猎采集者的整体情况，那么，整天窝在吊床上的那部分人就肯定是少数。

关于狩猎采集者每天的工作时长，已有越来越多的人类学家试图提出数据统计的结果。[104]对于广义的"工作"来说，成年男性与女性投入其中的时间都在每天6—8小时。虽然赫尔迪的说法是，所有灵长类动物都是"社会机会主义者"（social opportunists），其照顾行为具有高度灵活性，但我仍然认为，在上述工作时间的基础上，还得给男性"异亲"再加上1小时，即额外照看孩子的工作时间。[105]至于女性，她们在觅食、备食和加工食物等工作之外，更要花一定时间照顾孩子。[106]此外为了恢复体力，他们每天还需要7小时的睡眠时间——如果白天有机会小睡 2 小时的话，则休息总时长最高可达 9 小时。[107]

　　工作与休息之外，一天中剩下的时间——男性约有 9 小时，女性则少一些——是用于社交义务还是休闲活动呢？二者或许很难划分，但根据过往文献中对时间使用方式的描述来看，投入在社交义务上的时间显然更多。[108] 至少诸如拜访和招待客人、跳舞和赌博这样的活动都应被定义为"社交义务"，因为游群每个成员都难以远离这些活动。抛开别的不谈，这种活动起码发挥了某种安全保障作用。觅食活动的合作性质，以及在一定程度上，育儿活动的合作性质，也都是族群成员选择参与社交义务活动的理由。男女成员用于社交义务活动的时间看似有差异，但这在某种程度上来说是一种错觉，因为在某些情况下，母亲和其他女性所共同承担的高强度育儿任务，可能其本身也是一种社交义务。即使当其他人照顾孩子时，母亲也总是待在孩子身边。在刚果民主共和国的特瓦人族群中，婴幼儿有 60% 的时间和母亲以外的其他女性在一起，据计算，她们每小时会将孩子转手 8 次。当然，照顾孩子最多的那个人还是孩子的母亲，她也要长期承担给孩子哺乳的义务——尽管其他女性有时也会给非亲生孩子哺乳。[109] 虽然族群成员需要花费大量时间和精力来照顾婴幼儿，但后者在其成长过程中，也会给整个游群带来源源不断的快乐。

　　人类的这种时间分配方式与大多数非人属灵长类动物大不相同，后者每天会花 50%—60% 的时间寻找食物和进食，30%—40% 的时间休息，剩下 5%—15% 的时间则用于社交活动。[110] 换算成小时数可知，狩猎采集者的觅食效率大大提高，从而可以更多地参与社交活动或义务——后者也可视作其生存手段的一部分。[111]

另外，许多人类学家认为，狩猎采集者并不把工作看成一种负担，而是将其视为一项与休息交替进行的愉快任务。这一说法看似非常主观，但确有事实佐证——如澳大利亚北昆士兰的伊尔约龙特人（Yir Yoront），他们的语言中没有单独的词语分别表示工作和休闲。这与英语完全不同——在英语中，"labour"一词可以指艰苦的劳作，也可以指分娩活动，二者都是艰苦之事。[112]

社会关系

狩猎采集社会具有流动性特征，社会成员以小族群或小游群为单位聚居，因此，这一时期（70万—1.2万年前）的人口密度非常低——这意味着一种特殊的社会形式。所有专家都认为，与农业社会相比，此类狩猎采集族群中的社会平等性要高得多。[113]这通常是由于，在流动性的影响下，狩猎采集者以小群体聚居、以互惠形式获取食物，物质财产保持在最低水平，缺乏对食物存储的考虑，也缺乏通过争斗来解决问题的动机。[114]

从进化的角度来看，英国人类学家兼进化心理学家罗宾·邓巴（Robin Dunbar）认为，根据"社会脑假说"，晚期古人类的大脑容量使他们能够从大型猿类社会特有的"分散式（或分裂—融合式）社会系统"过渡到具有强大群体凝聚力的社会。[115]大脑容量的增加（或者更准确地说，大脑新皮层容量的增加），使得智人能够在更大的社群中生活。邓巴将（区域性的）"族群"或"社群"定义为：由生活在同一区域的一群人组成的团体，其社会关系明确已知，有时也被称为"认知族群规模"（cognitive group size）。[116] 每个族群平均至少包含 500 人或 20 个游群（分别含 25 名成员），以使性别比达到稳定，确保基因库足够多样化（换言之，禁止近亲交配），从而繁衍出足够健康的后代。[117] 不过，尽管生物学意义上的族群规模有限，但社会学意义上的族群却可以扩展到其最大值，而且重要的是，二者本质上并无区别。

扩大族群规模有利也有弊。这样做的好处是，族群成员能够相互协助、进行专门化分工、开展教学活动，以及建立更广泛的贸易交换网络，从而在更加危险的自然环境中生存下来；但随着时间的推移，建立和维系具有社会凝聚力的大规模族群的弊端日益凸显。对此，邓巴给出了有说服力的解答：

> 在族群中，个体被迫聚居在相对有限的空间里，彼此间免不了有相互妨碍的情况，而这正是群居生活使人感到紧张和挫败的原因。而且，随着族群规模的扩大，个体就得到更远的地方去觅食，以满足日常营养需求，因此产生了实际生态成本——这种成本的衡量标准是额外的行程时间，以及额外行程所需的额外食物摄入量。此外，族群规模的扩大还会增加个体遭受骚扰和攻击的概率，这可能消解族群内的凝聚力。

简而言之，社交技能"既有剥削个体的作用，也有凝聚族群的功能"。[118] 剥削族群同伴的行为被称为"搭便车"，这种做法是在不付出任何短期成本的情况下获取长期群居性利益，会威胁到隐性的社会契约，最终还可能威胁到社群的维系。为了约束"搭便车者"，必须防止他们盯上新的受骗对象。在大型、分散的社群中，"搭便车"的问题更为严重，这就解释了智人为何会诉诸宗教，将其作为"一种极其强有力的手段，用于强制达成社会一致性（进而发起对搭便车者的讨伐）"。[119]

043

如前所述，在大多数实际情况下，每个狩猎采集游群构成各自的主体工作单元，工作时并不会遇到同一族群中其他游群的成员。只有在极少数情况下，不同游群间才会进行联姻或交换珍贵物品。事实上，这种游群之间的联姻行为对于我们所讨论的"工作"这一主题非常重要，因为这意味着有一个工作团体失去了一个身强体壮的成员，另一个团体则获得了一个新成员。而格外有趣的是新成员的适应过程，一方面是对夫妻身份的适应，另一方面则是对新游群的适应。人类学家煞费苦心，对他们的婚姻模式、婚后居所以及血统和继承规则进行了描述和分析。至少从20世纪30年代起，就有学者认为，在史前时期，人类就已经有了游群成员随父/随夫居住的社会规则，即儿子与父母住在一起，婚后其新娘必须离开自己的家庭和游群，加入丈夫的家庭和游群中。[120] 自此以后，新郎的父母和新郎本人将最终教会新娘适应新的生活，如此一来，劳动力和劳动关系都会随之发生转移。这一规则是男性"自然优势"支配的结果，使得男性能够留在自己游群所在的区域，对于这个区域，他们非常熟悉，在头脑中也早已形成一幅区域资源地图，以确保狩猎的成功。

前文对男女狩猎角色的多样性已有叙述，除此之外，狩猎采集社会现存的婚姻模式也有了最新的详细统计数据。在此基础之上，有人提出了各种不同的观点。这当中有些人是激进派，倾向于颠覆既有观念，比如赫尔迪；但赫尔迪的统计数据与罗伯特·L.凯利的统计数据并不一致，后者更为广泛细致。[121] 幸运的是，我们并不是只能依赖于人类学研究。如前所述，很显然，在古人类的进化过程中，异亲育儿现象出现的时间要早得多。因此，我们不能排除，母系社会在当时也很盛行。[122]

不过，赫尔迪的这一观点——早期的随母居住制度（matrilocality）促进了父亲育儿行为的产生——仍具有一定趣味性。她认为，所有男人都有育儿天赋，但他们育儿行为的培养只能依靠直接的生物学途径——与新生儿的实际接触。对于这个问题，比起父系社会，母系社会能让母亲有充足的安全感，以便更快地让父亲融入育儿活动中。因为在父系社会中，母亲实际是在婆婆的权威之下，缺乏足够的安全感。在父系母系混合制社会中，孩子出生时是随母居，比如，新郎要先为岳父岳母工作一段时间，以此支付结婚聘礼，这段时间结束后，孩子再随父居。有了照顾新生儿的经验，从此以后，哪怕没有外祖母和其他外戚的帮助，父亲也能轻松地承担起育儿任务。[123]

1.2 万年前或更早的时期，世界上已知的古人类只有狩猎采集者，他们的社会关系影响着工作分配与工作组织，但是，当前对这种社会关系的重构并不意味着，自该时期以来的所有狩猎采集族群都存在这种社会关系。后来，得益于极为有利的自然资源条件（与种植者和农民之间的商品服务交换行为也是部分原因），他们积累了财富，由此产生了极具差异性的社会形态。

例如，等级社会的形成是因为鱼类洄游带来了丰富的鱼类，如鲑鱼和鳟鱼，构成了定期的食物来源，使得某些狩猎采集族群在一年中的大部分时间里，过上一定程度的定居生活，继而发展成等级社会。此类例子包括美国西北海岸的原住民、阿拉斯加的富裕民族——阿留申人（Aleut）和佛罗里达州的卡卢萨人（Calusa），以及生活在亚洲类似地区的民族——西伯利亚的尤皮克人（Yupik）。

自公元前 500 年起，其中一些民族及其史前祖先（此处谈论的是有数百年聚居历史的那部分人）就开始生活在大型的半定居居住点，并产生了领袖、平民和奴隶的社会分化；只是这些族群规模较小，且仍然完全依赖于野生食物。他们的社会和物质文化较为复杂多变，一些族群会实行一夫多妻制。他们居住在大型雪松木板屋里，偶尔还会购买奴隶以彰显地位或负责保育幼儿。有时会有一些家庭无法偿还宴请债务，只有在这种情况下，他们的社会地位才会下降。[124]

更重要的是，我们不应忘记家庭内部也可能存在不平等的劳动关系，原因很简单，家庭内部成员之间有着年龄差异或性格差异。对此，可援引 50 年前，一个多格里布人（Dogrib，加拿大的驯鹿狩猎－捕鱼民族）对一名人类学家说的话作为例证："和父亲一起干活时，你就得揽下所有的活儿，累得半死。和兄长一起时也是这样，他才不会有多勤劳，只盼着你把大部分的活儿都干完。所以，去干活时别总带上自家兄弟来搭伙，大多数时候，最好带上妻子娘家的姻亲兄弟。"[125]

***

在现代人类存在的几十万年中的大部分时间里，一直到距今1.2万年，人们都仅靠狩猎和采集食物来维持生存。时至今日，一小部分人——古代狩猎采集者的后裔——仍然以这种方式生活着。结合考古学、灵长类学、人类学和古遗传学的最新研究，我们可以对人类工作和劳动关系的起源形成一定的认知。

总之，自现代人类出现以来，人类社会就逐渐发展出一种知识密集型的生活模式，其特征是在年轻人漫长的青年时期里，父母辈和祖父母辈会向他们传授知识，教会他们很多东西。在这一学习过程中，他们学会了如何获取更多样且优质的食物，还学会了使用火和管理居住区域。反过来，较短的生育间隔期也使得他们能在拥有一大群兄弟姐妹和同龄人的环境中成长。

在有关"工作"的现代研究中，其重点在于工作中高度的相互依存关系，以及由此产生的合作关系。日常工作有另一个重要任务——照顾脆弱的婴幼儿，这主要由母亲负责，但其他游群成员也承担了其中的重要部分。正如本书所述，若从广义上定义"工作"，即包括对家庭成员和孩子的照顾，则成年男性需要每天工作8小时，成年女性需要每天工作10小时。与后续社会形式中的工作时间相比，这样的工作时间并不算长。当时的社会等级制度还不发达，除了老人和孩子的辈分关系外，其他等级关系都很罕见，更不用说奴隶制。家庭内部的劳动关系，以及由若干家庭组成的游群内部的劳动关系，都具有很明显的互惠与合作特征。尽管如此，远古人类的生活仍然很艰苦，掠食者和疾病，甚至是侵略，都会使他们遭受惨重损失，所以这个时期并非所谓的"黄金时代"。但是，在这段漫长的历史中，所有人类都以狩猎采集为生，这在人类工作史上占据着独特的地位。在随后的时期，尤其是公元前5000年以后，随着农业的进一步发展，狩猎采集者工作中的许多要素也发生了改变；不过在此前漫长的历史中确立的某些基本要素仍然发挥着作用。尤其是在工作中获得的满足感、自豪感和愉悦感，以及以合作方式进行工作的倾向性和对平等劳动报酬的争取，这些将在后续章节中进一步探讨。

第二章
农业与劳动分工
公元前 10000—前 5000 年

右侧是一枚乌鲁克时期的

大理石圆柱印章，

印章上一名男子正在喂羊群，

其身份或为牧师，或为神祇，

左侧是该人物的黏土印模

046 　　狩猎采集者的工作内容主要是广泛地寻找生存物资。一旦出现食物匮乏，他们就必须迁徙到更远的地方谋生。智人起源于非洲，但随着时间推移，他们逐渐迁徙，遍布北极冰盖以南的整个旧大陆（欧洲、亚洲和非洲）。同时，他们需要不断适应不同的环境——不同的气候条件和生态环境，还得借助火进行居住区域管理。大约2万年前，以非洲的人类起源地为中心，人类的聚居地四处拓展，从东南方向的塔斯马尼亚岛到西北方向的爱尔兰岛，从西南方向的南非到东北方向的日本，而这些地区之间的日常饮食有着巨大的差异。

　　在距今1.2万年，即公元前10000年前后，人类的食物来源逐渐发生了明显的变化，这给周遭的动植物带来了极大影响——比他们以狩猎采集为生的祖先更甚，也由此改变了人类对可用资

048 源的利用。[1] 野生动植物不再是唯一的食物来源，人类转而开始栽种植物、圈养牲畜，这使得他们对野生动物（鱼类除外）的需求急剧下降。

　　在本章中，我们的研究范围会有所缩小，即从分析整个狩猎采集游群中的劳动关系，转向分析农民家庭内部的劳动关系。农民为自身消费而劳作，尽管按性别分工的现象更为突出，但他们之间大体上仍维持互惠的劳动关系。农民的"部落"由数百户

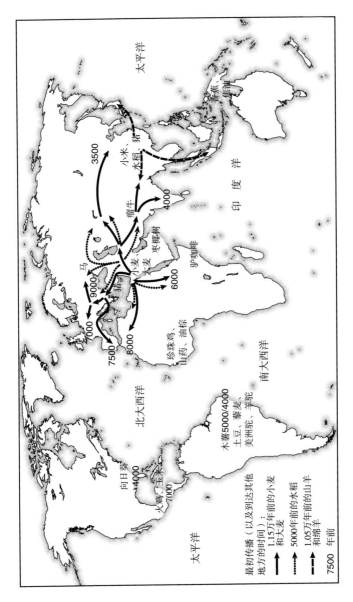

地图 2 谷物及山羊/绵羊的传播和驯化起源

或数千户农民家庭联合构成，由此产生了一个问题：他们之间的劳动关系是怎样形成和发展的呢？农户与铁匠、陶工和织工等新兴专业人员之间的关系——与印度的贾吉曼尼制度（Jajmani，见第 143 页）类似——可以被视为市场之外的交换本地产品和服务的互惠关系。在比较大农户和小农户之间的关系时，我们发现有两种社会模式：一种是非洲模式〔或称班图（Bantu）模式〕——数千年来，这种模式下的不平等现象少之又少，这可能是因为人口密度低，社会流动性高；另一种则是"扩张者（aggrandizer）模式"——这种模式存在于亚欧大陆部分地区，其主要表现形式为丧葬习俗中的明显社会地位差异。

本章首先将简要概述专家们对"新石器革命"的看法（见第 48—56 页）；其次会重点讲述农业生产劳动（见第 56—61 页）；在此基础上再来探讨男女在粮食生产上的劳动分工（男女农民的劳动分工，见第 61—65 页）；最后探寻新石器革命与可能出现的家庭间不平等之间的联系（见第 65—72 页）。劳动分工既存在于部落中，也发生在农民家庭和其他家庭之间，还初步出现于部落首领与其家人之间，以及部落首领与期望获得报酬的族人或同胞之间。

新石器革命

在历史上，农牧民族与狩猎采集民族共存了数千年之久，但后来前者成为主流，后者日渐式微。导致这一现象的环境变化有哪些？这是困扰了几代考古学家的问题，至今仍未完全解决。[2]不过，其中两点因素是非常显著的：气候变化和过度捕猎。大

约1.2万年前，气候变化（虽非骤变）导致全球气温明显上升。[3] 049
起初，气温的逐渐升高促进了人口增长和进一步的全球人口迁移；随后，又迅速加剧了人类的劳动分工。气候由寒冷干燥转变为温暖潮湿，为动植物的茁壮成长创造了环境，进而也导致狩猎采集族群发展得更为壮大。欧洲东南部和西伯利亚的大草原上植物类食物大量增加，促使人口不断增长，社会关系更为紧密，产出物的相似性也更高，比如在中东地区早期纳图夫人（Early Natufian）的社群（1.23万—1.08万年前）中，就发现了多种形状相似的小型石器。

　　然而，在气候变暖之前，狩猎采集族群的狩猎方式就已经发生了根本性的变化。[4] 一些著名的洞穴壁画上描绘了姿态各异的动物，从中可以看出，史前猎人十分偏好猎食大型有蹄类哺乳动物。哪怕经历了几次重大的气候波动，他们仍保持着这种偏好。但从3万年前开始，这些肉类在人类饮食结构中的比例急剧下降，在亚欧大陆西部的一些地方，就存在这种现象。当时气候相对比较稳定，并且没有迹象表明人类的饮食习惯受到文化的影响而发生改变，对此，最有可能的原因似乎是对大型动物的过度猎杀。上一章中已经介绍过，这种大型狩猎目标后来被小型动物取代，采集收获的东西也成为更加重要的食物来源。显而易见，人类饮食上的这些变化促进了植物种植和牲畜养殖活动的产生。

　　"新石器革命"彻底改变了人类的生存方式，从粗放的食物采集经济（"靠山吃山靠水吃水"）到精细的食物生产经济，人类学会了通过种植植物和圈养牲畜来自行产出食物。虽然这里所说的变化既不是传统意义上的革命（短时间内的根本性变化），也不是发明创造，更不是供应食物的狩猎采集活动的消失，但从长远来看，这些变化对人类历史，特别是对人类工作史的影响是深远的。对于上述历史阶段，我并无更深入的了解，因此姑且沿用"新石器革命"这一广为人知的提法。

简而言之，新石器革命对于人类工作史来说十分重要，但是想要总结这一变革过程却十分困难，除了该过程具有高度复杂性这一因素外，还受到很多其他因素的影响。这种困难绝非因为缺乏良好的现代研究，相反，有关研究并不少。事实上，毫不夸张地说，在本书涉及的所有主题中，没有哪一个是像新石器革命这样，相关研究在近几十年中不断产生颠覆性的突破，至今依然——对于一名普通的历史学者来说，跟上时代的步伐并不容易。

对农业起源的研究不再大量局限于近东地区，如今世界各地都在积极开展史前研究。正如专家们于 2009 年 3 月在墨西哥举行的一次研讨会上所陈述的那样，这一研究已经迅速成为一项跨学科研究——当时的与会专家包括考古学家、考古植物学家、考古动物学家、遗传学家，以及体质人类学家等。[5] 虽然参会的专家们在种植农作物和驯化动物方面提供了更深入的见解，但当谈及狩猎采集者为什么放弃稳定的生存方式，转而选择不稳定因素众多的农业生活时，他们却无法达成一致意见。一方面，培育小麦和水稻，饲养羊和牛等许多新"发明"同时出现在地球上相距遥远的各个地区，就让诸多专家尝试找出其背后的普适性原因；另一方面，也有一些专家对此仍持怀疑态度，或者认为找到普适性原因还为时过早，他们更愿意去寻找仅适用于特定领域的原因。

在寻找原因的过程中，专家们发现，气候改善（这导致了人口增长）和过度捕猎是狩猎采集者生存方式改变的主要因素，但随之而来的人类行为也起到了决定性作用。农业生产产生的周期性盈余必须得到分配，就像分配狩猎采集所得一样。由于在新石器革命的前 1000 年，或在很久以后的非洲，都没有迹象表明私人拥有土地或畜群，于是就产生了这样一个问题：这类盈余如何分配，农民如何处理意外之财。正如我们接下来几千年在非洲所看到的，比如说，当一个族群设法杀死了一头大型动物时，战利品会通过再分配的方式在族群内部进行分享。然而，在亚欧大陆产生了一种新的现象，那就是族群中开始出现"扩张者"，他们为自己和家庭获得了超过其他人份额的分配。

虽然对狩猎采集者被农民取代的原因仍存在争议，但关于这一变化所产生的最重要后果，如今已成定论。这种生活方式的改变首先代表着人类这一物种的巨大成功：据某些学者的说法，全球人口从新石器时代之初的 800 万增长到公元前 5000 年的 8500 万，完成了 10 倍以上的增长。[6] 与此同时，人们的生活也逐渐趋于稳定，从而产生了物品的积累——首先是食物，随后是家用乃至贵重物品。这种生活方式始于狩猎采集者建立起半永久的生活区域，这些地方天然食物丰富，不再需要他们不断寻找食物。但对于更多的人口来说，农业的发展才使这种生活方式成为可能。

农业的发展同样是一个漫长的过程。在世界上的许多地方，使用刀耕火种的农民仍然具有高度流动性。每一年，或每隔几年，他们就会烧毁一片森林，将农作物播种在肥沃的灰烬中。因此，农民们需要不断更换土地。其中，某些农民成为专业的牧民，同样有着高度的流动性。最后，永久定居的农民出于各种原因会决定迁移——在哥伦布发现新大陆之后，很多人从旧大陆移居到新大陆，这便是例子之一。[7] 撇开这些不谈，事实仍然是，自新石器时代以来，人类更加受限于地域，这对工作的组织产生了巨大影响。工作的组织是一个长期的过程，不能一蹴而就。有时，农民甚至会再次成为狩猎者。[8] 这种情况通常发生在狩猎者有东西可以提供给附近农民的时候。在这种时候，狩猎者开始专门化，并与农民交换彼此的产品，比如阿萨巴斯卡人（Athabaskan）——他们在 1250 年前就专门捕猎野牛，后来成为北极圈内的"猎兽者"。[9]

新石器革命发生在世界不同地区，并彼此独立。革命总是与试错并行，需要历经很长时间。在近东地区，以家育农作物和牲畜为基础的农业经济出现之前，稳定且可持续的自给自足经济大约持续了 4000 年之久，其基础是自由放养以及能被管理并高度驯化的自然资源。[10] 事实上，在能够真正开始谈论特定社群的农业，以及放牧活动的主导地位是否能够决定人类饮食之前，我们必须先讨论以下三个步骤（到目前为止，均与狩猎采集的产物有关）。[11]

第一步是植物和动物的管理，即在不进行栽培或形态改变的情况下对野生动植物物种进行操纵和一定程度的控制。这包括系统地收集和食用野生植物中最大、最美味的种子和果实，然后通过排便，或者将这些优良的种子随意丢在离居住地很近的地方，无意识间促进植物的生长。

第二步是种植，或者称为有意识地准备土壤种植（初期）野生以及（后期）家养植物。人们先是有意识地拔除杂草，增种产量更好的植株——这一步也称作"野生花园"中的"植物培育"。此类现象广泛出现在亚马孙地区，在那里，人们种植了木薯、可可、古柯和菠萝等植物。[12] 上述两个步骤促进了植物中最有益的那部分突变株的生长。

第三步，即真正的驯化步骤，至此才刚刚开始，继而导致了动植物物种的形态或基因变化。驯化植物比驯化动物容易得多。通过选择、撒播或栽植种子和根茎，培育出最好的品种，植株很快就会呈现明显的形态变化。

驯化动物的过程中有三种不同途径。[13] 第一条途径是驯化"共生生物"，如狗、猫、豚鼠、家禽等，可能还包括猪，它们都适应了人类生态位。第二条途径是对山羊、绵羊和牛的驯化。虽然共生生物与人类之间的关系开始于其以人类栖息地周围的垃圾为食，但这些动物最初是人类为食其肉而进行猎杀的重点猎物，后来人类才将其驯化，以获得更稳定且持久的供应。第三条途径是"定向路径"，在这里，人类驯化这些自由放牧的动物（驴、马、骆驼），以获得特定的资源或"副产品"，例如奶及其他衍生产品、毛料、牵引动力、骑乘、包裹运输。[14] 这种驯化过程一直持续到今天："人类和他们所驯化的动物存在于互惠的共生关系中，因为每个物种都会从另一个物种的成功繁殖中受益。……随着人类与动植物进行互动，并对动植物的特定性征与行为进行了选择，驯化活动便一代代传承了下来。"[15]

农业只有依靠上述步骤才能得以发展，包括通过种植植物和管理动物来获取食物的所有活动。今天，已知世界上至少有 12 个不同地区的农业是独立发展的。[16]

这些各具创造性的农业活动非常有吸引力，但我们无法一一进行讨论，哪怕只是概述一番。不过，中东地区的第一批案例确实值得简单讨论一下，部分原因是据我们如今所知，在整个新月沃土地区，人类对于动植物的管理、栽培以及后来的驯化是大致并行的。[17] 对植物进行管理早在驯化植物之前的 1 万年就已经开始。实际上，人类驯化谷物（先是单粒小麦和黑麦，接着是大麦、二粒小麦和燕麦）以及之后的豆类（小扁豆、鹰嘴豆和蚕豆）和无花果的历史至少可以追溯到 1.15 万年前。在某些地方，杏仁和开心果同样早已被驯化。

大约在同一时期，新月沃土稍往北一点的地区，人类驯化了类山羊（绵羊和山羊）、牛和猪。这种情况下，狩猎者采取了沿用了几个世纪的管理策略，他们主要选择年轻的雄性动物作为猎物，使雌性动物得以存活繁衍。与此同时，据估计，在幼发拉底河上游地区（也就是今天的土耳其），人类的生存方式早在 1.05 万年前就完成了从狩猎到放牧的转变。人类先是将野生山羊活捉并圈养起来，随后选择了更多的驯化样本，以期最终繁育出家畜。后来，在伊朗和伊拉克边境的扎格罗斯山脉，同样的方法被应用于驯化绵羊和牛。猪也在驯化的名单中，尽管最初对它们的驯化（与狗的情况类似）可能更像是系统喂养在人类居住地周围觅食的共生生物（猪最终从中脱颖而出）。以猪为例，最初的管理方式就是捕获雄性动物幼崽。但这种方法并不适用于驯化所有的动物。猎豹、猎鹰和大象无法通过一次次的选种和繁殖而被人类驯化；人类捕获其野生幼崽之后，必须一一驯服和训练，才能让其执行任务。[18]

尽管世界各地或早或晚都对不同的作物和家畜采取了一系列的驯化措施，但亚欧大陆比美洲、热带非洲和大洋洲更有优势。[19]这与亚欧大陆平行于赤道的地理位置有很大关系。其地理位置经度不同而纬度相近，就意味着与特定气候相关的动植物驯化技术可以迅速传播到很远的地方。反过来，又增加了交流文化和新发明的机会。

对于驯化，我们可以划分为三个阶段。[20]第一阶段，一种作物或一种动物在某一特定地区被成功驯化（这一过程以千年而非百年为单位）。第二阶段，这项驯化成果在同一气候带的其他地方成功复现。第三阶段，一个新的物种可以在这个新的地方被驯化。现在，第三阶段所花费的时间更少，因为驯化的法则已经为人所知。

独立驯化作物和动物的第一阶段发生在亚欧大陆西部，始于新月沃土，即今天的以色列、黎巴嫩和叙利亚地区。纳图夫人是该地最早的狩猎采集者，他们世世代代生活在固定的定居点，积极地管理当地的野生植物，最终在当地发展出成熟农业。[21]类似的阶段也发生在后来的东部地区，如中国的河谷区域，再后来是世界的其他地方，如新几内亚、美洲、非洲。例如，在安第斯山脉和亚马孙河流域，人类首先种植了木薯（前5000—前4000），后来又种植了纤维作物，如土豆、甘薯、酢浆草、藜麦、利马豆、普通菜豆、花生和海岛棉，畜养了豚鼠、美洲驼、羊驼等动物。亚马孙稀树草原的居民随后开发了一套复杂的池塘、运河、土丘和堤道系统，利用每年泛滥的河水，促进渔业产量最大化。[22]

新作物的发展顺序以及具体的发展位置本身并不是特别重要。因为这不是一场比赛。更重要的是，各地对动植物的驯化大约发生在同一时间，不同地区的人类独立驯化了相同的动植物。谈到非洲时，专注于动物考古学的美国考古学家黛安·吉福德－冈萨雷斯（Diane Gifford-Gonzalez）曾作出如下评论：

> 对动植物的选择在很大程度上是出于效率的考虑……这里的效率不是指确定性过程建模的抽象效率，而是家庭管理者每天对一个新物种、品种或品系所提供的时间或营养等的边际收益的评估。日常的农业和畜牧工作是压在育龄女性身上的重担，在已知几乎所有的情况下，这些女性还要管理家庭级别的粮食资源，甚至在父权文化中也是如此。[23]

第二阶段，即家养动植物从新月沃土向世界其他地方的传播，这一传播过程并不是自一个中心地带向外的、简单的单向传播，因为在其他地方，如非洲、中国和印度，新的动物物种也在被驯化和繁殖。[24] 从新月沃土开始，谷物种植向三个不同的方向传播：从 9000 年前开始，同时传播到非洲，经伊朗传播到南亚，再经安纳托利亚传播到欧洲。[25] 第一批向东（迁移）的农民到达印度河流域，在那里，他们和狩猎采集者一起，引进了冬季降雨作物小麦和大麦，并使它们适应了印度次大陆不同的气候环境和夏季季风降雨。与此同时，中国北方在种植粟，长江流域在种植水稻，这两种作物都依赖夏季风带来的降水，其培育历史独立发展，互不干扰。大约 5000 年前，农民从中国向东南亚和南亚传播这些新作物，后来这些作物又传播到朝鲜半岛和日本。因此，印度农业幸运地融合了从东西两个方向远道而来的不同作物。

几个世纪后，以瘤牛为象征的哈拉帕文化在印度河流域蓬勃发展。这些驼背牛在当地被驯化，后来传播到亚洲和非洲西部地区。这是驯化第三阶段的例子——第三阶段包括从别处引进基础作物后进行本土驯化。[26] 但驯化在新月沃土的发展并没有停止。后来，新月沃土的人们引入了橄榄、杏仁、葡萄和椰枣，这些产品随后也传播到了邻近地区。

今天，这种分布模式已随处可见，而且仍在持续发展——尽管是以系统化、工业化的方式。以甘薯为例，它从南美洲向世界各地传播，传播热潮先后共有三波，其过程令人着迷。[27] 它最初是在公元 1000—1100 年从秘鲁、厄瓜多尔向西传入波利尼西亚，然后再从波利尼西亚向北传播到夏威夷，向南传播到新西兰。此后，大约在公元 1500 年，西班牙人将甘薯从加勒比海经大西洋和印度洋出口到南亚，这种新果实最终从南亚到达新几内亚。最后，历经一代人之后，它从墨西哥出发，跨越太平洋，到达菲律宾，然后到达中国、日本，最终再次到达新几内亚。

类似的动植物驯化和同化模式也适用于世界其他地区。[28] 篇幅所限，仅举几个较为引人注目的例子：该模式催生出多个农业系统，在不同地区分别拥有与之关联的主导语系，如亚欧大陆西部的印欧语系，撒哈拉以南非洲的尼日尔 - 刚果语系，以及太平洋的南岛语系。但在南美洲低地，情况并非如此（那里也没有强有力且大规模的社会政治形态）。因此，过去 5000 年来，亚马孙地区的作物系统一直保持着多样性，语言系统也依旧庞杂。[29]

在本书中，这个相当长的"农业发明"清单具有多方面意义。首先，新石器革命是一种全球性现象，从 1.2 万年前开始，除了北极圈和南极圈，世界各地均有发生。此外，新石器革命是人类的一次"抢跑"，它一旦开始便不可逆转，且将无限期地延续下去。在本书中，我们仍然可以了解到许多农民家庭、农场工人和种植园奴隶的生活，但就目前而言，了解随着时间推移，他们的角色和他们的工作如何发展变化，仍然是很重要的。[30] 无论我们采用人口规模、农民份额、人均耕地面积和牧场面积，还是牧场占全球土地面积的百分比，所有这些指标都将展现农业生产力是如何随着时间的推移而提高的。数据还表明，尽管近几个世纪以来从事农业工作的人口比例有所下降，但景观却越来越多地取决于农业。简而言之，尽管本书后续章节中较少谈及农民，但农民作为本章的重点讨论对象，其工作不但对于养活世界人口来说不可或缺，同时也极具活力。

如上所见，尽管在新石器革命中狩猎采集者并没有灭绝，但是这一革命使得人类劳动的组织在各地演化出巨大差异。不过，在研究这些社会影响之前，我们必须更仔细地研究人类历史上最为重要的工作类型——农民和牲畜饲养者的工作。

工作中的农民

农民的工作到底是什么呢？让我们从耕作农业开始回溯，

就像在前一章中对狩猎采集者进行的描述那样。同时，对于考古学研究尚有缺憾之处，我们将尝试使用类比法分析。上一章很大程度上依赖于近年来的民族学描述，所幸就本章的主题农业而言，我们可以查阅到几千年前的相关文字叙述。因此，本章将使用类比法和文献法，来复现早期农民的形象。

　　耕作农业的时间跨度至少为一年。当然，在建筑、设备、水井、土地改良和灌溉方面的投入则需要更长的时间维度，但作物是根据四季循环交替种植的。在农忙的那几周，将一整天时间全部投入耕作仍嫌不够；而在接下来的几个月里，农民只需要等待，看着自己的作物生长即可。从原理上讲，每种作物的耕种都要进行以下一系列操作：通过挖掘土壤来耕作（但主要是通过犁耕），稍后或同时进行施肥；对种植植物进行播种、除草和灌溉，接着是收割（一些作物需要脱粒）；最后是进行必要加工（比如磨成面粉）。[31]

　　对于稍微大面积的土地，农民不用铁锹，而是改用一种简单的抓犁（称作 ard）进行耕地，后来又换成了能耕得更深的拉犁，通常由动物来拉（最初是牛，后来也用马、驴或骆驼）。也有用人拉犁的情况，比如在中国的某些地区，直到 20 世纪初还能见到这样的例子。[32] 有赖于役畜的使用，耕作农业和畜牧业从约公元前 5000 年开始完美地结合在一起。[33] 一位中世纪的作家对耕犁所需的必要技能颇有见解："农夫的技能在于不用鞭打、刺激或虐待牛群，便能顺利地赶牛。他们不应该是悲伤或愤怒的，而应该欢呼、歌唱，保持心情愉悦，这样他们的调子和曲子才可以在一定程度上使牛振奋。"[34] 除其他肥料外，用泥土和粪便（包括人粪）施肥可以确保耕作农业和畜牧业自然地结合在一起。在手推车发明之前，人们无法长途运输大量粪便。[35] 在播种或种植季节之后，通常会有一段农闲时期，但由于作物需要水，而降雨量经常过多或过少，一不小心就会引起洪涝或干旱，如何进行水资源管理是个关键问题，特别是在灌溉水稻等作物时。不幸的是，在理想作物生长的同时，杂草也出现了，除草成为一项不可避免的任务。用撒播法播种的作物（如亚麻）也需要间苗。

以下是英国殖民时期的公务人员 J. R. 里德（J. R. Reid）在1881 年对印度瓦拉纳西西北部阿扎姆加尔（Azamgarh）地区耕作农业的描述，从中可以清楚地看出灌溉的劳动密集程度。[36] 当时，人们在那里主要种植谷物，尤其是大麦。在附近的河流和小溪不能直接灌溉到的地方，人们就把水收集在水箱里，再从水箱引入地里，或者从较低的渠道向高处的渠道舀水。

058舀水时，人们会使用柳条或竹条编制的圆形笸箩（称作 daurís）。笸箩上系有四根绳子，每根绳子分别由两名工人拿着，后者面对面站在小水库四面的小壁龛（称作 chaunrhá 或 paunrhás）里。这些工人手持绳子将笸箩摇荡起来，先是同时向前发力，将笸箩荡进水里；然后在水没过笸箩后，同时向后发力，猛地将笸箩拉出水面，将装满水的笸箩抛到升降台（称作 títhá 或 chaunrhá）的顶部。每次用一个笸箩就能舀出足足 2 加仑的水，根据抽水的高度，每分钟可以舀 20—25 笸箩的水。升降台的高度从 2 英尺到 5 英尺；升降台的数量，则与需灌溉土地附近河流或湖泊的海拔高度成比例。[37]

但这只是开始，因为还必须将这些舀上来的水输送给植物。

> 有两种特殊方法将蓄水池里或井里的水喷洒到干燥的农田里。在其中一种叫作奇亚里（kíárí）的地块中，人们先把凹凸不平的土地进行分割，然后用一种耙子（称作pharuhí），将分割后的土地平整成多个矩形小块（即奇亚里）。水能够自动流进这些地块中，然后一个接一个地填满它们。罂粟和其他所有的园艺作物都是用这种方法浇水的（给甘蔗和靛蓝浇水也经常采用这种方法）。另一种方法是通过一种称为"哈萨"（háthá）的工具进行灌溉。人们在田野上修筑一些方便的沟渠或临时的水渠，沿着这些沟渠，每隔一段就修筑一些圆形的小坑或蓄水池。水通过水渠和蓄水池的形式进行储存，再由输送者借助长木铲或"哈萨"从水渠和蓄水池中将水舀出，洒到土地上。这种方法消耗的水比田间灌溉消耗的水更少，而且用铲子灌溉会更加均匀，可以使用铲子将节省下来的水运到地面上。……灌溉大麦、豌豆，以及除水稻之外的其他农田作物也会用到铲子。在灌溉水稻类作物时，则只需把蓄水池里的水舀过稻田周围的高土墩即可。[38]

这些描述都很长，但我还是有意将它们放在这里。这些文字向我们展示，保证供水充足这样的事看似简单，却需要做非常多的工作；其中的每个环节都有各自的技术、设备和专业词汇。而这只是种植小麦或其他作物所涉及的多项子操作中的一项。操作者不需要为此接受全面的教育，但这些工作也不能称为简单。

随后是加工、收割和捡拾环节，这一阶段是辛苦付出之后的回报，因而最能启发人们的想象力。此处很适合引用世界上最古老的诗歌之一。荷马的《伊利亚特》（前 750）揭示了一座大型谷物农场中的工作方式：

> 他又在盾面附上一块王家田地，
>
> 割麦人手握锋利的镰刀正在收割。
>
> 割下的麦秆有的一束束躺倒在地上，
>
> 有的被捆麦人用草绳迅速一束束捆起。
>
> 那里站着三个捆麦人，男孩们不断
>
> 从他们后面抱起麦秆送给他们。
>
> 国王也在他们中间，手握权杖，
>
> 站在地里，默默的喜悦充满心头。
>
> 远处橡树下侍从们正在准备午饭，
>
> 他们在烤制一头刚刚宰杀的肥牛，
>
> 妇女们把洁白的面粉撒向割麦人的餐肴。*[39]

这节诗文中提到的是短柄镰刀，不过长柄镰刀也可用来收割谷物和草。[40] 对于其他农活，也有许多不同的方法和不同的工

---

*　此系《伊利亚特》第十八卷"赫菲斯托斯为阿基琉斯制造铠甲"一节。中译文引用自罗念生、王焕生译本。

具；不同方法和工具的使用取决于所种植的作物、土壤、气候环境，当然，还取决于完成的时间。[41] 例如，脱粒可以用连枷、打谷板，或用动物拉动的滚筒来完成。

牛的养殖时间也覆盖了一年四季。年轻的公牛先与母牛交配，然后进入壮年时期，等到它不能再发挥作用之时，就到了被屠宰的时候。养牛户必须连续多年等待，甚至牛的生长产出周期可能超过养牛户本人的寿命——一方面是因为牲畜在被屠宰前的几年（也就是在它们的繁殖高峰期之后）还能够产奶、提供毛料或牵引力；另一方面，良种的选育需要经历几代的繁殖。[42] 当然，日常护理包括给食、喂水或放牧，也可能包括挤奶（包括将牛奶加工成黄油和奶酪），还有定期医疗保健和打理卫生，包括刷牙和牛蹄护理。在繁殖方面，牛群在养牛户的监督下每年进行一次交配。此外在温带地区，冬季食物短缺，这就意味着在年底之前，所有无须继续喂养，或无法作为放牧或骑乘动物的公牛，原则上都要被宰杀掉。

由于耕地农民的流动性普遍较低，畜牧农民的工作之间的差异，可能比耕地农民的差异更大。俄罗斯人类学家和历史学家阿纳托利·米哈伊洛维奇·哈扎诺夫（Anatoly Mikhailovich Khazanov）将畜牧工作从中细分出来，称之为"传统社会"（traditional societies）。[43] 他假设在"传统社会"的食物生产经济中，农业和畜牧业之间可以大致达到平衡，这一平衡反过来又与一个社群的定居程度相关。由此，他根据畜牧业对社群的重要性和所涉及群体的流动性，将畜牧业分为五种类型，不同的类型直接与牧民必须走多少路有关。

第一，是以家庭稳定畜牧形式存在的定居畜牧业。一年中的某段时间里（因所在地气候而异），人们会在家庭住所或定居点附近的牧场上放牧，通常每天都会将牲畜赶回住所。剩下的时间里，畜群则被关在马厩和围栏里，用储备饲料进行喂养。

第二，哈扎诺夫将定居家庭式畜牧或良种繁育与自由放牧进行区分，自由放牧没有马厩也没有储备饲料。这种形式的畜牧业可能是最古老的畜牧形式，需要牧民做大量的工作。[44]

第三，是从事专人放牧或远牧的社群。这类畜牧业要求牧民做更多的工作。这些社群分为两个互助的部分。大部分人从事定居农业，少数专业牧民则在牧场上照顾牲畜，牧场有时离定居点相当远。不过，一年中有部分时间，这些动物被关在围栏、圈舍和隔栏里，用饲料喂养。一种特殊而著名的形式是季节性迁移放牧，或称作夏季高地牧业（"yaglag" pastoralism）。这一形式使得从事农业的人们可以利用其他地区，如山地牧场，在畜群最多产的时候作为季节性牧场。当牲畜从山上回来时，它们会待在靠近牧民村庄的低洼地带。

第四，半游牧畜牧业，由上述畜牧业发展而来。农业（或狩猎、渔业）只是次要和补充产业，畜牧业占用社群成员的大部分时间。

第五，还有一种严格意义上的游牧生活——纯粹游牧。整个牧民群体四处流浪迁徙，这使得"牧民"（herder）一词获得了完全不同的社会意义，指代与家庭或游群共同居住，一起流浪迁徙的人。这种类型的畜牧业是最新的一种发展形式，出现时间比本章讨论的时间范围稍晚（半游牧畜牧业可能也是如此，参见第三章）。

现在把话题转回常规的耕作农业。最古老的农耕社群非常脆弱，尤其是容易感染与农耕相关的传染病。农业也创造出了一种新的时间观念，在农忙季节，人们关注的焦点不再是食物，而是工作；农忙季结束之后，才恢复到之前的状态。简而言之，北半球的农民在夏天的工作时间长得离谱，在冬天则有很多时间休息。这创造了一种由主食的季节性决定的年度生活节奏。在中世纪的欧洲，人们在农闲时节庆祝收获节，以及从圣诞节到狂欢节、从复活节到五旬节的一系列节日。还有夏日的节庆，比如仲夏节，以及英国 8 月的觉醒周（Wakes week），与之对应的活动是农场工作间歇，或雇佣劳动者的年度交易会。[45] 当然，这些传统的诞生比基督教要早得多。

男女间的劳动分工

新石器革命是一次激进的革命，但其持续的时间非常漫长。在美索不达米亚，人们用了 5000 年的时间才使得生产大量过剩，从而出现了第一批城市；也就是说，在此之前，就有大批不种植自己食物的人口在此聚集。在最早的农业和最早的城市出现之间这段漫长的时间里，农民家庭的成员和他们的邻居一起，继续了很长一段时间的狩猎生活。这两种生产方式同时存在，相互补充。不过，工作开始逐渐专门化，最初体现在男女间的分工上。

从一开始，男性和女性的许多活动就存在差异，不过如前所述，狩猎采集者中的男女差异很小；然而，随着农业的出现，这种差异明显变大，这也为性别差异这一当今社会的核心话题奠定了基础。

有了更好的食物供应，尤其是更大量的谷物供应，"婴儿食品"（如粥）才得以产生，这意味着婴儿可以更早断奶。为断奶期婴儿大量提供的、口感较软的碳水化合物，最终缩短了哺乳时间。[46] 这又会进一步导致生育间隔的大幅缩短，使营养较好的母亲能够生养更多的孩子。[47] 在狩猎采集社群，女性一次只能照顾一个孩子，因为她们在寻找食物的过程中总是要带着孩子——尽管有"异亲"的照顾。只有当孩子能够独立时，母亲才有时间和精力再次生育小孩。实际上，这意味着狩猎采集时代儿童之间的生育间隔大约是 4 年。那些住在农田和果园附近的农民，生育间隔缩短至平均 2 年。[48] 此外，狩猎采集者女性的初潮出现时间较晚（大约 16 岁），而初潮和第一次生育的平均间隔约为 3 年（对于今天的欧洲裔美国人来说，这一间隔时间平均为 10 年，通常会超过 20 年）。狩猎采集者中，每名女性平均生养的后代数量更多，大约为 6 个（现代的这一平均数量是 2 个）；她们的哺乳时间更长，通常是 3 年左右（现代是 3 个月），哺乳强度也更大。最后，她们的绝经期通常会更早，出现在 45 岁左右（现代是 50 岁出头）——因此，其罹患女性特有癌症的风险也较低。[49] 综上所述，新石器革命意味着女性的工作量——包括怀孕、生产和抚养孩子——增加了。

但是，婴儿死亡率仍然很高（高达 50%）。引起这一现象的原因之一是，早期断奶时用于替代母乳的食品，并不具备母乳"卫生、易于消化、营养丰富"等优点。[50] 因此，早断奶对母亲和婴儿既有积极影响，也有消极影响。然而，从净额来看，有更多的儿童得以存活，人口也在增长。[51] 不过，当时人的寿命很短——只有我们这些现代人的一半。抛开纬度和季节的变化不谈，比起现代美国人，狩猎采集者饮食中的脂肪总量、饱和脂肪和盐的量都要少得多，因而更为健康。他们做了大量的运动，因而患致命疾病（如肥胖、糖尿病、高血压、冠心病和癌症）的概率也要小得多，但他们仍然容易早逝。这一方面是由于工作中会遇到危险有毒的动物，另一方面也是因为无法预防或治疗传染病，特别是与家养动物近距离生活造成的感染。新石器革命以来，可靠的食物产量大幅增加，[52] 但与之相对的是，许多新的风险也出现了，如盐和脂肪（来源于驯化牲畜的乳制品）摄入量的增加，酒精和烟草的消费，以及生殖特征的改变。[53]

063

农民，尤其是拥有耕地的农民，其生活必然会更加稳定，这就意味着他们开始改善农田，建造耐用的房屋。由此，储备粮食的可能性出现了。许多研究者认为这预示着所有权概念的出现，包括认为女性代表某种有价物，甚至认为她们可以归属其丈夫所有。因此，性规范变得更加严格，婚前贞操被高度重视。[54] 我们即将看到新石器革命和日益增长的社会不平等化之间的关联性证据。不过，我们还须采取谨慎的态度，因为非洲的案例表明，两者之间没有不可避免的因果关系。

有些理论认为，农业必然会加剧这一时期的社会不平等，在大多数情况下，尽管有可能证实这些理论，但是难度很大。只有在5000年前传播到欧洲和印度北部的颜那亚（Yamnaya）文化中，上述变化得到了令人信服的证明（见第84—85、第89页）。简单来说，我们假定在世界上许多地方发生的，这种从母系社会到父系社会的转变，以及从母系生活方式到父系生活方式的转变，意味着女人婚后要和她的丈夫，以及婆家人一起生活。[55] 由于过早断奶而变得更加重要的异亲育儿，现在实际上成为孩子父亲这方年长女性，即祖母的任务。[56] 更为富足的农民（"扩张者"，见第 69—72 页）通过向新娘的父亲提供彩礼来表达他们眼中新娘的价值，因为新娘的父亲即将失去新娘这一劳动力。[57] 在更极端的情况下，这甚至可能导致一夫多妻制。毕竟，如果你可以"买"一个妻子，为什么不多买几个呢？[58]

赫尔迪将这些过程简明扼要地总结为"横向大跃进"。[59] 造成这一结果的原因多种多样。现在，不光是更频繁的怀孕给女性带来了更大的负担，女性还在婚姻中越来越依附于男性及其家庭，婆婆也越来越能够对已婚女性的生活发挥决定性影响。比起之前的狩猎采集工作，农场里需要的时间更多，这可能促进了更明显的男女分工的发展。此外，狩猎成了男人的专属领域，并且对儿童劳动力的要求也越来越高。

这种横向跃进的后果之一是有关作物知识的迁移。作物知识的迁移在父系和母系社会中以不同方式进行，许多社会的情况已经证明了这一点。如今加蓬的木薯种植就是一个很好的例子——木薯是一种主食，最初由葡萄牙人从巴西引入。与非洲的普遍情况类似，女性负责粮食供应，有关粮食作物的知识在女性之间传递，只不过有两种不同的传递方式。[60] 在奥果韦河以南的母系社群，当女儿搬到新郎的村庄时，母亲会给她一些木薯枝；新娘若在邻居的园子里发现某个有趣的品种，也会要一些插枝来试种。因此，南方的木薯种类比北方多得多。在北方说芳语

（Fang-speaking）的父系社会中，新娘空手到夫家去，然后从婆婆那里收到第一束木薯枝。她自此被引入新的氏族，在新氏族的土地上工作，她的孩子也属于这个氏族。在北方，人们也用邻居的新插枝进行试验，但选择要少得多。因此，木薯这种作物的遗传多样性在北方也明显较低。

我们有理由认定农业家庭中的女性现在处于不同的地位。但就具体任务而言，很难确定这意味着什么。作为有价值的"财产"，她们是否受到更密切的监视，她们工作的环境是否仅限于农场及其邻近区域？不管怎么说，集体狩猎已成为过去式，游群的重要性也在下降。家庭本身成为独立的工作单元。但需要再次强调的是，这是一个非常缓慢的发展过程，存在许多地区差异，并且不可能一开始就发生改变。农业社群不一定由多个独立的农场组成；农民现在也可以一起住在大房子里。人类学家克洛德·列维-斯特劳斯（Claude Lévi-Strauss）对他所谓的"家屋社会"非常着迷，事实上，已经发掘出来的许多新石器时代的"大房子"，大到可以容纳整个社群。[61]

当然，女性在农场中除了怀孕和生孩子还负有更多的责任。最早的"确凿"证据可以追溯到西南亚开始种植谷物的时候。根据骨头碎片上的线索，我们可以观察到，大约公元前 10000 年，在叙利亚最早的黑麦种植者中，负责碾磨谷物的就是女性。在这一时期，种子仍旧坚硬，需要通过集中碾磨成粉，接着做成粥，这样更容易食用，也能够帮助婴儿断奶。所以，这类女性的背部、脚趾和膝盖的骨头上都有因这项繁重工作而留下的痕迹。在此基础上，我们可以假定"新石器时代有明确的性别分工……至少，性别分工存在于女性加工食品和照顾不断出生的孩子等工作中。对于女性来说，新石器革命意味着劳动量的不断增加，包括工作和生育两个方面"。[62]

在北美进行的类似研究也证实了这一点：农业首先是女性的工作。该项研究的起点是科学家观察到，在一些生活具有较高流动性的人类遗骨上，沿着其整个股骨的长度出现了一条脊状突起。[63] 反之，一旦古人在农业革命的影响下定居下来，这条长脊就会消失。有趣的是，这一现象并不总是同时出现在男女两性身上，在今亚利桑那州东南部的科奇斯（Cochise）文化中便是如此。这个民族在 3500 年前开始农耕，但农耕显然是女性的日常工作，因为只有男性股骨上保留着明显的脊状突起。这表明男性在当地人开始农耕后依然继续狩猎，也许持续了 1000 年或更长时间。在西班牙人抵达美洲大陆之前，从事农业工作的仍然是美洲印第安女性［普韦布洛人（Pueblo）除外］。这意味着在亚利桑那州，"男性狩猎，女性耕种"的劳动分工持续了 3000 年之久。

在所有案例中，农活都意味着每个家庭成员工作量的增加。[64] 时间预算研究表明，与狩猎采集者相比，农民和牧民每天花在工作上的时间可能只多不少。因此，尽管狩猎采集者和农民生活在一起，但是他们并没有全面改为从事农耕。最后，更多的工作意味着人们需要更多的孩子，因为孩子长大了就可以成为新的劳动力。

家庭劳动分工与不平等的种子

需要强调的是，在本章所涵盖的整个时期，我们原则上只讨论农村地区，因为当时世界上任何地方都还没有出现真正的城市。公元前 9600 年，耶利哥有 500 名居民居住；几个世纪后，该处人口可能扩张到 1000 人，房屋达到 70 间。3000 年后，约旦的艾因加扎尔（'Ain Gazal）在某段时间的居民数量达到上述数字的 3—4 倍。总而言之，当时新月沃土地区的城市居民通常只有几百人，鲜有上千。中国城市出现的时间更晚，规模很可能也不会很大。总之，当时世界上最大的那些城市（包括耶利哥），在今人看来也不过是些村子罢了。[65]

066

如果新石器革命对男女之间的劳动分工有如此大的影响，那么它对家庭以外的社会关系又有什么影响呢？[66] 游群，也就是不同家庭的成员们为了猎获食物而集体工作的单元，其势力正在被削弱，但到底是什么取代了游群呢？尽管农业劳动单元肯定比狩猎采集者的游群更小，但我们可以推测，这些农户并非完全自主经营。在这里，两个对工作史具有重大影响的社会发展值得我们注意：家庭之间的劳动专门化，以及家庭之间的社会关系。二者均对劳动报酬产生了影响。

家庭间的劳动分工

在农耕非常高产的地方，农民生产的食物会超过自己的需求；当这类农民的人数增加到一定程度，人口集中便成为可能，他们社群中的某些人原则上可以自由从事其他工作。从某种意义上说，专门化意味着"制造一类物品的人比使用这类物品的人少"。[67] 仅就早期历史阶段而言，我们谈论的专门化是指陶器制作、房屋建造及相关技术，以及纺织技能。正如我们在新石器革命之前所看到的，所有这些技术在世界各地的不同地方都有出现，但尚未广泛传播。目前发现的最古老的纤维可以追溯到约 3 万年前，最古老的陶器可以追溯到约 2 万年前，房屋平面图或房屋遗迹还可以追溯到更早时期。当然，石制和木制工具也有发现（大规模金属加工的出现要稍晚些）。[68] 不过，这里的问题是，这些专业技能是否已经发展到足够成为人们唯一的专门职业，还是说仅仅来自农民和狩猎采集者的业余活动。换句话说，当时的专业技术人员（男女分工，各自从事两性的典型工作）是否同时是农民或狩猎采集者？还是说，当时已经出现专门的技术人员？

总的来说，考古资料表明，在新石器革命的第一个千年里，除了陶工和织工，没有其他明确的职业，尽管到新石器革命结束时，在中国出现了几个例外。形成这一普遍规律的原因很简单：没有足够的需求。部分原因是农业生产力低下，也有一部分原因与农业发展的气候区有关。我们将在下一章中详细阐述，从第七个千年开始，农业才从西亚和塞萨利向北缓慢地扩展到森林茂密的地区，如欧洲。开垦森林成为必要工作，由此衍生出对石斧的需求；由此，在随后的几千年里，专门的采矿和生产中心发展起来。[69] 新月沃土当然也曾经有森林，但根据记载，作为最早发展出农业的地区，其森林部分被改造成了公园和草原。[70]

以色列考古学家吉迪·谢拉赫－拉维（Gideon Shelach-Lavi）指出，值得注意的是，在中国东北最古老的农业人口中，房屋和定居点的建设似乎是经过精心规划的："房屋和住宅结构相互协调；私人空间和公共空间、生产场所、仪式区域（包括墓地）之间似乎也有明显的区分。"[71] 不过在我看来，这并不能说明当时就有了项目开发商和土木承包公司，而更像是集体生活的农民进行的联合经营。在这一时期末，长江下游地区出现了带榫卯的复杂木结构房屋。将其发明者称之为专业木匠，似乎并无不妥。[72]

中国狩猎采集者制作陶器的漫长历史，催生了后来我们所称的第一批真正的陶工。可以证明这一点的是，当时出现了制作工艺更加复杂的陶器，比如有腿的容器，尤其是公元前5千纪的彩陶。这些陶器是用氧化铁矿物制成的，需要对窑内的空气进行精确控制。随后，陶器的标准化也表明专业制陶工人在其中所起的作用。[73]陶瓷工业的另一个分支产品是最古老的砖——未经压模、烘烤的泥砖，早在几千年前，俾路支人（Baluchistan）就在使用；然而，这种简单技能只能被定性为当地粮农的辅助活动。[74]

纺纱、梳棉、捻线、针织、缝补、织造及其他纺织技术的进一步发展，首先是各个家庭为了自给自足而进行的家务活动。最初，衣服是由加工过的动物毛皮制成的，就像旧石器时代的岩画所描绘的那样。此外，编织亚麻和麻茎（当时仍然是野生植物）的技术得到了发展，制作绳索的技术也得到了发展，这些绳索有许多用处，比如用作渔网。[75]上述两种技术都没能产出任何织物，但它们都朝着正确的方向稳步发展，据此，纺纱和织造单独发展并彼此结合。

随着新石器时代的发展和常规农业的出现，与从狩猎中获取毛料和采集动物脱落的毛料相比，羊毛变得更易获取，也更具有规律性。此外，人们还种植了亚麻和剑麻等经济作物。纺纱和

068

织布技术的决定性突破最早可能出现在近东地区。曾有文献记载，约旦河谷地区发现了最古老的棉织品，而最早的羊毛纤维发现于安纳托利亚中部，纺纱发现于库尔德斯坦，亚麻纱发现于埃及，拉菲亚编织物和树皮布则发现于非洲。伴随着新的考古成果，所有这些发现及其年代测定几乎每天都在改变；但有一点是肯定的，新月沃土不仅是农业发展的中心，也是技术发展的中心。下一次大跃进发生在我们这个纪元的最初几个世纪，当时印度人发明了手纺车。综上所述，如此低的专门化程度意味着农户与专业工匠之间几乎没有大范围交流的空间。这一时期的贸易量仍然非常小，主要局限在宝石等贵重物品。

然而，在相互交换产品的农民（可能是耕地农民和畜牧业农民）和猎人之间仍然存在专门化分工的可能性。[76] 这种专门化分工可能已经发生在其他交换领域中，例如婚姻伴侣。现代古遗传学研究提供了越来越多的这方面证据，同时通过其他学科（比如语言学）提供的数据，我们也能找到类似的证据。[77] 例如，在公元 1 千纪的肯尼亚，会耕种的卢希亚（Luyia）妇女曾以妻子的身份到（原始）卡伦津人（Kalenjin）生活的地区。研究非洲早期历史的美国学者克里斯托弗·埃雷特（Christopher Ehret）从这一事实中推断出如下结论："与卢希亚语中大量的卡伦津外来词相比，原始卡伦津语只纳入了一类卢希亚语词语，即与卢希亚社会中古代妇女的劳动相关的词语。这组外来词主要包括栽培和烹饪术语。"[78]

农民和猎人之间的交换并不总是那么容易实现的，其中一个原因是狩猎采集者通常非常谨慎。在担心贸易对他们的平等主义存在不利的地方，比如南美洲最后那些采用平等主义生活方式的族群，有另一种广为流传的做法，即"沉默贸易"——敌对各方在无须面对面的情况下交换产品。另一个例子是，20世纪初，泰国北部深居简出的姆拉布里人（Mlabri）会在路上留下蜂蜡和蜂蜜，用来交换布料、金属和盐。直到20世纪30年代，他们才开始与邻近的赫蒙人（Hmong）直接进行贸易。[79]

最极端的选择是完全不交易。亚马孙地区的觅食群体，比如厄瓜多尔东部的华欧拉尼人（Huaorani），更看重的是产品的可转移性而不是使用价值，他们试图有意地将自己与定居的园艺种植邻居区分开来，并拒绝贸易。华欧拉尼人和类似的民族不仅拒绝交易，而且拒绝接受馈赠，因为这是馈赠者主动发起的行为，可能具有潜在的强制性意味："分享交易，强调权利（馈赠者有分享的义务，接受者有接受的权利），构成了个人自治和平等主义的基础。"这一案例警示我们，不能只从需求匮乏这一个角度去解释狩猎采集社会，而忽略了他们的主观能动性和历史传统。[80]

家庭间的社会关系：不平等化的种子

狩猎采集社会的本质是社会关系发展的起点。正如前一章所述，我们通常将其称为"平等主义"（egalitarian）。有一种观点认为，平等主义这个词使用得太广泛了：它"最适用于简单的狩猎采集者或'即时回报'型社会，这样的社会没有明显的私人所有制，没有基于经济的竞争，很少有财富差异，通常也很少有贵重物品"。"过渡性平等主义"（transegalitarian）一词被用来描述更不平等社会的过渡形式，在此意义上："如果出现了资源的明显所有权、基于经济的竞争和财富差异，但没有作为阶级区分而制度化，这样的社会就可以被称为'过渡性平等主义'社会。"更不平等的社会被称为"酋邦"（Chiefdom organization）。[81] 但是，我们暂时不应把所有权的概念看作对生产资料（土地、牲畜等）的占有，而应看作对剩余收成的控制权。财产分配不均的迹象是后来才出现的。[82] 那么，现在的问题是如何按照这一思路来描述从狩猎采集到农业的逐渐过渡。

070 　　让我们再次从一项重要发现开始讨论，即相较于大多数狩猎采集者存储粮食的情况，新石器时代产生剩余食物的可能性更大。这也意味着它们所属的个人和家庭有可能变得富裕，从而加大社会差异。关于这点，同样重要的是，由于农业劳动生产率的急剧提高，现在的定居共住群体数量可能会大幅度增加。狩猎采集者以几十人的群体生活在一起，其中家庭、家族和游群有一定程度的重合，但新石器时代的农业定居点已经有数百到数千人居住。[83]

　　更高的农业产量不仅为人口增长创造了机会，在特定情况下也为致富创造了机会——特别是对于最擅长技术、最为高产的农业家庭来说，同时激发了他们致富的欲望，提供了致富的必要条件。毕竟，如前所见，农民在某种程度上比采集者更脆弱。如果收成不好，或者牛群感染上传染病，就会有饥荒的危险，更别提农民自己感染疾病的概率也大大增加。

　　但是，新石器革命的粮食增产来之不易，人类在经济和社会两方面都付出了代价。因此，未雨绸缪成为我们的第二天性——如果这意味着必须更加努力，才能获得粮食增产的成果，那我们就会更加努力。也许这就是人类竞争的真正开端（通常简称为"适者生存"）。或许也可以说，这就是德瓦尔所谓"社会等级制度回归"的开端："当我们的祖先生活在小规模社会时，社会等级制度可能已经过时；但随着农业定居以及财富的文化互渗，该制度便必定卷土重来。不过，颠覆等级制度的倾向从未消失。我们是天生的革命者。"[84]

罗伯特·L.凯利将狩猎采集者与农民之间的区别总结如下：

> 进化生态学预测，当资源足够密集且可预测时，便值得付出防御成本；同时，当人口足够多，对外部觊觎者来说，试图抢夺资源的成本足以抵消潜在收益时，当地人口就会产生领土意识。但对于狩猎采集者来说，其赖以生存的土地通常非常辽阔，人口密度又很低，因此不需要建立物理防御系统；然而，允许不受监管的访客进入，可能付出高昂的代价。[85]

随着新石器时代的发展，尽管存在农作物歉收、牲畜患病等各种风险，粮食过剩的可能性依然越来越大，从而出现了社会不平等化。不过，通过对世界不同地区早期农业社会不同标准的比较，我们可以清楚地看到，这种情况发生的方式存在巨大的差异。[86]

热带非洲地区的例子最为典型。具体而言，在公元前3500年到公元500年，讲班图语的农民在非洲中部、东部和南部进行扩张，却没有出现不平等化现象。在这几千年里，这些社会维持着母系（有时也采取母居制）且政治上分散的生活方式，倾向于资源的再分配，而不是个人积累。从公元1千纪后期开始，撒哈拉以南非洲就迅速向父系社会和贵族社会转变，很快呈现出更高程度的不平等化现象。这一非洲地区的历史事实是世界历史的有益补充，它驳斥了现在仍然流行的观点，即人类在放弃狩猎采集时走向了错误的方向。农业和平等主义是相容的。[87]

即使在发展出不平等主义的地方（如新月沃土），其进程也非常缓慢。对于黎凡特（前12500—前9700/9500）的纳图夫人来说，更加宜人的气候使之繁荣发展。举例来说，当地古墓中有海贝、骨头或动物牙齿制成的装饰品，我们可以通过装饰品看出死者的身份；通过劳动密集型工作能够看出当时的繁荣，比如建造了更大的房屋，制造出了砂浆以及更古老的磨盘——这些事物可能曾用于公共宴会。不过，目前仍缺乏他们大规模储存食物的证据。

经过一段气温较低的时期之后，来到了长达千年的动植物驯化时期（前9600—前8500）。此时的定居点可以容纳数百人，是纳图夫村庄的10倍，这得益于谷物的种植，因为谷物是最适合帮助婴儿断奶的食物之一。到这一时期，我们可以证明食物储存以及外来物品交换的确存在，但还不能证明其与社会等级的关系。虽然有明显的迹象表明居民流动性急剧下降，可能代表着永久居住权的出现，但别忘了，这些村庄只存在了短短数百年。

只有到了新石器时代早期的最后两千年（至公元前6300年），不平等化才有了更加可信的具体证据。在土耳其哥贝克力石阵（Göbekli Tepe）这样的仪式中心发掘出的古迹可以证明这一点。一群有组织的劳动力参与了这处"圣陵"的建设。这些墓葬（还有异域材料）揭示了极端的身份差异，也将贫穷和富裕的家族进行了区分，后者的墓地位于宗教场所附近。抹上泥灰的成年人和儿童的头骨明显属于一个亚群体，这可能表明他们是社会精英。尽管如此，普赖斯（Price）和巴尔－约瑟夫（Bar-Yosef）仍持谨慎态度："虽然在近东地区有各种各样的证据，但很难给出一个完全令人信服的理由来证明新石器时代的社会存在不平等现象。证明发展初期社会分化的主要困难可能在于它刚刚显现且很难识别。"[88] 如前所见，来自撒哈拉以南非洲的强力证据再一次为他们的怀疑提供了佐证。

何为社会公平，何为平等工作回报，人们对此的想法根深蒂固，很难被改变。因此，我们必须严肃地问自己，来自更平等社会的人们（如前一章所述）怎么会甘心接受日益严重的不平等化。或者，用美国人类学家兼考古学家马克·奥尔登德弗（Mark Aldenderfer）的话来说："那么，这部分人是如何让其他人放弃他们的劳动果实的呢？"[89] 在他看来，我们不能忽视宗教的作用。

当然，我们可以认为"扩张者"——那些设法获取更多财富盈余的人——经常举办宴会，并以此为借口创造出社交义务性债务，而其他许多无法以实物偿还的人不得不以自己的劳力进行偿还，但是"个人和团体为何会接受他们的债务，并将其视为一种很'正常'的情况呢"？在这种情况下，无论对于试图实现这一目标的扩张者来说，还是对于那些受到变革威胁的人来说，宗教都是文化变革的强力"推动者"。如果我们假设，在这几千年的时间里，亚欧大陆（但在非洲没有）一再产生社会分化的契机（虽然并未引发社会剧变），那么，其社会分化是如何为人所接受的呢？人们怎么能接受，做着同样工作的两个人，其中一个人的报酬比另一个少？人们怎么能接受，某一个人甚至有权强迫另一个人做某些工作？这需要一套新的规范和价值体系，它背离了迄今为止盛行的平等主义原则。

考虑到我们很难根据新石器时代的考古遗迹来回答这个问题，奥尔登德弗查阅了民族志材料，这些材料借鉴了新几内亚高地恩加人（Enga）及其宗教变化的例子——该地区东部的扩张者因红薯种植和养猪业的扩大而受到影响——描述了过去几个世纪在美洲和新几内亚发生的类似过程。现存的凯佩勒教（Kepele），最初只是一个简单的男孩入会仪式，后来扩展为一种神秘而直接的财富象征。奥尔登德弗如是说：

> 重要的是，在某种意义上，大部分财富通过赞助宴会、舞蹈和其他表演形式被用于再投资。虽然这种宗教可能不具备像大人物承担新的社会角色那样的延伸等级制度，但它为这些人继续违反平等主义精神提供了理由。最终，这使得他们能够加大自己参与区域贸易网络的力度，并资助其他与战争和战争赔款有关的重大仪式活动。[90]

但并不是只有大人物才试图让宗教朝着更符合新型社会关系的方向发展。其他有同样手段的人可能会尝试反其道而行之。

在同一地区兴起的艾因教（Ain）公然挑战这一由大人物赞助的新宗教活动。例如，"一位宗教先知劝诫其追随者'继续为了太阳而杀猪，把所有的肉都吃完；天上的人会替代它们'。财富不是靠结盟、努力工作和剥削创造的，而是靠信仰创造的"。[91]

***

在本章中，我们看到了人类工作史上的第一次重大变革。人类从狩猎采集食物逐渐转变为农业及畜牧业，不仅在饮食结构、身体状况和人口规模上发生了变化，还逐渐改为定居生活方式。男女之间的劳动分工更加鲜明，出现了第一类严谨的专门化分工；在亚欧大陆某些地区，也埋下了社会不平等的种子。由于男女之间任务的逐渐分化，同时，很多地方的农户之间也明显存在分工，可能农户之间也早已埋下了不平等化的种子。这种情况发生在这一时期的末尾，原因在于多数人为少数人所做的工作并未获得公平的报酬。在农业和畜牧业出现之前，报酬与付出的努力直接相关，而从现在开始，付出的努力与所获报酬可能会产生偏差（尽管这需要相当长的时间）。所谓的扩张者试图从现有的盈余中拿走大部分，虽然他们不得不试图用"赠送"（generosity）一词来掩盖这一违反最基本社会准则的行为。用16世纪的法官和法国现代政治哲学创始人艾蒂安·德·拉·波埃西（Étienne de la Boétie）的话来说："剧院、游戏、戏剧、奇观、奇兽、奖章、舞台和其他类似的毒品对古代人民来说都是农奴制的诱惑！自由的代价！暴政的工具！"[92]

不过，公平地说，在转为农业社会之后的几千年里，社会平等仍一直存在，当然仅存在于非洲。我们基于比较人类学方法，针对狩猎采集者延伸出了另外两个问题，但这一时期的相关记载不够清晰：第一个问题是，抛开悲伤不谈，人们在进行农业工作时的快乐程度如何；第二个问题是，这一时期田地耕作和驯养牲畜的普及程度如何。不过，考虑到在早期农业和手工业方面出现的众多发明，我个人还是倾向于乐观。

现在，在我们了解了狩猎采集者和农民的工作，以及除农业之外少数专业人员（木匠、陶工，也许还有牧师）的工作后，我们的探讨就结束了吗？据英国考古学家史蒂文·米森（Steven Mithen）的说法：“到公元前 5000 年，留给后世历史去做的事情已经所剩无几；现代世界的一切基础工作都已完成。历史只能在此基础上继续发展，直至今天。”[93]“基础工作”或许确已完成，但正是在梳理史料的过程中，我们才揭示了令人着迷的早期工作史——这也正是德·拉·波埃西、卡尔·马克思［《黑格尔法哲学批判》（*Critique of Hegel's Philosophy of Right*）］、安东尼奥·葛兰西（Antonio Gramsci）、阿道司·赫胥黎［Aldous Huxley，《美丽新世界》（*Brave New World*）］等人之所以一遍又一遍地纵览历史的缘由。人类似乎确实拥有这样的能力：将手头的工作发展出无限的多样性。

第三章
劳动关系的出现
公元前 5000—前 500 年

阿卡德国王萨尔贡一世的胜利石碑上，

一名士兵押送着囚犯。

囚犯的发型具有苏美尔人特征

075　　如前一章所述，农业革命造成了潜在的粮食生产过剩，进而为全面劳动分工创造了基本条件，有时还催生出不平等的劳动关系。在现实层面，农业社会与狩猎采集社会相比，工作单位缩小，性别分工得到强化，除此之外则几乎没有什么改变。除非农业生产力进一步提高并打破这种现状，否则在此之前，结构性社会变革的机会仍然不大。

　　从古至今，地球一直是狩猎采集者赖以生存的自然家园。农业社会最早的聚落出现在新月沃土和中国北部，也曾暂时出现在印度北部和中南美洲——在这些"孤岛"上，农民曾设法征服自然。但这些农业聚落充其量可称为"村庄"，因为在这一时期，

077　　城镇并未形成，劳动分工也还处于初始阶段。农业日益多样化和集约化，扩展到大部分人类居住地。在广袤的乡村，不仅有种植业和畜牧业，还有采矿业，以及随之而来的贵重岩石和金属加工业。

　　然而，一直到公元前5000—前500年——城市与国家渐次兴起，劳动专门化才开始迅猛发展，最初发生在新月沃土和埃及，之后也出现在印度河流域、黄河流域和长江流域。

　　随着时间推移，各类劳动分工的重要性日益凸显。首先，男女之间的劳动分工愈加显著。这与人类对畜牧养殖的依赖性增

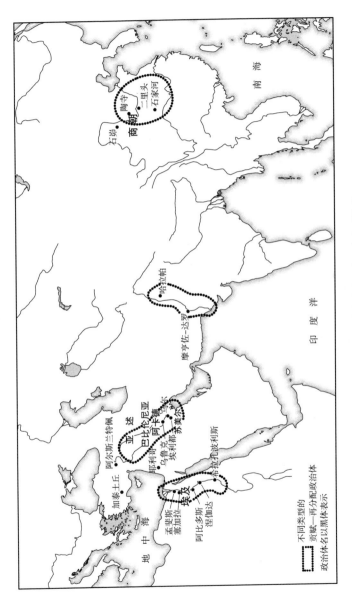

地图 3 最古老的城市（人口中心）和政治体

强有关。考古证据表明，该时期出现了人类历史上首次明确的男女劳动分工——男人畜牧、女人加工畜产品。[1] 其次，狩猎采集社会（已逐渐消失，其中渔民可能是最重要的亚群）与农业社会之间的劳动分工出现了。此外，在农业社会内部，也出现了农民与牧民之间的劳动分工。最后，城镇居民与农村居民之间也出现了劳动分工。就这样，主要由拥有牲畜的农民组成，或者由牧民组成的"复杂社会"[2] 出现了。在"复杂社会"形成之初，城市尚未兴起，但有些地方确实出现了大规模的人口集中，可以称得上某种"城市"。这最早发生于约 5000 年前的美索不达米亚，后来又发生在中国和印度（但在埃及，城市则远没有那么重要，下文将有介绍）。城市和农村之间的产品交换意味着，工匠和农民可以分别借此获得食物和工具。此外，我们还看到强有力的畜牧养殖文化兴起，这些文化群落同时也专门从事冶金行业。最后，即使是那些已为数不多的狩猎采集者，也同样融入这种模式中来，他们大体上不用再自给自足。[3] 无论是自愿还是非自愿，亚欧大陆部分城市的出现，以及从公元前 3000 年开始的国家的兴起，都扩大了劳动分工的趋势。

劳动分工产生了深远影响，但与劳动专门化相比，劳动关系受到的影响更为彻底，因为大约在公元前 5000 年到公元前 2000 年的 3000 年中，劳动关系发生了巨大变化。首先，可以看看狩猎者和食物采集者的例子，他们践行平等主义，奉行互惠原则。虽说当时在大部分人类聚居地中，仍能看到狩猎者和食物采集者的身影，但他们在全球人口中所占的比例已经急剧下降。其次，是耕地农民的例子。在上一章中，我们已了解到大多数农民如何维持互惠原则，以及"扩张者"机制如何引发最早的不平等社会关系（此前基本上是互惠关系）。在亚欧大陆，一些家庭设法获得了比其他家庭更多的农业盈余，财富差距也就由此形成。但贫富差异产生的关键并不在于生产资料的不平等分配，而在于劳动收益的不同。

目前，并无充分迹象表明，私有制在公元前 5000 年之前就已盛行。但私有现象已经存在，尤其是在欧亚大草原的畜牧业社会中，比如，从富人的墓葬中就能清楚地看出贫富差距。这里的人们发明了驯马和骑马的技术，还有马车，且改进了金属加工技术，有了一定的复杂度。本章将讨论"农村"中日益不平等的劳动关系，特别是畜牧业社会中互惠关系的不平衡发展（见第 80—90 页）。

新型劳动关系主要在人口密集的城市中发展起来。美索不达米亚城市的创新——"再分配"［其规模更大，可称为"变相的互惠"（reciprocity in disguise）］，即通过集中管理的再分配来进行劳动分工和报酬分配——在世界其他地方的第一批城市中也有出现，但用得并不多（见第 91—95 页）。需要注意的是，有时它更看重的是贡赋本身，而非再分配层面。

终于，从约公元前 3000 年开始，第一批称得上是"国家"的政治体诞生了（见第 96—112 页）。起初，他们仍然遵循贡赋—再分配制度；事实上，在埃及，该制度延续了数千年；不过，此时的人们也开始有了其他选择。这些新政治体的规模如此之大，以至在相互交战时，男战俘不再被集中杀害，而是被用作奴隶（可能还包括战俘的妻儿）——战俘原则上归属于俘获他们的政

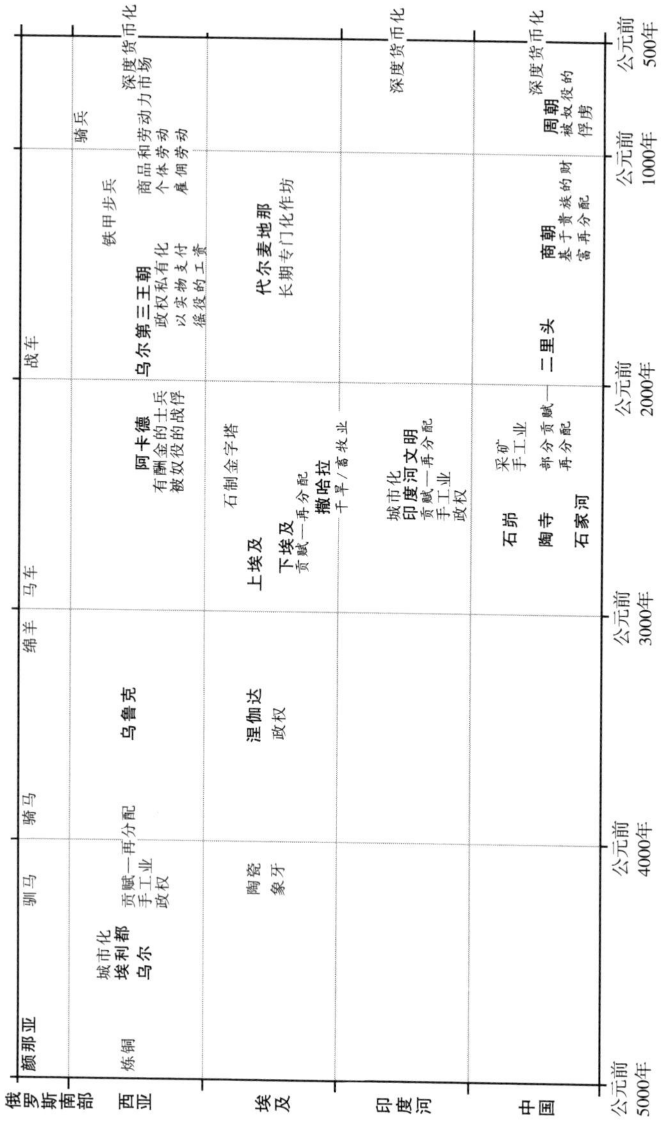

俄罗斯南部

西亚　炼铜　城市化 埃利都 乌尔 贡赋—再分配 手工业 政权　乌鲁克 政权　阿卡德 有酬金的士兵 被奴役的战俘　乌尔第三王朝 政权私有化 以实物支付 偿债的工资　铁甲步兵 商品和劳动力市场 个体劳动 雇佣劳动　骑兵　深度货币化

埃及　陶瓷 象牙　涅伽达 政权　上埃及 下埃及 贡赋—再分配 撒哈拉 干旱 畜牧业 石制金字塔　代尔麦地那 长期专门化作坊　深度货币化

印度河　城市化 印度河文明 贡赋—再分配 手工业 政权 采矿业 部分贡赋 再分配

中国　石峁 陶寺 石家河　二里头　商朝 基于贵族的财富 再分配　周朝 被奴役的 俘虏　深度货币化

驯马　骑马　绢羊　马车　战车　铁甲步兵　骑兵　深度货币化

公元前5000年　公元前4000年　公元前3000年　公元前2000年　公元前1000年　公元前500年

图 3　公元前 5000—前 500 年不同劳动关系的演变

治体，并需要为后者工作。这些卷入战争的国家也开始豁免和供养臣民，特别是士兵，好让他们执行特定任务。第一批雇佣劳动力很可能就是在这种情况下产生的，尽管当时并没有劳动力市场。同时，这一时期有了生产资料私有化的最早证据，确切来说就是土地和牲畜，以及城市中的手工工具。如此，在市场上进行商品交易的个体劳动者应运而生。这首先催生出更大规模的服务于个体劳动者的雇佣劳动——缺乏生产资料（尤其是土地）的群体为获得报酬而为持有生产资料的群体工作，即所谓的市场雇佣劳动。那么问题来了，这种报酬的性质和水平是如何确定的？

080

　　此处示意图呈现的是古老的亚欧国家的劳动关系（见图 3），但实际的劳动关系往往更加复杂，囊括当前已知的所有劳动关系要素，且常以混合形式出现。此时，基于再分配模式的平等关系与奴隶制、雇佣劳动、（奴隶和自由人的）受雇以及个体劳动共存。[4] 此外，每个国家的情况可能各不相同。例如，与美索不达米亚相比，埃及实行贡赋—再分配制度，其劳动关系的变化要小得多。男女劳动关系也会随时空变化而呈现巨大差异。从最初的城市化社会和国家社会开始，上述的混合型劳动关系几乎遍及整个旧大陆。在撒哈拉以南非洲和新大陆（指西半球或南北美洲及其附近岛屿），发生劳动关系分化的时间则要晚得多，相关论述可见第二章（见第 71—72 页）和第四章（见第 160—172 页）。

　　以此为起点，我们可将人类历史视作一场角逐——各种劳动关系之间的角逐，每一种劳动关系中都存在合作与压迫。如此一来，就可将过去 7000 年的人类历史划分为 4 个子时期，本章（第三章）讨论的是大约公元前 5000 年至公元前 500 年这一段时期。

"复杂"农业社会中的工作：不平等现象加剧

农　民

　　就像新石器时代（上一章有过论述）的最初 5000 年，最初的耕作农业发展也十分缓慢；其粗放性大于集约性，且长期与觅食活动相混合。在最初的几千年里，发展的重心在于"初级农业"，即种植庄稼和饲养牲畜，并以此作为主要食物来源，继而出现了"农副产品"，如亚麻、牛奶和乳制品，以及羊毛。[5]

　　公元前 9000—前 3000 年，新月沃土的农业技术（灌溉技术更晚后才出现）广泛传播，从其多雨地区向东、南、西北方向传播，小麦、大麦、牛羊的传播远达印度西北部和欧洲。公元前 5000 年之后，牛、绵羊和山羊传到了北非和东非，但没有传至更远的地区。根本原因在于，"新月沃土食物生产基地"往南受季风气候影响，往北受极地气候控制，这样的气候对小麦和大麦等主要冬季作物的生长十分不利。[6]

　　专门化分工发展的有趣之处在于，早在公元前 8400 年，人们就使用用船只将农作物、牲畜（猪、牛、绵羊、山羊）以及狗和猫（用在粮仓里抓老鼠）运送到了塞浦路斯。[7]这种船舶运输方式正是农业技术在意大利和西班牙沿海得到传播的原因。[8]接下来，发生了许多迁徙活动，公元前 3000—前 1000 年，一些可能是来自中国台湾岛（大坌坑文化）的农民在南太平洋地区定居下来。他们首先来到（已有人长期定居的）菲律宾和印度尼西亚，然后从那里朝西南和东南方向继续前进。朝西南方向迁移的农民，带着牲口，从菲律宾迁徙到婆罗洲，然后到东非，最终在现代之初到达无人居住的马达加斯加。[9] 朝东南方向迁移的则是从印度尼西亚和新几内亚出发，到了俾斯麦群岛和所罗门群岛——公元前 1300 年发展出拉皮塔（Lapita）文化的地方。他们来到"近大洋洲"（Near Oceania），在肉眼可视范围内的无人岛屿上陆续扩张定居——但他们并没有止步于此。事实上，在几次人口迁移浪潮中，都有人迁徙到"远大洋洲"（Remote Oceania）的无人岛屿。公元前 1050—前 950 年，人们跨越了整整 800 公里，从瓦努阿图航行到斐济；一百年后，又到达了萨摩亚和汤加。随后，迎来了约两千年的探索期，在此期间，人们改进了带舷外支架的简易帆船独木舟，制造出大型远洋双壳帆船，得益于此，他们最终在公元 1200 年前后进入新西兰、夏威夷和复活节岛居住。很久以前，在公元前 3 千纪上半段，比布鲁斯和埃及之间就已存在频繁的商船贸易（尤以交易黎巴嫩的雪松木料为著）。[10] 因此，水手也成为早期职业中的一种，目前已知的早期职业清单仍然较为简单，包括狩猎者－采集者－渔民、耕地农民和牧民（以及所有职业的组合）。

我们已经知道，中国黄河流域和长江流域是新石器时代的又一个重要的农业文明中心。这里的农民通晓各类农作物的种植方法，不仅会种植短粒大米和黍，也会种植狐尾草、大豆，同时还会养鸡、养牛、养蚕。这些农民迁徙时往东、南、西三个方向前进，他们的迁徙之旅历经数千年。其他农业独立发展的地区早期也有类似的迁徙模式，但迁徙的距离并不远，影响也没那么显著。[11]

　　由此，农业从最初的中心地区扩展到了更大的范围，但农业盈余仍相对较少，更为关键的是，盈余并不稳定。但在此期间，劳动者之间的社会关系依然相对稳定，农民之间的差距也较小，少数富裕的精英家庭试图通过举办节日宴会和赠送礼物来弥合贫富差距。

　　在这些早期农业社会中，对于人口迁徙的解释，存在两种对立的倾向。[12]一方面，可能是由于年轻后代或农民无权继承土地，故选择移居到新的地方；也可能是因为有一部分人生活得太过贫困，受到了强烈的社会压迫，故以移居的方式来表达对先前所受压迫的反抗。另一方面，让考古学家十分惊讶的是，在一些新土地上建立起来的农业社会中几乎不存在地位差异，例如公元前7400—前6000年的安纳托利亚中部地区。

　　但这些"权利"究竟指的是什么？几乎可以肯定的是，那不是我们通常所说的财产权，也没有足够证据可以证明这一点（也可参见下文的印度河文明）。相反，我倾向于将这些权利界定为获取部分公共收益的权利，或者自行决定工作方式的权利。另外，这样的结果不难想象——年轻人不再对长辈言听计从。但此时的早期农业社会中，出现了更多长期的平等主义趋势的迹象，例如公共储粮。[13]许多农业社会还保持对女性神明的崇拜。如果仅凭这一点，我们就断言女性拥有相对较高的地位（事实上远不足以断言），那别人也同样能据此断言，男女工作的受重视程度并无太大区别。

　　几千年来，从平等主义农业社会到过渡性平等主义农业社会，再到"扩张者"社会，最后到酋邦，社会形态发生了改变，而这种渐进式演变的标志则是新发明的出现，这也正是社会愈加繁荣的标志。最早的例子可能是对宝石的追求，确切地说是（抛光）石器制造者的进一步专门化，现在抛光石器可能不仅仅是辅助性工作。[14]另外，巴尔干农民的纯铜勘探及加工技术也可加以佐证。

在很长一段时间里，铜的用途在于美观装饰而非商品交易。与其他已知的材料相比，铜色彩鲜艳、光泽锃亮、坚硬耐用，是用于制作区分标志的最佳材料。[15]长期以来，锤薄法是制作珠宝的唯一方法，最早见于约公元前8000年的安纳托利亚。3000年后，伊朗和塞尔维亚发明了用含有硫化铜和氧化铜的岩石炼铜的方法。这一过程的温度需高于1080℃，只有用木炭代替木材作为燃料，并借助风箱才能实现。风箱的末端须由陶瓷材料制成（陶土管或用作风箱接头的鼓风口），用于收集熔融金属的坩埚也是如此。

很快，银和金的冶炼中也应用了同样的方法（铜的熔融温度为1083℃，金为1064℃，银为962℃），但并未应用到铁的冶炼中。铁的广泛使用是在3000年或更久之后，出现在赫梯帝国（前1400—前1200）的精英阶层中。这并不是因为炼铁所需的温度高——铁的熔融温度比铜低，而是因为在铁的冶炼过程中，需要非常低的氧分压才能将铁从其氧化物中还原出来。[16]铁匠（铜匠）出现的时间比水手（也许还有造船匠）晚一些，丰富了现在的职业类型，其社会地位要比后者高得多。实际上，各种农耕文化都把铁匠奉为神明。例如，铁匠的随葬品中有时就包括他们的冶炼工具，还创造出铁匠种姓（只在同行业内通婚）。铁匠的手艺不仅具有物质价值，还具有象征意义。铁匠在诸神世界

083

中也占有重要地位，比如希腊神话中的赫菲斯托斯（Hephaistos，火神兼匠神），以及罗马神话中的武尔坎努斯（Vulcanus）。非洲民族志文学中也充满了关于铁匠的故事，炼铁艺术还与妊娠和分娩有关：

> 熔炉是女人，炉中迸发的铁花是胎儿，陪伴熔炉的男性既是丈夫又是接生婆。在某些情况下，这种身份对等很明确，熔炉被比作女性的身体，风箱被比作男性的生殖器。这一点通常也可以从冶炼工匠的行为中获悉。在冶炼期间，工匠通常不得发生性行为，还时常被隔离在冶炼营里，以确保遵守规定。[17]

　　由于权利上的差异，农业社会逐渐分化，人们之间相互嫉妒，武器也开始出现（通常用于猎杀动物），这一切很可能成为暴力蔓延的催化剂，其规模在今日来看，已可以称得上是战争。在农业出现前不久，就已经有了描绘暴力场景的岩画，比如人们用弓箭互相射击，死伤惨重。[18] 如何从社会不平等、劳动分工和劳动关系分化三个角度来解释这一点，目前尚不清楚，必须等到公元前 3000 年前后才能找到关于这方面的有力证据。这时能看到，劳动者之间的系统性不平等随着一种特殊畜牧业的发展而加剧，那就是游牧。游牧的具体工作需要做些什么呢？

专门化的牧民

　　牲畜的寿命比大多数农作物（除大部分树木）要长，而且更容易运输和分配，这就是为什么畜牧业（当数拥有大量牲畜的牧区游牧业）比耕作农业更容易加剧社会不平等发展。畜牧业最初起源于俄罗斯南部的草原，也就是所谓的颜那亚文化分布地区之一。公元前 5000 年之后，第聂伯河和伏尔加河地区的狩猎采集者成功驯化了马，因此，马成为他们冬季的最佳肉类来源。早在几千年前，他们的南方邻居就已成功驯化了山羊、绵羊、牛和猪。

在这些寒冷的地区，马有一个最大的优势，就是能够借助马蹄清除草地上的积雪，以此获取食物，从而在最恶劣的环境中生存下来，而其他同样生活在这种环境中的驯化动物可能早已死亡。[19] 除了肉和奶、马和其他牲畜（冬季需要人工照料），这些狩猎采集者的食物来源还有丰富的鱼类（尤其是第聂伯河急流中的鱼）和野生植物，特别是鹅脚草（藜属植物）。因此，在开始小规模种植谷物之前，他们的食谱就已经非常丰富。[20] 他们不仅实现了一定程度的自给自足，还在一段时间后，开始与南方进行贸易往来，出口产品：首先是马、其他牲畜和牛产品，后来还有金属。

自从人类驯化了马之后，过了大约 500—1000 年，他们给马安上了嚼子，以便骑行。骑马有助于牧羊人大幅提高他们的生产力。大卫·W. 安东尼（David W. Anthony）毕生致力于研究这些游牧民族的历史，他曾作出以下描述："一个人带上一条好的牧羊犬，步行的话，可以放大约 200 只羊。但同样的情况下，如果是骑的话，就可以放大约 500 只羊。"[21] 这些游牧民族的马车最初可能是由安纳托利亚的雪橇发展而来，大约在公元前 3000 年，他们就使用这种四轮马车来装载和保存财产，这为他们的游牧活动提供了更多便利，也使得他们的季节性畜牧更加成功。这意味着他们不仅可以牧养大量马匹，还可以饲养大群绵羊，特别是还可以饲养大规模的牛群。这是至关重要的一大进步，因为奶牛具有产奶优势，它们的产奶量是母马的两倍，是山羊的五倍。[22] 公元前 3400 年，在近东地区首次出现了绵羊变种，此后不断繁殖出新品种，饲养绵羊的优势由此大大增加，除了肉和奶，还能供应羊毛。

只因一个地理巧合，这些游牧民族收获了第二大财富来源：在东欧大草原以东的卡尔加利（Kargaly）和乌拉尔南部的其他地区，有大量的铜矿储备。他们利用巴尔干半岛和伊朗的已有技术加工铜矿石。[23] 在咸海以北的辛塔什塔（Sintashta），青铜是通过将铜与产自更南边的巴克特里亚的锡混合制成。在辛塔什塔，公元前 2000 年前后，草原上的养马人最终发明了一种有助于扩大与南方贸易往来的工具：带辐条轮的马拉战车。它们因速度和操纵灵敏性而大受欢迎，替代了有着上千年历史的，轮子为实心的战车。牛车的发明衍生出了施肥这项工作，安东尼还说，牛车方便了单个家庭的耕作，而非集体合作劳动的耕作。这样一来，属于单个家庭的农场得到了发展，从而能够供养更多的社会成员。

从公元前最后 1000 年开始，马匹成为战争中不可或缺的一部分，骑兵也随之产生。亚欧大陆的游牧民族越来越注重向交战国家提供役畜和骑畜（有时还配备了车夫或马夫）（见下文，第 97—99 页）。[24] 这一情况并不仅限于大草原。如前所述，定居农业、储存植物性食物以及成功驯养动物的技能，在特定情况下（特别是在迁移到干旱地区之后），也可能使得畜牧业优于其他形式的农业。最初自由放牧的家庭畜牧业可以转变为牧民畜牧业，而牧民畜牧业又可以发展为半游牧畜牧业，最终发展为游牧业。这一过程按时间顺序分别发生在五个不同地区：首先是欧亚大草原、半沙漠和沙漠地区；其次是近东地区（美索不达米亚、阿拉伯、叙利亚和巴勒斯坦）；然后是中东地区（小亚细亚、伊朗、阿富汗）；再后来是非洲；最后是亚欧大陆北部。[25]

　　根据第一个例子，也是最早的例子——欧亚大草原、半沙漠和沙漠地区的游牧群体——可以看出，公元前 1 千纪，在欧洲和哈萨克草原上，只有少数游牧群体发展为专门的骑马游牧民族。毋庸置疑，在这片广阔的温带地区，存在多种多样的游牧生活方式；尽管如此，大部分游牧民族都具备一些共同特点，比如主要放牧绵羊和马，以及按照固定季节模式进行游牧（冬季从北方跋涉到南方，夏季再返回北方）。绵羊和马至关重要，因为它们能在雪地里放牧，还因为它们出产的产物——奶和肉，可能一定程度上还包括血。这种食物结构需要以交换或购买的植物性食物作为补充。他们还会放牧山羊，但山羊的重要性不及绵羊和马。后来，南边的土耳其人开始饲养双峰驼，有时也饲养单峰骆驼（阿拉伯骆驼）。帕米尔高原和中国西藏的游牧民族也可视为欧亚类群的另一子类型，他们牧养绵羊和牦牛。

　　和欧亚大草原的游牧民族一样，近东地区游牧民族的专门化发展非常缓慢。牧民畜牧业和半游牧畜牧业存在于公元前 3 千纪至公元前 2 千纪。牧羊人生活在农业区的边缘地带，以驴为出

086

行工具，也从事农业生产活动。大约从公元前 2500 年开始，受"撒哈拉－阿拉伯气候带"的干旱影响，一些放牧牧民被迫成为游牧牧民，这也促使人们开始驯化骆驼（约前 1500）。在《圣经》中，骆驼（包括"奶骆驼"）是人类始祖亚伯拉罕、以撒和雅各的祖先之一。而在近东地区，骆驼之于游牧民族就像马匹之于欧亚大草原游牧民族一样不可或缺。[26]

欧亚大草原的牧民会同时放牧羊和马，与此相比，近东地区的放牧方式则有所不同。一方面，绵羊和山羊分开放牧，每隔三四天就需要被赶去饮水，因此饮水点应在放牧点周围 15—20 公里的范围内。另一方面则是骆驼的放牧方式，就像有位波兰诗人曾说过的："骆驼哪怕不喝水都可以劳作好几天，人却可以好几天不劳动，但每天都要喝水。"[27] 这种单独放牧的方式致使不同族群间和部落间出现了不同的专门化倾向。近东游牧民族的饮食以牛奶为主，辅以肉类，有时还食用畜血，以及大量的植物性食物——不仅有椰枣，还有与农民交换得来的谷物，农民还允许牧民进入他们的茬地放牧，以换取畜群留下的粪便，这样一来，牧民也可以捡拾到一些谷物。

公元前 5000—前 4000 年，畜牧业从黎凡特传入埃及，也以同样的方式传入北非其他地区和东非。[28] 公元前 2500—前 2000 年，撒哈拉沙漠旱情加剧，直接导致该地畜牧业发展成游牧形式，这就迫使现有的牧民和有驴的半游牧牧民不得不适应新的环境。[29] 直到埃及开始以马匹为代步工具，特别是阿拉伯半岛开始驯化骆驼，才使得西非和非洲之角之间出现了真正的游牧畜牧业。在中东的小亚细亚、伊朗和阿富汗，可能存在一种介于欧亚大草原游牧和阿拉伯沙漠游牧的中间游牧类型。[30] 公元前 3 千纪之前，就已有关于这种游牧类型的记载，这类游牧以半游牧的夏季高地牧业为基础（季节性迁移放牧），在伊朗山区和亚美尼亚高原饲养少量的牲畜，同时也从事一定的农业活动。

但实际上，这些国家真正的游牧民族来自欧亚大草原，主要是在中世纪（这里有时间上的跨越）。可以将其分为两种类型：一类是在大草原（尤其是伊朗）上牧羊、牧马的牧民，以及在山区牧养小型牲畜的牧民，如卢尔人（Lur）、巴赫蒂亚里人（Bakhtiari）、夸什盖人（Quashghai）和库尔德人（Kurd）。另一类是一小部分来自阿拉伯半岛的移民——贝都因人（Bedouin），但由于他们的单峰骆驼无法忍受安纳托利亚高原的寒冷，这些人的活动区域局限于伊朗西南部的法尔斯省和胡齐斯坦省。一些贝都因人甚至去了马克兰海岸和俾路支省，而留下来定居的人，则一边畜牧，一边种植椰枣。

农民与牧民的对比

"私有财产"这一概念更多地起源于畜牧业，而不是耕作农业，与游牧部落的"共同所有权"概念（有时是相当浪漫的概念）形成鲜明对比。在畜牧社会中，牧群至少是归个人或家庭所有的，牧场和饮水池则被视为这些家庭所属的大社群的公共财产。仔细想想，这倒也合乎逻辑。（游牧）畜牧业的成功取决于牧民对其牧群的照料质量和了解程度。总之，可以这样说："从整体上看，粗放型畜牧业中的人力浪费比农业的人力浪费要少。"[31]

大多数游牧社会主要由核心家庭和独立家庭（有时包括两

088

代人）构成。欧亚大草原以及亚洲和非洲其他地方的游牧民族，普遍都是父系家庭。在此类家庭中，已婚儿子中最小的那个，通常会与父母住在一起。他会出钱使兄长让出财产继承权，再独自继承父母所养的牲畜和持有的财产。[32] 这些相对较小的家庭对劳动力的需求随季节而定，所以他们依赖于社群内的合作劳动和其他形式的互助劳动。因此，在这种经济形式下，很难发展出依附劳动（如奴隶制），更不用说雇佣劳动。[33]

合作与冲突

长期以来，畜牧社会的独立发展及其对国家形成的积极作用一直在历史学研究中受到排斥，这是非常不公正的。传统的看法是，欧亚大草原上的畜牧经济完全是一种寄生经济，寄生于与之相邻的农耕社会，东起中国，南经印度，西至欧洲，都存在这样的寄生关系。与之相反的是，阿纳托利·哈扎诺夫提出，除偶尔的大规模掠夺现象外，这两种社会之间实际上是一种互补关系。耕地农民需要牧民的畜产品，同样，牧民也需要农民的农产品。在介绍古代美索不达米亚时，就已经讲述过这种互补关系。大多数时候，两种社会之间和平共处，有时会发生灾难性的掠夺现象；只不过后者给人留下了更为深刻的印象。[34] 用班固（1 世纪的中国史学家）的话来说，草原的统治就是掠夺土地："夷狄之人贪而好利……饮食不同……逐草随畜，射猎为生。"*[35]

---

* 此处为班固《汉书》中有关夷夏之防的原文，其上下文为："《春秋》内诸夏而外夷狄。夷狄之人贪而好利，被发左衽，人面兽心，其与中国殊章服，异习俗，饮食不同，言语不通，辟居北垂寒露之野，逐草随畜，射猎为生，隔以山谷，雍以沙幕，天地所以绝外内地。"

欧洲青铜和铁器时代所谓的"勇士社会"（warrior society），就是最早表现出严重不平等和暴力的农业社会。[36] 起源于约公元前3000—前2000年，当时一些牧民使用的是最古老的印欧语系，他们将颜那亚文化朝两个方向传播到东欧大草原以外的地方：[37] 向西传播到欧洲，向南传播到印度。最初，他们将森林开垦成草原，还占据了已有农民长期定居的空地。这些早期讲印欧语系的牧民长期和牲畜生活在一起，对相关传染病有更强的抵抗力，但周围农民的抵抗力没那么强，有可能会因此染上肺鼠疫。[38] 因此，最初几乎没有与已有人口（农民）混居的情况，但最后，这些牧民还是取代了大部分原始人口。这种人口混合的发生方式非常特殊。根据遗传学家大卫·赖克（David Reich）的说法，颜那亚文化"存在前所未见的性别偏见和阶层分化。它的传播造成了数量庞大的人口死亡，留下了大量坟冢，80%左右的坟墓中埋的是男性，尸骨上通常可见暴力伤害的痕迹，尸骨周围还有可怕的金属匕首和斧头"。颜那亚文化传播到欧洲和南亚，取代了早期的农业社会。早期农业社会中"几乎不存在暴力，女性占据核心地位"，而颜那亚文化则是"男权社会，不论是在考古学中，还是在印欧文化中以男性为中心的希腊、挪威和印度神话里，都是如此"。结合人类遗传学的最新研究结果，赖克总结道："颜那亚的扩张也不可能是完全友好的。……来自草原的男性本就占有血统优势，这就意味着颜那亚的男性后代，要是拥有政治或社会权力的话，在争夺配偶方面会比当地的男性更容易成功。"[39] 无须多想就能知道，这在现实中意味着什么。

只有当农业群体规模大到足以维持一段较长时间时，才有可能发生大规模有组织的群体侵略（如果你愿意，也可将其称为"战争"）。美国地理学家、历史学家贾雷德·戴蒙德（Jared Diamond）恰好提供了我们所急需的具体案例。

> 游群中所有人的关系都很紧密，若有人发生争吵，那么与争吵双方都有关系的人会介入调解。部落中，很多人都是近亲，彼此之间至少知道对方的名字，有人发生争吵时，则由他们共同的亲戚朋友进行调解。群体规模不足几百人时，每个人都彼此相识；但是，一旦超过"几百"这个门槛，越来越多的人就变成了不相关的陌生人。两个陌生人打架时，许多旁观者可能只是其中一人的朋友或亲戚，他们会站在自己人那边，两人打架就升级为群殴。因此，对于一个大型社会而言，如果一直是由全体成员共同解决冲突，这个社会肯定会崩溃。仅这一逻辑就可以解释，为什么数千人的社会只有在发展出中央权威，并以此来垄断武力和解决冲突的情况下，才能存续下去。[40]

至于更普遍的情况，则可参考戴蒙德的同事——考古学家劳伦斯·基利（Lawrence Keeley）的敏锐观察结果："战争之所以如此可怕，并不是因为人类有暴力侵略的恶习，而是因为人类有勇敢的品质。如果人类都是懦夫，就不会有战争。懦夫不敢诉诸暴力来解决问题，因为暴力很可能会伤及自身，受到攻击时，他们会逃跑或默默承受。但是……人类受到攻击时，会进行反击。"[41]

农业本身可能也为更多的群体暴力创造了条件，但现在很清楚的是，这还远远不够。在人烟稀少的农民聚居区，具有浓厚父权文化的牧区移民仅有一两代，他们不仅会选择有组织地杀害或镇压被征服者，还会选择奴役被征服者。游牧民族倾向于将我们所说的附庸—朝贡关系称为"奴隶制"。尤其是，当游牧民族征服农民（有时还包括牧养不同动物的其他游牧民族）时，他们的社会中就很有可能出现"真正的"奴隶制（根据当今大多数历史学家所接受的定义）。最极端的例子可能是撒哈拉地区图阿雷格人（Tuareg）的社会阶层现象——尽管其出现的时间晚于此处所讨论的时期。图阿雷格人的上层是骆驼牧民的贵族部落，他们参与商队贸易和奴隶贸易；在他们之下，是由小型牲畜牧民构成的附庸部落；更低的是半农奴化的农民；最底层则是牧民的奴隶。[42]

上述所有案例贯穿了几百年乃至几千年历史，针对这些案例，我们并非要探讨牧民的大规模移民是否涉及有组织的暴力（这是明确存在的）；而是关注迄今为止的绝大多数独立农户的劳动关系在当时是否已经发生了重大变化——无论他们是否从事耕作农业或畜牧业。几乎可以肯定的是，扩张者的数量随着牧民社会的扩大而增加，但并没有足够证据证明劳动关系是否改变。[43]然而，有迹象表明，第一批城市社会和随后的国家出现了。

早期城市里的工作：劳动专门化和再分配

091

城市和城市社会出现的条件首先是，生产力上升到一定水平，有足够多的人不再需要依靠自己生产食物来生存，因而能够离开他们生活的地方，到别的地方去。这样一来，工匠、牧师和其他非农民的聚居地——城市——便发展起来。同时，全职职业的类型也从少数几种跃升到几十种，甚至上百种。

关于这个话题，首先要谈到的便是新月沃土。在这一地区，新石器革命取得了巨大成功，这与新几内亚或北美东部等同样古老的农业地区形成了鲜明对比，主要原因是那里有均衡的动植物营养来源。援引贾雷德·戴蒙德的话：

> 由于新月沃土有合适的野生哺乳动物和植物，此地的早期居民能够迅速将它们集中起来，使其处于有效且平衡的状态，用于集约化粮食生产。其中包括：作为主要碳水化合物来源的三种谷物，作为主要蛋白质来源的四种家畜，蛋白质含量为 20%—25% 的四种豆类，蛋白质含量丰富的小麦，作为纤维和油来源的亚麻（即亚麻籽油：亚麻籽的含油量达约 40%）。最终，在驯养动物和生产食物的几千年后，动物也开始被用于产奶、产毛、耕作和运输。因此，新月沃土第一批农民的庄稼和动物满足了人类的基本经济需求，包括碳水化合物、蛋白质、脂肪、衣服、畜力和运输。[44]

世界上最古老的城市都出现在美索不达米亚，包括公元前 5 千纪的埃利都、乌尔以及公元前 4 千纪的乌鲁克，这三座城市均位于如今的伊拉克南部。我们发现，城市中的人口规模更大，不再仅仅只有几百人或一两千人（如先前的耶利哥和加泰土丘）。公元前 4 千纪，乌鲁克的面积比古雅典还要大，是罗马帝国的一半。[45] 在世界其他地区，城市的出现则要晚得多。

在这些最早出现的城市里，劳动分工肯定已经得到了发展。[46] 这一点可以从物质文化的较高地位和源自埃利都部落的故事中推断出来，尽管这些故事是在很久以后才被记录下来的。[47] 令人惊讶的是，各行各业的人们都将至高神"恩基"（Enki）奉为他们的守护神，包括皮革工、洗衣工、芦苇工、理发师、织工、建筑工、金属匠、陶工、灌溉技师、园丁、牧羊人以及医生、占卜师、哀歌牧师、乐师和抄写员。到公元前 3 千纪之初，抄写员已经有了专门的职业培训。

但这不仅是出于群体认同，还可能与职业自豪感有关；这些早期的城市居民还相信，人必须努力工作，因为这是人类自创世以来的命运。例如，埃利都部落中有这样一个故事：每位初代神祇都有一项特定的任务，以保障土地得到良好的管理和灌溉。一些神要用篮子搬运泥土，而"大神"则充当监督者。劳动之神开始抱怨时，恩基便在众多女神的帮助下，最终用黏土创造出人，并把艰苦的工作分配给人类。众神于是举办宴会来庆祝人类的出现，为他们减轻了负担。

现在，来看看城市社会的繁重工作和工作监督者。在这些早期城市社会中，存在一个管理中心——神庙，负责处理公共商品交换和再分配事务，并负责看管劳动者，似乎因此减轻了勤劳者的负担。例如，在乌鲁克，"在前国家社会中，交易是高度仪式化的，在公众面前进行，以见证和批准交易。随着乌鲁克经济愈加复杂化，行政监督亟须加强，印章因此应运而生，但即便如此，公共责任（贡赋）依然是必不可少的"。[48] 人类早在公元前 5 千纪就发明了印章，其外形通常为带有反写凹刻文字的圆柱体——当然，这是为了方便大宗商品储存和运输的行政记录。印章的密封保存性保证了它的公正性，对于集体储存设施也非常有用。乌鲁克是我们所知的最古老的贡赋—再分配社会，每个生产者都要上交生产盈余（贡赋），再由神庙重新分配给非农业公民。[49]

　　丹尼丝·施曼特－贝瑟拉（Denise Schmantt-Besserat）仔细地研究了 8162 个乌鲁克人用作"计数符号"、"计数器"或"计数装置"的陶筹——由黏土烧制，直径几厘米。这些陶制物件遍布新月沃土，是阐释第一批城市的劳动关系的重要支撑材料。[50] 城市出现之前，最初的计量和登记方法是用 16 种不同的普通陶筹来表示数量，其中最常见的是用于计量粮食的圆锥体、球体和圆盘（分别代表一小篮、一大篮和一整座粮仓），用于计量动物的圆柱体，以及用于计算劳动量的四面体——陶筹的尺寸有大有小，一个小四面体可以代表一个人的工作量或一天的工作量，而一个大四面体可以代表一队人的工作量或一周的工作量。[51] 由此可见，在城市出现之前，美索不达米亚农业社会的规模就已十分庞大，需要使用计数工具来记录劳动量和劳动产品的数量。

　　在公元前 4400 年以后的城市中，这些基本的陶筹演变出大量更为复杂的变体——大部分是几何图形，有时也包括带有各种线性和穿孔标记的自然图形。复杂的计数形式意味着陶筹可以表示更具体的数量、大小，如谷物量或土地面积；可以区分动物，如大尾羊、母羊或羊羔；还可以区分手工制品，如织物、服装、容器和工具；也可以区分加工食品，如油、面包、蛋糕和桁架鸭；还有香水、金属和珠宝等奢侈品。

大多数陶筹都是在中央神庙的公共办公室、仓库和工场内或附近发现的，这着实引人注目。由此，我们可以推断出，乌鲁克人后来将陶筹串起来或保存在黏土封套中，上面记录了它们的数量和类型，还用陶筹记录每个人献给神庙的贡品数量（例如，每个人存入中央筒仓的粮食）——这构成了再分配制度的基础，还可以记录工作职责。从公元前3500年开始，泥板取代了印章，记录的内容和印章一样。在前面提到的乌尔城，贡赋—再分配的行政制度是由至高神——月神南纳（Nanna）——的祭司王管理的。这种制度实行自愿上贡原则而非强制征收，但不上缴贡品的公民会受到公开处罚，因此在一定程度上呈现税收或徭役的特征，而不是集体生产再分配的特征。[52]

公元前3000年前后，上述第一个城市文明在暴力和破坏中覆灭。据说，苏美尔国王吉尔伽美什（Gilgamesh）建造了乌鲁克城的城墙。有明显迹象表明，在新的历史时期，社会管理更加等级分明，有领主、劳工、自由人和奴隶。在《乌尔覆灭哀歌》（"Lamentation over the Destruction of Ur"）中，对此有鲜明的叙述，值得细读一番：

> 锄头不能耕锄良田，种子不得播撒在地。
> 平原上不再荡起牧牛人的歌声……
> 牛栏里不再发出搅牛乳的响动。[53]

094

对于大多数其他早期城市文明，缺乏像美索不达米亚那样的深入研究，我们对它们可能盛行的劳动关系也知之甚少。然而，有迹象表明，新月沃土许多城市实行的再分配制度也同样存在于其他地方，比如，安纳托利亚中部的阿尔斯兰特佩；[54] 还可能存在于几个世纪后的印度河文明（前 2600—前 1900）的城邦中，主要有哈拉帕和摩亨佐 - 达罗（位于今巴基斯坦）。战争的减少，特别是谷物收割、脱粒和储存方式的改变，都指向了这一点——这些印度河城邦摒弃了早期的严格平等主义（虽已有改进），转而实行再分配制度。[55] 彼时，该流域的农业技术已高度发达——已会使用耕畜和手推犁车。值得注意的是，收获的谷物不是由农民单独进行脱粒，这表明当时可能已有公共的甚至是集中的生产组织负责谷物脱粒工作。

公元前 3000 年以后，中国长江流域、黄河流域以及更北的内蒙古地区也出现了人口聚居点增多、聚居密度增大的现象。公元前 2000—前 1600 年，中国最早的城邦出现了，人口规模通常为几千人，范围包括中心城区及周边地区。[56] 这片区域中不仅有农业区，还有手工业生产中心，比如，陶寺遗址和二里头遗址中的采石场。[57] 农民都有一项副业，那就是在采石场工作，开凿燧石碎片作为半成品，再运回他们的聚居地，加工成石铲和其他成品。在城区里也有这种劳动形式，加工品甚至会出口到其他政治体。虽然这些成品和半成品在各地的交易方式尚不清楚，但这表明当时中国已经出现非农劳动专门化的早期形式。

一些城市定居点的面积可达 250—400 公顷，多数都有坚固的城墙。最令人印象深刻的例子是石峁遗址（位于中国中部的陕西省），城市周围环绕着三道石墙——这种建筑需要有大量劳动力资源储备。另一个例子是陶寺遗址（位于中国北部的山西省）。它占地 280 公顷，可能有几千名居民。仅仅用夯土砌成的主围墙，就需要 39673 人／月（或 3306 人／年）的用工量。还有二里头遗址，其鼎盛时期占地 300 公顷，人口约为 1.8 万至 3 万。这些发达城市拥有高度专门化的手工业生产，在等级制度上表现出巨大差异，继而导致劳动组织和劳动报酬也存在显著差异。在这些城市中，有些城市，贫富悬殊，防御工事强大，武器供应充足；但还有些城市，社会呈现更加平等化。[58]

　　陶寺就属于前者。贵族的坟墓比平民的坟墓大超过 10 倍，性别差异也很明显，男性的坟墓通常比女性的更大、更奢华。从遗骸也可以看出，贵族和平民在饮食方面的差异巨大。同时，大型储藏地窖也表明陶寺具有再分配特征。[59]此外，根据其大型的防御工事，以及人员的牺牲（假如人员皆为战俘而非内部下层社会成员），也能看出陶寺具有明显的军事特征。

　　相比之下，长江中游地区的石家河，同样拥有坚固的城墙，但只是作为防洪屏障。它还建有通过陶管为居民提供排水和排污的系统。此处的坟墓差异要小得多，出土的数千尊小雕像和小仪式杯都表明"石家河文化的典礼仪式具有包容性，城市中的大部分人口以及周围地区的农民，都能参与这些仪式"。上述所有文化中都存在某种形式的再分配制度，但相较于南方，北方社会的阶级差异性更强。直到公元前 1600 年前后，中国才出现我们所谓的真正的（中等规模）"国家"，其中最著名的便是商朝（见下文第 111—112 页）。

国家内部的工作：多样化的劳动关系

国家的形成

据我们目前所知，世界上最早的国家诞生于约公元前 3000 年。与农业社会甚至是城市相比，国家可以为更多人确定劳动关系，尤其是劳动条件，而且是以更彻底、更集中的方式进行。[60] 国家可以从城市或城市联盟发展而来，就像公元前 3 千纪的美索不达米亚和公元前 2 千纪的中国一样；但也可以在没有这些中间步骤的情况下发展起来，比如约公元前 3000 年的埃及。[61] 成功的城邦也可能无缘发展成国家便已消失，印度河文明就是这种情况。国家形成方式上的差异，很大程度上决定了其内部新型劳动关系发展方向的不同。

本节着重探讨了早期城市（本质上更具再分配特征）和早期国家对愈加不平等的"复杂社会"农业模式的采用程度。起初，早期城市的采用程度似乎更高，具体是指美索不达米亚——具有很强的文化连续性（城市联盟和国家并不太容易区分），由于冲突，其中也悄然出现了许多"复杂社会"的要素，尤其是非自由劳动力。在复杂社会中，还存在雇佣劳动、个体劳动和劳动力市场（但货币仍未成为交易工具）：本书第 118—127 页将深入探讨其对劳动关系的影响。

新月沃土

当城邦和城市联盟逐渐或突然转变为国家时，美索不达米

亚的劳动关系发生了哪些变化？ 中央神庙主导实行的原有再分
配制度是否在更大范围内得到维持？ 还是在城邦向国家的转变中
发生了重大改变？ 长期以来，早期国家的劳动制度由神庙组织并
主导，基于此，这里必须强调两个变化：首先，从公元前 3 千纪
后期开始，国家的形成对战争和大规模奴役战俘产生影响；其
次，从公元前 1 千纪年开始，市场和国家机构的出现决定了家庭
之间的商品流通，成为（除了长期为国家服役的职业军人）个体
劳动和雇佣劳动的基础。

097

公元前 3800—前 3200 年，乌鲁克文化出现了许多城市（可
理解为后期的城市联盟，而不是早期的国家），从叙利亚、土耳
其、伊朗到伊拉克的部分地区，都有这样的城市，其经济的主
要特征之一是商品分配和交换。由于乌鲁克文化规模扩大，需要
更多管理机构，程序也因此增多，但这种转变并未改变其分配制
度，只是使管理单位扩大化，而非形成统一的城市。[62] 在很长一
段时期内，公元前 3 千纪年之后形成的政治体也是这种情况。在
乌尔第三王朝（前 2112—前 2004），管理机构增加的情况最为
严重，当时还组织了各省之间的再分配。这与法老时代埃及的情
况非常相似（下文将会介绍）。[63]

最终，政治体对产品的再分配只偶然存在。后来还有一
个例子，就是亚述的阿舒尔纳西尔帕二世（Ashurnasirpal II）。
迦拉宫（Calah）修建好之后，他设宴 10 天，邀请了 69574 位宾
客。菜单上有 1 千头肥牛、1.4 万头羊、1 千只羊羔、几百头鹿、
2 万只鸽子、1 万条鱼、1 万只跳鼠和 1 万枚鸡蛋。乍一看，这
似乎是另一个过度扩张者的行为，但更重要的是，这实际上标志

着贡赋—再分配国家的结束。[64]

可以说，在美索不达米亚以外，更多的是新月沃土周边地区，也有国家呈现这种再分配特征。公元前1400—前1200年，这些国家还成为地中海东部盆地和近东地区"大国俱乐部"（Great Powers Club）的成员，其中包括一些著名的国家，如巴比伦（及后来的米坦尼和亚述）、安纳托利亚的哈梯（赫梯帝国，由阿尔扎瓦继任，首都为以弗所）、阿拉希亚或塞浦路斯、迈锡尼和克里特岛的米诺斯帝国。[65] 必须强调的是，这些王国有一个共同特征：大型基础设施建设（道路、港口等）的工人和农业工人都由国家供养，并由中央机构管理。

美索不达米亚的国家、士兵和奴隶

国家的形成和庞大军队的建立通常是同时进行的。这对工作史产生了三大影响：士兵劳动力征募；战俘奴役增多；战败民族有时被迫移居。[66] 约公元前2300年，萨尔贡大帝——"掌管天下，统治四方，从日出之处到日落之处的所有土地，无不归其统领"——建立了阿卡德帝国，这是世界历史上第一个帝国，领土从波斯湾一直延伸到安纳托利亚。在有关该帝国的现存记载中，我们发现当时存在奴隶制和职业士兵。[67]

公元前1300年之后，新月沃土出现了"军事战争"和轻步兵，后者还向世界其他地区（包括欧洲）扩散，这意味着士兵这一职业的技能化和专门化程度加深。[68] 成功的关键在于交通运输工具的变革。如前所述，公元前4000年人们开始在黑海以北的大草原上驯化马匹，并将其部署到战争中，后来又使用马匹牵拉战车（前1800），从而使此处谈到的士兵的技能化和专门化程度加深成为可能。军事劳动是最早有文献记载的自由劳动形式之一。萨尔贡在参战时曾写道："每天都得让那5400名士兵先吃饭。"[69] 此外，他还给高级军官分配土地，以示奖励。

　　战争结束，就会有战俘。该如何处理他们呢？处死还是劳役？大多数国家选择了第二种做法，这实际上构成了奴隶的一个重要来源，甚至可能是最重要的来源。最初，是把没有被杀掉的人质用作奴隶，这在后来的《查士丁尼法典》（Statute of Justintian，写于528—534年）中有明确的描述。[70] 如此看来，战争——不同于暴力或侵略（如前所述，这二者出现的时间更早）——在工作史中占据中心地位。[71] "真正的战争"是以战胜为目的的、有组织的持续暴力活动，需要庞大的军队，只有国家才有能力支撑得起这种战役并取得成功。但是，国家的收入依赖于从事农业生产的农民，还得是生产大于自身需求的农民。而且在复杂社会中，不仅存在参加军事行动的人数不足的问题，还存在庞大的劳动力需求，因此可以利用战俘，使其从事劳动，例如，把他们安排到公共劳动中，而不是处死他们。这一时期，世界上强制驱逐战俘数量最多的国家可能是亚述帝国，公元前900—前600年，该国驱逐了不少于450万的男人、女人和儿童。同一时期，整个中东地区和地中海东部地区的政治体，尤其是精锐（有时是次精锐）政治体，则是把战俘当作奴隶劳工役使。[72]

　　尽管事实上，经济、战争和社会阶层化三者齐头并进，致使奴隶制出现，但我们是到后来才发现这种非自由人口的大量集中。在苏美尔，早在公元前4千纪，"奴隶"的概念就已等同于

"外国男性"，这表明俘虏是奴隶的来源。此外，约公元前1754年的《汉谟拉比法典》(Hammurabi Code)表明，购买和债务也是奴隶的来源之一。[73] 虽说有了奴隶——尤其是在战后的几年里，自由劳动可能仍然普遍存在，美索不达米亚文明就以自由农民和自由劳工为主。特别值得注意的是，每个奴隶主或群体的奴隶数量是有限的，参见以下现存实例：某个身为银行家的奴隶主拥有96名奴隶，这是奴隶数量的最高纪录。

美索不达米亚的市场，以及个体劳动者、雇主和雇佣劳工的出现

从国家开始征募士兵，到为他们提供食物、住所和必要的资金，都并不意味着形成了劳动力市场。只有多个雇主为了争夺雇佣劳工而相互竞争，并与劳工签订雇佣合同，才能形成真正的劳动力市场。换句话说，在劳动力市场上，无论成功与否，劳工都可以在不同的雇主之间进行选择，他们也可以就工资与雇主协商。

在美索不达米亚，这类劳动力市场逐渐形成。约公元前2000年就已有雏形，但可信度更高的说法是，公元前1000年之后，劳动力市场开始出现。当时除了国家外，还有城市、神庙，尤其还有受雇于神庙的承包方，他们开始以自己的名义充当劳工雇主。同时，也常有大宗商品市场。[74] 在这些市场中有两类买家：一类是相互买卖交易的独立生产者，例如，渔民从农民那里购买粮食，农民从织工那里购买织物，织工从渔民那里购买鱼，等等。另一类则是职业士兵或其他雇佣兵，如果没有直接得到国家

的实物赡养，或是没有时间自己生产粮食的时候，他们就用工资在市场上购买粮食、织物和鱼。前面提到过四种劳动关系（"互惠"、"贡赋—再分配"、"奴隶劳动"，以及新近产生的"雇佣劳动"），这里则出现了第五种：市场中的独立劳动力（通常称为"个体劳动"，包括家庭作坊业，女性早已在其中发挥作用）。[75]最后还有一种，就是刚才提到的，从神庙和其他政治机构的承包方发展而来的，最早的"劳工雇主关系"。因此统计下来，总共有六种劳动关系。这是工作史上的一个重要发展阶段，因为自此以后，再也没有出现新的基本劳动关系。从这一点来看，人类工作史可以看作这些基本形式之间无休止的循环。

各种例子说明，我们所知的新月沃土各国都发展出了不同类型的劳动关系。据可查资料记载，最早的政治体是第三王朝（约公元前2112—前2004年的乌尔第三王朝）下的乌尔王国及其后继国家——新巴比伦王国（前625—前539）和波斯帝国（后来吞并了新巴比伦王国）。古希腊作家及其追随者创作了许多古老悠久的神话，来讲述该地区亘古不变的"东方专制主义"或"亚细亚生产方式"。但在最近几十年里，则出现了一幅更加微妙和有趣的画面。

乌尔第三王朝时，出现了许多促进市场形成的基本条件，但受到影响的可能不只是市场本身。其中，标准度量的出现就是条件之一。标准度量取代了先前各个城市特有的度量衡系统，比如，越来越多的人以白银为主要交换货币，这种贵金属以银棒的形式流通，交易时可以剪下一定量的白银用于支付，这种做法已接近于统一的支付体系。[76]但是，许多交易并不能真的以这种方式进行结算，因为乌尔第三王朝有着等级森严的中央官僚机构，要求农民上缴一大部分收成——据计算，乌玛省和拉加什省农民上缴的收成占其总收成的 43%—48%——此外，还要收取柳树和杨树木料、陶制器皿、房梁和皮袋作为税收。牧羊人要照料神庙和国家交由他们饲养的羊群，每年接受清点和检查，并按规定交付羊毛，按比例上缴羊羔、皮革和乳制品。可以肯定的是，牧羊人也养着自己的羊。这还远远不够，他们还要被迫服徭役，在工头的监督下组成劳动小组，领取分配给他们的大麦（数量多少取决于自身地位），以及每年分配的低档羊毛或羊毛纺织品。[77] 在这种情况下，日常生活中似乎没有太多货币交易的空间。

在之后的几百年里，即公元前 2000—前 1600 年，"政权私有化"迅速发展，为市场的形成铺平了道路。受雇于政治机构的公仆成为个体商人，为自己而工作，不效忠于任何王朝。他们还开始提供高息贷款，白银贷款利率高达 20%，粮食贷款利率高达 33%。[78] 在公元前 18 世纪至公元前 15 世纪的文献记载中，可以找到有关工资的最古老证据——以粮食或白银的形式按量发放工资，或两者兼有，但此后有很长一段时间都没有再见到此类工资。最著名的是《汉谟拉比法典》中关于工资的规定，将法典中记载的白银数量（0.23—0.28 克）换算后，每个劳工的标准工资为每天 6.2—8 升粮食。[79]

公元前 19 世纪，阿舒尔的个体商人开创了长途贸易，获利颇丰。他们用驴驮着锡和其配偶制作的纺织品来到安纳托利亚，以换取铜、贵金属和宝石。关于他们的行商活动，现存详细记载，历史学家、亚述学家格温多琳·莱克（Gwendolyn Leick）

也据此总结道："公元前 20 世纪的阿舒尔主要是一个资本主义贸易城邦，其财富完全依赖于商业活动。"[80] 有趣的是，公元前 2 千纪的一篇文章中，记载了这样一位女士，很明显，她是一名个体劳动者，因为她请的医生去上门服务时，收到了以下指示：

> 你从大门进来，先穿过一条街、一条大道、一座广场，再穿过提拉兹达街（Tillazida Street），往左拐，走上努斯库路（Nusku）和尼尼纳马路（Ninimena）。然后，你就问问坐在提拉兹达街边贩售商品的宁·卢伽尔·阿卜苏（Nin-lugal-absu），她是凯埃·伽恩比卢卢（Ki-agga-Enbilulu）的女儿，是宁舒·阿娜·埃阿·塔克拉（Nishu-an-Ea-takla）的儿媳妇，也是赫努恩－利尔花园（Henun-Enlil）的园丁；你问她，她会告诉你我家在哪儿。[81]

这两个例子都说明，在公元前 2 千纪是有可能发展出独立创业的。然而，就目前而言，在美索不达米亚或整个新月沃土，似乎还未出现这种趋势，直到公元前 1 千纪才开始逐渐形成。但有事实表明，在巴比伦，至少从公元前 600 年开始，个体劳动和雇佣劳动的采用程度远远高于奴隶劳动，互惠劳动居于相对次要的地位（家庭互惠劳动除外），贡赋劳动也急剧减少。[82] 同样引人注目的是，要给雇佣劳动力支付报酬，一笔数目不小的报酬，支付形式为未铸成银币的银片。有时，甚至奴隶也能得到报酬，而不只是供养费。因此，奴隶也可以拥有自己的财产，即使在法律层面上，他们仍然是受奴隶主约束的非自由劳工。[83]

102

一些考古记录非常详细，我们可以借此了解个别雇佣劳动者的情况。例如，在所谓的马铎尼斯（Mardonius，希波战争指挥官之一）档案中，通过楔形文字泥板可以了解到，在公元前484 至公元前477 年，三个砖匠——阿布 – 乌苏苏（Abu–usursu）、贝尔 – 安娜 – 梅雷蒂（Bel–ana–merehti）和贝利 – 坦努（Bel–ittannu）——组成了一个工作队，每个月铸造和烧制 11000—12000 块大砖，然后获得 21 块谢克尔银币（Shekel，古希伯来钱币）的报酬。[84] 很多地方都需要这种工作队，在同时期的巴比伦，仅仅是修建城墙和宫殿，就雇了数千个这样的工作队。

最后，还存在不同类型的劳动关系的统一结合体，在前述古代社会中也有记载。比如，公元前 500 年前后的乌鲁克的楔形文字泥板中，就明确记录了市场经济中存在混合劳动关系。[85] 当时还有包工头或管理人员抱怨说，在神庙所辖区域内雇不到劳动力，因为人们都忙着收割自家的庄稼。简单来说，就是存在个体劳动与季节性雇佣劳动构成的混合劳动。另外，例子中的神庙也雇佣奴隶为之服务，但人数不多，据说是因为报酬太低，他们干劲不足，所以一有机会就逃跑。

埃　及

在古埃及，每年洪水泛滥时，尼罗河两岸都会积下大量淤泥，这些淤泥是一种天然肥料，为农业发展创造了极为有利的条件[86]——至少在河两岸 1 公里宽的狭长地带、广阔的三角洲和一些绿洲上是如此。这样一来，农民的收成增加，不必节衣缩食，平均 9 户家庭的结余就能额外养活一户家庭，他们还可以从事其他活动。[87] 从公元前 5 千纪年开始，上埃及地区首先从新月沃土引入了畜牧养殖业，后来尼罗河三角洲地区也发展出耕作农业，从而出现了大量的粮食盈余。从公元前 4 千纪开始，自北向南（上埃及和下埃及），出现了这两种农业的结合发展。

农业收成增加的社会意义是什么？历史学家们意见不一。[88] 一方面，在传统观念中，（古）埃及被视为"奴役之地"（奴隶制占主导地位），这在《圣经》中有清楚表述。但现在，大多数历史学家反对这种观点，他们认为古埃及经济中占主导地位的是法老实行的中央税收制度。另一方面，我们发现，最近有人呼吁将古埃及视为一个市场社会。考虑到奴隶制的作用不大，从工作史的角度来看，争论的结果显然是倾向于这样的主张：一直以来，古埃及都实行贡赋—再分配制度，并深刻影响着劳动分工和劳动收入，而被亚历山大大帝征服之后，具有重要意义的劳动力市场才开始形成（见第 118—127 页）。

古埃及，这个强大的国家，有着异乎寻常的崛起之路。与美索不达米亚的情况相反，尼罗河沿岸此前并没有长期存在的城邦。[89] 埃及国家最早起源于公元前 4 千纪上埃及的游牧社会（也有制陶手工业）。[90] 公元前 3500 年以后，所谓的涅伽达文化传到了上埃及，该文化十分重视丧葬仪式，祭祀牲畜数量庞大，有时也包括人祭。此传播不是以武力征服的手段进行的，而是通过人口迁徙的和平方式实现的。内河航运使涅伽达的所有小型聚落产生相互联系，从而实现了产品、度量衡和产品管理的标准化，这让人联想到美索不达米亚的陶筹。[91] 上埃及耕作农业的发展显著拉开了尼罗河南北部在政治上的差距。

公元前 3000 年前后，埃及实现统一，成为统一集权的国家。最初由上埃及统治，以希拉孔波利斯、涅伽达和阿比多斯为中心；而从公元前 2700 年前后起，开始由下埃及统治，以塞加拉和孟斐斯为中心。几个世纪后，随着吉萨金字塔的建成，丧葬仪式[92] 的规模日益扩大，并达到顶峰。然而，直到约公元前 1500年，这个新国家在疆域面积上还远不及美索不达米亚文明的第一个国家，因为其形成于尼罗河沿岸，所以领土内各地之间的连通性很强。古埃及延续了近 3000 年，这是一段极为漫长的历史，也因此引发了对其国家性质的争论。在其内部，政府集中组织其臣民的工作，当然，这期间也发生了许多变化。首先，中央政权经历了多次动荡。在金字塔建造者统治下的强盛王朝时期，中央政权的组织力量比历史学家所称的许多"中间时期"强大得多。其次，中央政权可以直接行使权力，也可以层层下放权力给众多官僚。在后一种情况下，这些官僚势必会侵吞政权。所以到了中间时期，就出现了祭司和官员挪用权力的现象（有时会持续几个世纪），致使中央政权衰落。但更惊人的是，国家政权总是会恢复到相似的形式，直到罗马时代，它基本成为皇帝统治下的皇家财产，不再由元老院掌控。[93]

由于美索不达米亚文明和古埃及文明属于同一时期，所以经常成为互相比较的对象。实际上，二者在工作组织方面既颇为相似，[94] 又相去甚远。特别是到了后期阶段，二者的差异越来越明显。主要区别在于，美索不达米亚的城市化程度更高，如前所述，美索不达米亚不仅出现了市场，还产生了新的劳动关系，而古埃及则一再退回到最初的贡赋—再分配模式。

出现这种情况的最根本原因，是古埃及存在至高无上的王神（king-god），他掌管一切物产，统治所有人力，可以根据自己的意愿使用。照此，一方面，人们不得私藏物产，亦不可自行选择工作——无论是个人，还是家庭或者当地社群，都无法决定自己的工作。这意味着所有工作和工作的衍生产品（不仅包括农作物和牲畜，还包括鱼、盐、芦苇席等）都要以实物征税。另一方面，在少数情况下，农产品会直接用在神庙和金字塔的建造中，还会发放给参与建设的士兵使用。前者表明法老埃及的大多数居民的劳动关系具有贡赋性质，后者则揭示了直接服务于国家的少数人的利益具有再分配特征。[95] 而必须去当兵的农民则兼具这两种特点。他们的劳动就是徭役，通过农产品的再分配来实现，征收对象是他们的同伴——专门负责生产农产品的农民。这一点在兵役中体现得最为明显，[96] 在国家的给水建设和勘探矿石等活动中也同样如此。

这种中央集权制需要庞大的官僚组织，来管理领地和庄园（estate）。古埃及从北到南被划分为不同省域，由特定的国王建立，最重要的是保证王室殡葬祭礼能得以维持。庄园是一种更具体的机构，作用是提供特定的商品。根据这一定义，神庙也可以算在其中，但庄园具体指的是采石场、矿山、建筑工地等。[97] 作为税收征收的那部分产品（特别是粮食，也有鱼类和其他产品）会被送入王宫（广义上包含 5000—10000 名成员[98]）和庄园，使生产者能够专注于他们的专业工作。

由于全部的社会产品都是以这种方式分配的，因此在村与村之间，除了交换外几乎就没有其他的交易空间，甚至对外贸易也由国家垄断，所以不存在商人（自负盈亏）参与交易的情况。国家对对外贸易的垄断——例如，从黎巴嫩进口木材、从塞浦路斯进口铜等，确保了商品可以在各大神庙间进行分配。[99]

领地被委托给高级官员或神庙进行管理，从而获得所有可用的生产资料。实际上，这意味着如果国家要求，所有居民都必须提供产品和服务。为此，在埃及古王国时期（直到约公元前2200年），会对牲畜和其他产品进行计数，而到了中王国时期，则出现了劳工登记机构。[100]

最底层的生产首先由村长进行协调，因此村长的地位高于同乡。对于绝大多数农民来说，庄稼成熟时（3月至4月），国家、神庙或土地领主的船队会来收走粮食，并将其中部分储存在中央粮仓里。最终，只有小部分会留作种子，以供下一季使用。下一季开始于尼罗河洪水期之后，南部为10月，北部为12月。未被征收的粮食则用来维持农户的生计。在这些小村子里，人们甚至可以说自己拥有可继承的农场。粗略地看，我们可以假设在总产量中：10%以税收的形式上缴中央；10%留作播种用；40%流向中间人［官僚或神庙，也被称为"地主"（Landlord）］；剩下的40%则用于补偿土地劳动者。[101] 这与乌尔第三王朝时期美索不达米亚农民的情况大致相同。

106　　只有当这种灌溉农业有极高产量时——起码要在埃塞俄比亚有充足的灌溉水源，但又不至形成毁灭性洪涝的情况下——真正的农民才能获得合理收入。道格拉斯·布鲁尔（Douglas Brewer）写过几本关于古埃及的著作，他认为，这一点可从长期以来的人口大幅增长中看出。但据他估计，人均粮食日产量从公元前

4000 年前后的 18.16 公斤，下降到公元前 3000 年前后的 6.74 公斤，再下降到公元前 2500 年前后的 3.92 公斤。此后，下降趋势放缓，到罗马时期，人均粮食日产量仅为 2.08 公斤。布鲁尔表示，史前埃及的粮食增产潜力是当前联合国粮农组织（FAO）准则所规定的健康饮食所需的 45 倍；即使在人口最多的时期，也几乎达到每日推荐摄入量的近 5 倍。"哪怕只有一半的可耕地种上了粮食……产量也依然可达每日推荐量的 2.2—2.5 倍。"他总结道："这就不难理解古埃及为何被视为古代世界的粮仓。"更重要的是，这告诉了我们，古埃及为何有能力组织这么多人来建造那些历史古迹，也解释了它的声望何以经久不衰。

当然，农民获得的实际回报在很大程度上取决于他们上缴收成的程度，对此，我们前面假设过一个很高的平均值——50%，但他们的实际回报肯定会高于这个平均值。下面的两段内容将清楚地阐明这一点——这两段话记录于约公元前 1850 年，是对抄写员和普通埃及农民的命运所作的虚构对比：

> 我给大家讲讲农民的情况，这可是一种艰苦的职业。在洪水期间，哪怕浑身湿透，他也得照常干活儿。他白天制造和修理农具，晚上捻绳子。即使是午餐时间，也要做农活。……现在，看到前面的地方退洪了，他就出去找牛。跟着牧民找了很多天，他终于找到并把牛群带了回来，然后又到田里犁地，犁完了一片空地。黎明时分，他出去照看牛群，却没有在放牛的地方找到它们。他又花了三天时间去找牛，结果发现它们陷进了沼泽里，已经全部死了；

身上皮也没有了，都被豺狼啃完了！他花了很多时间种庄稼，蛇却跟在他身后，种子一撒到地上，就被蛇吃掉。他借了三次种子来播种，然而全被蛇吃了。

一起来看看农民的处境有多艰难，当官员们来估算收成税时，他的谷物被蛇吃掉了一半，剩下的又被河马吃光了。贪婪的麻雀又给他带来了灾难。留在打禾场上的谷粒都不见了，小偷偷走了它们。他没钱还租牛欠下的债，牛也因犁地和碾谷而累死。就在此时，抄写员带着一群手持棍棒的随从，以及手持棕榈棒的努比亚人，来到河岸估算收成税。他们说："把粮食交上来！"可是他什么都拿不出，于是被他们狠狠地打了一顿，又被绑起来，头朝下扔进一个水池里，浑身湿透。他还眼睁睁看着妻子被绑起来，孩子们戴上了镣铐。[102]

当然，这些都是东拼西凑出来的。这么多事故不可能同时发生在同一个农民身上。但这也确实表明，缺乏市场的贡赋—再分配制国家显然不是什么人间天堂。要想就法老向埃及农民征收的粮食税进行深刻探讨，我们就得先问问自己，农民是否得到了回报？答案很可能是肯定的，且绝不只是因为再分配得以正确施行这么简单。人们相信有一个共同的、更高的目标——每个人都属于一个巨大的宇宙整体的基本意识。根据国家伦理（即所谓 Maat，真理与正义之神），在这个宇宙整体中，社会公正是一项重要的准则（载于公元前 2300 年的一段文字中）。法老的一名高级仆人这样总结他的一生："所言所行，俱契伦理……吾尝拯弱者于

强手，果饥者之腹，蔽裸者之体，援溺者以登岸，葬无子者于
冢，为求渡者作舟。"这是一种理想，但并不仅仅是统治阶级对
管理国民的构想，因为他还对他的主人说了这样的话："吾施行
万民称颂之事……吾所行事，盖上之所欲，下之所敬者也。"[103]
我们尚不清楚这一理想受臣民尊重的程度。无论如何，法老们确
实认为有必要促进人民与国家的团结，最明显的做法就是沿着整
条尼罗河按一定距离建造一系列阶梯状的小金字塔。这些微型
金字塔是为了提醒埃及臣民，他们为之辛勤劳作的设计有多么
伟大。[104]

108

在古埃及对农业工作的著名记叙中，几乎只有关于男性的
描述，但也可从农场的规模（约 3 公顷）看出，在整个家庭的劳
动中，男人、女人和儿童，缺一不可。通常，在这些记载中，此
类工作的配图里只能看到男性的身影——用镰刀耕作和收割谷
物、制陶、雕刻、加工金属、建筑和制革；相比之下，则只能在
诸如拾穗、收割亚麻、编织和做家务等工作的图像中看到女性的
身影。而且，筛谷明明是由男女双方共同完成的。其间当然也
发生过一些转变，例如，在新王国时期（约前 1550—前 1070），
引入了立式织机，男人从女人手中接过了织布的工作。[105]

除了有大批农民通过领地作出贡献外，其贡献还体现在大
型庄园、神庙、宫殿的建造上，尤其是金字塔，其规格超过了世
界上所有其他的大型墓葬纪念碑。在各种史前文化和历史文化
中，也有许多大型墓地和其他基于徭役的有组织建筑项目，但金
字塔最为突出。根据加工材料的数量，可以粗略计算出建造金字
塔所需的劳动力。[106] 能用"大量"这样的字眼来形容，这对于

工作史研究很有意义，尤其是数量庞大的劳工群体，因为其中必定会涉及如何协调分配劳动力。我们可以从由 5000 名建筑工人组成的劳工队伍中分辨出核心劳动力，在工程最繁忙的时候，必须再增加数万人，多达 4 万名季节性工人，从事采石、造船、运输和建筑工作。这些工程是在尼罗河长达几个月的洪水期进行的，这意味着可以用筏子将建筑材料运送过河，这时就几乎没有陆地工作可做。最初，这些墓葬纪念碑是用泥砖建造的（乌鲁克设计的本土改造），[107] 但约瑟王的阶梯式金字塔（建于约公元前 2650 年）则完全由 60 万块石灰石块（部分在附近开采，部分从图拉进口）和 120 吨花岗岩建造而成，这些花岗岩原产于阿斯旺，质地坚硬，只能用铜凿开凿（仅这座金字塔就需要 70 吨铜来制作铜凿），再一路用船运来。对此，当然可以运用批量生产的方式，而这种方式最终确实在纪念雕塑的制作中有所应用。但与其继任者建造的三座大金字塔相比，这简直是小菜一碟，毕竟那三座大金字塔用到的花岗岩多达 2000 万吨。

此外，我们还掌握了古埃及其中一处庄园——墓地建造者所在的代尔麦地那（Deir el-Medina）村——的工作概况。公元前1525—前 1070 年，该庄园由哈布城的拉美西斯神庙管理。[108] 鼎盛时期时，有 120 户人家住在这里，户户紧邻，人人都有专门职业。幸运的是，在大量幸存下来的碎片上，能看到官员们对每件事都作了详细记录。我们才得以了解他们日常生活的无数细节。然而，值得注意的是，我们在这里谈论的是一种非常特殊的情况，是在短时间内出现的一群极受重视的专门职业者。

乍一看，他们是普通的专业人士。当我们把目光放在他们的工作上时，事实确实如此。但当我们着眼于他们的劳动关系时，情况就有所不同。他们一生都在为法老长期世袭徭役，他们和他们的孩子都不得从事其他工作。另外，国家保障他们的基本生活需求，至少保证为他们提供足够的工作岗位。一旦工作机会减少，他们中的一部分人就会被送到庄外去做报酬更低的服务性工作，不过他们有权自行决定将谁送出去，类似组织内部自行决定的人员安排。令人惊讶的是，整个过程采用海事术语进行。他们会将自己分为左舷和右舷。

在这一严格的框架下，这些"国有工人"使得再分配制度发挥了所有可能，特别是通过赚取额外的钱，创造了一种"迷你市场"。例如，一些人会接受制作祖先雕像的私人订单。此外，他们的妻子会接收编织亚麻布的订单。他们也允许个人自由使用国家提供的运水船。这群工人中有许多人因为工作而负债累累，他们从工匠和其他人那里租用驴子，但仅靠每月半袋粮食的最低生活工资，根本付不起租驴子的费用 [109]——这是一个劳工群体被另一个群体剥削的典型案例。

这已经表明，此处谈论的不是一群永不懈怠、生活单调乏味的工人。不同工种的工资有明显的差别：一个普通工匠的基本收入为每天 5 公斤小麦和 1.9 公斤大麦，每月以 5 袋半为单位支付。一个工头领到了 7 袋半的小麦，一名卫兵领到了 4 袋半，一个男孩领到了 2 袋，人数不详的女仆一共领到了 3 袋。[110]

如果一切顺利，他们就能达到一定水平的富裕。例如，一名普通工人的丧葬费用相当于他 30 个月的工资，这是他在工作期间就必须攒下来的。当这种再分配制度行不通时，工人们可以尝试通过集体行动来改善他们的生活条件。例如，我们所知的世界历史上第一次经证实的罢工就是由代尔麦地那的工人发起的。当时的情况是，这座大神庙的管理者一再未能按正常数量将粮食分发给工人，他们违反了再分配的原则。拉美西斯三世即位后的第 29 年第 2 个月第 10 天，工人们拒绝再为神庙工作。他们讲述了采取这一激进行动的理由："是饥饿和干渴使我们来到这里。我们没有衣服，没有油，没有鱼，也没有蔬菜。"他们以封闭的队形游行到死亡神庙，并在那里静坐。几天后，他们如愿以偿，但很快又失败了。只有恢复正常的口粮配给，他们才会结束这一行动。在拉美西斯十一世（前 1103—前 1070/1069）*统治下的庄园解散之前，此类罢工的例子数不胜数。这场集体行动是世界历史上已知的首次罢工，第一次由劳动人民发起，但是这次行动并不是获得合理报酬的工人对业主的抵抗；相反，这是他们对失败官僚的反对。与此相辅相成的是工匠们的自我意识，可参阅公元前 2000 年，其中一个人的话：

　　　　我知道象形文字的秘密，知道仪式的组成……我是一个技艺精湛、走在知识前沿的工匠。我知道如何估算人体的比例，知道雕刻浮雕时该如何起落。我知道男人该是何种姿态、女人该是何种外表；我也知道鸟和牛的姿势，孤独的囚犯在摆出屈服姿势时是如何低眉顺眼的；我还知道

---

*　关于拉美西斯十一世的执政时间，史学界有不同考证结果，此处从本书英文原文。下文中亦有与公开资料不完全吻合之数据，均忠实本书原文，不再一一注明。

猎人用鱼叉叉河马时的姿势，奔跑者的步态。[111]

在这个社会里，并没有大规模的奴隶劳动。甚至没有"奴隶"这个词，或者说，在法律上，也没有关于"奴隶"的条例。[112]只有一个比较笼统的术语，概括出了所有可能的相关工作形式。然而，这类受供养的工人可以拥有普通财产。当然，战俘经常被带走，但他们可以说是被纳入现有制度中的。成群的战俘被集体安置在领地上，以完成他们的徭役份额，当然也包括在高级官员家中做家务工作。此外，因逃避徭役而被判有罪的古埃及人必须从事强制劳动，还有债务劳动，就和美索不达米亚的情况一样。然而，没有证据表明当时存在奴隶经营的种植园或完整的作坊，当然也没有奴隶市场。[113]

古埃及的贡赋—再分配劳动关系制度缺乏活力的根本原因在于其与希腊世界的冲突，大约从公元前 500 年开始，希腊各地开始有硬币出现，下一章中将谈到这种情况。尽管古埃及与其北部邻国之间的联系非常密切，几个世纪以来也一直从爱琴海进口白银，这种制度创新也迅速传遍地中海世界和黎凡特，但最初在古埃及却遭到了忽视。埃及仍然使用德本（deben）铜重量单位（91 克铜）作为标准值（或衡算单位），但这并不是现有商品，因此不能作为交换手段。可用于交换的是铸造的金戒指，但本质上只有高级贵族才会使用，主要是作为一种价值储存的手段。[114]

直到几个世纪后，随着亚历山大大帝征服埃及，这种情况才慢慢有所改变。几千年来，古埃及一直是一个强大的国家，拥有高度的物质文化、形成较早的书写系统和高度的劳动分工。但它也是一个没有重要市场或城市的国家，因此，对货币形式的交换手段也没有需求。毕竟，没有需求，就没有供给。

中　国

在中国，约公元前 1600 年，黄河流域中下游建立了一个统一政权——商朝。约公元前 13 世纪，中国文字发展成为一种工具，用于问讯神谕和记录预言。[115] 工匠，如许多铸造青铜的专业人员，由国家供养和管理。由于没有正式的征税制度，这项政策的最佳描述为"基于贵族的再分配制度"。农民被组织成工作组，由国家官员管理，并提供王室作坊生产的工具。除了收集粮仓的粮食、获取和重新分配盐以及征收公共事业所需的徭役外，商王还率领王室狩猎远征，捕获大量的肉类食物。远征期间，商王及其大批随从依靠当地居民提供的食物供养。[116]

战争对于商朝而言至关重要，所以这种狩猎也可能是军事训练的一种手段，为了在战场上能够击败来自西北的众多敌人。[117] 在商王将其王位制度化时，会为了彰显或再次确认王权，而举行大规模的人祭仪式。同样的王位制度化仪式也发生在之后的周朝，不过后者的人祭频率迅速下降，规模迅速缩小。在古埃及最早的法老时代，也有类似的国家形成模式。

经过战争，商朝过渡到了周朝，这个过渡对战俘来说意味着巨大的变化。考虑到周朝并非没有战争，那么当战俘不再被献祭之后，他们会面临什么结果呢？答案是，他们被迫从事公共劳动。我们或许可以称他们为"犯人"，但由于这个词通常用于形容本国罪犯，"官奴"一词可能更为合适。这种情况在西周时有发生，规模不大，但随后的东周，其规模迅速扩大，这一时期有充分的文字记录。西周时期，城市规模相对较小，主要作为贵族活动的中心，有几百户到几千户人家。相比之下，东周最大的城市有几万户人家。无论如何，周朝的贵族阶级都拥有私人土地，这从该时期的每个父系亲属拥有的指定墓地中可以明显看出。但在西周时期，这些宗族墓地内几乎没有内部阶层划分。[118]

我们只能猜测农民和贵族之间的劳动关系如何，但西周时期劳动关系的矛盾肯定比随后的东周要小得多，却又比东周后期，即战国时期的矛盾要明显得多。东周时期（亦即孔子和孟子的时代）的主要变化，我们将在下一章进行讨论。

***

在公元前 5000 年到公元前 500 年的几千年里，不仅职业专门化有了显著发展，还出现了已知的所有类型的劳动关系。在农业社会，劳动专门化的可能性仍然不大。第二章中，除了最初的狩猎采集者外，也开始有了农民，而在这一时期，除了独立的耕地农民外，还出现了独立的牲畜饲养者、金属加工者，或许还有水手。随着城市的出现，屈指可数的职业类型迅速增加到几十种，甚至可能有上百种。典型的男女劳动之间的差异进一步扩大，农业领域也是如此，这在古埃及就可见一斑。

在农业生产有足够盈余的地方，就有可能形成城市。最初的互惠劳动通过神庙或其他中央机构的中央贡赋—再分配制度在城市中得到延续。捍卫社会金字塔顶端神圣地位的强烈意识形态进一步巩固了群众之间的合作。这一点在新月沃土、印度河流域、黄河流域和长江流域都表现得很明显。随着中央集权国家的出现，情况发生了变化。这一制度在古埃及保留了其最显著的贡赋—再分配特征。在公元前3千纪后出现的其他中央集权国家——直接起源于美索不达米亚的城市联盟和中国——这种再分配制度继续存在，但遭到了来自四面八方的攻击。也就是说，各国越重视生产盈余的上缴，再分配的重要性就越弱，当然在物质方面也是如此。

此外，各地都出现了雇佣奴隶的现象，尤其是将战俘充作奴隶，因此战俘的性命在这一时期得以保全。最初，在国家扩张阶段，可以暂时采取大规模奴役，但在此期间，奴隶劳动并未成为主要劳动关系。最后，市场逐渐形成，虽然速度缓慢，但很稳定。市场的发展当然不是呈直线式的，需要反复试验。尽管这仍然是历史学家们激烈争论的话题，但现在已经很清楚的是，在中央政府无法掌控权力的地方，国家官员不仅有机会中饱私囊，还可以通过控制生产来使自己获取盈余。因此，这些新诞生的创业者可以将工作外包给个体劳动者，或者直接交由奴隶或自由人完成。

114　　贡赋—再分配首先出现在美索不达米亚，随后又出现在古埃及。这两个地区也经常出现其他分配方式，但还是会回到贡赋—再分配的模式。贡赋—再分配在希腊和罗马统治古埃及之前一直很成功，但在美索不达米亚，该制度结束的时间比前者早了约三千年。从约公元前600年开始，美索不达米亚发生了一种商品、服务和工作的市场化进程，且不可逆转。这是由一段时间以来用于某些交易的银条形式的货币促成的。虽然尼罗河三角洲地区以铜作为货币，但它只在有限的情况下作为记账货币使用，从未作为交换手段。但我们也须将目光投向美索不达米亚以外的地区，以探求这一重要发展的其他情况。几乎与此同时，中国也发生了不可逆转的市场化进程。

市场化进程的发展速度和深化程度、雇佣劳动力的出现以及工作报酬，这三个领域的争论仍在继续。在这方面，货币，特别是小硬币的发明和大规模使用，即深度货币化的进程，发挥了决定性作用——这就是第四章讨论的主题。这并不是说市场经济作为一种普遍原则在当时取得了突破，而是指市场经济推动了雇佣劳动的出现，特别是直到今天，雇佣劳动仍然是一种不可或缺的劳动关系。

为了解人们在工作中对工作内容和报酬的看法，我们此前不得不借助比较人类学的方法，除此之外，也有了关于他们经历和感受的证据。比如，古埃及的抄写员，他们将对自己工作和农民工作的反思记录下来。除了对为共同目标努力工作而产生的满足感，进而以"贡赋—再分配社会"的形式明确区分社会外，我们还发现有人抱怨待遇不公，对自己掌握的技能感到自豪。被奴役者的想法仍然不得而知，但是，根据下一章将要讨论的内容来看，我们不应该认为他们是完全顺从的。更难的是，要弄清楚男女双方对家庭中按性别划分的劳动分工的看法——关于这个主题，最早的书面证据要到很久以后才会出现。

第四章
为市场工作
公元前 500 —公元 1500 年

16世纪,

在中欧一处矿洞附近的车间内,

男女工人们正在挑拣银矿石

115　　　　早在几千年前，美索不达米亚的早期城市和国家便已发展
出我们今天所知的劳动关系。原始狩猎采集族群采取互惠劳动分
工（见第一章），农民群体进行独立劳动并可能沿用互惠分配方
式（见第二、第三章）；此外，在当地最古老的那些城市中，还
形成了贡赋—再分配制度（见第91—95页）。接着，在随后兴
起的诸个国家，产生了最早的奴隶，并逐渐衍生出为市场服务的
小个体生产者。大约从公元前1000年起，第一批雇主和雇工开
始出现（见第96—112页）。但直到希腊化时期，古埃及仍主要
实行贡赋—再分配制度（与奴役战俘的行为相结合），可以确定
的是，后来的印度河流域、黄河流域和长江流域的新兴国家，以
及大多数撒哈拉以南非洲的农业社会（但未实行奴隶制）也是
如此。

116　　　　在公元前500年至公元1500年的两千年里，大部分社会中
出现了上一章所介绍的促进市场经济发展的动力。由此，产生了
新型便利支付手段——铸币，用于日薪或时薪结算。这种小额货
币是一项非凡创新，极大地促进了雇佣劳动的大规模发展（见第
118—127页）。

　　　　在本章中，我们首先聚焦最早的深度货币化社会的发展，
包括地中海、北印度和中国，以及这些国家在亚欧大陆不同地区

的劳动力市场，重点关注其自由劳动力和非自由劳动力之间的比例波动（见第127—148页）。其次，我们将讨论上述社会形态的不同变化：第一，400—1100年，一度盛行于欧洲和北印度的深度货币化（社会）消失（见第148—160页）；第二，无劳动力市场的贡赋社会形成，比如前述的新月沃土和古埃及的贡赋社会，以及本章将讨论的美洲出现的此类独立社会（见第160—172页）；第三，小规模的狩猎采集社会仍然存在（但已逐渐减少），不论后续是否产生过新型农业形式，此类社会都没有形成过重要的国家。对第三种社会形态变化的研究已十分广泛，此处不再单独论述。

深度货币化的劳动力市场有可能在可持续的、成功的（城市化）国家中蓬勃发展。但有趣的是，它们也有可能再次消失。这也说明，工作的历史并不总是呈直线式演进。更有趣的是，在公元1000年之后，印度和欧洲的城市恢复了货币化的劳动关系（见第172—191页）。自此时起，整个亚欧大陆所有大型文化和经济中心的工作与劳动关系之间的相似度有所增加，到第五章所述时期将更为明显。

深度货币化劳动力市场的出现并不意味着雇佣劳动就由此盛行。事实上，有时情况恰恰相反。特别是在希腊世界，似乎同时存在以小额货币支付报酬的雇佣劳动，和以奴隶制形式出现的大量非自由劳动；在其他地方也有已知的实例。但这并不意味着此处所述的几乎没有城市化的农业社会（虽未予深入探讨）缺乏活力。此部分介绍中仅简短举两个例子，即足以消除这种误解。

曾经的"伟大发现之旅"（人口迁移浪潮，见第81页）已经停滞了几千年，现在由农民再次开启，他们航行到太平洋上最后的无人居住的岛屿，并于公元 800 年到达夏威夷岛，1250—1300 年到达新西兰。有些人甚至在波利尼西亚和南美洲之间"往返"，比欧洲的"航海大发现"早了几个世纪。可以作为证据的是，美洲的红薯（可能还有葫芦）传到了夏威夷、复活节岛和新西兰（关于波利尼西亚人对美洲文化或有贡献的争论仍在继续[1]）。这一旅程需要穿越数千公里的水域，因此需要先进的船只（支腿帆船）和卓越的航海能力。自首次发现之旅后，这些相距甚远的岛屿之间就保持着定期往来。正如世界其他地方城市的兴起一样，这意味着大型船舶上存在影响深远的劳动分工和严格的等级制度。[2]

游牧在世界各地广泛发展。约公元 1000 年，东非地区出现了游牧，以放牧牛群为主——埃塞俄比亚高地上的长角、驼背的桑格牛。由于当时还没有能供人类骑行的动物，所以牧民不得不与牧群一起步行——因此放牧范围相对较小。他们的主食是牛奶，其次是蔬菜［女性吃蔬菜多于男性；值得注意的是，马赛人（Maasai）的饮食中并不含蔬菜］，以及肉类和畜血。

在突厥语民族的压力之下，萨摩耶人（Samoyed，曾经或为马鹿牧民）被迫向北迁往针叶林带，随后，约公元 1000 年，亚欧大陆北部苔原地区[3] 开始广泛流行放牧驯鹿，并一直持续到 20 世纪初。一年之中，牧民有四五个月在冬季牧场放牧，两个月在夏季牧场，剩下的五六个月则是"转场季"——在两个相距几百公里的牧场之间迁徙。转场迁徙时，他们每天都要赶着鹿群（数量从几十头到几百头不等）前进。除去这种"大迁徙"，平常还有每月一次到三次的"小迁徙"。因此，牧民家庭的工作包括搬迁营地、步行或骑马迁移，以及照料畜群。他们的主要产品（也是他们主要的饮食来源）是驯鹿肉，此外还有少量种植物、猎物（渔获更多一些），以及从定居人口处交换来的产品。

在世界上最大的那些国家之外的地方，"工作"的形式各不相同。但我们的关注点不在于此，而在于更仔细地研究亚欧大陆不同国家中深度货币化工作（劳动报酬）的新形式，因为在现代读者看来，获得确切数额的报酬是世界上最正常的事情。我们同样必须探讨在什么情况下可能无法获得报酬，或者无法获得已商定的报酬。因此，在本章中，我们将对个体劳动者和雇佣劳动者的行为进行初步介绍，并特别关注其利益受到严重威胁的情况。

亚欧大陆的货币化和劳动报酬

铸币的发明不是雇佣劳动得以传播和发展的必要因素，但绝对是极大的推动力。值得注意的是，在公元前 500 年前后的几个世纪里，铸币——这种以标准化金属片为形式，用符号（文本、数字、图像）表示价值，并由政府作保的货币——几乎同时出现在世界上的三个地方（中国、北印度和小亚细亚）。不过几乎可以肯定的是，这些地方是各自独立"发明"出铸币的。[4]因为它们显然都具备了相同的条件：对易于管理的、标准化的日常交换手段有足够广泛的社会需求。

就人类工作史而言，我们关注的核心是：较小面值的铸币是从什么时候开始出现的？因为对于劳动报酬而言，较小面值的铸币可用于支付日薪，乃至更短时段的薪水。原因很简单：雇佣工人通常只有很少的资产或没有资产，赊购额度有限。例如，在实际生活中，工人购买食品杂货时，通常可以赊账一周（但不会超过一周）。一旦拿到以等价于一天工作价值的铸币支付的周薪，他就可以在周末用这笔钱还清赊下的欠款，从而不会遇上什么大问题。这同样适用于个体劳动者，如农民和工匠。尤其是后者，若无相当于定期工资的预支，他们就无法生存。随后，"零钱"（低值铸币）出现了，极大地便利了现金支付。除了与日薪等值的铸币，在完全成熟的、"深度"货币化的现金交易经济体中，一定还流通着更小面值的货币，其价值等于或低于时薪。公元前 500 年后的几个世纪里，上述亚欧大陆东部、南部和西部的三个地区显然都具备了这些条件。

铸币的发明——这一创举实现了从实物支付到货币支付的简单过渡，但其意义远不止于此。它不仅满足了雇佣劳动中的支付需求，而且在进入市场流通之后，反过来促进了雇佣劳动的发展。货币流通发达的经济体可以真正地被称为"市场经济"。雇佣工人相信，他们可以用酬劳做一些有用的事情；雇主们则相信，他们可以利用薪酬来吸引合适的劳动力。大体上，市场经济赋予了雇佣劳动者和个体劳动者更大的自由，他们可以按照自身意愿使用所获得的报酬，正因如此，市场经济于他们而言至关重要。

在对比希腊和印度在这方面的重大社会变革时，英国古典学者理查德·西福德（Richard Seaford）通过观察发现，人们的个体意识日益增强。在新社会中，

个体幸福很大程度上取决于个人财富，货币化社会中

尤其如此。一个人在有钱后，基本上（尽管现实中并非总是如此）可以摆脱世俗关系（如互惠关系、亲属关系、宗教关系等）的束缚。这样一来，他就几乎可以完全依赖于自己的行为和信仰，成为一个完全自给自足的"自我"（相对于"他者"）和"主体"（相对于"客体"）。[5]

西亚和地中海

在某种程度上，铸币的发明并不足为奇。毕竟，必要的单个要素早已存在：交易中的计数、称量和登记（包括劳动量）；实物支付；以及更重要的，随美索不达米亚城市发展而衍生的直接转账系统。与贵重金属和普通金属的提取、加工和提纯一样，"造型艺术"（雕刻或模塑物品，特别是带有反写凹刻图形的圆柱形印章）的产生和"陶筹"的使用（见第92—93页）也可以追溯到更早的时候。将这些要素结合起来的关键性一步是建立美索不达米亚的度量衡体系，作为一种衡算单位条件，相较于以牛和奴隶总值为计量单位，该单位的明晰度更高、普适性更强、抽象性更强。最先形成的是"条"这一单位——通常是银条，即谢克尔计重制。然而，这些银条在支付薪酬方面的用途是有限的：只能支付一个工作队的酬劳，而不能支付单人报酬，更不能支付日薪或周薪。[6]早期铸币也是如此，面值通常很大，足以支付月薪，但不适用于支付周薪。

然而，没过多久，大部分地区就出现了面值更小的铸币。关于这种小额货币的出现，原因是人们对简单的支付方式有需求——这一点即使不是决定性因素，也算得上关键因素之一。另一种普遍的观点认为，引入小额铸币是为了满足长途贸易的支付需求，但这种说法似乎不太可能。[7]因为早在铸币出现的几千年前，贸易往来就已存在，且除清算（突发紧急的债务清偿）外，长途贸易也并非必须要用铸币结算。但事实是，铸币从一开始就存在于几乎所有地方，面值不同，以小额铸币为主，普通平民皆可使用，而且并不用于富人之间的大规模贸易。当然，也会有这样的情况，但一般来说，富人都会使用最大面值货币（金币和银币）来进行交易。

小额铸币最早出现于公元前5世纪的地中海地区。公元前600年初，在小亚细亚的吕底亚王国，出现了第一批铸币——由银金矿（含70%黄金和30%白银的天然混合物）铸造，最小面值（0.15克）为最大面值的1/32，估值可达1/3只羊的价值，这表明这些铸币的使用范围仍然有限。在接下来的几十年里，小亚细亚和爱琴海彼岸的希腊城邦纷纷效仿这种新的交易方式。波斯帝国使用的是大流克金币（daric）和西格劳斯银币（siglos，面值等于大流克金币的1/20，高于士兵的月薪），这两种铸币很少被细分为不同的面值，与此相反，希腊城邦大约从公元前500年开始就创造了多种面值的铸币。[8]大多数小额银币的重量在0.25—1克，最小的只有0.05克，可供日常使用。希腊士兵的日薪（和妓女一次服务的报酬）一般是3欧宝〔1欧宝=1/6德拉克马=0.72克银——欧宝（obol）、德拉克马（drachm）均为古希腊银币，前者面值最小〕，时薪约为1/3欧宝。[9]几十年后，位于现今意大利南部和西西里岛的希腊城邦中出现了信用铜币，价值等于面值最小的银币，但尺寸更大，因此更易于处理而不用担心丢失。得益于此，这些信用货币带来了极大便利，便于支付劳动报酬，尤其方便了雇佣工人和其他低收入工人在市场上购买食品。然而，并不只有农民和自由劳动者这样的小生产者可以得到现金报酬，奴隶也可以。奴隶主可以将他们的奴隶出租给手工业者和工厂主，或允许奴隶从事有偿劳动，并要求他们定期返还一定的金额（见第138—139页）。[10]

当时的部分国家，尤其是雅典城邦，主要采用货币支付的方式，特别是用于发放陆军和海军士兵的酬劳。[11]柏拉图在其最长、最晚的著作——《法律篇》(*Laws*)中，简明扼要地描述了公元前4世纪上半叶的情况："在社会中，货币是必需物，以满足手工业者交易商品和支付酬劳的需求，所以一定要有铸币。"[12]与美索不达米亚一样，希腊城邦对军事劳动力有庞大需求，特别是对战船桨手和其他船员的需求，极大地刺激了雇佣劳动的发展。[13]从公元前480年开始，雅典成为希波战争中的主力。按照标准，一艘三层划桨战船要配约200人，包括170名来自劳工阶层(thetic)的桨手，每人拉一桨（上层的62名桨手最为重要，其次是中层和下层的各54名桨手），还有6名海军士官（含风笛手）、10名甲板手、10名重步兵和6名弓箭手。若发生碰撞，战船速度可达每小时13公里以上。但这种峰值速度需要每名桨手发挥1/14有效马力，所以维持不了多久，半小时已经算长的了。这种三层划桨战船上没有普通士兵（由运兵船运送），桨手通常是从公开市场上雇佣的——紧急情况除外，如公元前428年，需要同时部署42000名桨手对抗波斯人，所以雅典人不得不征召公民，甚至是梅蒂克人（metic，希腊语为 metoikoi，即外国居民）和奴隶。

军队通常会给士兵预支一个月的酬劳，每人每天 1 德拉克马；但在战争期间，为了避免出现逃兵，会暂扣一半金额，直至下船才发放。且不说工作有何风险，从 2 欧宝的最低食物配给费——日薪总额的 1/3 来看，这样的报酬还算不错。这一制度在公元前 5 世纪时的施行情况相当不错，但到了公元前 4 世纪，雅典政府缺乏资金，只好让军官们自己想办法给士兵们发放酬劳，以致对敌人和朋友的同时掠夺，以及对盟友的勒索，日渐成为普遍现象。现在看来这可能不太文明，但是别忘了，船员们每天需要 300 公斤的食物和 450 升的水。在战场上为军队提供后勤补给一直是个难题，在海上更是难上加难。

实际情况是，如果连续多日没有足够的食物和水，战争便会很快结束。对于那些惯常给士兵（尤其是舵手和上层桨手）发放奖金和预支酬劳的舰队而言，饥荒和逃兵是极其致命的，军队最终会在兵变中崩解溃败。对于这种困境，公元前 4 世纪的一名指挥官作出了精辟的总结："我越是雄心勃勃地为我的战船配备优秀的桨手，我就比其他战船越容易被抛弃。……（我的桨手）认为自己的划桨技术过硬，可以随意去报酬更高的任何地方工作。"[14]

希腊的铸币系统中，有许多含不同金属的小面值铸币，随后传播到罗马、拜占庭和阿拉伯帝国，遍布亚欧大陆的西部。要想更好地理解产生铸币需求的社会条件，就得对难以发明铸币的国家——如第三章中的古埃及（见第 111 页）进行研究，从中获得相关信息。[15] 事实上，古埃及与希腊世界有着密切的联系，因此也熟悉货币支付的方式（特别是支付外国雇佣兵的报酬和国际贸易），但相较于地中海其他地区，尼罗河三角洲地区很晚才开始引入货币，且发展十分缓慢。直到公元前 332 年，被亚历山大大帝征服后，埃及才开始使用铸币，最初的使用范围也十分有限。所以，这一切到底是怎么发生的？

在很长一段时间里，铸币都没有用于迄今为止最重要的领域——农业。在该领域中，有一项关键事宜，即向国家上缴粮食。而在其他经济领域，也是直到公元前 3 世纪才成功引入货币，特别是那些希腊移民（占总人口的 5%—10%，包括士兵和城市居民，特别是新亚历山大城的居民）活跃的领域，以及油、啤酒和一些纺织品制造业，这些行业以前由神庙管控，后来成为国家垄断行业。公元前 3 世纪 60 年代，除了银币外，信用铜币也开始流通。[16] 这使得政府开始对所有居民实行货币人头税，以铜币的形式支付。政府还规定，与垄断油生产相关的所有货币付款都必须采用铜币，在法尤姆绿洲（开罗以南、尼罗河以西的沙漠盆地），基础设施建设和土地开垦工作的酬劳也要求采用铜币支付。起初，面值最小的铜币，即 1 查柯（chalkous），等于日薪的 1/4，或一块面包的价值；面值最大的铜币，即 24 查柯或 3 欧宝，等于女性盐税的 1/2，男性盐税的 1/3。[17] 因此，人头税和一套包含五种不同面值铜币的货币体系的引入，促进了古埃及雇佣经济的产生。

其全部人口都被迫从事徭役，大多数本无货币储蓄的农民开始与城镇货币经济产生联系。在托勒密王朝时期，徭役变成了低酬劳的义务劳动，还包括季节性的庄园雇佣劳动。[18] 对此，有大量出土文献，德国古代历史学家斯塔·冯·瑞登（Sitta von Reden）对其进行了出色研究。我们现在知道，各种形式的雇佣劳动、个体劳动以及介于两者之间的一切劳动形式都产生于后亚历山大时代的埃及，付酬方式也是在该时期发生改变的。然而，采用何种形式的劳动视情况而定，主要是分包和直接雇佣这两种形式（也可能是二者的结合）——类似于埃及的佃契，也出现在希腊时期之前。此外，佃户可以只为自己工作，自行承担风险，支付农场租金，或从地主那里获得种子，预支季节性劳动的报酬，之后再进行偿还。

负责分包的承包方又会去雇佣下一级的工人，来完成承包的工作［在罗马法律中叫作 "locatio-conductio operarum"（工作的租赁）］。这样的方式主要用于维护灌溉系统、切割石块、制砖、建筑、木工、制陶、粉刷、运输和非技术性的农业工作中，但可能对国家或大地主有利，因为通过分包，可以将雇佣和监管工人的成本转移给承包方，从而抵消预付原材料和工具款项、预支工人报酬的不便之处。当然，这样做并非没有风险，因此需要对不履行契约或不归还工具者进行惩罚，处以监禁。

直接雇佣工人意味着雇主自己承担监管费用，这样做也有好处，雇主可以更好地监控成本（避免承包方从中贪墨）和工作方法，也可以更精确地管理材料："因此，直接雇佣劳动在家务劳动和家畜驯养（马、鸟和狗）以及所有非生产性劳动（如私人和公共事务的抄写和管理工作）中普遍存在……但在生产性劳动中，尤其是需要大批工人（或'工作队'）的生产活动中，都是首选分包。"[19]

此外，支付方式也有混合形式，在报酬支付中就有这样的例子：货币付酬（opsônion），实物付酬（sitometria，与前希腊时代的做法相同），或者大多数时候，两者兼用。不过，报酬的实际水平要视情况而定，不仅与实际完成的工作量直接挂钩，还与劳工的地位有关——地位的差异决定了所获粮食的质量。他们会每日领到面包、每月领到面粉作为口粮。传统上还会发放啤酒，但现在已不再包括在内，油料和亚麻布衣料也是如此，通常要在市场上购买。每月下发的实物报酬"大致足以维持两个人的生活"，由于公元前 3 世纪，"已婚夫妇和小型家庭是最常见的家庭类型"，所以这些东西似乎成了他们最重要的家庭收入来源。报酬虽然往往以粮补和货币的混合形式发放，但实际收入一般是稳定的，因为这一时期的粮食价格几乎没有波动，所以很少出现罢工（虽说罢工与报酬水平无关）。[20]

在托勒密王朝晚期和罗马时期的埃及，市场继续扩大，在农村也是如此。[21] 在罗马时期，法尤姆绿洲的私人耕地增加到所有耕地的 1/2，在尼罗河河谷增加到 3/4。这些地主自己耕种部分土地，其他部分用于出租。公共用地也有部分出租。但不管怎样，农民都必须将部分收成上缴给国家，这是法老时代延续下来的惯例。他们可以直接在村里的打谷场上缴收成，也可以把粮食送到公共粮仓。此外，对于佃户而言，只要种了粮食，就可以直接将粮食交给地主抵扣租金；如果种的是其他作物，尤其是饲料（埃及对此需求量很大），则要以货币支付租金。同时，他们还需要用货币缴纳人头税，所有 14 岁至 62 岁的男性都要缴纳人头税。因此，小农户不得不在市场上出售部分收成，或者花一部分时间在大农场从事有偿工作，以挣得足够的货币。此外，他们可能会因为向地主借贷而对其产生严重的依赖性。同样的情况也可能发生在雇佣工人身上。当然，在大地主要自己开发的土地上，比如公元前 3 世纪法尤姆的阿皮亚努斯庄园（Appianus），就需要大量工人 [22]——工人很多，但他们的技能和报酬水平却千差万别。所以，奴隶劳工的使用不多，而是雇佣固定的居民工人（主要以实物付酬）、固定的非居民工人和只以货币付酬（时薪、件薪均可）的临时工。在收获季节，后者的数量通常占到总劳动力的一半以上。[23]

　　与托勒密王朝和罗马时期的埃及相比，我们对地中海其他地区引入货币经济的情况了解不多，但可以肯定的是，劳动关系改变与货币的使用同时发生。接下来会谈到这些市场经济中自由和非自由劳动之间的关系。但在此之前，我们要先把目光转向东方——北印度和中国，看看这两个地区，（小额）货币的引入是否产生了与西方类似的影响？

印　度

　　通过前文叙述，我们对地中海地区（特别是埃及）货币经济的情况已经有所了解，但对印度却知之甚少，而后者的情况也同样重要。现在，我们已经较为清楚地知道铸币首次出现的时间，以及得到传播的时间，但关于其与工作之间的关系，在很大程度上还只停留于猜测。虽然约公元前 500 年，西亚和南亚之间确实已有联系（例如，印度雇佣兵在波斯军队中服役），[24] 但北印度铸币的发明在很大程度上是独立发生的，甚至可能是完全独立的。这主要是因为它们的铸币形式完全不同——北印度采用冲孔标记或模具浇铸的方式铸币，通常为长方形，而不是压铸的圆形铸币。

公元前5世纪，印度西北部（包括如今的巴基斯坦）发生了快速城市化和私有财产增加现象，此后，铸币就从大面值银币转为小面值银币。[25]自此，便开始流通低品级的"弯条"形金属货币及其铸币。[26]这些铸币特别重要：流通中的西格劳斯银币，除了有标准的5.5克重的，还有（5.5克）两倍重的，以及1/2、1/4甚至重量更小的——细分至1/20和1/40（0.13克）重的——总共有至少8种不同的面值。大约在同一时期，北印度的其他地区也出现了铸币，面值有大有小，但由于出土时保护不周，也未系统登记出土物，更无书面资料可供参考，因此无法就此展开阐述。除此以外，还有一个重要的问题。当时的北印度除了现存的银币外，各地还出现了铜币，它们在实践中显然与前面提到的，地中海地区的铜币具有相同的优点。那么，这些铜币的用途究竟是什么？

通过孔雀王朝早期（前321—前185）遗留的一些珍贵文献，特别是《政事论》（*Arthashastra*，一译《利论》），可以获悉当时的经济状况。这部重要著作的已知最早版本出现在公元前3世纪*，但目前尚不清楚的是，自成书以来的5个世纪里，具体什么时候往原文中增添了什么内容。该文献对奴隶、债役工、以工

---

* 原文此处为"公元3世纪"（third century ce），但经查证公开资料，该著作成书时间应为公元前3世纪。

代税或以工代罚的无薪劳工、雇佣临时工、计件工人、固定酬劳的雇佣工人和个体劳动者进行了区分。给工人发放报酬，工人再拿着报酬到市场上购买商品，这显然都没有什么大问题。除了 3.5 克重的卡夏帕纳（karshapana）银币和其他 3 种小面值铸币（最小的为 1/8 帕纳，重 0.44 克），还有 4 种面值的小额铜币——从 1/16 帕纳到 1/128 帕纳。根据《政事论》，薪级最低的公职人员每月可获得以货币支付的 5 帕纳的酬劳，可知时薪约为 5/200 = 1/40 帕纳；因此，面值最小的铜币也就等于时薪的 1/3。薪级最高的官员的薪酬是前者的 800 多倍，著名妓女安芭帕莉（Ambapali）每晚收费 50 帕纳。[27]

孔雀王朝覆灭后，恒河平原出现了一段政治分裂时期，不过该时期也伴随着"城市化的急速发展和小范围货币经济的增长"。[28]类似的变化也发生在印度次大陆南部和斯里兰卡，商人行会和佛教寺院在其中发挥了主导作用；不过这一变化在几个世纪后才趋于明显（见第 159—160 页）。[29]

中　国

值得庆幸的是，中国铸币的发明和使用情况拥有更多的记录；事实上，每天都在出现新的资料，这一点相当振奋人心。同时，这也使得本节内容具有时效性。[30]玛瑙贝和后来的青铜仿制品（包括蚁鼻钱）、小型铲刀（农用锄头）和青铜刀，早在成为计价单位之前就已经被用作陪葬品，更不用说作为交换手段。

这种圆形方孔的铜铸器物最初重 8 克，刻有"半两"字样，可被视为铸币。最近发现的一些证据极具说服力，证明它们是在约公元前 350 年由黄河流域西部的诸侯国秦国引入的。[31] 接下来的 100 年里，在东北部诸侯国的货币体系竞争中，半两钱取代了立体的铲币（最小重量为半两）和扁平的刀币。这在秦统一中国之前就已发生，最终在公元前 221 年成为统一货币。当时只在南方有玛瑙贝流通，它经由印度洋进口到云南（也可能始于公元前 12 世纪），并在此后的 500 年里一直被用作货币。[32]

公元前 500—公元 400 年的劳动力市场、货币和社会：中国、古希腊和古罗马、印度

稍微夸张地说，得益于深度货币化，大约在公元前 500—前 300 年，亚欧大陆主要文化中心的劳动力市场就已经发展成熟。从某种意义上说，这只代表着货币传播到了旧大陆的其他地方；直到哥伦布大发现，新大陆的人们才开始从这些制度创新中受益。但工作的历史没有那么简单。自发产生的历史现象具有两面性：首先，深度货币化的社会将大量工人挤出劳动力市场（但不是市场经济），特别是那些被迫工作却未得到可观货币报酬的工人；其次，这种社会也有可能再度"去货币化"。

这两种现象在历史中我们都可以找到案例。以下两节将基于三个案例讨论深度货币化社会中自由劳动与非自由劳动的结合：古代中国对劳动力的压迫程度；古希腊和古罗马的奴隶制问题；以及印度种姓社会的出现。本章（见第 156—160 页）会接着讲述约公元 400—1100 年，亚欧大陆西部和南部戏剧性的去货币化现象——这与中东和中国的货币化所呈现的更强的连贯性和更高的繁荣度形成了鲜明对比。

中国的国家与市场

与亚欧大陆的其他地方相比，中国的独特之处在于，其货币体系虽历经了两千多年的起起伏伏，却始终维持着单一货币制——使用面值极小的铸币（价值等于时薪），[33] 并人为赋予其信托性质。这最终使得此类铸币的生产和流通几乎达到了工业规模。[34]

什么样的社会需要用到这种可供日常使用的货币？只能说，很多社会都需要，从强制干预劳动的国家，到施行仁政的政府，都有可能。公元前 210 年，秦始皇驾崩，其墓葬中使用了规模庞大的"兵马俑"作为殉葬品；此外，秦还修筑了长城。秦因这两项工程而闻名于世。后人将秦称为"中央集权经济体"和古代历史上最成功的军事力量之一，并非偶然。[35]

但这只是历史的一面。[36] 到公元前 350 年，秦的经济都非常繁荣，劳动力的使用也在其人口的承受范围内；近一个半世纪后，却出现了过度剥削劳动力的现象，致使王朝突然覆灭。但相较于秦末时期，秦初劳动人口的状况则远没有那么清晰，因为长城、道路、运河、宫殿和兵马俑都是在秦末修建的。因此可以假设，秦的经济是从末期才高度集中的。

战国时期，秦国国君秦孝公于公元前 350 年前后，在政治家和思想家商鞅的协助下，实行了"半两"货币制*和其他许多制度创新，包括新的财政制度、度量衡制和征兵制，还大力推行公

---

* 根据文献记载，秦国半两钱始铸于战国初期秦惠文王二年（公元前 336 年）。

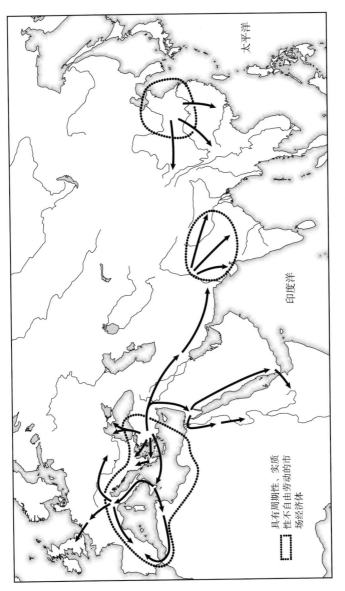

太平洋

印度洋

地图 4　深度货币化（前 500—公元 400）

具有周期性、实质
性不自由劳动的市
场经济体

共工程建设。自此，雇佣劳动成为重要的劳动形式，但不是用于市场经济（当时没有土地市场），而是为国家军队和公共工程建设服务。[37] 军队管理实行择优任贤，比前几百年更具社会流动性，政府甚至将"爱民"定为施政目标之一。[38] 所有的经济活动，从农业生产、铁器制造到公共工程建设，要么由国家直接管控，要么受到国家的密切监督。最后，有多达 15%—30% 的男性生产力应征入伍或直接参与公共建设，并收到货币报酬。上述数字来自考古学家吉迪·谢拉赫-拉维的估计，但他也发表了如下评论：

> 有非常高比例的劳动人口迫于国家压力，退出了粮食和基本资源的生产。这些工程的间接负担肯定也相当沉重，不管从事这些工作的人是罪犯还是应征服役兵，或者是能拿报酬的工匠，即使是只为他们提供最低水平的工具、食物、衣物和住所，所需费用也一定非常高昂。甚至都无须估计赋税（高达 60%），就能看出农民的负担是极其沉重的。[39]

此外，不愿遵守法令的人会被处以强制劳动的惩罚，其中一些人甚至永远成了官奴。[40]

秦初，该制度似乎运行良好，相当一部分人的工作和收入得到了保障。到秦末时，秦二世狂妄自大，最终使王朝以一场噩梦而告终。[41] 随后，汉朝建立，承秦制之精华，削减部分工程的劳动力，不盲目追求高效，避免出现最坏的结果（农民起义）。[42]

汉朝仍大规模征召服役兵参与公共建设，但不同的是，它规定时间为农闲季的 30 天，避开了农忙时节。汉朝还发行了一种新铸币——五铢钱（五铢，计重量词），基本沿用半两钱的形制，但所印字样不同，重量只有约 3.5 克。当时的标准月薪一般是 200钱，和半两钱一样，一枚五铢钱等于一小时的薪酬。[43] 五铢钱的产量巨大：平均每年铸造约 2.3 亿枚，这意味着在汉朝初期，人均拥有数百枚五铢钱。[44] 这是货币经济普及程度的最佳指标，特别是对劳动报酬的普及程度而言。虽说大部分劳动人口是农民，却也有不少从事个体劳动的人，具体占比多少尚不清楚，但可以肯定的是，这一比例应该也很高。而在官营行业，以及当时的私营行业，也有相当数量的雇佣劳动。与此同时，尽管罪犯需要服苦役，却几乎没有奴隶现象。[45]

关于国家和市场之间在劳动力问题上的关系，著名历史学家司马迁发表了有力观点，他根据中国过去几个世纪的变迁，得出了以下结论：

> 故待农而食之，虞而出之，工而成之，商而通之。此宁有政教发征期会哉？人各任其能，竭其力，以得所欲。故物贱之征贵，贵之征贱，各劝其业，乐其事，若水之趋下，日夜无休时，不召而自来，不求而民出之。岂非道之所符，而自然之验邪？[*46]

131

---

* 原文出自司马迁《史记·货殖列传·序》。

另一位中国文人——白居易——则更关注现实，而非理论性总结。在《观刈麦》（作于 806 年）一诗中，他不仅表达了对劳苦人民的悲悯，还对工作酬劳的公平性提出了质疑：

田家少闲月，五月人倍忙。

夜来南风起，小麦覆陇黄。

妇姑荷箪食，童稚携壶浆，

相随饷田去，丁壮在南冈。

足蒸暑土气，背灼炎天光，

力尽不知热，但惜夏日长。

复有贫妇人，抱子在其旁，

右手秉遗穗，左臂悬敝筐。

听其相顾言，闻者为悲伤。

家田输税尽，拾此充饥肠。

今我何功德，曾不事农桑。

吏禄三百石，岁晏有余粮。

念此私自愧，尽日不能忘。[47]

在中国，从未真正且明确地出现过司马迁大力推崇的这种（劳动力）市场。中国古代史教授李安敦（Anthony Barbieri-Low）对中国汉代工匠的深入研究表明，自汉代开始后的几百年里，诸如应征工匠、罪犯工匠和官奴工匠，以及自由工匠等的工作，都具有高度的重要性。这一点并非巧合，如李安敦所述：

在早期中国，负责公共工程建设的高级官吏采用成本效益分析法，来确定不同工程所需的劳动力数量、劳动季节、劳动期限和任务分配。……每个劳动组的成本将被加权，再将所有组的相加，以得出工程所需的总人日（即总工作量）。每组的定量标准都有严格的书面规定：冬季无工作量，春季有一定的工作量；刺绣活，男女劳动量相等；技术活，自由工匠要达到 4 个罪犯工匠的工作量。……作为官僚主义国家，早期中国不是由手握皇权的君王统治，也不是由高谈仁义道德的文人控制，而是由掌握民生信息的官吏治理。他们的信息库主要由各样相关联的名字和数字组成：户籍、持有土地的规模和质量、可供征用的成年男性人数、无家可归的流动人口数量等。如此海量的信息，其规模和复杂性对于一个尚未发明计算机的时代来说，简直令人难以置信，但正是这些海量的信息，使汉朝具备了控制已知世界的能力。[48]

从官僚制度的角度来看，汉是秦的真正继承者。后继朝代有强有弱，但是往往比不上前朝。各朝的劳动关系虽有不同，但都基于劳动力部署，有的是通过国家直接征募，有的则是通过劳动力市场雇佣。

所有这一切都产生了深远影响，也关乎人类社会史上与工作史直接相关的最重要的辩论之一，即关于古典时代社会性质的辩论，辩论的一方是米哈伊尔·伊万诺维奇·罗斯托夫采夫（Michael Ivanovitch Rostovtzeff）的拥趸，另一方则是卡尔·波兰尼和摩西·芬利，最近，有关古代中国社会性质的辩论也在展开。[49] 所谓的现代主义者认为"中国古代的经济生活和我们自己（西方）的资本主义萌芽经济非常相似，价格由市场驱动、货币化水平高、工业城市出现、长途贸易活跃——这些都是早期资本主义的特征"。与此相反的观点出自 20 世纪 60 年代开始盛行的原始主义，"古希腊和古罗马主要的经济活动是农业，而不是商业……私人贸易规模很小，而且通常只涉及奢侈品……古罗马的乡镇和城市……是寄生性的消费和再分配中心，而不是……工业生产中心……人们最关心的是获得地位，贷款和投资并不是出于经济用途"。[50]

与此同时，现代主义再次盛行，现在似乎还出现了两种观点的综合体，也为新的研究提供了灵感。在下一节中，将会看到凯瑟琳娜·利斯（Catharina Lis）和雨果·索利（Hugo Soly）阐述的新方法，他们就前工业化欧洲的工作和工人有着广泛的著述，但在这里我们可以用李安敦的话来总结，他在研究中国汉代工匠时，是完全站在"现代主义者的阵营"的。

许多学者现在认识到，自国家兴起以来，所有经济体都表现出一定程度的商业化、技术专业化和市场一体化，同时还存在不同程度的互惠、再分配和国家管控。虽说古代经济并非沿着确定的直线式轨迹发展，但在不同的时间、不同的历史环境下，位于各地的不同国家可能都在一定程度上发生过这样的变化。[51]

李安敦的研究无疑证实了古代中国正是如此。下面将会看到，这一结论对古典时代的探讨也大有帮助。我们将考察它在多大程度上适用于第三大古代货币经济体——印度，以及在前哥伦布时代的南美洲、中美洲和撒哈拉以南非洲形成可称为"国家"的社会之后，它们的非货币化经济的情况如何。

希腊与罗马的货币化、自由劳动和非自由劳动

134

公元前 500 年以前，在希腊世界中大多数人为自力更生、自给自足的农民。而那些缺乏足够土地的人会派遣探险队到其他地区建立"殖民地"。由此，希腊文化从爱琴海沿岸传播到黑海和地中海沿岸，主要集中在意大利南部和西西里岛。这些希腊人的身份不仅是农民，同时也是水手和士兵。

关于自由劳动和非自由劳动之间的关系，在诸多文明之中，最典型的代表就是古典时代（前 500—公元 500）的地中海沿岸国家。长期以来，历史学家认为上述诸国具有两个特点：一是希腊人和罗马人鄙视体力劳动；二是他们的经济严重依赖奴隶劳动。尽管在古典时代伟大作家的著述中不难找到有关这两点的例子和引证，但对于在此观点基础上归纳出的总体社会特征，我们现在必须提出严肃的质疑。[52]

首先，来看看关于"工作"的传统概念。[53] 从社会角度来看，受到高度重视的工作不仅有传统的战士（如荷马的《伊利亚特》和《奥德赛》中所述的），还有战士的另一重身份——农民（毕竟打仗不是全职工作）。古希腊诗人赫西俄德（Hesiod）在《工作与时日》（The Works and the Days）中优美地吟咏了这一理想。

生产性劳动是希腊思想的核心价值，有关赫拉克勒斯的十二项传奇任务的故事或许就是最有力的证明。希腊的扩张和殖民很快就从粗放阶段进入集约阶段，在这个阶段，希腊城邦处于中心地位，城邦里的非农业居民越来越多，特别是个体工匠和雇佣劳动者（也有奴隶，见下文）。

非农业劳动力增加后，随之产生的问题是如何使现有的政治关系——最勇敢的战士社会地位最高——适应新的现实。因此催生出另一种政治制度，即著名的希腊民主制度（但并非所有希腊城邦都是民主的）。最初，根据该制度，政治权力不再只属于以武力行事之人（即战士），同样也属于所有从事农业生产的成年男性公民。毕竟，他们要亲自保卫自己的农场和长满庄稼的田地。后来，其他男性公民也纷纷效仿，为自己争取政治权力，在伯里克利时期的雅典，他们采取的方式最为激进。公元前403年（一说公元前402年），他们重申了颁布于公元前451年（一说公元前450年）的《公民法》，根据该法，他们甚至可以在参加政治会议和履行政治职务时获得补偿收入损失的津贴。因此，在这个阶段，雇佣劳动者也可以参与民主政治。据保守估计，在公元前400年前后，这些雇佣劳动者和他们的同住者可能占到了总人口的1/3。[54]

但这一转变在许多拥护旧精英式统治的争议性人物中引起了恐慌。他们中最能言善辩的人宣称，只有不依赖劳动获取收入的人（即非雇佣劳动者）才能真正自由地为公众利益服务。其中，他们还严厉批评了所有靠自己双手挣钱的人，并且在他们眼里，雇佣劳动者可以说与奴隶无异。伟大的悲剧作家索福克勒斯（Sophocles）和欧里庇得斯（Euripides），著名的哲学家柏拉图和亚里士多德（Aristotle），他们之后的色诺芬（Xenophon）、斯多葛派哲学家（Stoics），以及基督教会和经院哲学的创始人，都为奴隶制辩护。他们有时会借用种族主义的论点（希腊人对蛮族），有时会将奴隶的命运归咎于自身（被囚禁时缺乏向死的勇气）。犬儒主义学派则持中间立场，提供了不同看法，认为受外部约束的个人仍然可以获得内心的自由。无论如何，这种观点在事实上承认奴隶作为人的身份、拥有人的权利打开了大门。只有少数智者派哲学家认为上帝赋予每个人与生俱来的自由，当时唯一反对奴隶制的人也出自这个哲学学派。

柏拉图和亚里士多德等哲学家对后世——希腊化时期、罗马帝国时期和文艺复兴时期——的古典思想，以及整体上的西方思想（包括受过古典教育的卡尔·马克思的思想）产生了巨大影响。正是因为这种影响，人们普遍认为希腊人（以及他们的学生罗马人）鄙视雇佣劳动。然而，前面提到的利斯和索利的研究成果已经证明，这种观点并不具备普遍合理性，尚需具体问题具体分析。

作为上述观点的反例，赫西俄德赞颂农民，工匠和在希腊的所有劳动者也因其才能和奉献而受到多方名人的欣赏与赞扬——不仅有诸如阿里斯托芬（Aristophanes）、埃斯库罗斯（Aeschylus）和欧里庇得斯等剧作家，还有米利都的泰勒斯（Thales of Miletus）、普罗泰戈拉（Protagoras）、德谟克利特（Democritus，因其宇宙原子理论而闻名）和智者派等哲学家。当然，工匠也对自己表示赞赏。最好的证明就是，一些工匠会在

136

作品上留下自己的名字。[55] 画工在著名的雅典花瓶上，雕工在雕像上，铸币工在钱币上，都留下了自己的签名，哪怕是不太有才能的人也没有落下。他们普遍对自己的职业感到自豪，女性也不例外。已知的例证是，当时的人们会在墓碑上注明亡者的职业，包括女祭司、助产士、护士，甚至是羊毛工人——尽管总的来说，这些职业严格意义上只是家庭内部的工作。

但是，古典时代真的有这么多自由劳动力吗？难道不是像许多教科书上所说的那样，奴隶才是主要劳动力吗？在古典时代，在奴隶制出现前不久的时期或与奴隶制出现的同时期，自由劳动力的数量不断增加，最多的是地中海和黑海一带的无数希腊城邦。对古典时代雅典的职业名称的分析表明，非农业领域／行业中有 1 万名自由公民，以及相当数量的非自由劳工；仅在这一领域的资料中就提到了 170 种不同职业。如此广泛的横向分工使得个人不可避免地需要从与其关系紧密的人——朋友、邻居和亲属之外获取商品和服务，而这些工匠和商人是铸币和小额货币的主要使用者。[56] 他们在多大程度上可以被称为雇佣劳动者，取决于其作坊的具体组织方式。他们都是拥有自己作坊的独立小工匠，还是有一部分人要通过为他人工作——或是以临时工身份，或是以分包方身份——来获取报酬呢？

在希腊城邦引入铸币之前，除了少数技术熟练的工匠外，自由劳动力仅以雇工（thetes）的形式存在，雇主定期给他们发放生活物资，不时地安排一些工作。[57] 与奴隶不同，这些雇工可以离开他们的雇主，但大多数时候他们并不会这么做。而货币的引入则改变了这种状况，但并不是因为形成了新的劳动关系，"而是因为原本笨重而罕见的东西变得精简且普遍"。雇工这样的工种也就不复存在，取而代之的是其他工种，如隶农（penetes）、女佣（latreis）或雇佣兵（misthotoi）。他们通常按日计酬，但也有例外。[58] 他们单独工作或以集体为单位工作，他们的工资按日、按工资总额（一年的 1/10）或按工作类型来计算。

在古典时代的希腊，劳动报酬无疑只出现在城市，而非农村，但货币关系对农村的影响可能比表面上所看到的更为深刻。[59] 希腊农民的劳动基础是所有家庭成员共同参与。下文将会谈到，这并不是说农村没有奴隶，而是说奴隶在农村能发挥的作用是有限的；尽管许多农民家庭都想拥有一个奴隶，但对大多数人来说很难买得起，因为奴隶一般并不便宜（大约是一个工匠一年的收入）。农民宁可寻找其他方法来减轻收成不佳带来的负担，例如，在紧急情况下为当地的领主做有偿工作；领主则为这些农民提供季节性雇佣劳动，发放劳动报酬予以援助。对于年轻的家庭成员，特别是男性，更普遍的做法是在其他地方从事有偿劳动，特别是划船、雇佣兵服务和牧羊等工作。

上文已就雅典的情况阐述了国家海军的划桨战船对货币经济的产生所起的关键作用。劳动力市场中对桨手的需求旺盛，同时，对雇佣兵的需求也在不断增长，雇主为有意愿的人提供工作、工资和食物。但并非只有雅典才存在这种情况。据估计，整个希腊每年的（国家和私人）桨手需求量为 50 万至 75 万。此外，雇佣兵需求的产生可以追溯到公元前 7 世纪，公元前 4 世纪时战争频发，需求量急剧增加，并在此后平稳增长。这种对桨手

137

和雇佣兵的需求，本质上被描述为"一个相当庞大而无固定形式的劳动力市场，其规模不一，因地而异；但总的来说，它带来了相当稳定的需求"。[60]

除了希腊，其他地方也有自由雇佣劳动力（包括兼职和全职），且比通常认为的要普遍得多，罗马帝国就是如此。当然，罗马最著名的还是数量极其庞大的军团士兵，他们可以获得职业士兵的服务报酬，部分为食宿补贴，部分为现金酬劳。罗马共和国时期，士兵的酬劳约为每三天一枚银币；自恺撒征服高卢凯旋后，士兵的酬劳提高到大约每两天一枚银币。[61]

但在军事以外的领域，特别是农业领域，常常也有雇佣劳动者和个体小农。古典时代的地中海和中东地区的农村中也有奴隶劳动力，但存在巨大的空间和时间差异。[62] 一方面，像斯巴达这样没有货币系统的国家，奴隶（helots，黑劳士）集中存在于城镇中，为贵族阶层工作。克里特岛和其他一些地区也有这样的情况。另一方面，在许多政治体，非自由劳动力只占农村劳动力的一小部分。一般而言，一个政治体的经济越繁荣，对劳动力的依赖程度就越高（需求越大），不仅是自由劳动力，还有非自由劳动力。最著名的例子便是希腊的阿提卡地区及该地区的主要城邦雅典。1200 个雅典上层家庭收入的很大一部分依赖于城里血汗工厂、银矿特许开采区和农场的奴隶劳动力，以及许多其他自由劳动力。手工业者和中等农民可以拥有一两个奴隶。公元前 4 世纪，阿提卡总人口的 1/3 可能都是奴隶，此外，科林斯和埃伊纳岛也有大量奴隶，这样的例子不胜枚举。在"希腊"世界之外，例如，如今的也门和埃塞俄比亚，繁荣的经济同样依赖于奴隶的引入。[63]

奴隶的供应依赖于一个完备的海上网络——包含奴隶贩子和奴隶供应商——尤其是色雷斯（巴尔干半岛东部）和安纳托利亚的弗里吉亚的海盗和军阀，而在地中海西部的迦太基也存在类似的网络。总而言之，在由上千个城邦组成的希腊世界中，贵族（和亚贵族）阶层所拥有的奴隶、佃农和雇佣劳动者的相对成本和产出，决定了这些从事农业工作的主要群体的人口比例。

公元前 2 世纪和公元前 1 世纪，罗马奴隶制达到顶峰，意大利总人口为 600 万至 750 万，而奴隶总数就高达 200 万至 300 万（与美国南北战争爆发前的情况相似，其南方奴隶占总人口的 32%）。[64] 在劳动力需求达到高峰时，特别是在收获季节，如果没有小农的自由雇佣劳动，奴隶劳动就不可能存在。此外，自由劳动力在城市中占主导地位，而这些劳动力中有许多是自由人——奴隶的前身。当时有一种著名的食品配给制（frumentatio，面向罗马公民的食品价格补贴制度），这对于日薪只有 3/4 个银币的非技术性受雇劳动者来说十分重要。[65] 这一特殊制度从食品扩展到生活必需品之后，例如公元 2 世纪初的免费油，或者是 3 世纪 70 年代初的免费酒，工作动力甚至有所减弱。但这是罗马城的情况，而非整个罗马帝国。

自由劳动力不仅是对奴隶劳动力的补充，也是维持奴隶制的一种必要激励手段。正如色诺芬所言："奴隶比自由人更需要希望。"[66] 这意味着奴隶也有被解放的希望。这可能是主人的慷慨之举，例如作为对忠诚奴隶的奖励——释放他，或作为对女奴的奖励——迎娶她。但除了表现良好外，奴隶有时也可以用省

下来的钱来换取自由。在这方面，罗马人有"私产"（peculium）
与"任命总管"（praepositio）的制度。[67]与希腊人和更早的先驱
者一样，这项制度意味着奴隶——特别是其中的专业人员，以及
那些具备管理技能的人——可以为他人工作，甚至可以自己保留
部分收入。通过这种方式，奴隶可以为换取自由而攒钱，也可以
参与货币经济。

从公元3世纪开始，深度货币化使得自由雇佣劳动力不
断增加。中小面值铸币的生产仅限于贬值的安东尼尼安努斯
（antoninianus），以及后来更小的统一铜币。在这方面，罗马帝
国晚期的西部地区变得与中国相似，使用单一面值的铜币。公元
270年以后，在帝国东部，新的大规模的帝国铸币厂取代了当地
的铸币厂，这表明对小面值钱币的需求日益增长，从而出现了自
由劳动力。那时，色雷斯、马其顿和高卢的城市正在衰落，与此
同时，小亚细亚和北非的城市和建筑业则繁荣发展。也正是在这
些城镇中，出现了行会式的工匠团体。[68]

但无论从哪个角度看，奴隶劳动虽不占主导地位，却始终
都是古典社会的重要组成部分，只是程度有所不同。它从何而
来，如何发展？在荷马和赫西俄德所描述的时期，奴隶劳动力的
规模还不大。[69]奥德修斯的宫殿有50名宫廷奴隶，是奴隶服务
贵族阶层的例证。然而，到公元前6世纪和公元前5世纪，出现
了大规模的殖民运动，希腊人乘船前往欧洲各地，从东北部的黑
海地区直到西南部的马赛和西班牙；西西里岛和意大利南部则成
为新的殖民核心区域。后来的迦太基人，再后来的罗马人也都做
了同样的事情。[70]历史学家特蕾西·里尔（Tracey Rihll）曾指出，

"在海外地区，（殖民者）将原住民俘虏、杀害或驱逐之后，就得到了许多自由土地"，在这种情况下，大规模的奴隶劳动出现了，这也是殖民活动的本质所决定的。

里尔认为，这种殖民活动与货币经济的兴起和民主的出现有关，这种想法很有趣，却也只是推测。毕竟，非自由劳动力的存在也造成了自由希腊人道德的粗鄙化。这种"狂妄"（hybris，指有预谋的暴力羞辱）必须加以控制，否则希腊城邦将面临分崩离析的危险。于是，在经历暴政之后，许多希腊城邦提出了一种自由民主政体，作为防止（统治者）相互专制的最佳保护措施。用里尔的话说："古希腊是第一个真正的奴隶社会，也是第一个政治社会。这并非巧合。奴隶让古希腊人有休闲时间参与政治；但更重要的是，古代奴隶制的发展促使希腊人创造了政治。"[71]

在雅典，奴隶的数量出现过大幅波动。公元前5世纪下半叶，雅典奴隶数量为2.5万人，到了公元前404年，伯罗奔尼撒战争结束后，数量骤降，少到几乎可以忽略不计。公元前4世纪中叶，又增至3万多人，之后在亚历山大大帝时期下降到2万人。造成这种大幅波动的原因，除雅典政局动荡的影响外，还因为有这样一种规则——自由人父亲和奴隶母亲所生的孩子可以取得同父亲一样的社会地位。[72]在希腊化时期，奴隶数量急剧增加，首要原因在于大量战俘的产生——亚历山大大帝及其继任者发动的战争，后来的迦太基和罗马对意大利发动的征服战争，以及这两国之间的战争（即布匿战争，最终以迦太基被灭国告终）。这几个世纪中奴隶价格的下降就很能说明这一问题。[73]除产生大量战俘外，战争对劳动力的需求也相当大。因此，罗马农民（小农）

和工匠被征召入伍，如布匿战争，进而催生出对替代劳动力的巨大需求。我们认为，在希腊化时期之后的两个世纪，农业领域的奴隶劳动达到了顶峰，这是罗马帝国扩张的直接后果，但更重要的是手工业——因为作坊更容易监管，利润更高——采矿业和造船业以及家庭内的奴隶劳动（在罗马和其他地方，拥有奴隶还是地位的象征）。军队也会将奴隶用作营地随从，一旦需要奴隶积极战斗，就必须让他们恢复自由。[74]

正如上文所述，公元前 100—公元 50 年，奴隶占意大利人口的 30%—40%，但就整个帝国而言，大约不超过 1/6，其中男女各占一半。为了养活帝国数量庞大的人口，每年需要 50 万新奴隶。[75] 这些新奴隶将近一半是通过自然繁衍获得的，其余的则是通过奴役获得的。值得注意的是，到目前为止，通过奴役获得的奴隶大部分来自帝国内部，被遗弃的新生儿也是重要补充来源。难怪在这个快速发展时期，特别是在第一代曾享受过自由生活的奴隶中，爆发了大规模的奴隶起义（始于公元前 198—前 184 年）。其中众所周知的是，第一次（前 135—前 132）、第二次（前 104—前 101）和第三次（前 73—前 71）奴隶起义，最先发生在意大利中部和南部，后来辐射至希腊和小亚细亚。最为著名的起义是最后一次，即斯巴达克斯起义。[76]

斯巴达克斯在罗马人的色雷斯仆从军中担任骑兵。然而，这些士兵被派去对付麦迪人（Maidi，斯巴达克斯的同胞），因此他逃跑了，但很快就被抓获并被卖为奴隶，当时约 25 岁。后来，他没有像大多数奴隶那样被迫从事农业劳动，而是经由罗马被卖到了卡普亚的私人角斗场，并被迫参加一对一的角斗，供公众取乐，直到其中一人死亡后才能结束。到公元前73年春，斯巴达克斯再也无法忍受这种生活，就和70名奴隶同伴一起逃往维苏威火山。在那里，很快就有其他奴隶加入他的队伍——特别是来自高卢、日耳曼尼亚和色雷斯的奴隶，他们厌倦了在种植葡萄、橄榄和谷类作物农场中的强迫劳动，一些自由劳动者也加入了他们的队伍。斯巴达克斯很快就成为一名真正的将军，他的部队训练有素，装备精良，人数最多时达到了4万人。两年来，他成功用佯攻蒙蔽了敌人，甚至击败了各个罗马军团，直到公元前71年3月底4月初，他在战斗中阵亡。后来，他的残余部队又继续进行了十多年的小规模战斗。被俘虏的起义奴隶遭到了可怕的惩罚：6000名斯巴达克斯的手下被钉死在阿皮亚古道上，这条大道从卡普亚一直延伸至罗马，足足有200公里长。

斯巴达克斯就像第二个汉尼拔一样，他的目标是征服罗马共和国。虽然他的部队主要由逃亡的农村奴隶组成（他们从未与来自城市的奴隶有过联系），但是，正如19世纪以来许多人所认为的那样，他的目标并不是废除奴隶制，更不是推翻阶级社会。[77]然而，他确实清楚地设想了一个更加平等的古代社会，将战利品平均分配给他的支持者，同时，不允许金银商人加入他的阵营。[78]更重要的是，他和他的酒神女祭司妻子都来自色雷斯。这可能代表着更深层次的意义，"奴隶反叛文化与酒神信仰之间"的联系可能已经存在。

142

关于解放奴隶和推翻统治的要旨虽然模糊，却十分有效，并凝聚成情感和欲望的核心，能够从社会的最底层和最边缘化的阶层传播到奴隶世界本身。……在这种情况下，斯巴达克斯的女祭司伴侣肯定会重申这种联系，并且会以极具暗示性的方式来进行，因为她和斯巴达克斯一样来自色雷斯，在某种意义上，酒神狄奥尼修斯（Dionysius）正是他们的"民族"之神。[79]

当然，随着罗马治下的和平时期的到来，帝国奴隶的重要来源已经枯竭，但弃儿仍然是其中的重要替代来源。因此，农业出现了向租佃制和分成制的过渡。根据一些人的说法，在这个时期开始时，奴隶人口仍占罗马帝国总人口的 15%—20%。而另一些人，如研究古典学（尤指古希腊和古罗马）的美国教授凯尔·哈珀（Kyle Harper），则认为这个比例要略低，应为 10%—15%，在 4 世纪，这一比例则不超过 10%。[80] 根据哈珀的说法，在之后的几个世纪里，奴隶人口会通过自然增长保持在同一水平，而不是像常说的那样，又会因为战争产生奴隶。[81]1/3 的奴隶受雇于为市场生产的专业农场，剩下的 2/3 则受雇于富人，特别是超级富人。在这两种情况下，提供性服务是他们工作的一部分，特别是对年轻奴隶而言。[82] 但是，哈珀的主要结论是，尽管雇佣劳动力稀缺且昂贵使雇佣奴隶的成本变高，但在此情况下罗马人依然被迫维持奴隶制。而在雇佣劳动者充足的地方，比如罗马时期的埃及，人口稠密，酬劳很低，奴隶就会明显减少。[83]

人们一直认为奴隶劳动在罗马帝国晚期并不普遍，即使有奴隶劳动，也是以一种更温和的形式存在的。尽管如此，我们仍要对奴隶社会进行探讨，根据安德罗（Andreau）和德斯卡特（Descat）[84] 的说法——从 4 世纪开始，由于战争和掠奴活动，奴隶数量再次增加。尽管传统观点认为基督教的发展使得童奴的数量明显减少。[85] 然而，这场新的宗教运动从来没有废除奴隶制。

市场经济中的世袭职业：印度

正如我们所见，印度是世界上最早实现货币化的三个经济体之一。然而，同中国和希腊罗马世界一样，它也有自己的特点，这些特点非常重要，足以让我们从全球视角审视工作的组织安排。与此同时，印度所在的南亚地区出现了世界上最显著且最有仪式性的世袭职业制度：种姓制度，其主要特征是等级森严的社会中的家族职业由男性继承。这种制度是怎么出现的？更重要的是，它是什么时候发展起来的，是在印度发生深度货币化的快速传播之前、期间还是之后？最有可能的是后者，但有足够的证据吗？

毕竟，有人可能会说，一个完整的村庄层面的种姓社会，根本不需要市场，更不用说像铸币这样的交换手段。村里每个人都知道自己的职业是什么，因为这是父母传给孩子的。唯一需要组织的是那些不自己种植粮食的人口的收获份额。因此，就有了贾吉曼尼制度。[86] 在这种制度下，如果农民需要，村里的工匠就得向他们提供商品和服务，农民收获后，工匠就能从村庄总产量中获得预定份额的粮食。简而言之，每个人的权利和义务从出生起就是确定的，市场和交换手段可以说是多余的。因此，传统的印度村庄是一个基于声誉和强制性社会角色的大型信用社会。这与商人形成对比，商人总喜欢用货币购买商品和服务，而不是任何其他形式的信用。这种现象在中世纪开罗的犹太商人身上得到了体现。[87] 当时互助信用盛行，只有在特殊情况下（死亡、继承遗产等）才发放货币，而非犹太本地人则混合使用信用和货币支付。只有对于遥远的，比如来自印度的贸易伙伴，才要求使用货币支付。

　　要找到前述问题的答案，首先需要厘清相关事件的确切年代——首先是种姓制度（以及由此产生的贾吉曼尼制度）产生的确切年代，其次是印度发生货币化和去货币化的确切年代。对此，后面（见第 159—160 页）将有更详细的介绍，约公元 400 年，南亚的深度货币化就结束了。那么，最大的问题是：种姓制度是在公元 400 年之前的市场扩张时期出现的，还是在之后市场收缩时期才出现的？[88] 如果说种姓制度出现的时间更早的话，似乎不太可能。毕竟，正如我们之前看到过的（见第 55、第 94 页），没有迹象表明种姓制度起源于哈拉帕文化，也没有迹象表明它毁于颜那亚文化的"雅利安人"。这些讲印欧语系的游牧牧牛人，于公元前 2000 年至公元初年进入北印度，长期以来，他们一直被视为种姓制度的创造者，因为印度教最古老的经典《吠陀经》(Veda) 就是用这些移民的语言——古印度–雅利安语写成的。这样的"创造"是很有可能的，但更有趣的问题是，这些著作中描述种姓制度规范的内容是在什么年代写成的呢？这些规范又与哪些人口有关？与所有的神圣经典一样，《吠陀经》不是在某个特定时期创作的，而是根据文章段落汇编而成，第一部成书于公元前 1500 年，在今阿富汗东部地区，后几部则出现于公元前 600 年前后的德里地区。[89]

此处谈到的是半游牧移民，他们（也懂得农耕）以养牛为主要收入来源，缓慢而坚定地从北印度平原的西北部跋涉到东部，沿途征服了许多以前从事农耕的地区。被征服的人大多是农民，但也有部分狩猎采集者，在《吠陀经》中被称为达萨（dasa）、达修（dasyu）和首陀罗（shudra），他们还被迫成为奴隶——就像当时亚欧大陆其他地方战争结束后的情况一样。这些奴隶被定期供奉给祭司。在一系列征战之下，约公元前 500 年，印度西北部出现了一种由四个阶层组成的社会：刹帝利（kshatriya，战士）、婆罗门（brahmana，祭司）、吠舍（vaishya，平民、农民和商人），以及首陀罗（被征服的人）——必须进行强制劳动，大多为从事家务劳动的妇女。到目前为止，这并没有什么特别之处，甚至可能与亚欧大陆西部颜那亚移民的情况相同，只不过后者没有种姓制度。那时，"瓦尔纳"（Varna，即为后来的"种姓"）一词仅表示颜色——尤指肤色，因为皮肤白皙的雅利安人要将自己与肤色黝黑的原住民区分开来。

"种姓社会"的诸要素，比如高种姓的禁忌——禁止与低种姓的人一起吃饭，禁止接受最低种姓的水或与之接触，禁止与本种姓（亚种姓）以外的种姓通婚，禁止由本种姓（次等种姓）以外的种姓继承其职业——直到很久以后才形成，并且十分缓慢。这些要素是用来控制社会的向上流动性的，有两部经典对此作出了记载。第一部是前面讲过的理想型国家理论《政事论》，由考底利耶（Kautilya）在阿育王时期（前 268—前 231）撰写。第二部是《摩奴法典》（*Manusmriti*，约公元 150

年，又称《摩奴法论》)。[90]

　　《政事论》中包含了对所有居民的简单分类，从雅利安人开始，他们被分为了四个种姓：婆罗门——祭司；刹帝利——战士；吠舍——商人；首陀罗——大多数农民（通常也含受国家援助的殖民者）和手工业者。每个种姓成员都应与同种姓者结婚。此外，考底利耶还非常现实地列出了违反该法令可能面临的所有后果。因此可以推断出，违反法令的现象并不少见。关于更细的分类，如后来出现的阇提（jati，即亚种姓），本书不再赘述。最重要的非雅利安人被迫生活在城市或村庄外围，由于严重违反行为准则而成为"弃民"；在雅利安人向东、向南扩张时，被他们征服的原住民也是如此 [最常提到的是"旃陀罗"（chandala）]。在许可的范围内，他们常把这些人派去担任警卫和士兵。最后，还有外来人口。

　　前面已经提过，这种分类并不是唯一的。出于对经济的极大兴趣，考底利耶还对以下人群作了区分：奴隶，债役劳工，以工代税或以工代罚的无酬劳工，雇佣零工，计件工，固定薪酬劳工，个体劳工（包括受国家援助的首陀罗殖民者），以及120个不同的工种。[91]

　　几个世纪后，《摩奴法典》进一步区分了不同的人口群体（不少于61个种姓），强调了内婚制，并在此基础上，进一步区分了惩罚的差异化选择和执行——即种姓等级越低的人，受到的惩罚越严厉。[92]针对这种想要将社会不平等制度化的尝试，有很好的佐证：规定人人都可得到大米、豆类、盐、黄油和酥油，但仆人只能得到身份显赫者1/6的大米和1/2的酥油。分得物品的质量也有区别：需要大量营养的劳工得到的是米糠，奴隶得到的是碎米糠。[93] 这里也让我们想到了伐罗诃密希罗（Varahamihira）的理想型社会，即"婆罗门的房子应该是五室的，刹帝利四室，吠舍三室，首陀罗则是两室……对于不同种姓，主室的长度和宽度应按种姓顺序而变化。"[94]

这严重违背了平等的自然理想——最初狩猎采集者的社会状态，一旦征服者的方法行不通，就需要一种意识形态来解释尖锐的社会差异。在《奥义书》（Upanishads，后来出现的《吠陀经》注释书）中，有一种灵魂转世的说法："前世的行为决定了灵魂转世时是生而幸福还是生而悲伤。由此衍生出业论（因果报应论，'业'即行为），宣扬今生行为会影响来世。"[95] 这可以看作解释人类苦难的一种尝试，而受害者或作恶者都无法或无须改变现状（今生已是命定）。相比之下，后来的毗湿奴派宣扬，四大种姓的所有人，即便是首陀罗，都可以通过个人对神的奉献，在来生获得最终的解脱。印度历史学家 D. N. 杰哈（D. N. Jha）指出，这种奉献精神在吠舍和首陀罗中十分常见，并得出结论："显然，这种信仰不允许大众认为他们的痛苦是人为的，而是强调必须遵守传统上为他们所属种姓规定的义务。"[96]

然而，种姓社会的发展绝非势不可当。[97] 相反，种姓制度遭到过强烈反抗，《政事论》和《摩奴法典》就可以看作婆罗门为使这场思想斗争于自己有利而作出的尝试，而不是为了反映他们那个时代的一般社会状况。因此，在笈多王朝时期之前，上述这些思想在印度的影响一定相当有限，至少从地理位置上来看是如此，因为它们在印度次大陆的传播非常缓慢，首先是从北印度的

146

西部传到东部，然后才传到南部。更重要的是，从公元前 6 世纪开始出现了反对运动，特别是耆那教和佛教的两场反对运动。[98]虽然二者都没有在原则上反对种姓制度，却引发了对婆罗门种姓绝对领导下的现有社会秩序观念的讨论，还特别强调了对不幸者的同情，让女性和低种姓者更多地参与到运动中来，并相信贱民也可以达到涅槃（这无疑影响到了毗湿奴派）。同样引人注目的是，只有佛教典籍中记载了工匠的专有名称，包括皮革工人，这在婆罗门眼中是不可思议的。毕竟，皮革加工被认为是最低贱的职业之一。要指出的是，耆那教更适合城市人口，而佛教则符合农村人口的需求。

几个世纪以来，这两场运动都有大量追随者：孔雀王朝的统治者发挥了巨大的作用，他们不断扩大摩揭陀国的疆域，最终成为印度第一帝国（从西部的坎大哈到东部的孟加拉和南部的迈索尔）。在这个过程中，首先是国王旃陀罗笈多（Chandragupta）皈依了耆那教，然后是阿育王宣扬佛教。几乎毫无例外，孔雀王朝的所有主要继任者，以及在公元前后几个世纪内的那些成功经济体，他们的宗教都是融合的。比如印度－希腊王国和印度－帕提亚王国［国王冈多法勒斯（Gondophare）与基督教国家关系融洽；据说他实际上是东方三王之一的加斯帕］，百乘王朝（前 50—公元 150）和贵霜帝国（127—320）。如前所述，繁荣的对外海陆贸易，尤其是与地中海和波斯湾的贸易，与城市化、贸易和工匠行会（特别是首陀罗的工匠行会）以及深度货币化密切相关。[99]

这种繁荣景象从 3 世纪开始逐渐结束，特别是北方的笈多王朝时期（该王朝盛行印度教，约公元320—450年短暂繁荣）。
当时发生了十分异常的现象——铜币突然停产，并在此后的一段
时间内，可能与前几个世纪中大量生产的所有旧铸币一同留存下
来。[100] 与小额货币的停产相反，白银和黄金在一段时间内仍继
续作为货币流通。当然，笈多金币的货币化是众所周知的，但不
要被这些精美的高质量金币所迷惑。种姓制度最终是在何时全面
确立的？在寻找这一问题的答案时，笈多王朝时期显然是最有可
能的，主要因为在其后发生了长达500多年的去货币化运动。这
种去货币化（同样适用于银币和金币的生产）的背景是对外贸
易、城市化和整体经济的衰退，但对于我们来说，我认为最重要
的影响是种姓制度中非货币化的劳动关系的发展。[101]

在印度历史上，这几个世纪的社会变革类似于欧洲所谓的
"封建化"（feudalization）。[102] 关于"封建化"这个词有很多反对
意见，但似乎可以肯定的是，祭司、僧侣或战士手中掌握的，由
债役农奴劳作经营的庄园正在成为主导的组织原则。例如，佛教
僧侣需要全身心投入宗教工作，这意味着其他人必须为他们提供
四种必需品：衣服、食物、寝具和药品。印度北部和中部的大型
中央王朝消失了。[103] 工种数量急剧下降。[104] 贸易的乡村化和行
会的合并产生了新的种姓。这也意味着贾吉曼尼制度的突破，在
这种制度下，农民会雇佣同村的世袭工匠，拿出集体收成的一定
份额来换取这些工匠的技能服务。杰哈认为，女性的经济独立也
受到了影响。

148

　　法律制定者……制定了继承规则，剥夺了女性的财产

权，降低了结婚年龄，剥夺了她们选择丈夫的自由。未婚女性必须依赖父亲，妻子必须依赖丈夫，寡妇必须依赖儿子。根据《摩奴法典》的说法，女人总是水性杨花的。[105]

对独立的佛教尼姑（四处云游化缘）现象的抵制，可能也产生了一定的影响；同时在婆罗门印度教中，顺从的妻子是女性贞操与宗教虔诚的唯一典范。[106]

原始佛教的分裂促成了这种激进的社会变革，该变革还意味着婆罗门对其他宗教信仰的压制。与之相伴而生的是约公元前300年开始的巨大斗争，《往世书》（Purana）将其描述为"社会危机时代"，也称为"迦利时代"（kaliyuga），造成"高种姓和低种姓之间尖锐对立，导致首陀罗拒绝履行生产职能，吠舍拒绝纳税"。[107]

市场的消失与重现：欧洲和印度（400—1000）

公元前500年以来的几个世纪里，亚欧大陆的重要地区出现了自由劳动（服务于市场的小规模独立生产）和雇佣劳动现象，但发展并不稳定。而自由劳动和非自由劳动之间的关系也同样不稳定。我们已经看到多个这样的实例，比如在罗马帝国的漫长历史中奴隶数量占比的波动，古代中国对臣民劳动的不同程度的依赖，以及印度种姓制度错综复杂的起源与发展。然而，公元400/500年到1000/1100年的这段时期，很好地证明了这种不稳定性，特别是这片大陆的西部和南部地区。在这片大陆的核心区域——拜占庭帝国、萨珊帝国和阿拉伯帝国（简略地概括为"中东")——有很长一段时间,希腊人和罗马人的自由劳动和非自由劳动是相互影响的。

这种戏剧性的变化和矛盾在中国并不常见,所以本节仅对此简要介绍。但这并不是说汉至明时期的中国历史不够吸引人——对研究劳动史的历史学家来说,这段历史也很吸引人——而是因为那里深度货币化的程度波动较小,持续的时间也较短。货币体系从未完全中断,最重要的是,以往朝代的铸币仍然是法定货币,在价值上没有大的波动。可以区分出铸币产量增加期(宋朝)和减少期(明朝),这也与劳动关系的变化有关。[108] 在铸币产量较低、中央集权较弱的时期,中国几乎完全由纳税的小农组成——以货币计算赋税,但以布或粮食认缴。

从晚唐时期(8世纪末)开始,到后来的宋朝,情况就完全不同。尤其是宋朝,它是儒家传统的一个例外,儒家传统主张建立仁政国家,尽可能减轻农民的负担。[109] 总的来说,宋朝积极发展经济,以货币税收来增加(国家)必要收入,是为了花钱买和平或对抗北方游牧民族。经济史教授邓钢认为,宋朝时,中国距离自己的工业革命只有一步之遥。他认为:"反过来说,如果游牧民族和宋朝之间的对峙再持续二三百年,中国可能真的会成为资本主义经济体。"贸易和工业迅速发展,城市也是如此。从乾道年间(1165—1173)到咸淳年间(1265—1274),都城临安的人口翻了超过一番,从约55万增加到约124万,成为继半个世纪前的开封之后第二个人口过百万的城市。南方地区的总人口从1159年的约1680万增长到1179年的2950万。[110] 可以肯定的是,大量的城市人口不仅包括个体劳动者,还包括大量的雇佣

150 劳动者。

在本节中，我们将进一步集中讨论西欧、印度以及中东地区的发展并进行对比研究。[111] 出土的标准化石再次表明了铸币的分布情况——深度货币化是衡量自由劳动力的一大指标。在中东，该指标保持在稳定的水平；但在中东两侧的西欧和印度，这一指标都有大幅下降。因此，我们必须问，与中东核心地区和中国更具连续性的市场经济相比，西欧和印度的劳动组织有何不同？

罗马劳动关系的延续与改变： 拜占庭帝国、萨珊帝国和阿拉伯帝国

无论名义上还是事实上，拜占庭帝国都是罗马帝国的继承者。[112] 对于新的邻国和敌国，即南部的伊斯兰帝国和北部的斯拉夫帝国，拜占庭对其都产生过重大影响。当然，在其存在的千余年中，也发生了许多改变。

我们可以先从劳动关系的连续性谈起：除自由劳动外，奴隶劳动依然存在。就像罗马帝国最后的几个世纪一样，奴隶制并未随着基督教的兴起而结束。然而，基督教确实要求提高奴隶的待遇，并反对奴役同样信奉基督教的人——基督教社会中人人平等。此外，古典时代公民的核心身份逐渐被信徒身份取代。这种情况同时出现在拜占庭帝国和自 7 世纪兴起的伊斯兰诸国，对奴隶制产生了特殊的影响。

这主要是因为，拜占庭帝国的公法凌驾于私法之上。11 世纪的拜占庭法学家对此作了简要概述："与君权相比，父权无足

轻重。"[113] 这对于皇帝掌握奴隶控制权产生了很大影响。还有一个原因则在于，皇帝是宗教团体的首领，对家庭关系和性行为有特定的要求。在基督教中，一夫一妻制婚姻的夫妻不可分离，这一理想很难与主人和奴隶之间的自由性关系相调和，自由人与奴隶之间的婚姻同样与上帝面前信徒人人平等的理念相冲突。教堂婚姻只能在自由人之间缔结。如果主人想娶女奴，就必须释放她或为她赎回自由，他们的孩子自然就是自由人。[114] 在同样的背景下，犹太人和穆斯林不得拥有身为基督徒的女性奴隶。

然而，尽管没有像古典时代那样明确的数据，但拜占庭帝国仍然有大量的奴隶，无论是在富裕的家庭中，在城市贸易中，还是在农业中。当然，新奴隶的主要来源是在帝国不断卷入的战争中俘获的战俘，尤其是当这些人为非（东正教）基督徒时，如巴尔干半岛的异教徒、穆斯林、萨珊帝国的琐罗亚斯德教徒，以及拉丁基督徒。同样值得注意的是，自己卖身为奴或将孩子卖为奴隶是一种普遍习俗；被卖为奴也仍然作为一种惩罚形式而存在。[115]

伊斯兰国家的奴隶制和奴隶贸易有许多相似之处，但也存在显著差异。关于婚姻问题，伊斯兰教和基督教的看法大不相同，在伊斯兰国家，主人和奴隶之间的各种爱慕关系非常普遍。[116] 另外，主人和女奴的孩子是自由人，母亲也不再会被贩卖。与罗马法相比，古希伯来和晚期巴比伦的法令也是如此规定的。[117] 基督徒、犹太教徒和穆斯林都不能奴役同宗信徒（当然，战俘例外），而且，穆斯林还禁止自愿卖身为奴。因此，伊斯兰世界的奴隶必须通过战争或奴隶贸易获得。由于拜占庭帝国试图尽可

151

能地垄断北方的奴隶来源，特别是巴尔干半岛，所以伊斯兰帝国除了战俘奴隶外，很大程度上不得不依赖其他来源。9、10 世纪，犹太商人（Radhaniyya）在西欧－中东的奴隶供应中发挥了重要作用。[118]伊斯兰帝国还采取了不同于其竞争对手的另一做法：将奴隶充作士兵。这种情况于 9 世纪上半叶首次发生在阿拉伯的阿拔斯王朝，后来又系统性地出现在马穆鲁克埃及。[119]

与罗马帝国一样，拜占庭也有大量自由劳动力，甚至更多，还大量生产铜币（特别是在 6、7 世纪，以及 9—13 世纪），生产的是与时薪等值的弗里斯（follis）铜币。普通人的名义日薪似乎是 10 铜币，而像职业士兵和工匠这样的专业人士，日薪则是普通人的 3—10 倍。雇佣劳动者主要出现在城市里，大多数奴隶也是。[120]

最初，拜占庭帝国的主要竞争对手是萨珊帝国。后者的劳动关系是如何组织的尚不清楚，但其与对手拜占庭和阿拉伯之间有一个明显区别：不强迫战俘进行奴隶劳动，而是把他们当作殖民地开拓者。这些战俘被束缚在分配给他们的土地上，远离边境，但从另一方面来讲他们是自由的。[121]拜占庭帝国还有一支重要的职业军队，并大量铸造扁平的大银币用以支付士兵酬劳，也会辅以小银币或铜币，所以几乎不存在深度货币化的问题。而在军队之外，雇佣劳动可能没有那么重要。[122]

在拜占庭和萨珊的较量之中，阿拉伯帝国成了最终的大赢家。起初，阿拉伯沿用了拜占庭的混合劳动关系体系：大量使用奴隶（尤其是在城市），但也有大量的自由雇佣劳动力。就像前面讨论古希腊和古罗马那样，我们也必须认真思考奴隶制之于伊斯兰国家的重要性，以及我们是否真的可以将其称为奴隶社会。[123] 虽然在新征服的地区早已有着悠久的奴隶制历史，并因罗马帝国和拜占庭帝国的征服战争而带来了新的奴隶——战俘奴隶，但最终数量却下降到很低。在这方面，似乎受到了津芝起义（Zanj rebellions）和伊拉克南部东非裔奴隶的集体逃亡（869—883）的影响。[124]

从那时起，奴隶，特别是女奴隶，主要以仆人的身份出现在富裕家庭中。奴隶在出身背景、社会地位和专业分工上存在很大差异，可从下面这段关于萨马拉的生动描述中窥见。萨马拉是 9 世纪 60 年代阿拔斯王朝的首都，公元 861 年，第十任哈里发穆塔瓦基勒（Mutawakkil）遭到暗杀后，他的奴隶被驱散。其中，有一个名叫马布巴（Mahbuba，意为"心爱的人"）的女奴，是已故哈里发的挚爱之人，还是一位天赋极佳的歌者和歌曲创作者，会用乌德琴（'ud，阿拉伯语原意为"木头"琴）为自己伴奏。她最后一次出现，是在另一个奴隶——突厥族军事指挥官老布格哈［Bugha the Elder，下称"瓦西夫"（Wasif），意为"男奴"］的家里。诗人阿里·伊本·贾姆·萨米（'Ali ibn al-Jahm al-Sami）回忆了两人之间的故事：

153

　　有一次，我去找布格哈喝酒。当时，他下令掀开遮挡表演者的幕布，把演唱者召集起来。她们戴着各种珠宝，穿着华丽的服饰，缓缓踱步而来；马布巴身上既没有珠宝也没有华服，只穿了一身朴素的白色衣服。然后她坐了下来，低着头，完全不说话。瓦西夫邀请她唱歌，她谢绝了。

他说："我求你了"，并命人将一把乌德琴放在她面前。她看到自己别无选择，只好作出回应，便将那把琴放在胸前，一边弹奏，一边即兴唱了几句。

如果不再有贾法尔*，

生活还有什么乐趣？

有位君主，我看见他

浑身是血，满身尘埃。

所有（因悲伤而）失去理智

或生病的人都早已痊愈，

除了马布巴。

她看见死神在招手，

死神会抢走她手中的一切，

然后将她埋葬。

他继续回忆道：瓦西夫对她大发雷霆，命令把她关起来。她被关进了监狱，这是我最后一次听到关于她的消息。[125]

9世纪后，中东地区奴隶数量减少（肯定不是消亡），可这并不一定意味着奴隶的工作条件有所改善，而是意味着多种可能性。

---

* 贾法尔（Ja'far）通常指古阿拉伯帝国宰相贾法尔，他执掌国玺，善于辞令，备受宠信。此处疑似代指马布巴的爱人，即那位已故的哈里发。

一方面，有一技之长的奴隶，比如 10 世纪时，凯鲁万城中在婚礼和婴儿出生仪式上唱歌的女奴，可以保留自己挣来的钱；另一方面，主人有权与其女奴发生性关系，而无须顾其个人意愿——如果他喜欢当着别人的面做这种事情的话，情况就会变得更加极端了。[126]

不过，农业和工业中占主导的还是自由劳动力。重要的是，虽然阿拉伯部落成员为快速完成军事征服贡献了力量，但并没有因此被赐予土地，而是被安置在新建立的驻军城镇，如巴士拉（20 万居民）和库法（14 万居民），以及后来的新首都瓦西特（9 世纪前后，首都变更为巴格达，有 50 万居民）。实际上，他们是被迫放弃田园生活的，现在他们的收入来源于固定酬劳（最低薪资为每年 200 迪拉姆）和退休金。不久之后，这种模式还出现在了埃及的富斯塔特（旧开罗）和亚历山大、土库曼斯坦的梅尔夫以及帝国的其他地方。只有安达卢斯（中世纪，穆斯林对伊比利亚半岛的称呼，此指西班牙）没有驻军城镇，但新来的人似乎都成了有产者。[127]

此外，在一些工业城市，如哈伦·拉希德（Harun al Rashid）治下的叙利亚拉卡，有证据表明这些城市也采用货币支付的方式。[128] 因此，大量自由劳动力进入无数的城市玻璃厂、肥皂厂、陶瓷厂和纺织厂中工作。在核心地区，大庄园迅速消失，随后出现的是佃农和雇农。许多小农业城镇蓬勃发展，得益于灌溉渠道的改善，种植业得到了加强。法律制度也为自由劳动力提供了充分保障。[129]

但经济繁荣与经济衰退通常交替出现。在接下来的两个半

154

世纪里，小额货币消失了，城市被掏空，工业也消失不见，靠土地为生的游牧民族开始成为雇佣劳动者。一个世纪以来，唯一没有经历衰落的是周边地区，如法蒂玛王朝的埃及，以及中亚和伊朗东部。而阿拉伯地区的第二个经济增长期大约要到公元1200年。

在结束对中东繁荣的讨论，并将其与中世纪早期西欧和北印度的国家和市场的消失进行对比之前，我们仍要考虑一个问题——女性的角色（尤其是劳动女性的角色）是什么？在伊斯兰语境下，这是当下社会辩论中的一大话题，且最后总是会追溯到先知穆罕默德的教义。女性的角色是否随着伊斯兰教的到来而有所改变？如果有改变，那么是在哪些方面？

在许多方面，伊斯兰教中劳动女性的角色似乎是拜占庭帝国的延续，甚至是古典时代的延续。我们在这里再一次看到了高度的连续性[130]：与其说是革新，不如说是对古典传统的巩固。据说，公元前166年的执政官苏尔比基乌斯·加鲁斯（Sulpicius Gallus）与妻子离婚，是因为有一天，她没戴面纱就出门了。他说："根据法律，只有我才能看到你（的外貌）……如果被其他人看到的话……你就有罪……"但是，无论在古代，还是在伊斯兰国家，这种观点对女性的日常工作意味着什么呢？所有已婚女性都必须待在家里，靠做家务实现自己的价值吗？[131]

不一定。事实上，伊斯兰教以女性财产权的形式带来了复兴。[132]从此，女性可以独立挣钱，丈夫不能理所应当地将她们挣的钱占为己有。女性财产权产生的具体影响与她们自己的身体有关，这从当时对母乳喂养的观点中可以明显看出来：

许多法学家同意，母乳喂养是一种有报酬的活动，并赞成不能强迫母亲给孩子喂奶，哪怕不喂奶可能会导致致命性后果。但从法律的角度来看，这意味着女性的乳汁事实上并不是丈夫的财产，而是被视为一种商品。这在法律上似乎有直接规定，即妻子的身体及其生殖能力是她自己的财产。对这一点的认识也可以从乳母行业的法律表述中看出，提供哺乳服务要签订雇佣合同，这实际上是公证章程中唯一规定的女性雇佣合同。根据这份合同，哺乳期的母亲有权受雇从事这项工作，并有权根据婚内财产分割的规定，不将报酬交给丈夫，而是自己保管。但丈夫必须在合同上签字，因为他得同意在妻子受雇哺乳期间不得与她发生性行为。[133]

但女性面临一个困境，因为根据古典时代公认的规范，一方面，她们必须尽可能多地待在家里；但另一方面，她们又拥有个人财产权，可以通过工作获得财产。解决这一困境的办法很简单：女性尽可能多地在家里工作，包括作为雇佣劳动者。因此，她们大量出现在城市家庭手工业中，主要从事纺纱、编织和刺绣等工作。开罗等城市的犹太女性也跟随这一潮流，进入纺织业工作挣钱。除了这些室内工作，文献中还提到了一些必须在其他地方进行的职业，不过涉及的人数要少得多，比如刚才提到的专业乳母，还有诸如小贩、医生、助产士、术士、占星家、算命师、婚庆组织者、入殓师和专业送葬人等。[134]

没有市场的西欧和北印度（500—1000）

中世纪早期，在拜占庭帝国和萨珊帝国建立的同时，西欧和印度的劳动关系也发生了深刻的变化，但方向完全不同。欧洲的人口急剧下降，甚至可能减少了一半，降至 2000 万，并保持这一水平达半个世纪之久。罗马帝国灭亡后，随着传染病的暴发，城市几乎消失，而农村人口也在不断减少。[135]

铸币的流通也几乎停止，至少与古典时代的水平相比是如此。[136] 这产生了严重的后果："罗马帝国统治的结束意味着小额货币不再流通，表面上看，这一事实微不足道。但其带来的后果却不堪设想。如果没有可靠且大量的铸币，雇佣劳动就无法正常存在。"这种状况持续了 500 多年，即使是加洛林便士的出现，也未改变这种状况，因为货币的复兴相对来说已不再重要："便士具有高交换价值，且普遍保存完好，都证明了其并未在社会中快速流通或服务于雇佣经济的需求……在加洛林王朝，正规的雇佣劳动是不存在的……没有人靠报酬生活。"[137] 从理论上讲，西欧停止生产铸币并不会阻碍以往各时期生产的铸币的流通，但实际情况并非如此。[138]

中世纪上半叶，西欧民众渐渐不再将雇佣劳动和商品生产作为他们的重要收入来源，但问题是，该时期主要的劳动关系是什么：非自由劳动，更加自给自足的劳动，还是两者兼而有之？最有可能的是，回归前罗马铁器时代的形式，即自给自足的农业。[139] 西欧有几十座居民数超 10000 的城市，以及部分人口在 500—10000 人的地方，前者累计占总人口的 1%—2%，后者占

5%。除此以外，绝大部分人口是农民，他们能够实现自给——食物和其他基本生活物资，如亚麻、羊毛、皮革、木材、黏土和其他建筑材料，还会用牛来耕地。

然而，在一望无际的乡村中，恢复以自给自足为主的农业，并不意味着农民可以保留他们生产的所有产品。我们不知道公元500—1000年，西欧的农田所有权比例是怎样的。但在这一时期结束时，分配情况大概为：1/3归教会所有；1/3为公共财产，也归贵族所有；剩下的1/3则属于自由农田。这可能也是前几个世纪的情况，尽管当时的贵族要少得多。[140] 假设约有2/3用作耕地，不过其中最肥沃的农田肯定都在教会领主和世俗领主手中，会有半数以上的农民要听命于他们，只是程度不同。这些人被称为"奴仆"（servus），但不是指古代的"奴隶"（slave），而是指"农奴"（serf）：耕地农民被迫放弃自己的部分生产活动和劳动时间，来为领主们服务。这可能要占到农奴家庭劳动力的1/3。[141] 剩下的生产和时间，他可以和同住者一起劳动完成。从加洛林时代开始，就发展出了基于庄园生活和工作义务的庄园世袭权。

庄园制主要出现在法国北部和莱茵地区，而在西欧的其他地区，如荷兰北部、德国北部和斯堪的纳维亚，则出现得较晚或根本没有出现。庄园中普遍是自由农民，拥有犁和轭等农具的农民大家庭还可以轮流雇佣一两个农奴；但小家庭就要全家人一起参与劳动。因为在这几个世纪里，几乎没有什么辅助农具，因此，农业生产是极度劳动密集型的劳动，需要很多人劳动才能养活一小部分人。例如，法国欧坦的圣辛弗里安基督教分会

（Chapter of Saint Symphorian）拥有大约 100 个农场，但几乎不够
供养 15 名教士和几个仆人。[142]

与罗马时代和中世纪盛期相比，这一时期在没有城市和市
场的情况下，几乎没有市场经济，因此也没有劳动专门化。几乎
每个人都在这片土地上辛勤劳作。除了少数小镇，劳动专门化主
要出现在罗马帝国末期随着基督教的发展而建立起来的修道院
中。在这几个世纪中，出现了几千座修道院。[143] 这些修道院中
不仅有修道士（或修女），还接纳了在俗修士，他们每天的时间
划分为祈祷 8 小时、工作 8 小时和睡眠 8 小时。除了自给自足，
修道院还从下属庄园（拥有欧洲大约 1/10 至 1/3 的耕地）获得收
益，因此一些修道士可以从事农业以外的活动。修道院的规模大
小不一，虽然传统上只需 1 位修道院院长和 12 位修道士便足矣，
但有些修道院的规模则要大得多。

除了建造、维护和装饰修道院，修道士最主要的任务是誊
抄和阐释书籍（西方在中世纪末期才发明书籍印刷术）。本笃会
修士阿尔库纽斯（Alcuinus）写道："抄写圣书是一项完美的任
务，抄写者永远不会错失他的报酬。与其照料藤蔓，不如抄写手
稿。前者为了生计，后者升华灵魂。"[144] 每位修道士都应识字，
具备阅读能力，光是为日常祈祷和礼拜仪式准备的羊皮纸手稿，
修道院里就有几十份。此外，他们还要为教区神职人员提供手
稿，这就至少还需要几份。这些数字给人的印象并不深刻，也揭
示了识字普及的实际局限性。但这并不意味着修道士懒惰；请记
住，修道士完成一本书的誊抄是需要几年时间的。人们可能会觉
得抄书很容易，但这并不是一项轻松的工作，例如，一位西班牙

修道士已经连续抄写了 3 个月，970 年 7 月 27 日，当天抄到第八个小时时，他感叹道："抄写使我身体弯曲，四肢无力。"[145]

尽管继罗马人之后掌权的所有日耳曼人都是奴隶主，但由于经济衰退，奴隶数量出现了大幅减少。[146] 这也许就是为什么，782 年，查理大帝在凡尔登将一些撒克逊人献给他的 4500 多名同胞处决了。很明显，他并不需要这些撒克逊人。[147] 奴隶制扩张的关键是要有足够的需求，而不是扩大供应，更不是供应商缺乏道德品质。正因如此，800—1000 年，欧洲中世纪的奴隶贸易达到了顶峰，当时伊斯兰世界对奴隶的大量需求促进了北欧海盗在西北欧和东欧的袭击掠夺网的形成。而在南欧，穆斯林和基督徒的冲突则加剧了这种掠夺，最终，基督教为打击波罗的海的"异教徒"而进行的十字军东征也达到了这一效果。实际上，拉丁语中的"奴仆"（servus）与"斯拉夫人"（sclavus）可以对应阿拉伯语中的"萨卡里巴"（saqaliba）；这种对应表明，奴隶制的主要地区正在转移到以斯拉夫语为母语的欧洲部分地区。奴隶制衰落的过程中，经济变革比意识形态变化（如基督教的兴起）带来的影响要重要得多。

毫无疑问，解放奴隶是基督徒的虔诚之举，但绝不是领主的义务，更不是奴隶的权利。然而，反对贩卖基督徒奴隶的呼声日益高涨。以下引述马姆斯伯里的威廉（William of Malmesbury，约 1095—约 1143）的话：

159

这些人从英格兰各地购买男奴，再把他们卖到爱尔兰，希望从中获利。他们会在床上玩弄女奴，她们怀孕了，就把她们卖出去。看到那些可怜人被捆在一起，你会止不住地叹息。那些野蛮人就喜欢这样年轻的男男女女，喜欢这些青涩而又美好的外表，但他们每天都会把一些人卖掉，使自己的亲人，甚至自己的骨肉，沦为奴隶！真是天杀的行为，简直是奇耻大辱，他们冷酷无情，禽兽不如，会遭天谴的！[148]

然而，教会从未废除奴隶制。在很长一段时间里，教会奴隶仍然十分常见。一直到后来，即使出现了向穆斯林出售异教徒奴隶的现象，德国神职人员也对此视而不见。[149]

对于中世纪早期的历史，学界更关注西欧，较少关注南亚。但一切都表明，在这几百年里，南亚与西欧的劳动关系发展大体相似——城市和市场不断减少，货币化程度急剧下降，农村化出现，大多数农村人口的自给自足程度急剧增加。

前面谈论过，在强大的笈多王朝时期——4世纪时，北印度就已不再生产铜币等铸币，稍晚些时候，铸币开始不再流通，直到13世纪时伊斯兰苏丹国扩张，才恢复生产和流通。而一二百年前，南印度和锡兰发生过复兴的深度货币化，10世纪的朱罗帝国也是如此；而在这一时代初（中世纪早期），却几乎没有生产任何铸币，只是仍在使用罗马铸币［特别是第纳里银币（denarii）］。[150]

对于早期佛教寺院，以及后来的印度教和耆那教寺院中的劳动组织，特别是位于德干苏丹国（其境内的埃洛拉石窟群为世界上最大的石窟寺建筑群之一）和比哈尔邦的劳动组织，"封建化"可能发挥了类似的作用，就如其在西欧发挥的作用一样。[151] 寺庙和修道院获得了大量土地，其中一些寺院还成为学术中心，比如，建于 5 世纪的那烂陀寺就发展成了一所大学，吸引了世界各地的学者和学生。根据 7 世纪中国佛教求法僧玄奘的游记，相传这所大学有 1000 名教师和 10000 名学生，藏书多达 900 万册。即使没有这些数字，我们也可以清楚地看出，如果知识分子、雕塑工人、漆画工人和其他建筑工人都无须缴税，就需要有大量农奴来承担这些税赋。由于国力极其薄弱，特别是北印度国家，所以农奴向世俗领主上缴的收成可能没有西欧的那么多。[152] 最后，如前所述，留下来的是无数小村庄社群，种姓制度在其间扎根发展。

毫无疑问，印度的文化和宗教给东南亚带来了巨大影响，所以在这一时期，该地区可能同样盛行这样的劳动关系：非货币化的农业社会，专门从事水稻种植，也向寺庙和与之相关的贵族上缴部分收成。[153] 与印度不同的是，此前东南亚并未经历过货币时期，种姓制度的作用也不同，而且作用也小得多——至少在后来是这样的。这可能是由于佛教的盛行，佛教从其发源地印度向北、东、东南方向传播，最终却屈服于印度本土的印度教。

在最成功的政治体中，如吴哥的高棉帝国，必须有庞大的徭役系统，以完成大型建筑工程，还需要有奴隶和市场，但这些都是基于物物交换和布料交换等其他交换手段建立起来的。这很容易让人联想到前哥伦布时代的美洲政治体，尤其是墨西哥的阿兹特克（见下文）。但在东南亚，还有一个更好的选择——放弃以货币支付的劳动力市场。毕竟，与美洲不同的是，在印度和中国，货币的使用早已有之——只是人们普遍决定暂不使用货币，直到很久之后才将其再次投入使用。

没有劳动力市场的另一种国家形式：美洲文明

在西班牙殖民者到来之前，美洲的伟大文明对工作史学家来说仍然是个谜。美洲原住民和希腊、罗马、印度以及中国的原住民一样，也创造出了壮观精美的建筑，不同的是，他们并未创造出任何金属货币。那么，他们如何组织必要的工作，工人们是否接受实物付酬，工作是否由无报酬的奴隶完成？或者，所有这一切是否都通过将徭役——不论是否按照美索不达米亚和埃及的贡赋—再分配方式——强加于原本自给自足的农民身上来实现？而其他形式的工作，比如士兵的征募与付酬，以及最重要的耕地活动，又是如何组织的？

在最近一项关于亚欧大陆和前哥伦布时代的美洲大陆的全球调查中，奥地利历史学家瓦尔特·沙伊德尔（Walter Scheidel）指出："各国政府想要人民为国家进行工作时，都可以在下列两种工作方式中作出选择：一是签订工作合同，二是诉诸强制手段。前者通常通过对私人资产和产出征税来维持，后者则往往需要将劳务作为一种特定形式的税收。"根据沙伊德尔的说法，强制义务劳动是惯例做法，但也有一大特例——希腊和罗马依靠市场机构承担建筑工程。[154] 然而，我们已经看到，在本章所涵盖的时期，沙伊德尔提到的两种极端方式之间有许多混合形式，强制劳动只是其中的一部分。对此，让我们深入探讨一下美洲最著名的前哥伦布社会，厘清其劳动关系发展的来龙去脉，其所采用的解决方法与此前讨论的其他地区呈现出何种程度的相似性，以便深入了解公元 1500 年之后工作在美洲的地位。

尽管无数较小文明的情况也十分有趣，但此处将不予介绍（本节末尾再进行讨论）。[155] 我们在此重点关注最大的那些文明：印加文明、玛雅文明和阿兹特克文明。如果我的理解正确，即雇佣劳动是由大量交换手段的刺激而产生的，那就可以假定，在这些没有金属货币的物质发达的社会中，工作的组织方式和报酬的发放形式将有所不同。

这一观点得到了匈牙利人类学家卡尔·波兰尼的大力发展，他对人类学研究（如马歇尔·D. 萨林斯）、考古学研究和古典考古学研究（尤其是摩西·芬利）都产生了非凡影响。[156] 卡尔认为，在英国工业革命之前的世界历史中，互惠互换比市场交换重要得多，许多文明也是基于再分配原则而存在的。因此，所有的生产和劳动成果都要上缴给神庙，再由在神庙中供职的贵族重新分配给民众。从定义上看，这些都是等级社会，但其中的共同宇宙信仰和公平分工促进了普遍的繁荣与幸福。第三章中已经提过这方面的例子，其中包括古美索不达米亚和古埃及。

该模式显得过于简单，因此有批评人士公正地指出，一定有确凿的迹象表明，这些社会专设了大型仓库负责粮食供应的重新分配。能建造出宏伟壮丽的神庙，却没有金属货币？他们对此表示怀疑，并督促考古学家更积极地寻找市场存在的痕迹。这些批评人士也警告称，不应将没有市场的印加和市场繁荣的阿兹特克过分鲜明地对立起来，也不要将本节末尾将会提到的，介于两者之间的所有其他文明过于鲜明地对立起来。[157] 显然，这对我

162

们是一个预警，在下文关于前哥伦布文明的讨论中要注意这个问题。

小规模农业社会变为复杂的贡赋—再分配社会

美洲最著名的贡赋社会是安第斯山脉的印加帝国（1431—1532/1533）。和墨西哥的玛雅帝国、阿兹特克帝国一样，印加也沿用了先民——如秘鲁的奇穆帝国（850—1450）——的悠久传统制度。如果没记错的话，其他大多数发达的美洲政治体也是采用"贡赋"制度，但这还有待于深入研究。另外，还有一项极其重要的任务，即对"哥伦布相遇"或"哥伦布大交换"（1492年后的事件）之前的中美洲和南美洲地区的高度发达政治体进行研究。毕竟，"它们代表了独立平行的社会经济自然演变的结果：在长达 1.3 万年没有信息传递的情况下，新旧大陆出现的任何制度上的相似点都必须视为真正的对等物，视为应对类似挑战的类似解决方案"。[158]

考古学家试图综合分析关于阿兹特克、印加、玛雅以及约163 1500 年前的其他美洲文明的考古资料和历史证据（源自西班牙语的记载和美洲印第安人的象形文字），由此重现自公元前 2 千纪以来的复杂社会的兴起。通过总结其最新研究成果，我们能够更多地了解整个美洲地区的贡赋—再分配劳动关系的形成与发展情况。

美洲最早的贡赋—再分配社会

假设中世纪晚期美洲最发达的社会（至少是物质层面上的

最发达），特别是印加、玛雅和阿兹特克，都实行贡赋—再分配制度，那么就会产生两大问题：首先，这种特殊的工作组织方式和劳动关系的起源是什么？其次，再分配的程度如何？最后，这些社会中是否存在一套能保障内部平等或至少能消除不平等的广泛认同的宇宙信仰和价值观？虽然本书内容的起点是狩猎采集社会——美洲曾大量存在此类社会，现仍小范围存在于亚马孙河低地——但是为了寻找这些问题的答案，我们可以跳过这一社会模式，从最早的农业社会开始讲起。这是因为，早期农业社会能够产生盈余，为劳动关系的重大转变开辟了道路。那么，早期农业社会与安第斯山脉的印加、中美洲的玛雅和阿兹特克之间，存在多大程度上的连续性和不连续性？

农业作为人类的生存之本，与定居生活紧密关联。公元前2000—前1400年，中美洲的农业就得到了充分发展。除了尚未完全放弃的狩猎外，早期农业形式主要包括刀耕火种，有时还辅以梯田耕种。中美洲的重要作物是南瓜和玉米，主要家畜是狗和火鸡，而安第斯山脉则是牧养美洲驼和羊驼。只有在这个时期，村庄才得以发展起来，随后在不同时期，各地村庄开始发展为城镇。[159]

在中美洲，墨西哥湾沿岸的奥尔梅克文明可能是最早发展出人口超过几千人的城镇的社会之一（公元前1100—前950年，圣洛伦索的居民约有1万到1.5万），其次是恰帕斯州的马萨坦地区。这意味着中美洲已经有了大规模的劳动分工，但主要问题是，这是否也意味着该地区存在等级社会，并改变了原有的共有和互惠的劳动关系，就像世界各地的狩猎采集社会和最早的农业

164

社会的情况那样。关于这个问题，已有针对瓦哈卡地区（位于墨西哥南部，奥尔梅克以南，马萨坦以西）的深入研究。[160]

根据考古学家亚瑟·乔伊斯（Arthur Joyce）的分析，一直到公元前 700 年，萨波特克文明的城市阿尔班山（Monte Albán）兴起时，瓦哈卡才开始出现（地位）世袭导致的长期社会不平等。[161] 他认为先前的时期更具有"过渡性平等社会"模式的特征——在没有制度化的世袭地位差异的情况下，不平等却有所加剧。这种不平等通常表现在祭司和贵族身上，他们在乔伊斯所说的"圣约"中发挥了至关重要的作用，乔伊斯认为这就是社会关系的本质。这些"宗教从业者"负责举行仪式，沟通神灵，祈求丰收和繁荣。在中美洲和南美洲，这种祈祷仪式需要活人献祭（包括自愿成为祭品和献祭他人，后者主要来自战俘）。在瓦哈卡，农业是在公元前 7000—前 4000 年引入的，但公元前 1900—前 1400 年才在定居的村庄中形成。在"过渡性平等主义"时期，对于农业甚至是手工业而言，最大生产规模也未超过家庭，交易也是在家庭之间进行，没有社群或地区当局的参与。约公元前 700 年，随着阿尔班山的出现，这一时期才结束，所以其在墨西哥南部的瓦哈卡大约持续了 1000 年。

在这个新城市时期的初期，社会地位的差异相对不大，但渐渐地，贵族们获得了权力，可以"调用物品和劳动力作为贡品或祭品，以制定圣约，促成他们代表其拥护者向神请愿"。[162] 从根本上来讲，这不应被视为自上而下的集权，而是一个自下而上的过程。

社会身份因受与手工艺水平、关系亲疏、财富地位等相关附属关系的影响而日益分化。人们还会通过在公共建筑和墓碑上刻下自己的名字，来塑造个人社会身份，获得社会认同感。有证据表明，诸如大型建筑工程和公共仪式之类的从属关系实践是集体努力的成果，而不是在中央集权指导下实现的成就。[163]

地区间（而非地区内）的战争发挥了重要作用，最初由贵族、后来由祭司进行的"人祭创新"，决定了许多战俘的命运。贵族日益膨胀的权力与主流的社会原则产生矛盾，移民随之而来。留居阿尔班山的人则部分构成了一个以"贡赋劳动关系"（tributary labour relation）为特征的社会，并延续了两千年之久。引用乔伊斯的表述：

165

> 阿尔班山居民与农村社群成员都有的贡赋形式包括，上缴贡品（可能是以作物盈余的形式）、应征为士兵和劳工，并参与纪念性建筑的建造。还有一种可能的贡赋（"迫贡"）形式，就像西班牙殖民时期那样（尽管在考古学上很难考证），平民在贵族的土地上劳作——以劳代贡。作为回报，平民可以参加在主广场举行的仪式，还可以从权力日益强大的城市领导人处获得诸如装饰陶器和绿宝石等贵重物品。贵族可以裁决臣民之间的纠纷。[164]

有趣的是，这些变化和玉米烹饪方式的变化几乎同时发生。

最初烹饪玉米的方式是做成稀粥或烤玉米棒，"烤盘"（comales，一种陶制煎锅）出现后，人们开始将玉米制成玉米圆饼。这一创新的原因和结果都与劳动有关。与稀粥或烤玉米棒相比，玉米饼易于运输，煎后可保存几周。因此，玉米饼非常适合阿尔班山周围村庄和小城镇的居民，因为他们要从事贡赋劳动、军事行动或参加仪式，这需要有适合高强度劳动的食物，从事此类劳动的人数增加后，准备食物的工作量也因此增加，尤其是对女性而言。此外，劳动力需求的增加也带来了人口的增长，主要体现在家庭规模的扩大。

或是由于传统领导层与贵族之间的紧张关系，阿尔班山出现了剧烈的政治动荡，这座城市的辉煌故事就这么戛然而止。尽管考古学家在其他早期美洲文明的研究中取得了很大进展，但为了更详细地研究工作和劳动关系，还要尤为深入地了解三个最新的，因而也是记录最完整的大政治体的信息：安第斯山脉的印加帝国、中美洲的玛雅帝国，以及后来的阿兹特克帝国。

位于安第斯山脉的印加帝国[165]

印加帝国的成就相当惊人。截至 1532 年向西班牙入侵者投降时，印加帝国的领土从智利和阿根廷北部一直延伸到哥伦比亚南部，人口 1000 万到 1200 万，在山区修建了 4 万公里的道路，连接了 2000 个公共设施。此外，帝国还开展了"大规模的土地改造计划，最引人注目的是在山坡上修筑梯田，并将西半球最高冰川上流下的水引来灌溉。军队规模高达 10 万多人，且无须耕种全部耕地也能供养得起"。[166]

这个新生的帝国诞生于 14 世纪中叶，是一个以库斯科为中心的地区性国家，其主要扩张始于 15 世纪初。这些材料证明，其在很短的时间内取得了令人难以置信的成就。这是怎么做到的，又该如何解释？主要是要结合前述不同文明的各种因素来理解，其中最重要的方式是强迫和说服其大部分人为国家工作。他们还将这种工作与重要的资源再分配结合起来。最关键的是，印加人既没有市场，也不使用货币。[167]

在简要介绍大量劳动的进行方式之前，重要的是要明白这个国家并没有控制所有劳动力的工作。在向南北方向动荡扩张的过程中，印加人征服其他政权后，就得应对许多不同的社会（情况），以及这些社会中相当不同的政策。相当一部分人（200 万名 25—50 岁的男性及其家庭成员——大型家庭是一种资产）必须履行劳动义务，大约有 300 万—500 万人要迁居到新的地方。这种劳动主要包括农业生产，其次是牧养骆驼（美洲驼、羊驼、原驼和骆马）——既可作为驮畜，又可提供肉食和皮毛，然后是纺织生产。一些被征服的人还要承担特殊的义务，比如服兵役。[168] 作为对所提供的劳动和专业知识的回报，政府会支付维护所需物品和设施的费用。

耕地分为三部分：国家专有的，宗教组织的，农民自用的。用贝尔纳维·科博（Bernabé Cobo）神父的话说，耕作方式如下：

宗教田地播种完后，就立即播种印加农民的田地，而且在耕种和收获时也遵循同样的顺序。所有在场的人都聚

167

集起来，从领主到最重要的酋长和总督，都穿着最好的衣服，唱着适宜的歌曲。耕种宗教的田地时，唱的是赞美神祇的歌曲；耕种国王的田地时，唱的则是赞美国王的歌曲。按照上述划分，第三部分土地是公地，即土地是国家财产，社群只拥有土地的用益权。尽管每个省和城镇都获得了足够的土地来养活其人口，但无法确定这一份额是否与其他地方的份额相等或比其他地方的更大。每年，酋长都要将这些土地分给臣民，但要根据每个人的子女和亲属的数量来分配；份额的多少与家庭成员的数量成正比。无论是贵族还是平民，每个人分配到的土地都只够养活他自己，即使有大量休耕和未开垦的土地。……到了播种或耕种的时候，所有的上税人都会放下他们的其他工作，一起劳动，无人缺席，如果有紧急的工作需要做，比如战争或一些紧急事件，社群的其他人就会替上缺席的人到田地里干活，除食物外，不要求也不收取任何报酬，做完这些后再回到自己的地里去耕作。社群对缺席成员的这种帮助使每个人在完成工作后都能安心地回家；因为当他们工作很长时间后回到家中时，可能会发现一派丰收之景，自己既没有播种也没有收割，庄稼就已经颗粒归仓了。[169]

从这一描述中可以看出，互惠的家庭劳动与神庙和国家的等级—再分配工作相结合。至少印加社会的核心土地的社会基本要素，包括农田和灌溉水的使用权，促进了这种劳动的动员。其他地方也有类似的社会资源持有单位，比如秘鲁和玻利维亚北部的氏族公社（ayllu）。这些公社人口可达几千人，允许各个家庭通过用益权获取资源，并集体使用这些资源，但公社中的贵族成员可以获得更多样的生产空间。劳动是这些社群得以持续存在的根本，不能进行买卖。虽然明显具有创新精神的印加人改变了他们的经济活动，却是在三种条件并行的情况下进行的，即土地、财产及其收益不可动摇，不存在市场，劳动是一种社会关系。

168

除了现有的、前印加时期的安第斯社会的互惠原则和再分配制度外，还有一种类似的国家制度，要求轮流参加徭役［"米塔制"（mit'a，通常拼写为 mita）意为"轮流"，是一种定期的公共劳动服务］，这就需要在全国各地建造巨大的国家仓库，以养活所有被迫工作或服役的人。从 15 岁到 50 岁的所有人，除有 65 天的时间可用于自给自足的农耕外，其余的工作时间都必须为国家服务，国家不仅详细组织所有活动，还负责给为政府工作的人提供食物和娱乐。[170]

在印加帝国末期，该制度从徭役转变为设置若干专门的劳动分工。在 300 万至 500 万重新定居的殖民者中，个人（yanakuna）被分配了永久职责，其中包括为贵族阶层做农活和家务；女孩（aqllakuna）则与家人和氏族公社分开，被分配住在受隔离和严格监督的建筑中，在里面织布和酿制玉米啤酒，直到嫁给有地位的男人。[171]

在这样一个高度军事化的社会中，强制劳动固然重要，但并不能充分解释印加模式的成功。印加模式的效率不仅增加了贵族阶层的福利，也促进了广大民众的福祉，他们能更容易地获得食物和纺织品，从而提高了生活水平。此外，宫廷陶器和青铜饰品的普遍分布，促使"国家意识形态扩展到仪式盛宴和礼服中"。[172]因此，对于为印加作出以上所有努力的人，他们的动机或许可以用太阳崇拜及其仪式和公共宴会的吸引力来解释，包括儿童活祭和宗教斗争。[173] 然而，这种仪式的吸引力是有限的，到了殖民时代早期，太阳崇拜的突然消失就证明了这一点。[174]

位于墨西哥南部、危地马拉和伯利兹的玛雅帝国

虽然古玛雅帝国[175] 在西班牙人到来时就已不复存在，但仍有部分小的继任者一直存续到 17 世纪。因此，除了玛雅象形文字文献、考古挖掘和调查外，还可以利用对殖民时期的描述来分析玛雅的劳动关系。[176] 奇琴伊察的古玛雅文明见证了从"家庭经济"到高度等级政治体的转变，在这种政治体中，除了简单生存所需的劳动外，所有劳动都被组织起来，用于建造和维护排水渠道，从而实现农业集约化、建造城市和神庙。[177]

这些发展对劳动关系来说意味着什么？古玛雅似乎很适应这种将大型仪式中心与以农业为基础的"低密度城市化"结合起来的国家模式，大致同时期但规模更大的南亚和东南亚政治体也是如此，如斯里兰卡和柬埔寨，后者拥有大型佛教建筑群。[178]之所以能取得高收成，还得归功于集中组织的令人惊叹的水利设施，如水库、水坝和运河，但最大的功劳在于小农。他们必须为建造和维护这些基础设施和宗教中心提供必需的食物和劳动力。[179]

最终，奇琴伊察古老且"高度专制的皇权和王朝制度"在

"面对广泛的人口过剩和资源枯竭"时是不可持续的。玛雅潘联盟也是如此。取而代之的是规模更小的政治体，这种政治体对农业的依赖性更小，而对海洋资源的依赖性更大。与此前的情况一样，它们本质上是高度城市化的，人口集中在 5 千人至 1 万人。[180]因此，这些晚期玛雅政治体并未沿袭公元 800 年之前早期玛雅社会所实行的更简单的互惠制度。相反，"古典时代的贵族人口在很大程度上是通过供养少数贵族群体的方式融合在一起的，这种方式的成本相当高昂，但后古典时代的人口则很可能是通过提高生活水平而融合起来的，这种生活水平被锁定在大规模人口参与的强调经济效率和大众消费的商业中"。[181]

市场经济的兴起：位于墨西哥中部的阿兹特克帝国

和印加帝国一样，阿兹特克帝国也是前哥伦布时代最后的伟大国家之一。该帝国始于 13 世纪的墨西哥中部，由讲纳瓦特尔语的移民（最初是北方的游牧猎人）建立。在接下来的两个世纪里，由于频繁的战争和扩张，阿兹特克帝国及其首都特诺奇蒂特兰城诞生了。[182]

随着 1519 年埃尔南·科尔特斯（Hernando Cortés）的到来，阿兹特克帝国成为美洲第二大帝国，仅次于印加帝国。在短短的两个世纪里，墨西哥谷地的人口从 17.5 万激增到 92 万，人口密度达到每平方公里 220 人，这一密度对于前工业社会来说是非常大的。墨西哥中部高地的总人口估计有 300 万到 400 万。人口的极端增长和密度数据引发了有关生存手段和劳工关系发展的问题。14、15 世纪的文明依赖于一种或多种形式的集约农业。在阿兹特克，集约农业涉及诸如梯田、灌溉、培高田地和屋地菜园等技术。早期的中美洲文明就有这种集约化的方法，但阿兹特克农业的集约化程度更高，将自然环境转变为了耕地景观。[183] 虽说国家显然参与了灌溉渠系的建设和维护，以及沼泽台田的初步耕种，但大多数农民依然可以在没有国家干预的情况下工作。但是像玉米和豆类等主食的大部分农业生产，"几乎可以肯定，完全是按个体农户的规模来组织和开展的"。[184] 这是阿兹特克与印加的本质区别，后者大力建设中央集权的基础设施。[185]

显然，阿兹特克农户种植粮食、棉花、龙舌兰（一种用于纺织的龙舌兰属植物，由妇女纺织），[186] 制作陶器、石器（尤其是用黑曜石制作的石器）、纸张或绳索，都不是纯粹为了自给自足。[187] 这些货物中有许多是用来缴纳实物税（除徭役形式的征税外）和用于市场交易的——市场形成的唯一原因在于城市人口已经相当庞大，这些人口约占墨西哥谷地所有居民的30%（或墨西哥高地的10%）。[188]

市场——在阿兹特克人到来之前就已存在[189]——对所有商品的交换来说是不可或缺的，在首都之外也有很多市场。首都每天都会开办集市，其他城市和城镇则每五天办一次，较小的地方举办频率更低。卖家既有生产商品的工匠，也有职业商人。亚欧大陆普遍使用不同形式的金属货币，但在阿兹特克，可可豆是面值最小的"货币"，标准长度的棉布［称为"夸奇特利"（quachtli），用来制作斗篷］是中等价值的"货币"，T形仿青铜轴和其他贵重物品（如鹅毛笔中的金粉或小锡碎片）是最昂贵的交换媒介。一颗可可豆可以换取一个西红柿、一个新鲜采摘的仙人掌果、一份玉米卷或一捆劈开的柴火。一块普通等级的棉布，按照长度可以分别换取65颗、80颗和100颗可可豆，而20块棉布就够换得一个特诺奇蒂特兰城平民一年的生活所需。按照这种思路，1颗可可豆的价值可能就等于时薪的价值。[190]

作为价值储存库（但就可可豆而言，其寿命有限）[191]和交换媒介，整个货币综合体带有发展中的货币体系的特征，尽管不是所有商品和服务都能交换。考古学家迈克尔·E.史密斯（Michael E. Smith）得出以下结论：

> 显然，阿兹特克的经济高度商业化且充满活力，但它不是资本主义经济。在这种经济中，没有雇佣劳动，土地不是可以买卖的商品（特殊情况除外），只有外出经商的职业商人（pochteca）才有投资机会。市场贸易为阿兹特克平民和商人提供了自我提升的机会，但也只是一定程度上的提升。因为阿兹特克的市场和整体经济都根植于一个严格的社会阶级体系，再多的经济成就也无法让人实现阶级跨越。[192]

我们该如何描述那些必须纳税并为贵族提供服务的独立生产者的劳动关系呢？[193]史密斯对此强调："这些巨大的不平等可能表明，阿兹特克平民是受压迫的农奴，过着凄凉的奴役生活。然而，事实并非如此。……平民对领主（占人口的5%）的这种义务通常由领主的臣民轮流承担，每个家庭每年都要为领主工作几周。"除了纳税，平民偶尔还得参与徭役，如修建神庙或运河系统，当然还有兵役，因为当时没有雇佣兵。阿兹特克的大部分战争发生在旱季，因为旱季几乎没有农业工作要做。他们的军队规模非常庞大，据西班牙方面的估计，约在 4 万人到 10 万人。整个教育系统的宗旨就是训练体格健壮的男子服兵役。因此，这些军队并不是职业军队，平民肯定是要应征入伍的。[194]

关于必须为贵族提供劳动和服务的农民的劳动关系的性质的讨论，让人想起社会历史学家吉斯·凯斯勒曾批评那些片面强调俄国农民"非自由"性质的言论，因为这些言论没有考虑到，俄国农民实际只有很少一部分时间是为贵族做义务劳动的。[195] 除了这些独立的生产者，阿兹特克并没有雇佣劳动者。[196]（性质上）接近雇佣劳动者的是贵族家庭中的仆人，但由于并无证据表明贵族会给他们支付酬劳，所以这个结论也很牵强。[197] 相比之下，关于奴隶的情况则有充分的记录。例如，阿斯卡波察尔科（Azcapotzalco）和伊佐坎（Itzocan）城镇的市场被称为"奴隶市场"。沦为奴隶的原因是负债或受惩，而非生来就是奴隶；奴隶不是世袭的。大多数奴隶在领主的府邸里工作，以做纺纱工和织布工的妇女居多。这听起来还算好，但有的奴隶可能会被杀死，为酋长陪葬。[198] 事实上，专属于战俘的"荣誉"似乎才是最可怕的，他们会专门被用来献祭神祇，而不是像同时期亚欧大陆和非洲的习惯那样，被当作动产奴隶去工作。[199]

然而，我们不该只根据本章对印加帝国、玛雅帝国和阿兹特克帝国的着重描写，就认为前哥伦布时期美洲所有农业社会都是"专制的"。人类学家理查德·布兰顿（Richard Blanton）认为，当时的美洲也有许多较小的农业社群是"集体社会"。这种划分可能有点过于绝对，但重要的是要理解中美洲社会，如特雷斯萨波特斯（前400—公元300）、萨波特克（位于阿尔班山，前500—公元800）、特拉斯卡拉（1200—1520），甚至是特奥蒂瓦坎（100—550），更多的是合理征税的农户，而不是担负繁重徭役的农奴。[200]

在公元1000年前后的世界上，存在各种各样的社会，从简单社会到复杂社会一应俱全，还有各种各样的劳动关系。正如前文所述，亚欧大陆也存在同样的情况，但这种情况即将改变。

欧洲和印度劳动力市场的回归（1000—1500）

500—1000年，亚欧大陆不同地区间的劳动关系存在巨大差异；但在随后的几个世纪里，这种差异得到了弥合。欧洲和印度的经济也在复苏，约1500年，即航海大发现开始之后，全球化开始明确，欧洲、中东、南亚和中国的经济开始趋同化发展，甚至比一两千年前更为相似。

这些经济的共同点是：农业生产率高，可以养活大量从事其他活动的城市人口；货币化程度深，可以促进大规模的雇佣劳动和小规模的独立生产；奴隶制的重要性加强（奴隶数量增加）。此外，自由从业的城市小生产者和雇佣劳动者的专业分工程度，也随着服务质量和专业团体的组织而显著提高。

在本节中，欧洲和南亚，尤其是印度的"赶超"，将比伊斯兰国家和中国受到更多的关注（后两者的市场经济已经持续了1500年，虽然偶有波动）。[201]此外，本节还将着重讨论西欧中世纪晚期的情况，因为这是欧洲近代早期扩张的基础，也就是本书第 244—275 页的主题。对于西欧，更重要的是，劳动者的反抗运动早已有了雏形，这从本章开始时对古希腊、古罗马及同时代的劳动者的描述中就可以看出来。但我们现在才第一次研究个体劳动者和雇佣劳动者的颇具系统性的战略和策略。因此，除了劳动关系和劳动力市场等结构外，这一时期还出现了反映劳动人民想法、代表劳动人民行动的代理机构。

农业经济是亚欧大陆核心地区劳动关系趋同的根源。因此，我们将分别简要介绍自公元 1000 年以来欧洲和印度的发展情况，最后再介绍整个亚欧大陆的情况。

农业产量提高与城市化进程：欧洲

欧洲和印度对中东和中国的赶超始于粮食供应的改善，最初是因为农业产量的提高。[202] 我们发现，最早的农业改进之一是从约公元 900 年开始的，发生了轮耕制度的转变——从"二圃制"转变为更密集的"三圃制"。三圃制允许在同一块耕地上，第一年先种植春季作物（第一耕期），如大麦、燕麦和豆科作物（春季播种，夏季或秋季收获），此后进入休耕期（第二耕期）；第二年种植冬粮（第三耕期），主要是面包谷物，如小麦或黑麦（秋季或初冬播种，初夏收获），继而又是休耕（第四耕期），以此类推。在以前的二圃制下，第一年种春粮，第二年休耕，第三年种冬粮，以此类推。在这两种耕作制度中，都要有休耕期，以恢复土壤肥力，但在三圃制中，由于豆科作物能从空气中固氮，增强土壤肥力，所以在春季作物中增种豆科作物也能起到相同的作用。此外，还可以将牛圈养在休耕地上，用牛粪为土地施肥。

这种向新的三圃制的转变大大提高了土地的每公顷生产率（当然，前提是有足够的人力和畜力）。燕麦和大麦产量增加，农民能够分出一部分来喂养马匹，并将耕畜由牛换为马，来牵引大型犁具。但这种做法在有了马具，尤其是马辔头，以及蹄铁（也用于牛）的情况下才有可能实现。

使用耕畜也节省了人力。奴隶制迅速衰落和农奴制下人类劳动力的发展不足，成为发明和应用这类节省劳动力的工具的催化剂。1935 年，法国社会史学派——年鉴学派的创始人马克·布洛赫（Marc Bloch）对此提出了以下"有效假设"："这些发展产生的最主要原因在于，人们对节省劳动力有着同一需求。那么，奴隶制就是因为这些发展而衰落的吗？绝非如此：这些发展在更大程度上可以算作诱因，促成了一场技术革命的发生，而这场革命，自不必说，又注定会对社会结构产生巨大的影响。"[203]

虽然轮耕制度转变的原因和结果很难厘清，但几个世纪后，随着平均产量比（谷物播种与收成比）的大幅提高，最终的结果也逐渐显现出来。法国和英国在 1250 年之后率先施行，作物产量提高了 60%—70%，随后低地国家也跟着实行这一新制度。除集约增强外，可用的农业耕地面积也显著扩大——主要是在中欧和东欧，形式是开拓殖民地，由来自德国北部和荷兰的农民参与，他们缺乏耕地，但精通筑堤排涝。到 1300 年前后，可能有 50 万殖民者参与了这些殖民项目。[204] 德国的吕贝克是中东欧殖民运动的出发地，美洲殖民运动的出发地则是西班牙的塞维利亚。除了这些有利的发展外，由于蒙古的扩张，整个亚欧大陆的白银供应量大大增加。因此，白银成为中国、印度和欧洲的共同结算单位。日本经济史学家黑田明伸将这一时期称为"第一白银时代"。[205]

比对农业工作的影响更重要的是，自罗马帝国以来，西欧的粮食产量首次上升，使得越来越多的人口能够从事其他活动，并向城镇聚集。但粮食仍然是不够的。而另一项发展——北海和北大西洋的海鱼供应量不断增加，使人们获得了更多营养丰富的食物。这十分重要，一方面是因为海鱼具有营养价值，另一方面是饮食多样化得到了促进。[206] 在欧洲西北部的农村地区，农场通常不是很大，但农民（farmer）和雇农（cottar）之间有明显的区别。农民是拥有 6—12 公顷土地的佃户，必须为地主履行劳动义务。但雇农的耕地面积不足 4 公顷；在 13 世纪的英国，4 公顷是养活一个四口之家的最低土地需求，所以这些家庭的农民就得从事额外的工作以维持生计，比如在大农场干收割和打谷工作。在法国，农民（laboroureur）和雇农（manouvrier）之间也存在类似的关系。[207]

由此，欧洲城市（人口在 1 万以上）的居民比例从中世纪早期的 1%—2% 增加到鼎盛时期的 5% 和晚期的 6%—7%，如果把人口在 500 以上的城镇也算进去，以上数据就分别增至 6%—15%、8%—15% 和 20%—25%。在大多数城市化地区，如佛兰德斯，这一比例可能高达 1/3。[208] 下文将会谈到，随之发生了显著的劳动专门化，以及农村工业的扩张，即所谓的原始工业化。

市场回归与城市化：南亚

尽管在这一时期，甚至是在 1800 年之后，南亚的人口发展在某种程度上仍是一个未知领域，但有足够的迹象表明，1100—1500 年，南亚大陆也在"迎头赶上"。[209] 目前虽不清楚其成功的背景，但可以肯定的是，在 1300 年之后，印度也受到了"第一白银时代"的积极影响。[210] 不仅出现了居民占比高达 15% 的城市，还再度兴起了货币化经济。北印度有两个成功的国家，为典型城市和高度货币化经济的复兴创造了条件：德里苏丹国（1193—1526）和孟加拉苏丹国（1205—1576），而位于这两国之间的较小的江普尔苏丹国，在 15 世纪也很重要。

像德里苏丹国这样的伊斯兰国家的建立对现有的劳动关系有何影响？目前尚不清楚。此前，我们讨论过伊斯兰国家带来的关于工作的新理念，尤其是关于女性工作的新理念，而且这些理念很大程度上是建立在现有社会经济结构之上的。所以就这一点而言，新旧理念并不会有多大的差异。但是，又该如何区分新旧二者呢？新的变化是，人们有机会通过皈依伊斯兰教来完全或部分摆脱严格的种姓限制。在这方面，个人皈依也许比集体皈依更有效，因为如果整个城市的职业劳动群体都皈依了新宗教，他们就会不自觉地因循以前的群体规范，种姓制度也不会随着伊斯兰化而自动消失。[211]

但不管怎么说，城市以外的工作情况也有所好转，这可以从城市周围的农业和园艺产业，以及德里周围运河的建设上看出。对于较贫穷的农村人口来说，在旱季也有机会工作，因为没有太多的农活可做，就可以去做雇工来贴补收入，从而也可以获得新的身份。江普尔的农民会专门从事这种次要工作。例如，在北方邦的穆斯林——巴尔哈萨义德人（Barha Sayyids）中流传着这样的话："去年我是约拉哈（Jolaha）；今年我是谢赫（Shekh）；明年，如果物价上涨，我就会成为赛义德（Saiyad）。"[212] 对于这个部落来说，入伍当兵显然被视为一种提升社会地位的方式。当兵也确实是最重要的雇佣劳动形式之一，而且不仅仅是在江普尔。据说德里苏丹阿拉丁·穆罕默德·卡尔吉（Alauddin Muhammad Khalji，1296—1316）每年要花 1000 万塔卡银币（tanka）在他的 2 万名马穆鲁克奴隶兵身上，另外还要花 2.1 亿在他的 90 万骑兵身上——当然，骑兵的数量有所夸大，但都是为了凸显他们的社会重要性。此外，也有女性的雇佣劳动；事实上，在前面提到的苏丹统治下，由于沉重的税务负担，就连大农场主的妻子也不得不在穆斯林家里做雇工。[213]

中世纪孟加拉苏丹国的首都勒克瑙也发展迅速。[214]1300 年，勒克瑙有一个长达一英里的市场，到 1500 年，城中居民人口达到 4 万，其中包括许多来自遥远的阿富汗、伊朗和中国的外国商人。据一名葡萄牙游客说，勒克瑙城的建筑面积为 12 公里 × 16 公里，"街道和小巷都是用砖块铺成的，就像里斯本新街那样"。手工业者和贸易商，比如盔甲商、马鞍商、丝绸和棉花生产商，都集中在特定的街道上。除了勒克瑙，孟加拉苏丹国还有五座重要的内陆城镇，都是工业中心和广泛的国际贸易中心，但也有海军驻扎。在农村，水稻一年收割三次，因此一位苏丹将迦摩缕波称为"稻米之乡"（Mulk-i-Chaulistan），该地既是铸币厂所在地，也是著名的水稻种植中心。[215] 摩洛哥知名学者和探险家伊本·白图泰（Ibn Battuta）满怀钦佩地写下了有关 14 世纪孟加拉苏丹国货币化农业的情况：

> 我从未见过哪个国家的商品卖得比这里更便宜。……
> 我在这个地方的市场上看到大米的价格是德里的 1/25——
> 1 第纳尔（dinar）银币。……我在孟加拉见过一头奶牛只
> 卖 3 第纳尔。……15 只鸽子卖 1 迪拉姆……一块 30 腕尺
> 长的上等细棉布卖 2 第纳尔。[216]

除了明显的劳动专门化外，孟加拉苏丹国的主要劳动关系究竟是
怎样的？我们并不是很清楚。但能够确定的是，当时的经济是深
度货币化的（玛瑙贝是除主要银币外的首选辅助货币），税收也
以货币形式征收。这表明孟加拉苏丹国有相当数量的农民、手工
业者，可能还有雇佣劳动者。

　　在此期间，印度次大陆南部也出现了强大的政治体——朱
罗帝国和毗奢耶那伽罗帝国，其货币经济同样发达。从 10 世纪
到 13 世纪，朱罗帝国蓬勃发展，在一段时间内，还吞并了锡兰，
并对马尔代夫、孟加拉和印度尼西亚群岛进行了军事远征。从
14 世纪开始，领土逐渐为毗奢耶那伽罗帝国所吞并。这两个帝
国的情况都表明，南亚（印度）深度货币化和雇佣劳动并不一定
都是受外部因素影响而产生的，但北印度的发展可能会造成这种
误解。

　　在许多方面，以坦贾武尔为首都的朱罗帝国非常成功，比
任何早期的南印度国家都要成功得多，国际交往更频繁，利用灌
溉技术种植水稻，并大规模建造神庙。[217] 其中所需的劳动力来
源于农民、工匠和农业工人，男女皆有。朱罗帝国在印度和锡兰

178

都大量生产铜币，这有力地说明了个体劳动和自由劳动是主要的劳动形式。徭役显然是次要的，奴隶也还存在，但主要从事家庭服务劳动，以偿还债务，例如，在饥荒期间，人们把自己卖给神庙作为最后的生存手段。

经济繁荣所必需的专业分工与种姓制度的强化齐头并进，使得社会分层日益复杂。其中一种具体情况就是，手工业者和农业劳动者中出现了所谓的"左右手（Right-and Left-Hand）"群体。前者认为自己比后者优越，从而导致了种姓竞争。无论如何，我们在这里面对的是一个不断变化的社会，在这一社会中，社会和地理流动性成为可能，许多宗教派别和宗教运动证明了这一点。

后来的毗奢耶那伽罗帝国及其同名首都，在经济、社会和意识形态方面与朱罗帝国有许多相似之处。[218] 首先，其城市化进程十分壮观，首都的居民短时间内就增加到至少 20 万人，最多 50 万人。其他城市规模较小，但仍有 10 万至 15 万名居民。此外，几乎可以肯定的是，该国已有市场经济，虽然缺乏确切的数据，但小铜币的流通量可能不低于朱罗帝国时期，在这种情况下，就可以将其称为深度货币化。税收和关税也必须用货币支付，而农民则专注于为城市市场种植经济作物。

就像在朱罗帝国时期一样，由个体农民组成的村庄社群合理地独立运作，保留自己的账款，并集体缴纳征收的税款。这些税款针对水田作物以实物形式征收，对旱地作物以货币形式征收，这个过程中增加了一定程度的强制市场参与。非政府组织的份额也分配给村里的雇工，包括铁匠、木匠、皮革工人、运水工和放债人等，作为他们一年中提供货物和服务的报酬。[219] 因此，农民和农产品与互惠的贾吉曼尼制度或巴鲁塔（baluta）制度共同存在。

手工制品，如陶轮、金属工具和器皿，很大程度上是在家庭作坊里制造的，并在国内和国际上进行交易。当然，修建无数的灌溉渠、水池和引水渠需要很多人手。1520 年前后，葡萄牙人多明戈·派埃斯（Domingo Paes）报道称："在工地里，我看到许多人在工作，肯定有 1.5 万人到 2 万人，多得看起来像蚂蚁，密密麻麻，甚至看不到他们走过的地面。"这样看来，在这种情况下，劳动力应该是通过徭役系统进行招募的："国王将这项大工程分配给他的队长，每个队长都有责任确保他手下的人完成各自的工作。"[220] 在没有关于扩大徭役系统的进一步报告的情况下，这可能是使用雇佣工人的一次性替代方案。1428—1429 年，农民和手工业者对沉重的税收负担进行了有组织的抗议，这也许间接表明了存在雇佣有偿建筑工人的情况，而不是强制参加徭役。庞大的常备军，包括穆斯林和后来的葡萄牙炮兵，以及从森林非农社群中招募的步兵，都是以货币支付酬劳的。

亚欧大陆概况（1500 年前后）

大约在 1500 年，欧洲和印度重新回到了这场竞争中，几个世纪以来，亚欧大陆上主要政治体之间似乎比以前有了更大的平衡，这些政治体具有类似的经济和文化成就。从西往东来看：西欧，尽管它在政治上是四分五裂的；西亚，奥斯曼帝国和萨法维帝国日益团结；南亚，庞大的苏丹国，以及后来的莫卧儿和毗奢耶那伽罗帝国；中国的明朝；以及稍后日本的德川幕府。通过比较亚欧大陆大城市在1100—1500年的分布情况，可以很好地说明这一点——尽管这些类型的量化分析带来了种种问题。文献中关于中东的数据差别很大，但毫无疑问，世界上最大的城市都可以在那里找到。莫卧儿帝国12.5%—15%的人口可能生活在城市里。[221]

180

我想强调的是，这一时期亚欧大陆主要政治体之间的"更大的平衡"。当然是与更早的情况相比，当时阿拉伯世界和宋朝文明处于领先地位，后来西欧开始脱颖而出。但是，当涉及薪酬水平、平均收入和其他基本经济指标的绝对标准，以及这些成就的实现方式时，我们都是在黑暗中摸索。[222]因此，一些人想知道，是否有可能找到造成中世纪不同欧亚社会优劣发展的根本原因（所谓的"大分流"，另见第245—248页）。换句话说，现在的关键问题是，1500年前后，亚欧大陆这些在政治和文化上实力相当的文明中心，是否已经存在深刻的差异，从而最终导致了随后几个世纪的大分流。

在此无法展开关于此问题的全部内容，下文将重点讨论工作与劳动关系可能发挥的作用。许多著名经济史学家认为，我们必须研究规范市场交换的制度，包括行会之类的工作组织形式、工作报酬（尤其是熟练工人的工作报酬）以及公民对法律体系的利用。[223]在前文关于"追赶者"欧洲和南亚的比较中，已经讨论了其中的一些方面，但我们将在简述工作本身的性质后，再对此进行更详细的讨论。

中世纪晚期劳动力的专门化和素养的提高

此前已经讨论了农业，所以现在将关注其他领域。到目前为止，城市中最重要的工业是纺织品加工，尤其是西欧的羊毛工业，比如意大利和佛兰德，以及英国、法国和西班牙的城市。[224] 13世纪，纺织品加工主要集中在小作坊，由工匠以及少数熟练工和学徒完成。他们实行外派制/外包制，这意味着织布机是他们自己的，但原材料是从商人那里获得的，他们负责加工，按件计酬。生产出来的成品由商人拿到市场上出售。在其他地方，城市工业普遍由纺织业主导，主要生产棉织物和丝织品，而不是羊毛制品。

14世纪中叶，欧洲暴发黑死病之后，城市手工业者更加专注于奢侈品的生产，而纺织品的大规模生产则转移到了农村。商人发现在农村的生产成本更低，因为生活成本更低，当然，这些农村织工也会从事农耕。这意味着他们的薪酬水平通常低于城市。此外，这些家庭作坊织工一般不会成立行会。而商人们则成立了自己的组织，比如1380年成立的大拉文斯堡贸易公司（Grosse Rawensburger Handelsgesellschaft），就迅速地在瑞士的一些州组织了亚麻和亚麻制品的生产。

在城市中，当大师傅开始将工作委托给小工匠时，"集中生产"就随之出现，这违反了手工业行会的官方平等主义思想。因此，小工匠成为事实上的雇佣工人。[225] 食品价格上涨期间，这可能会导致这些小工匠和熟练工人的反叛，他们在非法密设的行业熟练工社团（compaynonnage）中联合起来，比如1378—1382

年在法国、佛兰德斯、英格兰和意大利的部分地区，其中最著名的是 1378 年佛罗伦萨的羊毛工人和其他平民以及小工匠的起义。

专业职业需要获得和传授专业技能。[226] 除神学家、律师和医生外，人们很少通过正规学校教育的方式来实现专业技能的获取与传递，相反，人们更倾向于在工作中学习技能。在小作坊，学徒模仿师傅及其助手的工作，但是大工程需要更多人手。为了建造教堂、寺庙、清真寺和其他高层建筑，必须协调大型建筑工地上的许多专业人员，以便让所有人都能协同工作。

当然，之前几千年里的情况也是如此，可追溯至巴别塔的建造，但在中世纪，我们有足够的数据来比较亚欧大陆的概况。[227] 经济社会史教授马尔腾·波拉（Maarten Prak）比较了哥特式教堂、拜占庭式教堂，还有从土耳其到德里的清真寺、印度和柬埔寨的寺庙以及中国宋代的佛塔等的实际建造方式。这当中需要具备什么知识？这些知识是如何传递的？这的确是个问题，因为同一工地上有数百名工人，他们不仅人数众多，而且一般都是文盲，并且由于职业性质，其中一些人还是来自各地的流动专业工人。这就要求当地的工匠和流动的工匠之间进行合作与交流。

这种比较的结果揭示了亚欧大陆不同地区之间存在极大的相似性。根据波拉及其同事戴维斯的说法，模块化知识可以且确实取代了理论化知识。连贯的比例尺寸集有利于建造者之间的交流，而模板，例如石匠使用的模板，就是由此衍生出来的。这种模块化的知识同时也是集体性的，在整个亚欧大陆，通过不同的社会机构习得，如家庭、建筑会社、行会以及宗教机构，在中国则是通过政府。

大教堂的建造和其他商品的生产一样，需要三种专业人员，"有些需要脑力劳动者，有些需要掌握多项技能者，有些只需要体力劳动者"。根据英国建筑历史学家约翰·哈维（John Harvey）的说法，是这样区分的：

> 中间这类人与其他两类人不同，他们具备普遍技能，可以毫不费力地从一种工作转换到另一种工作……相反，如果一个人的特殊技能是通过职业培训获得的，那么他就只能依靠这一种手段谋生……这是划界争端频发的原因……那些掌握相似技能的人，都结成了一个防御同盟（有时是进攻同盟）来对抗任何可能威胁他们生计的人。同样，如果他们的技术很复杂，他们可以选择保密。

而这一关键要素反过来又与珍视仪式联系在一起，"人们认为仪式能带来好运、确保生育、赋予权力"。英语单词 craft（工艺）与德语单词 kraft（权力）之间的关联，并非全无道理。哈维将以下观察结果与此联系起来：

> 部落或民族的仪式中普遍存在工匠的联合，且不受客观真理或基本理论的影响。我们是接受物质工艺是从超验仪式中发展出来的这一假设？还是接受仪式是从先验的物质需求中发展出来的这一唯物主义假说？这都无关紧要。在后一种情况下，工艺技能的影响力仅由其有效性决定；而在前一种情况下，影响力是非物质性的，但它为物质运

作注入了生命。[228]

183　　　这是中世纪时建筑专业知识传承的背景。多年度的正式学徒制（中世纪的英国是七年学徒制）是逐渐掌握一门手艺的方式之一。到 1300 年，学徒制在伦敦是强制性的。其本质是"学徒长时间接触且有机会重复模仿每道工序，并通过死记硬背来学习食谱或其他工艺秘诀"。[229] 从中世纪晚期开始，学徒有时也有义务到其他城市的大师傅那里去实习，即所谓的"游学制"（tramp，见第 234—235 页）。

　　这些工匠都在哪里工作？答案是主要在家里。前文谈到过，至少在中世纪晚期的欧洲，乡村和城市的商业规模都很小。但也有大量工人一起工作的工作场所，这引发了一种特殊的动态发展。这主要与水手和士兵有关，特别是陆军和舰队所需的必要基础设施（枪械铸造厂、码头、绳索步道等）。[230] 事实上，这些是当时仅有的大型企业。继奥斯曼帝国之后，欧洲最大的单一工业企业是威尼斯兵工厂，拥有 2000 名到 3000 名工人。[231] 最后，当然，许多工人在大型建筑和基础设施建设中是由于偶然才在一起工作的。说到欧洲大教堂和城堡的建造，一定会想到数百人成群结队同时工作的画面。例如，在温莎城堡的建造过程中，连续好几周有多达 500 人同时在现场工作，有一周达到了 720 人。因为这类工程需要花费数年甚至数百年的时间，有时甚至因为缺乏资金而根本无法完成，所以实际上，大多数时间里真正工作的人很少。[232]

　　到目前为止，我们发现亚欧大陆在许多活动的技术组织上

几乎不存在根本性差异，但这并不是说一切都是相似的。本章的
最后一部分将重点介绍劳动者捍卫自身利益的战略和战术。如前
所述，我们必须特别关注相关体系。首先是家庭内的（包括家庭
结构和婚姻模式），其次是家庭以外更大范围内的，各种所谓的
市场制度。经济史学家认为，经济体系的质量与平均收入水平之
间有着密切的联系。这当然也包括影响个体劳动者和雇佣劳动
者薪酬的市场制度的运作。这种观点认为，成功的经济体系——
假设有"保护弱者不受强者压迫"的愿景——应有自身的法律体
系，重视书面规定，还应有解决公民集体行动问题的组织。[233]

　　本书前文多次提及，劳动人民可以通过抵制现有条件的恶
化，通过努力维持现状和争取改善工作条件，来捍卫个人利益和
集体利益。我们现在所讨论的时期比以前的时期有更多数据可供
参考，那这一时期的情况会是怎样的呢？我们又在多大程度上同意
关于西欧早在中世纪晚期就已有一套相对完善的制度这一假设？相
比之下，在南亚和东南亚运转良好的市场中，这类制度就少得多。
在中国，这与其历史上的第一次商业革命（宋朝）和第二次商业革
命（明末）有关；在日本，则与德川幕府有关。[234] 下一章将会介绍
后两种情况，但会重点关注西欧与南亚和中国宋朝的比较。

个人利益的保护与家庭

　　现有的婚姻和家庭组成标准对职业生活有着深远的影响，
特别是对女性而言。[235] 她们结婚越晚，就可以在生儿育女之前
获得越多的工作经验，一旦结婚，往后几年里的大部分时间就要
忙于生育和抚养孩子。如果配偶的年龄比自己大得多，她们在婚

姻中就不太能独立行事。如果婚后和姻亲住在一起，就会更加限制她们的行动自由。就像印度的情况一样（至少近几个世纪以来是这样），如果上述所有限制因素都存在，就可能会导致该地与世界上坚持其他规范的地区产生重大差异。

对于西欧，早在 11、12 世纪，教皇就强调婚姻最终取决于伴侣双方的意愿，而不是父母或第三方的同意。父母强迫孩子结婚甚至被认为是有罪的。1348 年暴发的黑死病，导致此后一个世纪里的劳动力短缺，尤其是欧洲西北部，但此时全球范围内开始出现一种非典型婚姻（许多现代读者对此已经非常熟悉）。首先，从雇佣劳动者开始说起。由于劳动力的短缺，雇佣劳动者能够提出条件，他们的薪酬在名义上和实际上都大幅上涨。值得注意的是，英国农村的女性比男性从中受益更多。虽然以前她们的薪酬只有男性的一半，但现在已经基本持平。这样一来，年轻男女就可以为婚礼攒钱，并独立地寻找合适的伴侣。因此，西北欧人的平均结婚年龄是 20 岁。寡妇也常常会再婚，杰弗里·乔叟（Geoffrey Chaucer）的《坎特伯雷故事集》（*The Canterbury Tales*）中的巴斯夫人就结过五次婚。不是每个人都会结婚或者拥有美满的婚姻，也有很多人是不结婚的，这一点可以从女修道院数量的增加中看出。因此，核心家庭取代了多代同堂家庭在劳动收入中的核心地位。这对女性的独立有利也有弊。核心家庭中养家糊口的人如果有一两个离开了，其他成员就更容易受到影响，尤其是到了晚年。所以就有了对穷人的公共和社团形式的照顾，以期应对这个问题。

在这方面，欧洲南北部之间也存在显著差异，但与亚洲的差异更大。经济社会史学家凡·赞登（Van Zanden）、德摩尔（De Moor）和卡迈克尔（Carmichael）将欧洲（西部）的婚姻模式与亚洲，特别是中国的婚姻模式进行了对比。[236] 占主导地位的儒家思想——宋朝时就广为践行，但从明朝开始更加严格——非常重视父权制的农民家庭。在儿女很小时，父母就为他们包办了婚姻，许多女孩自幼就被交给了未来的公公婆婆。在身为农户的公婆家中，这些女孩在婚前和婚后都要提供劳动，而且永远都不能离开，就算成了寡妇，也不可以再婚。毕竟，如果改嫁的话，这个父权制家庭就失去了一个重要的劳动力来源。一切都是为了延续男系血脉，这体现在只有男性家长才能在家族祠堂里祭拜祖先。汉族女子缠足的习俗，让她们无法出门工作，这种做法最初出现在城市和士大夫阶层之间，后来（17—18世纪）也传到了农村。同样，女儿的受重视程度也很低，还出现了杀婴现象，如果不能以其他方式传宗接代，他们就会收养儿子。

在这个问题上，中国和印度偶尔会被拿来作比较。因为近几个世纪以来，印度的父系婚姻制度、新娘和新郎之间的显著年龄差异、禁止寡妇再婚（甚至自焚，即自焚殉夫，尤其是婆罗门寡妇）以及女孩的存活率低于男孩等现象屡见不鲜。中世纪时，这些现象是否就已存在，以及在多大程度上产生了影响？是仅限于贵族阶层，还是更普遍适用？目前都不得而知。不过，前文提到的朱罗帝国和毗奢耶那伽罗帝国的发展呈现出一些不同的情况：强大的社会动力，如城市化程度的大幅提高、雇佣劳动和粗放式管理的村庄进行独立管理。

不管怎样，印度女性在各方面的地位都得到了改善，因为

186

她们皈依了伊斯兰教，葡萄牙人到来后，又皈依了基督教，稍后又皈依了锡克教。虽然女孩的结婚年龄只提高了几岁，与配偶的年龄差距也缩小得不多，但在新宗教下，寡妇可以再婚。此外，正如前面所看到的，伊斯兰女性独立拥有财产的权利对其工作权利产生了重要影响，至少可以在别人看不到的地方——室内工作。

个人利益的保护与市场

一旦进入市场，重要的是获得优质且高薪的工作，对工匠而言则是获得优厚的佣金。对工匠和雇佣劳动者来说，技艺越精湛，报酬就越高。这就是所谓的技能溢价，通常体现在熟练工匠与非熟练劳动者的酬劳差异上。在中世纪晚期的西北欧，获得高薪工作特别重要，因为有 1/4—1/2 的家庭完全或部分地以雇佣劳动维生。此外："就生命周期而言，劳动力市场的广度甚至可能比这还大。十几岁和 20 岁出头的年轻人中，有一半以上的人口从事雇佣劳动（或作为仆人、学徒等），对于几乎所有生活在英国和低地国家的农村和城市人口而言，雇佣劳动是他们每个人一生中都做过的事情。"[237] 这种依赖性意味着人们日益重视工作培训和常规学习，识字率和计算能力也显著提高。在荷兰，成年男性的识字率高达 1/2，女性的识字率为 1/3。城市和农村在这方面也存在差异。据估计，城市人口的识字率或为 1/4，而农村只有 1/20。在欧洲南部和亚欧大陆的其他地区，对识字的依赖性要小得多。这对工人的性质、质量和流动性产生了严重影响。[238]

水手也选择了离开，从 13 世纪开始，他们越来越多地从个体劳动者（他们此前一直是赚钱的水手，船长的合伙人，也可能是商人）转变为更普通的雇佣劳工。如果发生无法胜诉的劳资纠纷，他们就会选择逃跑。在地中海，这意味着：

> 1250—1350 年的 100 年间，船长们一直努力保障给水手发放报酬，这与中世纪航运业传统劳资关系的最终破裂非常吻合。……13 世纪中叶之前，商船上的逃跑行为并不多，但在这 100 年间，在威尼斯、热那亚和比萨等港口，这种逃跑现象首次成为一个重大问题。14 世纪初，帕莱奥罗格·扎卡里亚（Paleologo Zaccaria）在热那亚和拜占庭之间经营着一支小型贸易船队。他的日常活动之一是聘请专业的收款代理人向逃跑的水手收取赔偿金。帕莱奥罗格在许多不同的船上雇了数百名水手，这种做法是减少损失的最有效的方法。对于水手们来说，逃跑行为是一场精心策划的赌博，当他们拿到了预付酬劳，就在那些中世纪晚期不知名的港口溜之大吉。13、14 世纪的船主希望减少逃跑事件发生率，显然，保障水手的酬劳是重要方式之一。[239]

黑死病不仅导致西欧出现了不同的婚姻模式，也为工人保护自身利益开辟了新的道路。图尔奈（比利时西南部城市）的一位修道院院长曾评论道：前一年（1349）的死亡率很高，葡萄种植者、苦力、各行各业的工匠和家庭中都死了很多人，以致出现了严重的劳动力短缺。这就是为什么许多幸存的体力劳动者因死者的财产而变得富有，其他人则希望能获得薪酬优厚的工作。[240]

由于黑死病造成劳动力短缺，工人要求提高薪酬水平，这

188

使得欧洲有史以来第一次颁布了国家劳工法。[241] 这些法律旨在以打击乞讨为幌子，限制城乡工人的流动。普罗旺斯和英格兰起了带头作用，分别于 1348 年和 1349 年颁布了《劳工条例》（Ordnance of Labourers），强迫所有身体健全者工作，随后在 1351 年通过了《劳工法令》（Statutes of Labourers）。所有 60 岁以下无收入的健壮男性和女性都必须参加工作，薪资相当于 1325—1331 年的平均水平，任何地主或承包方都不得支付高于这一水平的薪酬，也不得雇佣与前雇主毁约的人，更不得施舍强壮但拒不劳动的乞丐。

西班牙也采取了类似的措施：1349 年在阿拉贡，1351 年和 1381 年在卡斯蒂利亚。1381 年的法令规定，任何抓住流浪乞丐的人都可以让他无偿工作一个月。1349—1401 年，葡萄牙颁布了一系列类似的法律，包括采用护照来阻止移民和遏制乞讨行为，以及在 1357 年，颁布了一项约束劳工从事其传统职业的法律。法国、德国和其他国家也采取了类似措施，这些措施都有着同样的目标，但都收效甚微，这一点可以从该时期的薪酬上涨趋势看出。然而，如果没有这些措施来大规模抑制劳动力的自由流动，薪资水平或许会上涨得更快。简而言之，所有这些阻止雇佣劳工和工匠流动的立法在西欧几乎没有效果。自 11 世纪，随着城市兴起而慢慢出现的自由权并没有突然消失。[242]

集体利益的保护

中世纪晚期，直接处理工作和收入问题的集体行动，在农村以农民起义的形式出现，在城市则以饥饿暴动的形式出现。此外，还广泛存在手工业和服务业行会，是历史上首次广泛记载的行会。农民起义与农民战争不同。[243] 后者发生在 13、14 世纪的荷兰、德国北部和瑞士，是大农成功抵抗封建领主和国家扩张进行的运动，持续了数年之久。相比之下，农民起义的结局就不那么好了。由于薪酬暴跌，农民的收入减少，他们因此发起了短暂而激烈的农民起义。时间是在黑死病之后，随之而来的是人口的急剧下降。其中最著名的是巴黎北部的扎克雷起义（1358），至少有 2 万名受害者是心存报复的贵族。另一个例子是 1381 年瓦特·泰勒（Wat Tyler）在埃塞克斯和肯特郡发动的反对人头税的起义，这些起义也发生在丹麦、马略卡岛，后来在德国也有发生。在泰勒起义期间，其中一位领袖牧师约翰·鲍尔（John Ball）将劳动作为其核心思想。他的布道中有一句话很有名："起初，人人生而平等；人的奴役是由恶人的不公正交易引入的，是违背上帝意旨的。当初亚当耕田、夏娃织布之时，哪有什么乡绅阶层呢？"[244] 伦敦也加入了起义行列。同一时期，在英国的罗拉德派和捷克地区的胡斯派中，也可以看到福音派的元素。

毫无疑问，在工业化之前的城市，有时也包括农村地区，最重要的劳动人民组织形式是行会。[245] 它们出现在世界上的许多地方，甚至在古代，但后来又随着城市一起消失了。中世纪和近代早期行会表现出以下特征：它们或多或少是由从事相同或相似职业的人组成的独立自治组织，旨在促进他们在几乎所有方面（经济、政治、社会、文化或宗教）的共同利益。[246] 其中，行会的出现和发展有四大因素：城市化、政治经济、人力资本和社会关系。

　　首先是城市化，这是显而易见的，因为类似的行业和职业很可能集中在城镇，而不是农村。然而，正如我们将在第五章中看到的那样，行会可以成为一种非常有吸引力的组织模式，以至有可能在近代早期，在欧洲农村的原始工业地区被复制。然而，在中世纪，跨地区和非城市类型的行会组织并没有完全消失。就英国而言，我们知道德文郡和康沃尔郡锡矿铁匠的特权可以追溯到 1198 年迪安森林的自由矿工，其中最重要的是共济会。后者，反过来又启发了斯特拉斯堡大教堂共济会的成立，共济会拥有德意志皇帝认可的"根据英国风格自由砌筑"的特权。从 13 世纪起，德意志帝国的矿工也有类似的组织形式。[247]

　　但城市化本身是不够的，因为一个国家的政治经济必须允许这样的制度存在。在安纳托利亚的塞尔柱王朝（废除了旧的拜占庭行会）、波斯和伊拉克的蒙古人、埃及的马穆鲁克王朝、印度的莫卧儿帝国或明朝以前的中国，情况并非如此。然而，在中东的奥斯曼帝国、中国的明朝和日本的德川政权出现之后，行会和类似行会的机构出现了新的可能性。

　　人力资本也是一个先决条件，职业群体的组织顺序就证明了这一点。首先是 10 世纪以来欧洲的商人，接着是 13 世纪的手工业者，最后是临时工（字面意思是日工），但程度要小得多。一个社会的文化程度越高，职业群体组织起来的机会就越大，例如，意大利北部和低地国家。至于商人和手工业者行会的战略和战术，通常是与城镇政府合作设定的，城镇政府也有权处理对同业行会的投诉。这对临时工来说是不同的。17 世纪之前，他们基本上是无组织的，但在基于行会的行业中工作，他们受益于主人的保护，但并不总是如此——当利益发生冲突时，他们可以展示自己的权力，也非常清楚自己拥有的自由。[248]

最后，家庭关系的强弱也很重要，因为为了获胜，行会必须承担起宗教、种姓或亲属关系所不能承担的职能。因此，血缘关系较弱的社会，如中世纪晚期以来的欧洲，比拥有强大种姓网络的印度，为行会提供了更多的机会。在印度北部和东北部，中世纪晚期的经济繁荣导致了劳动专门化形式出现，影响深远，其中出现了新的职业群体名称。新兴的纺纱和织布职业属于一群被称为约拉哈（Jolaha）的人；从事蔗糖制作的，是种姓制度中，或"阇提"亚种姓制度中的摩达卡（Modaka）；从事棕榈糖制作的，则是"阇提"亚种姓中的西乌里（Siuli）。这些职业群体在多大程度上以及何时聚集在一起，或作为一种行会，或作为一个种姓，正如后来几个世纪中不可否认的那样，仍然难以确定。[249] 在中国，最初行会的建立以会员的职业和出生地为基础，从而为常见的准家族机制提供了清晰的说明。同样，来自同一地区并活跃在远方城市的商人，也不约而同地将自己组织成一个准家族。行会会员，无一例外都是男性，把他们的住家熟练工和学徒当作家庭成员，且对后者拥有绝对的权威，就像对自己的孩子那样。根据这种"家庭模式"，女性很难作为工人为外部家庭的主人服务；因此，女性也大多在自己家里工作，受男户主的管辖；而且，如果男户主恰好是某个手工业行会的会员，那么她们可以在行会的规定甚至保护下间接工作。但是，世界各地的正式私人行会几乎完全排斥女性，这意味着尽管寡妇可以成为户主，但她们必须向行会申请特别许可才能留住丈夫的熟练工或学徒，

191

而自己不能成为行会会员。

***

事实证明，现有市场经济的深度货币化对于自由劳动力的发展至关重要，无论是个体劳动者还是雇佣劳动者——他们都在为市场工作。公元前500年后，地中海、北印度和中国的历史以及所有沿着这条道路发展的社会都证明了这一点。然而，正如我们所见，这些货币化的市场经济绝不稳定，尤其是在最初的1500年里。此外，由于与非自由劳动力的多种组合以及国家干预婚姻和家庭制度程度的差异，市场经济存在许多差异。我们还观察到世界上非货币化地区的其他动态，即南美洲和中美洲贡赋—再分配社会的蓬勃发展。[250]

行文至此，我们对劳动条件以及劳动人民，尤其是雇佣劳动者的个人和集体策略有了更多的了解。尽管精英们持相反观点，但许多社会的普通人对个人技能充满喜爱、对工作充满自豪，他们的证词被保存了下来。这可以参见马布巴，或者司马迁和白居易对民间的观察。这就包括一起工作的价值。现在，被奴役者的思想和行为也传到了我们的耳朵里，最明显的是奴隶起义，特别是斯巴达克斯起义和津芝起义。对个体劳动者和雇佣劳动者不公平报酬的抗议以及随之而来的集体行动和组织也证明了市场社会中平等主义的普遍理想——同样，不管精英阶层的相反观点如何——反对奴役的抗议也是如此。

本章中对上述主题只进行了简要的探讨，但当进行到下一个时代，也就是1500—1800年的几个世纪时，我们将会有更广泛的讨论。西欧女性和亚欧大陆其他地区的女性，就其基层（即家庭）地位而言，已经在多大程度上产生了根本性的差异？这个问题目前仍然没有得到充分的回答，尤其是在缺乏南亚的可靠数据的情况下。

第五章
劳动关系全球化
1500—1800 年

辛勤劳作：

一位妇人一边纺纱

一边照看猪和驴（1636）

公元 1500 年之前的几个世纪里，亚欧大陆上的劳动关系逐渐趋同；但这段时间里，全球范围内的工作组织方式却呈现出巨大差异，且这种差异在接下来的几个世纪中还会越来越大。1200年前后，人类踏上了最后一片未被征服的土地——新西兰，并定居于此，自此世界各大陆都有了人类定居，但不同大陆之间的联系仍然有限。在哥伦布发现美洲大陆之前，美洲完全与世隔绝，即使是南北美洲之间的联系也很薄弱。诚然，印度洋、中国海和欧洲海域之间航运频繁，但亚欧大陆内部的相互联系实际上更多依赖于陆运。意大利人马可·波罗（Marco Polo）和摩洛哥人伊本·白图泰的经历最能体现这一点，他们都曾进行横跨亚洲的长途旅行。直到哥伦布从欧洲航行到美洲，瓦斯科·达·伽马（Vasco da Gama）从欧洲航行到印度，他们的竞争者也进行了类似的航海活动之后，全球范围内才出现了更廉价、更频繁的人口流动、商品贸易和劳务交换。[1]就商品而言，许多美洲农作物传到了非洲和亚欧大陆，比如玉米、烟草、土豆和西红柿。这要归功于交易中大量使用白银作为交换手段。大约在 14—15 世纪，亚欧大陆迎来了第一白银时代；16 世纪，第二个真正意义上的全球白银时代开始了。银币原来仅是亚欧大陆上的通用计价单位，但从 17 世纪开始，银币已经可以在不同大洲之间流通。[2]

全球化进程开启之初，有时进展顺利，但也常常出现问题，尤其是在美洲、北亚和中亚地区，因为探险家们将这些新征服地区的原住民视若无物。

我们的核心问题是：在本章所讨论的时期，世界不同地区的劳动关系和劳动报酬是怎样发展的？过去，各地区独立发展，毫无关联；现在的情况则更加复杂化，除独立发展外，还呈现出互相协作的关系，有时又相互对抗。在欧洲人探索至世界其他地区之前，即"大发现时代"之前，美洲、热带非洲、大洋洲和亚欧大陆之间几乎没有联系，各洲都专注于处理其内部事务。可以预见，全球联系的建立将使劳动关系在今后几个世纪中进一步趋同。但这个设想并不完全正确，尤其是在涉及美洲和非洲时，更不能一概而论。在"大发现时代"的三百年之后，即1800年前后，欧洲人已经统治了世界上的大部分地区，但他们并没有在殖民地强制实施西方的劳动关系——以自由劳动为主的劳动关系——而是提倡非自由劳动，且常常会引入各种非自由劳动。

各地劳动关系的趋同和分化发展仍在继续，并以不同的方式和不同的速度推进。几百年来，欧洲与亚洲之间的联系不同于欧洲与美洲、非洲之间的联系。虽然繁荣强大的亚洲国家允许欧洲商人到访和贸易，但长期以来，这些亚洲国家一直是"游戏规则"的制定者。直到1750年前后，欧洲人才开始在亚洲部分地区发挥关键作用，并对当地的工作方式以及劳动关系产生影响。随后，这种情况也发生在了大洋洲。

简而言之，全球经济和政治力量一度严重失衡，但我们不

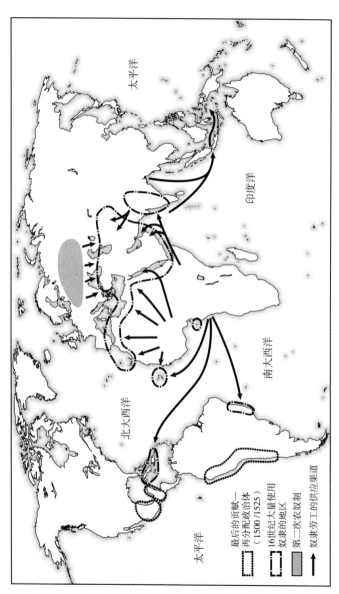

地图 5 16 世纪的重要劳动关系

能把这种更为晚近的现象简单地视为"大发现时代"的必然结果，认为天生优越的西方国家轻易"碾压"了世界其他国家。实际情况也与此截然不同。值得注意的是，到 18 世纪末，亚欧大陆上部分地区（西欧、印度、中国和日本）的劳动关系同时呈现出相似的发展，即增加市场上的劳动力投入——以往是增加男性劳动力的投入，现在还增加了女性劳动力，甚至是儿童劳动力的投入——这一过程被称作"勤勉革命"（industrious revolution）。[3]

196

　　尽管这增加了亚欧大陆的广大地区——在当时可能是全球人口最多的地区——的劳动强度，但无法掩盖西欧在其他领域的发展正趋于领先，且会照此发展下去，西欧将于 19 世纪前后主宰全世界。在达到这一水平之前，西欧经过了几大发展历程：第一，哥伦布发现美洲后，这片大陆很快就成为西欧国家征服的对象；同时，阿兹特克人和印加人现有的贡赋—再分配关系被推翻之后，西班牙人、葡萄牙人，以及后来的荷兰人、法国人、英国人和其他入侵者都从中获取了巨大的利益。第二，欧洲人把从西非港口买来的俘虏都送到了美洲的种植园里做奴隶；他们对奴隶的需求愈加刺激了非洲的奴隶供应产业的发展。毋庸置疑，这一现象不仅对非洲的发展和奴隶本身造成了严重后果，极大地影响了种植园的营利能力，还影响了经济实惠的美洲产品在全球市场的供应。在南亚地区，尤其是东南亚地区，奴隶劳工的数量也有所增加。第三，工人的素质逐渐提高，尤其是西欧城市工人，他们的素质随着受教育程度和识字率的提高而逐渐提高。综上所述，这三大发展解释了西欧为何能在 1750 年后的短暂时期内，最终迫使亚洲接受其强行施加的条件，造成亚洲发展停滞甚至倒退，或者说加剧了当时已经出现的问题，即所谓的"大分流"。

本章将首先讨论亚欧大陆内部的动态变化，并指出东西方劳动关系之间的主要相似处。接下来将会谈到，家庭之间的劳动关系主要是通过市场组织起来的，这是亚欧大陆内部发展的共同基础（详见第四章）。从爱尔兰到日本，从菲律宾到葡萄牙，这些国家的劳动产品或在家庭内部消费，或在市场上出售和交易。在这一时期，独立的小农和工匠占据了市场的主导地位，也有相当多的人通过付出劳动和提供服务来换取工资。这些情况和更早期的情况（已持续了两千年）相同，既有个体劳动（尤其是士兵、水手、仆人和农场工人所提供的服务），也有集体形式的劳动——合作分包。下文将会介绍相关例子，比如历史上日本和中国铜矿的开采、加工以及钱币铸造。除了自由雇佣劳动，即个人拥有签订劳动合同的自由（也需要遵守合同中的必要限制条件），亚欧大陆上也出现了奴隶制和农奴制形式的非自由劳动。后者的规模相当大，但和其他地区相比，还远没有那么严重。

1500—1800年，这些市场社会内的工作激增，经济史学家将这一过程称为"劳动密集型道路"。在农业以及随之产生的家庭手工业中，家家户户的生产率都大幅提高，这是因为不只有男性可以将更多时间花在市场生产上，现在女性，甚至儿童都能把更多时间用于市场生产。在下文中我们会看到，"劳动密集型"始于日本、中国、印度和西欧的特定地区，随后蔓延到整个亚欧大陆，远至俄国，成为俄国除了农奴制外的另一特征。在这些走劳动密集型道路且发展领先的地区，城市化以及相关的专门化分工通常也在稳步推进。

当然，在劳动强度不断增加的共同趋势下，各地区间也产生了一些差异。例如，在欧洲内部，随着东欧"第二次农奴制"（Second Serfdom，又称"再版农奴制"）的出现，东欧与西欧之间开始分裂。此外，西欧内部也出现了"小分流"（Little Divergence）。先是荷兰的发展超过了意大利北部，随后荷兰共和国的发展超过了荷兰南部；最后，英国又反超了荷兰共和国。[4]在最先进的地区，工作逐渐演变成资本密集型，这也导致英国在18世纪下半叶发生了质的转变——资本密集型的工业革命。由于19世纪之前，工业革命还未真正蓬勃发展，所以我们将在第六章中再对其进行深入探讨。

亚欧大陆惊人的劳动密集化（以及雇佣劳动的扩张，见第197—244页），对于许多人来说，意味着寿命的增加（这只是和前几个世纪相比得出的结论，因为和我们所处的时代相比，他们的寿命依旧不算很长）。在详细介绍劳动密集化的内容后，我们接着会讨论其他方面同样惊人的、产生负面影响的变化。首先，分析全球化的影响与"大分流"和奴隶制的关系（见第244—279页）；其次，考察劳动密集化之后的东欧和俄国的农奴制（见第279—289页）。本章的讨论止于19世纪前后，而最后两章将以此为起点，论述过去两个世纪（1800年至今）以来的人类工作史。

近代早期亚洲的劳动密集型道路

从这一节起，我们将从亚洲的文化中心——日本、中国和印

198

度，开始研究劳动密集型道路，即关注不同家庭成员如何更高效地利用时间。在谈及这个问题时，我们不能忘记前文提到过的，自由雇佣劳工数量的增加和相应劳动关系的扩张。

继日本经济史学者速水融之后，日本历史学家杉原薰也提倡这种"劳动密集型道路"的设想。[5]杉原薰指出，我们不应将市场经济体中的经济增长仅仅归因于资本和劳动力的成功结合，而应认真考虑第二种可能性：劳动力素质的提高及其提高的程度。从原则上来说，这与投入的资本数量无关。[6]公元1500年之后的很长一段时间里，在世界大部分地区的农业社会中，劳动力的调动极易受季节影响。要么是争分夺秒、快速动员，要么是闲来无事、无须动员。在收获季节，需要分秒必争，迅速调动人力参与劳动；在犁地、播种，尤其是除草时，也是十分忙碌，但较收获季有所减轻；在农闲时节，无事可做，也不需要调动劳动力。这种人力调动模式对男性和女性的要求也不同。在一些社会中，男性的工作主要是收割和犁地，只需艰苦劳作几周；在另一些社会中，男性负责割草，女性则负责捆绑谷物或翻地除草；还有一些社会中，乳制品加工是典型的女性工作。在典型的农业社会中，无论是男性还是女性（还可根据年龄分别将男女两性划分成不同群体），都有许多空闲时间。一般而言，人们可以有效利用这些空闲时间，比如重新组织现有的种植业，或者在家里或别处从事其他活动。特别是在1500—1800年，亚欧大陆上的许多地方（既包括领先地区，也包括孤立地区），都有了尝试在空闲时间里从事农业、家庭手工业和制造业、服务业等领域活动的成功案例。[7]纵观全局，最重要的是在不跨行业转移劳动力的情况下，获得家庭的额外收入来源。

农户，即拥有或租赁小面积土地的农民家庭，拥有的劳动力最多，但也最需要额外收入。在这一生产单位内部，农民自行决定由哪些成员从事哪些活动，以及活动具体在何处进行——他们可以不局限于所处的环境，到别处寻找更多工作。因此，在这一时期的几个世纪里，季节工作和其他形式的劳动力临时迁移是普遍存在的。

日　本

农业生产方式的改变能使人们更好地投入工作之中，对此，德川幕府时代的日本就是一个很好的例子。该国通过严格管制人员和商品的国际流动，保护自己免受世界其他地区的影响（自1639年起，几乎只允许中国和荷兰的船只通行，并严格控制通行数量）。再加上日本已经开发了几乎所有可用的地块，所以土地资源更加稀缺。

> 能用来放牧的土地所剩无几。虽然农业生产中已经用上了犁和驮畜，但当时很少有富余的土地可以用作牧场，生产肉类、奶制品和皮毛。因此，日本农业使用人力、肥料、种子和农具，把重心放在提高每单位土地的作物年产量上。对固定资产（如牛、栅栏等）或土地出售的关注，在发展劳动密集型技术和建立劳力吸收制度的过程中作用甚微。[8]

199

美国日本学学者托马斯·C. 史密斯（Thomas C. Smith）指出：
"（当时的日本人）认为时间短暂且宝贵，有效利用时间具有极大
的道德价值。农民不遗余力地协同劳动，并通过行栽、用秸秆覆
盖种植床、使用速效肥料这些手段，巧妙地利用早稻和晚稻打破
了大自然对水稻种植的限制。"9

　　除了种植粮食外，农业家庭成员还开展了许多其他活动。
以下是约 1840 年，日本西南部、商业化程度相对较高地区的一
个村庄的例子。

　　　　在农务不繁忙的情况下，所有身强力壮的人都会参与
　　制盐和其他工作。每家农户的平均耕地面积仅为 2.1 段 * 水
　　田和 0.6 段山地。由于地势平坦，耕作相对容易。农闲时节，
　　男人们会编绳子、编草席以及制作其他手工制品；3 月至 8
　　月，女人们在盐田里劳作，在其余的几个月里，她们专门
　　织布，甚至没有时间去做砍柴、割草、堆肥这样的传统女
　　性工作。10

虽然农村地区人口的约 90% 是农民，但这些地方的非农业生产也
很重要，原因是非农业生产的产量占到了区域生产总量的 40%—
50%。11

200　　德川时代的日本之所以能迅速兴起劳动密集型经济，绝不
是因为巧合。在结束了几个世纪的内战之后，日本发生了两大关

---

* 　"段"（tan）是日本传统面积单位，1 段约等于 991.7 平方米。

键性的政治变革，对德川幕府产生了直接影响。其一，城市里集中了大量武士，直属幕府监管。这开启了长达几个世纪的和平时期，也加速了城市化进程。17 世纪，日本只有 3% 的人口居住在人口超 1 万的城市里；半个世纪后，这一比例已经超过 13%；18 世纪达到了 15%。有些城市非常大，比如，江户（今东京，德川幕府所在地）有 100 万居民；大阪和京都各有 50 万居民；还有一些重要城市的居民数量也达到了 10 万。为了达到和维持相当的城市居民率，并抵消城市人口的死亡率，需要不断有农村居民迁入城市。但这种做法很难长期维持，主要因为当时的农村地区发展繁荣，迁出的人口并不多。因此，日本的城市居民率在 1750 年下降到 11%，1900 年又回升至 15%。[12]

其二，征税额根据每个村庄的水稻产量来确定，从而使农业家庭的地位得到提高。[13]这导致主干家庭产生了一个特殊变体，即所谓的"家"（Ie），继承是其中的核心因素。在日本的大部分地区，家庭的土地所有权、社会地位和姓氏都是由父亲传给长子，如果没有儿子，就传给女婿或者养子。"家"和家庭姓氏的传承都至关重要。日本人十分注重"家"的理念，甚至影响了商业活动，构成了日本企业的组织基础。这意味着如果一家之主需要外部劳动力，就会雇佣一名新的"家庭成员"来协助工作，这种情况下通常会倾向于招募年轻人。他们的年龄一般在 11 岁至 14 岁，受雇做 5 年至 6 年甚至更久的学徒，以换取食宿和学习手艺的机会，也必然会学到商业机密。可是，你能够相信这样的外来之人吗？如何才能避免看走眼呢？

事实上，这个问题太过宏大，以至于政府也必须参与其中。

17 世纪初，日本政府禁止自销和典当服务。由于在招募雇工时，有无赖的雇佣经纪人与申请人合谋，向雇主收取一笔可观的预付款，然后再对另一个雇主故技重施。为了避免这种情况，1665—1668 年，政府出台了法律，要求申请人在真正签署合法劳动合同时，需要有可靠的担保人提供担保。书面雇佣契约由申请人父亲和认识申请人的担保人签名并盖章，他们共同保证严格遵守契约条例，这一点可以从以下的契约例子中明显看出：1776 年，申请人与龙野市的大型丸尾清酒和酱油酿造厂签订契约，并由担保人、父母一方共同签署。

> 服务担保：我们在此保证茂子将服务于贵厂十年（猴年至羊年）。茂子出生于美浓大津郡的志保多摩村，是喜三次的女儿。我们两家是世交，故在此为其作担保。其信仰的宗教派别是西本愿寺派（净土真宗），已在寺庙登记，并非基督教被禁教派的成员。如果她加入了此类教派，请立刻通知我们。我们保证，她不会违反政府禁令；她不是武士，也不是无主武士或无主武士的女儿；她不会制造任何麻烦，更不会携款或弃保潜逃，绝不会使贵厂陷入困境。契约期限结束时，如果贵厂满意其表现，可任意续签契约年限。我们保证其不会在契约期限内离岗，也不会同时为其他人工作。一旦发生此类情况，她将无条件接受贵厂认为合理的处罚。[14]

这份契约看起来似乎只是为了保护这家大型酿酒商的权益，但事实上，如果雇工不按雇主说的做，往往会害得雇主落得人财两空的地步。在这种情况下，雇主不会通过法院或行会（如果有的话）寻求赔偿，而是与雇工的家属和担保人进行谈判。大多数情况下，过失方（即雇工）在道歉并赔偿损失之后，都会被客气地再次请回去，有时甚至还需要雇主反复请几次。当学徒期快结束时，确实会发生这样的事，因为如果不将雇工请回来，就会使许多生产机密处于被泄漏的危险之中。同样，对于家族企业而言，解雇终身雇工是一件很困难的事情，这就好比家里的孩子再怎么不听管教，父母也不愿抛弃他。

除了这些永久性核心雇工，即家庭成员和签订长期雇佣合同的工人，还有一类雇工——按日计酬的临时工。最大的企业能够雇佣数千人，当然，这些员工并没有被视为其家庭成员。以采矿业（金矿、银矿、铜矿）为例，特别是日本北方的铜矿。1686年，日本北方的 50 个铜矿场约有 20 万名矿工和 10 万名木炭生产工人，大阪的精炼厂有 1 万名工人，还有许多水手负责将铜矿运到大阪的冶炼厂，然后再运往长崎。约 18 世纪开始，长崎 90% 的铜出口至中国（60%）和巴达维亚（30%；印度尼西亚首都雅加达的旧称）。[15] 在很长一段时间里，日本一直是世界上主要的产铜国。在采矿业，除了要有测量、排水、强铁挖掘工具制造和精炼技术方面的技术革新，还需要大量劳动力，包括矿工的妻子在内，她们和孩子们一起将矿石碾碎并进行分选。1837 年，别子铜山（Besshi mine）有 30% 的劳动力都是矿工的妻子。

18 世纪，矿井的排水问题造成了强制减产。排水问题的起因是政府实行强制减薪，结果排水工人不再自愿去矿井工作。对此，政府采取围捕措施，将罪犯和流浪汉抓捕起来，再从周边村庄征召农民，最后还动员了遗失户籍的大城市居民到矿井工作。矿业这个完全由政府控制的行业，不仅没有进行节省劳动力的技术创新（可能是已经掌握了更好的抽水方法），[16] 反而钻研出了多种强制劳动形式，其中包括一项强制的实物工资制。在该制度下，矿山经营者垄断了大米的销售权，以优惠价格向矿山工人销售大米，由于矿山离居住地很远，所以工人们通常都是住在矿区，换句话说，工人越多，矿区米铺所得的利润越多。因此，矿主们完全没有动机采取节省劳动力的技术。然而，由于放弃了自由劳动力市场，劳动密集型生产的补救措施也没有发挥任何作用。

　　总之，德川时代的日本以农业为主，劳动的性质和组织方式都发生了重大变革。首先，普通小农场的工作形式变得多样化，这不仅提高了作物产量，还使家庭成员在农忙时投入更多时间在劳作上，增强了他们的专业知识和工作纪律。其次，农户们还成功地有效利用了农闲时节，例如，借此时间来生产丝和棉，纺纱织布，自家用不完的农产品和家庭手工业产品会拿到市场上出售，卖得的钱会用来购买诸如糖之类的奢侈品。由于这些变化，家庭内部成员也发展出规划、技术和管理方面的技能。此外，商品链也在扩大，从铜矿石扩展到钱币，日本雇佣劳工的队伍也随之壮大（见第 205—210 页）。

　　就农业领域而言，深度货币化的发展并不那么活跃。纳税时以村庄为单位，因此村庄不仅仅是农民家庭的集合体。根据黑田明伸的说法："每个村庄都有用于收集柴火等用途的公地……在这种情况下，日本人的工作主要是到邻近地区从事各种劳力交换活动，比如'农业换工协作劳动'（yui，即日语'结い'）。在如此有凝聚力的氛围下，如果临时工要求当天结算工资并以现金支付，会显得格格不入，这一点也不夸张。"但雇佣临时工并不是一次性交易，而是连续性的交易。所以雇主并不会给临时工日结工资，反而会延迟支付，有时会拖一个月甚至更久。[17]

中 国

在德川时代，日本的国内市场严格遵循劳动密集型道路。两个多世纪以来，日本国内市场与全球市场的互动极少。除了日本，亚洲其他地区也出现了劳动密集化，其中包括那些受国际市场影响的地区，或主干家庭欠发达的地区，比如中国的长江三角洲地区。[18] 18 世纪，长江三角洲地区的居民数量与日本的总人口数量相当，两地既有许多相似之处，也存在一些有趣的差异。

1400—1800 年，长江三角洲东部的江南平原人口激增，耕地面积却变化不大。[19] 三角洲地区水系发达，水源充足，当时这里的居民主要以种植水稻为生，在作物的耕种和运输中，都很少使用耕畜或驮畜，当地的肉食也主要是猪肉和禽肉。一直到 18 世纪末，当地的社会福利水平都很高，与英国不分伯仲，是中国其他地区的两倍以上。长江三角洲地区之所以如此繁荣，首先是因为从宋朝到清朝中期，当地修筑了堤坝、运河，开垦了圩田，还使用了以风力驱动的龙骨水车，使得水稻产量逐年增加。[20] 其次是明清时期，采用了一种巧妙的劳动分工方式，农夫和农妇将农业、家庭手工业和商品交易结合起来，借此获得收入。在家庭手工业方面，明朝的棉花种植业和棉纺业迅速崛起，尤其引人注目；同时，家庭妇女和其他农民也仍在养蚕。相比之下，丝绸行业集中存在于城市地区。

中国的农业也为劳动密集型，但和日本相比有几个关键区别。例如，中国的农民一半是自耕农，一半是自由佃农，且农田基本要划地分田，自耕农的土地越分越小，所以他们更需要额外收入。中国农民更喜欢在市场上出售产品以换取现钱，这更加自由，但也伴随着风险；日本农民则是与支付预付款的城市商人做生意，依赖性虽强，但更有保障。农业劳动者通常聚集在桥梁和市场等中心地段，谁出价高，就给谁干活。每天的工作完成之后，雇主就向他们支付日结现金工资。[21] 在其他方面，典型的中国家庭和日本家庭也有所不同。在中国，很多贫困男性缺少结婚对象。而且他们从父辈那里继承的土地太少，无法靠种地为生，因此只能做雇佣劳工。从长江三角洲以外迁入农村的移民人数几乎可以忽略不计，因为移民必须缴纳押金来保障租赁，这笔押金一般相当于三年的租金。而大城市，其移民主要是长江三角洲地区过剩的农民。

在大城市周围的农村，小农主要种植水稻，他们的妻子和女儿除了在地里帮忙，还从事纺织业，尤其是棉纺业。她们通过纺纱挣的钱不多，但织布挣的钱要多得多。18 世纪，长江三角洲地区出产的纺织物可以满足整个清朝的需求，甚至还有富余可供出口海外。事实证明，依赖出口反而成了长江三角洲地区的弊端，因为在 18 世纪末，来自中国其他地区的商品增加，竞争愈演愈烈。

由于周边农村的水稻种植取得成功，以及农民劳动力过剩，这些农民的儿子迁入城市，城市化现象再度兴起。[22] 城市化进程的首个繁荣期始于唐朝，在宋朝进一步发展。明初，这一进程经历过衰退，但在明末和清朝，城镇的数量再次显著增加。其间，南京曾短暂作为明朝的新国都。在这两个城市化发展的繁荣时期，商业和航海业举足轻重，宗教也很重要。农村信徒会定期去城市里的寺庙朝拜——"白莲教起义"是最著名的宗教事件之一；道观和其他宗教的庙宇也吸引了四面八方的香客。虽然后来朝廷会严格监督这类活动，但在此处的讨论中，朝拜是城市为农村提供的一项重要服务。同时，这种城市与农村之间的紧密联系也揭示了一个事实，即农民的购买力、可自由支配的时间以及接受文化教育的机会（包括阅读通过寺庙传播的小册子和书籍）都呈上升趋势。

现在，让我们把目光从繁荣的长江三角洲转向整个国家，尤其要关注与勤勉革命相关的技术发展，下文会结合一些具体事例来详细阐述。[23] 其一，有用的知识在民众中传播；其二，和日本一样，整个国家的商品链也从铜矿石扩展到金属货币，金属货币对深度货币化的社会极其重要。

得益于知识的传播和民众识字率的提高，中国的发展情况并不算糟。毕竟，早在 8 世纪，中国就发明了雕版印刷术。[24] 这为复制手稿提供了一种比单纯手抄更为高效的方式，能增加抄本的产量，从而让更多人接触到这些手稿。但手抄的方式并不会很快就被淘汰，印刷术的作用是能让民众接触到越来越多除手抄本外的印刷文本。这种现象在中国尤为显著，因为中国采用的是雕版印刷术——用凿子在木板上刻出文字内容，然后再印刷在纸上。这和 15 世纪欧洲的印刷术有所不同，当时的欧洲使用的是铅活字印刷术。宋朝时期，中国的书籍产量大幅增加，17—19世纪再度激增。研究书籍的学者们曾试图比较不同国家和大陆的报刊和出版物的数量，而结果很有可能是，至少在 18 世纪之前，西欧和东亚在这方面并没有太大差异。[25]

于我而言更重要的是，从 17 世纪开始，由于印刷品的价格大幅下跌，普通读者也能买得起书籍。和欧洲一样，中国也出现了书摊和背着书贩卖的小贩，最终书店诞生了。当时的中国有30%—45% 的男性和 2%—10% 的女性能够识得大概 1000 个不同的汉字。[26] 其中一些人还能看懂并解读更复杂的文本，并为他人解释说明。

和其他地区一样，迄今为止，中国印刷次数最多的印刷品都与宗教和道德准则相关，但也印刷了很多技术手册，且通常附有插图，因此所有具有技术头脑的人都可以轻松阅读。在这方面，中国朝廷很早就领先于其他国家。手册中最受欢迎的是农业手册和纺织技术手册，其中有一本关于水稻种植和蚕桑业的手册出版于 12 世纪；另一本出版于 13 世纪的手册，介绍了棉花种植技术；还有一本出版于 14 世纪早期的手册，"是技术手册印刷的新突破，不仅展示了农业和纺织业中的工具、设备和机械的结构细节，还整合了技术图纸和图表，并配套了说明性文字，绘图包括风谷车、缫丝车、水力风箱和灌溉装置"。[27] 此外，朝廷还出版了房屋建造、机器装备制造、河流治理、制盐、造纸印刷、造船等多个领域的手册。最重要的是，此类书籍会定期重印。

1637 年，宋应星所著《天工开物》出版。[28] 这本书是科技文献的巅峰之作，整合了当时该领域的所有文献，作者还补充了他云游四海时的观察所得。多亏书价下跌，这部巨著才得以被更多民众看到，包括商人和工匠。《天工开物》在短时间内便多次再版，其受欢迎程度可见一斑。但奇怪的是，在《天工开物》问世之后，中国科技领先的发展势头戛然而止。该书的大部分内容最终被收录进一部综合性百科全书，但可能除了相关的次要领域外，后续没有任何中国学者提出新问题。从 17 世纪初开始，中国出现了欧洲书籍的译本，并附有栩栩如生的插图。17—18 世纪，中国的科技似乎虽仍处于先进水平，但发展已经停滞。不过也有例外，例如 1777 年出版的一本图解手册，介绍了如何使用活字印刷术（而不是雕版印刷）。[29]

正如我们所见，这一时期中国在农业发展、矿产开采和基础建设方面的成就令人印象深刻。南方地区矿业规模扩张的背景非同寻常。几个世纪以来，中国一直从日本进口铜矿，尤其是用于铸造钱币的铜。直到 18 世纪初，日本决定削减对中国的铜出口量，用于本国钱币铸造。[30] 至此，中国被迫扩大云南铜矿的开采规模，虽然在运输方面困难重重，但还是在短时间内实现了目标。18 世纪 20 年代，云南的铜产量与从日本的进口量持平；18 世纪 40 年代，产量已经是进口量的 5 倍；18 世纪 60 年代，更是达到了 10 倍。[31] 先前，朝廷用大型帆船从日本长崎进口现成的铜条，海上运输路程相对较短；现在不得不从数千公里外的南部边疆地区将铜矿陆运至京城。当时的朝廷对西南地区虽有控制权，但实际上，这种控制有时并不稳定。[32]

中国云南矿藏丰富，盛产金、铜、银、锡等矿产，与印度和中国其他地区都有贸易往来。除了出口这些珍贵的有色金属，云南还出口马匹和盐，同时从孟加拉进口玛瑙贝。伊斯兰教也通过这条贸易路线得到了传播。1682 年，朝廷加强了对云南的控制，因为该地区与边境另一端的缅甸和安南坐拥至关重要的银矿资源，云南的银矿总产量甚至可能和中国当时从美洲进口的银矿总量相等。[33] 当地的铜矿开采量也在扩大，1716—1735 年至少增长了 10 倍，此后仍在不断增长。[34] 采矿业的主要劳动力、资本和技术都源于中国腹地的汉人，开采出来的大部分银矿也是流回中国腹地。边境当地的居民则并不愿意在矿山从事有损健康的高强度劳动。[35]

从技术和物流的角度来看，把铜从矿场运到北京的铸币局，这一运输过程很令人敬佩（史称"滇铜京运"）。[36] 乾隆年间，云南出产的大部分铜——每年 2000—4000 吨——首先由搬运工从各个矿山捐至集散地，再从集散地运到长江沿岸的四川泸州港口。搬运工和驮畜必须穿越地势崎岖的地带，包括海拔超 3000 米的隘口和坡长远超 1000 米的斜坡，地势是出了名的险峻。正因如此，在可能的情况下，朝廷会尝试以水运代替陆运，但这就需要尽可能多地对诸如金沙江之类的上游河流（包括 135 处激流险滩）进行开浚。金沙江疏浚工程历时 5 年（1740—1744），但最终收效甚微。

铜在装载到泸州港口的江船之前，需要正式称重（为避免混淆，货样有时需称重两次），称重后装进篮子或用绳子捆装，每捆系有木制标签用于登记和编号。一支运输船队由 15—30 艘内河船只组成，能运输 600 吨货物，每年大约有 5 支这样的船队用来运输铜。对于这样的货物运输船队来说，整个严格且高效的装货过程需 35 天，其中精准称重耗时最多。这条水运路线取道长江，途经汉口到仪征，再从仪征进入大运河，一路到达京城。这样一支船队需要 750 名船员，核心成员是舵手和船长。在穿越三峡途中，每艘船需要 30 名桨手辅助，后者每隔大约 70 公里轮换一次。汇总计算，船上每个人相当于付出了 800 公斤的劳动力，全程受到地方行政长官与吏员、书记、士兵、听差等人的严格监督。[37]

运输过程中有时必须进行祭祀，还要举办盛宴。在泸州的称重环节开始时，船队会供奉三个猪头和四只体型小一点的牲畜。中转到重庆——转运的必经之地——时，船队会举办一场规模宏大的河上祭祀。

> 全体舵手、江船船长、舢板船长与船运掮客……以及护卫船队兼从事劳役的听差，都会受邀参加宴会。宴席设在寺庙楼上，共 60 余桌。还为宾客家仆提供了 8 桌至 9 桌中档餐席，每桌都有海菜和小菜，在座位上能看到寺庙内的戏曲表演。[38]

从泸州装货完毕出发后，理想状态下需历时 11 个月，将铜运达北京,再送入两大铸币局——户部宝泉局、工部宝源局,进行加工,铸为铜钱。[39]18 世纪 40 年代,这两家铸币局有 3000 多名工人,每年生产 70 万贯到 150 万贯铜钱(每贯 770 枚)。清代中国是当时世界上最大的国家,为了铸造这些小小的铜钱,不仅要实现大规模生产,还要达到高技术规格。虽然铜钱从根本上说只是一种信用货币,但朝廷不惜一切代价也要阻止公众识别不同版本的钱币(事实上,从 19 世纪 30 年代开始,这已成为惯例)。具体情况如下:

> 铸币局使用"母钱翻砂法",利用垂直排列的上下两件式模具,分批大规模铸造钱币。首先要将用有机黏合剂加固的细砂填入木框,制成模具"砂箱",然后将 50—100 枚"母钱"(母钱可单独制作,也可依照同一枚祖钱翻铸)轻轻压在一个砂箱表面,再将另一个砂箱正面朝下叠放在上面,这样母钱的面范和背范都被翻制出来。接下来,翻转砂箱并将其分开,母钱就会留在下层砂箱的表面,再放上一个新的砂箱并翻转、分开。照此反复操作,便得到了一系列印出母钱范型的砂箱。清理出型腔之间的浇道时,需要留出直浇道,随后将包含面范和背范的一套砂箱对合叠放,并捆绑固定。在初步烧制铜液后,从浇口进行浇铸。待铜液冷却后便形成了"钱树",将钱币从钱树上取下,再加以清理、打磨,铜钱的铸造就完成了。[40]

这一时期中国的钱币铸造处于严格管制之下,实行过的创新之举包括：以黄铜取代更为昂贵的含铅青铜；改进了钱币清砂工序；增加了全国铸币局的数量——这也涉及许多为铸币局提供型砂和原材料的后勤问题。黄铜铸币这一创新始于16世纪初，从1527年（嘉靖六年）起，所有钱币都由黄铜（铜锌合金）制成，铜锌的比例为7∶1。在铸币过程中，会有1/4的锌因汽化而损失。这种将锌混入铜并用于大规模铸币生产的做法远远早于欧洲。1620年之后，中国铸币所用的锌无疑是从本土开采的；但在刚开始使用黄铜铸币时，这些锌是从印度进口还是在本土开采的呢？这一问题至今仍然存在争议。

复杂的铸币工艺的核心是铸炉。[41]18世纪30年代，宝源局有50座铸炉，宝泉局有25座铸炉，所以除了辅助炉，京城共计有75座正规铸炉，由十几个关系密切的家族掌管。铸币局负责人会为炉头提供资金，由炉头为工匠和工人购买食物和其他日用品，并支付每次铸造期的工钱。结算时，要先扣除伙食费和其他费用，才能确定剩余的工钱，然后按月或按十次铸造期支付。保障工人的利益需通过一系列内部制衡措施：工人必须亲自打听大米、面粉和蔬菜的市场价格；炉头在铸币局总管的监督下，公开向工人发放工钱，工人的姓名、年龄、长相和籍贯都登记在册；为了不混淆新铸的铜钱和工人的工钱，必须用白银发放工钱。

北京这两家铸币局负责生产全国近一半的钱币，均使用由宝泉局铸造的母钱，这种母钱也供全国各地的铸币局使用。由于云南离铜矿非常近，18世纪时，当地共设有九家铸币局，而其他大多数省份仅有一家。每年，宝泉局会分两次为各省制作一枚新祖钱，经批准后，再照这枚祖钱铸造几百枚母钱，并送往各地铸币局。每枚新祖钱和旧祖钱都有细微差别，且不能让铸币局总理官员获悉，以作为朝廷的监督手段，也能确保铸币按统一标准进行，避免发生钱币造假的情况，但这显然需要高度的组织和管理。

在总结近代早期中国的工作发展史时，一个问题随之产生：这些劳动者如何捍卫自身利益？维护自己的权益时，他们是单独行动还是有组织地行动？由上可知，家族是近代早期中国社会的组织核心。相比之下，欧洲（见第189—191、第232—235页）的手工业行会的地位似乎没那么重要。[42] 虽然流动农民的同乡会与行会相似，但其特点更加鲜明。

在中国，父系家族主导着农村家庭手工业和城市手工业。虽然家族代表其成员的利益，但成员也需要捍卫自己在家族内部的地位。在父系家族中，作为外来人的儿媳很难做到这一点。手工技能是生存的根本，却都传给了男子，从外村嫁来的媳妇们无法学到这些最宝贵的技术知识。这催生出了一种极端做法——"抗婚拒嫁"，即父母自愿让女儿婚后留在娘家，以避免家族手艺外传。自此，这些女儿进入丝厂做缫丝工，有时还和其他女性住在一起。[43]

许多村庄和城镇专门生产特定产品，这样一来，地方团体（而非个别家庭）将共同捍卫其集体利益。四川造纸业便是这种因地制宜的团体化生产的典型例子。

　　　　必要技能的完全发挥……必须等待合作伙伴之间以表情或眼神发出信号（往往是对视一眼，或点点头）后，才能实现。造纸业中，这种技能的分散性在生产六尺纸（97 厘米 × 180 厘米）或八尺纸（124 厘米 × 248 厘米）时最为明显。2—4 名工人组成一个团队，他们以缓慢而有节奏的步伐同步动作。在这份围绕着纸浆大桶的连续作业中，也展现了社交技能——负责制浆、捞纸和捣刷的工人之间的密切合作。在这份季节性、蒸汽缭绕的工作中，交换劳动的工人群体构成了技能传承的第二场所。[44]

而在其他地方，这种合作主要根据合作分包原则进行。

大家都遵守集体主张，来自同一地方或地区的工匠和商人密切合作，尤其是中国的同乡行业群体，他们经常到城市和外地，甚至是国外（如爪哇）从事短期贸易，就组成了一种密切合作的利益团体，和西欧的（以及后来日本的）行会很像，中国人把这种团体称为"行"，但直到 19 世纪，这些所谓的"行"才得到至关重要的法律认可。它们主要的官方任务是：为成员提供福利，合办仪式或活动。[45]

少数大型工矿企业中的工人也遵循着这样的同乡原则。例如 18 世纪时，景德镇著名的瓷器业拥有数十万工人，其中就有 11 个同乡会在运作。[46] 云南的矿工群体中也存在类似的模式。[47] 北京大型铸币局的工人之间联系紧密，有自己的学徒制度，表面上是集体合作，但每座铸炉的工作都相对独立。所以不必惊讶于 18 世纪初至 19 世纪初，这些工人团体为何能够组织很多罢工活动——有些取得了重大成功，有些取得了部分成功，其中最成功的两场罢工发生在 1741 年和 1816 年。[48] 对于前者，即 1741 年 9

212

月因工钱而发生的冲突，研究中国社会史的傅汉思（Hans Ulrich Vogel）教授提供了以下介绍：

> 舒赫德及其部下赶到现场时，首先下令把铸币局团团围住。随后，舒赫德亲自前去劝导工人和工匠们，让他们派几名清醒的代表去跟官员和谈。舒赫德表示，一开始，藏在土堆上的工人和工匠们似乎准备下来，但最终他们还是开始高声大喊，乱扔砖头和瓦片。为了给他们一个教训，舒赫德警告道，如果继续以这种危险又卑鄙的方式行事，他将向他们开火。在发射了几枚空弹后，工人和工匠们才停止扔砖头和瓦片，但仍在大喊大叫。后来，侍卫司的士兵们向前进发，准备镇压此次动乱。[49]

最终，双方经过谈判，互相作出让步。工人们的工钱得以上涨，但并没有达到他们最初要求的水平。不过重要的是，如果再次发生工钱纠纷，每个工人都有权上告衙门，这项权利比绝望之下发动的罢工更有意义。研究中国历史的莫克莉（Christine Moll-Murata）教授总结了18—19世纪四川的情况："在某种程度上，那些'小人物'（在诉状和证词中，他们要向官员自称'蚁民'）希望凭借国家的裁决，得到他们应得的工钱和可接受的工作条件。"[50]

印 度

与近代早期的日本和中国一样，同时期的印度也出现了城市化、农业增产、农村家庭的劳动密集化（通过务农和家庭手工业的结合实现），以及雇佣劳工数量的增长。但要注意两点：首先，如前所述（见第143—148页），印度的劳动关系中有一种非常特殊的形式——种姓制度。其次，就科技知识的发展而言，目前对印度该领域的研究远远少于对远东地区的研究。因此，下面的内容在深度上依然有所欠缺。

可以确定的是，印度的城市化和深度货币化从1100年前后开始复兴，于16世纪获得了新的动力。[51] 莫卧儿帝国的阿克巴大帝和他最初的几任继承者的统治时期，印度在政治、经济和文化上有过一段繁荣时期，其中阿克巴时期的发展最为成功，此前的苏尔王朝可能也经历过这样的繁荣。深度货币化表明当时的雇佣工人比例大幅提高，尤其是在城市地区，比如德里和拉合尔等政治中心城市，以及港口城市苏拉特。工人的收入也开始增加，从1550年前后到1650—1680年，他们的购买力与中国和西欧的雇佣工人相当。

特别是纺织业，这一时期印度的纺织业达到全盛，丝绸和染色棉布举世闻名，[52] 经海运和陆运出口到亚洲、欧洲和非洲的其他地区。16—18世纪，南亚的纺织品产量至少占全球产量的1/4。印度有三个著名的纺织品生产中心：西北部的苏拉特、东北部的孟加拉、东南部的科罗曼德。

纺织业产量有所增加，但普通男女纺织工人的消费能力是否也有所增加、增加了多少，却没有足够的数据。17世纪末，北印度工人的实际工资出现了增长，似乎说明消费能力确有增加；但随后实际工资又再度下降，或许说明消费能力也有下降。不过有一点是确定的：增加的糖产量全都用于印度本土消费；一部分咖啡、茶叶和鸦片的情况也是如此。除此之外，收入的增长也可以体现在空闲时间的增加上，有关这一点的资料确实要丰富许多。[53] 18 世纪非常流行朝圣，印度教和伊斯兰教的圣地吸引了大批信徒，其中最著名的朝圣可能是虔诚的穆斯林到麦加朝觐。17 世纪前后，大约有 3% 的印度穆斯林一生中会去朝圣一次，他们的目的地是伊斯兰教最神圣的三座城市之一。

214　　现在的问题是，印度这种大量生产纺织品，以及在农村地区生产其他出口商品（如胡椒、鸦片、靛蓝、茶叶、咖啡和硝石）的工业，是否与中国和日本的情况一样，是基于"劳动密集型道路"而建立起来的？或者更精确一点，上述商品的生产，是否增加了小农和农户的工作和收入，增加的幅度是多少？从许多例子来看，这种增加是有可能的；但也有例外，我们有时无法作出判断，有时甚至十分确定情况并非如此。甘蔗和棉花的种植，以及一些地区靛蓝和罂粟的种植，可以与主要粮食谷物、豆类和油籽的种植完美结合。由于作物的生长周期各不相同，所以需要劳动力的时间也不相同。[54] 此外，女性纺纱不受种姓限制，几乎所有家庭都纺纱，这也能大大增加家庭收入。城市人口不断增加，纺织品需求也不断扩大，尤其是国际贸易中的需求，这极大地刺激了印度农村家庭劳动强度的加大。

然而，其他出口作物并不是由普通农民生产的，而是由特定种姓的专门人士生产的，包括印度西南部所产的胡椒和锡兰的肉桂，还有硝石——18 世纪制造火药的基本原料，也成了北印度日益重要的出口产品。[55] 种姓垄断在纺织生产中也起到重要作用，但在一定程度上，这种垄断把农民排除在劳动力市场之外。印度的工匠和农民的生产活动已经高度分离，就算没有一千年也有几百年，现在几乎不可能再联结起来。[56]1625 年，一个荷兰商人总结道：[57]

> 总之，印度人的一切职业分工都根据种姓或宗系来确定，每个人都必须继承父母和祖先的职业。也就是说，木匠的儿子必须成为木匠，并和木匠的女儿结婚；铁匠、裁缝、鞋匠、织工等都是如此。若想受人尊敬，就必须娶同行的女儿，继承祖传职业。若不与同宗族的人结婚，就会受人轻视，被众人视为耻辱。[58]

印度纺织业的发展非常成功，但编织和深加工的工作都由特定的种姓负责，后者只从事纺织业，其他行业概不染指。因此，纺织业并不是农民赚取额外收入的渠道。18 世纪，孟加拉地区比尔普姆的纺织业蓬勃发展，就很好地说明了这一点。[59]至少从 1700 年开始，该地区东北部就以出产优质丝绸而闻名，18 世纪前后，该地区的棉布也开始声名远扬。这些织物不是由稻农（通常指允许保留 1/3 收成的佃农）生产的，而是由一个特定的印度种姓"坦蒂"（Tanti）和两个特定的穆斯林群体来生产。这些纺织品的贸易经由一个简单交易模式"Kaufsystem"达成，织工每年收到四次预付款，最终的报酬一年一付。

纺织所需的部分原材料由当地农民种植，需求最大时也会进口。当地也会出口一些成品，这意味着织工们最忙的季节是运

215

输出口货物的船只出发之前（最晚是 3 月 10 日）——恰好是收获时节。出于社会习俗和经济原因，纺织和务农这两项活动往往相互排斥。织工们不种粮食，必须从市场上购买日常食物——这在饥荒时期造成了严重后果。[60]

一些织工从同住者那里采购纱线，[61] 另一些则在专职的纺纱工处购买。专职的纺纱工都是女性，且大多数是寡妇，她们的工作不分种姓和信仰。成品质量最高的纺纱工每月最多能挣 1.75 卢比，织工的收入则可能两倍于此——不过后一份收入有时是把织工的女性同住者的纺纱收入也算了进去。在这种严格的职业划分下，织工（纺纱工除外）家庭有时需要集体搬迁，要么搬去纺织业发达的地区，要么搬离纺织业急剧衰退的地区。[62]

这样看来，印度的劳动密集型工业化与日本和中国长江三角洲地区的差别并不大。尽管种姓制度让印度变得非常特殊，但也对 17、18 世纪飞速发展的印度纺织业产生了重大影响。第一，种姓制度为织工提供了大量就业机会，甚至超出了织工种姓的数量。第二，由于主食水稻和其他作物，尤其是经济作物（除了之前提到的棉花，经济作物还有糖、蚕丝和靛蓝）的集约耕作，农民的隐性失业率有所下降。[63] 除了纺织业带来的就业机会，印度的种姓限制与日本和中国形成了鲜明对比——日本和中国的家庭收入来源于小农生产和手工棉纺业。

需要特别指出的是，从最初的种植棉花，到最终的织布和加工成布料，其中存在大量对于纺织业来说必不可少的生产环节；织工以外的种姓也在一些环节中占据了优势。在整个生产过程中，种植所需时间占 1/4，纺纱占 1/2 以上，经纱和织造大约各占 1/10。关于近代早期南印度的情况，历史学家伊恩·C. 温特（Ian C. Wendt）提出，纺织业使女性从家庭劳动力转变为市场生产劳动力，这一过程非常重要。[64]农民家庭的劳动包括棉花的采摘、清理和纺织，对于自有 5 英亩土地的家庭来说，女性的收入占家庭总收入的 41%；而对于租用 5 英亩土地的家庭来说，女性带来的收入高达 52%。在从事纺织的家庭中，对于分别拥有两台和一台织布机的家庭来说，女性经纱和兼职纺纱的收入分别占家庭收入的 32% 和 38%，在没有织布机的家庭中则占到 48%，还有相当一部分女性（主要是寡妇）是一家之主，是家庭全部收入的来源。伊恩总结道："许多家庭中女性劳动力的年收入约为 5.5 个金币或 20 卢比，占许多家庭总收入的 1/3 到 1/2。没有男性可以依靠的女性——尤其是寡妇——可以通过纺纱为自己和孩子赚取微薄的生活费。"

从这些情况可以明显看出，女性对家庭经济收入贡献之大，这也符合劳动密集型道路和相关勤勉革命的一般理论（见第 226—231 页）。北印度有一个民间故事，很好地描绘出从事经济活动的女性如何受到激励而产生理想。这个故事在 19 世纪才出版（但肯定起源于更久之前），其内容很符合上述观点。

　　一个无知的挤奶女工用头顶着一罐凝乳走在路上。她吃力地走着，脑海里突然冒出一个愉快的想法："我要卖掉这些凝乳，然后用卖凝乳的钱买一些芒果。家里已经有一些芒果了，这样加起来就会有 300 多个，有些芒果可能会坏掉，但不管怎么说，至少还会有 250 个，我一定可以把它们卖个好价钱。然后在排灯节的时候买件绿色纱丽。对，没错，绿色的纱丽会衬得我的脸更加好看。就这样！我要买下它，穿着它去集市，昂首挺胸地走出去，让大家看看我的衣服饰品多精致、多漂亮，当然——还有我美丽动人的面庞，每走一步我要把头昂上一百下。"这个蠢姑娘带着庄严的神情，想象着这些美好的事情，但突然一个趔趄，凝乳罐从她头上掉了下来，摔个粉碎，她在脑海中为自己建造的美丽城堡也随之烟消云散。[65]

故事的寓意如何现在不作讨论，更值得注意的是，这个"无知"挤奶女工的理想和欲望，是基于勤劳精神和市场导向的。这是对北印度与中国的父系家庭观念的一次重要调整。社会学家莫妮卡·达斯·古普塔（Monica Das Gupta）指出：[66]

> 父母与儿子中的一个同住，这个儿子可以使用额外的土地，但父母的财产还是由所有儿子平分继承。家庭财产和管理权的转移是逐步进行的：一开始儿子们在父亲的指导下劳作，随着父亲年纪增长，儿子们就逐渐接手一些管理决定权。最终，父亲只在名义上仍是一家之主。儿子们从共同种地变为分开种地，再正式分割土地并分配财产。最后一步通常在父亲去世之后才进行。[67]

此外，大户农民会试图通过限制继承人的数量，来尽可能保持农场的完整性：很多大户的儿子一生未婚。"这些家庭通过杀害女婴和男性不婚这两种手段，来对其人口增长进行控制。"[68]

不仅如此，女性尤其是女孩和年轻女性的地位极其低微。达斯·古普塔解释道，在中国和北印度，同堂家庭中的核心纽带是父系血缘——父母和孩子之间的以及亲兄弟姊妹之间的血缘关系。事实上，婚姻关系被视为父系血缘关系的潜在威胁而遭遇阻碍，方式是"在工作场所，女性和男性全天分开，在不同的区域工作"。因此，不同于北欧以夫妻为家族核心单位，印度的家族核心单位是家庭。

> 女性嫁入自己家族以外的家族，而男性则构成自己家族的下一代。因此，男性设立了社会秩序，女性则处于社会秩序的边缘。女性很早就要结婚，嫁入丈夫的家族，往后的时间里几乎不可能再为原生家庭贡献生产力。在夫家，她们的任务本质上是生理方面的，主要负责繁衍后代，承担家庭劳动。她们的社会地位也是最低的，因为孩子的母亲是谁根本不重要，而是要看父亲在家族中的地位，父系血缘才是后代获得社会身份的关键。……在中国和北印度的父系同堂家庭中，女性在婚姻早期阶段的地位最为低微，这个阶段是生育高峰期。在这一时期，她们承受着生育压力，她们的孩子还很小、很脆弱。……女性自己也要面临更大的生育压力，因为在夫家，女性无法决定自己的身体生育权。

218

在父系同堂家庭中，男性工作所带来的结果是："他们仍是家庭中的一员，但……在家族企业中不能大展拳脚"；或者这些男性也可能暂时迁居别处，并将收入转移。[69] 现在的问题是，从17世纪到19世纪早期，选择了"劳动密集型道路"的印度民众，是否也面临同样悲观的情况？以及我们是否应该对那个骄傲的挤奶女工的心态给予更深入的研究？非常遗憾，由于缺乏研究资料，我们还不能充分回答这个问题。但达斯·古普塔所描述的性别规范，在殖民时期变得僵化也并非不可能。[70]

作为本节的最后部分，下文将探讨另一种方式，即农民无须诉诸家庭手工业（纺纱除外）就可以满足自身对额外收入的巨大需求，就像亚欧大陆的其他地区一样。[71] 也就是说，通过季节性和多年度的短期迁移来突破现行职业制度的界限。农民的迁移不同于特定职业的永久迁移，后者保持了内部凝聚力以及相关的规范和价值理念。季节性和多年度的短期迁移使不同背景的群体聚集在一起工作，但在特定情况下，可能会破坏现有的工作方式和秩序——与谁合作、在何种情况下合作。荷兰东印度公司（VOC）船上的孟加拉水手或一些士官之间就出现过这种情况。[72] 18世纪末，宜佳浦尔（Ichapur，位于加尔各答北部）的火药工厂就是一个很好的例子。[73]

从18世纪80年代开始，由于英国扩张的加剧，孟加拉管辖区的火药制造业发展迅速。当时英国与蒂普苏丹（Tipu Sultan，南印度迈索尔王国的军事首领，被称为"迈索尔之虎"）进行了多次战争，后来又与法国（在埃及这样的遥远地区）、荷兰（在爪哇、锡兰和好望角）和西班牙（在菲律宾）同时开战，此外还在对抗其他各方敌人。1797 年，该火药厂的工人增至 2500 人，使之成为当时世界上最大的工业机构之一。除了厂长及其得力助手，几乎所有工人都是印度人（包括管理人员）。有一部分（约占工人总数的 1/4—1/3）是在 10 月的雨季过后入厂的，他们大多来自西边几百公里外的伯德万 – 比尔布姆 – 米德纳普尔（Burdwan–Birbhum–Midnapore）地区，也有来自吉大港，甚至还有更远的地方——需要向东穿越孟加拉湾。翌年 5 月，他们中的大多数人会回到家乡，重新开始小规模的佃农耕种和家庭手工业，直到秋天来临，又回到宜佳浦尔再次开工。

1787—1814 年，在苏格兰人约翰·法夸尔（John Farquhar）承租的政府工厂里，工人们熟练地进行全天轮班制工作，每周 7 天、每天 24 小时都有人上班。来自西孟加拉邦和奥里萨邦不同地区的男女工人，不论是印度教徒还是穆斯林，都在这个大工厂里工作。他们中的一些人必须克服文化障碍，比如镟床工人，他们负责将木炭、硝石和硫黄这些成分等量混合，制成有效火药，工作时必须穿上防护皮夹克、裤子、戴上防护手套和头盔式面具。但印度教徒憎恶这种穿戴，于是他们所有人都不做防护措施，冒着火药频繁爆炸而带来的致残或致死风险工作。但这种风险也使他们团结起来，发起了包括罢工在内的几次集体活动，并成功争取到了一项正式的抚恤金计划。从 1783 年起，在爆炸中幸存但无法恢复工作的工人，以及在爆炸中遇难的工人的亲属，每月都可以领到抚恤金，其金额相当于他们出意外前的最终工资。

起初，那些有资格领抚恤金的人需要亲自到工厂领钱，这对于居住在数百公里外的人来说是很大的阻碍。住在吉大港的呼颂迪（Khoosoomdi）采取行动后，这项规定发生了改变。1797年2月21日，2号火药厂发生爆炸，厂长通知呼颂迪，她那个还未结婚的小儿子查马鲁（Chamaroo）被炸身亡。一年后，她千里迢迢赶往宜佳浦尔，来到厂长法夸尔的办公室，向他申请抚恤金。她说服法夸尔在两个重要问题上更改现行规定：作为一名未婚受害者的母亲，她不仅有资格获得抚恤金，而且以后可以直接在吉大港领取。厂长向上级报告称，呼颂迪和其他人"向我表明，每年从吉大港赶来辖区（宜佳浦尔）领取抚恤金，一路上常遇危险，花费甚多，政府好心发放的抚恤金的作用反而没有那么大了，他们由衷地恳请授权税务官或吉大港的其他官员每月当场向他们支付抚恤金"。因此，政策就这么定了，并在接下来的几十年里延续了下去。

如我们所见，与中国和日本相比，印度的种姓制度虽然确实限制了劳动密集型道路发展的机会，但它不一定会妨碍经济发展，也比想象中更灵活，而且可能还有其他更积极的影响。虽然这三大文明（中国、日本、印度）很早就发展出各自的书写和计数系统，但印度在这些系统的应用方面仍然很突出，尤其是在将种姓职业制度下的专业知识代代相传方面。就此而言，不仅正式培训很重要，而且实践中传递的"隐性知识"，即没有体现在文本中的专业能力和技能也很重要。教育的总体水平和职业培训的组织是这方面的关键。

印度在职业培训方面可能具有优势，但在通识教育方面可能就有所欠缺，或者说优势要小得多。原则上，手艺由种姓垄断是无法改变的事实。男孩从幼时起，就会模仿父亲做事，因此慢慢地就开始学习父亲的手艺。当然，问题在于这样一个封闭的体系对创新能有多大的帮助呢？在任何情况下，低水平的教育都对创新无益。假设关于稍晚时期的可靠信息也适用于 16、17 世纪的印度 [74]——在印度，种姓制度限制了印度教徒的教育：婆罗门的儿子能够负担得起教育费用，接受教育乃是天经地义——正如他们天经地义不需要做体力劳动。至于巴尼亚（Banians，印度商人），该种姓中越来越多的人成为素食主义者或和平主义的耆那教徒，他们也有一套完备的商业课程。并且和婆罗门、抄工种姓一样，巴尼亚也不从事体力劳动。而穆斯林就没有正式实施这样的限制，但总的来说，印度是世界上国民识字率和识算率最低的国家之一，如今看来这并不奇怪——但对当时这样一个发达国家来说，这个数据值得注意。

不管怎么说，种姓制度都阻碍了知识传播和书籍出版，也扼杀了阅读文化发展的苗头。在这几个世纪里，印度只在果阿和孟买有几家西式印刷厂。一直到 19 世纪，印度语言或波斯语（莫卧儿帝国和其他统治阶级的通用语）的书籍仍靠手抄出版，这导致发行量非常有限。至于占主导地位的波斯语字母表，事实上，1727 年奥斯曼帝国正式禁止穆斯林印刷书籍，这一政策必定会对其使用产生影响。[75]

从劳动密集型道路到资本密集型道路：
近代早期西欧

几个世纪以来，劳动密集型的工业化道路在亚洲和欧洲都取得了成功，在这个时期末，尤其是英国，进入了资本密集型阶段——我们称之为"工业革命"。再加之西欧与世界其他地区的贸易往来频繁，产生了诸多影响，因此西欧的工作史十分重要，需要更加深入细致的研究。下文将首先讨论西欧的劳动密集型道路，这也与所谓的工业革命相关。与南亚和东亚一样，西欧的劳动者也有机会更高效地利用时间，农业生产组织效率和工业生产经营效率都得以提高，二者也进一步协调发展。最终，不同类型的劳动力迁移也使城市和偏远地区的工作相互关联。

从比较视角来看，在这里列举各个国家的情况意义不大（因为即使是当时规模相对较大的欧洲国家，面积也只与中国最大的几个省份差不多）。相反，本节主要从不同的角度探讨西欧的劳动密集型道路：日益高效的农业专门化，以及相关的农村流动劳动力的专门化；所谓的原始工业（尤其是农村的原始工业）以及勤勉革命带来的产品需求；西欧的城市化进程（包括职业专门化和职业组织、移民中心和知识中心的发展）；多年度的短期人口流动；以及上述所有因素对劳动人民的阅历和世界观产生的影响。

日益高效的农业专门化

222

在黑死病这场灾难过后，西欧人口经过半个世纪才恢复到之前的水平。从那时起，可用于扩大种植面积的方式非常有限。但人口还在持续增长，16—19世纪甚至翻了一番，这主要是因为农业的集约化。虽说面包谷物的产量已经不会有多大的提升空间，但在近代早期，不列颠群岛和低地国家的四种主要谷物（小麦、黑麦、大麦和燕麦）的平均产量比之前翻了一番，这主要得益于大量施肥；但在欧洲其他地区，这四种谷物的增产仅有上述地区的一半。[76]然而，真正的利润来自其他作物。因此可以看到，在畜牧养殖的专门化方面，有的地区是为了生产乳制品，有的是为了生产肉类，而有些地区则没有畜牧养殖业，主要从事园艺或经济作物生产。

以荷兰共和国为例，该国大部分面包谷物从波兰（经波罗的海）进口，同时也从英国、法国和其他国家进口。[77]因此，在低洼地区有了饲养牲畜的空间，在地势更高的地区也有空间种植经济作物，比如亚麻（亚麻布的原料）、油菜籽（灯油和其他油的原料）、胡麻（用于生产油彩）、茜草（红色纺织染料）、大麻（用于制作灯丝、绳索、篷布和渔网，种子可用来制作肥皂）、啤酒花（用于酿造啤酒）和烟草。在畜牧养殖的育种方面，牲畜品种也有了极大改进。欧洲其他地区普通奶牛的年产奶量为800升，相比之下，荷兰的弗里生奶牛在17世纪的年产奶量就已达到2000升。这也意味着在每头奶牛身上（如挤奶、搅拌和制作奶酪方面）投入的工作量增加了2.5倍。花匠或菜农供应蔬菜、水果和鲜花（著名的郁金香，原产于土耳其），他们最初是在露天土地里种植作物，后来开始在温室中种植。此外，他们培育的树苗也出口到欧洲各地。

所有创新都带来了非常有利的结果，因此，将海平面以下的土地改造成圩田是值得的。但圩田必须借助风车不断把水抽走，所以荷兰建了很多风车。为了排水和方便运输，人们还挖了堤坝和水渠。专门负责圩田的劳动力，一部分是农民及其家庭成员，其中女性则生产黄油和奶酪等乳制品："农户重新组织了生产活动，他们从工作日程中卸下维持家庭自给自足所需的各种任务，把精力集中在其余任务上，即更严格的农业生产任务。总之，他们很专业。衡量其专业性的指标之一就是生产规模的扩大，在以畜牧业为主的地区，畜群规模的扩大最为明显。"[78] 平均耕地面积也增加了，尤其是在最小的那些农场消失之后。但最重要的是，农户获得了专门化和集约化发展，地主和佃户均是如此。

在佛兰德斯 – 泽兰 – 荷兰（Flanders–Ieeland–Holland）和弗里斯兰 – 格罗宁根（Friesland–Groningen），土壤呈重黏土质，需要许多长期的农场工人和女孩犁地、播种，尤其需要他们完成间苗、除草和收割作物这样的耗时工作。他们要么住在当地，包食宿还能拿工资，要么就做临时工并按要求工作，这样也能学到很多农业技能。1610 年，在奥克姆（Oakham，位于东米德兰），农场工人分为以下两类：一类是"掌握完备畜牧业知识的男仆，能犁地、播种、收割、打谷、堆草垛、盖茅草屋和植树篱，还能杀猪、宰羊和屠牛"，年薪为 2 英镑；而另一类是"能驱犁、能推车、能打谷，但不擅长播种和收割的女仆"，年薪仅为 1 英镑。[79] 由此可见，技能的重要性日益突出。这一点不仅适用于全职的农场佣工，也同样适用于流动劳工，下文将会有所介绍。

农村的流动劳工

由于许多作物都有季节性特点，包括干草种植，所以除了当地工人，每年到了特定的几个月里，还要雇佣其他地方的劳工来收割作物。[80] 小农场消失后，高度专门化的农业地区对外来劳动力的需求激增。流动劳工依旧存在于欠发达的内陆地区和西欧的山区，不过现在也有大量流动劳工被可耕种的农业地区吸引。19 世纪前后，西欧北海沿岸（从南部的佛兰德斯到北部的不来梅）的流动劳工激增至 3 万余人，他们在每年的农业旺季受雇，完工后回家，下一年再来。

北海沿岸甚至还不是西欧最具吸引力的地区。其他具有吸引力的地区主要还有：英格兰东南部（东英吉利和林肯郡）、巴黎盆地、卡斯蒂利亚及其首都马德里、加泰罗尼亚和普罗旺斯之间的地中海沿岸、波河流域和意大利中部地区。在三个北方地区，每年有 10 万劳工参与其中，而在四个南方地区，劳工总数超过 20 万。从以下对夏季的罗马平原的描述中可以清晰地看出，这样的工作是大规模进行的："经常会看到田里有 600—800 名收割劳工，他们人非常多，需要半个小时才能排成一排，队伍中时不时会传来一声喊叫。四五十名督工骑着马沿着队伍督促劳工们，确保他们尽可能靠近地面收割麦秆。骡子驮着葡萄酒、面包和奶酪，带着粮食来来回回。晚上，劳工们就睡在地里。"[81] 这些充满吸引力的地区的共同点是，过去几个世纪里，农民们发展出高度专门化的单一栽培法，每年只在部分时间里需要大量劳作；且几乎没有农民留在当地专门做这项工作。幸运的是，有流动劳工生活在周边地区——有时是山区——在那里只有小规模农业。对此，在同一份关于意大利中部的报告中写道：

碰巧的是，罗马平原的地主或租赁人在特拉西梅诺省有招工代理人，冬季时农民生活境况不好，这些代理人会借此机会给有困难的农民提前预支粮食，只要求他们到罗马平原收割作物，并以此偿还部分甚至全部借粮。这些受委托负责雇佣劳工的人拥有"卡波拉尔"（意大利语 caporale，义为"二等兵"）的头衔。他们不仅可以从地主那里得到双倍日薪，此外，每雇佣到一名劳工，还能得到25法郎的奖金。这些劳工每个工作日可以得到食物和4法郎——其中一半要拿来还债（还给地主）。一般情况下，如果没有债务，截至工作结束，一名劳工能带25—30法郎回家。[82]

19世纪前后，有几十万欧洲人（一个世纪后是几百万人）开始到沿海平原工作。往返路程需要一周时间，他们年复一年地往返务工。尽管艰辛，且有患疟疾的风险，但是对于他们来说，这份额外收入足够具有吸引力。

相比之下，农场佣工按时计酬，而流动劳工按件计酬，后者通常遵循合作分包制度，进行集体劳动。举例来说，流动劳工会在波河平原播种、移栽、除草和收割稻谷。8月底至10月中旬是稻谷收割的时节。这些劳工分组进行收割，每组6男6女，不仅要割稻和打谷，还要负责把一袋袋稻谷储存到粮仓里。他们的收入在稻谷收成的1/14—1/13，每人约200升，换算后即每天收入2.5法郎。这些小组完全独立地组织工作，雇主只在收割季开始时现身，并以小组为单位签订集体合同，在收割季结束时支付整个小组的计件酬劳，金额是事先商定的，且要保证稻谷质量合格。拿到酬劳后，劳工们将自行分配这笔钱。

在德国、荷兰和斯堪的纳维亚大部分地区的砖厂中，大部分制砖工人来自利普－德特莫尔德小公国（即威斯特伐利亚王国）。工人的酬劳中要扣除付给代理人的一小笔介绍费，以及购买集体食品的费用，具体情况如下。[83] 个别没有经验的年轻人必须学技术，所以他们只能拿时薪，而有经验的则按件计酬。经验最丰富的制砖工人（如司炉工、制模工和淬火工）的工资最高，而经验较少的工队成员（如车夫、组工、卸货工），工资仅为前者（工队的核心）的 1/2 或 1/4。表现突出的个别工人还会兼作司炉工，负责监督工人工作，工资总数与监督的人数相关，每监督一名工人，就可获得一笔固定金额的工资。因此，在进行高效的生产合作时，所有工人都能从高效的生产合作中直接获益。来自瓦隆尼亚、英格兰西南部和意大利北部的季节性制砖工人也采用了类似的合作分包制度。

家庭成员之间的合作与工作场所内的合作互补。以下同样是关于威斯特伐利亚的例子，由迪普霍尔茨的一名公务人员于 1811 年讲述，展示了农民家庭如何将在国内进行的农业工作和亚麻生产，与在荷兰从事的季节性移民劳动结合起来。虽然到荷兰省工作能拿到国内两倍的工资，但生活必需品的价格也是国内的两倍。

　　所有从我所在的州前往荷兰省务工的人都只拥有少量土地，收成不足以支付租金和税金，他们只得出去做季节性工人，别小看这份工作，这是跟其他工作相比的最佳选

择。虽说外出务工会缺席部分生产活动，但这算不上是缺
点。这些工人会在圣雅各布节（7 月 25 日）之前赶回迪普
霍尔茨，节后就是谷物收割季，他们要到播种结束后才动
身去荷兰省，这样就只错过了干草的收割和晒制，不过留
在家里的女性家庭成员也能完成这项工作。工人会随身携
带猪肉——来自自己屠宰的猪——作为食物，他们在生产中
获得了最大收益。这对于国家来说也有特别的好处。正因
如此，从统计学的角度来看，几乎所有去荷兰省的流动劳
工都会带上一些自家纺织的亚麻布，没有中间商，他们能
以尽可能高的价格在当地出售，这一点非常重要。[84]

原始工业

中世纪后期，纺织业发展迅猛。除了威斯特伐利亚的农村
地区，西欧其他许多地区的纺织业也快速兴起。为了与后来的工
业革命相呼应，纺织业也被称为"原始工业"（proto-industry）。
18 世纪时，羊毛和亚麻成了最重要的纺织原材料，其次是蚕丝
和大麻（分别用于精细和粗糙的织物）。直到 18 世纪末，欧洲
的全棉织物生产才大量增加，此前这种生产主要集中在印度。在
这几个世纪里，欧洲生产的绝大部分纺织品都是供欧洲大陆人使
用的，但有一个重要的例外，即制作美洲奴隶衣服所用的生亚麻
布。在欧洲，家庭内部工业（除了主要的纺织业，还有金属加工
和其他产业[85]）和农业活动的结合展现了无限的多样性，一方面
是劳动的组织方式多种多样，另一方面是参与劳动的男女老少获

得的财富多寡不一。这主要取决于不同的政治制度和自然条件。

除了"原始工业",与工业革命相关的关键术语还有"勤勉革命"（发生于近代早期欧洲）。"勤勉革命"这一概念代表着家庭参与劳动力市场的程度提高，消费也随之增加，反之亦然。两者都是在对家庭、家庭成员及其任务进行全新的自我定义后的框架内进行的。这种勤勉的行为和心态与"休闲偏好"相悖，长期以来，后者都被视为前现代男性和女性的特征，他们一旦赚够了钱，就会停止工作，只有在需要钱的时候才会重新工作。[86] 前文讲述亚洲的劳动密集型道路时也提到过这种勤勉行为，下面将基于纺织业的日常工作，按时间顺序简要阐明欧洲的情况，重点关注发展原始工业的农村和小镇。[87]

自中世纪以来，意大利北部一直是纺织业的领头羊，但在16世纪和17世纪初，其纺织业发展停滞不前，大城市纺织业的衰落尤为显著，行业领先地位也被荷兰、法国和英国所取代。17世纪中叶后，意大利的纺织业开始复苏，但主要出现在小镇和农村。除了羊毛，蚕丝也成为重要的原材料，女性在生产过程中扮演着越来越重要的角色。此外，麻布由农村家庭生产，主要靠妇女儿童在漫长的冬季里完成。18世纪中叶之后，北部的部分地区开始专门生产棉花和羊毛。[88]

中世纪晚期，低地国家的农村纺织业集中在佛兰德斯，但随着（荷兰）共和国的崛起，这一重心从佛兰德斯转移到了荷兰省，主要是由于1580年后，大批信仰加尔文教的纺织工人为摆脱天主教反宗教改革的影响，从西属尼德兰移民至此。在（荷兰共和国）北部，纺织业首先扎根于城市：莱顿以亚麻纺织业和

227

不久后的主要工业——羊毛纺织业而闻名；哈勒姆也因其亚麻闻名；阿姆斯特丹则是纺织品精加工和国际贸易的中心。[89] 就像中世纪以来的大多数欧洲城市一样，织布工作是一种男性工作，由行会（或类似的组织）来组织。诸如梳栉、梳棉和纺线之类的准备活动仍然是女性的工作，主要由女性户主（一般是寡妇）和未婚成年女性（无论是否独立生活）完成，第一种情况下往往会形成单亲家庭。此外，许多儿童（主要是外包给孤儿）也会梳棉、搓线和纺线。

男人和女人领取计件工资，而受救济者和所谓的"慈善儿童"（即由慈善机构抚养的儿童）只能领取食宿费和微薄的时薪。直到 18 世纪纺织业衰退时，男性才取代了一半的女性，从事羊毛纺纱工作——在以前的羊毛梳理工作中也发生过类似的事情。人们默认纺纱的女性和织布的男性会自动结为夫妻，共同组成一个（核心）家庭。这种情况确实会发生，但似乎更多的纺纱者会独自从事自己的职业，自己购买原材料，甚至出售自己纺的纱线。其中还有许多人会雇佣独立的员工——主要是雇佣其他人的孩子，包括上文提到的孤儿。一个孩子能在一个月内学会如何纺纱，但要学习一两年才能快速生产出高品质的纱线。

必须强调的是，女性的计件工资与劳动生产率和男性相比没有差别（至少在莱顿是这样）。但通常情况下，男纺纱工的收入要高于女纺纱工，因为男性主要纺纬纱，女性一般纺经纱，而纬纱的纺织效率明显高于经纱。我们还发现，男纺纱工几乎只存在于棉布纺织业，而不进入收入较低的亚麻纺织业。[90] 男孩和女孩做同样工作的工资则基本相同，虽然他们的计件工资只有成年人的 1/2—2/3。不过在实际工作中，他们通常按小时计酬。已婚纺纱女工和她们孩子的收入对技工（不管是不是织工）来说，是必需的额外收入。如果没有丈夫——这是常有的事，因为女性可能未婚或早年丧偶后未再婚——那么纺纱足以维持她们简单的生活。当然，前提是她们保持健康，每周可以工作六天，在晚年时可能还会得到一些救济。当然，最糟糕的是那些带着孩子的单身女性，孩子还太小，她们脱不开身，无法工作。总之，纺纱比织布挣得少，甚至比从事建筑工作挣得还少。

在共和国的东部和南部，农村纺织业的诞生最初是为了补充城市纺织业，后来却取代了城市纺织业。17 世纪，由于农村工人酬劳较低，商人们就将纺织品订单从城市转移到了农村，包括北布拉班特（羊毛）和特文特（棉花）。农村的劳动分工和城市大致相同，不过这里的男女都纺纱；生产关系与家庭关系也和城市的非常相似。18 世纪，北布拉班特的羊毛织工从独立购买纱线和销售纺织品的简单交易模式"Kaufsystem"转向包买模式（putting-out system），即从自己的客户［商人或纺织商（fabriqueur）］那里获得纱线——即使这些纱线可能是由纺织工自己的妻子或孩子（从同一个客户那里领工资）所纺，也必须经由客户转手一次！

在佛兰德斯的南部和中部，农村亚麻纺织业繁荣发展，工业和农业的互补现象导致纺织工人的土地明显短缺，他们期望将额外收入投资在一小块土地上。如 1800 年的观察所示：

229

农村人习惯了常年工作，他们最想做的就是耕地，会全身心地投入农业劳作中，而在不耕地的所有时间里，都在忙于织布、纺麻和纺羊毛。许多村民从事纺织工作赚了一些钱，便希望自己也能拥有土地、成为农场主，而不是一直打零工。于是，土地以惊人的方式进行了分割。[91]

虽然无法对欧洲所有国家的农村纺织业都进行探讨，但一定不能忽视英国——这里毕竟是工业革命的发源地（见第293—304页）。17世纪时，在英国南部地区，仆人不再是睡在麦秆和毯子组成的"床"上，而是有了真正的床垫、枕头和床单。17世纪的什罗普郡，每张床的平均床单数量从3条增加到了5条，而剑桥郡的工人至少有2条。床帷变得更常见，富裕家庭甚至开始流行挂窗帘。最后，普通人也逐渐拥有更多的羊毛和亚麻服饰，因为家庭主妇生产的亚麻布和当地裁缝所制的羊毛料现在都有了成衣产品。[92]

羊毛料是所谓的新式布料，其产业集中于科茨沃尔德（生产厚重的白色绒面呢）、东安格利亚（生产较薄但不太耐用的克尔赛绒呢或精梳羊毛料）、兰开郡的奔宁山脉中部地区以及约克郡西区（生产绒面呢和棉麻混纺粗布）。自中世纪以来，羊毛纺织业的重心已从城镇转移到农村。[93]和整个西欧一样，英国雇佣工人的比例增加，妇女儿童离开家庭进入劳动力市场的比例也在增加，且涨幅较前者更为显著。[94]

羊毛料和亚麻布（棉布要到18世纪中叶后才会更加普及）的消耗量增加意味着纺纱工和织布工以及羊毛服装针织工的就业机会均大幅增加。市场上的羊毛针织物原本是伦敦的特色产品，作为手工艺品出现在奔宁山谷地区，后来传到了特伦特河谷地区，18 世纪中叶后又传到了莱斯特和考文垂的农村地区。亚麻布产业则出现在诺福克郡和萨福克郡的交界处。[95]

这些产业大多（并非全部）[96] 分布在农村，主要与小规模农业相结合，组织形式极为多样，许多人将多种活动结合起来。爱德华·巴洛（Edward Barlow）于 1642 年出生在兰开郡，后来他回顾自己的一生，记录下了青年时期的故事："我有时被迫去和邻居一起工作，有时他们需要我帮忙收割庄稼，或者做晾晒干草之类的工作，有时一起去煤矿坑——我们国家有许多煤矿，煤非常便宜，我以前常常牵着邻居的马去把煤驮回来烧。"他 12 岁时被迫辍学，在当地做棉麻粗布生意，负责漂白布匹。"做生意很辛苦，我们忙完一天的生意后，还要忙着照料马和奶牛，给它们处理伤口、喂饲料；没有其他工作时（比如冬天，因为那时生意不多），我们就得清理垃圾、植树篱、修渠，还干所有其他农活。"不过这一切努力都没有白费。他提到自己靠卖煤所挣的积蓄："不过靠着卖煤和其他类似的活儿，我挣了一些钱，给自己买了些衣服，然后星期天去教堂做礼拜。以前我从来没有去过教堂，因为没有得体的衣服穿。我父亲很穷，还欠着债，买不起适合我们穿去教堂的衣服（所以我们不能去教堂），非要去的话也只能穿得破破烂烂的出现在教堂——但这样并不体面。"此外，对女性而言，"新的工作任务并没有取代她们在家庭或农业方面的工作，反而增加了工作量。直到 19 世纪，诸如纺纱、手工编织、蕾丝制作和做草编等在英国部分农村地区依然很常见，尤其受老年女性和儿童等廉价劳动力的欢迎，因为做这些工作时可以一心多用，可以一边照顾孩子一边干，也可以在往返市场或做农活的路上干"。最终，对所有家庭成员来说，"将工业生产任务放在首位，意味着花在准备食物、种植粮食、养牛、养猪或养家禽上的时间更少了"。[97]

早在工业革命之前，意大利北部、荷兰和英国部分地区的农村工业就已繁荣发展。但在欧洲的一些农村地区，这类家庭手工业还没有萌芽。为什么会出现这样的情况？是当地的季节性失业减少了，还是人们没这么勤劳？对欧洲农村逐个地区的详细考察表明，人们的谋生方式和职业类型不断产生新的组合。有些农场几乎只种植谷物庄稼，有些主要种植工业原料作物；有时大型农场种植不同种类但在种植时间上互补的作物，这样就需要有大批的固定工人；而其他农场种植单一作物，但也有需要从别处雇佣劳动力的高峰期。最后，还有一些农民不得不在附近的大农场当雇工，或者去很远的地方当流动劳工，又或是从事多种家庭手工业，以补充农业活动的收入。总而言之，那种简单、小型、自给自足、没有额外收入的农民农场已经不复存在。

对此，英格兰南部就是很典型的例子。在当地更往西与威尔士相邻的地区，农民专门从事畜牧饲养，这为女性提供了许多工作机会，例如，照顾牛群以及加工乳制品。在东部，谷物种植主要集中在大型农场，男雇工比女雇工多，可以将他们分为大量已婚、独立生活的"农场佣工"（farm servant）和未婚的住场工人，后者通常被称为"劳工"（后称"小伙子们"）。[98]劳工大多是 14 岁以上的男孩和 16 岁以上的女孩，21 岁及以上才算成年。他们的故乡位于遥远的东南部，那里的耕种非常多样化，不仅有谷物，还有水果和经济作物（如啤酒花），当地的农村人也到伦敦和海外去工作。

蓬勃发展的城镇

对于大多数欧洲城市来说，纺织业是经济中占比最大的产业。[99] 这在 1500 年之前就是这样，在近代早期依旧如此。不论过去还是现在，纺织业都十分重要，不仅增加了就业机会，还促进了更广泛的劳动力发展。如果没有源源不断的农村劳动力流入，纺织业就无法运转，更别说有所发展。劳动力和人才的聚集，使得组织领域（尤其是行会的发展）和知识领域（包括技术知识和常识）都有了密集的思想交流。[100] 近代早期的欧洲城市有两方面值得我们特别注意：人口增长情况和职业专门化及其组织情况。

16—19 世纪，欧洲逐渐城市化，同时城市化的中心从意大利北部，经荷兰转移到了英国。16 世纪时，欧洲大陆只有 17 座人口超过 4 万的城市，其中一半以上在意大利。至 19 世纪，人口达 7 万以上的城市不少于 37 座，主要集中在不列颠群岛，但这时欧洲大陆的城市人口分布比以往任何时候都更加均衡——从加的斯到斯德哥尔摩、从格拉斯哥到巴勒莫。这些城市的人口增长完全是由于移民，且现有人口数量得以保持也主要依靠于移民，原因很简单：在那几个世纪，上述地区的人口死亡率高于出生率。[101]

近代早期，欧洲城市人口的"自然增长"呈消极趋势。这是由于当时卫生条件差，患传染病的风险增加。城市居民住在没有排污系统的房子里，人口密度大，且废水和饮用水混合，这些风险隐患的存在自然会增加居民患病的风险。17 世纪上半叶，如果没有移民来补充，城市就会平均每年损失 1% 的人口。农村是城市人口的最大来源，从 16 世纪到 19 世纪，整个欧洲总计约有 2000 万农村人口迁入城市。[102] 这样一来，他们不再从事农业生产，而是进入了各种手工行业。

手工业专门化早在中世纪时期就已经萌芽，现在已经达到全盛。一般来说，城市越大，工业活动和服务就越多样化。这一点在黄金时代的荷兰画师身上得到了最好的验证。[103] 他们不像意大利、西班牙和法国的大师那样，受到皇室（物质）或精神上的赞助，总的来说，他们不是因为眼前有订单要求而创作，而是给未来潜在的市场提供库存。但画作毕竟不是食物，要想在这方面取得成功，画师们必须从根本上做到专门化。在绘画这方面，佛兰德斯和布拉班特走在了前面，前者有专门画花卉或水果静物画的画师，后者则专门画风景、城市、海景，或是乡村客栈的迷人景色。因此，他们可以很快地投入工作，并努力赚取合理的收入。约 1590 年，荷兰的专业画师约有 100 人，到 17 世纪中叶前后的黄金时代，这一数字增长到 700 人至 800 人。

这些画师——其中最伟大的几位，他们的名字至今仍家喻户晓（伦勃朗、维米尔、哈尔斯、斯蒂恩）——被同时代的人视为手艺人，同时他们也认为自己的身份首先是手艺人。因此，他们也是手工业行会的强制会员。行会起源于中世纪（见第 189—191 页），几个世纪后依然存在。在 17 世纪经济最发达的荷兰共

233

和国的大中型城市，行会的数量比以往任何时候都多，会员的人均收入也达到巅峰。[104]

行会通过为会员提供生活保障，自然地履行了传统职能。由于获得了当地政府批准的行业垄断权，行会会员可以尝试以合理的价格向公众出售其产品。例如，荷兰的城市画师能够以相当于日均工资的价格出售一幅朴实无华的油画。行会的功能之一是促进老师向学生传授必要的专业知识。有时，这一知识传授过程是公开的：理事会组织"教师资格证"考试，对会员的专业知识进行正式测试；但更多时候是私下进行的。[105]

在劳动人口中普及专业技能，是经济发展和工业革命成功的必要条件；只有几个聪明的发明家是不够的。毕竟，大多数工匠必须有适当的动机才会发明和改良节省劳动力的技术——无论这些技术多么微不足道——而且他们也乐于应用别人的改良方法。[106] 这需要通过学徒制进行正式培训，以便在实践中传递"隐性知识"，即传递没有以文字形式体现的职业能力和技巧。在这方面，教育的总体水平、教育的本质和职业教育的组织都至关重要。[107]

大部分城市居民都是移民，如果将这点考虑进去，就意味着行会作为一个整合机构而运作，也促进了社会流动，尤其是在保留了一些惯例程序的行会中。首先是会友的葬礼，其次是（年度）会议，无论结束后是否有宴会，会员都必须参加这些活动。由此，荷兰共和国逐步发展出一种保险制度，这种制度不但会在行会会员身亡时提供抚恤，而且在其患病或因年老丧失工作能力时，也会提供相应的补助（尽管后面这种补助具有更多的限制）。

在阿姆斯特丹，这些款项不是基于现收现付制筹集而来的，而是来自投资资本的利息，最好是投资长期且收益固定的政府债券。如此一来，18 世纪时，一个成熟的劳动者互助保险组织应运而生。

当然，手工业行会的入会标准至关重要，在此我们看到了行会的可进入性与城市发展程度之间的有趣联系——这种可进入性是通过获得公民权利的成本来衡量的；此外，入会标准还包括会员需要支付会费，以及遵守宗教信仰或家族声誉等方面的有关规定。对于想加入行会的移民来说，荷兰西部快速发展的城市似乎拥有最有利的条件，而中部和东部发展缓慢的城市则更为严格。在德国西部发展停滞不前的城市里，移民几乎不可能成为行会会员。因此，移民对德国西部的风评非常糟糕，转而纷纷前往荷兰，也就并非巧合。在荷兰，每名工匠平均花几个月的工资就能加入行会，而在德国西部却要花几年的工资，入会候选人还必须信仰正确的宗教（换言之，当局信仰的宗教），还要根据家谱证明自己的家族中没人从事"不正当的"职业，比如刽子手或娼妓。

但绝不能忘记的是，许多人被排除在了行会会员的队伍外。除了会员与非会员之间的对比，行会内部也可能出现严重紧张的局势。[108] 无论行会是否对移民开放，无论她们在丈夫（行会会员）的手工业生意中发挥了多么重要的作用，女性几乎永远无法成为正式会员（再一次，有些荷兰行会是例外）。[109] 学徒和仆人不是正式会员，或者根本不是会员，这种情况可以追溯到中世纪晚期。流动商贩也受到了阻挠。与奥斯曼帝国截然不同，西欧的犹太人几乎总是被排斥在外，天主教城市禁止新教徒，同样的，新教城市也禁止天主教徒。在这些方面，荷兰共和国西部的城市再次成为主要例外。

在行会内部，富裕的会员与他们不那么成功的"兄弟"之间经常出现严重的紧张关系。与正式的规则相反，大师傅们试图充当分包商，使次要会员实际上成为他们的雇佣工人。理论上，"兄弟"之间机会平等，但在不断扩张的行业中，根本没有平等。尽管如此，也只有在个别地方，副手们成为独立大师傅的希望极其渺茫时，才会有人发起零星的反抗。组织得最好的是制帽熟练工行会和剪布熟练工行会。[110] 像大师傅行会一样，他们定期向会员收集捐款，也就是所谓的"募捐箱"。这些款项不仅用于社会援助，还作为罢工基金。在欧洲大部分地区，熟练工们不得不求助于流动劳工组织，安排去其他地方获取经验；正因如此，上述行会的组织能力也得到了提升。[111] 这些熟练工在德国被称为"候鸟"（Wanderfögel），在法国被称为"同伴"（compagnons），在不列颠群岛被称为"旅行的兄弟"（travelling brothers）。最终，这些工人变得精于世故，也完全有能力组织自己。因此也难怪，荷兰南部的帽匠副手们认为当地罢工基金不够用，就组织了一个互通式的全国性公用岗亭网络；同样隶属于类似组织的公用岗亭网络在法国也尤为普遍。亚欧大陆各处都出现了形式各异的类似组织和行动，为未来的工会打下了基础（详见后文第 302—304、第 381—388 页）。[112]

一大批雇佣劳工，通常指"仆人"（servant），完全脱离了行会和学徒制。通常来说，做仆人意味着从 15 岁到 25 岁要住在"父母家"生活、工作几年。其中，学徒大多是男孩，用人大多是女孩（但也有男用人，尤其是在农业领域）。仆人的劳动合同组织方式很独特，住家仆人被视为家庭的一分子，类似于工匠的常驻助理或学徒，户主的父权就是法律。这种"父母"几乎享有绝对权力的类亲子关系，早在中世纪的一些城市里就已分崩离析。

让我们以荷兰为例。[113]14世纪以来，在艾塞尔河畔的城镇里，以及15世纪的荷兰省、佛兰德斯、格罗宁根和弗里斯兰，（政府）规定自由劳工必须签订劳动合同，这意味着人们可以自由从事雇佣工作。双方可以诉诸法院强制执行或解除合同。劳动力市场以民法为依循，而非刑法。在荷兰共和国，没人可以强迫穷人接受市场所提供的工作（这样的情况要到19世纪才会发生），官方也没有制定工资标准。仆人违反合同是严重的罪行，会受到监禁或强制劳动的威胁；但现实中这种情况从未或很少发生。与之相对的是，从17世纪后期开始，中途终止合同逐渐变得容易；总的来说，劳动关系更多地表现出客观的人际关系特点。难怪17世纪的法学教授乌尔里克·胡伯（Ulrik Huber）认为荷兰共和国对仆人的体罚是"无法容忍的，违背了主流的正义感"。荷兰仆人能挣到合理的工资，甚至还能存钱。毕竟，未婚的住家仆人享有食宿。这让他们能有资格进入婚姻市场。据估算，在18世纪的阿姆斯特丹，最富裕家庭的仆人可以为她未来的丈夫（假设他是个非技术工人）节省1/3—1/2的结婚预算。[114]水手和士兵是例外，直到20世纪（有些方面直到今天），老旧的规则也依旧适用于他们，因为他们的船长或军事指挥官扮演了父母的角色。这些规则中就包括体罚。

在荷兰以外的地方，尤其是在英国和德意志联邦，仆人的权利朝着完全自由的工资协议方向发展的时间要晚得多。[115] 自黑死病席卷欧洲以来，劳动力严重短缺。《劳工条例》《劳工法令》（1349—1351）以及《工匠法令》（Statute of Artificers, 1562—1563）中的批准和阐述，从各个方面限制了英国雇佣工人的行动自由。[116] 英国有关仆人的法律规定，仆人若违反合同，不但将受到刑法制裁，雇主也有权对其实施"适度的惩罚"。托马斯·史密斯（Thomas Smith）爵士在其关于伊丽莎白时代政体的著作中总结道：

> 除了需要提供服务，仆人在其他事务上享有完全的自由人身份。但根据劳动合同，他们不得在契约期内未经主人许可就自行停止服务，必须在服务期限结束前三个月告知雇主这一诉求，否则将被迫再服务一年，或是被扣上足枷，遭受鞭打处罚，像游手好闲的流浪汉一样被扫地出门。……奴隶的供不应求导致人们把自由人当作奴隶使用。但相对氏族时代使用奴隶的现象而言，绅士时代的奴隶制度更慷慨、更自由、更平等、更节制。[117]

从18世纪40年代开始，这些条款的影响力逐渐下降，更多仆人开始成为流动劳工，促进了地区间和区域间的联系。同时，反对"亦奴亦工"现象的刑法占据了主导地位。[118] 尽管如此，英国的主人（适用民法）和仆人（适用刑法）之间的不平等，直到

1875 年颁布《雇主与劳工法》（Employers and Workmen Act）后
才正式废除。[119]

多年度的短期迁移

上文探讨了近代早期，欧洲在工作领域的两个主要转向。
首先，从农业转向手工业和工业，这个过程在一定程度上与人口
从农村到城市的迁移同步。如前所述，人口流动是技术进步的
重要推动力。其次，从家庭生产转向面向市场的生产，"勤勉革
命"，以及妇女儿童加入生产，都是这一转向的缩影。至于最后
一点，即从固定工作到短期迁移工作（除了已经讨论过的季节性
迁移，还有多年度的短期迁移）的转向，有必要在本节中单独讨
论。参与此类短期迁移工作的人（比如士兵、水手、流动工匠和
一些家庭用人）只打算在异乡工作有限的几年。前一节中已经提
到了后两类人（流动工匠和家庭用人），以下将主要介绍前两类
人（士兵和水手）。

在这几个世纪里，士兵和水手在西欧的地位比在东亚高得
多。在 1501—1550 年和 1751—1800 年这两个时间段里，欧洲
士兵的数量翻了两番，而人口只翻了一番，同一时期内拥有公
海经验的水手数量也翻了一番（从 74 万增至 160 万）。[120] 对士兵
数量之所以激增的传统解释是：亚欧大陆国家的规模差异太大，
西部国家极其分散，而东部国家规模庞大；简言之，国家越多
的地区，边境越多，越容易爆发冲突。在西欧内部，国家之间
战事频发，致使远超平均数量的雇佣军在欧洲各地活动，随后
遍布世界。[121] 到了拿破仑时代，乃至两次世界大战期间，大批普

通人被迫参军，但这只在全面征兵的情况下才有可能。而在此之前的几个世纪里，规模日益壮大的军队中则充斥着职业雇佣兵。

　　和前文提及的季节性工人的情况一样，一些地区的民众会专门从事士兵工作；尤其是苏格兰士兵，以及更多来自瑞士和邻国德国南部的职业士兵，他们遍布欧洲各地。虽然士兵都是男性，但军队中也有很多妇女儿童，后者是所谓的随军人员，负责军队炊事，并满足士兵的其他需求。一直到 17 世纪中叶前后，随军人员的数量都十分庞大，每 2 名士兵就配有 1 名随军人员。后来，这些职能逐渐由专业的后勤部队来执行。18 世纪时，每 20 名士兵才配有 1 名随军人员；但这个世纪的随军女性总计仍超过 100 万人。

　　当然，在这几个世纪，士兵的工作发生了变化，重心转移到改进火器和建造复杂的防御工事上，这是拉开交战双方作战差距的关键。但军队规模越大，士兵感染传染病的概率就越大，在军营里更是如此。因此，许多职业士兵并不是战死沙场，也不是带着积攒下来的工资回家，缔结一段美满的婚姻，过上期待已久的生活，而是染病躺在肮脏的病床上，在罹患痢疾、瘟疫或霍乱而昏迷的战友中间，痛苦地呻吟着死去。从肉搏战训练向作战演习的转变，最终导向拿破仑军队的职业化。敌军士兵的行军速度通常是每分钟 75 步，拿破仑却能把他的士兵训练到每分钟行进 120 步甚至 150 步。[122]

　　计算士兵的劳动生产率可能是一项棘手的任务；幸运的是，计算水手的劳动生产率要简单一点。航海大发现时代，水手的最高生产率是每人 6 吨；17 世纪是平均每人 12 吨；18 世纪中叶后达到 15—18 吨。水手生产率的极大提升解释了为什么当欧洲大举征服全世界的海洋时，水手数量在其总人口中的占比却相对稳定，并未大幅上升。在水手的劳动生产率方面，占据榜首位置的首先是荷兰，但 18 世纪时被英国取代。[123]

和其他职业群体相比，职业士兵和水手的劳动力市场具有更高的国际化程度。这一点在荷兰共和国可能最为明显，因为荷兰有一半，甚至一半以上的士兵来自其他国家，海军士兵和前往亚洲船只上的水手的情况也同样如此。[124] 但在短程航线船只上，外籍水手的比例要小得多，沿海地区海上渔船的情况也是如此。这并不足为奇，因为渔船载量更小，且空间有限，所以会优先雇佣本地水手。

这并不是说当地人怀疑外籍水手是否忠诚勤恳，显然他们将外籍水手视为完全合格的劳动力，因此给的也是同工同酬的待遇。即使是荷兰东印度公司，许多德国水手的工作机会也不比荷兰人差多少。德国人的读写能力和算数能力都很好，这可能在应聘时起到了重要作用。为荷兰东印度公司工作的德国水手，待遇不仅比他们留在国内的同行好得多，甚至比其荷兰同行还要好。

239　　然而，这样一个真正国际化且自由的劳动力市场在当时的欧洲仍是个例。周边国家，如丹麦、德国的汉萨同盟城市、奥属尼德兰、法国、西班牙，乃至荷兰的主要竞争对手英国，最多都只招募 10% 的外籍水手，有时还会采取暴力强迫手段，迫使本国居民在海军服役。在波罗的海和地中海沿岸的欧洲边缘地区，船队既征募自由水手，也征募非自由水手——义务兵、囚犯、战俘，甚至奴隶。其中既有本国人，也有附属国和奴隶贩卖地区的人。

英国船只上的外籍水手占比较低，这一现象的背景比较特殊。英国长期以来都有抵制外国人的传统，例如，1189—1190年大规模屠杀犹太人，1381年瓦特·泰勒的部下在农民起义中屠杀弗莱芒人，以及1517年五朔节期间，伦敦爆发了大规模的反外国人动乱。1558年，法国从英国手中夺取加莱后，英国提出了一项驱逐所有法国人的法令，在议会中仅差几票就能获得通过；1601年，英国又颁布了一份公告，下令驱逐所有黑人。[125]尽管在16世纪，英国有过一段短暂的开放时期，接纳新教难民，但仍然对外国人（包括苏格兰人）持怀疑态度，尤其是在1707年与苏格兰合并之前。这也体现在英国对商船船员的限制上。根据1651年颁布的《航海法案》（Navigation Acts），英国货船上3/4的水手必须是英国人，但实际中这一比例似乎更高，因为英国政府强迫船长拒绝征募外国人——在《合并法案》（Act of Union）颁布之前，苏格兰人也算作外国人——船长们也完全遵照政府的要求。

荷兰的商船队不仅国际化，还洲际化。虽然荷兰东印度公司和它所有的欧洲对手一样，尽量避免在返程时载回亚洲人，但还是招募了亚洲当地人员，为其军队、舰队和其他活动服务。[126]一方面，商船队不能没有亚洲人；另一方面，它们也并不反对雇佣亚洲人。荷兰人是从葡萄牙那里学到这种做法的。16世纪时，葡萄牙人的航海活动中就已经有欧亚混血水手了。和法国、英国相比，荷兰使用的混血水手更多——与上述欧洲其他国家的情况形成了鲜明对比。[127]

更引人注目的是，当时的水手和 19 世纪之后的水手一样，享有同工同酬的待遇。欧洲水手（有时也包括欧亚混血水手）和亚洲水手之间的唯一区别，只是荷兰东印度公司为他们提供的就业机会不同。亚洲人可晋升的最高职位是水手长——这是最高级别的非正式委任职位。而站在荷兰角度来看，除了种族与宗教方面的偏见外，语言技能也被纳入考量。想成为一名士官必须通过舵手考试，为此，考生必须精通荷兰语。鉴于荷兰语是欧洲西北部水域的通用语，这对德国人和斯堪的纳维亚人来说并不是难以克服的障碍，但对亚洲人来说却是不可跨越的鸿沟。[128]

水手之所以是工作史上一个重要工种，还有另一个原因。由于水手们在船上不可避免的关系密切，他们在早期就形成了集体行动的传统。当他们不满足于现有工作条件和工作环境时，就会采取集体行动维护自己的权益。[129]

劳动人民的阅历与世界观

几个世纪以来，随着西欧劳动关系发生重大变革，人们对工作的看法也发生了变化。精英阶层对劳动中产阶层和劳动穷人的看法，以及劳动人民对自己的看法都发生了变化。从为家庭工作到为市场工作的转变，早在中世纪鼎盛时期就已开始，但现在由于农村的劳动专门化（包括原始工业化），尤其是城市化进程的加快，而被赋予了一层额外的含义。这意味着工作逐渐不再隐藏于家庭内部，而是越来越公开。由此，有人整理并公布了关于工作的许多问题，还对此进行了公开讨论——这有可能引发社会运动。

下面我们将首先讨论全身心辛勤工作的另一面——对于休闲时间的期待。15 世纪有一首题为《假日》（"Holidays"）的诗歌，据说出自一位英国未婚女性之手，诗中有这样几行：

> 我期盼今天已经很久：
>
> 纺锤、线轴和梭芯通通走开！
>
> 在这个美好的假日，
>
> 满怀快乐幸福，我要去游玩！
>
> 纺锤、线轴和梭芯通通走开！
>
> 今天是假日，我满怀快乐！[130]

宗教改革期间进行了许多限制公众自由时间的尝试，但这些想法早已在别处有所体现。例如，1495 年，英国通过规定最短工作时间来加强工作纪律。[131] 在欧洲大部分地区从天主教向新教转变的过程中，法定节假日的天数急剧减少。而此前根据《圣经》记载，除了主日，还有相当多的教会法定节日也同样神圣。这些假日不像复活节和圣灵降临节（五旬节）一样定在周日，而是像圣诞节和 12 月 26 日（不列颠群岛的节礼日）、复活节星期一、圣灵降临节星期一、诸圣节、万灵节、基督圣体节等节日一样，可以定在周日以外的其他时间。此外，在未受宗教改革影响的天主教国家还有朝圣日。

1552 年，英国政府试图将公共假期限制在每年 27 天。但并未完全成功，因为在清教徒革命期间，当局再一次试图取消传统的天主教或天主教化的节日，并强制民众严格遵守公休。[132]1574

年，荷兰北部的多德雷赫特会议（Synod of Dordrecht）甚至规定，只有星期天应当作为假期。事情并不像表面那样非黑即白，但这项举措确实强化了长期以来官方基督教节日减少的趋势。总的来说，最长的年工作时间从 16 世纪前后的 260 天至 265 天，增加至 17 世纪后的 300 余天，增幅超过 15%。[133] 这对于荷兰人来说意味着，除了星期天，就只剩下少得可怜的 6 天公共假期。

然而，上述法定假日的计算中，并未将性质完全不同的休息日考虑在内，这也意味着每年的实际工作时间比上面设想的要短。首先，参加葬礼要耗费大量的时间，许多葬礼必须在一周内完成，因为尸体只能短暂存放；洗礼和婚礼较之更为灵活，可以安排在星期天。当时的死亡率很高，人们不时要参加家族内部和邻里之间的葬礼，这是一件非常耗时的事情，特别是对专门的职业人员来说，由于还有同事等其他关系圈，他们需要花费更多的时间参加葬礼。其中最著名的例子可能是欧洲和伊斯兰世界的手工业行会，在每个行会中，即使冒着可能会被罚款的风险，会员也都有义务以必要的礼数安葬其同行。大城市中大型行业的从业者一年要花很多天参加葬礼。[134]

所有这些对时间的强调都源于对工作表现的外部监督，也是对努力工作这一理念的强化。这样一来，其重要后果是寻求"刺激物"——让难熬的时间更容易度过的东西。对诸如糖、可可、茶和咖啡之类殖民地产品的消费有所增加，这一现象并不只出现在精英阶层中，也存在于普通民众中，因为他们现在也能买得起这些产品，这表明劳动密集型道路和勤勉革命给人们带来了更高的收入。当然，这些"刺激物"同时也能增强忍耐力，让人们能够长时间从事艰苦的工作。自 17 世纪初以来，在陆军和舰队中，供应烈酒就已经成为标配。干繁重农活时，喝啤酒也是惯例，当时的啤酒比绝大部分现代啤酒要浓烈得多。[135] 除了能帮助产生热量、减缓疼痛和疲劳，啤酒还能带来欢乐，让人们情绪高昂，所以不应低估它对艰苦工作的作用。唱歌也能产生这样的效果，比如水手们就会在集体劳动时谈天说地、唱号子。[136]

有关工作价值的公开言论也急剧增加，尽管这只是识字率提高和印刷机普及所带来的结果。有时候，比如在西班牙，它也采取了启蒙运动和天主教的改革家的警告形式，要将女性放在她们"合适"的位置，即家庭中，在这里她们必须用纺纱来打发休闲时间。他们激烈的争论恰恰证明了，女性正广泛地进入家庭以外的劳动力市场和商品市场。[137] 工人们现在可以向广大公众表达自己的想法，可以聚集支持者，还可能采取集体行动。我们从城市工匠的圈子中了解到了"工作乐趣"的积极表达，1720 年前后，有位不知姓名的法国作家创作了一段木刨和主人之间的对话：

> 小工具，漂亮的木工刨
>
> 你的刨身稳当又好使
>
> 你的刨头精致又漂亮
>
> 愿你能够经受时间的考验
>
> 小工具，稳当的工具
>
> 在你面前，工作不在话下。
>
> 我的主人，请让我派上用场

有了我，你会比国王还幸福

在你作坊里的所有工具中

你明白我有多么与众不同

工作台、定位板、

尺子、榫规、木槌

都欣赏我的卓尔不群，

都尊重我、崇敬我。[138]

面向市场的工作和在公共场所的工作备受重视，与工作环境恶劣、报酬低之间存在巨大矛盾。这种矛盾使人们产生了新的愿景，并为实现这些愿景作出了努力。中世纪晚期，出现了前面提过的，大师傅工匠反抗权势商人的梳毛工起义（Ciompi Revolt），以及黑死病之后由鼎鼎大名的约翰·威克里夫（John Wyclif）和瓦特·泰勒，以及约翰·胡斯（John Huss）分别在英国和波希米亚（捷克旧称）领导的农民起义。这些人将《创世记》中描述的，伊甸园尚在尘世时早期人类的美好生活，作为自己追求理想的正当理由。从 16 世纪开始，"空想家"们对此进一步完善，最终勾勒出一个不参照《圣经》的、以劳动人民为中心的新世界。"空想家"这一称谓参考了托马斯·莫尔（Thomas More）著于 1516 年的《乌托邦》（Utopia），在书中我们可以看到：

贵族、金匠、放债人、游手好闲的人，或对国家发展无用的一些人过着纸醉金迷、挥霍无度的生活；工人、车

夫、木匠、农民却始终努力工作，工作强度连驮畜都难以
忍受。他们的工作是如此的重要，若没有这些工作，任何
联合体都会在一年内走向灭亡；可他们的收入却是如此
的微薄，过着看起来连野兽都不如的悲惨生活。这算什么
正义？[139]

莫尔虽是一名虔诚的基督徒，但他并未引用《圣经》作为论据，
而是指向更普遍的原则，比如"社会需要劳动"，因此"劳动成
果应在小个体劳动者和雇佣劳动者中公平分配"。许多继莫尔
之后的空想家也倡导这一点。1602 年，意大利人托马索·康帕
内拉（Tommaso Campanella）创作了《太阳城》（*City of the Sun*）
一书，但和《乌托邦》一样，该书中并未真正试图创造一个新社
会。不过，康帕内拉确实从《使徒行传》中汲取了一个古老的理
念，即通过宣传"共享一切商品"（以及他自行增添的"共享一
切女性"）的观点，来弥补所有的社会不平等。荷兰人彼得·科
内利斯·普洛霍伊（Pieter Cornelisz Plockhoy）也有类似的想法。
1663—1664 年，普洛霍伊根据这些原则，在新尼德兰*做了一项
群体共享实验。[140]

　　其中部分不切实际的想法和尝试实现平等理想的失败案例
确实对后来的发展产生了重大影响，但相比之下更重要的是，近
代早期出现了大规模的集体行动，如英国的平等主义者和掘地派
开展的运动。这些运动并未形成关于工作之于社会的重要性的新

---

* 17 世纪荷兰在美洲的殖民地。

理念，而是提出了一个关于农民土地的理想，而他们的领袖杰拉德·温斯坦莱（Gerrard Winstanley）明确反对雇佣劳动。[141] 当然，这并不能改变一个事实：越来越多的雇佣工人持有与他们大相径庭的观点。17 世纪的一首佚名英国民谣中，有名农业工人说道：

> 我小心翼翼地把挣来的钱带回家。
> 如今我从日常经验中学习；
> 我们的生活虽然贫困，
> 至少能够把饿狼挡在家门之外。

> 我刈麦又割草，耙地又播种，
> 有时树篱又挖渠；
> 我打谷又犁地，没出过差错；
> 自己动手，丰衣足食。

> 我的妻子愿意和我一起犁地，
> 像两只温顺的羔羊，从不激怒对方。
> 我们就像勤劳的蚂蚁，
> 努力使自己摆脱贫困。[142]

欧洲影响下的全球劳动关系转变

近代亚欧大陆的东部、南部和西部，都曾出现类似的工作集约化与经济增长（见上文第 197—244 页）；但恰巧正在此时，

"西方和其他地区"之间的差异日渐扩大。上述类似和差异都被纳入了关于所谓"大分流"（Great Divergence），以及奴隶与奴役劳动之激增（不仅存在于大西洋两岸，也存在于其他地区）的历史辩论中。关于1500—1800年全球化进程的利与弊，本节主要围绕西欧与美洲、非洲和南亚之间的联系展开论述，下一节则会介绍有关中欧和东欧的情况。

大分流简述

长期以来，有观点认为这几个世纪的世界历史似乎很容易概括，至少从长期占据主导地位的西方-欧洲视角看来是如此。西方虽然在中世纪时出现过一些问题，但一直到最近，都仍被视为优势的一方。归根结底，西方文明是古典时代与基督教结合的幸运产物，又在启蒙运动中蓬勃发展，最后强大到能够将其思想与文化强制推行到世界其他地区。"这对世界其他地区而言或许是一种不幸，但归根结底，向西方靠拢对它们也有益；成功的关键就在于认真地效仿欧洲"——这种夸张的观点在近二十年已逐渐站不住脚，处于崩溃瓦解的边缘，尤其是当近年来中国经济的自主增长越发显著之时。一些亟待回答的问题随之产生：西方是否真的一直处于（并能继续保持）优势地位？如果并非如此，那么它和其他地区的经济差距究竟是在何时拉开的？造成这种差距的原因是什么？目前，就上述问题达成的共识是：亚欧大陆东西之间产生巨大差异的时间并不久远；在相关的历史学辩论中，欧洲快速增长、亚洲变得落后的那一次分化，被称为"大分流"。[143]

这不仅是字面上的"适者生存"问题，虽然美洲大陆的情况可能确实是这样。那么，亚洲当时的情况究竟如何呢？亚洲国家从什么时候开始不再像过去那样，将葡萄牙、荷兰、法国和英国等国家的"殖民地"尊为贸易站，容许其存在并参与使用？中国和日本等国禁止欧洲商人、实施"闭关锁国"，是否并非由于政府软弱，而是为了彰显实力？或者说，在1750—1800年之前，欧洲势力在亚洲的扩张在多大程度上已成为事实，又在多大程度上受到西方和其他地区之间根本性社会差异的影响？

246 在本书"人类工作史"的框架下，我们自然会提出如下问题：这一时期，西欧是否以及如何建立了比世界其他地区更先进的工作组织方式和劳动关系？[144] 对此有两种经典的说法：一是，欧洲可以通过剥削美洲殖民地的廉价劳动力（大多为非自由劳动力）来无限积累财富，这也是其他地区得以发生工业革命和发展实力的原因。二是，欧洲已经发展出了优越的经济制度，包括自由劳力市场制和成功的学徒制，优化了人力资本，增强了人口的区域流动性和社会流动性。这些制度首先推动"工业革命"扩张到全世界，随后又帮助欧洲教化新的臣民——从美洲的印第安人到南亚次大陆的印度人，从非洲人到亚洲人——进而使这些有益的制度得以推广到世界各地。

由此就衍生出许多子问题：我们目前对亚欧大陆不同地区在1500—1800年这三百年里的经济成就了解多少？亚欧大陆的经济专业化程度如何？经济专业化程度与城市化程度有多大的关联？随着劳动生产率提高，劳动者能在多大程度上得到发展？男性、女性和儿童的劳动力分配效率如何？自由劳动力和非自由劳动力的比例是多少？自由劳动力有机会掌控、改善自身的命运吗？最后，是否可以根据上述分析结果，得出工业革命必然会发生，英国乃至欧洲必然会主导世界其他地区的结论？

早在一个多世纪以前，伟大的社会学家兼历史学家马克斯·韦伯就针对上述很多问题进行过大量阐述，但令人满意的答案很少——主要还是由于缺乏对"西方"和"其他地区"的可靠比较研究，而"西方"和"其他地区"这样的常规表达本身就隐含了这个问题的严重性。也因此一再遭到反对，但这并不妨碍许多学者在论及英国或西欧的相对伟大成就时依然夸夸其谈。[145]

迄今为止，关于"大分流"的讨论让我们认识到，欧洲从"大发现"中获得内在优势的经典前提已经站不住脚，同时也让我们明白，要对西欧、中国、印度和日本的经济成就进行有意义的比较研究，是多么的困难。根据一些学者的说法，1650—1700 年（即工业革命前），西欧和中国的经济中心（分别是荷兰共和国 / 英国，和中国长江三角洲地区）的繁荣程度大致相当，且这种局面持续了一段时间。直到 18 世纪，英国的人均产出才超过中国长江流域农业劳动者的人均产出。更重要的是，长江流域农民家庭中的妻子和其他家庭成员通过纺纱和织布来赚取额外收入的机会，先是遭到了中国北方同类产品的冲击，后来更是在欧洲同行的竞争下彻底丧失。[146] 另一些学者则不太确定这种对数据的解读是否正确，他们认为，与欧洲北海沿岸国家相比，中国核心地区经济的相对恶化可能至少在一个世纪前就已经开始。[147]尽管如此，所有学者都一致认为，宋代中国远比欧洲繁荣，此后欧洲开始追赶上来；大家也一致认为，就人均收入而言，至少在

247

19 世纪以前，欧洲与中国的经济差距并不显著。

在有关"大分流"的讨论中，印度较之英国和中国受到的关注并不多，因此，学界对这一地区的比较结论更加没有把握。一直到 17 世纪末，印度的实际工资水平都高于西欧，而后才被超越；1800 年后差距开始迅速扩大，因为欧洲经济快速发展，印度却停滞不前。[148] 印度意外灾害的发生频率也越来越高，孟加拉地区第一场有据可查的大饥荒发生在 1769—1770 年，受灾人数高达 1000 万，之前的粮食短缺问题相比之下根本不值一提。在这场饥荒后，1787—1788 年又发生了一场饥荒；此后更多灾难接踵而至。[149]

至少直到 1700 年前后，欧洲的经济水平似乎都没有明显的优势，可以解释历史的其他方面，但在其他领域是否可能存在根本性的差异？"大分流"中的许多因素几乎或完全与工作无关，可不予考虑，但有几个因素值得进一步研究，比如劳动人口技能的提升和政府发展经济的能力，这些主题将在下一章（见第296—298 页）中进行展开论述。另一个相关的主题是收入的增长（这是劳动投入增加的结果），尤其要关注其影响——糖、咖啡、茶和其他外国商品等奢侈品消费的增加，其中的外国商品完全由世界其他地区的廉价非自由劳动生产。这些问题值得我们密切关注。

非自由劳动的扩张

前文已经得出结论，18 世纪之前，亚欧大陆上的不同地区在工作组织方式和劳动关系上的相似度很高。虽然当时越来越多的欧洲人前往亚洲，建立殖民地，但除了少数生产香料的地区，亚洲整体在工作方面基本不受殖民活动的影响。美洲则深受欧洲殖民的影响，非洲沿海地区受殖民影响的程度也逐渐加深。在美洲，欧洲基于市场经济原则的劳动关系和当地基于等级的贡赋—再分配制度发生了根本冲突，但欧洲人很快就用武力征服了美洲人，因此在美洲大陆上，不可能出现有如亚洲长期存在的平等的经验和思想交流。

但这绝不是说欧洲人真的将他们自己的劳动形式都转移到了美洲。即使他们是胜利者，也必须应对和适应美洲本土高度发达社会的习俗。欧洲人还非常有选择性地将旧大陆的某些劳动形式（即非自由劳动）引进美洲，其他劳动形式（即自由劳动）则没有引进或只在小范围内引进。造成这种局面的原因部分归咎于最早的殖民国家（葡萄牙和西班牙）的劳动关系性质。1500 年前后，葡萄牙和西班牙人开始采用奴隶制，他们的竞争对手（荷兰人、英国人、法国人和丹麦人）紧随其后，同样严重依赖加勒比地区的非自由劳工以及来自非洲的奴隶。在"勤勉革命"的背景下，全球对奢侈品的需求飙升，显然，这刺激了所有试图牟利的殖民者。欧洲在这方面有一个额外优势，即可以从世界各地进口糖、咖啡、茶等产品，以获取廉价提取的美洲白银。

在进一步讨论美洲和非洲之前，让我们先确定自由劳动和非自由劳动之间的关系，尤其应该关注这种关系在欧洲海外殖民发源地——欧洲西南部和南部的情况。如前所述，中世纪后期，欧洲市场劳动力的普遍发展趋势是个体劳动和雇佣劳动日益增加，西南欧和南欧却再次出现奴隶劳动。在伊斯兰地区，精英阶层一直对奴隶有需求，故蓄奴（尤其是蓄养家奴）行为并没有消失。14、15 世纪，热那亚和威尼斯扩张到黑海和爱琴海后，地中海地区天主教城市中的富裕居民也效仿了这种做法。特别是在俄国南部，他们可以利用当地繁荣的奴隶贸易。新奴隶还来源于战俘，在基督徒和穆斯林之间的战争（包括基督教国家的收复失地运动和奥斯曼帝国的扩张）中，双方都认为自己有权把信仰其他宗教的战俘当作奴隶出售，从而保障了新奴隶的供应。[150] 举个例子，在这种背景下，1452 年，教皇尼古拉五世允许葡萄牙国王将所有穆斯林、异教徒和基督世界的其他敌人出售给出价最高的人。1488 年，教皇英诺森八世欣然接受葡萄牙人赠予他的 100 名摩尔奴隶，并将这些奴隶分给他的红衣主教，也就不足为奇。

在生产市场商品的过程中，甘蔗种植园使用奴隶的情况可能最为常见。因此，甘蔗种植方式从中东传播到西方，意味着奴隶制也必然会随之传播。[151] 甘蔗原产于印度、美索不达米亚和黎凡特。在热那亚和威尼斯等意大利城邦的庇护下，十字军及其后裔在塞浦路斯和克里特岛也种植了甘蔗。这一利润丰厚的经济作物随后传至西西里岛、巴利阿里群岛、西班牙南部和葡萄牙南部，最终经加那利群岛、马德拉群岛、佛得角群岛和圣多美传播至美洲的巴西。[152]

长期以来，欧洲对奴隶的需求主要来自亚得里亚海东岸，尤其是意大利在黑海沿岸的殖民地，但这些地方的奴隶供不应求，因此甚至出现了基督徒出卖基督徒为奴隶的情况。这样看来，1501 年那不勒斯王国的卡普阿沦陷后，女奴价格大幅下跌也就不足为奇。然而，非洲成为新的最大奴隶供应地，部分原因是欧洲与撒哈拉以南非洲有直接联系，还有部分原因是奥斯曼人切断了巴尔干半岛和俄国南部的奴隶供应链。

从公元 300 年前后开始，西非向罗马造币厂出口黄金，这一因素促成了伊斯兰教在中世纪时向撒哈拉以南非洲的扩张。这一扩张始于 9 世纪，尽管过程很缓慢，但加强了跨撒哈拉的贸易联系，导致奴隶向北流动，流向地中海南部海岸，其中很大一部分流向了摩洛哥。葡萄牙人和西班牙人征服了非洲西北部港口城市，他们从摩洛哥人那里得知了奴隶的来源。所以，葡萄牙人和西班牙人也开始贩卖黑奴，此前他们贩卖的是柏柏尔人，这些人在更早之前就被阿拉伯人作为战俘出售。埃及是奴隶贸易的另一个终点。其统治集团——马穆鲁克（于 1250 年执政）对奴隶有着巨大的需求，他们还把奴隶培养成精锐士兵使用。这些奴隶来源于北方的威尼斯人从俄国南部购买的白奴、南方的游牧部落供应的黑奴——从西非运至突尼斯和利比亚，再由热那亚的船只运往埃及。[153]

1453 年，土耳其人征服君士坦丁堡后，地中海西部地区和土耳其人新占领的大西洋群岛对黑奴的需求迅速增长。这意味着继意大利人后，如今土耳其人控制了博斯普鲁斯海峡。自此，不再有来自俄国大草原的奴隶，也不再从高加索和巴尔干半岛向西流动的奴隶。因此欧洲人被迫寻找其他奴隶来源。非洲便是新的奴隶来源地之一，此时葡萄牙人正逐渐向南深入探索非洲西海岸；意大利人甚至到西班牙的巴伦西亚购买奴隶，当地的各行各业都普遍使用奴隶，与战俘（"正义战争"的战俘）、抢劫犯、

250

海盗犯以及被判劳役的穆德哈尔（Mudéjar，当地穆斯林）相关的奴隶贸易繁荣发展。至 15 世纪末，巴伦西亚的奴隶人口中有40% 是黑人，我们必须在这里寻找现代种族主义的根源。[154] 现存最早的葡萄牙语和西班牙语资料称，几内亚是奴隶的起源地，随后加那利群岛人也很快沦为奴隶，接着是沃洛夫人（Wolof）、塞雷尔人［Sérères，包括比亚法拉人（Biafra）］，在葡萄牙于加纳建立米纳的圣若热（São Jorge da Mina，埃尔米纳）要塞后，伊博人（Ibo）和曼丁卡人（Mandinka）也沦为奴隶。值得注意的是，这一切都发生在欧洲人尚未发现美洲大陆之前；当美洲被发现之后，它很快就成了非洲奴隶的主要目的地。

12、13 世纪，基督徒在与穆斯林的对抗中取得了短暂的胜利，并建立了多个十字军国家和以君士坦丁堡为首都的拉丁帝国；15 世纪时，基督教世界却面临地中海东部地区的伊斯兰国家带来的新压力。因此，葡萄牙和西班牙试图向西扩张，并最终开辟了通往东方的新航线。这些尝试与基督教国家渴望振奋军威、攫取经济利益以及传播基督信仰的愿景紧密结合。在非洲西海岸的领地争夺战中，葡萄牙人成功占领了马德拉群岛、亚速尔群岛和佛得角群岛，西班牙人则占领了加那利群岛和摩洛哥部分沿海地区。在西班牙人发现巴哈马群岛前的几十年里，他们在加那利群岛上的所作所为对于后来在美洲发生的事情具有重要意义。马德拉群岛、亚速尔群岛和佛得角群岛被视为"无人区"，与之不同的是，加那利群岛是有原住民的——后者不是基督徒或穆斯林，而是说柏柏尔语的"万物有灵论者"（animist），通常被称作"关切人"（Guanches）。葡萄牙人从阿尔加维引进了甘蔗种植技术，并在马德拉群岛上种植甘蔗。从 1452 年起，葡萄牙人让越来越多的奴隶参与甘蔗种植工作。西班牙人效仿葡萄牙人，在加那利群岛也引进了甘蔗种植，并强迫关切人从事非自由劳动。此外，他们也从北非引入穆斯林奴隶，绝大部分黑奴则来自撒哈拉以南非洲。

在此背景下，我们将首先考察西班牙和葡萄牙征服美洲后，美洲的劳动关系；其次考察非洲的劳动关系；再将二者置于全球奴隶制的简要框架中进行比较，以了解大西洋贩奴悲剧的独特性。

美洲的劳役分派制和监护征赋制

第一批欧洲人到达美洲时，他们遇到的社会在劳动组织方式上与他们所习惯的方式完全不同。美洲居民对"新主人"的劳动观念也同样感到惊讶。[155] 在以狩猎采集社会为主的地方，比如巴西，是基于互惠原则进行分配，而安第斯山脉下的大帝国和墨西哥是等级社会，实行贡赋—再分配制度。当时的美洲没有像欧洲一样的市场经济，也没有伊比利亚人在过去几个世纪中所习惯的动产奴隶制（chattel slavery）。印加帝国和阿兹特克帝国的臣民试图尽可能维持现有的劳动关系，而初来乍到的欧洲人则想采用适合自己的劳动关系，并在必要时引入市场经济和动产奴隶制，从而获取尽可能大的经济份额。

同样重要的是，来自欧洲的征服者们还执着于保持宗教和种族的纯洁性。早期，伊比利亚人包容宗教和种族差异，基督徒、穆斯林和犹太教徒会相互皈依对方的宗教；如今，基督教国家逐渐开始定期驱逐穆斯林和犹太人，也不再信任皈依者，其间还伴有紧张局势。异族通婚尤其会受到猜疑，强烈的"血统纯正"（limpieza de sangre）意识成为欧洲的主流观念。对美洲来说，这意味着不仅要审查新移民的宗教背景，还要出台有关组建家庭的严格规定。西班牙和葡萄牙征服美洲时，两国官方只承认天主教婚姻，禁止自由劳工和非自由劳工结婚，禁止欧洲人、印第安人和非洲人之间通婚。在西班牙殖民地，该规定一直延续到各国独立才废止。葡萄牙人在 1755 年才允许印第安人和白人通婚，但依旧不允许白人和黑人通婚。[156] 尽管如此，美洲的混血人口仍然迅速增长，他们被称为"卡斯塔"（casta），还被细致地区分为不同的子类别，即不同的混血人种。这种严格的分类对家庭生活产生了多方面的影响，进而影响到家庭内部的分工。大多数奴隶不可能拥有家庭生活；混血人群则不一样，他们作为自由人，只要拥有尚可的收入，就可以过上与欧洲人或纯种印第安人相同的家庭生活。

接下来的四个世纪里，在上述两个因素的共同作用下，美洲出现了一种独特的劳动关系组合。1492 年 10 月 12 日，哥伦布和他的船员第一次遇到巴哈马群岛的岛民，此后的一段短暂时间里，双方建立了货物交换关系，但还未涉及劳动关系。但正如我们所知，西班牙人和稍晚到达的葡萄牙人并不是没有想法。相反，他们都有清晰的计划来奴役新大陆上的居民，也都有丰富的经验来对付那些敢反抗的人。

基于其现行的劳动关系和对加那利群岛的殖民这一背景，西班牙人早在 1494 年就向美洲原住民征收贡赋。[157] 这并不足为

奇，也没有影响新大陆的现有劳动关系，真正产生影响的是将
非自由劳动引入美洲的两项新举措。第一项是，西班牙人在同
年发动的一场（针对异教徒的）"正义"战争中将战俘罚为奴隶。
更重要的是第二项措施，即从 1498 年起，西班牙王室将土地临
时（终身，但不可世袭）分配给西班牙殖民者个人；分配范围
扩展迅速，很快便包括了本属于原住民的土地，原住民被迫为
土地所有者提供劳动。尽管西班牙国王明令禁止在大西洋彼岸
的新殖民地实行奴隶制（战俘、罪犯除外，见下文），哥伦布还
是决定引入徭役（强迫劳役），把原住民的劳动纳入劳役分派制
（repartimiento）之中，而这可能导致该制度与奴隶制相差无几。

　　原住民提供的服务在西班牙人到来前后是不同的：在此之
前，徭役劳动的成果归国家所有；而在此之后，则会立即在市
场上出售，售出后以硬币形式向王室上缴销售税。1503 年，加
勒比地区引入了这种分配方式，其分配内容糅合了土地和原住
民，被称为"监护征赋制"（encomienda），字面意思是"委任"
（encomendar）。根据官方说法，这项措施旨在打击"懒惰"，消
除"流浪"，也旨在保护美洲的印第安人免受外部暴力所带来的
伤害，并对其辅以天主教的教化和西班牙语的教育。[158]

　　在墨西哥，西班牙征服者和士兵取代了部分传统贵族，成
为原住民村落的领主，但除此之外，墨西哥的制度基本沿袭了阿
兹特克时期的登记制度和官僚制度。[159] 当然，新领主说话很有
分量，可以决定名义上自由的农民（根据西班牙法律，他们既不
是奴隶也不是农奴）的工作量。墨西哥山谷的纳瓦人（Nahua）
在 60 年内人口减少了 88%，因此有理由认为他们的工作量急剧

增加。而基于居民工作表现纳税的州制度（或者说城邦制度）得以保留，且白人人口大幅增加。另外，也有一些利于发展的例子。阿兹特克统治时期，市场上的个体劳动持续发展，甚至扩大化发展，比如，直到 19 世纪中期，墨西哥瓦哈卡州原住民在胭脂红染料生产上仍采取劳役分派制。1525—1575 年，监护征赋制 – 劳役分派制在墨西哥盛行，但最终被国王废除，并转而采用税收制，部分税收以货币支付，部分以农作物的形式支付。在西属美洲之外的地区，这种转变要晚得多。

墨西哥和西属美洲其他地区一样，除了实行监护征赋制和劳役分派制外，还有一种强制劳动，即"强制劳役分派制"（repartimiento forzoso），也叫"夸特奎多制"（cuatequitl）。[160] 从后一种制度的名称可以得知，这种制度起源于阿兹特克时期，当时成批农民在酋长的号召下修建公共工程。西班牙人满怀感激地延续了这一制度，还建造了新首都墨西哥城，修建了公共建筑、教会建筑和道路，开采了部分银矿。修路对新任掌权者来说至关重要。在此之前，由于墨西哥没有驮畜，所有的运输工作都是由搬运工（tameme）完成的，他们把背物带系在额头上，带子下端悬挂箩筐，里面装着 23 公斤重的货物。现在，货物越来越重，运输时间也随之延长。虽然当局于 1531 年规定他们应自愿工作，从而每天可以领到 100 可可豆［等价于 1 雷阿尔（real）或 1/8 比索］作为工资，但虐待并没有结束。这类徭役的主要问题之一是，在劳动力短缺时期仍然不合时宜地实行强制劳动，法院调度员都可以指派这样的劳动力去庄园除草、收割庄稼两个星期。1630 年，该制度正式废除，但在某些地区和行业，如采矿业，一直沿用到了 18 世纪末。

当然，一旦徭役过于艰苦，干扰了必要农业劳动的正常进行，或是使劳工必须为虐待自己的雇主或中间人工作，即使规定他们应预先得到报酬——报酬以能"在桌上叮当作响的银币"支付，美洲的印第安人还是千方百计地逃避这类可憎的徭役。[161]危地马拉帕林（Palín）镇的官员生动地描述了要召集足够人手来完成这项任务是多么困难：

> 首先，法官和其他领导人必须挨家挨户传信给要服徭役的人，并给他们 2—4 雷阿尔的预付款。但要服徭役的人十分嫌恶这笔钱，我们通常所能做的就是把这笔钱留在他们家里，因为没有人会主动收下它。在指定的劳役分派日当天，现场一片悲痛。官员和警察把这些"倒霉蛋"围起来，邻居同情他们，妇女儿童和所有邻居都指责、咒骂徭役制不人性。妻子、母亲意识到他们心爱的丈夫和儿子无处可逃，他们只能去服徭役，所以到处都充斥着眼泪和绝望的哭声，仿佛他们是要进监狱或上绞刑架。[162]

在西属美洲的许多地方都存在"监护征赋制 – 劳役分派制"的不同形式，其中安第斯山脉地区采取的形式或许最为著名。西班牙人往美洲南方进发，征服秘鲁之后，在那里延续了从北方学来的坏习惯，还采用了在墨西哥试验过的强迫劳动制度。他们借鉴了印加人的"米塔制"，该制度因在波托西（玻利维亚）用于开采位于 4000 米高的银矿山而闻名。那座壮观的银矿山坐落在一片荒芜中，1545 年，西班牙人发现此处盛产白银，随后这座银矿山便举世闻名，声名远扬至印度和中国，它产出的大部分白银最终被制作成银币和银锭。[163]

既有的印加公共服务（mit'a 在盖丘亚语中指代服务）[164] 招募制度，暂时在一定程度上得到了延续。1572 年，弗朗西斯科·德·托莱多（Francisco de Toledo）总督引入了墨西哥的汞齐精炼法，这提振了白银产量，也导致急需更多劳动力保障白银生产，而仅凭当地的力量完全无法解决这一问题。因此，总督根据自己的目的修改了劳役分派制，并保证向西班牙矿主提供足够的劳动力，条件是将白银产量的 1/5 分给王室，在一段时间内被强迫劳动的矿工会得到补偿。来自方圆 300 公里内的 17 个省的矿工，共计 4 万人，包含约 1.4 万名的成年男性及其家人，在各自酋长的带领下加入了队伍。1600 年前后，一场令人印象深刻的劳动力迁移悄然而至，从的的喀喀湖（Lake Titicaca）到 480 公里外的波托西，这场大规模强制性劳动力短期迁移如下所示：

> 我见过他们两次，我敢说至少有 7000 人。一路上，每个印第安人至少要吃 8–10 只美洲驼和几只羊驼。他们用这些食物来运输粮食、玉米和马铃薯干、睡毯和草垫（他们总是睡在地上，所以用睡毯和草垫来保暖）。所有这些牲口通常超过 3 万只……只有约 2000 人踏上了返程，其余 5000 人中有的没能活下来，有的就留在了波托西或附近的山谷，因为他们没有牲口助其返程。[165]

1. 约 1817 年，澳大利亚新南威尔士州的一群猎人合作追捕袋鼠的场景。画面中的人有二十几个，大部分为男性，可能也有妇女和儿童。猎人会利用火焰和烟雾引导袋鼠朝弓箭手的方向移动。

2. 这块画像砖描绘了亡者升仙后的美好生活，人们捕鱼、射猎，五谷丰登，永享其乐。该画像砖制于东汉时期，用于装饰成都的一座陵墓。

3. 公元前 1390—前 1380 年，埃及卢克索的一名官员监督民众向国家上缴粮食；与此同时，孩子们在田间拾取遗落的麦穗，其中两个孩子甚至为此争吵起来。男人们将稻穗装进竹篮中，然后借助两头耕牛之力完成脱穗的工序，又用扇子来扇风筛谷。还有两人正在树荫下休息。

4. 在罗马帝国的奥斯蒂亚海港，水手们将船只停泊在港内，另有一批工人正在港口做苦工，硬币上呈现了后者忙着卸下左侧船上货物的场景。工作数小时后，他们可以获得图中的这样一枚硬币〔尼禄皇帝的"塞斯特斯提乌斯"（sestertius），54—68 年〕作为报酬。

5. 这是描绘四季的一系列画作中的一幅，画中情景为公元前200—公元25年，在地中海沿岸南部的切尔舍勒，农业劳动者驱赶着两头牛耕地。右下角的人物正在新翻的土地上播种谷物。

6. 这幅画呈现了大约1400年，在波希米亚的一个作坊里，玻璃制作的各个阶段。工人们先混合石英与灰烬，再将原料转运到炉子旁，吹制玻璃，最后让炉子冷却。

7. 这幅画的背景是1541年的墨西哥，画面左列是11—14岁的阿兹特克男孩随父亲辛勤工作，或捕鱼或耕作；右列为女孩和母亲工作的场景，她们在准备食物或编织衣物。画中还描绘了任务未妥善完成时，子女遭受父母惩罚的情景。

8. 这幅画描绘了约 1540 年，属于印度教朱比（dhobi）种姓的四男两女，为更高种姓的顾客清洗衣物的场景（这些人为卡纳拉海岸果阿地区的顾客提供洗衣服务，以此谋生）。朱比种姓与洗衣工这一职业挂钩。

9. 在这幅收录于节日庆典书（Surname-i Hümayun，1582）的微型画中，我们可以看到在苏丹穆拉德三世（左）和其他观众（右）面前，织工们高举旗帜和徽章。这是行会行进队列的一部分，地点是君士坦丁堡的赛马场内。

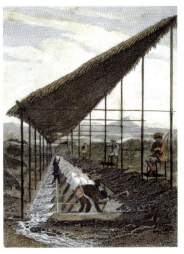

10. 这名印度尼西亚的家奴被他的主人带到了长崎的出岛。该岛是荷兰人于日本建立的一个贸易站，时间约为1800年。

11. 在流水中筛选钻石的奴隶受到严格监督，以防盗窃；一经发现，则用鞭子狠狠抽打。画家约翰·马韦（John Mawe，1764—1829）于1804—1806年，在巴西米纳斯吉拉斯州的热基蒂尼奥尼亚河上的曼当戈（Mandango）完成了本画的草稿。

12. 这幅画展示的是约1877年，日本东北部乡村的陆中地区女性养蚕的场景。她们将蚕放入特殊的竹制框架中，一年一次。每个金字塔形的竹制框架里会有3—4只蚕吐丝作茧，喂养28天后，女人们便可以开始纺丝。

13. 1897 年的五一节：在美国劳工联合会的倡导下，以及自由女神的庇护下，五名象征着五大洲的男性工人基于平等与博爱之精神，大力宣扬八小时工作制。美国劳工联合会于 1874 提出八小时工作制的倡议，第二国际亦于 1889 年采纳了这一理念。

14. 发薪日：在苏腊巴亚的布拉特（Braat）机械制造厂，工人们正在排队领薪。这张照片来自 1921 年为庆祝工厂成立二十周年而拍摄的一系列照片，该工厂主要制造铁制铁路、桥梁和糖业机械。

15. 图中的男子是钢铁工人卢卡绍夫（Lukashov），他在莫斯科的"锤子与镰刀"工厂工作，1932 年晋升为工程师。"文明生活—高效工作"是对共青团成员的要求；共青团是共产主义青年组织，他们必须通过自己的行动树立榜样。

16. 1954 年 的 中 国， 获 得 "光荣劳模"称号的工人自豪地向兴奋的女儿和两个儿子展示她的奖状和奖章；背景中可见她所在的工厂。

17. 照片拍摄于密歇根州高地公园的福特工厂，流水线工人正为一部电影而拍摄宣传照片，以纪念于 1924 年生产的第 1000 万辆 T 型车。此时距首辆 T 型车问世尚不到 16 年。

18. 加拿大新斯科舍省的波因特塔珀（Point Tupper）发电厂控制室里，一名工作人员仰靠在椅子上，照片拍摄于 2007 年。这张照片展示了自动化的进步，而人的工作量已经微乎其微。

差不多同一时期，何塞·德·阿科斯塔（José de Acosta）神父也生动地描述了采矿工作的基本特征：

> 他们在暗无天日的矿井中劳作，不知昼夜。太阳永远照不到这些地底矿井，里面又黑又冷，空气十分浑浊，不适宜人类生存；所以那些第一次进入矿井的人会感到恶心，难受得像漂在海上一样——我在其中一个矿井里遭遇过这种情况，心脏一阵阵痛，胃里一阵翻腾。矿工走路时总用蜡烛照明，他们交替着进行工作，一部分人白天工作晚上休息，另一部分人晚上工作白天休息。矿石通常如燧石般坚硬，要用铁棒敲碎。然后矿工背着矿石爬上绳梯，绳梯的绳子由三根生牛皮拧成，绳梯上装有木条梯级，可以保证同时有人爬上有人爬下。每段绳梯有 20 米长，其顶部和底部都有一个木质平台供矿工休息，因为要爬的梯子实在太多。通常，每个人背 25 公斤银矿，用布包着，看起来像背包一样；他们就这样往上爬，一次三个人一起爬。打头的人带一支蜡烛，绑在拇指上……就这样，他们靠着双手抓住绳梯，爬上那段很远的路程，通常有 300 多米——这是一件可怕的事，光想想就觉得恐怖。[166]

事实上，米塔制劳工之所以能够遵守这苛刻的制度，是因为他们从领主那里获得的工资低于市价，而通过米塔制可以稍微多赚些钱。在服了一星期徭役后，他们会和自由雇工做相同的工作，薪水比之前也有所提高。[167]

256

　　17 世纪中期后，"米塔制"从工作转变为货币义务。只要缴纳这项重税——直到 1825 年，该税才由西蒙·玻利瓦尔（Simón Bolívar）废除——美洲的印第安人就可以免除经过长途跋涉到矿区去的义务，于是许多人采取了这种做法。波托西矿业劳动力现在由自雇的"卡查"（kajcha）完成，他们放牧驮畜，就像安第斯山脉其他银矿区人民所做的一样。[168]

　　成千上万名工人的工资高低不一，工人与银矿接触，再加上波托西安第斯山贫瘠的自然环境，这些因素相结合催生了市场空间巨大的服务业，这个行业不像采矿业那般由男性主导，而是由女性主导。[169] 安第斯妇女售卖新鲜食物、生食和现成的食物，以及矿工必不可少的古柯叶——咀嚼古柯叶可以帮助矿工更适应在高海拔地区生活，还能抑制他们的食欲。这些妇女还酿造奇恰酒（Chicha，玉米发酵制成的啤酒），但这种酒很可能是由西班牙妇女出售，因为当局不仅试图打击酒精消费，还打击美洲印第安人和非洲人的酒精贸易，但这些都是徒劳之举。

　　除了阿兹特克、玛雅和印加这些大型政治体外，美洲一些其他民族也发展了农业，但组织形式更为分散，劳动成果在地区一级进行再分配。[170] 殖民者采取了不同的发展方式，信奉天主教的西班牙和葡萄牙国王将整合这类事务的任务委托给传教士，主要是耶稣会士和方济会士。在殖民地政府的支持下，传教士们建立了传教中心，学习当地语言，并试图让美洲印第安人皈依天主教。但这还不是全部，他们还为教会和国家征徭役，经由原住民酋长向劳工支付最低实物工资，促进了包括实物税收在内的市场经济发展。[171] 在贫困地区，则由村长担任中间人这一关键角色，权力在新规下也有所扩展。在人口更密集的地区，如密西西比河流域的酋邦，当地的经济模式和殖民者对这些模式的适应性超过了旧帝国；且这些殖民者有了对劳动力的更大调配权，但是与墨西哥和安第斯山脉地区握有调配劳动力强权的国家相比仍是小巫见大巫。[172]

然而，为改变狩猎采集者的互惠劳动关系而对他们进行驯服或惩戒就完全是另一回事。[173] 遍布美洲各地的传教方式很适合控制分散的农业社区，但对非定居的民族却难以起作用。这并不是说，只要避开传教士，他们的生活方式就会保持不变。在大查科平原，即今阿根廷北部、巴拉圭及与之毗邻的玻利维亚地区，住着瓜伊库鲁人（Guaycuruan），他们直到 18 世纪才下定决心在传教区生活，那是在与西班牙人首次接触的一个半世纪之后。

在与新殖民者的第一次会面中，瓜伊库鲁人将驯化的马和牛列入他们的惯常猎物中，但很快就发现让它们活着反而更有利可图。他们把驯化的猎物卖给西班牙人和梅斯蒂索人（mestizo）*，还试图贩卖基督徒为奴隶而从中获利。此外，瓜伊库鲁人还学会了骑马，能够更多地捕获野味、驯服牲畜和捕获俘虏。他们在森林、沼泽和热带草原上过着非定居或半游牧生活，很快就从遥远的外来者变成了令人生畏的战士，他们蔑视很早就进入传教区定居并靠种植玉米为生的瓜拉尼人（Guarani）及其西班牙盟友。

---

* 西班牙人和美洲土著的混血人种。

　　和所有暴发过传染病的美洲民族一样，瓜伊库鲁人最初也发生了人口的急剧锐减，之后在 17 世纪时再次迎来人口增长，这离不开他们买卖掠夺来的牛、马、骡子、俘虏以及鹿皮和蜂蜜等野生产品所获得的收益。瓜伊库鲁人的突袭队伍也从只有几十名骑兵或水兵的小分队壮大到有几百名骑兵的大卫队，经常袭击图库曼、亚松森和圣达菲等地的城镇。这些成功也为他们今后的衰落埋下了隐患，一方面是防御加强，另一方面是生态方面的问题——自然资源开始枯竭。传统上，美洲本土的猎人受到规则的约束，只获取生存所需，且他们认为猎物（与家畜不同）是有灵魂的。

　　然而瓜伊库鲁人丢弃了上述传统意识，为了赚钱而不断猎捕和出售猎物，到 18 世纪三四十年代，野生动物大幅减少，大部分人随即失去了生计，这才被迫迁入传教区。[174] 对习惯于采集植物的女性来说，转变为定居农业生活没有太大的挑战，但对充当战士、猎人角色的瓜伊库鲁男性来说却很难，因为劳动方式和先前的差异太大，所以适应新方式的速度很慢。他们逃避干农活，除了打猎和偶尔袭击毗邻地区，更想做的是成为农牧场主或工匠，比如铁匠、木匠、建筑工、造马车工。[175] 所有的传教区之所以能有良好的发展开端，是因为有牛和其他牲畜、工具和衣物等方面的补贴。每个教区除了有一名牧师向居民传教外，还雇佣西班牙殖民地的工人，把他们打造为新劳动方式的榜样和导师。在发展得更好的教区，瓜伊库鲁人的首领抵制这种家长式控制，并按自己的条件与外来殖民者交易自己游群的农产品。

　　巴西原住民和殖民者之间的对抗史要更具戏剧性。[176] 当然，

258

有各种各样关于原住民顺从殖民者的有趣例子，但最主要的还是民族灭绝。在巴西的南部和北部，殖民者需要土地种植甘蔗；他们在南北部之间的地区建造牧场，为欧洲皮革工业生产皮毛。因此，他们需要原住民劳动力，并为此不择手段——通常是强迫劳动力和奴隶。保利斯塔人（paulista，以圣保罗命名）、白人和马梅卢科人（mameluco，混血人种）在这方面名声不好，他们很懂得如何掳取劳动力，甚至被雇佣到巴西中部和北部去抓捕原住民。1585 年，圣保罗市议会为此定下基调：

> 这片土地正面临着人口减少的巨大危机，因为这里的（白人）居民不再像过去那样拥有为他们服务的（印第安人）奴隶。这是许多疾病造成的结果……过去 6 年里，有 2000 多名奴隶丧生于此。他们曾使这片土地彰显尊贵，殖民者靠他们而过着体面的生活，获得丰厚的收入。[177]

几十年后，"巴西历史之父"弗雷·维森特·多·萨尔瓦多（Frei Vicente do Salvador）描述道： 259

> 用这样的骗术，再送一些诸如衣服或工具的礼物给首长……殖民者把整个村庄都动员了起来。可原住民一旦和他们到了海边，就要和父母、兄弟分开，有时甚至要和妻子分开……他们把原住民分配到自己的庄园里，有些人则把原住民卖掉……那些买主会在原住民第一次（企图）逃跑或犯错时，在他们脸上打上烙印，以宣示这

是他们花钱买来的奴隶。[178]

在随后的几个世纪里，此类情况一再发生：引诱或俘虏、屠杀、强迫劳动、故意传播传染病造成原住民大规模死亡，凡此种种，导致巴西原住民人口几近灭绝——尽管许多人进行过激烈的武装抵抗，也有一些传教士和政府官员试图改善这种状况。

自由雇佣和独立劳动的形式

总体上看，这些最初阶段的剥削、奴役和大量人口流失带来了什么后果？对于美洲一些重要地区来说，只有一种可能的答案。从 16 世纪末开始，新西班牙（即墨西哥）的农村人口中，约有一半是在自己的村庄里从事集体生产的农民，一半是在西班牙人及其后代坐拥的大庄园里工作的农场工人。到 1620 年，墨西哥河谷至少一半的农业用地分给了这些殖民者，因此殖民地部分地区的农民家庭也会从事农村工业。基多及其周边地区的纺纱工人和织布工人甚至还生产出口产品，所以不用遵守米塔制。与美洲东北部的白人殖民地相比，墨西哥的工资较低，原因可追溯到旧大陆（即欧洲），英国的实际工资要比伊比利亚半岛高得多。因此，追求自身发展的西班牙和葡萄牙平民，在新大陆南部地区能够更容易得到满足；这样一来，他们也为梅斯蒂索人和原住民设定了工资标准。[179]

墨西哥的银矿矿工（1600 年前后共有 1 万人，1750 年前后为 5—6 万人）有 2/3 是雇佣劳工。根据计件工资制（Partido），他们的工资一部分以货币支付，一部分以银矿石支付。这可能与农村普遍缺乏现钱（尤其是小额零钱）的情况有关，但工人们显然并不反对该制度，雇主想要废除它时，反而遭到了强烈反对。1766 年，矿工们在帕丘卡附近的内拉尔－德尔蒙特（Real del Monte）起义，紧接着又发起了一场罢工，持续了很久，但最终取得了成功。最后，当局坚持采用传统的薪酬支付方式，计件工资制是其中重要一种。[180] 这与波托西的主流薪酬模式有明显的相似之处，也与后来哥伦比亚和巴西的做法形成了鲜明对比——在后两个地方呈爆炸式增长的金矿开采业中，主要使用的是奴隶劳工。[181]

总之，大多数雇佣劳工和独立手工业生产者是城市居民，但也存在两个限制因素：整个大陆的城市定居点分布极不均匀，城市内部还存在自由劳动力和非自由劳动力之间的竞争。[182] 在今天被称为巴西的葡萄牙殖民地，此前并不存在大帝国，甚至农业也远不如西部那么发达。许多美洲原住民从事狩猎采集工作，或是将这种工作与刀耕火种的自给农业相结合。因此，在美洲定居和务农的葡萄牙人，以及有一段时间的荷兰人，都不得不在那里从零开始建立自己的社会形态。最后，与西属美洲相比，葡属美洲几乎没有城市化。直到 17 世纪 90 年代，米纳斯吉拉斯州兴起淘金热和钻石热之前，巴西少数几个城镇，例如首都萨尔瓦多和圣保罗，都无法与墨西哥城、基多、利马或波托西等大城市相提并论。在这里，自由但报酬低、技术差的工匠和家仆不得不与从事同种工作的奴隶竞争。为数不多的城市工业机构，主要是纺织厂和烟草厂，由殖民国家在 18 世纪的最后几十年建立。1800 年前后，墨西哥城烟草厂雇佣有大约 5000 名工人，女工（占工厂人数一半以上）罢工后，工厂名声受损。女工们反对取消传统的员工福利，反对提高（生产）定额。然而，与欧洲和亚洲一样，美洲的自由雇佣劳工通常在小型工作单位工作。

美洲种植园的动产奴隶制

关于奴隶制和其他形式的非自由劳动，在前面关于拉丁美洲的内容中简要地讨论过。虽然在近代早期的美洲，奴隶制确实广泛存在，但只在加勒比和巴西的劳动力市场中占主导地位。西班牙国内也普遍使用奴隶，他们对蓄奴非常熟悉，却并不赞成在新大陆实行奴隶制。唯一的例外是，他们同意将罪犯和"正义战争"的战俘当作奴隶。不过，这类奴隶的数量也并不少。[183] 事实上，1521—1524 年，新西班牙（美洲）至少有 2.5 万人被卖为奴，随后几年里又有几万人被贩卖。他们大多受雇于金矿开采业，基本食物由监护征赋制下的实物税供给。美洲暴发的传染病导致原住民大量死亡，也殃及奴隶，致其数量锐减，奴隶的价格更是从 4—5 比索（1527—1528）飙升至 50 比索（1536—1538），到 1550 年已经高达 200 比索。

结果，美洲本土奴隶变得和非洲奴隶一样昂贵。所以，墨西哥就开始从非洲进口奴隶。他们早在 1514 年之前就被引入伊斯帕尼奥拉岛（后被划分为海地和多米尼加共和国）；到了 1514 年，岛上奴隶人数已经超过白人总数。[184] 1548 年，墨西哥废除原住民徭役后，更多非洲奴隶被引入，让他们在银矿（1600 年约有 1000 名奴隶）和纺织厂工作。

在墨西哥和其他大部分西属美洲地区，非洲奴隶寥寥无几，而其他地区却严重依赖于非洲奴隶，尤其是加勒比及其大陆沿海地区（隶属西班牙、法国、英国、荷兰和丹麦）和巴西。在加勒比地区，这些奴隶主要受雇于种植园，特别是甘蔗种植园。在巴西，除了种植园外，奴隶还要在矿井工作，事实上，几乎所有类型的工作中都有奴隶的身影。[185]

根据《托尔德西里亚斯条约》（Treaty of Tordesillas，1494），教皇将新大陆划分给西班牙和葡萄牙，葡萄牙人有幸获得开发非洲和巴西的专属权利。这促进了区域融合，他们可以在那购买和雇佣奴隶。因此，西班牙人要依赖葡萄牙人来购买黑奴，并在1518 年为那些试图将奴隶进口到其领土的人颁发了政府许可证（贩奴合同，asiento de negros）。该许可证规定个体商人或商业公司可在特定时期内获得特定数量的奴隶（通常每张许可证为 3000—5000 名），是一种专卖合同，直到 1834 年才被废除。

由于奴隶制，巴西的原住民遭遇了最残酷的灭顶之灾。葡萄牙人将早期在大西洋群岛上积累的农业产业经验应用于巴西，加之当地甘蔗种植条件优越，又有大西洋对岸的（非洲）几内亚和安哥拉沿海地区作为奴隶补给站，这些条件都促使巴西成为当时最大的奴隶制国家。[186] 1532 年，葡萄牙人在圣文森特（今圣保罗）引入甘蔗种植。1559 年，葡萄牙国王允许每个种植园主从刚果购买最多 120 名奴隶。1570 年，国王正式禁止使用美洲原住民奴隶，这打开了从非洲大规模购买奴隶的大门。

种植园用地被分成四类，分别是甘蔗种植区；丝兰或大蕉等作物种植区——供养劳动力；薪柴林地；牧场——养殖役畜和

262

生产肉牛。通常，甘蔗每隔一两年就需要重新种植，但在巴西东北部沿海地区，环境优越，种植周期延长，隔20年才需种植一次。一年中的10—11个月，种植园里最重要的农业任务都是割甘蔗，由通常是一男一女组成的小组完成，一个砍甘蔗，另一个清理、捆扎和堆放蔗把，各个小组之间会为博得主人欢心和获得某些奖励而竞争。

割完后，用牛车将甘蔗运到糖厂。在巴西，甘蔗压汁最初用的是石制卧式辊压机，后对此作了改良，将辊子竖直放置，成为立式压机，由拴在横梁上的牛来拉动，条件允许的话，还可利用水轮来提供动力，而风车只在巴巴多斯和附近的一些岛屿上使用。压榨完成后，将蔗汁放进大水壶中煮沸。在田间劳作8小时后，奴隶们还必须到糖厂换班。在所有种植园中，还有一项重要任务——砍伐和搬运木材，保证柴火供应，才能日夜不停地煮蔗汁。这个步骤是必不可少的，因为如果不迅速加工，砍下的甘蔗就会发酵并失去糖分。所以要连夜熬制，糖厂要到早晨才能安静下来，工人们开始等着新的甘蔗运来。经过三轮熬制后，工人把蔗糖水或糖浆从水壶倒入锥形黏土模具中，使之蒸发并结晶。最后，将糖锭（圆锥形糖块）磨碎，装入容量625—750磅（约350公斤）的箱子里，出口到欧洲。除了这些主要工序需要工人外，每个种植园还需要木匠、铁匠、厨师、果园管理员和洗衣女工。总的来说，即使是最小的种植园也需要50名工人，通常情况下都会有几百人。

263　　在糖价高的时期，购买和供养一个奴隶的成本和费用可以在两年内赚回来。在利润较低的年份，回本的时间是四年。但无论如何，奴隶主都不会认真对待这些奴隶，也不让他们生养孩子（可补充劳动力），而是不断买回新的奴隶。这种情况一直持续到 1800 年前后，奴隶制被废除，或者说废奴运动兴起，奴隶数量减少，随后，奴隶的价格开始上涨。[187]

荷兰人是最早涉足美洲甘蔗种植园的北欧人。[188] 1595 年，荷兰人反抗西班牙国王（兼为 1580—1640 年的葡萄牙国王），之后就被禁止在伊比利亚半岛购盐。但盐是腌制鲱鱼的必需品，迫于无奈，荷兰人航行至委内瑞拉。通过走私各种违禁品，他们逐渐对新大陆的情况了如指掌。荷兰共和国与西班牙王室休战十二年（1609—1621）后，荷兰西印度公司成立，随后征服了巴西东北部和葡属非洲的战略要地，在这些地区成功维持了数十年的统治。荷兰人在很多方面都效仿他们的前辈，因而既参与奴隶贸易，也经营甘蔗种植园，并以非洲奴隶为劳动力。他们还接纳避难的葡萄牙新基督徒*，这些教徒在当地重新皈依犹太教，后来还在奴隶贸易方面发挥了重要作用。其中一些荷兰"葡萄牙犹太人"（Portuguese Jews）有着强大的国际贸易关系网，这使得他们如今在荷兰人征服的前葡萄牙领土上颇具影响力。顺带一提，这样的领土还有库拉索岛和其他几座加勒比岛屿（1634 年，荷兰人从西班牙人那儿夺取的领土）。1654 年，荷兰撤出巴西后——所有荷兰人都撤出了，但其在西非的殖民地没有受到影响，他们便转向加勒比地区（尤其是他们为西班牙人提供奴隶的

---

* 新基督徒（New Christians），西班牙帝国和葡萄牙帝国的宗教称谓，指被迫加入天主教的伊比利亚犹太教皈依者。

转口港——库拉索）和圭亚那（他们开始在苏里南、德梅拉拉和伯比斯建立奴隶种植园）。

　　他们还把新学到的经验传授给了法国人和英国人，后二者在西非也有奴隶贸易站，并在加勒比地区建立了甘蔗和其他作物的种植园。[189] 这些从北方来的新人，其本土并没有地中海国家那样的蓄养家奴习惯；不过有些人（如英国人）构建了特殊的劳动关系，在新大陆起了很大的作用。早期，第一批英国殖民者试图依靠自己的劳动力，即本国移民，他们中的大多数没有携带个人财产就来到了殖民地——加勒比地区和北美洲。1624 年，英国人在加勒比的圣克里斯多弗建了第一个永久定居点，1627 年，又在巴巴多斯建立永久定居点。而北美洲的第一个定居点弗吉尼亚则建于 1607 年。但不论在哪个殖民地，英国人都施行严厉的主仆法。[190] 其中包括对违约的刑事制裁（以及对北美女仆"通奸"和"私生子"行为的惩罚）。此外，到达新大陆的定居者一般都背负着债务，通常是为了支付前往殖民地的路费而欠下的，这些债务由船长转移给他们的新雇主，并记录在书面的劳役契约中。契约主要条款规定，契约劳工通过为主人无偿劳动来赎回契约，主人则为其提供食宿，在其生病时也不例外。

　　除了这些债务，他们还要长期为主人服务。1642 年，弗吉尼亚首次规定无契约仆人的法定移居年限：20 岁以上者 4 年，12 岁以上者 5 年，12 岁以下者 7 年。[191] 在加勒比地区，白人的死亡率极高，这意味着尽管有大量来自欧洲的移民，但真正自由的劳工却很少。在北美地区情况则有所不同，这里的气候要么温和要么寒冷，许多契约劳工能够存活下来，并完整地履行契约，契约结束后，他们便可以自由地择业或择主。尽管美国在 19 世纪初期才废除对劳工违约的刑罚，但白人劳工和工匠竭尽全力，通过强调他们与黑奴的区别，尽最大努力将自己从英国旧法律所规定的耻辱身份中解放出来。例如，1705 年，弗吉尼亚正式禁止"鞭打赤身裸体的基督徒白人仆人"。[192]

在巴巴多斯岛上，许多英国劳工签订了 3 年或 5 年的合同，经过 50 年辛苦劳作（种植烟草和棉花）之后，最终成为小农。[193] 此后，农业劳动开始由（越来越便宜的）非洲奴隶承担。1640 年，使用白人契约劳工的平均成本约为 12 英镑，而奴隶的成本为 25 英镑（尽管在此基础上还要加上衣食住的费用；此外，白人劳工要求在合同到期时，雇主需要给他们支付购置烟草和土地方面的费用）。只要奴隶比契约劳工贵，巴巴多斯的劳资关系就不会有任何改变。但在 1670 年，奴隶的价格降至每人 15 英镑；1683 年降至 12.5 英镑。此外，奴隶是奴隶主的永久财产，可以售卖，供养费用也比欧洲契约劳工低。很快，巴巴多斯就遍布由奴隶耕作的甘蔗种植园，与此同时，以小地产为代价的集中化过程开始了。

同样的情况也发生在英国最大的属地牙买加和较小的属地背风群岛上。1655 年，英国从西班牙手中夺取了牙买加，最初是想在那里种植可可豆，但最终，牙买加和巴巴多斯一样，变成了一个坐拥大型甘蔗种植园的岛屿；到 1673 年，奴隶种植园的数量已经超过了自由白人的数量。50 年后，奴隶人口从原本的不到 1 万人增加到超过 8 万人，而白人的人口数量并未增加。在接下来的 40 年里，牙买加的奴隶人口进一步增加，1760 年达到

17.3 万人，是白人人口的 10 倍，占英属西印度群岛奴隶总数的近一半。当时，牙买加平均每个种植园有 204 名奴隶，只有法属圣多明戈（现海地）的奴隶总数比它多，有近 50 万——和巴西的数量相当。古巴的奴隶人口还相对较少（1780 年为 6.5 万人），但正在迅速增加。[194] 就奴隶数量而言，18 世纪末的美国仅次于巴西和加勒比地区。17 世纪 80 年代之后，在美国，奴隶已经取代了大中型庄园里的契约劳工。到 1790 年，美国现在的领土上有 70 万名奴隶，其中 94% 分布在马里兰州和南方各州，主要从事烟草、水稻等出口作物的种植，从 1790 年起也开始种植棉花。

美洲的劳动关系发生了巨大变化，代价是原住民、非洲奴隶和其他许多人遭受了巨大痛苦。后哥伦布时代的第一个世纪对美洲原住民来说是最残酷的，但并不是说此后他们的苦难就结束了。无论如何，到 1600 年前后，小农和雇佣劳工为市场工作，这一现象取代了早期的劳动关系形式。与此同时，从非洲运来的奴隶数量增加，到 18 世纪最后 25 年超过了 200 万。我们现在可能已经清楚美洲对奴隶的需求状况，但供应方的情况如何呢？在非洲发生了什么，才使奴隶从非洲贩运到美洲成为可能？

非洲成为大西洋奴隶的主要来源地

要书写非洲的劳动史，就绕不开奴隶制和奴隶运输（包括本土和跨洲运输）的问题，但又远不止这些内容。要想全面了解非洲的劳动史，我们必须从一些环境基础因素入手。撒哈拉以南非洲与南亚（和东南亚）的热带和亚热带地区相反，后者几乎各行各业都能看到各种形式的劳动密集型农业和工业。非洲的人口密度远远低于其他大陆：1750 年每平方公里只有约 4 人，是西欧人口密度的 1/6（其中一个影响因素是在农业上坚持平均分配；见第 71—72 页）。非洲并不是没有借助铁制工具发展起来的集约农业，只是没有广泛传播开来，这是因为：

> 非洲的许多土地都很贫瘠，仅有的肥沃土壤通常土层也很薄，很容易因犁地或长期耕作而退化。……这里还流行一种地方病——昏睡病（即锥虫病），导致人们无法在农场或交通运输中使用大型动物，这更加阻碍了集约农业的发展……因此，人力搬运是当地唯一的运输方式。最重要的是，一年里有好几个月是旱季，在作为农业生产要素的土地上，什么农活都做不了。[195]

运输问题也严重阻碍了非洲的贸易，人力搬运使非洲长途贸易成本比其他大陆高得多，限制了非洲的职业专门化进程。狩猎采集在非洲持续的时间也比在其他大陆长得多，这并不奇怪，但我们不应只将此看作自给自足。非洲的狩猎采集者也为世界市场提供了重要的出口产品，例如象牙、烛蜡和树胶。[196]

这些自然条件给撒哈拉以南非洲造成了三个重要结果。第一，农业工作的季节性分工比世界其他地方更强。在这几个世纪里，除旱季外，由于普遍缺乏驮畜和役畜，所有人都要干农活。顺便提一下，从长期来看，非洲劳动生产率的提高是由于"有选择地采用一系列亚洲进口作物或作物品种，或在跨大西洋贸易开始后，采用源自新大陆的作物品种，包括芭蕉、玉米、木薯和可可豆"。[197]

第二，旱季长达三个月，人们在此期间缺少工作，就必须出去找工作。农民（在此特意排除狩猎采集者）将纺织、冶铁和其他手工业等工作都纳入考虑范围。1400年前后，津巴布韦迎来了面向非洲市场的铜矿开采和面向印度洋出口的金矿开采高峰期。尽管采矿是一项危险的工作，但西非的部分地区也参与到金矿开采中来。所以在旱季工作中女性劳动力再次占主导地位，也许是因为这方面的男女分工不像农业那样严格。例如，在贝宁，所有的织工都是妇女；而在非洲其他地区，织布是男性的专属工作，但如果没有8—15名女性纺纱工给他纺纱，织工就无法正常工作。相比之下，从事金属生产工作的男性数量极少。他们通常从事砍伐木料的工作，供冶炼矿石之用，尤其是狩猎采集工作。[198]

第三，18、19世纪，对于劳动力短缺和过剩的问题，非洲社会采取的措施是人口贩卖——不论贩卖对象是妇女、儿童还是俘虏。先前，一年中的大部分时间里，劳动力供过于求，尤其是男性劳动力过多，精英阶层就把他们多余的奴隶卖给来自北方和东方，也就是欧洲和亚洲的奴隶贩子，但从15世纪开始，还把奴隶卖给过往的欧洲船只。他们显然从中获利颇丰，才将奴隶贸易从副业变成了主业（见下文）。约18世纪之前，欧洲人对非洲产品的兴趣主要是黄金，现在则转向了奴隶。随后，这场"自我推进式"的奴隶贸易加速向西半球发展，总共持续了整整四个世纪。非洲奴隶主要被贩往三个市场：美洲（前面已深入讨论）、阿拉伯世界（延伸至印度）以及非洲本土。到处都有奴隶被迫工作，只是工作的类型不同。[199]

跨撒哈拉的奴隶运输并非始于 8 世纪非洲的"伊斯兰化"，但在随后的几个世纪里，确实得到了重大推动。[200] 在古典时代，撒哈拉沙漠仍然是地中海和热带非洲之间的主要屏障，人们的往来接触主要限于尼罗河和红海航线地带，但伊斯兰教的传播改变了这种情况。撒哈拉沙漠的北部和南部地区出现了伊斯兰国家，宗教和文化作为纽带，将这些国家联系在一起，同时也促进了贸易（包括奴隶贸易）和交通（包括朝圣）。就像基督徒为"正义战争"中奴役俘虏的做法辩护一样，伊斯兰学者找到了支持奴隶制和奴隶贸易的论据，比如廷巴克图的艾哈迈德·巴巴·马苏菲（Ahmad Baba al-Massufi）在 1614 年提道：

268

> 之所以有奴隶，是因为有不信仰伊斯兰教的人，苏丹的不信教者和其他"卡菲尔人"（Kafir）*一样，不论他们是基督徒、犹太教徒、波斯人、柏柏尔人，还是其他任何坚持不信仰、不信奉伊斯兰教的人……这意味着在这方面，所有的"卡菲尔人"之间没有任何区别。无论谁俘虏了这些不信教者，都可以合法将其归为己用；不过如果被俘者自愿皈依伊斯兰教，那奴役他就不合法了。

根据同样的逻辑，穆斯林不可向非穆斯林出售奴隶。[201]

---

* 穆斯林对异教徒的称呼。

据估计，在这四个世纪里，经海运贩往美洲的奴隶数量相当于一千多年来经陆路从非洲贩往欧洲和亚洲的两倍左右。这个数字已足够惊人，但后来的跨大西洋奴隶贸易更是骇人听闻——贩奴数量是古典时代的五倍。

造成这种数量差异的原因有两个，这两个贩奴目的地和作为奴隶发源地的非洲的特定地区之间存在许多其他差异，但这是次要因素，主要原因在于运输方式的差异。大多数北上的非洲奴隶必须步行穿过沙漠才能到达新的工作地点，只有来自埃塞俄比亚（尤其是 13—17 世纪）、索马里以及后来东非沿海地区的奴隶会经由船只运往阿拉伯、波斯和印度。撒哈拉以南非洲伊斯兰化的另一个重要影响是促进了西非国家的形成。这些新国家（最早建立的是加纳，后被马里吞并，马里后来又被其中最大的桑海帝国吞并）的奴隶来源于南部"异教徒"或泛灵论者的战俘。结果一些战俘进入热带森林中避难，另一些则为避免遭受更深的奴役而皈依伊斯兰教，毕竟同教派者之间禁止奴役。[202]

正如我们所看到的，中世纪末期，因不断扩张的奥斯曼人封锁了北方奴隶市场，非洲奴隶的需求增加，特别是向大西洋沿岸地区扩张的新地中海甘蔗种植园。当葡萄牙人沿着非洲海岸逐渐向南扩张，抵达西非时，他们也遇到了与非洲内部奴隶贸易链相关的奴隶贩子。自此，交战国可以将俘虏作为物资卖往北方和南方。南方所占的份额越来越大，因为欧洲人的大船和美洲殖民地对奴隶的庞大需求保证了对奴隶的贪得无厌的渴望。

14—17 世纪，美洲在一定程度上可能都保持着对非洲奴隶的稳定需求，这些奴隶主要来自埃塞俄比亚和东非，以及红海和印度洋沿岸地区，但当葡萄牙人永久定居于埃尔米纳和圣多美之后，美洲的奴隶需求量增加了。起初，欧洲人最感兴趣的是另一种东西——黄金——传统上由摩洛哥人垄断，他们一路穿过撒哈拉沙漠，从塞内加尔河、冈比亚河和沃尔塔河附近的金矿进口黄金。西非对黄金和奴隶的出口，平衡了其对铜（铸成铜棒和铜环，可用作货币），以及色彩鲜艳的布料和许多其他商品的进口，包括用于货币流通的贝壳和珠子。[203] 随着大西洋和非洲岛国（圣多美和普林西比）以及巴西的甘蔗种植园的发展，最终，对黄金、象牙和其他非洲产品的需求被"黑金"——黑奴的需求所超越。

我们已经看到，在 16 世纪，美洲印第安人奴隶是如何被非洲奴隶所取代的。进入 17 世纪，跨大西洋奴隶贸易急剧增加，规模超过跨撒哈拉奴隶贸易。其中，参与这场贸易的除了有葡萄牙，还有荷兰，接着是英国，后来还有法国和其他欧洲国家。几个世纪以来，有 1260 万非洲奴隶被贩往美洲，其中一半发生在 18 世纪。在奴隶贸易量上，葡萄牙（最后被巴西超越）占比将近 50%，英国占比超 25%，法国占比超 10%，荷兰占比 5%。[204] 与这些主要参与者相比，其他国家的份额微不足道。然而，在英国于 1807 年废除跨大西洋奴隶贸易后，首要蓄奴国——巴西和美国——最终成为奴隶贸易霸主。

事实上，从被俘到开始做奴隶的工作，他们在这段非自愿的漫长旅程的最后一段非常平静。在有记载的 36000 次跨大西洋奴隶航行中，已知的奴隶反抗行动不到 500 次。[205] 也许是因为先前三番五次的逃跑尝试失败后，很多人在最后阶段索性放弃了逃跑。如果逃跑不成功，奴隶的结局无一例外都很悲惨，有时尝试无果后，甚至会以集体自杀的方式结束生命。例如，济里克泽（位于泽兰省，该省的贩奴船占荷兰的 70%）的"海神号"（*Neptunus*），该船于 1784—1785 年在塞拉利昂和加纳之间的各个港口购买奴隶，交易进行得不是很顺利，以至于耗费了大量时间。水手们对此很不高兴，奴隶们稍有抗议就会遭到他们的严厉惩罚。1785 年 10 月 17 日，当自由非洲人终于用独木舟把 200 名奴隶运送到船上，"海神号"随即准备横渡大西洋时，奴隶们发动叛乱并成功夺取了船只。水手和自由非洲人抓住机会，一起逃跑了。因此，奴隶们成了自己的主宰，但在数百家非洲海难救援公司的"围攻"之下，他们再次成为受害者，这些公司很乐于将反叛的奴隶卖回给荷兰人。当一艘英国奴隶船和几十艘自由非洲人的独木舟一起组成邪恶联盟，威胁要制服"反叛分子"时，奴隶们在火药中放入导线，炸毁了整艘船。几乎所有人都被炸死了，连同攻击他们的人，总共有 400 人死亡。从受害者人数来看，这是欧洲贩奴船上发生的最重大的奴隶叛乱。对工作史具有重要意义的是，这场叛乱不仅牵涉"海神号"水手、反叛奴隶，自由的非洲追偿代理人员也在其中。可见非自由劳动制度在非洲的渗透有多深。

但是，跨大西洋奴隶贸易只是一场更大的戏剧性事件的一部分。正如我们所见，除了大西洋对岸的美洲，非洲奴隶还被出口到中东和印度洋地区。1500—1900 年，有 2000 多万名非洲奴隶被贩卖，其中，约有 2/3 经由大西洋运往美洲殖民地，其余的约 1/3 则去了欧洲和亚洲。[206] 然而，奴隶的总数肯定要比这个数字大得多。因为他们必须从内陆步行很远的距离才能到达海岸，许多人还要穿越撒哈拉沙漠。在他们到达奴隶船之前，死亡人数就已极多——据估计，可能有 400 万人。[207] 最后，还有许多奴隶受雇于非洲本土。截至 1850 年，所有幸存的奴隶中有1/3 被留在非洲，1880 年后则全部留在非洲。总之，1500—1900年，撒哈拉以南非洲约有 3000 万人沦为奴隶，有 1250 万贩往美洲，有 600 万贩往欧洲和亚洲，可能有 400 万的伤亡人数（在被运出非洲之前），以及约 800 万留在了非洲本土。

这对非洲的影响如何？一言以蔽之，影响极大。受影响的不仅是被奴役的 3000 万人，也包括那些从事抓捕、监督和运输奴隶这样肮脏工作的人。[208] 正如可预料的那样，从地理上看，各地受影响的程度并不均衡，而且这种不均衡并不仅是因为沿海地区比内陆地区受到的影响更大。对以下两个地区人口结构的影响可能最深：首先是西非，1600 年后，向欧洲出口奴隶的阿拉伯商人被欧洲商人所超越，后者把西非奴隶卖到了美洲（但应指出，前者并没有轻易放弃奴隶贸易；事实上，几个世纪以来，两条路线上同时进行着奴隶贸易，有几百万西非人口被贩卖）；其次是"非洲中西部"，即北部卢安果和南部本格拉之间的地区，主要的登船港口有罗安达（280 万）、卡宾达和马伦博。在这个直线距离不超过 900 公里宽的地区，共有 570 万的男人、妇女和儿童被抓走贩卖。和刚果河流域一样，这一沿海地带人口流失的风险最大。[209]

数百万人被奴役：这个令人印象深刻的数字，却由一个个人类个体组成。只有少数人能够讲述自己被囚禁的经历，使我们至今仍能听到他们的故事。奥卢阿莱·科索拉（Oluale

Kossola）来自如今贝宁的伊莎约鲁巴（Isha Yoruba），是奴隶贸易的亲历者。他19岁时被达荷美国王俘虏，后被卖给美国的奴隶主，1860—1865年美国内战结束时，又被迫从事种植园工作。1927—1928年，他向哈莱姆文艺复兴运动（Harlem Renaissance Movement）的杰出成员佐拉·尼尔·赫斯顿（Zora Neale Hurston）讲述了自己的故事。

黎明时，睡梦中的人们伴着达荷美人攻破城门的嘈杂声醒来。我还没醒，还躺在床上。我听见他们破门而入的声音。当听到士兵们大喊着敲门时，我从床上跳下来去查看。我看到很多士兵手里拿着法国枪和大刀，还有女兵，她们拿着大刀到处乱跑，大喊大叫。一抓到人，就两眼放光地看着那个人的脖子，然后拿着刀朝着脖子砍下去，把那个人的头一扭，脑袋就从脖子上掉了下来！天哪！天哪！

他们杀人毫不手软！上了年纪的人想逃出房子，但都死在门边，被女兵砍了头！哦，天哪！

每个人都跑向大门，那样就能躲到灌木丛里，你懂我的意思吧，但有些人永远都到不了门口。女兵抓到年纪不大的人，就把他们的手腕绑起来。没有哪个男人能像达荷美的女兵那样强壮。……

有一扇门好像没人看守，我就想赶紧跑出去，跑到灌木丛里。但门口也有达荷美人，我一出门，就被他们抓住了，并被绑了起来。我求他们让我回到我妈妈身边，但他们根本不理会我说的话，还把我和其他人绑在一起。……

当看到国王死去，我试图从士兵手中逃脱。我想到灌木丛里去，但我还没到那儿，所有士兵就都追上了我。天哪！天哪！每次回想起那个时候，我都很难过，但是我尽量忍住不哭，虽然眼泪不再从眼底流出，但我的心一直在哭泣。士兵们把我拉回去的时候，我一直喊妈妈的名字，可我不知道她在哪里。我请求士兵让我去找我的家人，士兵们说他们没空听我哭。达荷美国王要猎奴出售，所以他们把我和其余人绑在一条绳子上，带回去囚禁起来。

太阳刚刚升起。

他们整天让我们走路。太阳好热啊！……

在临时禁闭所关了 3 个星期后，有一天来了一个白人和两个达荷美人——一个是达荷美的首领，另一个是他的翻译。他们让所有人站成圆圈，每圈大约有 10 人，男女分开站。接着白人看来看去，仔细地看大家的皮肤、腿脚和牙齿。然后他开始挑选……他带走了 130 人。[210]

如果买主的偏好起决定性作用，那么只有强壮的成年男性才会被运送到美洲种植园。但这不是由贩奴的欧洲人来决定的，而是要看非洲商人想要提供什么，所以被贩卖的奴隶中有 1/3 是女性。随着时间的推移，男性的比例有所增加，这可能与奴隶价格的强劲上涨有关，价格在 1700—1750 年翻了一番，1750—1800 年又翻了一番。到 19 世纪初，以固定英镑计算的奴隶价格是 1700 年前后的 5 倍。[211] 为什么非洲奴隶贩子卖给欧洲人和

"阿拉伯"买家的奴隶中有那么多妇女和儿童？这可能与非洲人被迫成为奴隶的方式有关。在战争和突袭中，男性更有可能反抗成功，但也可能会战斗到死。同时，非洲军队还有一队妇女和儿童随行，他们很容易成为奴隶贩子的猎物。非洲和欧洲、亚洲一样，都特别需要女性从事家庭劳务。

这对撒哈拉以南非洲的工作组织方式造成了严重的后果。从劳动大军中抽走无数体格健全的工人，导致劳动力性别比例失调，还影响了奴隶制模式，增加了非洲大陆内部的非自由劳动力，并最终造成某些职业的特定多样化。这在时间上分几个阶段发生。[212]

273　　第一阶段是伊斯兰化，同一时期，阿拔斯王朝的乡村对奴隶的需求不断增加——特别是在经济作物生产、制盐和土地开垦，以及家庭用人方面的需求。9世纪下半叶，仅伊拉克地区就雇了30万奴隶，其中许多是非洲人，还有柏柏尔人、土耳其人和斯拉夫人。[213]第二阶段，奥斯曼人把高加索奴隶留供自用，但随着甘蔗种植园的扩张，地中海地区对非洲奴隶的需求也在增加。第三阶段，欧洲人开始涉足非洲沿海地区，随后从事奴隶贸易，促进了美洲种植园的发展。1690—1740年这个时期十分关键，因为在奴隶价格飙升的同时，奴隶供应也增加了。第四阶段，随着19世纪欧洲对奴隶需求的消失，奴隶价格下降，促使奴隶贸易转向亚洲，并在非洲内部发展。事实上，1900年前后，非洲本土的奴隶比任何时候都多，大陆上的非自由劳动力数量从18世纪下半叶的300万—500万增加到一个世纪后的1000万，占撒哈拉以南非洲人口总数的最高比例从10%增至15%。就地区而言，这一比例可能会更高。据估计，19 世纪西非索科托哈里发国的非自由劳动力比例在 25% 与 50% 之间波动。[214]

　　无数精壮劳力被卖为奴隶，本就导致劳动力短缺，加之又有逃兵，以及因害怕而逃到森林和山区，并在一定程度上过回狩猎采集生活的农民（尤其是其中的泛灵论者和"异教徒"），非洲本土的劳动力就更加紧缺。毫无疑问，奴隶制模式很有影响力，不仅因为贩卖奴隶有利可图，还因为它刺激了绑架、司法奴役和向奴隶征税等行为的产生，同期出现的非洲国家还将此类行为合法化了。因此，女性成了主要劳动力。由于许多女性沦为了奴隶，非洲的"大人物"中越来越流行一夫多妻制；因此，已婚女性的地位比在一夫一妻制婚姻中的有所下降，原有的亲属体系遭到破坏。女性的工作还包括性服务，这一点从 1850 年卡诺奴隶市场的价格就可以清楚地看出。男奴卖 2.5 万—3.5 万玛瑙贝（10—14 塔勒*），女奴则可以卖到 8 万—10 万玛瑙贝（32—40塔勒）。更准确地说，女童的价格是 3 万，年轻女孩是 3 万—4万，乳房已成形的女孩是 4 万—10 万，乳房丰满的女性的价格最高可达 8 万，但乳房下垂的女性不到 2 万，老妇人的价格最多只有 1 万。[215]

　　职业多样化表现为多种形式。[216] 与奴隶制直接相关的是战争的激增和士兵的职业化，还包括枪炮的使用。1750—1807年，仅英国就向非洲商人出售了至少 2000 万支枪、2.2 万吨火

274

---

*　塔勒（thalers），指玛丽亚·特蕾莎塔勒，奥地利硬币，19 世纪广泛流通于欧亚非三洲。该硬币被广泛用于奴隶贸易。

药和 9.1 万公斤铅。[217] 所有奴隶都必须在监视下运输，这也为大篷车商队提供了就业机会。尤其是在西非，许多士兵和监督员本身就是奴隶。[218]

如我们所见，黄金是非洲的重要产品，这种珍贵商品的开采和运输对劳工的需求极大。狩猎采集者对非洲的商品出口而言也是不可或缺的，因为象牙、蜂蜡和蜂蜜要靠他们捕获和采集。最早可用的量化资料（1500 年前后的葡萄牙语资料）已经表明，非洲不仅出口了大量黄金，还出口象牙，特别是对印度。可以看出，这些贸易活动涉及复杂的后勤作业，包括采矿、大规模狩猎、陆路运输至海岸以及同时配备的劳动力。[219] 其他进出口活动以及像搬运这样的服务也是如此，搬运工必须每天搬运 25—40 公斤的货物超过 25 公里，或者在河流上以及海岸与停靠在锚地的大帆船之间划船运送货物。19 世纪，当地作物和出口作物（棕榈油、花生等）的商业种植园纷纷建立，这些种植园使用奴隶作为劳动力，往往以帮派为组织形式。[220]

非洲大陆上普遍存在性别分工，但在撒哈拉以南非洲可能最为明显。正如第一章所述，这种分工可以追溯到狩猎采集者对不同任务的分工，而这些任务也并未随着农业的出现而消失。就非洲的情况而言，由于非洲人在很长一段时间内，特别是自1600 年以来被大规模奴役，劳动人口有所变化，可能能有更多人回归到了狩猎采集者的身份。许多非洲人类学家记录过一个关于男女任务分工的连贯系统，简·盖尔（Jane Guyer）对 20 世纪70 年代喀麦隆南部贝蒂人（Beti）传统性别分工的观察是一个很好的例子，汇集了我们在此讨论的非洲劳动者的许多方面。

通常认为，与战争、狩猎和砍伐树木等有关的是男性活动，不管他们在这些活动上花费的时间是长是短。他们使用铁制和木制工具：长矛……短柄小斧……还有长柄铁锹……男性活动带有明确的军事意义和阳刚象征意义，包括砍伐和建造，比如山药桩和房柱。男人们直立工作，爬上棕榈树采酒或割果子，在新垦田地周围建造木栅栏……用尖木桩来打造山药仓库。……他们的劳动环境是森林……是木制工具的原材料的产地，是饮食中地位最高的肉类食物的产地，是狩猎的地点，是为开辟新田地或准备建立新村庄而需要占领的地带。与男性劳动和男性所有权相关的作物有木本作物、林地作物，以及可以用长柄挖掘棒（nton）种植的作物。相比之下，女性的劳动环境是大地本身，是开阔空地或稀树草原……她们在地里劳作，用短柄锄头弯腰锄地……用陶罐做饭，弯腰生火，在溪流上筑土坝捕鱼，弯腰捉鱼，还在子宫里孕育婴儿。女人的姿态是，弯腰照料大地，塑造大地，劝诱大地生产。她们用女人的工具——锄头——种植草原作物。[221]

综上所述，非洲在这一时期成为大西洋奴隶的主要来源地。虽然缺乏有关早期非洲经济及其工作组织方式的信息，但我们不应像 19 世纪的主流观点一样，错误地将其原始化——约瑟夫·康拉德（Joseph Conrad）1899 年所著的《黑暗的心》（*Heart of Darkness*），就体现了这种原始化观点。

我们应该正视非洲奴隶的另一个原因，是奴隶和被奴役者对压迫者的反抗。前面提到过几个奴隶起义的例子。虽然，正如我们所看到的，在跨大西洋航行中奴隶的反抗行为要少得多，却不能忽视他们在美洲和非洲目的地，也有许多试图逃跑的尝试。因此，出现了一些黑奴国家，其中最著名的是巴西伯南布哥的帕尔马雷斯，这个国家存续了近一个世纪，另一个例子是1763年的伯比斯（见第310页）。这种对奴役的长期抵抗也是1800年前后西非进一步伊斯兰化的原因。[222]

概述：全球奴隶制的比较（1500—1800）

与这一时期非洲和美洲的奴隶制相比，全球奴隶制的情况如何？撒哈拉以南非洲采用了市场经济，从以小规模自给自足的农业经济为主转向大规模出口奴隶，并顺势转向在非洲本土实行奴隶制。在加勒比海的许多地区和巴西，奴隶制甚至成为主要的劳动关系类型。但这并不是说世界其他地方鲜有奴隶制。

关于非洲奴隶，我们已经看到在地中海地区、中东和印度，都存在役使非洲奴隶的现象。但是，奴隶制在整个亚欧大陆的地位如何呢？[223] 受非洲和美洲之间奴隶贸易的巨大影响，有两个问题常常会被忽视。首先，在地中海地区、中东和印度完全商品化的劳动力市场中，自由劳工占主导地位，但也有大量非自由劳工，其绝对数量相当庞大，只是在比例上不像其他大陆那么惊人。这是因为整个亚洲的人口总量太大，奴隶的数量相对其总人口占比自然较小。但在亚洲某些地区，奴隶比例还是相当大的，只是没有达到与美洲相同的程度。其次，在亚欧大陆的中部地区——中国、印度和俄国之间的中亚大草原，奴隶制很早就已经盛行。后文会分别讨论每个地区的情况，现在重要的是应该明白，在绝对数量上，大西洋、印度洋和中亚大草原上的奴隶贸易涉及的人数大致相同——1500—1800年，三个地区涉及的人数都超过1000万。

举例来说，对荷兰东印度公司控制地区奴隶制的示范研究表明，该地区（包括荷属好望角殖民地）的奴隶总数甚至超过了荷兰跨大西洋奴隶贸易的数量，而且在马拉巴尔（印度西南部）、锡兰沿海、巴达维亚附近的爪哇西北部以及印度尼西亚东部的一些岛屿，与自由雇佣劳工和个体劳动者相比，奴隶的数量相当庞大。荷兰东印度公司本身并不是主要雇主，主要雇主是公司内的一些员工，尤其是中高级员工，他们把为奴隶贸易提供便利、参与交易和剥削奴隶作为一种副业——主要是将奴隶卖为家庭用人（并不总是容易与市场生产相分离），以及将奴隶出租给他人。苏门答腊的金矿等大型企业有时也会雇佣奴隶。

对亚洲的其他欧洲殖民地所进行的研究非常少，但毫无疑问，葡萄牙人、英国人和法国人与荷兰人没有什么不同，更不用说当地的统治者。[224] 原因很简单：欧洲人一到亚洲，就适应了亚洲当时的繁荣经济，包括不同形式的非自由劳动。特别是在南印度，像种姓制度这样的深层次的社会分层因素无疑增强了部分人口的"可奴役性"。在荷兰科钦的奴隶市场上，最低种姓人群的占比最大；1844年发布的对不同种姓给予不同赔偿金额的规定，便是其有力证明。[225]

归根结底，印度洋地区的奴隶大都是未能缴纳罚款而欠债的人、被用作典当品却未被领回的孩子（尤其是女孩），以及被拐骗的人。这里必须将奴役与债务奴役区别开来，后者是当事人以劳役作为担保而自愿为奴的做法。事实上，债务奴隶比真正的奴隶要多得多。但债奴一旦成为世袭，几乎不可能将其与奴隶区分开来。除了债务，绑架和海上人口抢劫（非洲常见的代替战俘的方式）也是亚洲奴隶有持续来源的保障。这种做法在东南亚岛国苏禄、亚齐、伯恩、巴厘岛和龙目岛等政治体（1850—1870年前仍是独立国家）的奴隶活动中较为普遍，所以给人留下了深刻的印象。就像在非洲推行废奴一样，欧洲人也废除了亚洲的海上奴隶贸易，导致亚洲一些地区本土的奴隶数量增加，到1850年奴隶总数增加了50万。

在南亚和东南亚沿海地区，债务可能是劳动人民被迫放弃自由的主要原因，同时还有残酷的绑架和在战争中被俘，而欧洲的情况更类似于非洲和美洲。位于亚洲大陆中心的大草原经常被比作海洋，这是有充分理由的：商队沿着著名的丝绸之路穿越草原时，就像船只在海浪中穿行，这个"海洋"连接着中国、印度、波斯、奥斯曼帝国和俄国。对于这些周边地区，大草原是数百万奴隶的发源地，但他们的目的地在哪里？在一些情况下，目的地是相互交战的帝国；在另一些情况下，目的地则是草原本身。如果继续比较，会发现大草原并不是一片空旷的土地；事实上，其绿洲面积可以与加勒比群岛相提并论，而后者主要的劳动关系就是奴隶制。

278　　作为奴隶贸易和奴隶劳动的中心，这片大草原上的故事鲜为人知，要想了解关于它的情况，我们必须追溯到古代，尤其是重点关注奴隶绝对数量大幅增加的两个时期。[226] 第一个时期是中世纪后期，一些伊斯兰国家往东向印度扩张。伽色尼帝国（9 世纪至 12 世纪）的疆域以今阿富汗为中心，从伊朗延伸到印度河流域，从印度洋延伸到大草原。该帝国因其军事活动而闻名，却也因使大量俘虏沦为奴隶而臭名昭著。根据帝国 1014 年征服印度城市塔尼萨尔（Thanesar，德里北部）后撰写的编年史，"伊斯兰军队给伽色尼带来约 20 万名俘虏和大量财富，所以首都看起来像一座印度城市，营地里的士兵都很富裕，也有很多奴隶"。[227] 几十年后，10 万名来自木尔坦（Multan，现为巴基斯坦，在塔尼萨尔以西）的俘虏以同样的方式进入伽色尼。伴随着德里苏丹国在随后几个世纪里的扩张，也有数量相当的战俘沦为奴隶；在莫卧儿帝国的建立过程中也是如此。

与亚欧大陆其他地区一样，信仰差异是决定战俘"可奴役性"的关键因素。由于涉及的大多数帝国和奴隶贩子［其中许多是乌兹别克人（Uzbek）］都信奉逊尼派伊斯兰教，这就意味着诸如印度教徒、什叶派穆斯林、佛教徒、东正教徒和琐罗亚斯德教徒等都可能被迫沦为奴隶。在印度，穆斯林统治者面对人口中绝大多数的印度教徒，不得不给予他们受保护的"齐米"（dhimmi）的身份，但在战乱频仍的大草原边境地区，情况并非如此。

以上是亚洲大草原战俘奴隶的情况，接下来考察奴隶贸易的情况。数百万印度和伊朗奴隶被运往大草原北部，而北部也有与之数量相当的马匹被卖往南部。正如非洲的情况那样，大草原南部的条件不适合马匹生长，它们无法得到精心饲养，因此马的需求量一直很高。根据 1581 年一名耶稣会旅行者的说法，在当时从事马匹贸易的旁遮普人（Punjabi）中，流传着一句谚语："印度的好奴隶，帕提亚的好马。"[228]

在与大草原接壤的帝国，奴隶受雇成为富人家庭的用人、士兵和专业工匠（考虑到印度受种姓限制的职业，这并不奇怪），而大草原上的奴隶也会从事各种技术含量较低的直接生产性工作。在 16 世纪的中亚，乌兹别克斯坦大地主的种植园式农场通过雇佣奴隶进行耕种、维护灌溉渠和饲养牲畜而蓬勃发展。奴隶工匠非常抢手，会在不同征服者之间易主。1398 年帖木儿洗劫德里之后，数千名技艺精湛的工匠被带到中亚，他们中的泥瓦匠在其首都撒马尔罕修建了比比哈努姆（Bibi Khanum）清真寺。

中亚及其边境地区对奴隶的需求一直都很旺盛，是因为当地普遍有释放老年奴隶的习俗。这种做法在若干年后还会被视为一项宗教功绩。50 岁左右的奴隶会被释放，但这种流行做法的背后，可能也有不那么无私的动机。毕竟，这个年龄段的奴隶，工作价值还抵不上他们的衣食开支。正如在其他地区看到的那样，奴隶的价格随年龄增长而下降也反映了这一事实。[229]

18 世纪，这种奴隶制由于经济和政治原因而走向衰落。经济上，印度现在可以用纺织品而不是人来换取马匹，奴隶供应线便暂时转向伊朗。18、19 世纪，希瓦和布哈拉奴隶市场上的大多数奴隶来自伊朗。政治上，大草原国家与其邻国间无休止的战争逐渐陷入停滞，因为大国占了上风，并在中亚地区相遇。在那里，它们巩固了自己的边境。当然，俄国人仍然在高加索地区俘虏了成千上万的奴隶，但大角逐已经结束。

据估计，11—19世纪，中亚和俄国至少有600万人到650万人被贩卖为奴隶，其中400万人最后被卖到了奥斯曼帝国，40万人经由热那亚和威尼斯的黑海港口进入地中海地区。[230] 综上所述，现在事实可能已经清楚：剥削和运输奴隶并不是大西洋地区的特有现象；实际上在亚洲各地，尤其是在中亚大草原地区，所涉人口总数与大西洋相当。非洲和加勒比地区的奴隶制之所以如此明显，是因为非洲人口密度低，加勒比和巴西沿海地区种植园经济密集。

东欧的劳动密集型道路

如前所述，1500年后世界范围内大致有两种劳动集约化的方式，与之相伴的是市场经济的大肆扩张。除了南亚、东南亚及地中海地区的各种混合劳动关系外，市场经济中还有两大基础劳动关系：一是在已有市场经济的地区（如亚欧大陆的大部分地区），以个体劳动者和雇佣劳动者等自由劳动力为主；二是此前没有市场经济的地区（美洲和撒哈拉以南非洲），几乎全是奴隶这样的非自由劳动力。而且，我们似乎忽略了陆地面积很大的另一个区域：易北河以东的欧洲，特别是俄国，其领土在这几个世纪大幅扩张到西伯利亚，后来还扩展到中亚。在这个区域兴起了一种非常特殊的市场经济，其人口流动性受到严格限制，而且可能与此有关，其劳动强度非常低。但我们不应按照通常的做法，简单地将这类社会视为原始未开化，或认为它们受到"东方专制主义"的影响。尤其是对俄国来说，在这个时期，该国的市场经济非常活跃，虽然劳动关系很特殊，但绝不能简单地将其定性为奴隶制。那么，又应如何描述俄国的劳动关系呢？[231]

事实上，奴隶只占俄国人口的很小一部分，世袭奴隶仅占霍洛普（kholopstvo）的 10%，占所有居民的 1%。霍洛普是一种封建农奴，于 1725 年被废除；大多数情况下，"霍洛普"一词最好译为英文中的"仆人"（servants），因为他们与雇主签订了具备约束力的固定期限雇佣合同。[232] 虽然这些雇主对仆人有很大的权力，包括有权施加刑罚，但仆人并没有欠他们债务。雇主死后，契约失效，不可世袭。此外，霍洛普也有权结婚。在俄国，真正的奴隶如此之少，这一事实可能会令人感到惊讶，特别是考虑到近几个世纪以来，其东部和南部边境战争不断，产生了无数战俘和数百万的奴隶。被俘的俄国士兵要么被敌国作为奴隶出售，要么被卖回俄国以换取赎金。即使是和哥萨克有盟友关系，俄国也和其打过仗，也产生了战俘。但与敌人相比，俄国并没有奴役战俘，而是把大部分俘虏卖给了奥斯曼帝国，故其国内并未出现大规模的奴隶市场和奴隶劳工群体。只有在 18 世纪末，俄国曾将鞑靼人（Tatar）和切尔克斯人（Circassian）留下来从事奴隶劳动。[233]

农奴制

在这几个世纪里，俄国日益成为亚洲名贵产品进入西欧的重要中转国，与此同时，整个东欧也成为西欧的粮仓，因为西欧的许多农民开始专门化，于是把粮食的种植交由了他人。其他一些产品，如亚麻、大麻和焦油，也进入了西欧，尤其是在 1703 年建立圣彼得堡后，俄国在波罗的海地区有了自己的港口，上述产品的出口更加频繁。就最重要的出口产品——谷物而言，最值得注意的是其单位面积产量极低。俄国的"产量比"，即播种量与产量之间的比率，与欧洲其他国家相比非常低，一直到19世纪都是如此。[234]虽然产量的高低肯定受地理环境和气候因素的影响，但主要还是与劳动组织形式有关。与西欧盛行的中小自由农民模式（小农场主或佃农）不同，东欧主要是贵族、教会和国家手中的大型和超大型庄园，他们雇佣农民帮助开发自己的庄园，文献中一般称之为"农奴"（serf）。

这些农民不能自由离开庄园，被土地所束缚，完全屈从于领主，这是从16世纪末开始逐步实行的制度。1581年，领主们成功游说沙皇，禁止农民在圣乔治日出行——那本来是他们能够离开主人的土地，从而行使一定自治权的最后一个神圣节日。1592—1593年，更多法令相继出台，最终形成了1649年的《莫斯科法典》（Ulozhenie）。[235]超过90%的俄国人口受制于该法典。

需要强调的是，无论历史学家经常使用的"第二次农奴制"这一术语有何含义，农奴都并不等同于奴隶，甚至也不等同于我们所知的中世纪西欧的农奴。原因在于：首先，这些农民享有一些重要权利（尽管这些权利在现实中遭到了系统性的践踏和限制），例如，他们是与土地分开出售的。事实上，除为领主干的义务劳动外，他们似乎能够想方设法为自己工作，不仅干农活，还发展家庭手工业，并从中获取部分或全部收益。其次，农奴有相当多的时间参与庄园事务以外的其他活动。自18世纪起，农奴家庭的成员开始在城市中从事季节性工作，还到其他地方参与收割工作——以换取报酬作为地租付给领主，或作为对领主准许其出去工作的报答。最后，如果领主在庄园内外提供的土地面积太小，那么就总会有农奴逃到帝国扩张的新领土去——这是一种普遍的补救办法，尤其是在逃亡者实际上并不害怕犯下这一罪行将要面临的严厉惩罚的情况下。总之，近代早期俄国的农奴制似乎是强制却低效的庄园劳动和劳动密集型的家庭劳动的结合。[236]

农奴要么因债务而为领主劳动（即"债务农奴"，barshchina），要么向领主支付地租（即"租地农奴"，obrok）；当然，还有其他许多可能的组合形式。债务农奴原则上有一半时间需要从事农业劳动、装运谷物等工作。通常而言，农奴家庭中若有更多具备劳动能力的男人，就会按照"兄弟互助"的原则来分配义务，即一人承担庄园劳动，另一人自由耕种家里租用的土地。19世纪，债务农奴为领主劳动逐渐被定义为任务性工作，而不再是强制性工作；农奴完成日常杂务后可以自由地在家庭土地上劳作。1800年前后，租地农奴的土地租金占总收入的1/5，到1850年前后上升到1/3。不过，好在这半个世纪里农奴家庭的收入也有大幅增加，所以缴纳地租后在净收入上还是有盈余的。债务农奴主要存在于莫斯科以南肥沃的"黑土"地区，租地农奴则常见于莫斯科以北土地不太肥沃的地区，特别是在莫斯科和圣彼得堡之间的所谓中央工业区以及该区以东的各省。随着时间的推移，租地农奴比债务农奴更为普遍，因此地租支付方式由实物转向货币，还要向政府缴纳"灵魂税"*。[237]

1678年，50%以上的农奴在贵族的庄园中辛苦劳作，15%

---

*   灵魂税（soul tax；podushnaya podat），即按照农奴数量缴纳的一种人头税。

以上在教会所有的土地上劳作，其余的则在国家土地上劳作。教会所掌握的土地尤其庞大。1762 年，俄国的修道院拥有全国 2/3以上的耕地和 70% 的教会机构土地。每个教会庄园都拥有超过100 名的农奴，而只有 13% 的贵族手中有如此数量的农奴。[238]俄国庄园最大的特点就是规模庞大，全国 4/5 的农奴生活在 200人以上的庄园里——这种规模比同时代的美洲大得多，而且采用自主经营的劳动组织形式。因此大多数农奴很少见到各自的主人，劳动关系也就更加客观，不受个人感情影响。越富有的庄园主就越少露面，由管家（他们也是农奴，后来有时也由自由的德国人担任）负责管理庄园，由每 100 户、50 户或 10 户农奴家庭协助。庄园主不亲自到场，只需给管家下达这样的指令："要求懒惰的人工作，不允许任何人游手好闲，惩罚那些不想劳动的人。"[239]

庄园里有严格的性别分工："男人犁地、播种、拉车、砍柴、盖房、养马；女人耙干草、收割谷物、挤牛奶、养鸡，还负责照看孩子、打扫房间、做饭、纺纱、编织和缝纫等室内工作。"[240]

农奴社区与农奴家庭

农奴结婚是很普遍的现象，尤其是在莫斯科以南肥沃的"黑土"地区。[241] 领主们主张农奴在年轻时就在教堂里结婚，生尽可能多的孩子（从而有尽可能多的劳动力），这种主张也是为了防止农奴发生非婚性行为。共同居住和联合家庭很常见，既能保证规模经济，又可以分担义务，特别是债务劳动义务。在中央工业区（莫斯科省及其以北），家庭规模小得多，关系也简单得多。除了这些地区差异外，家庭的规模和构成也取决于领主有关婚姻的具体政策和规定，他们不仅鼓励结婚，还对单身汉罚款和征税。

俄国农奴生活在农村公社里，村社由选举产生的"长老会"（starosta，即"长者"，但不一定是最年长的，因为许多农奴不想花时间在这种公共服务上）负责管理，拥有较高的自治权。[242]农村公社〔obshchina，也称"米尔"（mir）〕是农奴的政治代表，受官方政府认可，至少也为领主所接受（实际是不得不容忍其存在）；在租地农奴的庄园里，农村公社尤其普遍。所有成年男性都有权参加定期会议，每位户主都可以在会议上投票，投票情况由农奴书记员进行记录并保管。毫无疑问，这些会议由"长老会"组织召开，旨在维护庄园的利益，包括征收地租、定期重新分配劳动义务、根据家庭规模和成员构成分配土地，以及挑选应征入伍者。但农村公社的作用远不止于此，从庄园或村社代表向领主，甚至向沙皇递交的大量请愿书（尽管 1767 年官方已禁止请愿行为）中，可以清楚地看出，他们对所受待遇表示的不满。

农奴递交请愿书为自身打抱不平、寻求补偿，主要原因并不在于不满所受待遇这件事情本身，而在于他们认为领主的虐待行为违反了既定规范，侵犯了他们的"权利"。[243]农奴们都有一种"对任何打破既定程序的事情的基本怀疑"，也珍视自己与领主长期以来的关系。如果请愿无济于事，他们就会采取非暴力的方式拒绝完成所要求的工作。这种非暴力行动（volvenie，复数为 volveniia）有可能从请愿开始，然后通过罢工的方式转变为集体（村社或庄园）的抗议。如果庄园没能解决问题，政府会正式调查罢工行为，还经常对双方进行调解。如果调解失败，政府可能会派士兵镇压，迫使农奴屈服，甚至派军事法庭来审判发起罢工的领头人。只有少数抗议演变为成千上万名农奴参与的实际起义。虽然这肯定不是纯粹的农奴起义，但如此多的起义联合起来，最终使俄国于17、18世纪分别爆发了两次武装冲突，这与农奴制这一劳动关系体系密不可分。1774年的起义有300万农奴参加，领袖埃米利安·普加乔夫（Emilian Pugachev）曾对他们说过如下的话：

> 通过这项法令……我们授予迄今为止所有处于农奴制之下和臣服于领主的人成为沙皇忠实臣民的权利，奖赏他们古老的十字架和祷文、头颅和胡须、解放和自由……我们不要求服兵役、缴纳灵魂税或承担其他货币义务，拥有土地、森林、草甸、渔场和盐湖，无须缴纳地租，我们解放所有从前受迫于恶棍贵族、受贿者和法官的人，解放所有农民，解放所有受缚于义务和重担的人……把那些迄今为止还手握庄园产业的贵族、那些反对我们的权力、瓦解帝国和毁灭农民的人，都抓起来、处死、再吊起来，对于这些没有基督教信仰的人，农民要以其人之道还治彼身。歼灭这些敌人和恶棍贵族，所有人都可以过上和平安宁的生活，代代相传。[244]

要想摆脱为领主卖命的生活，最实用和最有效的方法不是通过请愿、自愿或偶尔叛乱等集体形式，而是以个人形式展开的行动，即组织所有家庭成员共同努力，尽可能在庄园内外独立于领主而生存。

除了债务和地租义务外，农民可以自由支配自己的劳动，他们也确实做到了。18世纪末，农奴和国家农民在国内粮食市场上出售的粮食比大领主的还多，农民则几乎垄断了大麻、亚麻和烟草等专业农产品的销售。他们还开展技术性劳动，专门从事纺织工作。[245] 最能说明问题的是，领主经常抱怨农奴在履行庄园义务时偷懒，与他们在自己土地上耕作时的热情形成鲜明对比——以至有位领主命令，对那些据说为了"偷偷为自己工作"而拒绝去教堂的农奴，要进行罚款或殴打；"在我的庄园里，星期天他们在哪都不准工作"。[246] 领主们命令农奴去教堂做礼拜、庆贺礼拜日和许多其他教会节日，但农奴已经在庄园工作了好几天，他们需要空闲时间照料自己种的庄稼。

在按地租义务组织的庄园里，农奴从事独立工作的可能性更大。社会科学史教授特蕾西·丹尼森（Tracy Dennison）以中央工业区的沃什查兹尼科沃（Voshchazhnikovo）庄园为例，展示了大多数农奴如何在城市从事手工业、贸易、小规模制造业及提供家庭劳务，这些都是向领主纳税换来的——甚至到了18、19世纪，我们可以看到，在以上行业和许多类似行业中，农奴成了真正的劳动力，拥有了土地和财产，还产生了资本和零售市场。

在地租制庄园里，所有农奴都必须耕种他们那份（定义上的）公有土地，并缴纳封建税费（即地租），主要以货币支付，也可以用实物支付，包括为庄园马厩提供燕麦、为领主家庭提供小麦和黑麦，以及按一定比例向庄园粮仓上缴这些粮食，由公社一次性征收，另外包括对村庄基础设施的维护，这项工作部分由用公社资金雇来的劳动力负责。[247]

事实上，如果一些农奴发现可以在自家土地上，通过家庭手工业获得更高的收入，他们就会雇佣其他农奴来完成这些工作，主要是那些最贫穷家庭的农奴；后者不能参与土地分配，但也必须从事劳动，所以愿意为较富裕的同村人做工，以此获得报酬。这样一来，农奴制内部就有了真正的劳动力市场。[248] 同时，经常有一些农奴到村外当用人，还可以凭借国内通行证，从村里或村外雇佣共事农奴作为日工和用人，农村公社也会雇佣工人来完成日常分配的徭役，如修路和建造教堂。

社会分层由此产生。农村精英能够存下钱财，甚至"购买"房产。据官方说法，除了领主可以拥有私人财产外，其他人不得有私人财产；但实际上，一些领主为了得到丰厚的回报，就逐渐承认了部分农奴的财产权，并为这种"财产"的买卖提供便利。这样一来，农奴也可以建立工场，雇佣其他农奴。当然，这是一种准正式的强制产权制度，其可行性取决于每个不同的土地所有者。[249]

流动性

农民只要履行了庄园义务，就有外出工作的可能，而且领主原则上也不会反对，他们只要同意并发放放国内通行证，就能从移民赚的钱中获得一大笔答谢金，领主因此获得了巨大收益。甚至1649 年《莫斯科法典》也保留了这种可能性，1719—1724 年的政府法令也规定人口迁移要使用国内通行证。这种经领主同意的临时人口迁移被称为"奥特霍尼契斯特沃"（otkhodnichestvo）。[250] 在俄国，只要农奴制是其主要劳动关系，城市劳动力市场就完全依赖于这些"迁移者"（otchodniki）。1840 年，莫斯科人口中有一半是这类临时移民，他们大多来自地租制庄园，特别是其中的国家农民。

随着时间的推移，迁移的距离越来越远，迁入城市的移民不断增加，像沃什查兹尼科沃这样的地租制庄园就需要更多来自周边地区的移民。迁移者中可以区分为好几类人：第一种，从事工厂工作的人，以农奴和国家农民为主；第二种，移民工匠、商人和其他类型的企业家，他们中的许多人在市场上出售或者上门推销家庭手工业产品和其他手工艺品。

外出到工厂工作的主要是男性，女性留在家里负责家中事务，实际上，农民的家庭手工生产活动全部由女性承担。这种临时迁移要历经长途跋涉，是一趟艰难的旅程，所以为了避免或降低途中风险，会由农民合作社或同乡会组织集体出行，而不是个人单独出发。农民合作社由共同寻找临时或季节性工作的农民群体组成，同乡会是在到达城市或企业后组织成立的，通常比较固定，规模也更大。

如果在庄园的处境艰难，集体和个人都无能为力时，最终的解决办法是——未经领主同意就离开庄园，逃到领主找不到的地方。究竟有多少人选择了这种做法？最有力的证据是，到 1678 年，有 370 万农民移居到西伯利亚、乌拉尔和伏尔加河等新征服的领土，而且这种迁移还在继续。1727—1742 年，每年平均有 2 万农奴逃离家园。[251] 俄国 1649 年颁布《莫斯科法典》的重要目标之一就是抓回逃跑的农奴，但对于逃到南部边境地区的人，沙皇允许他们留在当地，与鞑靼人和其他人一起生活，融入半独立的哥萨克地区——当然，他们要做好为帝国的防御和扩张而战斗的准备。

而逃到西伯利亚的人肯定也会得到宽恕，因为西伯利亚是周边帝国重要的毛皮产品来源地。[252] 蒙古四大汗国之一的钦察汗国及其附属国长期以来主导着该地区的毛皮贸易，一直持续到 15 世纪钦察汗国灭亡之时（1480）。由此产生的市场空白由莫斯科大公国和克里米亚汗国、阿斯特拉罕汗国、西伯利亚汗国和喀山汗国等较小的汗国所填补。1550 年，莫斯科大公国征服了这些较小的汗国，并占领了诺夫哥罗德，推动了毛皮贸易的发展。此外，莫斯科大公国还沿用了诺夫哥罗德、喀山汗国和西伯利亚汗国等征收贡品的习惯，贡品就是不同质量的毛皮，即所谓的"亚萨克"（iasak，突厥语，意为"贡品"）或"软黄金"。这就解释了狩猎采集者生活的重要组成部分"狩猎"是如何成为全球经济的一部分的。以 17 世纪 40 年代初俄国官员对布拉茨克人民进行的宣誓为例，他们必须宣誓效忠沙皇："以我们的信仰，以太阳，以大地，以火焰，以俄国的刀剑和枪炮起誓。如若违背誓言，主将惩罚我，太阳将弃我于黑暗……大地上不再有我的容身之处，面包不再为我供养身躯，刀剑和枪炮将砍倒我、杀死我，烈火将摧毁我们所有的家园和土地。"[253] 但这些捕猎者，只要他们能带来"软黄金"就会受到珍视，他们不是农民，也不能轻易变成农民。这就是为何进入西伯利亚的非官方移民具有十分重要的地位，虽然他们的迁移行为并不符合 1649 年《莫斯科法典》的规定，但与帝国扩张的需求一致。许多人成群结队地离开家乡前往西伯利亚，在当地建立与家乡公社类似的公社。他们成了国家农奴，地位发生了改变——几乎是西伯利亚唯一的农奴类型。他们必须支付地租以及货币税和实物税（徭役劳动），所有都以军事形式开展。在西伯利亚，只有教会才有权奴役农民，也不允许有贵族庄园。例外情况是，农民和士兵被安排到富饶的阿尔泰山银矿场和乌拉尔地区的其他一些矿场和冶金厂工作。[254]

除了狩猎采集者原住民和逃亡至此的农奴，西伯利亚还居住着因政治、宗教和犯罪而被驱逐的流亡者，以及一些不同的战俘，特别是波兰人、立陶宛人和瑞典人。1709 年，在波尔塔瓦，有 2 万名瑞典士兵、非作战人员以及妇女儿童被俘。在向西伯利亚的人口迁移中，俄国通过采用一种司法 – 刑罚机制来"制造"流放罪犯的方式帮助扩大定居人口，这种做法在 1649 年《莫斯科法典》颁布之前很少见。[255] 其中还往往伴随着迫害，1653 年有这样一个案例："依据过去的法令，那些犯下过错的小偷和强盗本应被判处死刑，而现在的法令规定，他们要受笞刑，砍掉左手的一根手指，连同妻儿一起发配边境，送到西伯利亚、下层及边境城市。"[256] 因此，在俄国，处决罪犯的场面变得罕见。抵达西伯利亚后，这些罪犯的后代与非流放者几乎没有区别。正如有人指出："驱逐出境就像是传送带，将君主的惩罚性措施与国家的功利性剥削联系在一起。"[257]

在俄国南部，叶卡捷琳娜二世领导俄国人，接连征服从德涅斯特河到达吉斯坦的游牧民族，成功占领了那片广阔的区域，并骄傲地将其命名为"诺沃罗西亚"（Novorossiya，今新俄罗斯地区）。之后，逃亡者的地位发生了变化。南部地区的农奴不享有在顿河哥萨克地区的所谓"避难权"，而是成了帝国的自由臣民。他们中不仅有来自俄国的人，还有从德国受邀来做殖民者的人。[258]

俄国的劳动制度中，征兵制虽然是最可怕的制度之一，却也有一些出人意料的方面。[259] 1650 年后，彼得大帝明确设立征兵制，俄国由雇佣兵制转为征兵制，也因此成为欧洲征兵率最高（1%—1.5%）的国家。令人震惊的是，领主有义务为国家提供应征人员，这给应征入伍者带来了不幸，他们永远地离开了家乡。1793 年，俄国将兵役期限缩短到 25 年，但较之前的并无太大区别。最为关键的是，俄国还把这些新兵部署到帝国向东、向南的军事扩张中，还要求他们安置在新征服地区，永远守护保卫新领土，给他们以农民的身份，能拥有一定的自由。

因此，进入 19 世纪，俄国成为一个强大而辽阔的国家。在俄国的中心地区，绝大多数农奴的社会流动性受到法律限制，且被迫为大领主工作；除此之外，还有西伯利亚和中亚那些受缚于土地但在其他方面独立的农民士兵。再往西，远至易北河地区，俄国也有很多限制人口流动的措施；这些措施有许多共同之处，一直延伸到西欧和东欧之间的边界。[260]

***

1500 年之前，世界是由许多独立的巨大"孤岛"组成，各个"孤岛"的工作方式各不相同。尽管世界范围内的大部分地区仍有狩猎采集者，但已被边缘化到北极（亚北极）地区以及非洲和南美洲的热带雨林，其他地区则都是以农业为主。发展农业不仅能够自给自足，而且足够丰产，能够产生农业盈余。盈余的分配模式主要有两种：在亚欧大陆，通过市场进行分配；在美洲和撒哈拉以南非洲的部分地区，则根据再分配模式组织分配。

然而，这些分配模式在上述地区迅速消失了，不是像之前美索不达米亚那样由内而外逐渐消失，而是由外而内，以极其激烈的方式消失了。在市场模式中，农民和工匠的自由创业与雇佣劳动占主导地位，但政治体之间的对抗可能会导致奴役的产生；反过来，奴役有时也会使整个社会变得高度依赖奴隶劳动。

随着欧洲的海上扩张，我们迎来了一个转折点，所有这些独立的"孤岛"之间产生了永久的相互联系。这导致狩猎采集者迅速消亡，摧毁了最后一个伟大的再分配社会，互惠主义使用范围缩小，回归到家庭内部，市场经济得到扩张和强化。这种扩张以两种方式发生：一是通过市场模式输出；一是通过非自由劳动的增加。农奴制的发展使非自由劳动在俄国成为主流，而在全球许多其他地区，动产奴隶制的急剧增加也使非自由劳动占据支配地位。这种情况在加勒比地区和巴西最为严重，非洲的情况也日益恶化，中亚及其周边地区可能也面临越来越严峻的非自由劳动扩张形势。尽管印度洋地区的奴隶数量同样惊人，但在总人口中所占的比例要小得多。

市场模式的扩张和强化影响了各个领域。迄今为止，亚欧大陆的农民占全球人口的绝大多数，他们以各种方式加强了在农业和家庭手工业方面的工作，甚至俄国农奴也在制度规定的范围内遵循这种发展模式。农民家庭日益以市场为导向，这意味着男人、女人和儿童都要做更多工作。快速发展的城镇也是如此，这还同样适用于航运和军事等部门。这背后的动机，部分是受全球化的影响，主要是由于消费范围扩大和绝对温饱水平以上消费导致的新机遇。这一点在食糖消费量的增加上表现得最为明显，也表现在茶、咖啡、酒精和鸦片等刺激物，以及纺织品和欧洲廉价印刷品的传播方面。

通常而言，无论我们谈论的是农场、工匠的作坊，还是大多数美洲种植园，工作场所仍然很小。像军队这样的大型工作单位已经存在了数千年，现在还有许多远洋船只、造船厂、兵工厂及其他军事工作场所。俄国的农奴庄园和加勒比地区的一些种植园也是大型工作单位。就劳动关系而言，奴隶制和农奴制自然意味着从属关系，这给劳动者在捍卫自身利益方面带来了种种限制。人们对自由的向往从未消失，刚受奴役的人更是如此，不自由的人不断寻求捍卫其利益的机会。在政治允许的范围内，自由劳工（特别是城里的自由劳工）明确选择了合作。工匠们在行会和其他类型的兄弟会（这类团体下可以列出印度工匠的种姓等级）中捍卫自己的利益。这就是后来"工业革命"前夜，全球工作和劳动关系的图景：世界范围内的工作与劳动关系现已完全联系在一起，同时又根据完全不同的原则被组织起来。

19 世纪初，世界各地的权力关系与三个世纪前的情况截然不同。到 1800 年，大分流已经发生。自 1650 年到 1700 年，西

291

方明显是权力转移的赢家。事后看来，这一结果似乎是不可避免的、天注定的。本章已经表明，试图对"大发现"和"工业革命"之间的几个世纪里工作史和劳动关系史的关系进行公正分析，反而会产生二者线性关系不那么强的结果。然而，正如工业革命期间（本书第六章）的人类工作史所讲述的那样，这种差异将持续下去，并且会加深。

如前所述，识字率在更早的时期就已得到提高，而现在又产生了许多各类劳动者的证词，有时甚至还有非自由劳动者的间接证词。比如奥卢阿莱·科索拉、普加乔夫，或是"海神号"叛乱奴隶们的命运。这样的陈述证实了前几章的结论，即非自由根本不是不证自明的，更不是可以坦然接受的生活常理。个体劳动者或雇佣劳动者的不公正待遇或不公平补偿也是如此。关于私人家庭通过移民摆脱贫困或改善工作状况而采取的个人策略或集体策略，相关的例子不胜枚举，比如呼颂迪在她儿子于事故中丧生后的行为、欧洲的手工业行会，或北京铸币局的罢工工人。

第六章
劳动关系趋同化
1800 年至今

钻石切割工人

在作坊里进行手工作业

阿姆斯特丹，1875

292 　　本章和下一章将会讲述过去二百年里的人类工作发展史，相较于前五章，现代读者对部分内容的熟悉程度会更高。不过，想要在有限的篇幅内将这段历史进行概述，也是相当有挑战性的。这段时期为什么特殊？或许最重要的一点事实是，这一时期的全球劳动关系时有起伏发展，但最终趋于同态化。在此之前，以类似的方式来安排工作的人从未如此之多，并且不论是集体还是个人，也从未如此努力地去改善劳动关系与劳动环境。本章将围绕不同类型的劳动关系展开叙述，直到那个突破性的剧变：雇佣劳动日益占据主导地位。与本章呼应，下一章将讨论工薪阶层——主要是（但不完全是）其人数比例在社会中增长最快——在进行利益诉求时，其"行动纲领"之转变造成的结果。尤其是在当下，各种新型的集体运动纷纷涌现，政府也扮演着越来越重要的角色——这与我们基于意识形态的宣传说辞恰好相反。

293 　　要想更好地理解过去两个世纪里劳动关系的转变，我们就不能忽略所谓的工业革命。因为工业革命逐渐打破了农业劳动的主导地位，带来了全新的消费水平和消费模式，人们的工作目标也因此发生了实质性改变：相较于前几个世纪，这一时期很多人已经不再仅仅将工作视为谋生手段，而是视为提高生活质量的手段。

在过去两个世纪里，劳动关系发生了根本性的转变——现在以市场导向型的劳动关系为主，且非自由劳动力的比例急剧下降。海地革命（1791—1804）后奴隶制的废除，1807年英国跨大西洋奴隶贸易的废除，以及欧洲农奴制的废除（其中最著名的例子是1861年俄国废除农奴制），都预示着非自由劳动力的减少。随着1919年国际劳工组织的成立，以及1948年《世界人权宣言》的通过，上述运动暂时结束。但成功与否却是无法确定的，因为自由劳动的发展趋势总是一次次中断。此前，世界各国都能普遍见到无数小农和小手工业者的身影，现在却日益减少，这就导致个体劳动力像非自由劳动力一样，在劳动力总量中的比重下降，只是速度相较于后者要缓慢得多。一直以来，女性都主要负责家庭内部劳动，现在越来越多的女性开始进入劳动力市场，从事家庭之外的劳动，这使得家务劳动发挥的作用越来越小。在这三种发展趋势中，自由雇佣劳动力的数量增加最多，在那些集中于城市的行业（工业和服务业）中，情况都是如此。而这种增加也意味着更频繁的人口迁移现象。雇佣劳动者通常是走到哪儿干到哪儿，条件允许的话，还会争取更好的工作条件，或者说如果失业了，就会到别处去工作——可能是在国内，也可能是到国外。在这方面，他们有时甚至能够接受工作条件的暂时恶化，就像契约劳工那样。

工业革命

工业社会的出现，尤其是这种社会形态的扩张，可以说是全球劳动关系趋同化的最显著案例。在人类工作史中，自农业出现以来，工业革命是最重要的一次变革——虽然很可能并没有国家将大部分劳动力倾注于工业。[1]沿用上一章的术语，可以这样说：在这一时期，已经有可能实现从劳动密集型道路向资本密集型道路的转变。这种现象首先出现于 18 世纪的英国。在上一章中，我有意略过该问题，未作进一步探讨，而是将其放在本章讨论，这是因为工业革命起初只影响了很小一部分人，直到 19 世纪，影响范围才逐渐扩大——即使在不列颠群岛也是如此。

本章将先简要介绍工业革命期间机械化的本质，以及机械化在英国乃至随后在世界范围内的传播，随后重点讨论一个问题：在日益集中于工厂生产的工业中，工作意味着什么？在其他领域中，工作同样具有不可否认的重要性，尤其是运输业和农业，下文也会对此进行探讨。此外，本章还会围绕工作激励的问题，即如何激励那些不习惯在雇主直接监督下工作的人在全新的环境下从事生产劳动这一关键问题，展开论述。

机械化

到目前为止，我们已经见到了许多机械化的例子。换言之，机械化意味着使用工具，以便更高效地利用人类的体力和脑力，以及为人类工作的动物的体力和脑力——参见纺车、织布机、陶钧和马车。除了人力、牲畜以及植物能源的使用，将水能（利用水磨和潮汐磨）和风能（借助帆船和风车）用于生产劳动也已经有几百年的历史。

而工业革命之所以特殊，是因为这一时期使用了一种不再需要因地制宜的新能源——蒸汽。蒸汽锅炉可以安装在任何有充足燃料（主要是煤）可用，或有低价燃料供应的地方，然后借助活塞连杆来驱动车轮。中国人很早就发现了蒸汽动力的存在，但只是将其视为新奇事物，并未用于劳动生产。[2] 工业中最早应用蒸汽动力的是煤矿开采业，随着开采深度的加深，采煤作业会受到地下水泛洪的阻碍。因此，1712 年，托马斯·纽科门（Thomas Newcomen）制造了一台蒸汽机，能够顺利为水泵提供动力，相较于之前，该蒸汽机的应用更节省人力。不仅如此，水泵的功率也增加了，如此便能开采出更多煤用于动力生产，驱动更多的工业蒸汽机；运输煤炭需要运河水道，人们还因此开凿了大量运河。接下来的一大进步是詹姆斯·瓦特（James Watt）的蒸汽机，其能耗只有纽科门版本的 1/5，还有一个可以旋转的传动装置，瓦特也借此于 1769 年获得专利。此后，各式各样蒸汽驱动的机器骈兴错出，其中包括最为关键的行业——纺织业——中发明的许多新机器。同年，理查德·阿克莱特（Richard Arkwright）还发明了水力纺纱机，可以借助水能。如此一来，1750—1800 年，棉纺工人的劳动生产率提高了 200 倍。在各行各业中都能看到这样的例子。

下一次进步发生在约 1820 年，蒸汽式轮船和蒸汽机车发明后。像这样扼要概述，并不能充分强调这些著名发明和创新的重要性，但可以让我们记住，这些发明与创新都是长期反复试错的产物，需要耗费大量时间，往往要花半个多世纪才得以成功面世，与此同时，旧技术也得到了显著改进。例如在此前的远洋运输业中，帆船的速度已可称得上史无前例；但在工业革命期间，蒸汽船取而代之，成为更快的远洋运输船。

19 世纪末到 20 世纪，美国和德国的发明接踵而至。电动机的出现使电力——电灯和通信设备（电报、电话、收音机、电视机）的能源——得到了特殊的应用。这样一来，小型工业生产和家用设备也可以使用电力作为能源。蒸汽动力机被电力发动机（最经典的例子是电气火车）和汽油发动机所取代。小汽车首先用上了汽油发动机［1885 年由卡尔·本茨（Carl Benz）发明］，接着是卡车、公共汽车、长途汽车，以及轮船和飞机。人们如今能够抵达世界的各个角落，购买各种商品，了解不同民族。除了电力发动机，汽油和柴油发动机也各有其工业用途。目前，核能（原子裂变产生的能量）是能源生产领域一系列发明中的最新突破。

当然，化学和生物技术领域的发明与能源生产领域的发明密切相关，比如涂料、药品、橡胶、合成纤维纺织品、建筑材料、农业化肥等生产行业。此外，所有这些创新与发明在医疗保健中的应用也是不容忽视的。最后还有机械工程，使得人类活动能够以自动化方式进行。自动化技术的最新突破当属近几十年来进行的数字革命，其中最新的应用是纳米技术和 3D 打印技术——即使只考虑这些技术给交通系统带来的革新，也足以看出它们对工业的重要意义。

工业革命始于英国，随后扩张到全球

为何工业革命最初是发生在欧洲大陆上的？又为何是英国这个国家最先从劳动密集型道路过渡到资本密集型道路？一代代历史学家对此苦苦思索，潜心探究，然而至今无果。有些绝对性的种族主义言论认为，原因在于欧洲人、盎格鲁 - 撒克逊人或英国人中的天才比世界其他国家和民族的天才更优秀，但这样的言论早已过时。还有人试图从煤炭等原材料的储量方面来寻求解释，这些也是十分片面的，只是为了强调其国家制度的优越性。

实际上，工业革命的形成与发展离不开各领域的无数小改良与小发明，更离不开人们在不断试错中改进日常手工实践所付出的不懈努力，这一认识加深了近来对实用性知识传播的重视程度。反过来，这也指出了自 16 世纪以来西欧与亚欧大陆其他地区的唯一区别：廉价印刷品的普及推动了技术进步与知识传播，对手工业者的影响尤其显著。

与此同时，欧洲许多沿海地区也纷纷"接力"，相继步入工业化进程。先是意大利北部地区（尤其是威尼斯），再到低地国家（尤其是荷兰共和国——由各省，严格来说是各城邦，所组成的联邦国家），17 世纪末传到英国这个由部分选举产生议会的中央集权国家。几百年来，这些国家都不是大国，而是成功的小型城邦政治体。[3] 这种进程意味着那些更大的国家也将取得成功。可以说，在这场工业化变革的"接力"中，英国有幸在 18 世纪末发起了第一次工业革命。后来，这个角色被美国取代，从某种意义上来说还有德国。但总的来说，这些"先行者"也激励了其邻国，诸如法国、意大利、瑞士和低地国家，它们从一开始便享有模仿先行者的后发优势。现在，中国和印度处于类似的后发优势中，有望成为新兴技术的领军者。

与那些先行国家相比，尤其是与荷兰共和国相比，英格兰与苏格兰低地之所以能够成功推进工业化革新，是因为有了新型要素——"公共科学"，而且参与到革新当中的不仅有市民和工匠，还有改良派地主。具体而言，其中一方面的影响来自文学和哲学社团（当时的称谓）的创立使牛顿的物理学和科学思维方式日益普及，社团的期刊和公开讲座（许多是由巡回讲师讲授）也大受欢迎；还有那些出现新发明的地方，无论其发明在形式上是否符合标准规范，都备受人们推崇，因为这些发明弥合了学术中的命题性知识与工程中的规范性知识之间的差距。[4]

事实证明，知识（特别是实用性知识）的传播方式，对上述"模仿者"（英格兰和苏格兰低地）的成功来说也是至关重要的。这恰恰也是1850年后德国在第二次工业革命中取得伟大成就的原因：将良好的义务性（成人）教育与职业学校（Gewerbeschulen，其毕业生可享兵役年限下调）、同业公会（类似于升级版"行会"）结合起来，并与国家及雇主合作，确保学徒制度的灵活应用，能够有效地传播实用性知识。然而在英国，技术性知识却变得日益封闭，由车间里的"工人贵族"小心翼翼地守护着。美国经济学家拉尔夫·罗兰·迈森扎尔（Ralf Roland Meisenzahl）一针见血地指出："老员工负责雇佣和教授学徒，他们几乎不会想去更新自己的技能，这就导致学徒们被禁锢在旧技术当中。"[5]

从本质上讲，亚欧大陆不同地区体力劳动者的先天劳动生产率可能并没有差别，但在采用新技术和新生产方式的条件上却有差异。[6]这些差异包括农村和城市的"勤勉革命"、人才的自由流动、知识的广泛传播以及欧洲特定地区国际海运贸易收获的意外之财（其中一部分是通过种植园强制劳动获得的）。民族国家通过对竞争对手征收保护性关税，在其中发挥了关键性作用。[7] 结果使得亚欧大陆两种极端情况之间最初的微小差异迅速扩大化，并相互加强，最终在工业革命和殖民主义的推动下，形成了"大分流"。直到殖民地独立，冷战结束，横亘于富人与穷人之间的鸿沟才最终有可能缩小，从而缩小劳动报酬差距。东亚国家的情况尤其如此，但如今，撒哈拉以南非洲的处境更加不容乐观。

关于工业革命何时在各国取得突破的讨论——英国在1780—1800年，比利时约在1830年，德国约在1870年，美国约在1900年，等等——往往忽略了这样一个事实：在很长一段时间里，这些国家只有一小部分人从事工业工作，而这部分人中又只有一小部分是在机械化工厂里工作。以英国为例，工业革命最初仅发生在纺织业，尤其是这一行业中的棉花加工业。与此同时，金属行业兴起，铁路网也随之扩张，但直到19世纪40年代，工业才取得了更广泛的发展基础。

从1851年的伦敦万国博览会到19世纪70年代的二十多年间，英国工业人口占总劳动人口的40%，英国也被誉为"世界工厂"（后被美国和德国取代）。需要注意的是，这已经是英国工业有史以来的最高水平，且其国内各地的工业分布极不均衡，南部地区工业欠缺，北部、中部地区以及西约克郡的工业却很发达。具体各行业之间也存在巨大差异，在伦敦和其他新兴城市，手工业依旧十分盛行。[8] 其他地区也有这种模式——只有少数劳动人口在大型工厂和矿山工作，工厂在地理位置上也高度集中——例如德国的鲁尔区、法国的洛林地区、美国如今被称为"铁锈地带"的老工业区，以及俄罗斯的乌拉尔和顿巴斯工业区。

298

工厂的组织结构

在过去二百年里，工厂是如何发展的？在上一章中我们已经看到，除了城市手工业外，几百年来工业一直主要集中在农村，即所谓的家庭手工业。无论是城市手工业还是家庭手工业，工作和生活都是两不误的。在有水能或风能的地方，就有可能建起稍大一点的工厂；依赖热能的行业也是如此，如金属冶炼厂、盐碱厂、炼糖厂、纺织漂白厂、印染厂。简言之，那些在工业革命之前进行了大量资本投资的公司，现在只需要一个或几十个工人就能赢利。那些罕见的大型工业单位，会在一个地方集中安排数百名工人，有时甚至是上千名工人，这些单位主要是国有企业，如陆军和海军基地、铸枪厂、造船厂等，通常每个国家只有少数几个这样的单位。

不出所料，在受到广泛支持且不断试错的工业化进程中，例如在英国，不同的组织结构往往长期并存且彼此联系紧密。无论如何，所谓"田园牧歌般的家庭手工业"与"工作环境有如地狱的工厂"之间的经典对比，其实是具有误导性的。[9]

不同的组织结构不能完全适用于技术发展的各个阶段，也不能完全适用于不同的工业分支或地区。这并不是说这种对比完全缺乏逻辑，只是二者区别很大。前者是手工业者为消费者生产商品，或者更多时候是为中间商生产商品；后者则发展成为臭名昭著的"血汗工厂"——分包商为行业内其他企业承接工作并按件收费，转而让家庭手工业者完成实际工作，给他们支付更低的时薪，有时也按件支付。这是工业中最恶劣的剥削形式之一，其实根本不是真正的工厂。

但在进入机械化时代之前，就有许多小型工作单位按照性别、年龄和技能分工，以实现最佳劳动分工的目标。正如威尔士牧师、经济学家和政治作家迪安·塔克（Dean Tucker）于1759年所写的那样：

> 劳动……需要合理分工……只有这样才不会把时间浪费在手把手地传递货物上，也没必要再动用多余的人力和物力。针对这两种情况，就举一个伯明翰的例子吧。操作员用火钳给金属扣上戳时，会有个小孩站在他旁边，一面放金属扣，一面准备接戳章，戳章完成后就取下来，再放上另一个金属扣。这样一来，操作员至少可以印出两倍的戳章，如果他每次都要停下来换金属扣，效率就大打折扣。仅凭这种操作方法，就能节约80%甚至100%的开支，还能帮助孩子养成勤劳的习惯，让他们在刚刚学会说话的时候，就能帮忙做事。[10]

300

此外，机械化工厂在纺织业中尤其常见，尽管这是很久之后的情况。这种工厂主要由水轮供能，后来是蒸汽锅炉，工厂的几名、几十名甚至几百名工人，都在同一幢大楼里工作。可是，随之而来的问题是，这时工厂里的工人比以往任何时候都多，要如何用最好的方式来进行组织呢？中央指挥系统无疑是一种可效仿的范例，但更常见的实际做法是将厂区内的空间划分为更小的单位，这些工作单位在一定程度上是自治的，从而可以减少中间管理人员。

最普遍的还是沿用传统的家庭手工业模式，不过这种模式是从根本上进行了改造之后，再迁移到工厂中使用的。[11] 在这种模式下，雇主或企业主按计件工资雇了许多纺纱工、织布工或其他专业工人，并允许工人再雇佣助手或学徒，雇佣对象可能是各自的亲戚或邻居，主要是小伙子、小姑娘和妇女，这些工人会付给他们计时工资。但在快速发展的工业城镇，比如兰开郡的博尔顿，情况并非如此。采用这种组织模式的话，虽然管理问题得以分散，但也不难想象，如此一来就会加剧少数精英工人（即师傅）对多数下属工人（即学徒）的剥削，就像后来臭名昭著的血汗工厂那样（关于血汗工厂，前文已有所提及，下文第329—331页还会进行更深入的讨论）。越是剥削压榨徒弟，师傅们赚的钱就越多，而他们的学徒却一分钱也没多赚。有人可能会想，这种不公平的制度，譬如在兰开郡的棉纺业，是如何能运作如此之久的呢？其中的诀窍自然是因为学徒们希冀着有一天能取得与他们的纺纱师傅或织布师傅相同的地位，哪怕眼下暂时忍受着师傅们的剥削也没关系——这和工匠学徒没什么不同（第233页），只是棉纺业学徒最终能获得晋升的机会要少得多。

　　另一种更公平的模式是将工厂细分为几个独立车间，在这些车间里，子任务由工人合理自主地分组完成（即"内部承包制度"），避免过多管理人员的介入。[12] 在这种制度下，雇主不需要任命副手之类的下属对工人进行直接密切的监督，以保证产量能达到计时工资的要求。相反，这种模式下的工作重点是控制产品零部件的生产，确保它们从一个车间顺利过渡到另一个车间，也就是说，这种传统的组织结构涉及许多"合作分包"单位的高效协作。

所有这些不同组织结构的转变都是循序渐进且非骤然改变的，并因行业而异，这也从一定程度上反映在工厂的平均规模上。比如在曼彻斯特，1815 年时仍以 50 人以下的棉纺工厂为主，到了 1841 年，100—250 人的工厂已经很普遍，但同期 500 人以上的工厂数量却几乎没有增加。[13]

工人的行动与反应

各经济部门的生产率都出现了大幅增长，有时甚至是惊人的增长，但这一事实并不意味着工人的状况在短期内取得了明显改善。虽然关于生活标准的争议注定无法平息，但是一种共识已经开始出现。1820 年之前，英国产业工人（不仅有男性，还包括大量的妇女和儿童）的实际收入几乎没有增长，在之后的半个世纪里增长也非常缓慢。而且随着工业城市的迅速发展，这点微薄的增长也被工人生活条件的日益恶化所抵消。衡量生活质量的指标，如预期寿命、婴儿死亡率和身高，也要到 19 世纪 70 年代后才有了关键改善。最近，英国历史学家艾玛·格里芬（Emma Griffin）对过去两个世纪以来的争论作了如下总结："相对于在健康、寿命和幸福方面付出的高昂代价，实际工资（real wages，即以购买力计算的工资）的小幅上涨似乎只是很小的补偿。"[14] 不管怎么说，社会不平等加剧了，当然，工厂主与工厂工人之间的不平等也加剧了。[15]

因此，也难怪工人们对工业革命褒贬不一。一方面是因为艰苦且长时间的工作，通常却只能拿到微薄的报酬；另一方面是因为糟糕恶劣的工作环境。想想看，咔嗒作响、轰鸣不已的机器发出的噪声让人根本无法交流。在纺织厂里，手语交流是必不可少的，在其他行业也是这样，比如锯木厂。这与小工场或更大型的工人团体形成了对比，这些工人在户外工作，唱的是水手号子和其他劳动号子。[16]

302　　从小工场到大工厂的这种渐进式转变，以及不同组织结构之间的转变，在工人中引发了三种反应：接受、适应和抵制。最广为人知的反应可能是"抵制"，但实际上这是相当特殊的情况（关于个人和集体反应的更多细节，详见第 375 页）。对新型组织结构的抵制，与其说是抵制机械化本身，不如说是对日益增加的日常监督、个人时薪取代集体计件薪酬等做法的抵制；简而言之，就是对于失去劳动独立性的抵制与反抗。[17]

1760—1820 年，发生了很多机器损坏事故，其中一些事故极其严重，甚至是致命的，特别是在部署了武装部队保护新机器、工厂及其所有者的情况下。有些地区发生的抵制比其他地区更激烈，最显著的就是英国南部和西南部地区，但这种抵制与接受的区域传播是难以言明的。不过可以明确的一点是，农村的抵制情况比大城市的更普遍，比如说，繁荣的伯明翰有着大量移民，几乎完全没有发生过这种抵制案例。而 1811—1812 年，在诺丁汉郡、德比郡和莱斯特郡的农村则发生了对新机器最激烈的抵制，以"劳工运动"（Luddism，又称"卢德运动"）的形式出现，它建立在"车间文化或小型准农民社区中的个人、亲属及其他社会关系"之上。只有在夜间，纪律严明的"游击队"才能对新的织物整理机、织袜机和力织机，以及工厂主发动无数次成功的袭击，因为所有人都守口如瓶。此外，"劳工运动"也并非只发生在英国，在法国、德国、瑞士、荷兰和墨西哥等国也普遍存在。[18]

相较于此，对新机器所进行的适应性尝试虽显得没那么英勇，却比抵制运动更普遍，也在很长一段时间内取得了成功，这也彰显了工人的创造力。适应或调整的主要目的是，在必定要受到更频繁密切的监督时，能够保持工人最大的行动自由，但要以一种雇主可接受的方式进行。"合作分包"（cooperative subcontracting）是一种成功的方式，被人们广泛使用，由费边社学者大卫·弗雷德里克·施洛斯（Fabian David Frederick Schloss）于19世纪90年代首创，前文也简单提到过这种方法。[19]

合作分包商（或集体分包商）通常将生产过程中的多个阶段结合起来，或是完成整个生产过程，并按每项成品的分组计酬。在这种结构中，劳动过程的人员组织由集体负责，雇主的作用仅限于在生产输入端提供原材料和生产设施，在输出端负责控制成品的质量。这对雇主来说是非常有利的：一方面，由工人之间的低效协调与合作造成的任何损失都完全由工人集体来承担，具体表现形式是产出下降，从而导致收入下降；另一方面，工人自身有责任有效地组织他们在生产中的合作，这为他们提供了很大的自主权，并免受雇主极具压迫性的监督。换句话说，集体中的成员共同对最终产品的质量负责，也共同对报酬水平负责，从而最大限度地降低集体中不同成员的错误率，并在生产过程中有效地应用现有的技能。职业技能的内部及代际迁移是通过现场培训，结合技能的差别收入再分配来完成的。

　　分包单位往往以家庭团体为基础，但也不尽如此。在这两种情况下，如何分组是所有成员关注的主要问题，因为最薄弱的环节往往最终决定着整个小组的总体成果。[20] 合作分包的应用已经非常广泛。在工业之外，我们发现合作分包还被应用在季节性农业集体工作中，采矿、建房和公共建筑中。托马斯·布拉西（Thomas Brassey）是英国最著名的铁路大亨的儿子，因此他可能是世界上最大的私人雇主，他在 1872 年写道：

> 我父亲总喜欢给工作定价，付件薪而不是日薪。……但计件工作不可能在所有情况下都适用，总会遇到一些难题和困境，可我父亲总认为计日包工是徒劳之举，因此他所有的工作都尽可能地通过分包完成，这是一种规模更大的计件工作。……件薪对雇主和工人都有好处，工人能挣得更高的工资，而雇主则满意地得到与他支付的工资等价的东西，并更快地完成他承包的工作。[21]

这种奇怪现象不仅发生在英国。对过去几百年里西欧、东欧和印度制砖组织的跨文化对比研究表明，这些做法在世界范围内都得到了应用，并且各地区间显然没有太多的直接相互影响，因此也表明在家庭企业以外的工业劳动组织中存在普遍的社会心理机制。在机器制造业、印刷业和许多其他行业也同样存在合作分包，据说 1900 年前后，欧洲所有大城市的工厂里都已广泛应用合作分包的方式。[22]

　　事实上，大约从 1900 年开始（当时合作分包可能最为普遍），合作分包就有两大公开劲敌：一是现代企业家和科学管理的倡导者，二是现代工会运动。工会运动将在下一章中谈及，现在关注的焦点是雇主。其中最著名的可能是美国人弗雷德里克·W. 泰勒（Frederick W. Taylor），"泰勒主义"（Taylorism）一词就是因他而得名。1911 年，泰勒写道：

> 一份周密的分析表明：当工人们集体工作时，团队中每个人的效率都远远低于他们个人野心受到刺激时的效率；也就是说在团队中工作时，工人们的个人效率几乎都不约而同地下降到或低于团队中效率最低的人的水平；所有人的效率都被拉下来了，而不是提高到一个集中水平。

泰勒没有说明的是，工人为什么会有这样的行为。这就是所谓的"磨洋工"。事实上，他们都非常清楚，生产率一旦提高，工资就会降低："在计件付酬制下，工人产量过高，就会被人认为他是以牺牲朋友的方式来满足自己的贪婪欲望；他拿着更高的工资，却全然不顾价格下降这一必然结果。如果是计日付酬，他就会去拍老板的马屁，通过损害工友的利益，来成全自己的利益。"[23]

如前文讨论的制砖比较史所示，泰勒的说法虽然十分片面，却又十分重要，因为大约在 1900 年之后，合作分包几乎在所有地区都已让位于直接雇佣个人，并按时薪付酬的方式（建筑行业或有例外），至少在经济最发达的国家是如此。

工业管理的新阶段——对自由雇佣劳工的管理，将在后文

（第388—397页）详述，但我们必须先对自由雇佣劳动的历史进行溯源，因为自由雇佣劳动的出现，就意味着非自由劳动的消亡。

非自由劳动的消亡

305

1807年，英国通过立法废除了奴隶贸易，这是一项永久有效的决议。在过去二百年里，这方面的进步虽然曲折缓慢，但奴隶贸易、奴隶和奴隶劳动都已减少乃至消失。非自由劳动在全球范围内的消亡是不可否认的，因为自几千年前奴隶制出现以来，当前的全球非自由劳工的数量可能是有史以来最少的。那么，奴隶贸易和奴隶制是如何被废除的？又是因何被废除的？拥有漫长发展历程的奴隶制是从何时、因何故遇到了阻碍？目前的情况又是如何？

奴隶贸易和奴隶劳动的废除：方式与原因

非自由劳动的消亡是以法律认可、国家强制执行的方式进行的，有两大途径：自上而下和自下而上。首先是自上而下。过去两个世纪里，各国先后废除了奴隶贸易和奴隶劳动，并对奴隶主进行经济补偿，而不是补偿被解放的奴隶（在一些例子中，奴隶甚至要自付部分补偿金），[24] 最后还对强制雇佣劳动免予刑事处罚。其次是自下而上。只要非自由劳动存在，人们就会试图以逃跑的方式来摆脱压迫，比如圭亚那的逃亡黑奴，或是逃到边境地区（由哥萨克人控制）的俄国农奴；[25] 如果有可能的话，奴隶们或许还会以赎买的方式获得人身自由；众所周知，有时他们甚至会以起义这样的集体行动来摆脱压迫、争取自由。

底层劳动者的集体行动给奴隶制的废除施加了部分压力，整体上也证明了自下而上的方式更加有效，鉴于此，下文将探讨为实现这一目标所采取的措施。[26] 大西洋奴隶贸易起源于非洲且由来已久，但在短短几年的时间里，就有三个国家决定遏制这一贸易。1803 年，丹麦禁止国民进行奴隶贸易；1807 年 3 月 2 日，美国总统托马斯·杰斐逊（Thomas Jefferson）禁止奴隶进口贸易；同年 3 月 25 日，英国禁止所有公民参与非洲奴隶的贸易和运输。《英国奴隶贸易法案》（British Slave Trade Act）是迄今为止最具影响力的法案，主要得益于英国拥有绝对的海上霸权和压倒性的殖民势力，尤其是在 1814—1815 年战胜拿破仑之后。此外，在废除奴隶制这个问题上，英国人的态度十分严肃，他们还试图迫使其他国家签署条约，这些条约包括有权搜查条约盟友的货舱，设立国际法庭以执行这些条约，解放奴隶，随后将他们安置在塞拉利昂和利比里亚等地的庇护所里。

实际上，一些地中海国家在中世纪和近代早期时就因雇佣奴隶而臭名远扬，但这些国家从未正式废除过奴隶制，后来也几乎没有出现废除奴隶制的案例。在 18 世纪（时间跨度可能更大）的欧洲，葡萄牙是唯一一个以贩奴为财路（经济来源）的国家。[27] 大约在 1600—1761 年，每年都有一两千名奴隶在葡萄牙的港口上岸；后一年（1762），来自美洲、亚洲或非洲的黑奴被禁止入境，但这可不是出于人道主义，而是为了防止奴隶从给葡萄牙带来丰厚利润的殖民地巴西流失。此外，葡萄牙还明确规定，已经被贩卖到葡萄牙的奴隶无法获得解放。1767 年，这项法令的

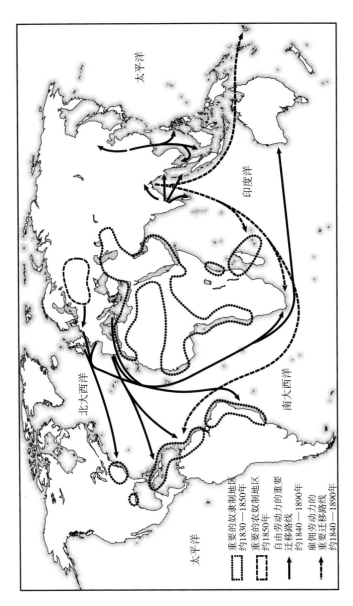

地图 6　19 世纪非自由劳动力的分布和劳动力的迁移情况

适用范围扩大到混血奴隶；1773 年，在葡萄牙出生的奴隶后代，以及在葡萄牙有孙辈的奴隶获得了解放，其余的人则终身为奴。难怪在葡萄牙殖民地，奴隶劳动的消亡经历了这么长的时间。

在地中海的东端，废除奴隶制的进程甚至更加缓慢。[28] 自 16 世纪奥斯曼帝国废除农业奴隶制以来，奴隶就主要存在于精英家庭之中，欧洲男奴也被女奴所取代，虽有一部分来自高加索地区，但主要还是非洲奴隶。19 世纪，奴隶可能占奥斯曼帝国总人口的 5%；而到 19 世纪中期，奴隶开始逐渐减少。克里米亚战争（1854—1856）后，奥斯曼人不再奴役战俘或敌国臣民，并于 1857 年禁止黑奴贸易。俄国在高加索地区击败切尔克斯人（奥斯曼帝国"白奴"的主要来源）之后，一大批切尔克斯奴隶和奴隶主不断涌入土耳其，1864—1865 年可谓是高峰期。这意味着土耳其的奴隶劳工骤然且短暂地增加。随后，奴隶贸易日益受挫，但直到 1909 年青年土耳其党正式废除白奴贸易之时，他们也不得不承认奴隶制是为奥斯曼帝国的神圣法律所认可的。

此外，跨大西洋航线被封锁，但其中也有例外情况，最为典型的就是巴西的奴隶船，这些船经英国巡逻船以南，抵达安哥拉、马达加斯加和莫桑比克。[29] 航线的封锁导致美洲奴隶制的性质发生了改变，特别是对非洲而言，这一举措造成了非洲奴隶数量的增加。最终，非洲和美洲之间的奴隶贸易逐渐衰落。19 世纪 40 年代，跨大西洋奴隶贸易的数量为 435300 人，此后十年里下降到 179100 人，1861—1867 年又下降到 52600 人。

然而，废奴运动也带来了负面影响。英国人对大西洋奴隶贸易逐渐不再抱有希望，开始了废奴运动，但那些参与贩奴的既得利益者，比如巴西人，却热衷于规避这些废奴措施，以求继续谋取利益。在很长一段时间里，这些贩奴者都成功地达到了这个目标，因为现有奴隶的后代，加上国内的奴隶贸易，都不足以满足奴隶主的需求，他们又不想雇佣自由劳动力，因此奴隶贸易依然猖獗。

非洲境内的奴隶数量不断增加，尼日利亚北部的索科托哈里发国就是一个例子。据估计，在 1900 年前后，哈里发国仍有大约 100 万—250 万奴隶，主要从事经济作物生产劳动，还成为精英阶层炫耀性消费的对象。尽管英国极力阻止，但 19 世纪时非洲奴隶的出口仍在继续。如今，跨大西洋非法贩卖人口的现象已经很少见，但在撒哈拉（该地区的达尔富尔曾是臭名昭著的奴隶掠夺地）、红海和印度洋地区，贩奴数量却在增加。直到 1900 年，这些地区往东、往北方向进行的跨大西洋奴隶贸易才逐渐停止；与此同时，世界其他地区也成功地打击了越洋奴隶贸易。

在反对奴隶贸易运动进行的同时，也出现了反对奴隶制与奴隶劳动本身的运动，也主要由英国发起。1833 年，英国议会通过了一项法案，要求除英国东印度公司统治的殖民地以外的所有殖民地废除奴隶制。1843 年，先前被排除在外的地区也陆续废除了奴隶制；后来，印度那些不受英国东印度公司直接统治的地区也加入了这个行列，比如，特拉凡科于 1855 年废除了奴隶制。[30] 其他殖民列强也纷纷效仿这种做法，法国于 1848 年、荷兰于 1863 年、西班牙及其重要殖民地古巴于 1886 年，先后废除了奴隶制。但主要的独立国家在废除奴隶制方面的行动却相当晚，其中美国更因此在 1865 年爆发了一场血腥的内战（这场战争中有 60 万人因劳动关系问题而伤亡）。而且在此之后的整整 100 年里，美国南方居民一直在设法阻挠前奴隶及其后代充分享受公民权利。并且事件发生后，工会也没有发挥积极正面的作用，因此受到了包括 W. E. B. 杜波依斯（W. E. B. Du Bois）和马丁·路德·金（Martin Luther King）在内的著名黑人领袖的批评。[31] 此外，巴西在 1888 年才废除奴隶制，更晚废除奴隶制的国家还有埃塞俄比亚（1942）和毛里塔尼亚（1981）。[32]

中欧和东欧地区废除农奴制的时间也相当晚。[33] 尽管有许多国家效仿法国大革命废除农奴制的做法，如 1807 年的普鲁士和波兰，1816—1819 年的俄国波罗的海诸省，1817 年的符腾堡以及次年的巴伐利亚，但还有许多国家要等上半个世纪甚至更长的时间——奥地利是在 1848 年，匈牙利是在 1853 年，俄国则要到 1861 年，而罗马尼亚于 1864 年才效仿此举。1861 年俄国颁布的《农奴解放法案》（Russian Emancipation Act）解放了 1100 万农奴，数量接近于其国内 50% 的农民和 40% 的男性人口，但几十年来，许多前农奴仍然不能自由地迁徙到任何他们想去的地方。事实上，大量的前农奴都被"米尔"所束缚，需要集体承担向他们的前领主支付高额赔偿金的责任。

所有这些国家都面临一个棘手的问题：包括奴隶所有权在内的私有财产是神圣不可侵犯的。对此，解决办法就是用公共资金支付对前奴隶主的赔偿。为了促进这一举措的平稳推进，国家还会给前奴隶主应允为期几年的过渡期。在这段时间里，他们可以将解放的奴隶当作"学徒"来使唤。实际上这就意味着，奴隶虽然获得了自由，但还得再为前主人工作几年，以换取食宿、医疗和其他生活费用。事实上，大多数被解放的奴隶在学徒期结束后都决定离开，于是许多种植园主就不得不分割他们的土地，出租给成为农民的前奴隶，或把重获自由身的奴隶当作佃农来对待；而解放的奴隶则更愿意与除其前奴隶主以外的人签订劳动合同。[34]

另一种办法是雇佣契约劳工，即受合同约束在单一种植园工作数年（一旦违反合同将受到刑事处罚）的劳工。这就解释了数以千万计的"苦力"为什么会从中国、印度、爪哇、日本以及一些太平洋岛屿[卡纳卡人（Kanaka）]来到了离家数千公里之外的地方——美国、圭亚那、毛里求斯、锡兰、印度南部、阿萨姆邦、马来亚、苏门答腊、澳大利亚等。就像昔日英国和法国的前辈那样（见第264—265页），这些苦力的路费由招募者支付，他们因此欠债，然后被招募者交到种植园主手上，以劳偿债。很多年后他们才重获自由，之后要么回归故土，要么在新的"祖国"当农民。奴隶制废除后的近一个多世纪里，却出现了学徒制和契约制等形式的不同程度的非自由劳动，直到第一次世界大战前后，英国和其他殖民大国才终于废除了契约制。美国法学家托拜厄斯·巴林顿·沃尔夫（Tobias Barrington Wolff）曾这样描述美国最后一种合法的非自由劳动："法律范畴有所不同——现在被禁止的人的财产化，曾被普遍接受的债权人强制执行债务的权利所取代——但结果基本是相同的。国家的强制力被用来强迫穷人（通常是黑人）劳动，并以监禁相威胁。"[35]美国的这一现象也反映了世界其他许多存在类似雇佣制度的地区的情况。

奴隶劳工的贸易首先被废除，其次奴役劳动本身也被废除，但废除过程都迁延日久；通过上面的简要回顾我们可以发现，达成这两个目标绝非易事，更谈不上一帆风顺。那么问题来了：废除奴隶贸易与奴役劳动的主力军是谁？他们的动机又是什么？[36] 事实上，这里面有两类人，尽管他们在工作上不常有交集，甚至相互之间并不理解，却拥有相同的目标：首先是美洲的奴隶，他们试图通过起义和革命来实现自己的目标；其次是英国的公民，尤其是工人。

加勒比地区和巴西经常发生奴隶解放和奴隶起义事件（见第 275 页的帕尔马雷斯起义）。其中最令人印象深刻的是，1763 年 2 月 27 日发生于圭亚那伯比斯河沿岸地区的奴隶起义。这场起义持续了一年多的时间，但由于起义者之间意见相左，最终导致起义遭到了欧洲军队、原住民盟友（美洲印第安人）和黑奴的联合镇压——其中这些黑奴要么坚持效忠自己的奴隶主，要么在起义初期就放弃了抵抗。[37] 这种逃避和抵抗行为直到海地革命发生后，才使该制度走向终结。1791 年，在杜桑·卢维杜尔（Toussaint Louverture）的领导下，种植园殖民地法属圣多明各（即法国在伊斯帕尼奥拉岛的殖民地，现为海地）发生了一场浩大的奴隶起义。而后在 1794 年，法国颁布了《法国革命公约》（French Revolutionary Convention），并认可了该地区所有居民（包括奴隶在内）的人身自由权。然而，这并不能保证起义的成功。欧洲和欧非混血（有色人种）奴隶主的反对、英军的入侵，以及后来拿破仑法军的入侵（拿破仑想要恢复奴隶制），都造成了许多流血事件的发生，一直到 1804 年，法属圣多明各（海地）才实现独立。尽管海地为此付出了很大代价，但这是自跨大西洋奴隶贸易出现以来，非洲奴隶及其后裔第一次在整个国家范围内成功地获得了人身自由。

值得一提的是，其他废奴主义者主要出现在英国，他们发起了顽强的、基础广泛的早期民众运动，并最终获得了成功。当然，参与者的动机各不相同，有的是为了宣扬基督教或人道主义的启蒙思想，有的则是为了支持绝对"自由"市场的经济竞争，而非从人人平等的基本原则出发。后一类人中，除了自由贸易的倡导者，还有英国新生的工人阶级和工会运动参与者。英国废除奴隶贸易协会（British Society for the Abolition of the Slave Trade，又称"伦敦协会"，1787—1792）得到了广泛的支持，支持者不仅有学者和专家，也有书记员和工匠，他们坚守"人无主奴之分"的理想，并准备将其推广到殖民地。来自全国各地的数十万请愿者中，有 2 万人是工业城市曼彻斯特的居民，而曼彻斯特的居民人口总数仅为 7.5 万。[38]

拿破仑战争结束后，受德梅拉拉（现属圭亚那）和牙买加等地起义的鼓舞，废奴运动再次兴起。这次运动由新成立的缓和并逐步废除奴隶制协会（Society for Mitigating and Gradually Abolishing the State of Slavery，1823）和反奴隶制协会（Anti-Slavery Society，1830）组织，有 1200 个主张立即解放殖民地奴隶的分会参与其中。现在，人们将殖民地的奴隶制与国内雇佣劳工的剥削制度直接关联了起来。1830 年，废奴主义者理查德·奥斯特勒（Richard Oastler）发表了一篇题为《约克郡奴隶制》（"Yorkshire Slavery"）的文章，谴责工厂主无情地压榨工人，迫使妇女和儿童过度劳作。[39]1831 年，百慕大的玛丽·普林斯（Mary Prince）更是一针见血，直指奴隶劳动和雇佣劳动之间的矛盾：

> 我也曾身为奴隶，深知奴隶的感受——其他奴隶也曾将他们的感受告诉我，我也可以据此亲口代为讲述。那人说奴隶因身为奴隶而感到愉悦，那人说奴隶并不想要恢复自由——他要么是无知，要么是撒谎。我从未听任何一个奴隶这样说过。……他们说，出于某种原因他们不能没有奴隶——那为何他们在英国国内没有奴隶也不妨事？在英国国内，没有奴隶，也没有鞭笞和刑罚，刑罚只施加给恶徒。就让他们在英国奋力工作吧，这比当奴隶要好得多。如果遇到坏的雇主，他们可以警告对方，再另外换一份工作。他们掌握着自身的自由，这就是我们所追求的。只要能像英国雇工那样，有合适的工资与待遇，每周规定适当的时间去做礼拜，我们就不介意工作的辛苦。但他们不会给我们这样的自由……[40]

在英国本土和殖民地，公平和体面的待遇对工人和妇女都非常有吸引力。伯明翰黑人妇女朋友协会（Birmingham Ladies Negro's Friend Society）在 1831 年带头要求立即解放黑人。[41]

经过多年成功的议会改革和废奴运动后，英国的废奴主义者、政治改革者、新教复兴主义者不再为工人阶级运动而斗争。因此，就必须由工会为工人的基本权利而斗争，这些权利包括建立组织的自由、为呼吁废除违约刑事制裁而罢工的自由等（见第 404 页）。虽然不是以群众运动的形式推进，但在启蒙思想的启发下，废奴事业现已变得更加国际化。1815 年，维也纳会议的召开加速了奴隶贸易的结束，却没有制定出后来许多国际协议中所规定的那种制裁措施。俄国废除农奴制、美国废除奴隶制之后，西半球的主要蓄奴国家还有巴西，以及作为西班牙殖民地的古巴。反奴隶制的活动人士此时把目光转向了非洲。

欧洲在非洲实行奴隶制的遗留问题很快就被遗忘了，现在，像戴维·利文斯通（David Livingstone）这样的传教士和探险家，还把非洲大陆描绘为实行奴役的暴君，而不是被奴役的受害者，他们还指责非洲统治者和来自中东的穆斯林奴隶商人。[42] 如此一来，他们在这片大陆上的争夺行为以及使非洲人皈依（各种形式的）基督教的传教热忱，都得以合法化。1867 年的巴黎会议、1884 年的柏林会议以及 1890 年的布鲁塞尔会议，都集中讨论了非洲的交通问题，为新旧殖民列强留下了足够的空间，让他们在未来几十年里，能够继续役使奴隶和其他形式的非自由劳动力。这可能就在极大程度上解释了，为何在 1918 年"一战"结束，新的世界秩序得以建立之前，欧洲人道主义运动分子很少关注亚洲和太平洋地区不同形式的非自由劳动，以及契约劳动的非自由特征。[43]

国际联盟延续了 19 世纪的做法，旨在使各国之间达成双边协议和越来越多的多边协议，从而设法达成全球政治共识。19 世纪，有人根据《圣经》中的选段提出了"基督教世界诸国"（Powers of Christendom）这一概念，认为基督教世界等同于"文明"，但并非为所有人信服。1840 年，一名英国外交官对英国驻伊斯坦布尔大使在整个奥斯曼帝国内阻止奴隶贸易的做法评论道，土耳其人面对此举时"极度惊讶，付之一笑……土耳其人也许相信我们在科学、艺术和军事上都比他们强，但他们绝不认为我们在智慧或道德感上也高于他们"。[44] 除了奴隶制，徭役（强迫劳役）现在也成为解放的目标。通常而言，徭役是政府（通过工作）间接征税的一种形式，主要是在像殖民地这样货币化程度较低的社会里实行。此外，如果殖民国家将徭役用于出口产品的强制种植劳动中，且只提供少量报酬，那这也可能是一种非自由的劳动形式。第二次世界大战后，独立国家用现金税收取代了徭役，才使其全面结束。[45]

　　还有存在于家庭内部的非自由劳动，它直到最近才被注意到，此前几乎没有人关注这个问题。比如大多数并未结婚的"异国夫妻"——由欧洲男性殖民者与印度尼西亚、中南半岛和其他地方的女性被殖民者组成，这些丈夫兼父亲大部分都会照顾其妻儿，直至其决定离开前；他们离开后，妇女就得带着孩子回到各自原来的村庄。以下是针对 1910 年越南海防市的情况所作的比较，这很能说明问题：

　　　　在法国，占了邻家妇女便宜的农民或工人要对此作出补偿；如果男性凭借自己的地位侵犯了年轻或贫苦的女性，那么他就会欠下一笔必须承担的债务。但是，即使暂且不谈肤色或种族优劣的问题，来到殖民地的年轻法国男性与当地女性之间的社会关系，也是不同于他们与本国女性之间的关系的；当地的女性多半是被"进献"给他们的。[46]

第一次世界大战后，北大西洋国家在科学、武器和经济上占有优势，因此能够将其关于自由劳动的理念推行到其他国家。国际联盟（成立于1919年）的成员国承诺："在其本国以及其工商业关系涉及的所有国家，为男性、妇女和儿童提供并维护公平而人道的劳动条件。"当然，这里所说的工商业关系所涉国家指的是当时仍无所不在的殖民地和"托管地"。在这些地区，西方殖民者必须关心"保护当地居民，监督改善他们的精神和物质生活条件"。他们还联合起来"努力确保彻底取缔一切形式的奴隶制和海陆奴隶贸易"。[47] 这也成为新成立的国际劳工组织（ILO）的任务之一。受到国际工会运动的重要影响，劳工运动与反非自由劳动之间的联系重新建立起来，从1945年开始，解放非自由劳工的运动在联合国的庇护下得以继续发展。

不可否认的是，过去二百年里非自由劳动在逐渐减少，但不可能完全消失。对此有两大原因：首先，同一时期内也偶尔出现过重大倒退，这表明即使是在"现代社会"中，也很有可能发生再次奴役自由人的情况，并且可能会大规模地发生，比如希特勒统治下的德国及其殖民地等。[48] 其次，当前仍存在未记录在案（所谓"非法"）的非自由劳动，它仍然值得我们密切关注。

非自由劳动的短暂重现：时间与原因

非自由劳动现象卷土重来的情况中，最常见的就是战俘被迫进行劳动。[49] 特别是在"一战"和"二战"期间，德国多年来困于不同战线之间，需要男性劳动力参战，从而导致其国内劳动力短缺。当时法国大量招募殖民地劳工，英国越来越依赖其女性劳动力，德国则试图使用战俘充作劳动力。1918 年，至少有 200 万战俘被迫为德意志帝国效力。而战前就来到德国的 50 多万波兰劳工，由于德国当局认定他们同情自己的敌人，因此强迫他们留在德国工作。

"二战"期间也出现了类似的情况，而且规模要大得多。[50] 在战争爆发之前，由于德国政府与意大利、南斯拉夫、匈牙利、保加利亚和荷兰政府达成了协议，这些国家有大量工人（1938 年为 37.5 万人）自愿到德国工作。征服波兰后，德国的目标是强迫 100 万波兰劳工（尤其是波兰女性）到德国工作。西方战场开战后，其他国家的劳工也被雇佣到德国。到 1941 年夏末，德国共有 210 万平民劳工，还有 120 万战俘劳工，其中大多数是法国人和波兰人。到那时，纳粹德国显然已经彻底解决了严重的劳动力短缺问题，并相信它有能力将挪威、荷兰和（大多数）比利时战俘遣返回国，因此，在之后对苏联的进攻中，它对俘虏已经毫无兴趣。在被德国人俘虏的 570 万战俘中，约有 330 万人死亡，其中大多数在战争开始时死于饥饿和疾病。

1942 年初，战争的持续时间明显比预期的要长得多，劳动力短缺问题再次上演，因此德国人很快就开始后悔这种直截了当的漠视政策。在德国控制的领土上，越来越多的人被迫在祖国土地上为他国效力，即为德国工作，后来集中营中的囚犯甚至也被动员起来。1944 年，10 多万匈牙利犹太人被部署到战争工业中，得以暂时避开了毒气室的迫害。1944 年 10 月，德国强制雇用了来自 26 个不同国家的 800 万工人，其中包括 200 万战俘，加起来共占德国劳动力的 1/3。很显然，相比于战俘，平民囚犯成为更加重要的劳动力来源。他们的命运是残酷的，尤其是苏联人、波兰人和一些其他人——主要是犹太人和吉卜赛人。这些人被称为"劣等人"（Untermenschen），这个称谓意味着他们几乎没有生存的机会。

几乎每一场战争都会产生战俘，因此，强制劳动是不可避免的。德国的这些做法也很容易发生在其他国家，比如日本或像美国这样经历过内战的战争大国。战争的结束并不总是意味着战俘和平民囚犯的非自由劳动的结束，特别是在苏联，那里有着大规模的非自由劳动力群体，大约有100万波兰人，还有战败的德国士兵，他们在20世纪50年代中期才回到德国。[51]

尽管许多国家在战争时期暂时倒退到推崇非自由劳动的状态，但对于这些国家而言，非自由劳动的情况是结构性的。在俄国革命和苏俄内战之后，布尔什维克政府希望建立没有市场的替代性经济。他们相信以政党国家作为唯一的雇佣单位，再成立积极的工人委员会，这种理性规划和科学管理将会给所有人带来福祉。[52]

苏联究竟要花多长时间才能实现这个乌托邦式的理想呢？为此，斯大林实施了一系列措施。1930年10月，苏联颁布了一条法令要求"失业人员立即就业"，并立即停止了救济金的发放，还把拒绝就业的申请人从劳动交易所的名册上除名。1938年，工作手册的出现，赋予了工厂经理对工人的全部管理权力，因此极不受工人欢迎。一年后，员工的社会保险权利与其在企业的工作年限挂钩。1940年6月，苏联政府又颁布了一项法案，规定"禁止工人和雇员主动辞职"，旷工被定为刑事犯罪。

上述所有措施一直施行到 20 世纪 60 年代，因此必须有庞大的执法机构作为支撑。出于此目的，现存关押政治异见人士的沙俄监狱被改建为古拉格，后者就是亚历山大·索尔仁尼琴（Aleksandr Solzhenitsyn）笔下的改造营。除了政治人士和其他政见不同者外，这些改造营中关押的主要是无法通过其他方式进行改造的公民。据估计，1938—1950 年的苏联，有 700 万或更多的囚犯被迫在全国各地劳动，特别是建筑、采矿和伐木业，这比其国内非农业劳动力的数量多出 20%。此外，一些少数民族被强行安置在某些地区，以供政权之需。正如前面提到的，第二次世界大战后的很多年里，还有数百万战俘被困在苏联。

希特勒上台执掌德国后，决定扩张领土并为发动战争作铺垫。[53] 起初，他改造监狱是为了囚禁政敌，但很快就要求劳动力必须服务于国家利益，最后集中营里就出现了强制劳动，这就是德国强制劳动的基础。毋庸置疑，这些集中营导致犹太人和其他所谓的"劣等人"惨遭杀戮，但现在先暂且不谈这些，而是要集中探讨这些集中营在非自由劳动史上的地位。

希特勒利用了魏玛政治体系。[54] 1924 年，希特勒政府颁布有关失业救济金的法令强化了救济金领取者（失业人员）参与强制劳动的义务，也就是所谓的"以工获济"。自 1927 年以来，国家机构开始为失业保险的申请人分配工作，这对年轻人和单身人士的影响尤其显著。20 世纪 30 年代初，强制劳动制度的推行引发了议会的激烈争论，虽然纳粹党上台后平息了此事，但事实上他们很快也开始实行强制劳动。1934 年，德国的强制劳动力占其劳动力总数的 10%。

317　　　中欧和东欧的许多国家，以及 20 世纪 30 年代的芬兰、意大利和法国，都纷纷效仿魏玛强制劳动的做法。1933 年，罗斯福在其新政体系下成立"民间资源保护队"（Civilian Conservation Corps），该组织也显示出许多与魏玛体系的相似之处（当然，也有不同之处）。有些国家将此类条款纳入其宪法中，其中包括西班牙（1938）和法国（1946）。然而，只有德国的独裁政权发展出了一套成熟的非自由劳工体系，包含三大要素：增加对"普通"工人（自由劳工）流动的限制；强迫战俘和被占领国家（殖民地）的居民参与劳动；对本国和殖民地国家中不受欢迎的人口实施恐吓、灭绝和奴役的迫害手段。

　　备战期间，德国实现了充分就业，其国内非自由劳动力的比例随后有所下降，但从 1938 年开始再度上升，到 1945 年纳粹战败时，这一比例已超过 40%。主要是因为德国抓捕了大量外籍劳工以填补劳动力缺口，正如前所述，外籍劳工的数量远超200 万，这一数字至今仍令人印象深刻。在战争期间，纳粹党卫军负责这个庞大的工程，他们不仅直接雇佣奴隶，还把奴隶出租给国营和私营的军备或军事重点工业企业，比如位于奥斯维辛的德国法本工业公司，或是位于拉文斯布吕克的西门子公司。[55]

　　第二次世界大战结束后，中国爆发了解放战争，1949 年中华人民共和国成立，随后面临与苏联相似的困局。中国政府迅速出台了一项严格的劳动力分配政策，结束了 20 世纪由个人或家庭决定的大规模劳动力迁移。这一政策有利也有弊：利在于它使大部分人口稳定在其居住地；而弊则在于要被迫重新分配劳动者。[56]

中华人民共和国成立后不久，中国实行了户口登记制度并严格限制人口的自由流动，它将中国有数百年历史的户籍制度与苏联的工作手册制度结合起来。这项制度要求所有个人在其居住地进行户籍登记，且必须留在居住地工作，才享有社会和政治权利，包括享受福利待遇和接受教育的权利。如果没有迁移证，个人不得变更住所或工作地点。在农闲时节，农村往往以促进土壤改良、兴修水利等其他公共工程来提供劳动岗位，以留住农民。1960 年，该制度得到扩展，国家要求购买火车票、汽车票和船票时必须持有官方旅行证件。

值得注意的是，从 20 世纪 60 年代开始，美苏暗自较劲，试图取悦作为消费者的工人；从 80 年代开始，中国也进一步改善其工人待遇。就苏联而言，这一举措以其解体而告终；中国则实行改革开放，迄今为止，大大提高了其国民的生活水平。

实际情况：非自由劳动的延续和变化

不管有多少关于当代奴隶制的报道，也不管那些受此禁锢的人有着多么悲惨的命运，纵观历史长河，非自由劳动在当前已经成为一种边缘现象。加拿大学者戴维·埃尔蒂斯（David Eltis）是研究跨大西洋奴隶制历史的专家，他曾写道："现代有许多关于滥用和虐待人类劳动力的讨论，其中隐含着对奴隶劳动和奴隶贸易的定义，但在经过两个月的跨大西洋航行后，从奴隶船上下来的奴隶本人是否会认可这些定义呢？我对此十分怀疑。"[57] 与此同时，我们必须扪心自问，既然过去二百年里，各个国家和国际组织都在共同致力于消除非自由劳动，为何人口贩卖至今犹存？又为何会有如此多的商业强迫性服务和债务奴役的案例？有三个不言自明的关键原因：囚犯被强制劳动的持续合法性与被监禁的不平等可能性；从正式废除奴隶制到社会规范发生实际改变，或是其他被广泛认可的不平等制度（如种姓制度）发生实际改变，其间有着很长的时间滞差；以及"非法"工人（特别是"无证移民"，其中许多人是去做家庭用人）很容易遭到滥用、受到虐待。[58] 上述解释（当然，它们无法穷尽全部事实）将在下文得到进一步阐述。

和服兵役一样，除了一些特定情况，监禁罪犯本身并不违反自由劳动原则。在任何现代国家里，都有人因触犯法律而被关押在监狱里，时间或长或短，作为对违法行为的惩罚。可以说，在任何不对所有罪犯一概处以死刑的社会中，监狱肯定是必要的。但在囚犯人数占总人口的比例上，各国之间存在很大差异。此外，囚犯越多，他们要参与劳动的可能性就越大，劳动力中甚至有很大一部分是囚犯。

独裁统治下会出现囚犯劳工数量激增的情况，相关的例子我们前面已进行过论述。17 世纪，俄国沙皇就已开始把他们的俘虏送往西伯利亚。1850 年以前，每年统计下来都有数千人，但到 18 世纪末，这个数字已经超过 1 万，这还不包括妇女和儿童。到 1885 年，西伯利亚的人口中，15% 是苦役犯人，27% 是强迫殖民者，37% 是"社区流放者"（因品行不端而被所属村庄社区驱逐的人），17% 是流浪者，还有 4% 是政治和宗教流亡者。[59]

现在简要回顾一下，在"正常"或非独裁国家中，囚犯数量高于平均水平或工作条件极其恶劣的一些例子。美国独立战争爆发之前，英格兰的监狱已经遣送了大约5万名囚犯到其美洲殖民地，主要是马里兰和弗吉尼亚，后来苏格兰又加送了几千人。《独立宣言》颁布后，这些地区就不得再强迫囚犯劳动。除了槟城岛等地外，澳大利亚是接收遭送囚犯的主要殖民地。1788—1868年，约有16万名囚犯被运往澳大利亚，在英国的全盛时期，每年还会驱逐2000名公民至此。[60]

法国有一个古老的传统，在把囚犯送往海外之前，会先把他们送进大桡船（旧时常由奴隶或犯人划桨），或者让他们到海军军火库的囚犯劳役所（"bagnes"，一种水上监狱）里做苦役。[61] 1848年6月，镇压起义之后，路易·拿破仑将6000多名囚犯送往阿尔及利亚，其中大多数回到了法国，与几年后法属圭亚那建立流放地的情况相比，这简直不值一提。到1938年，大约共有5.2万名囚犯和1.56万名流放者横渡大西洋，被送往圭亚那。这个目的地，其最著名的囚犯可能是阿尔弗雷德·德雷福斯（Alfred Dreyfus）*，直到1945年才被法国放弃。之后，法国效仿澳大利亚的例子，在太平洋地区开辟了圭亚那之外的第二个目的地——新喀里多尼亚，并在1864—1896年期间，向那遣送了2万名囚犯，其中许多是巴黎公社社员，另外还有1万名充军流放者。更完整的数据还要加上1889—1939年被送往北非步兵营的几千人，从更广泛的意义上说，还要考虑诸如法属印度支那等法国殖民地内部和殖民地之间的驱逐人数。总之，大约10万人被

---

* 法国炮兵军官，法国历史上的著名冤案"德雷福斯案件"的受害者。

强行逐出法国。

所有这些监禁兼劳动的例子可能已经成为过去式，但有些国家却因其监禁的囚犯数量极大而臭名昭著，美国就是其中的"佼佼者"。直到今天，监禁在美国之所以普遍，且被拘留的之所以主要是少数族裔，在很大程度上可以解释为昔日奴隶制的长期遗留问题。1863 年废除奴隶制后，非裔美国人开始面临被监禁的巨大风险，南方各州的监狱中几乎没有白人囚犯，这些监狱不仅大幅扩容，而且现在 90%—95% 的囚犯还都是非裔美国人。[62] 他们不仅要为公共工程建设服务，还被出租给矿山和工厂，比如 19 世纪 70—90 年代亚拉巴马州和田纳西州的铁矿和煤矿，或佐治亚州南部和佛罗里达州北部的松节油工厂，其间他们必须拼命劳作。难怪在 19 世纪 80 年代，美国南方监狱里的平均囚犯死亡率几乎是北方监狱的 3 倍。州徒刑制度在 20 世纪 20 年代就废除，但与之类似的债务奴役制度（同样以非裔美国人为主）在南方地区存在的时间更长。[63]

另一个臭名昭著的例子是南亚——非自由劳动根深蒂固的地方，尽管英国人早在 19 世纪中期就在其殖民地废除了奴隶贸易和奴隶制，但根据多方面估计，时至今日，仍有几百万，甚至可能超过 1000 万的印度人，在没有任何权利的情况下为他们的雇主兼债权人工作。[64] 和在美国发生的情况一样（正如托拜厄斯·巴林顿·沃尔夫所述，见第 310 页），这不只是工人无力偿还债务的问题，从根本上来说，这是一个雇主兼债权人比工人兼债务人属于更高种姓的问题。而且，这一经济鸿沟两侧双方的祖先——高种姓和低种姓阶层，也都维持着这种不平等的关系，虽

322

然这在当时是为人们普遍接受的习俗所认可的，但在法律面前已经发生了改变。事实上，独立后的印度长期以来一直在为下层种姓群体发起平权行动，但收效甚微。[65]

这种不平等现象可能会随着时间的推移而减少，但现在依旧十分普遍。事实上，非自由劳动仍然植根于传统的规范和习俗之中，这也可以解释为何 B. R. 安贝德卡尔（B. R. Ambedkar）一类的政治家和社会活动家提出了许多倡议，却依然没能成功消除印度的这一现象。同样要记住的是，除了从非自由劳动中获利的雇主，以及对这个问题得不到解决也毫无负罪感的上层阶级外，非自由劳动者也可以发挥自身作用去打破这种非自由状态。在一项对古吉拉特邦的仆人兼债务苦力的研究中，荷兰社会学家扬·布雷曼（Jan Breman）观察到，相对于长期的自由，这些劳动者更倾向于获得短期利益，比如佣金：

> 苦力是否会努力结束其短期工作？这一点很值得怀疑。苦力之所以被迫工作，通常是因为这种情况：只要仆人对雇主负有义务，就不得离开。但这种义务在性质上是虚构的，如果单从这个原因来看，用"义务奴役"（debt Slavery）这一术语来形容这种形式的奴役是不太恰当的。因为苦力会有最低报酬，所以"负有义务"一说只是理论上的，是由双方共同设想出来的……（雇主）会设法把苦力的义务控制在合理的范围内，因为他很清楚，自己并不能强制其劳动；而苦力则会尽其最大的努力使义务最大化，并试图从雇主那里得到尽可能多的酬劳。[66]

323

非自由劳动关系，不仅深植于奴隶制曾经盛行的地区，还扎根在工人受种姓制度压迫的地区，比如毛里塔尼亚。[67] 即使在没有种姓制度或奴隶制遗留的地方，外来者以及没有很好得到家庭庇护的儿童依然是弱势群体，即使在欧洲和北美——这些目前拥有最完善的劳工法的地区，也是如此。容易沦为非自由劳动力的还有"非法移民"，这些人中有成千上万人曾想进入美国和欧盟这些"乐土"，最终却沦为非自由劳动的受害者。同样处于弱势的还有儿童，比如孤儿，以及那些连亲戚、济贫院或教区牧师都想要摆脱的"堕落女孩"。近年来，在荷兰和其他地方的罗马天主教女修道院中，这类强迫儿童劳动的案件引起了不小的骚动。1765—1996 年，在爱尔兰，有 3 万多名女孩被迫出来工作，其中很多人是在洗衣店工作。[68]

个体劳动的相对减少

两个世纪之前，大多数劳动人口在市场中从事个体劳动并以此为生，这种情况在世界各地普遍存在，但太平洋岛屿和撒哈拉以南非洲可能除外，因为这些地区的个体劳动力市场仍不发达。此外，奴隶制和其他形式的非自由劳动以及雇佣劳动，都曾是劳动力市场中的重要角色。如今角色已然互换，雇佣劳动占据主导地位，非自由劳动则远没有先前那么重要（这并非轻视非自由劳动受害者的命运），个体劳动的相对地位也急剧下降，主要是因为小农在全球粮食生产中的作用有所减弱。

随着劳动机械化的飞速发展，对于自由市场的拥护者和反对者而言，诸如小农、工匠、小店主、小商贩等个体劳动者的相对减少似乎是不言自明的，也是不可避免的。所以自由市场的拥护者冒险将资本投入大规模的农业和工业之中。[69]

在全球范围内，个体劳动者比许多人预想的更具承受力和适应力。不可否认，他们占劳动人口的相对比重在下降，但这种下降是缓慢的、断断续续的。而在西欧，更普遍的情况可能是，雇佣劳动和个体劳动之间的转变存在一个重要的年龄因素：

> 一直到 19 世纪末，大多数人都不是一辈子只从事雇佣劳动，他们通常只在年轻的时候做雇佣工人。往后，从 30 岁左右开始，大多数人就试图成为独立的农民、工匠或商人之类的个体劳动者；在 40—49 岁，个体劳动者或雇主的数量与雇佣劳动者的数量相当；50 岁以后，前者的数量远超后者。[70]

农民与小农

这是前面讲到的一种可能情况：小农在自家农场上加强农业生产，以家庭手工业作为补充，还为他人打工。这种模式的家庭经济足以满足大多数人的生活需要，或至少能够解决温饱问题，同时也能为市场生产。这在中国几千年的历史中都有充分的记载；对于近代早期的日本、东南亚灌溉高原的水稻农业社会、墨西哥的湖田农业社会以及低地国家，更是一种普遍现象。[71]19 世纪中期的美国以及后来其他发达国家的大规模机械化农业，很容易让人忘记，那些条件艰苦却取得了成功的小农，仍顽强地存在于世界的各个地区。

值得强调的是，小农经济的衰落是相对的，而不是绝对的，因为现在小农家庭的人口数量有25亿，是有史以来的最高水平。在全世界5.7亿个农场中，有不少于85%的农场面积不足2公顷，拥有此类农场的农民就被定义为小农。然而，全球大部分的粮食都是由他们来生产和供应的。[72]

无论是过去还是现在，人口密集地区的小农都没有办法扩大农场，除非到城市工作来补充收入，或是移民到土地仍然充足的地区，不然他们的农场面积就只能这么大。因此，他们的第一选择是集约化种植。

> （他们）通过彻底耕作和轮作，种植多种作物，发展畜牧养殖，以及通过施肥、灌溉、排水、修梯田等措施恢复和维持土壤肥力，从而在很少歇耕或从不歇耕的永久田中获得相对较高的年产量或多作物产量。这里所说的不是小麦、水稻这类琥珀色的谷物，而是诸如花园、果园、稻田、奶牛场和湖田之类地方的产出。……对于所有小农来说，土地客观上是稀缺商品，只有通过上述措施，才能保持单位面积相对较高且可持续的农业产出。农业劳动需要技能，也需要投入相对较长的时间，还经常要选择种植的作物；但土地也是永久性的，农户可以持续支配使用土地及其作物产出。[73]

然而，这种对自家农场的关注并不妨碍他们积极参与公地事务。

像这种"技能取代规模"的社会，有一个很好的例子，即战后的几十年里，位于瑞士瓦莱州的阿尔卑斯山小村庄特伯尔（Törbel）。[74] 那里的小农主要从事奶牛养殖，夏季将采自天然草场的嫩草晒干，作为漫长冬季里奶牛的主要食物来源。他们还在农田里播种冬黑麦，在山坡上留有花园，偶尔建起石墙保护。坡度最陡、面积最小的土地用来种植马铃薯或蚕豆。"为了防止这些斜坡地受到侵蚀，每年春天，这里的瑞士人都会费力用篮子从坡底装泥土，搬到坡顶加固土坡。他们还用精心锄好、耙平的泥土垒成小菜园，用来种萝卜和卷心菜。河边的石坡上是最广阔的梯田，用来种植葡萄，这些葡萄都是农民用手工农具来打理的。"[75] 另外，牧场需要精心照料以保持肥力，这样才能种出两茬干草，并确保有足够的草可供放牧。这些草甸之所以能在海拔2000米的地方生长，还得归功于"圣水"灌溉。该灌溉系统由集体维护，公共草场上的所有农民都可平等共享。

在其他地方，也常有类似现象——家庭成员活动组织和个人财产权与共同财产权并存。就以尼日利亚中部乔斯高原的科法亚尔人（Kofyar）为例，他们发现了一种巧妙的方法，可以在小块土地上种植红薯、山药、粟和高粱。为此，他们不断修筑山脊、修复水池来蓄水，修圆土堆来种红薯，修锥形土堆来种植山药。

科法亚尔农业中最独特的要素，可能就是他们恢复和局部培育沃土的方法，这包括利用野外、田地和家里的有机物质来饲养家畜，收集堆肥，以此保持永久耕地的肥力和土壤结构。在农庄圆形茅草屋的入口处，有直径约为

3.5—4.5 米的圆形石筑畜栏，在长达 9 个月的作物生长季节里，科法亚尔人就把山羊圈养在这些畜栏里。他们把山羊单独拴在栏里，喂的是从村庄周围的休耕地割下的草，或者是旱季后期焚烧灌木丛时剪下的树枝叶子。……通常情况下，妇女或儿童负责日常的杂务，主要包括割草喂羊和从小溪中打饮用水。投喂给山羊群的饲料量比它们的食量要大得多，一年时间里，就能积累出一米到两米深的堆肥或护根；夜间，山羊的粪便和尿液也会在畜栏里堆积起来。3 月雨季来临之前，人们就会将这些粪便挖出来，用篮子装到附近的农庄田地上堆起来，而周围的居民也利用这些农庄田地来处理排泄物。此外，在耕作过程中，科法亚尔人会把杂草翻转并用土覆盖，有条不紊地将黍梗埋在垄下。每个传统农庄在入口附近都有一间小屋，用来储存灶火的灰烬，像灌木和高粱秆，这些燃材都有助于产生柴灰，少数人会将这些柴灰用于培植花生作物。[76]

和瑞士一样，科法亚尔的小农农业基本上相当于私人家庭经济，农民会调动一切可能的劳动力，不论男女，有时还会雇佣额外的劳动力参与农业生产。[77] 更重要的是，他们经常要和其他人一起参加公共劳动。当他们无法完成种植粟、高粱或山药需要做的所有工作时，就会举行"啤酒工作派对"，请邻居来帮忙；在农闲期，妇女们会酿造足够多的粟啤酒，用以答谢农忙时邻居的帮助。一般会有 40 人到 80 人来帮忙。有时，他们会在鼓手的伴奏下，一起完成要做的工作，做完后一起分享啤酒；下一次可能就会有另一家从邻居那里获得同样的帮助。[78] 在更规范的啤酒农业和小规模的家庭劳动之间，大多数家庭也属于 5 人到 20 人的工作交换劳动团体，这些团体中的成员轮流在彼此的田地里工作，以互惠劳动作为回报。

最后，还要关注对个体劳动者十分重要的自我身份认同。对于个体劳动者而言，对工作过程的控制可以防止，或至少减少疏离感的产生。法国小酒商就是一个例子，他们执着地以自己是"自己的老板"而自豪，或者至少感觉自己是"自己的老板"。[79] 此外，小农家庭的成功也是由于，他们可以轻松地将家庭农业劳动与家务劳动结合起来，以及经常从事非农劳动来补充收入，有时间的时候，还可以做工匠、商人、手艺人和雇工等兼职工作。

这种小农农业一直持续到 20 世纪，最近还出现了小型机械化农业和小型生态农业等刺激因素。尽管如此，在一段时期内，全球农业经济始终是由规模经济所主导的。[80] 欧洲的公地划分、机械化，以及国家支持的绿色革命，都在其中发挥了作用。长期以来，大农场主一直都招收临时和长期雇佣工人，但近来全职农场工人已经基本不存在。可这种情况并不会发生在农民身上——无论后者在总劳动人口中的比例如何急剧下降，都不可能完全消失。

手工业、零售业与服务业

正如在现代社会中农民必然不会消失一样，工业、贸易和服务业中的工匠和其他小企业家也不可能消失。当然，近几百年来虽然出现了很多大公司，但就像农业中的小农一样，工匠也是具有灵活性与适应性的，不会因此消失。

在英国、美国和其他地方的工业革命期间，人们担心工匠及其技艺会消失。人们并不担心小农而是担心工匠，因为工匠和小农不一样，他们不仅与西方文明的标志，比如中世纪的大教堂有着直接联系，还与泰姬陵、其他伊斯兰教和印度教建筑中的光辉代表密切相关。因此，在世界博览会上，不论是历史悠久的老手艺，还是来自遥远国度的古工艺，总是与现代大众工业一起展出。这些技艺，构成了伦敦的维多利亚与阿尔伯特博物馆[81]和宾夕法尼亚州多伊尔斯敦的默瑟博物馆[82]展览的基础。19世纪时，人们认为导致技艺消亡的原因在于：其一，机械化工厂带来的竞争；其二，大多数欧洲国家与邻近国家的手工业行会渐渐衰落，因为行会是师傅传授手艺技巧给学徒的地方（见第233页）。

然而，即使没有正式的行会，学徒制也持续了很长一段时间，时至今日仍在普遍运用，尤其是在德国。[83]这当然也适用于自由职业，做法是将学徒制与强制性的大学文凭部分结合。大学有严格的准入要求，受到各国政府的尊重，还使世界各地形成了只限于特定群体的行业秩序（封闭行业秩序）。而之所以容许对市场原则进行限制，是因为行业的服务质量存在差异。因此，鞋匠、木匠或小商店主一类的职业，是可以自由选择的，这在世界各地也是最正常的职业，但对于医生、牙医和其他（准）医疗职业或司法人员来说，几乎在任何地方都是有职业门槛、不允许自由进入的。在这方面，移民尤其深受影响。非正式的封闭市场也是存在的，例如，世界上很多城市存在个体出租车市场。

当然，这种对地方和全国市场的垄断促进了独立职业的连贯发展。另外，柴油发动机和电力发动机以及最近的计算机，也起到了推动独立职业发展的作用。机械化和自动化不再依赖于大型投资。尤其是在大城市，对机械化和自动化技术的高度需求导致了工作的高度专门化；同时，这也导致普通专业知识有着贬值的风险。参见1861年巴黎工人为伦敦万国博览会准备的一份报告：

> 披肩设计师把工作分配给八个不同的学徒工人，他们分别负责：设计初稿、绘制原始图纸、在卡片上放大图纸、挑出设计主线、检查轮廓、绘制细节、将细节图转移到卡片上、填充细节。如此一来，学徒就会变得非常熟练，但每个人只熟悉这份工作的一个流程。[84]

在小作坊和社区工人建立的工厂里都存在这种分工方式。自中世纪城市工匠兴起以来，迄今似乎没有发生任何改变，而在这些工厂里还能看到分包对工作专门化和工人独立性的削弱。但所谓的未曾发生改变也仅仅是表象而已，因为就像前面所讲的，1850年之后的大型行业中，特别是在北大西洋的大城市里，工匠丧失了独立性，极端情况下还沦落到了血汗工厂中。这样的人数在持续增加，尤其是在服饰类行业，劳动者完全依赖于中间商，这些中间商根据精确的规格为他们提供半成品，有时也提供工具和垫付费用。1886—1897年，查尔斯·布斯（Charles Booth）及其同事编纂了17卷本的《伦敦人民的生活与劳动》（*Life and*

Labour of the People in London），书中对这一过程描述得最为准确。

根据布斯的说法，不管有没有少数分包商或雇佣劳动者，个体劳动都在增加。

330

> 这些小型工业单位有时可能是老工业单位的遗留，但并非总是如此。更常见的情况是，它们是最具竞争力的企业在生存竞争中所采用的形式。伦敦是小型工业的大本营，同时也是最伟大的现代城市；我相信，伦敦是如此，其他大城市也是如此，譬如纽约、墨尔本、巴黎和柏林。[85]

布斯的同事之一，欧内斯特·哈里·艾夫斯（Ernest Harry Aves）认为，不可能存在一种普遍理论可以解释劳动者对生产单位规模（大型或小型单位）、雇佣方式（直接雇佣或转契雇佣）和工资制度（时薪或件薪）的偏好，但他提出了许多有用的观察结果，此处将详细引用其中两点。第一点涉及雇佣劳动与个体劳动之间的转变。

> 自己独自开展业务只需要很少的资金，而且条件往往有利于个体劳动者的发展壮大，例如，只要有两三英镑在手，哪怕条件还不充分、不安全，家具木匠也可以开工干活。……其他决定性因素则是市场的性质。如果是资金需求量小的交易，只要有庞大的市场与相当稳定的需求，就很容易找到买方，加之市场惯例是要么按订单购买，要么

从只收现金的随机生产者处购买，小生产者就有可能在市场上获得发展机遇。到目前为止，这些市场中最重要的是批发市场，也就是说，生产者制造产品是为了"交易"，而不是直接销售给消费者。但值得注意的是，小生产者所掌握的"行业知识"使他能够在市场中站稳脚跟，但其中往往涉及一些不道德的行为——使用作为工薪阶层时获得的信息。我们了解到在电线行业中，高级工匠经常会接触他们以前工作过的企业的客户，并以相当低的价格为这些客户提供商品。这样做的结果要么是小生产者获得订单，要么是企业从客户处获悉市场上出现了更低价的商品，并告诉工人，企业面临着新的竞争，于是全面下调商品价格和工人工资。这就是造成"重复"订单价格持续下降的主要原因之一。根据我们记录的关于一名电线工人（工薪阶层）的证言，如果小生产者没能成功开展自己的生意，他就会"再次寻找工作，同时还咒骂工人和工薪阶层，咒骂他们害得自己只有微薄的工资，还要忍受各种恶劣的工作条件"。[86]

艾夫斯还敏锐地观察了自雇的小老板与其少量雇员之间的劳动关系。

在其他条件相同的情况下，与大雇主相比，小雇主倾向于对工人提出更苛刻的条件，尽管这些条件是不定期实行的。其中的原因不言自明，最重要的一点是：小雇主往

331

往是自己做自己的生意，为自己工作，他很容易拿工人的反应和自己的热情作对比，而工人并不会像他自己那样那么关心总产量。小雇主往往会和周围少数几个工人保持非常友好的关系，但由于其资本量少，且商业利益集中，就需要高度关注工人的生产，他们的工作活力会最直接、最明显地影响其利润。小雇主对工人的关注度反映在其对工人管控的力度与强度上。而大雇主有着更广泛的业务领域，对工人的关注度就没有小雇主那么高。[87]

根据艾夫斯的观点，小生产者之间残酷的工业竞争和随之产生的血汗制度"被显著加剧了，因为生产者认为自己有义务满足大众对廉价的需求——这是一种双面化的经济偶像，一方面是为了获得舒适的生活，另一方面则是打造出一个'圣地'。许多人的生命已经或将要在这个'圣地'前'献祭'，但还有很多人在盲目地崇拜它"。[88]

最后在产出方面，20 世纪时，大企业和雇佣劳动力占据了主导地位。如前文所述，这一点有时是国家强制的结果；但在世界大多数地区，都是行业规模（尤其是工业和运输业）扩大所导致的。同时，这也扩大了某些行业内部的差距，为各种剥削与非剥削的做法提供了空间。个体劳动者面临的这些挑战也带来了政治影响，影响最显著的例子也许是俄国革命，以及俄国在应对这部分劳动人口上的无力感。但在作为小独立生产者谋生这个问题上，西方社会也尚未达成一致愿景，例如在法国，与工薪阶层相比，小型企业公然遭到财政歧视，这极大地推动了 20 世纪 50 年代中期的保守主义和反犹主义的布热德运动（Poujadist movement）。[89]

个体劳动的回归及其影响

独立生产的消亡是不容置疑的，至少在几十年前是这样。但是，20 世纪 70 年代经济危机发生后，随之而来的却是质疑的声音——质疑对象是长期以来关于计划规模经济的观点与做法。当时，许多下岗工人被迫成为"小企业家"（即小生产者）并以此谋生，而且还迅速萌生出一种新自由主义意识形态，这种意识形态把自由企业的理想置于至高无上的地位，并对有关劳工组织的法律法规造成了很大影响（见第 420—421 页）。20 世纪初期，汽油发动机和电力发动机促进了小型工业企业的发展，一百年后，计算机也起到了同样的作用，尽管这种推动作用主要体现在服务业领域，在某种程度上是将一种形式的个体劳动与另一种形式进行了交换，即小型零售企业被互联网购物所取代。3D 打印的发展似乎预示着另一个阶段的到来。

家务劳动的减少

这一时期，由于医学上的发展，劳动女性的地位发生了根本性变化。一直到 19 世纪中期，女性都会生育很多孩子，但其中大多数夭折于襁褓之中，这种情况很普遍，除了北大西洋的一些特权地区，以及更晚些时候的世界其他地区。在恶劣的环境下，女性无法对新生婴儿施以额外照顾，因为这种照顾是要以其他（仍然）活着的兄弟姐妹的生命为代价的。[90]因此，尽管女性一生中的大部分时间都在孕育新生儿，但家庭依旧人丁稀少。除了日常照顾幸存的孩子、做饭和做其他家务外，已婚女性还要负责家庭内外的生产性工作，大多数情况下是参与农场劳动，为家庭生产粮食。渐渐地，这种情况发生了改变。

333
如前文所述，早从约 1500 年开始，在"勤勉革命"的背景下，就有越来越多的女性直接为市场工作，特别是在亚欧大陆。当时，纺纱是女性最重要的工作。诚然，这是一种广为接受的理想状态，但在那几百年间，女性也开始逐渐活跃于家庭之外，18 世纪的西班牙就是一个绝佳例证。[91] 抚养孩子不仅仅是父母的责任，还是整个社区的任务，这就是所谓的"村庄模式"（Village model）。在这种模式下，大孩子照顾小孩子，但孩子们很少受到父母的直接照料。

几百年来，尽管职业女性越来越勤勉，这种人口模式却几乎没有改变过，受到影响的只有女性的结婚年龄、婚姻伴侣间的年龄差异，以及对个别子女的照料程度。女性结婚越晚，婚前获得独立工作经验的时间就越长；与丈夫的年龄差越小，已婚女性决定自己工作性质和强度的机会就越大。[92]

19 世纪，随着医学领域的不断探索与发现，如预防性疫苗接种和卫生条件改善，人口模式迎来了第二阶段的转型——更多儿童得以存活下来，家务劳动也因此增加。据计算，"一个婴儿每月会给家庭增加 10 天左右的工作量"。[93] 这种巨大的人口模式转型首先发生在城市，因为城市的卫生问题最严重，故卫生条件的改善使城市成为最大的受益者。同时，由于教育与经济繁荣息息相关，各地的社区教育也开始起步发展，但这反而给母亲们带来了影响。一方面，社区里的其他人每天都要抽出一部分时间来照顾孩子，但另一方面，由于孩子们开始就业的时间大大推迟，因此对他们的照料也相应地增加了。

20世纪，有效的避孕措施——避孕药——出现了，并于1960年得到美国食品药品管理局（FDA）的批准。在接下来的十年里，这种药传遍了整个世界，还被称作"20世纪最有效的发明"，有些国家甚至积极宣传推广避孕药，以阻止人口转型带来的爆炸性人口增长。这对女性的工作产生了双重影响。一方面，女性怀孕的频率降低了，另一方面，孩子的数量也减少了。这样一来，母亲就会更关心自己的宝贝孩子，加大物质和情感关怀，抚育和培养孩子的成本大幅提高。如果想让孩子在社会上取得成功，就得让孩子接受良好教育以取得敲门砖，这样的培养费用尤其高昂。

在这三种转型的背景下，我们必须明确的巨大转变是：已婚女性已经走出了家庭，走进了劳动生产市场。但迄今为止，对于已婚女性和母亲而言，无偿的家务劳动和子女教育仍然是她们面临的一项重要任务。

334

从工业革命到人口转型

如前所述，家庭妇女可能会同时承担农业或工业生产，以及家务劳动的任务，这是"勤勉革命"的秘密之一。但此前集中于农业和手工业的工业性工作，开始向得到集中供电的工厂转移，这种联系就慢慢地被打破了。这种转变首先发生在英国，继而是西欧和北美，再后来是其他地区；纺织业的转变尤为明显，因为早在家庭工业阶段，从事纺织业工作的女性便已多于男性。[94] 在工业革命时期，与其他标志性行业，比如金属加工业相比，纺织业实际上更为重要。鉴于此，可以肯定的是，在工业革命发生后的一百年间，女性和童工主要是在纺织厂工作。此外，这并不意味着只是换了个新的地方（工厂），一些传统的东西也已发生改变。一般来说，从事农业和工业的女性收入只有男性的 1/2—2/3，但在快速扩张的工业时代，她们有望拿到更高的平均日薪。

面对这种新形势，已婚女性会如何将她们的两项主要任务结合起来？而男性和整个社会又会作何反应？在工业革命初期，对于多子女家庭而言，只要孩子成长到有能力帮上忙，家长们就会让他们开始工作。很多孩子现在也在工厂里从事大量的非技术性工作，这既减轻了母亲的负担，同时也增加了家庭收入。女性在家政服务领域也获得了更多工作机会，但正因如此，家政服务开始成为"女性专属"工作。人们对奢侈品的需求越来越大，原因在于中产阶级群体的扩大，他们有了更多的富余资本用于消费。这种情况不仅发生在欧洲，也发生在其他地区。1900 年前后，在印度的大城市，用人群体在人口总量中的占比达到了 15%—20%，且该行业的女性化程度日益提高，造成了女性职业地位和酬金的贬值。当然，这种"仆役化"也是由低种姓和服务之间的紧密联系所引起的。[95]

在第七章中将会讲到工业革命中的一种趋势——企业家通过机械化手段提高生产率，并以雇佣女工和童工的方式，不断削减成本，因此招致了反对与抗议。反对的声音首先来自个体工匠，因为机械化使得他们不再具备竞争力，故试图阻止机械化；紧随其后的是他们的行会组织，这些行会试图形成垄断，并消除非技术人员的不公平竞争，特别是妇女和儿童，以此增加自身收入；资产阶级还以工厂女工虐待童工、上夜班和忽视家庭为由提出抗议。因此，顾家男性的理想型就此诞生——这样的男性能够给家庭赚取体面的收入，而他的妻子则将全部精力奉献给家庭和孩子。

从人口转型到避孕药：男性养家糊口模式的全盛期

就目前的情况而言，女性和男性都面临负担过重的问题。莱顿夫人（Mrs. Layton）于 1855 年出生在伦敦的贝斯纳尔格林，她童年记忆中的一些片段对此极具意义。

> 我是我母亲的第 7 个孩子，在我后面还有 7 个兄弟姐妹，我母亲一共生了 14 个孩子，这让她完完全全"沦为了奴隶"。因为通常情况下，她不是处于妊娠期，就是处于哺乳期。我父亲受过良好的教育，在政府部门工作，他的工作时间是从上午 10 点到下午 4 点。迫于工作性质，我父亲不得不重视个人形象，他总是穿着漂亮的黑西装、戴着丝绸帽子去应酬，而拿相同薪水的普通工人就不需要这样做。在业余时间里，他学会了裁衣缝纫，还能帮他认识的人干活，以此贴补他微薄的收入，还在家里种了几乎所有要吃的蔬菜。父亲还是一名牧师，他从不缺席星期天的晨祷，并且总要带着几个孩子一起去，这样母亲就能松口气。

在政治上，父亲虽然是保守党人，但总是很宽容。他是一位好丈夫、好父亲，但在某种程度上，他把整个家庭的责任都丢给了我的母亲，母亲承担起了照顾我们所有人的责任。家庭成员在增加，父亲的工资却没有改变，母亲就必须挣钱来维持我们的温饱。另外一位牧师的妻子很喜欢我母亲，每次她生孩子或是生病的时候，总是让我母亲去照顾她。牧师家有新生儿时，我的大姐就得待在家里，然后我们会轮流把弟弟或妹妹送到母亲那里，每天喂三四次奶，因为一般情况下，牧师的妻子生孩子时，母亲也刚好有哺乳期的孩子。母亲不在家的时候，父亲每天早上去上班前，都会给我们每人分发一天的食物。[96]

大家庭不仅意味着家庭责任的增加，还意味着家庭经济的好转——不论是多不起眼的改善，都能使住房条件变得更好，但各种家务劳动也会相应增多，特别是对于那些雇不起用人或工人的家庭而言。因此，在可能的情况下，家庭成员就只能自行承担这些家务劳动，而在 20 世纪，这种做法也得到了提倡和推广，因为劳动能够帮助人们减缓衰老，且在老年时更健康长寿。这也就促进了"祖母现象"的产生，祖母们维系着一切，在家庭中发挥着不可或缺的作用，最显著的例子可以参考"一战"和"二战"后的苏联。

当然，这些家庭必须能负担得起中产阶级理想中的奢侈生活：丈夫挣钱养家，妻子在家做全职太太。19 世纪 80 年代，在荷兰的纺织小镇蒂尔堡，就有一位工程师表达了这一理想的缩影。

> 工厂女孩是不可能做好家庭主妇的。如果男工人能有幸娶到一位品行端正、礼貌得体的姑娘，这位姑娘在一个体面的家庭里做了五六年用人，还因此学会了管理家务，那么这个男人可以说是很幸运了。然而，如果这个工人娶的是对家务一窍不通的工厂女孩，那么回家后会发现家里是一片混乱，于是他就会去酒吧买醉，变得越来越颓废。女性在家庭中扮演着很重要的角色，但这一观点对在工厂工作的女性很不利。[97]

从 19 世纪后期开始，西欧的工人阶级家庭有了更多机会，能够实现这一生活理想。首要原因在于，训练有素的工人能拿到更高的实际工资。[98] 也只有在那时，收入更高的工会工人才能够自豪地宣布——他的妻子不用去工作，而且能把家里打理得干净整洁，照顾好孩子们的生活起居，她还会鼓励孩子去上学，这样他们以后就可以过上比父母更好的生活。因此，男性挣钱养家的家庭观念根深蒂固，女性的工作也从公众生活中淡出了。当然，并没有发生改变的是，在相对贫穷一些的工薪家庭里，女性仍然需要参加生产性劳动，这些已婚女性主要是去做苦工和女用人。穷苦农民和农业工人家庭中的女性也是如此。

男性作为经济支柱的地位在崛起，但有时，这种趋势会被打断，甚至会被暂时逆转，比如，两次世界大战期间以及战后，都出现了异常严重的劳动力短缺。因为在实行普遍征兵制的国家，所有身强体壮的男性都要应征入伍，这就引发了一个重要的问题，那就是如何保持经济的持续发展——因为在后方的军事工业中，炸弹、手榴弹、军装之类的军备供不应求，不仅如此，在农业、工业和政府部门中也是这样。有些国家，譬如德国，在"一战"中就大量部署战俘参与经济生产，在"二战"中还实行了强制劳动；法国使用了来自殖民地的工人；而英国和美国则主要依靠女性劳动者。英国工会谈到了"削减劳动力"，并希望和女性劳动者合作，但条件是这些女性在战后要回到厨房——继续做家庭主妇。

这是一个特殊又短暂的时期——女性大规模地进入劳动力市场，但不管怎样，这终究产生了长期的影响："一战"后女性获得了选举权，"二战"中则有更多女性参与生产。众所周知，"二战"期间，政府以流行歌曲和海报的形式进行宣传，旨在招募女性从事造船和其他重工业工作，经典例子有加拿大的"布伦枪女郎罗妮"和美国的"铆工罗茜"。[99] 纳粹德国过去一直限制女性参加工作挣钱，这种做法是其意识形态体系的支柱之一（德国为同意放弃工作的女性提供所谓的"婚姻贷款"），但在"二战"的最后几年，德国和许多其他"法团主义国家"（corporatist countries）一样，不得不在这一点上作出让步，让女性重返劳动力市场。[100]

最严重的男性劳动力短缺现象发生在苏联，因为在第一次世界大战之后，爆发了苏俄内战，且战争持续时间与"一战"相当。随后，由于劳动力市场仍需要女性的参与，布尔什维克政府就要求有效调动所有具备劳动生产能力的公民，而将家庭责任进行集体化。[101] 当时，苏联还没有像欧洲其他地区和北美那样，出现已婚女性部分淡出劳动力市场的情况。此外在"二战"后，中欧和东欧的社会主义国家实行了女性劳动力动员制度，例如，在民主德国，1960—1971 年期间，女性劳动参与率从 64% 上升到 80%；而在联邦德国，同期的这一比例却从 40.9% 下降到了 37.6%。[102]

    苏联对劳动力的需求如此迫切，也难怪其成为节育领域的先锋——尽管公众对此的接受程度各不相同。1920—1935 年，在苏联，人工流产一直都是合法的；1955—1968 年，由于其间发生了农业集体化、闹了饥荒，还爆发了"卫国战争"，人口大量减少，人工流产合法化被迫中断。当然，很多女性之所以选择堕胎，还有另一个原因——她们几乎没能力负担自己和婴儿所需的一切物资。从 1945 年到 1989 年柏林墙倒塌，同样的模式也存在于东欧地区。1980 年，中国推行独生子女政策，作为社会工程的主要措施之一，试图以此来控制人口增长。该政策的实施办法是在女性生育第一个孩子后，开始采取措施进行节育。这种方法显著提高了女性的劳动参与率。

过去半个世纪：双收入夫妇、单身母亲和单身女性

    从 1960 年开始，服用避孕药迅速成为西欧和北美最受欢迎且最有效的避孕方法。尽管遭到罗马天主教会等组织的抵制，但避孕药仍旧被广泛使用，这一药物的广泛使用使得出生率大幅下降，这极大地刺激了女性进入劳动力市场，并普遍促进了女性独立。哈佛大学经济学教授克劳迪娅·戈尔丁（Claudia Goldin）谈

到了 20 世纪六七十年代的"寂静革命",认为女性视野的开阔有力地促进了早婚现象的消失和认同的改变（包括婚后保留姓氏）。女性现在能更准确地预测职业与自己所受正规教育之间的相关性。[103] 这场革命的副作用是离婚率的上升，以及所谓"连环一妻多夫制"（serial polyandry）现象的增加；这反过来又导致女性需要寻求独立的收入来源。

现在孩子的数量明显减少，于是在家庭中，母亲的重点任务从家务琐事转移到了孩子的抚养上，努力为他们争取更好的教育。[104] 同时，这也得益于自来水、电力和抽水马桶等基本设施的普及，以及随后诸如电动洗衣机、吸尘器、冰箱、洗碗机和微波炉等"解放双手的机器"的普及。[105]

虽然作为母亲，她们十分关注养育孩子的问题，但也有越来越多的女性走出家庭、参加工作。现在，这种全职太太的社会规范（尤其对于中产阶级而言）很可能会被彻底打破，我们在前文中就发现了这种苗头。[106] 在美国和一些西欧国家，从 19 世纪末到 20 世纪 20 年代初，除工厂女孩外，还出现了一群从事教学和文书工作的独立女职员。但是，由于当时的社会把已婚女性外出工作视为羞耻之举，她们当中的大部分人婚后放弃了工作岗位。而在 20 世纪 30—50 年代，对已婚女性参加工作的限制有所放宽，前面提到了战争对此有影响，但原因并不仅限于此。先前，普遍存在对教师和文书职员的婚姻禁令——强迫单身女性婚后离职，并禁止雇佣已婚女性；而现在，这些禁令取消了。在某些行业中，还出现了兼职工作。20 世纪 50—70 年代，年龄较大的已婚女性群体也进入劳动力市场，这些母亲曾经为照顾孩子而放弃了工作，现在她们要重新开始工作。

自 20 世纪 70 年代起，富裕的西方国家迎来了"二战"后的首次经济危机——双收入、少子女的夫妻如今已是常态。[107]但是，鉴于离婚人数的增加（见上文），全世界有 10%—25% 的家庭是单身母亲家庭，且比例还在增加。在博茨瓦纳、斯威士兰、巴巴多斯和格林纳达，40% 的家庭为单身母亲家庭。顺便提一下，在危地马拉、肯尼亚和马拉维这类国家，父亲对家庭收入和家庭事务的贡献是肯定无法时时得到保证的，单身母亲家庭的孩子有可能过得比双亲家庭的孩子还好。[108]女性没有固定的丈夫，解决该问题的办法之一就是"连环一妻多夫制"，就像在非洲和加勒比地区，以及在欧洲和北美的城市贫困人口中看到的那样。[109]

近几十年来，中国发生了无与伦比的巨大转变——女性从家庭经济转向了劳动力市场，数千万女性来到大城市工作。出生于 1974 年的湖南女孩春明，18 岁时不顾父母的反对去了广东，在她的日记和信件中，我们获悉了中国的"旧世界"与"新世界"的面貌。首先，她在 1994 年 3 月 29 日的日记中写道：

> 我们今天发工资了，我领到了 365 元，还了 50 元的债，还剩下差不多 300 元。我想买手表、衣服和一些个人用品，买了这些以后怎么可能还有钱剩下来呢？……入夏了，可我还没有夏天的衣服……我还得买一块手表，没有手表的话，我就不能好好利用时间。至于说寄钱回家，那就更加不可能了。下个月发工资后，我要去报名速记秘书函授大学，我一定要拿到大学文凭。我来广东当然不是为了挣每个月

> 那两三百块钱，这只是一个暂时的落脚点，我绝对不会永
> 远待在这里的。没有人会懂我，我也不需要别人懂，我只
> 能走自己的路，让别人说去吧！ [110]

春明在塑料成型工厂上班，但她也在考虑换一份工作，与此同时，她仍然与"旧世界"保持联系，还写信给她不识字的母亲。

> 妈，我给您织了一件毛衣……如果不给您织毛衣的话，
> 我就可以用这一天的时间来读很多书。可是，妈，有时我
> 会想，我宁愿做妈的乖女儿、孝顺的女儿，甚至把那些我
> 很想读的书都扔掉。妈，我已经把我对您的爱织进这件毛
> 衣里。

这些转移已婚女性劳动力的重大举措并不完全适用于未婚女性和无子女的女性，部分原因是他们经常住在亲戚家里，还要分担家务。这些举措也并不会使男女双方平摊家务，就目前而言，男性依然享有比女性更高的收入水平、更好的就业机会，主要是因为女性更多时候仍是坚持家庭事业两手抓——尽管祖父母能帮忙照顾孩子（因为现在的祖父母比从前更健康长寿），也有专业的托儿所和育儿设施能极大地帮助减轻她们的负担。在一些国家，女性会做兼职工作，这些对女性不友好的薪酬制度和职业差异就更为明显了；还有一些国家，怀孕和生养子女会给女性的职业生涯造成负面影响，在那些为女性提供便利的国家也是如此。[111] 此外，近来我们还看到，这种全球趋势时而发生反常

的逆转。在印度，随着全社会对家庭的重视程度增加，女性正在从劳动力市场中淡出，因为这能确保让女性待在家里，即使她们有足够好的学历文凭——这就是印度教至上主义运动的文化理想，现在也日益成为其政治理想。[112]

自由雇佣劳动力增加

先前的各时期里，雇佣工人还只是少数群体，主要是刚出来工作的青年男女，其职业包括家庭用人（男女都有，大部分是住家用人）、短工（不管是否与雇主同住）、水手（在更大的单位工作），尤其值得注意的还有士兵。此外，当然还有长期担任行政职务的公务员，特别是要算上那些诸如火药厂、军火库和造币厂等大型国有企业里的雇佣工人。

雇佣工人增加，工作时间延长

19世纪，上述所有类别的工人数量都有所增长，这种增长既是绝对的，也是相对的。随着经济日益繁荣，资产阶级的购买力增强，用人和帮工数量也随之增加，尤其是在西欧。由于运输工具的增加，特别是蒸汽船，水手也跟着多了起来。但最重要的是，有越来越多的雇佣工人直接或间接地受雇于国家——缓慢扩大的公务员队伍、职业士兵（这也是应征入伍的军队所必需的），以及日益被国家垄断的铁路和邮政系统中的雇员，均是如此。

不过，雇佣劳动力数量最大、最早的增加，还是发生在工业领域。雇主从之前的帮工中招募工人，但主要是从以前的个体小农和工匠（还有一部分是奴隶）中招募，后来也从放下部分家

务劳动来从事雇佣工作的女性中招募，下文（第341—360页）
对此有所介绍。另外，从个体劳动向雇佣劳动的过渡多数情况下
都十分顺利。个体劳动者中的许多人已经准备好成为佃农，或者
通过包买制为同一个企业主工作，他们负责在家里织布或纺纱，
企业主负责提供原材和机器，并分配好任务，每周给他们预支计
件工资。

在某些情况下，个体劳动向雇佣劳动的过渡也意味着集
体劳动关系向个人劳动关系的转变。1905年，英波斯〔Anglo-
Persian，后称"英伊"（Anglo-Iranian）〕石油公司在为钻探石油
作准备，最初是从伊朗西南部的巴赫蒂亚里牧区招募工人。[113]
该公司同意每年向部落首领支付2000英镑，以换取80名守卫
人员保护钻井地点。虽然这些守卫每年可以得到100托曼（约
合35.25英镑），外加马匹的饲料，但显然，巴赫蒂亚里的酋长
们把石油公司的钱装进了自己的口袋，可怜的守卫只能通过"其
他方式"来挣钱谋生。1909年，他们才开始直接从守卫长那里
领工资。受制于这种制度，他们必须在古老的部落协议之外建立
一个真正的市场。石油公司的人说道："工资本身几乎没什么作
用……除非有机会用工资买到游牧生活中缺少的商品和舒适的设
施，他们才会继续工作。但光给钱是不够的，还得提供把钱花出
去的途径。"在过去二百年的时间里，个体劳动向雇佣劳动的转
变进程加快，与农业和手工业（这两个行业都有很多个体劳动
者）向工业的转变并行。1950年，当时全球仍有2/3的人口从事
农业（主要是小农），如今却只有1/3了。[114] 另外，除了工业领
域的就业岗位，贸易、运输和服务等"第三产业"的就业岗位也

在不断增加。

无论有无经纪人介绍，都有越来越多的人开始直接为雇主工作，而且是长期工作，这占据了他们生命的很大一部分时间。如前所述，自 16 世纪欧洲宗教改革以来，人们的工作时间就一直在增加，尤其是在荷兰。18 世纪时，雇主再次上调了工作时长，这次更加严重，极大地侵蚀到人们的自由时间。[115]1754 年，奥地利女皇玛丽亚·特蕾莎（Maria Theresa）不顾激烈反对，取得教皇的允许，废除了 24 个天主教节日。同年 4 月 23 日——圣乔治节（St George's Day），还出动了骑警，迫使维也纳的店主在上午 11 点开门营业。

在英国，虽然并没有明确的法律规定工作时长，但一年中需要工作的时间却大幅延长了。1830 年前后，要想在英国维持生计，11 小时班制的员工平均每年需要工作 300 多天，即每年净工作时长需要达到 3300 小时，休息时间就只剩下周日以及圣诞节、复活节和圣灵降临节的 7 天假期。1760 年，伦敦的平均工作时长为 2300 小时，英国北部为 2800 小时，到了 1800 年，这些数据大幅上涨——伦敦增加到 3300 小时、英国北部是 3000 小时。首都伦敦与北部地区之间的差距急剧缩小的原因是，1750—1800 年，伦敦的"圣星期一"（St Monday）习俗逐渐消失。"圣星期一"是指在每周一休息（尤其是男性），以便从周末状态中恢复过来的习俗。到 1760 年，这个习俗在北部地区已经不再重要；1800—1830 年，还有大量宗教和政治节日走向消亡，这种事情以前在伦敦肯定已经发生过。在这一时期，人们早上开工的时间也普遍提前，这使得每天的工作时间延长了半小时；1800 年前后的工作时间一般是从早上 7 点工作到晚上 7 点，中间有一个小时至一个半小时的休息时间。

值得注意的是，其实在 1800 年之前，这种延长工作时间的情况就已经存在，即早在机械化工厂出现之前就存在了，因为机械化工厂是从 19 世纪 60 年代起才大规模出现在英国的。同时，这也意味着，对于那些进入工厂挣钱谋生的人来说，在除睡觉以外的大部分时间里，他们都要服从于雇主的意志。对于数量迅速增加的用人群体而言，上述所有情况无疑是他们处境的写照，尤其是住家用人。

从 19 世纪中期，工厂开始下调工时，起初非常缓慢，自"一战"开始后才逐渐加快，第七章将会对此进行详述。1920 年前后，平均每年工作时长需要达到 2400 小时，才能在英国维持生计；而在 2000 年前后，只需要 1700 小时。

人们依赖工资来维持生计，最终导致了越来越高的失业率，因为工人不再将自己看作或不再被他人看作只想找份新工作的个体劳动者。先前，除了在手工业行会内，这种早期的失业情况还从未被登记在册过；现在，这些因雇主的决定而下岗失业的劳动者失去了收入来源，成为受供养人——政府需要想办法解决这一难题（见第 394—395 页）。

344　规模化生产的影响

这种个体劳动向雇佣劳动的大规模转变意味着，工人不再是居家工作，而是要去别的工作场所、工厂或办公室为他人工作，每周工作时间还很长，要与几十、几百有时甚至是几千人、几万人一起工作。当然，这是 1900 年之后的情况，人们没有选择从事个体劳动，而是离家到其他地方、在不同条件下工作。这不禁让人联想到不停旋转的铁制机器——很容易导致工人失去手指、一整只手或者更多的身体部位，还让人联想到黑暗闷热的厂房。当然，在家庭手工业中，也同样普遍存在很多这样恶劣的条件，甚至可能更糟。

此外，规模的扩大也意味着发生工业事故的可能性增加，特别是在化学工业领域，危险通常主要源自火药厂爆炸，有时几十名工人会被炸死或致残。近代历史上发生过许多次工业灾难，其中最严重的可能是发生在博帕尔的毒气泄漏事件。[116]1984 年 12 月 2 日，美国联合碳化物公司设于印度博帕尔市的农药厂泄漏了 40 多吨异氰酸甲酯气体，几天内就造成约 1 万人死亡，在接下来的 20 年里毒气影响持续存在，造成 1.5 万—2 万人早逝。

由于工业生产企业和运输企业有了电力和汽油作为核心动力，主要工作场所才发生了向雇佣劳动的转变。因此促进了交通枢纽地区大企业的形成和城市化进程的加速，并大大减少了城市工人将工作与农务结合起来的机会。在机械化发展的历史上，人们把注意力都放在了著名发明家身上，比如瓦特、爱迪生和马可尼*，却很容易忘记政府通常是如何引领创新的——主要是通过陆军、海军和各大政府部门，有时还通过铸币厂、海军造船厂或火药厂等国有企业。

有学者对此进行了认真严肃的研究，特别是美国学者，他

---

* 即伽利尔摩·马可尼，实用无线电报的发明者，被称为"无线电之父"。

们不仅研究了生产工具和动力，就连工人也成为研究的对象。[117]
英国人查尔斯·巴贝奇（Charles Babbage，计算机之父）是第一
批进行此类研究的学者之一，但最著名的无疑是第二批研究者
中的美国人弗雷德里克·W.泰勒（科学管理之父），他系统地
研究了工业活动所需的时间，最终提出了"科学管理"、工效
学和"人为因素"技术，以及经济范畴的"劳动经济学"、"劳
动（工业）关系"或"人力经济学"。泰勒和与他志同道合的学
者显然毫不谦虚，将自己的理论称为"唯一最佳方案"。[118] 但并
不是每个人都对此持肯定态度。内尔斯·彼得·阿里法斯（Nels
Peter Alifas）出生于丹麦，是一名经验丰富的工具制造商，还是
美国劳工联合会的机械师代表，受雇于政府军火库和海军造船
厂，他直接向泰勒解释了为什么积极负责的工人反对他有关时间
的研究：

> 工人之所以能够勉强维持生活、不受雇主的欺压，原
因之一是雇主并不知道工人究竟能做些什么。工人要能够
留出足够的时间，以自己认为合适的速度完成工作，唯一
的方法就是，压根不让雇主知道他完成工作究竟需要多长
时间。美国人民有权说，我们只想按自己的速度来推进，
不想尽可能快地工作，我们希望工作的速度保持在能让我
们感觉舒适的范围内。我们存在的意义不是为了看自己能
在一生中完成多么伟大的任务，我们试图调节、规范自己
的工作，是为了更好地生活，工作只是辅助而已。路程不
远的话，大多数人早上会走路去上班。工人们或许并不介

意有人发现他们可以跑步去上班，从而只需 1/3 的时间就能到达；可一旦了解事实的人有权力让他们跑步去上班，工人们可能就会刻意阻止他发现这一事实。[119]

弗兰克·吉尔布雷斯及其妻子莉莲·吉尔布雷斯（Lillian Gilbreth）所做的是动作研究，他们与泰勒立场一致，但在某些方面，又与泰勒意见相左。在其写于 1911 年的著作《动作研究》（Motion Study）中，弗兰克详细分析了砌砖工的动作以及砌砖工与小工之间的合作。具体来说，脚手架相对于正在施工的墙的高度（准确说，是"墙比砌砖工站的地方高出 24 英寸"），以及脚手架相对于放置砖块和水泥的平台的高度（"平台比砌砖工站的地方高出 3 英尺，比砌砖的墙顶高 1 英尺左右"），要确保砌砖工能够直立工作，从而提高劳动生产率。吉尔布雷斯甚至夸口说："通过科学动作研究，工人的劳动生产率可以实现翻倍，有时甚至可以提高 3 倍以上。"[120] 而产量增加能降低雇主的成本、增加计件砌砖工的工资。

与泰勒不同的是，吉尔布雷斯夫妇意识到，并不是每个人都能保证达到这样的水平，工会担心，超高的人均劳动生产率可能会"使所有工会成员失业"。工会也很清楚，生产率的提高通常能降低总体生活成本，他们当然不反对这一点，只是不希望看到地方政府要承担因此而产生的后果。对他们来说，密切关注计件工资率并使之保持在合适水平，以及监管进入专业领域的途径似乎是更为安全的策略。[121] 莉莲也将这种科学管理应用到了家庭生活中，这不足为奇，因为她有 13 个孩子，繁重的家务也需

346

要科学管理。她以科学管理为基础，设计出了配有电气和燃气设备的现代化厨房——著名的实用厨房，以此"帮助女性腾出时间从事有偿工作，让男性家庭成员参与到家务劳动中，并证明家庭生活和工作生活是相似的，都需要管理技巧与实践"。[122]

的确，科学管理为其倡导者所应用，并在诸如亨利·福特（Henry Ford）等企业家的实践中得到了进一步发展。美国人向全世界传达着他们的理念，几乎所有国家都热切地接受了这些理念，尤其是后来的"一战"参战国。[123] 在一些国家，比如法国，在社会主义者的积极推动下，国家科学管理学派应运而生。最著名的例子是，这类理念在苏联十分流行，列宁、托洛茨基和斯大林都是其拥趸。1918 年，列宁在《真理报》（Pravda）上发表了一篇文章，将泰勒制（即"科学管理"）描述为一种混合型体系："既是资产阶级剥削的最巧妙的残酷手段，又包含一系列的最丰富的科学成就……应该在俄国组织对泰罗制（泰勒制）的研究和传授，有系统地试行这种制度并使之适用。"*[124]

在这种框架体系下，劳动科学、职业医师、企业顾问和人事事务与人力资源管理都在蓬勃兴起。[125] 从雇主的角度来看，这关系到他们所要做的努力，不仅要能让员工个人和集体都尽可能高效地工作，还要尽可能招到最好的员工，一旦发现优秀人才，就把他们"挖"到公司来。为此，大公司还开辟了内部职业发展道路。在提高效率这一问题上，政府又再次树立了榜样——军队的军衔制度和优秀士兵晋升为士官的制度。现代企业在这方

---

* 列宁：《苏维埃政权的当前任务》（1918 年 4 月），《列宁全集》第 34 卷。

面也做得很好，因为许多西方国家员工的平均任期基本是 10 年，这意味着员工在其职业生涯中，只会在几家公司工作。但每个国家的员工平均任期都不一样。日本的平均任期最长，其次是法国和荷兰，而美国、加拿大和澳大利亚的就要短得多（7 年左右）。在美国，传统的由工头雇佣、解雇员工的做法在很长一段时间后才被淘汰。在两次世界大战的浪潮中，受惠于科学管理、福利计划和职业教育，人事部门（后称人力资源部门）成为重要行业的常规部门，一方面是为了削弱工会的力量，另一方面是为了适应新情况。[126]

对雇佣工人自主权的影响

对工业工人来说，最剧烈的变化莫过于他们之中越来越多的人不能继续在家工作，也不再拥有完的自主决定权，只能每天在工厂和办公室里执行他人的命令。受制于强制化、标准化的工作时间，以及最初的工时延长，他们甚至不能自行支配私人时间。[127] 在一些国家，这种转变是以更为渐进的方式发生的。英国的工厂对工人实行时间管理，把那些不按时上班的工人关在外面。1915 年，兰开郡普雷斯顿的一名女织工向工会报告说："周一早上，我去上班时，脚刚踏上门槛，门就砰的一声关上了，我的脚夹在了门和门框夹之间。我用手推门，走进去的时候，经理正站在那里，他对我说：'出去！你不能进来。'"把迟到工人赶出去的这种做法，不应该仅仅被理解为卖弄权威，因为如果对迟到者处以严厉的罚款，可以取得同样甚至更好的效果。相反，这似乎是英国工厂主和工人对他们之间关系的相互认知的合理结果："把工人拒之门外并不是把工人看作违法者、向他们提出要求，而是把他们当作承包商（就像传统的外包体系一样），因为他们没有在'交付期限'前完成任务，因此理应中止合同。争论的焦点在于产品的获得。"[128]

相比之下，19 世纪的德国，许多纺织厂还没有固定的开工和收工时间，如果工人不守时，就会被剥夺应有的劳工权利，但可以用罚款来抵偿。早在 1812 年，莱茵河下游迪伦的羊毛厂工人就必须通过实时登记时钟进行上班打卡；19 世纪末 20 世纪初时，德国的纺织厂推广了这种打卡时钟的应用，另外还规定，工人一经雇用，在工厂里的任何时间，他都是处于"上班"状态。工人们提出要求，像煮咖啡、换衣服、等待材料和领取工资（1906 年，门兴格拉德巴赫的工厂工人甚至要求把他们的工资带到他们的机器那）需要花费的时间也应该包括在内。工厂主们接受了这样的要求，这也推动德国在开启带薪休假制度上迈出了第一步。[129]

在集中工作场所，无论采用哪种打卡方式，时钟都是非常重要的工具。其实在工厂出现之前，就有了零星使用时钟监督工人的例子，比如 1516 年，荷兰莱顿的漂洗厂建了一座钟塔来管控雇工的出勤，在阿姆斯特丹的荷兰东印度公司造船厂里，中央大门上方悬挂了一面工作钟，供 1100 名工人出勤打卡使用。[130] 典型的英国工厂都有清晰的大时钟，在其殖民地也不例外。1850 年，印度北部鲁尔基的工场作坊专门为修建恒河运河而建造了一座钟塔，工程负责人普乐贝·T. 劳特利（Proby T. Cautley）还对此作出了以下评价："要保证工人按时出勤，钟塔是必不可少的工具。塔顶的旗杆上有一面旗帜，从鲁尔基到马赫斯赫瓦尔，地面上的工人都可以看到旗帜的升降，以此得知他们上下工的时间。"[131] 英国的工厂中有同样典型的控制手段，甚至控制力更强，通常是把工厂建成堡垒的模样，在中央开一扇大门，由门卫控制每个出入口，工厂里的任何地方都要经过中央庭院才能进入，这使得工厂能够轻松管控工人的所有内部活动。1843 年，一名游客在参观伦敦骑士桥的一家圆形粗布厂时发现："在建筑顶部很高的位置，有一个方形的小房间，四面都有窗户，在那儿可以观察到工厂各个角落的情况。"1850 年后机器体积的增大，以及 19 世纪 90 年代钢梁和新型承重技术的引入，促进了大型厂房的建设，从而更加便于对工人的监督。[132]

但是，工厂也对工人产生了新的依赖，最明显地表现在因工作质量差、工作时闲聊等而对工人进行的罚款上。凡是出现雇主不能容忍的行为，他们就会从工人工资中扣除罚款。在定义自我这个问题上，英国工人和德国工人的看法完全不同，因而在面对罚款时，他们的反应也截然不同。英国纺织工人会断然反对这些罚款，因为他们认为自己与老板只是契约关系，老板只能对最终产品的质量发表意见，而罚款是一种不适当的剥削形式。1890 年，约克郡的一位女织工这样说道："老板们抽了很多雪茄，四便士一支，上周的两笔工资（罚款）就是被他们拿去抽雪茄了。"相比之下，德国工人并没有反对这条规定，只是不断地就其公平性和合法性进行谈判。[133]

在这一过程中，主要薪酬制度从（集体或个人）计件工资转变为个人时薪，劳动合同也从集体合同转变为个人合同——

这一切都受到了集中工作场所和直接监督的影响。雇主对雇员的监督越到位，就越清楚所支付的工资是否公平——至少在雇主看来是这样。而这一切也因此催生了一个庞大的中层监管体系，尽管上述例子主要是关于英国的，这个监管体系却是一项美国创新。

如何激励失去自主权的员工？

在工厂工作的人一旦失去独立性，他们的积极性也会从根本上发生动摇。亦步亦趋、谋求生计是一回事，但竭尽所能、自我超越又完全是另一回事。难怪在获得解放后，大多数奴隶选择成为农民或个体劳动者，而不是雇佣工人（见第 309 页），因为他们已经受够了服从命令的日子。

为了更好地理解从个体劳动到雇佣劳动的转变，以及附随的工人积极性的转变，我们首先必须思考这样一个问题：除了谋生的需求外，还有什么激励着个体劳动者在工作中尽其所能？答案是工作的乐趣和职业自豪感。竞争会影响职业自豪感，尤其是对于年轻人而言。那么问题来了：这在多大程度上也适用于雇佣劳动者？

蒂利父子认为雇主有三种激励方式——薪酬（"视情况提供报酬"）、奉献（"呼吁团结"）和胁迫（"伤害威胁"），这和前面讨论过的一些时期的情况相同。[134] 当然，这些理论分析上的区别并不妨碍雇主与雇员之间形成稳固的相互关系。相反，蒂利父子表示，"这些伤害威胁往往是涉及或有奖励可能被收回的问题，而长期的威胁与奖励则逐渐演变成了对团结的呼吁与号召"。"好好干，就会得到合理的报酬"；"好好干，就会给家族带来荣誉"，这些鼓励口号的背后，实际暗藏威胁："如果不好好工作，你就会被解雇"；"如果做得不好，就会被父母知道"。[135] 更有可能采取胁迫手段的，实际上是集中营里的奴隶主或监管人，但单靠皮肉体罚，作用也不大，所以他们会给囚犯提供稍好一点的食物、略施小恩小惠，有时甚至可能会表扬或赞许囚犯，好让他们完成更多更高质量的工作。还有就是自由雇佣工人的雇主，他们不仅会试图利用薪酬来激发工人的积极性，也会用其他方法来鼓励工人作出奉献。最后还有各种形式的胁迫手段，虽然不能超出法律范围，但只要有解雇的权力就足够了。

在南非的金伯利钻石矿区，我们会发现这三种激励措施的组合模式。其中，戴比尔斯联合矿业公司最初的做法是，从政府雇佣数百名罪犯工人，并为他们建立了一个封闭的工作站，这为后续积累了经验。在管理层看来，这种做法几乎在每个方面都是有利的：罪犯工人比自由雇佣工人更有纪律，薪资更低，在规模经济中的维持成本也更低，而且相较于后者，前者偷窃钻石的可能性更小。到了 1889 年，为了将矿工集中起来进行资本密集型的地下生产，戴比尔斯公司决定将 1 万名自由非洲矿工（即非罪犯工人）全部安置在封闭的矿场里，总经理加德纳·威廉姆斯（Gardner Williams，美国移民）向股东们解释了此番做法的好处："同为本土矿工，但我们的矿工比那些不在封闭矿场工作的矿工住得好、吃得好，收入比欧洲任何一个国家的矿工都高。那些因生病或因在矿井中受伤而无法工作的工人，可免费到毗邻矿区的公司医院接受治疗。在目前的开采体系下，事故比（早先）露天

351

作业的事故要少。"[136] 接下来，我们将会详述针对雇佣工人的三种劳动激励方式。

薪　酬

实行时薪制度的主要影响之一是，雇主需要对工人的个人表现进行更多的监督。但如何才能确定每个工人的工作表现呢？如前所述，大雇主采用了监督工时的做法，而不是通过实行件薪来提高劳动生产率。反过来，监督力度的加大又衍生出了科学管理。但奇怪的是，工业化国家之间在监督的需求方面有着天壤之别，其差异无法一言以蔽之。1980 年，在美国、英国、加拿大和澳大利亚，每名经理（即行政管理人员）管理的文员、服务人员和生产工人的数量在 5—10 人，斯堪的纳维亚半岛（瑞典除外）、奥地利、比利时、法国和日本在 12—19 人，而在其他部分欧洲国家则多达 22—28 人。但"管理幅度"上的差异并不能直接看成计件工作和计时工作之间的差异，彼此相邻的两个国家——挪威和瑞典的例子可以作为证明。两国的大部分工业生产都同样基于计件工资制（均接近总工作时长的 60%），但在"管理幅度"上却有着巨大差异——挪威国内的管理幅度是每名经理平均负责 11.4 名生产工人，瑞典则为 25 名，是挪威的 2 倍有余。[137]

这就引发了一个显而易见的问题，如果件薪工人的监管成本比时薪工人低，为何计件工资制没有成为主流薪酬制度？工会的反对是原因之一，但更重要的原因或许是——工人对计件工资率（计件单价）下降的担忧。为避免这种威胁，工人会采取两大强有力的举措：一是故意怠工，二是确保"自己不是高产工人，因为高产会破坏工资率，破坏者也会因此遭受惩罚，轻则是受到排斥，在管理层那里落得个不好相处的名声，重则是遭到工友的人身攻击"，所以他们的做法往往是只达到次级工作效率。[138]

在讨论薪酬以及时薪和件薪制度的利弊时，我们通常可以假设：一般情况下，工人的工资是以现金支付的。通常情况下这就是事实，在工业上也的确如此；但为了促使工人表现得更好，雇主有时会提供额外的东西，主要是兴奋剂。在 19 世纪的北半球，工厂通常会给工人分发一些烈酒，如杜松子酒或伏特加。20世纪时，开始出现了合成兴奋剂产品，也就有了极端的例子——向士兵提供合成兴奋剂。1940 年 5 月，德国军队在入侵荷兰、比利时和法国期间，就大量使用了"柏飞丁"（Pervitin，即甲基苯丙胺，其水晶状制成品即所谓冰毒），后来在对苏战争期间也使用了这种药物。在这场闪电战中，坦克兵和步兵可以保持 48 小时的清醒状态。[139] 虽然工业上的情况不像战争中那样严重（想想越战中的美国士兵），但烈酒和毒品在艰苦行业中依然很受欢迎，比如卡车司机和性工作者。

根据个人表现发放薪酬可能会对劳动生产率产生积极影响，也可能会导致竞争完全失控，得克萨斯州的安然能源公司就是因此而声名狼藉。受经济学家米尔顿·弗里德曼（Milton Friedman）和生物学家理查德·道金斯（Richard Dawkins）及其著作《自私的基因》（The Selfish Gene）的启发，安然的首席执行官杰夫·斯基林（Jeff Skilling）在公司内部煽动激烈竞争，后来他被送入了监狱。荷兰灵长类动物学家和动物行为学家弗朗斯·德瓦尔（Frans de Waal）认为，这是曲解了进化生物学的一个例子。

> 斯基林成立了一个同行评审委员会，名为"评级与淘汰"（Rank & Yank）。该公司将员工按 1 至 5 的等级进行排名，1 代表最优，5 代表最差，并解雇排在第 5 级的员工。每年都有高达 20% 的员工被解雇，还在一个刊登着他们肖像的网站上被羞辱了一番。他们首先会被送往"西伯利亚"，要求于两周内在公司里找到另一份工作，如果没有找到，就会被扫地出门。斯基林委员会认为，人类只有两种基本驱动力：贪婪和恐惧。这显然成了一个自我实现的预言。为了留在公司，员工们不惜进行你死我活的争斗，营造出糟糕的企业氛围——对内欺骗成性、对外无情剥削，最终导致安然公司在 2001 年崩盘破产。[140]

353 奉 献

促使或鼓励员工奉献的方式有很多，甚至都不需要雇主亲自来做。让员工收获并增加他们的工作乐趣是一件很简单的事情，比如，在集体工作时唱歌。在拿军乐和运动音乐打比方时，吉尔布雷斯指出："某些工作中的群唱，首领对部下发出有节奏的命令，以及手钻工人一同的咕哝声，都显示了音乐与节奏具有团结人心和激发行动的作用。"[141] 他还举例说明，播放留声机、播放音乐和大声朗读都对"无声贸易"非常有效，并举了一个德国人对着墨西哥烟草包装工人大声朗读的例子。

不发放直接薪酬，只增加外部激励，这种做法的典型缩影存在于军队中——军队给士兵提供了一个工作场所，会偶尔施以表扬，而奖励的形式则永远都是肩章和勋章。但在战场和军营之外，也存在这样的勋章。19 世纪的俄国，农奴已经很难被激励，勋章就这样在军队以外的地方派上了用场。苏联时期，这种传统得到了发展，但共产党人在实行无条件个人薪酬方面受到了限制，部分是因为理想主义，部分是出于纯粹的经济原因。[142] 此外，如果彼时他们没有受迫于国际形势的话，共产党领导人也会受到鼓舞，继续实行这个计划。如前文所述，列宁对泰勒制持肯定态度，现在还多了一些钦佩；但很快，他的态度就变成了对意大利的群众组织［如国家康乐俱乐部（Dopolavoro）］和纳粹德国的群众组织［如"力量来自欢乐"（Kraft durch Freude）］的恐惧。

第一个五年计划期间，苏联以社会主义竞赛为主题，实行个人计件工资制和奖金制，并提供诸如住房、"赤字商品"、教育机构和疗养院等优惠待遇，促进劳动生产率的提高。迄今为止，该计划进展顺利，除了这些物质奖励外，工厂食堂还专门摆放满是鲜花的餐桌，以表彰他们的奉献。取得最杰出成就的人会被授予诸如苏联人民委员会国家奖金（即斯大林奖金）、劳动红旗勋章，以及最高的列宁勋章等；国家刊物《真理报》会公布这些勋章获得者的名字，让他们成为其他人的榜样。

为了纪念 1935 年 9 月 1 日的国际青年日，矿工阿列克塞·G. 斯达汉诺夫（Aleksei G. Stakhanov）带了两名帮手，试图在顿巴矿区的中央伊尔米诺煤矿（Central Irmino mine）超额完成作业。从 8 月 31 日晚上 10 点开始，在 6 个小时的轮班时间里，斯达汉诺夫用手提钻采了 102 吨煤，是他正常情况下一班工作量的 14 倍。但这是一起精心策划的事件，因为煤矿报纸的编辑当时也出现在采煤现场。经过努力，斯达汉诺夫当晚挣到了 200 卢布，而他平时的工资是 23—30 卢布，但这只是一个小细节，很快就会清楚。9 月 1 日上午 6 点，当地党委召开临时会议，称其为"生产力的世界纪录"。为此，路易斯·H. 西格尔鲍姆（Lewis H. Siegelbaum）写了一本书，专门介绍斯达汉诺夫运动，他在书中对这一非凡阶段作了总结：

> 斯达汉诺夫的名字会被重点载入矿区的光荣榜中，他还会得到一笔奖金，金额相当于其月薪；斯达汉诺夫与家人住进了一间公寓，里面配有电话和一切必备的舒适家具，这些公寓原本是为技术人员保留的；矿工工会还会给斯达汉诺夫夫妻二人提供电影院门票、当地工人俱乐部的现场演出门票和度假胜地的门票。斯达汉诺夫将出席一个采煤工人特别会议，并在会上演讲，各部门领导、工会领导和管理领导都必须出席，随后还将举行各部门的最佳效仿者竞赛。最后，所有试图诋毁斯达汉诺夫及其纪录的人都受到了警告，他们将被党委视为人民最邪恶的敌人。[143]

比起斯达汉诺夫的个人成就，这个著名案例表明了上层管理者是如何精心策划"奉献"的，他们目的明确，只为刺激其他工人模仿。在重工业人民委员奥尔忠尼启则（Ordzhonikidze）的鼓动下，《真理报》开始报道这一纪录，还在两周内创造了"斯达汉诺夫运动"一词，"创纪录热潮"席卷全国，全国工人争相效仿，并于 1935 年 11 月达到高潮。"斯达汉诺夫派"如雨后春笋般涌现，聚集在已经崭露头角的工人中间，与 20 世纪 20 年代末的"突击队"极为相似，随后是斯达汉诺夫派的全联盟会议和斯达汉诺夫学校（由斯达汉诺夫派领袖开办的在职培训课程）。这一运动对年轻男性尤具吸引力，与男性相比，女性想成为斯达汉诺夫派则更为困难。

　　假如我有母亲和妻子，母亲年事已高，不能在集体农 355
庄工作，但她可以做家务，照顾孩子。这样一来，我和妻
子都能无负担地、全身心地投入工作中，从而成为斯达汉
诺夫派。可一旦你结了婚，和妻子生了几个孩子，家里却
没有祖母照顾他们，那你的妻子就不能经常参加工作了……
而我的妻子，家里有婆婆帮衬着，就可以成为斯达汉诺夫
派，还能获得奖励的一只小乳猪。[144]

但女性一旦成为斯达汉诺夫派，比如第一位女拖拉机大队队长——帕莎·安格林娜（Pasha Angelina），就会获得超级明星的地位。除了完成震撼人心的工作外，帕莎·安格林娜还朗诵了下面这首 chastúshka（一种幽默的高拍子民歌），表达自己奉献的决心：

　　哦，谢谢你，亲爱的列宁同志，

哦，谢谢你，亲爱的斯大林同志，

哦，谢谢你们，再次感谢你们，

感谢苏维埃政府。

亲爱的妈妈，给我织件衣服，

一条漂亮的红印花布裙。

我会和斯达汉诺夫派一起去散步，

我不想和自甘落后的人去散步。

难怪她在苏联第十届共青团大会上抱怨说，经常会有上百人围在她身边，和她握手，拉扯她的外套。[145]

当然，这种"创纪录热潮"的最大风险在于报酬下降，计件工资制下的超额作业促使管理者提高了产出标准。这恰恰是经验丰富的工人最担心的，他们喜欢以一种可以长期保持的节奏合作共事，而收入则在合作群体中分配，这就导致过分上进的人与其他人之间的紧张关系不断升级。但除此以外，管理者也面临风险，因为纪录不断被打破，这似乎证明他们之前设定的标准太低。许多人被指控蓄意破坏，结果被解雇，或者更糟的是被监禁甚至被处决。不久，"落后的"工人和职工遭到了不分青红皂白的严重迫害。这一事件的混乱程度堪比革命时期第一交响乐团（Persimfans Orchestra）的情况。1917—1918 年，该乐团试图在没有指挥的情况下演出。[146]

当然，这种竞争激励并不局限于苏联。在美国，吉尔布雷斯也建议开展砖瓦工队伍之间的竞赛，以提高劳动生产率。他建议按国籍分组，将不同国籍的人安排在不同的脚手架上，以此增加比赛乐趣。如果这行不通，还可以按身高、婚姻状况、砌砖手法来分组，把高个子的和矮个子的、单身的和已婚的、采用东方挤浆法的和西方铺浆法的工人分别安排在不同的脚手架上。[147]如此一来，他就能极力强调团队成员的社会凝聚力。这就是他所说的"信条"的共性——宗教、国籍等。简单来说，就是一切能在工人之间，在工人与工头、主管或雇主之间建立起情感纽带的东西："这是一个公认的事实，如果工人与工头和雇主之间存在共鸣，那么工头或雇主的指示将更易于执行。"他甚至对此作了进一步阐述："同样是在教堂里砌墙，如果这名砖瓦工与教堂里会众的宗教信仰一致时，他的动作就会小心翼翼；但如果不一致时，他的动作往往就会截然不同。"在本节中，我们看到苏联曾尝试以极端的方式提高劳动产量，但不要忘了，那些表扬和鼓励的话语即便不是全世界都有，却也是相当普遍的。在规模稍大的公司里，会有"内部劳动力市场"，代替这些激励话语的是内部晋升机会。从 19 世纪后期开始，这种内部劳动力市场尤为泛滥，且无处不在。相较于从外部劳动力市场招聘员工，雇主们更愿意把这些空缺职位提供给他们认为有前途的员工，以填补内部空缺。[148] 实际上，在大公司里，这种做法甚至催生出一个完全内部的职业规划，从聘用到退休，都是在同一家公司。

胁 迫

在提高劳动生产率和劳动质量的三种方法中，对自由雇佣劳动者而言，胁迫可能是最不值一提的，但也绝非无足轻重。和非自由劳动者一样，自由雇佣劳动者遭受胁迫的可能性取决于法律法规及其可执行性。我们可以把自由雇佣劳动者分为三类：几乎完全受雇主支配的住家用人；劳动合同经刑法强制执行的工人；劳动合同需由民事法庭调解的工人。过去二百年里，前两种形式即便没有完全消失，也已经减少很多。以下是这三类劳工的发展概况，此前还未针对它们进行过讨论。

住家用人要像孩子顺从于父亲那样服从于雇主——这种观点源自所有劳动都是在家庭内部组织而不是通过市场组织的时代。当时每家每户都可以交换子女去别处学习经验，一家之主的权威则从未受到质疑。在过去两个世纪里，这种情况主要发生在寄宿学徒身上，父母或监护人直接忽略孩子的想法，与雇主签订关于薪酬和学习计划的合同。但是，针对学习需求不大的用人，合同中则很少提及学习方面。参见德国，那里很晚才禁止对用人的体罚。[149]

雇主与雇员的这种关系有一个变体，即军队中士兵与上级之间，或水手与船长和各级副官之间的劳动关系。我们发现，这种关系的最后残余形式是，船长在船上进行纪律处分，实行戒严，和平时期亦是如此。[150] 如前所述，在欧洲及其殖民地，劳动合同应通过刑法的调解来执行，该观点可以追溯到14世纪以后黑死病造成的劳动力短缺时期；直到19世纪，这种做法才在大多数国家消失（见第404页）。

还有一种观点认为，劳动合同应包含在一般合同理论中，任何违约行为都应尽可能通过良好协商来解决，若协商不成，则应在民事法庭上解决。这种观点至少可以追溯到古罗马时代，但直到法国大革命后，才在欧洲大陆的大部分地区生效。从19世纪末开始，盎格鲁－撒克逊刑事方法在其他地区也遭到摒弃。同以往一样，民法对雇佣合同的最终主导地位，以及随后对工作激励范围内胁迫因素的限制，都是一个反复试错的问题。尤其是在两次世界大战期间，正如前文所述，各国政府再次试图限制劳工自由，特别是苏联和德国政府通过工作手册，强迫失业者就业，延长就业期限，剥夺社会保障，最终强迫就业，迫使国内公民及其所占领或控制国家的公民就范。例如，苏联，1938—1939年的立法将以前属于同志法庭（comrades' courts）管辖范围的违法行为进行了重新定罪。[151]

358

人口流动

正如工作激励的历史所表明的那样，对雇佣工人而言，自由才是最好的奖励，最终体现在他们更换雇主的能力上。这种自由可能（但不必须）涉及迁居或移民，即跨越行政边界。当工厂和其他大雇主日益集中于大城市，工人在同一居住地跳槽的机会也就越来越多；随着交通条件的改善，可供选择的通勤方式也在不断增加。

然而，对于19、20世纪的数千万劳动者而言，劳动关系的转变主要意味着非自由劳动力向自由雇佣劳动力的转变（关于非自由劳动力的流动性，见第309—310页）和地域流动，对于更换工作的雇佣工人也是如此。雇佣工人以"去或留"的方式表达意见，寻求更好的就业条件，一旦失业就到别处寻找工作。当然，能否成功获得流动权和移民权则是完全不同的问题。在这方面，就像契约劳工的情况那样，即使就业条件暂时恶化也是可以接受的。出于各方缘由，很多人选择离开，但并不都是因为大规模解雇及由此产生的大规模失业，这就是"铁锈地带"产生的根源。

正如第五章所言，近代早期，亚欧大陆不同地区的人口流动水平已经相当高，19世纪下半叶时翻了一番，相比之下，20世纪上半叶时甚至翻了3倍，后来才大幅下降。[152] 如果以著名的从欧洲到美洲的大规模移民为例，尤其是19世纪40年代，蒸汽船降低了运输成本和风险，亚欧大陆人口流动水平高也就不足为奇了。但同样重要的是来自南亚的"苦力"移民。中国、日本和韩国向世界开放后，东亚也开始出现大规模移民。除了这三次永久性大规模移民潮和许多次小规模移民潮外，还要算上临时性的、多次长年的士兵大规模移民潮（至少对幸存者来说是这样），他们大多是在法国大革命之后应征入伍的。相较于这种远距离的大规模流动，城市化的影响更为显著，它使劳动关系发生了重要转变——农业个体劳动转向工业和服务业的雇佣劳动。早在1800年，城市化就已经在西欧兴起，在美洲则稍晚一些。二者的城市化水平都达到了30%（即城市居民超过1万人的比例），而1890年全球城市化水平仅为13%。以上就是20世纪上半叶出现人口以空前规模流动的原因。当时的这两个发达地区都曾短暂地回归到边缘状态——使用非自由劳动力，第一次发生在"一战"后，最近一次是在21世纪初。短期迁移的一种中间形式是，对纯粹的外来劳动力给予临时津贴，因为他们无法享有当地人所拥有的一切权利。这种情况到处都有，但在这方面最臭名远扬的当数海湾国家。[153]

　　人口大规模流动现象在世界其他地区的出现要晚于欧洲和北美,从20世纪70年代开始,中国也出现了这一现象。在进行了几次固定与分配劳动力到特定地区的国家试验之后,中国近几十年来又发生了大规模的劳动力迁移现象,大量劳动力向东部沿海地区迁移。华裔美国记者张彤禾(Leslie T. Chang)生动地描述了许多"打工女孩"的故事,比如来自河南农村的吕清敏。2003年,16岁的清敏南下1000公里,来到广东的一家工厂打工。

　　在吕清敏出生的村子里,几乎所有人都姓吕。村里有90户人家,他们在这片土地上种水稻、种油菜、种棉花,并以此为生;清敏家有半亩地,种的大部分是吃的。清敏未来的命运似乎在孩童时就已注定,一切都围绕着农村的这一信条而展开:家里必须有个儿子。清敏的母亲生了四个女孩,终于在第五胎盼来了男孩;在实行独生子女政策的年代,许多农村地区执法松懈。但是,随着20世纪80年代经济开放,生活成本上升,养育五个孩子给家里带来了沉重的经济负担;作为家中老二,清敏要为家里分担很多。……20世纪90年代末,清敏的父母都外出打工挣钱供孩子上学。她父亲在沿海地区一家鞋厂工作,但身体不好,就只能回家;后来,她母亲出去打了一年工。清敏在附近镇上的一所寄宿中学读书,但她每个周末都会回家给父亲和弟弟妹妹们洗衣做饭。村子里几乎所有年轻人都出去了。清敏还在上中学的时候,她的姐姐桂敏就去东莞进厂打工了。2003年春节,桂敏回家过年,出发时把清敏也带了

360

去。清敏还有一个学期要上，但她想省下学费，提前找工作。要离开家，清敏很激动，她还从没坐过火车，也没见过工厂。[154]

***

本章简述了过去两个世纪以来的劳动关系，标题是"劳动关系趋同化"，因为自由雇佣劳动在世界范围内的发展是以牺牲所有其他类型的劳动关系为代价的，不论是非自由劳动（这种劳动关系一直延续到 1900 年，时至今日仍偶有出现），还是独立生产或家庭劳动。与此同时，主要是在 20 世纪，人口中的非劳动力部分——婴儿、学龄儿童和退休老人——在社会中的比例也增加了，在第七章中将会对此展开详细讨论。

工业革命对劳动关系的这一重要转变起到了显著的推动作用。因此，越来越多的工人不能继续待在封闭的农场或家庭手工作坊中，按照自己的计划完成工作，而是要在更大的单位里和其他人一起工作，还会受到另一个工人、雇主或其职员的直接监督。因此，工作的动力、努力工作的动力和按计划工作的动力已经转移到雇主，或人数日益增加的助理和经理身上。

这些人之中的大多数也是雇佣劳工，但具有不同的地位，他们面临的问题是，在特定情况下应用哪种工作激励组合制度，以使工人表现最佳。发放工资报酬的方式似乎更可取，因此被广泛应用，但奉献和胁迫也依然存在。这种组合是非常有必要的，而不是像古代劳动史上最受关注的纯粹胁迫那样，这一事实证明了工人的作用和影响力，现在作为工人参与劳动的人数比以前在家庭作坊中的人数多得多。关于女工、男工，甚至是童工的例证现在比比皆是，在下一章中我们会进行更详尽的介绍。他们代表着自我觉知者，他们为自己的工作感到自豪，但也深信自己应该过上更好的生活。如从前的奴隶玛丽·普林斯，再比如莱顿夫人、春明、吕清敏，或是令人钦佩的帕莎·安格林娜；还有布斯、艾夫斯和阿里法斯等善良的观察家，以及像纳廷这样富有同情心的学者。此外，也不要忘记那些已故之人，比如布拉西、泰勒或吉尔布雷斯。

本章中描述的劳动人民的行为和情感为下一章提供了框架，这两章的时间线是并行的。下一章将重点关注雇佣劳工如何在强大雇主面前努力捍卫自己的地位。这一情况并非虚无缥缈，而是真实地发生在世界各国。各个国家在管理劳动力市场方面采取了不同的做法，从极端的放任自流到极端的集中管理，"二战"后的福利国家则游走于这两个极端之间。

第七章
工作意义的改变
1800 年至今

1950年，斯达汉诺夫运动

十五周年纪念日，阿塞拜疆棉纺工人

以及政治家巴斯季·巴吉洛瓦（Basti Bagirova）

正在收割棉花

362　　　如上一章所述，过去的两个世纪里，劳动关系发生的重大改变，影响非常深远。之所以产生这些影响，与工作地点从家庭内部转移到家庭之外有关；正因如此，工作与劳动关系亟须受到统一监管。其中，最重要的三个影响是：在人们的生活中，工作以及休闲时间的意义发生了变化（见第363—375页）；产生了一种与之前完全不同的、自发组织的工会，其主要成员是日益占据主导地位的雇佣工人群体（见第375—397页）；劳动立法和规则的不断修正（见第398—421页）。本章主要围绕这三点展开叙述。

　　　从非自由劳动到自由劳动，从个体劳动到雇佣劳动——全球劳动关系发生了转变，工作的意义也随之产生变化，人们有了更多时间关注其他活动。导致这种变化的一个很重要的原因是：20

363　世纪繁重的体力劳动向轻机械化工作以及脑力劳动逐渐转型。个体劳动者和雇佣劳动者的收入持续缓慢增长，人们拥有了更多休闲时间和消费机会。生活不再只有苦难，也就是说，对美好生活的追求不再只是少数人的特权。在教育和培训上的投资越来越有价值，因此，儿童的生活变得重要起来，他们上学的时间越来越长，开始工作的时间逐渐推迟。[1]更多的人进入了一个新阶段——可以选择不去工作，甚至完全无须工作。最后，休闲娱乐的地位越来越高，这一现象起初出现在富裕国家，而后逐渐出现在世界上的其他地区。

上述改变和转型并非自发，不同劳动群体，特别是雇佣工人，都以个体和自组织的形式对其作出了巨大贡献。最初得益于个体工匠及其同伴的自组织经验，再加上举行"自发"集体行动（包括各类工人罢工）的经验，劳工运动特别是工会得以发展起来。其中一个最主要原因是国际的思想和经验交流，以及指日可待的全球范围内的思想和经验交流。

集体行动和集体组织并不局限于雇主和雇员之间的关系。毕竟，在这些重大转型的影响下，人们也在不断修订劳动法律法规。家庭内部父母、子女、用人间的规则变得越来越公众化，且从地方层面转移到了国家层面，最后上升到国际层面。关于劳动合同和报酬、就业安置、工人结社权和集会权、劳动条件和社会保障等方面的立法日益重要，决定着劳动人民的生活福祉。

各国关于工作的立法越来越多，同时，民主化稳步推进，国家在劳动力市场和劳动关系方面的话语权越来越大。因此，各类福利国家不断涌现，但是历史告诉我们，严峻的挑战只会多不会少。

工作和休闲

在前两个世纪里，非自由劳动向自由劳动转变，个体劳动向雇佣劳动转变，这些全球范围内的长期转变趋势深刻影响了人们对于一般性工作以及其他不同种类工作的理解。从前几章中我们能够发现，精英们对工作嗤之以鼻，认为工作就是自降身份；

364

但我们不能忘记其他更加积极的声音，尤其是不能忽略城市工匠的想法。他们对待工作的积极态度现在看来至关重要。还有重农主义者，他们十分看重农业以及与农业相关的工作。与此相似的是，苏格兰经济学家、哲学家亚当·斯密仍然坚信："农民和农村劳动者的生产力肯定大于商人、工匠、制造商。"不过他接下来的这句话似乎反驳了这种重农主义："然而，一个阶层的优秀产出并不会使另一个阶层的人变得贫瘠或者无产。"[2] 19 世纪，解放工业劳动力和农业劳动力的目标将会很快实现，即使人们在道德层面上对机械化、去技能化以及都市化的排斥依旧长期存在，且从某种程度上来说存续至今。

自亚当·斯密时代或稍晚一些的政治经济学家大卫·李嘉图（David Ricardo）时代开始，劳动在很大程度上被看作生产力的来源，特别是卡尔·马克思之后，劳动被视作创造价值的唯一途径。共产主义者、社会主义者、基督徒等都在大力宣扬崇高的劳动。此外，最近几个世纪以来，各个政派逐渐普遍接受劳动是社会的基石——即便并非出于信念，因为普选权使得同时被视为重要的生产者和消费者的工人阶级在历史上第一次成为重要的政治力量。

持续的职业专门化和劳动生产率的不断提高带来了很大影响。首先，世界人口爆炸式增长，从 1800 年的 10 亿增至 1925 年的 40 亿，再到 2000 年的 60 亿，预计 2025 年世界人口将增至 80 亿。[*] 其次，虽然大众生活水平的提升速度要慢得多，但不可

---

[*]　2022 年 11 月 15 日，联合国宣布世界人口达到 80 亿。

否认的是，大多数人的生活水平还是得到了提高，在 20 世纪尤为如此。因此，人们的预期寿命延长、工作时间缩短，开始利用社交和 / 或地域流动来提高社会地位，从而刺激了对儿童教育的投资。[3]

因而，工作在我们生活中的比重逐渐降低：相比于我们父母、祖父母那一辈，时下大多数人每天开始工作的时间更晚，工作的天数和时间更少，且越来越多的人申领退休金的年份也变长了。所以我们必须更加仔细地思量工作时间和休闲时间这两者的未来发展，深入研究前两个世纪世界上不同地区、不同类型的劳动人民在这两者之间是如何保持平衡的。

更晚开始工作

我们都曾听说过一条通则，那就是孩子应该尽早承担起家务劳动，通过模仿家长来逐渐学会做事。目前看来，大多数儿童都是如此，而且没有接受过正规教育。20 年前，人类学家芭芭拉·波拉克（Barbara Polak）讲述了位于马里的巴马纳（Bamana）儿童的成长过程。

（收获时节，）3 岁的道乐开始采摘卷须上的豆子。摘得的豆子装满盖子后，他就没了兴趣，随手将豆子和盖子丢到地上，去找别的活儿干。5 岁的苏马拉想找一个还没有人摘过的角落，这样就能很快摘到足够多的豆子来装满他的葫芦，他一直摘了半个多小时。11 岁的法斯从早上开始就一直忙着摘豆子，他采摘的速度和他父亲以及成年的哥哥

一样快，而且只有在他们休息时，法斯才会去休息。法斯
完全有能力胜任摘豆子的工作。他甚至承担起监督弟弟们
工作的责任，时不时地检查一下他们的表现。[4]

虽然这种现象在过去的一个半世纪里出现得越来越少，但是在部
分没有实施义务教育的国家中，一些贫困家庭或小型个体经营户
的孩子便是这样长大的。这种变化是如何产生的呢？[5]

这就得从儿童脱离家庭，外出工作开始说起。如果一家之
主在工厂或矿场上班，那么在必要时，他就会带上包括孩子在内
的很多家庭成员一起去工作。最早的童工便主要出现在这样的家
庭。因此，童工不仅间接地受到第三方监督，其受重视程度也开
始提高，特别是在一些新型工厂工业的批评家眼里。当雇佣合同
变成与个人而非集体签订时，孩子们最终直接在老板手下工作，
童工现象也越来越严重。

这一现象的结果是，限制童工的法规开始实施，同时推广
义务教育的运动也开始出现。首先是 1802 年颁布的《英国工厂
法》（English Factory Act），它规定纺织厂的穷苦学徒们一天最
多工作 12 小时。随后更有效、影响更深远的《1833 年工厂法》
（1833 Factory Act）出台。一般来说，这种限制性立法的影响是
微乎其微的，尤其是在严重缺乏监察员的情况下，惩罚力度轻得
可笑，所以很多雇主和家长可以成规模地钻法律漏洞。

毫无疑问，19 世纪中期普鲁士构建的强制性免费全日制学
校教育体系，要比上述法律有效得多；但到 19 世纪末，成人工
资的增长才起了决定性的作用，因为这使得父母无须迫使孩子

劳动来补贴收入。[6] 到 1900 年，大多数西欧国家要求 12 岁或 14 岁以下的儿童必须接受义务教育。然而在家庭企业（农场、商店等）中，童工现象并没有减少，许多孩子还是在上学前后和学校放假期间工作，有的时候是强制性的，比如说在秋天收获马铃薯。

另外，出于某些必要原因，或是权衡过利弊后（个中逻辑许多读者可能难以理解），家长们仍在不断挑战甚至逾越法规的限制。其中一个最极端的例子是，某些家长甚至与招募童兵或组织儿童卖淫的人合作。当然，处境最危险的还是那些没有家庭庇护的儿童，这些儿童的死亡率极高。没有母亲，或是刚出生时母亲就去世的孩子随时可能会被送进孤儿院，要么就是被迫去工作。白人殖民地对廉价劳动力需求极大，所以童工就成了他们的最优选择。事实上，早在弗吉尼亚还是英国殖民地的时候，伦敦的流浪儿童就被送去了那里。后来，美国西部拓荒者时代，一些自家没有孩子的农庄也对童工有着极大的需求。到 1929 年，大约有 20 万来自东海岸城市孤儿院和弃婴之家的儿童乘坐"孤儿列车"被送往西部和中西部的家庭。[7] 但是对于儿童（特别是孤儿）最极端的剥削形式还是童兵。童兵现象在许多国家都有，特别是亚洲和非洲的国家。[8]

无论如何，有关识字率和入学率的数据给了我们当头一棒，即使我们把半工半读和全日制学习的可能性都考虑进来。[9] 比如在英国纺织业鼎盛时期，孩子们上午工作、下午上学的半日制学校乃是常态。而在过去的印度，只有精英家庭——有时按种姓进行区分，比如说婆罗门和卡亚斯塔（Kayastha，文书记录

员）——才有办法且会花心思送孩子去上学，推迟孩子们开始
工作的时间。工作专门化和生活水平的提高，使送儿童上学的
做法得以推广。1800 年，在全球 15 岁以上的人口中，有超 1/10
的人至少接受过基础教育；到 1900 年，这一比例已达 1/3；1950
年占比接近 1/2；到今天这一比例已增至 80%。然而，从全球来
看，受教育情况的分布十分不均衡，撒哈拉以南非洲以及南亚和
东南亚在某种程度上远远落后于其他地区。[10] 地理和时间上的变
化也可以通过很多简单的数据来体现，比如说抚养比例等。在一
个儿童人口占比很高的经济体中，童工的出现是必然的。[11]

　　与此同时，我们可以肯定的是，人们开始工作的年龄已
大幅推迟。19 世纪中叶，全世界儿童平均受教育时间为 1 年，
1910 年的平均受教育时间为 2 年，1950 年增至 3 年以上，如
今已达 8 年。[12] 这表明，全球范围内，儿童大约从 15 岁开始工作，
而非 7 岁甚至更小的年龄。

工作时长

　　正如我们所见，如果工人可以决定自己的工作时间，那么
家务劳动（与农忙季和淡季相关）、照顾家庭成员、市场个体劳
动三者之间的界限很可能会发生变化。然而，所有农业社会都规
定了公共休息日，有的是设置了每周固定的休息日，比如说犹太
教、基督教和伊斯兰教传统的强制性休息日；还有的是以节日的
形式放假休息，如印度教包括大壶节在内的传统节日。这两者可
以通过朝拜日来实现共存。在个人层面上，就像我们在朝觐中看
到的一样，人们可能需要几天、几个月甚至几年的时间来朝圣。

即使有着浓厚的宗教信仰，人们的这些习俗和惯例也并非一成不变。如前所述，作为欧洲宗教改革的部分结果，公共休息日曾由于宗教原因受到限制，工作天数因此大幅增加。而在过去的两个世纪里，工作时长的变化更加令人难以捉摸。随着雇佣劳动的不断发展，雇主一度将工作时间延长至前所未有的水平，直到有组织的劳工运动发挥相反作用，才使其逐步下降，到20世纪最后25年降至历史最低水平。之后，工作时间长短似乎趋于稳定，甚至略有增加。紧接着，这些组织向雇佣劳工推广了年假的观念。西方的一般收入整体增加，在第二次世界大战之后尤为显著，为年假制度的实施创造了可能性，引起了个体劳动者和整个社会的注意。随后，世界各地纷纷开始效仿这种做法。

英国的工作天数的增加开始于宗教改革时期，并在工业革命期间持续攀升。延长全年工作天数的趋势逐渐显现，比如，英格兰银行在1761年休业47天，1808年休业时间减少到44天，1830年则骤减至18天，这就能反映出全年工作天数延长的现象。1834年名义上只有四个节假日：耶稣受难日、圣诞节、国际劳动节（5月1日）和万圣节（11月1日）；除此之外，英国人在节礼日（12月26日）通常也不工作。直到1871年，以下三个节日才成为法定假日——节礼日、复活节星期一、8月第一个星期一。这一类法定假日的设立对拥有国家教会的英国来说尤其具有革命性意义，因为这代表着这些节日，尤其是节礼日，不再被视为宗教节日，而是被当成普通的休假日。因此，在工业革命的摇篮里，至少从公立假期这方面来说，全年工作天数不断延长的趋势发生了逆转。[13]

当然，更重要的是工作时间的长短。实际上，早期工业化最为人熟知的后果就是，雇佣工人在工厂里的漫长工作时间，以及妇女和儿童承担的巨大工作量。因此，工人们必然会旷工以表示不满，尤其是经过复活节星期日的宿醉后，人们往往会在星期一旷工睡上一整天。老板们甚至默许优秀员工这样做。

限制最长工作时间的法律出台后，比复活节星期一旷工更具结构性的反抗发生了。[14] 渐渐地，臭名昭著的 12 小时工作制受到限制，19 世纪工厂工人的工作时间（甚至大于 12 小时）开始逐渐缩短，目标群众首先是妇女和儿童，其次是男性。这种现象最初出现在一些白人定居者殖民地，如澳大利亚和新西兰，随后发生在北大西洋地区、革命中的俄国，以及其他一些国家。早在不同国家开始立法之前，这一首要阶段就随着 8 小时工作制的确立而完成。许多国家在第一次世界大战动荡结束时便对工作时间进行了限制。几年后，西欧最主要的一些工业部门规定每周工作时间为 48 小时（而非 45 小时）。[15]

369　　几十年来，那些一直尊崇 8 小时工作制的劳工运动不断地宣扬其成就，特别是在五一劳动节期间。法国社会党总理莱昂·布鲁姆（Léon Blum）在 1936 年大胆推出每周 40 小时工作制，他满含激情地说道，当偶尔离开政府总部在巴黎郊区散步时，他看到路上满是骑着自行车、双人自行车和摩托车，穿着五颜六色衣服的工人夫妇，他们似乎在享受属于自己的简单而又放松的休闲时间。这不仅仅是因为他们不再坐在酒吧里买醉，或有更多时间陪伴自己的家人，更是因为"他们对未来有了想法，他们有了希望"。[16]

最终，法国在1936年大幅缩短每周工作时长的激进做法并未持续下去，但这一理想很快在其他地方付诸实践。1940年的美国以及战后重建完毕的欧洲国家将星期六增加为法定假日，以此实现每周5天工作制，每周总计工作时间最多不超过40小时。2000年，法国将最高工作时间缩短至35小时。事实上，我们应当将这些工作时长的数字视为一个门槛，超过这个门槛即为加班时间（对蓝领而言）或休息日（对白领而言）。

随着带薪休假制的实行，工作时间又有所减少。三项措施——减少每天、每周、每年的工作时间——的累积效应，在20世纪的最后几十年里最为明显。德国——世界上最繁荣的国家之一，年均工作时间从1870年的3000—3500小时，缩短到了2005年的1500小时。[17]

但是，我们也不能简单地只计算平均小时数。正如我们所见，农业劳动的特点是有农忙季和农闲季的区分，农忙时天不亮就需要开始劳作，直到天黑才收工。这就和农闲季，特别是北部地区冬季的闲散时间相互抵消。夜间工作时间也显著增加，而这会给人体带来额外负担。过去，照明稀缺且昂贵，人们很少在夜间工作。当然，面包师是一个例外。然而，随着人造光的普及，夜班和247工作制（即一天24小时，上7天班）迅速普及，有时甚至和传统的禁忌发生冲突。[18]反对夜班起初也是社会立法的重点之一，但长期以来，相关呼声并不响亮。

20世纪五六十年代，北大西洋地区的工作时间得以缩短——经济增长是其决定性因素。工人现在可以用更少的工作获得更多的购买力。但大约从80年代开始，工人们如果想要拥有之前年代的购买力，就必须工作更长的时间。直到 20 世纪 70 年代，每种职业的平均工作时间为每年 1900—2000 小时，随后发生了分化。现今，法国和德国的年均工作时间为 1400—1500 小时，英国为 1700 小时，美国为 1800 小时。[19] 日本的极端加班形式导致其工作时间要长得多，日本人因此付出了损害健康的代价。[20] 然而对于北大西洋的许多劳动者来说，工作一直是附属品（虽然也承认它的必不可少），休闲时间才是生活的准则和目的。现在，钟摆似乎又荡回了另一边——历史上的类似情景又一次重演。

与此同时，正当劳动力逐渐被视作财富的主要来源之时，新的分歧出现了。教育领域不断发展，白领的工作越来越受人尊重，而蓝领的工作则作为牺牲品，被视为纯粹的体力劳动，地位越来越卑微。因为美国和其他白人殖民地的体力劳动者在传统上具有稀缺性，所以这种现象在欧洲和亚洲更为明显。[21]

我们不能忽视工作时间减少对于雇佣劳动者的影响，特别是在中大型公司工作的人。然而，工作时间的减少并没有影响到关键部门，没有惠及迅速发展壮大的服务人员，后者必须日夜待命，仅能在周日休息几个小时。一些"血汗行业"里的个体劳动者和半个体劳动者虽然与雇佣劳动者有所区别，但也受到了影响。

这种工作时间减少的趋势，其开始与结束都出现在世界上最富有的地区，不过在其他地区也能见到这一趋势，尽管程度较低且明显滞后。富国和穷国之间的鸿沟日益扩大，直至现在还无法调和，以至我们有时候会忘了在贫穷国家也曾发生过从重视工作到重视休闲时间的转变。最典型的一个例子，是朝觐等宗教活动的普及。

经历 19 世纪的衰退后，价格更为低廉的定期轮船航线兴起，穆斯林至圣地麦加和麦地那的朝圣之旅再度变得重要起来。第二次世界大战后，朝圣者数量有所增加，从 1950 年的 10 万余人增至 1974 年的约 100 万人，到 1985 年又增至 300 万人。当时伊斯兰世界的人口总数达 7.5 亿，假设他们的平均寿命为 50 岁，那么就有多达 20% 的人一生中曾朝圣过一次。[22] 事实上，上述朝圣人口的数量仍是被低估的，因为他们其中一些人不止一次去过这些圣地。我们也不应低估穆斯林花在朝圣上的时间，一是因为吸引朝圣者的圣地非常之多，二是因为朝圣之旅所花费的时间非常之久。

战争开始之前，一年一度的朝觐大约吸引了 30 万朝圣者。1937 年，有 25 万穆斯林参观了塞内加尔的一处圣地，有几十万人到尼罗河三角洲某一圣地朝觐，还有将近 10 万人到阿尔及利亚某地参观。这一朝圣热潮极有可能持续下去，举例来说，除麦加外，最重要的 6 处什叶派穆斯林圣地就有 4 处位于今天的伊拉克，因而很难统计这方面的历史数据。[23]

朝圣之旅需要花费的时间很长。印度的朝圣者选择海上航线，于 3 月出发至 9 月返回。那些不需要在印度境内从住所到海港旅行很长时间的人，都要离家半年。蒸汽船的引入才将朝圣的总时长缩短到几个月。20 世纪末，飞机的出现又一次将朝圣时间缩短到了几周。在此之前，从大马士革经陆路的朝圣旅程总共需要花费 3 个月，从开罗出发则需要 5 个月。[24]

我曾思考过朝圣对一位虔诚穆斯林的生活来说有何意义。

朝觐当然可以与经济活动相结合，但它在很大程度上仍然是一种消遣，必须与严格意义上的工作区分开来，但也不能将其花费的时间归类为休闲时间。朝觐显然属于一种义务，正如本书引言部分所曾提及的，奈尔斯·安德森是这样描述这种义务的："必须通过努力去争取，所付出的努力还要让他人非常满意才行。这种努力有可能和休闲活动一样，给人带来满足感。"其他宗教的朝圣活动也是如此。这对我们正在研究的问题（人们无法进行严格意义上的工作的时间是多少）来说，影响似乎是有限的。平均而言，对全世界穆斯林来说，每年花在朝觐上的时间可能不超过几个工作日。[25] 总的来说，一次大型朝圣平均下来每年最多花费一天，一生中若进行多次较小型的朝圣，平均下来每年最多花费几天，花在丧葬上的时间最多一周。

最后，为家庭付出的工作时间也不容忽视——这通常包括无偿为家族企业工作、传统护理，以及日常家务。在家庭内部进行的工作基本上不受外界规定的工作时间的制约。[26]

退休人员

近来，人们的平均寿命得以延长，这当然意味着人类一生中可以工作更长的时间，但是也意味着许多人可以在工作生涯结束后开启退休生活——这在 20 世纪尤为明显。可以肯定的是，绝大部分平均寿命超过 70 岁的人都能过上退休生活。和教育的发展一样，这种现象于不同的时间段发生在世界的不同地区——20 世纪 50 年代的西欧乃至整个西方世界，80 年代的东亚，90 年代的拉丁美洲和加勒比地区，以及 2000 年后世界其他地区的大部分区域，只有撒哈拉以南非洲远远滞后。[27]

19 世纪末，在最繁荣的国家，65 岁及以上的男性仍从事着带薪工作，但 50 年后，这一群体已成为少数。19 世纪后期，60—64 岁甚至 55—60 岁年龄段的人口发展都遵循着这一规律。[28] 随着全国养老金计划的普及，人们逐渐有了退休生活。这一普及基于几个世纪以来小型职业群体共有养老金计划的发展经验，目标对象是我们在第五章（见第 233 页）所提到的工匠，有时候还包括他们的配偶。与此同时，人们对退休生活也极为满意。1972年和 1984 年分别有两批即将退休的巴黎工人，我们可以见证其态度的转变。

> 更年轻的人对退休的态度更积极，这要么是休息时间、家庭生活和活动选择权的结合体，要么意味着进入人生的一个新阶段，有更多社交、智力和休闲活动。在 20 世纪 70 年代中叶至 80 年代中叶，"早早退休"（即大约在 60 岁退休）已经逐渐被社会接受，成为社会的准则。……退休是大多数在职成年人群体眼中的一个人生新阶段。[29]

近几十年来，潮流开始逆转。由于养老金成本过高，带来的负担过重，许多国家再次提高退休年龄。除了人口因素（积极工作个体和消极工作个体之间的比例不尽如人意），这也与各国政府的出资意愿减弱有关。[30] 没有养老金保障的个体劳动者越来越多，对于他们来说，国家为老年人提供的福利日益减少，以至尽早退休不再具有吸引力，也不再现实。

373

工作时间和休闲时间之间的平衡

上述反向浪潮达到顶点时，关于休闲时间的意义和工作的意义，人们产生了分歧，但两者都越来越重要。一方面，有了休闲时间，人们才有享受（使用工资进行消费）的机会，所以休闲时间受到高度重视；另一方面，有机会享受的前提是工作，事实上，是非常艰苦的工作。早在 1884 年，苏格兰企业家（后来的议会议员）亚历山大·威利（Alexander Wylie）就指责过他那个行业的领导者以及经济学家。据威利的说法，他们试图用一些虚假的论点为漫长的工作时间和社会不平等作辩护。威利认为，归根结底，贫穷工人和他们的老板一样，都是奢侈欲望的受害者。[31] 也就是说，他们将为数不多的工资全花在烟酒和甜食上，而不是用来买健康食品、教育孩子，或者利用消费者合作社、互助保险和房屋互助协会把钱存起来，以备不时之需。

在那之前几年，卡尔·马克思的克里奥尔人女婿保尔·拉法格（Paul Lafargue）饱含激情地写下了满是讽刺的《懒惰权》（Le droit à la paresse）一书。与其说这本小册子是为懒惰辩护，不如说是为工人拥有休闲时间的权利而辩护。他认为，由于 20 世纪成功的机械化，这一权利能够很容易实现。面对工人的疲惫不堪，他仿佛在书中祈祷，发出最后的呼吁："懒惰啊，请怜悯我们长期的痛苦！/懒惰啊，艺术和高贵情操之母，愿你安抚人类的极度痛苦！"[32] 资产阶级不应该一味消费工人生产的东西，他们应该为工人提供更高的工资，这样他们就可以大大缩短工时间。与威利相比，拉法格更为乐观，他认为工人的选择将是显而易见的；资产阶级如果冥顽不灵，就会因为自己的暴饮暴食、酗酒、贪婪以及颓废的行为而自取灭亡。

俄国艺术家卡西米尔·马列维奇（Kazimir Malevich）在1921年的《作为人类真正真理的懒惰》（*Laziness as the Real Truth of Humanity*）一书中，有一段话可以和上述拉法格的话语相呼应："过去所做的一切都只是人类的工作。当下，人不再孤单，因为有了机器。将来，只有机器或与之相似的东西能够留存下来。"[33] 现在，一个世纪过去了，此类预测层出不穷。人类的工作并没有因为机器的接管而停止，到头来，因为追求越来越多、越来越好的商品，我们仍在工作（医保的情况也是如此，而且因为缺乏恰当的公共条款而变得尤其昂贵）。蒂利父子在1995年对来自40个国家的年轻人进行了调研，然后提出了这一悖论。接受调研者需要在两个选项之间作出选择：一、工作更重要，拥有休闲时间的目的就是给人充电，以便更高效地工作；二、休闲时间更重要，工作只是为了有能力在休闲时间中享受生活、追求乐趣。不同国家的受访者有着不同的选择。在巴西、菲律宾和沙特阿拉伯，大约2/3的人认为工作比休闲更重要；而在捷克、丹麦和英国，超过1/2的人觉得应该把休闲放在首位。

根据蒂利父子的结论，更值得注意的是人们态度和行为之间的不一致，也就是说：

越看重工作价值的人，工作反而越少；工作越多的人，对工作的重视程度反而越低。这是为什么？其中一种解释是在国家富裕后，会出现两种情况。一方面，生活水平提高和消费的日益商品化需要额外的创收劳动力……这些劳动力生活在普遍可接受的标准之下；另一方面……人们更有可能是为他人而工作，其工作积极性相比为自己工作要低。因此，随着国家越来越富裕，人们工作得越多，而对工作的喜爱越少。[34]

至少对于有偿工作（paid work）而言确实如此——而有偿工作在社会上保持着较高的地位。这也就解释了为什么很多退休人士会以多种方式继续工作。同时，除了低收入者，未工作人群，尤其是失业人群所存在的问题也应得到重视。20世纪60年代，一名失业的英国矿工完美地表达了他对工作与休闲两者的矛盾心理："坦白来说，我讨厌工作。当然，说真心话，我也热爱工作。……我从来没有见过喜欢工作的人，准确地说，从来没有见过哪个和我对工作这个字眼的理解一致的家伙，会喜欢工作……很明显，我们谈论的不是工作本身，而是它和其他事物的联系。"另一名失业者解释了这种联系："（工作的时候）你感觉自己是在团队里扮演某个角色：朝九晚六地工作，然后带着一定数量的钱回家，这都没什么问题……只要你没有被扔进垃圾堆，被人认为毫无用处……要是那样的话，还不如去死。"[35]

利益之提升：个人层面与集体层面

每个工作的人都会担心工作环境恶化、工资减少。至少，他们会努力维持现状，如果有可能的话，还会期待相比以前的状况有所改善，或者相比他人有所提升。这种利益的扩大可以是个人的，但是在家庭以外的某种情况下也可以是集体的（较早时期的情况见第四章和第五章）。[36] 若我们重点关注雇佣劳动者，那么对个人化策略的研究应首先聚焦于雇主及其代理；而在关注个体劳动者时，相关研究则应聚焦于个体劳动者的客户。上述两种情况下，最终策略都是签订并尽可能遵守最有利的契约义务。正如我们所见，选择接受教育的策略比这更加重要，包括婚姻安排在内的其他家庭策略也是一样。

　　个体劳动者、雇员和雇主的集体策略——在三者之间互不关联的情况下——包括，首先是与同样受到侵害者结成联盟，其次是有效地操纵舆论。过去两个世纪，这种策略也意味着从地方到国家，甚至到国际和全球的转变。根据经济学家阿尔伯特·赫希曼（Albert Hirschman）有关忠诚（loyalty，旨在维持现状的行动）、呼吁（voice，力求改善）与退出（exit，束手无策的情况下公开或秘密地规避现状）的著名分类，对于上述两种集体策略的选择可能有所不同。

　　针对"个人的"战略战术和"集体的"战略战术进行分析和区分，并不会妨碍两者在个人生活和国家层面的密切联系。例如，在美国、加拿大、澳大利亚等移民国家，新移民最初倾向于个人的提升，导致工作时间比他们在欧洲原籍国时要长得多。而在欧洲国家，由于工会和政党的集体行动，特别是假期的延长，使得工作时间有所减少（见第368—369页）。[37]

个人策略

　　在研究工匠学徒、小型私企员工，以及雇佣劳动者的个人策略时，我们应该关注以下策略：与老板同事建立良好关系；不断尝试学习；不断尝试跳槽。举个非常具体的例子。英国一个工人阶级小男孩，1900 年父亲早逝，在 10 岁时就开始出去工作。他早已习惯这种境况，或者说至少他的母亲已经习惯："我和母亲一起去逛索尔福德一家非常有名的名为赫尔佐格的二手服装店，我试穿了外套、裤子、衬衫、长筒袜和鞋子，一共花了 4 先令 6 便士，这在当时可是一大笔钱。随后，星期一早上，我母亲陪我'找工作'，我们很快就找到了。"[38] 除了要给老板留下一个好印象外，还得和同事处好关系。比如，我们曾提过，生产过程中的合作是否高效，直接关乎利普小公国的季节性制砖工队所有成员的利益（见第 225 页）。成员们一起吃住，一起休息，这不仅需要高效合作，还需要具备社交技能；简而言之，他们的一切都是共享的。每年工作季开始之前，工队都会根据个人声誉重新组合，最优秀的工人可以成为工队首领。[39]

　　这两个例子都表明，一个人进入集体的方式，会决定此人之后的人际关系。大多数在职者从未见过劳动力交易所或者商业招聘机构的内部情况，而有些人已经去过很多次；还有些人靠报纸刊登的广告找工作，而现在他们开始依靠社交媒体这一途径。[40] 事实上，从私人途径到匿名找寻，找工作的渠道有很多。以根特棉纺厂一名员工的儿子波尔·德维特（Pol de Witte）为例："1875 年的一个夜晚，波尔的父亲回到家，声称有个年轻的清扫工辞职了，以后他将让儿子跟他一起去工作。这样做有两个好处：一是节约了（给清扫工的）3 法郎工资；二是波尔能够学着如何工作。波尔当时 9 岁，在自己和母亲的强烈争取下，第二天早上就开始了工作。"[41] 在找工作或者获取学徒资格时，在入学（一般是职业学校）时，在公司之间跳槽时，或者在（大）公司内部晋升时，都可能会用到个人中介。内部晋升的情况涉及所谓的内部劳动力市场，这类市场不仅存在于铁路公司等大公司内，还存在于陆军、海军、教会等大型组织中。[42]

377

包括职业中介在内的一种比较公开的求职方式是专业网络，如行会、社团、工会和雇工组织。从本质上讲，商业和公共领域的就业服务，或者说劳动力交易所，都是不公开的。在 19 世纪的欧洲，行会的干预变少，被部分类似的组织所替代。比如，在法国中部和南部，约 20 万同胞开始了环法旅行，穿梭在提供调解服务的附属招待所之间，必要时还会乘坐交通工具。[43] 相似的机构也曾出现在德语世界，而且某种程度上来说如今仍然存在。到 20 世纪，公开的劳动力交易所变得越来越重要，主要是因为它在执行失业条款方面起到了关键作用。近几十年来，商事调解再次兴起。[44]

合作社工人是独立作出职业生涯选择的，而独立工人更依赖于他们的主管和老板。21 世纪初新德里的一家金属抛光厂里，想要在伙伴和老板间求得生存，必要社交技能是开玩笑，话题常常与"性"高度相关。

在这里……通过触摸、抓握和展示男人的"命根子"

来找乐子，既是一种羞辱也是一种互相娱乐的方式。每班结束后，几个员工挤在一个单人厕所或相邻的小厕所里洗澡，不仅要用公司提供的磨砂洗涤剂努力擦洗自己身上早已结块的灰尘和污垢，还要在狭小的空间里避免手指、肘部或者膝盖一不小心碰伤眼睛。洗澡时还要注意自己的内裤，要不然会被同伙扯掉，滑到膝盖位置，等那个倒霉蛋子把内裤提起来的时候，免不了会引起一番哄笑。[45]

工厂的工头们也会和他们动手动脚、嬉笑玩闹，而且对于那些为了利益提供同性恋服务的人，他们还会发表一些挑逗性言论。[46]这类行为可能是讨好上司和老板的一种极端方式，但显而易见的是，无论是正常工作还是像这样阿谀奉承，与上司维持良好关系都十分重要。

378

前文曾提到一个女孩，她名叫春明，在中国某工厂工作，她在很短时间内就明白了这个道理，虽然付出了一定代价，但也得到了晋升。[47]1996 年 3 月 26 日，她在日记中写道："这次晋升让我看尽了人生百态。有人鼓励我，有人羡慕我，有人恭喜我，有人祝福我，也有人嫉妒我，有的人甚至无法接受我的晋升……至于那些妒忌我的人……我只会将他们当成前进道路上的障碍，踢到一边，继续走自己的路。我以后会变得更加优秀，让他们嫉妒去吧！"美籍华裔记者张彤禾评论说："就像生物学家研究标本一样，春明深入研究了她工厂的高层。她观察到，人力资源部负责人在演讲的时候，会紧张得双手发抖。正值春节，她鼓起勇气对工厂的一名经理说了新年快乐，经理也热情地回应了她，还给了她一个包有 10 块钱的红包，而这名经理在此之前从未注意过她。"春明在日记中回忆道："这件事让我明白了有些人只是看起来难以亲近，你只需要让自己变得更加平易近人就可以了。"为了坐稳当前的职位，力求进一步晋升，春明还去参加了培训。事实上，学习是晋升必不可少的关键步骤。

按照惯例来说，成为一名优秀的工匠需要很多年的学徒生涯作为基础，虽然工厂工人无须如此，但稍有上进心的人会主动参加晚间培训。一些大公司注重员工队伍的稳定性，所以对高效的内部劳动力市场很感兴趣，也会开设培训课程。一些大型企业因此而闻名（这也能解释日本"工薪阶层"的现象），世界各地的某些政府部门，特别是武装部队也是如此。[48]20 世纪职业培训的总体趋势是扩大面向年轻人的通识教育和职业教育，并为大多数劳动者提供附带的定期培训机会。

与员工个体利益提升相对应的，是雇主的行为。就像员工选择老板一样，老板也会选择员工。有些工厂主一方面重视稳定可靠的劳动力，另一方面又心怀理想主义；一方面以利润最大化为目标，另一方面又相信可以在多方面提高工人福祉的同时取得成功。1873 年，荷兰制造商查尔斯·西奥多·斯托克（Charles Theodoor Stork）在交付他的第 100 台蒸汽机之际，邀请了 500—600 名员工来到代芬特尔的股票交易所。他们坐在长桌旁，每人面前摆放着盘子、玻璃杯以及半瓶酒，斯托克用当地方言，通俗易懂地宣讲着自己对劳动关系的看法：

（工厂主）靠钢笔和头脑工作，这比简单的手工劳动更难，他们经常担心你们不知道这一点。……有人认为（工厂主和工人）互相对立，这大错特错：在正常情况下，我们应该把彼此当作好朋友，工人应该相信工厂主……相信他是个好人，相信他把善良和体贴的工人看成他的同胞，看成上帝创造的人而不是机器。[49]

斯托克同时还清楚地说明，他为什么要按绩效来支付工资——这可并不是出于海牙政府的要求：

勤奋细心、懂得工作的人一定会得到回报。这条法则很好，适用于任何地方。尽管制定法律的绅士们都会聚在海牙，这条法则却不是在海牙制定的；它的制定者认为，勤劳和严谨远胜于懒惰和孤立。这是上帝的法则，所以它才如此优秀！

每个国家都有类似的例子（虽然程度不同，但是无一例外）。像斯托克这样经营家族企业而非股份公司的雇主，一般会给员工支付更高的薪酬，提供更干净的工作环境，还会为员工家属提供上学机会，给员工配备住房和公园。这类雇主努力避免社会冲突，也试图在社会上为自己树立良好的形象——他们不仅希望成为同行的榜样，甚至想要帮政府制定标准。正如荷兰钢铁制造商霍高文首任董事长道尔夫·凯斯勒（Dolf Kessler）所言："我们必须始终领先于立法者一步。"从某种程度上来说，印度塔塔钢铁公司也是如此。2007 年，该公司收购了霍高文。[50]

不过，工厂主和管理层的态度极易发生改变。[51] 在第二次世界大战后的卖方市场中，斯托克这类家长式管理者转变为训练有素的工程师管理团队，后者专注于生产力本身，因此，与工人及其组织建立起了良好的关系。通过产能过剩时期（1965—1990）的买方市场，当公司权力掌握在销售和市场经理手中时（后者倾向于将实际生产交给分包商），我们终于进入了企业经理以及财务领导通过品牌战略控制分销渠道的时代。管理者和劳动者之间的联系逐渐淡化，这一事实对于我们所讨论的话题来说十分重要。此外，在没有有组织劳工的力量制衡的情况下，财政累进税进一步削减，企业高管的薪酬水平飙升。[52] 很明显，工薪阶层个体的策略也必须从个人和集体两个角度进行改变（见下文）。

如果工人无法改善自己的处境，或者甚至无法防止情况恶化，他们就需要寻找一份新工作，得到一个新机会。这种劳动人员的流动被贴切地称为"个人主义罢工"（individualistic strike）。[53] 当然，这种"罢工"的成功概率取决于劳动力需求的总体趋势和具体情况。培训时间较短的临时工和普通劳动者的离职率最高——典型的例子发生在美国移民的鼎盛时期。到最后，雇佣劳动者的个人策略往往会演变成纯粹的防守策略。而对于个体劳动者群体来说，其必然结果是新企业不断增多，偶尔还会伴随着负债和破产。

因此，大约从 1840 年开始，地域和社会的流动性最为明显。城市化和国际移民就是最好的例子。[54] 拿破仑战争后，西欧迅速城市化；此后 50 年轮到俄国，然后是 20 世纪的亚洲。由于蒸汽运输大大降低了海上交通的成本，长期以来具有重大意义的国际移民急剧增加；随后，铁路的出现也对陆路运输产生了相似的影响。1840—1940 年，在这些发展的驱动下，巨大规模的人口流动数量一直在 4000 万与 5000 万之间，其中包括欧洲人口迁移至北美和南美，南亚等地的劳工人口流动至美洲、大洋洲、亚洲的糖业和其他热带种植园等。以上还不包括水手的迁徙，以及无数的殖民战争和其他战争引起的人口流动，特别是两次世界大战背景下的士兵迁徙。

从小农到工厂工人，从农村到城市，从一个大陆到另一个大陆——无论这些转变多么巨大且富有戏剧性，它都是逐步发生的，而非骤然转变（如前文所述巴赫蒂亚里牧民的情况）。举个例子，一个男人去另一个地方工作，一旦成功立足，他就会把他的妹妹和朋友等人一起带过去；或者一名工人先从农村移民到一个小镇里，然后再迁居到大城市去。甚至在俄国农奴及其后代中都有类似的例子。[55] 早在 18 世纪，为了逃避征兵，有些人会在一年的某个时间段去往城市工厂工作。1861 年废除农奴制后，去城市工作的模式几乎成为一种惯例。在俄国很多地区，当国家对土地进行再分配之后，城市工业和迁移劳动带来的额外收入变得至关重要。

上述各种各样的个体抉择，包括忠诚、呼吁和退出，其汇总之结果在很大程度上促进了过去几个世纪劳动关系的重大变化。典型案例包括人们放弃小农场或手工业企业到工厂工作，在当地或邻近的城镇或者海外工作——大多数情况下，这些选择都与地域流动和职业转变有关。过去两个世纪，由于雇佣劳动日益变得重要（主要是以牺牲小型独立企业为代价；见第 323—332

页），导致行动之能力、行动之集体形式，当然还有组织，都朝着雇佣劳动的方向发展。这与个体劳动者和雇佣劳动者的集体呼吁的出现有关。有鉴于此，我们可以将偶发性的集体行动，与互助会和工会等常设组织区分开来。

偶发性的集体行动

我们已经了解了前几个时期的几种主要的集体行动模式，包括不具有常设组织的雇佣劳动者集体罢工（这种罢工曾被错误地称为"自发的"，而我更倾向于用"偶发性的"来形容）、叛乱，以及其他形式的反抗，特别是由被奴役的人、工匠、店主或小贩发起的反抗。虽然某些行动已经不再重要，但是其形式并没有消失。首先，我们来更详细地了解一下除常设组织外的集体行动模式：破坏活动（sabotage）、集体退出（collective exit）、游行（charivari）、请愿（petitions）、消费者联合抵制（consumer boycotts），以及最重要的形式——罢工（strike）。[56] 除去其他因素的影响，从中选取何种特定形式（通常是两种形式结合起来）取决于当局的态度。当存在损害个人财产等违法行为，或者罢工被判定为违法时，保密往往是最重要的。[57] 纯粹的雇佣劳动者往往比个体劳动者更容易受到冲击，因为个体劳动者拥有自己的一小块土地，仍然保有额外的收入。

工业革命早期，机器席卷英法之时，破坏活动就已经出现（见第302页）。但就像集体退出一样，破坏活动首次出现的时间还要更早（见第152页，9世纪的津芝起义）。[58] 事实上，19世纪40年代，印度北部靠近鲁尔基的恒河运河工程雇佣的季节

382

性制砖工人就同时采取了上述两种反抗形式（以及其他形式），反对降低 12.5% 的计件工资。[59] 或许是基于区域和种姓纽带，超千名的制砖工人团结在一起，起初尝试的做法是集体退出。一名英国工程师显然对冲突的根源缺乏了解，他在报告中写道：

> 他们经常合伙停工整整一天，要不就是向我们勒索（比降低工资前）还要高的工资，所有与制砖相关的人员都非常不安。如果我们尝试强迫制模工人回去工作，或者哪怕是发现他们中一个人或几个人的工作质量、数量有问题，整个集体就会罢工，怎么劝诫也不听，只顾拿着模具走回营房。我很清楚地记得，在鲁尔基，他们一个星期内就有两次以这样的形式对抗我们。[60]

冲突发展到下一阶段时，由于新机器对制模工人的垄断地位造成了威胁，因此接连遭到了工人的破坏。工人们不断采取新手段试图扭转降薪局面，而当一切手段都无济于事时，鲁尔基公共工程部所在的茅草棚发生了火灾。工程师们确信这是纵火，但始终抓不到肇事者。其中一人说："我觉得他们之所以肆意破坏财物，是因为制模工人对目前的薪资不满……这种不满情绪很普遍，带头人积极参与这种暴行，发泄情绪；其他人要么赞成，要么放任，并不采取任何行动来阻止这种行为。"[61] 有趣的是，制模工人最终占了上风。指望将总生产成本降低 25% 的工程师们在短期内仅将成本降低了 16%，就像其中一名工程师总结的那样，降薪的代价是"无穷无尽的麻烦"。更重要的是，长期来看，工人不再经常使用制砖设备，反而又一次开始手工制砖，所以工资水平并没有下降。

公众以"游行"或是"骑驴"这两种方式来惩罚、羞辱破坏社会规则的人——最典型的是始乱终弃、让女子怀孕却反口不娶的男人，年龄相差极大的夫妇，或者殴打妻子的人；但有时候也会涉及劳资冲突。不受欢迎的老板和工贼有时也会受到以上两种方式的惩罚。不光彩的人被绑在柱子上，或被押着游行，或者被放在独轮车上，伴随着难听的"下流音乐"游街示众。[62]

对于政治上缺乏发言权的人来说，请愿可以被视为一种"安全阀"。不过，上层确实有可能对请愿者关心的问题给予重视，即使只是为了防止情况恶化。请愿是非民主社会中政府不可或缺的工具之一，但这种形式也有可能更长久地延续下去。此外，有关工作的无数争论，都是通过这种方式形成的（正如第五章所述）。[63]

消费者联合抵制通常用来表达对价格或政治问题的不满，例如种族隔离期间禁止从南非进口奥士鲜（Outspan）的橙子。[64] 抵制奥士鲜明显与劳工问题有关，"抵制"一词本身也是如此。这一词的实际应用时间要早得多，来源于爱尔兰梅奥郡的查尔斯·坎宁安·博伊考特上尉（Captain Charles Cunningham Boycott）。1880 年，他拒绝给佃户减租减息，最终佃户发起了暴力抗议。另一个使用这种方式来抗议的是伦敦东区的面包师们。

为了调整工作时间，改善工作环境，面包师们在 1904 年发起了罢工。一些雇主不得不满足他们的要求，这样才有资格在产品上贴上工会标签，而另一些则拒绝了他们的要求。负责采买的

384 女性对此次抵制产生了举足轻重的影响："罢工开始几天后，由于犹太妇女拒绝购买无工会标签的任何产品，就连小型面包店的师傅也在自己的产品上贴上了工会的标签。"杂货店通常会囤积面包，而女人们一般先买存货，然后再买一条长面包。杂货店堆积了太多无法售出的面包，只好立即更换了一家以面包师工会为后台的供应商。没过多久，雇主们就都接受了工会的要求。[65]

这是无组织的消费者支持工会罢工的一个成功案例。然而，与传统观点相反的是，古往今来的罢工往往不是由工会发起的。[66]我们在本书中已经举过一些例子（如宜佳浦尔火药制造厂的罢工，见第 219—220 页），此处不再赘述，只打算简要讨论一下罢工工人面临的一些关键性两难处境。工人通过罢工或者怠工，从而造成雇主的损失，以此试图迫使后者满足自己的要求。

排除非经济方面的要求，如因某些政治因素或某个国家的政治制度而抵制外国商品，罢工人员可能会离开工作场所，或者关闭为供应商和顾客服务的场所，占据工作场所做一些与工作无关的事情，比如静坐抗议。他们可以短时间内这样做（已经提前告知的轻度罢工），也可以将其当作目标长期坚持下去。他们可能会试图同时关闭一个企业或部门的所有机构，也可能在多个企业进行一系列连续的短期罢工（轮换罢工）。罢工期间工人没有工资，雇主也无法通过销售取得收入，最终结果如何，自然就要看二者耐力的比拼。历史上大量的罢工案例说明，这一结果具有不确定性。虽然就雇主个人来说比工人要富裕得多，但是工人可以团结起来，通过开启储蓄账户（筹集资金或成立罢工基金）等方式罢工，只要他们团结，就难以被轻松击溃。但团结可能就是最难做到的一步，特别是雇主会在警察的积极支持下设法挑拨离间。面对罢工纠察时，警察会保护雇主。

集体工作场所的兴起且不断发展，使得罢工的出现以及最终成功更有可能。苏格兰物理学家、《工厂哲学》（*The Philosophy of Manufactures*，1835）一书的作者安德鲁·尤尔（Andrew Ure）评论说，英国原始工业的纺织工人"分散在全国各地"，由于他们在工作和工资方面都是"彼此的竞争对手"，所以他们很少能"联合起来，因此对其雇主没有产生过任何影响"。[67]下列事实会证明他是错的。从 19 世纪下半叶开始，不仅工人开始集中起来，国家之间的经济联系也日益频繁，促使跨国斗争浪潮得以兴起。[68]两次世界大战后的几年里，这种浪潮十分明显；而在两次世界大战之间，以及在去殖民化运动期间，世界各地的其他罢工浪潮同样十分引人注目。正如我们所看到的，这些浪潮对工人的地位产生了巨大影响。

常设组织

1800 年开始，行会或类似行会的组织开始从大多数国家消失，但是过程非常缓慢，直到现在也并没有完全消失（比如医生这样的高精尖专业人才所属的一些封闭的国家组织）。[69]部分组织受到这些旧组织形式（见第 232—235 页）以及集体行动手段的启发，萌生出了新型组织，特别是合作社、互助会和工会。它们在特定时间、特定国家出现的可能性，很大程度上取决于建立此类组织的合法性。

互助会和合作社

互助并不是 19 世纪才出现的一种新现象。早在之前的五个
世纪里，手工业行会就制订了详尽的互助计划，为体面的葬礼、
疾病、养老或是其他的不幸做好经济上的准备。这种传统起初只
存在于大师傅中，后来，一些熟练工行会或类似组织也开始效
仿，特别是那些工人不容易成为个中翘楚的行当。

除了最常见的互助形式外，还有互助保险金或互助救济金，
轮流为有需要的成员提供帮助。[70] 关于所谓"轮会"（roscas，即
循环储蓄和信贷组织）的功能，1960 年来到毛里求斯的印度移
民留下了周期纪要，我们可以通过其中记载予以了解：

> 一个男人或女人将朋友和邻居聚集到一起。假设有 10
> 个人，每个人拿出 10 卢比，然后抽签，获胜者拿走全部
> 100 卢比（有时组织者会自动拿走第一张签）。接下来的
> 一个月，每个人都放入 10 卢比，这次由另一个人拿走全部
> 100 卢比；如此持续 10 个月，直到每个人都拿到过一次 100
> 卢比。[71]

另一种互助形式是在团体中分配福利，就像"啤酒工作派对"那
样（见第 327 页）。

无论是否货币化，大多数"轮会"都建立在信任的基础上，
与互助会和合作社相比，几乎不需要进行管理。加上工会对"轮
会"管得并不严格，所以这一互助形式和其他类似的形式在移民
中最受欢迎。互助保险需要长时间的沉淀发展，采用强制性会员

制的行会也是如此。虽然法律层面上职业工会无法强迫工人加入，但是富裕国家的工会却成功效仿了这一模式，直到福利部门接管了其大部分乃至全部职责。[72] 与之相似而规模较小的，是由管理层建立的互助基金，以及商业基金或医疗基金；它们彼此有可能成为竞争对手。特别值得注意的是互助会，它为私人贷款提供了一个很好的选择，让没有亲戚的穷人不再只有举债一途——在某些极端情况下，穷人可能会终身背负债务。

早在罗马帝国时期、中世纪以及近代早期，就有了关于互助会的记录；随着雇佣劳动的普及，互助会更是迅速传播开来。基于同一行业不同城市工人的成员资格，互助组织往往能将多种职能结合起来。除了互相提供保险外，这些组织还能增强社交与互相尊重的氛围，特别是为其成员举办葬礼时，所有成员都需着正装出席。经济层面，这些组织扮演着消费合作社的角色。利用请愿、不定期罢工来积极捍卫利益的做法已成趋势，因此很多人组成了工会——而当工会遭到禁止时，便用其他形式的组织来代替。值得注意的是，互助会从来没有被明令禁止过，即使只是因为它们减轻了救济贫困的压力。比如在英国，互助会一般被称为"友好组织"，早在1793年就得到了官方认可。相比之下，直到1867年，工会的前进道路仍然困难重重。

生产合作社是民主的、利益共享的组织，普通成员在管理层面前也拥有发言权。[73] 简而言之，生产合作社出现在19世纪中叶的手工业者中，以及佃农和普通农民中——后一种生产合作社的组织要严密得多，也因此更加成功。为了抗争、预防失业，或是为了废除中间商，手工业者可以共同购买原材料、工具或机器以及共同销售产品，以此实现集体生产而非个人生产。成功销售往往是此类生产合作社最困难的一步。尽管有着强烈的职业道德，摒弃了过高的利润，这种合作形式在多次尝试后，总体上仍然不是很成功。

而获得过成功的合作形式，至少对于西欧的小农来说，是共同购买生产资料，以及有能力通过合作银行获取低息的信贷。最著名的是 19 世纪社会改革家弗里德里希·威廉·赖夫艾森（Friedrich Wilhelm Raiffeisen）创立的银行，他对其自助形式进行了大力宣传。赖夫艾森的思想曾在欧洲大陆大部分地区甚至更远的地方广为流传。最初的方案是由成员共同出资，提供长期的低息贷款，然后发展到共同购买种子和化肥、共同经营资源，比如合作社成员共同使用机器，以及在作物价格最高的时期将商人排除在外，大家共同储存和销售农产品。

工 会

手工业行会捍卫本地特定贸易中的个体劳动者利益，互利协会旨在降低其成员（大多数情况下是工人）的个人风险，而工会通常是将希望提高工资水平、改善工作环境的工人联合起来。尽管存在差异，18、19 世纪的新兴工会仍从它们的前辈那里借鉴了很多战术、策略和形式。所有这些集体行动在很长一段时间内并行不悖，恰如其分地被称为劳工运动的"手工阶段"。[74] 20 世纪之前，只有西欧的极少数国家，其工会数量超过了前文所述的各种旧式组织。[75]

下文将讨论工会运作的法律框架（见第 398—400 页）。这里只需要记住，19 世纪后期大多数国家对工会采取允许的态度。

事实上，在被充分授予权利前，工会很有可能会采取非法行动，包括暴力在内。19 世纪 20—60 年代，曼斯彻特及其周边地区的制砖工人组织试图建立一个封闭的交易系统，以防止雇主在该地区之外出售砖块，特别是以低于常规的价格出售。他们的目的是迫使工厂雇佣工会成员，并为他们提供合理的计件工资；在某些情况下，还要在冬季无法制砖时向工人支付预付款，或者雇佣他们挖掘黏土。面对任何不打算遵守工会规则的雇主，工人都会用罢工抵制，如果罢工没有效果的话，还会采取暴力行动：针头和碎玻璃被藏在模型黏土中，青砖被打碎，车间被烧毁，工厂里的马匹被剃刀刀片挑断脚筋。正如工会成员所说，有时候还会有更糟的情况："雇主违反工会规则后，工会将派代表来警告他；如果雇主受到警告后依然我行我素，或者拒绝我们的要求的话，我们就会召开全体大会，在会上讨论这个事情，然后采取最终措施，那就是外人所说的非法途径。"[76] 有报道称，会议之后发生了伤人、投毒、夜间纵火、枪击等事件，甚至在 1862 年，一名警察被谋杀，随后官方抓到一名罪犯，对其进行了审判和处决。

　　工会也可能是由已有的工人组织演变而来的，因为越来越多的手工业者清楚地知道他们永远无法成为独立的主人，对于已经加入工厂的人来说更是如此。兰开郡的骡子纺纱厂雇佣并培训自己的工人，这就意味着他们控制了劳动力供应，因此尽早成立有效的工会就可以和雇主进行谈判，就详细的计件工资条款达成协议，在贸易低迷时提供临时工作，根据资历进行裁员，最后进行调解安排。[77] 但许多早期的工会也联合了一些独立小手工业者，比如荷兰社会主义工会运动初期的个体钻石工人。[78]

389

限制性立法废除后，工会规模得以扩张。在各地，其基础都是同一行业或分支机构的地方和超地方组织。1848 年之前的几十年里，工会和类似组织开始在西欧扩张。那一年前后发生的革命（不仅仅关乎劳工问题）大多以失败和劳工活动的停顿而告终。直到 40 年后，这些活动才重新兴起。[79] 与此同时，西欧进行了多次成功的尝试，组建了全国性的联合组织。它们首先是贸易组织，随后将所有经济部门的尽可能多的劳工联合起来。

同样在这一时期，有关劳动关系本质的观念开始成熟。此时出现了两个立场：第一个立场是由工会成员（主要是基督教成员）提出的，他们认为合作是发展的最好方式，只有在特殊情况下才有必要出现公开的冲突。[80] 第二个立场是由无政府主义者、工团主义者和社会主义者所倡导的，他们认为雇主以及其工人是两个不同的"阶级"，原则上利益相悖，因此阶级斗争是必要的。革命工团主义者甚至倡导通过持续的游击战来发动"阶级战争"，而社会主义者不仅组织工会，还组建政党，希望依靠国家来达成目标。投票权扩大到工人和小独立生产者后，渴望获得政治话语权的劳工运动有了更多机会。他们期望参加并赢得选举，以此获得权力。一旦掌权，他们就能够以民主的方式来改变劳动力市场规则，因此，他们称自己为社会民主党人。

对于雇主和工人之间利益冲突的本质存在不同的看法，因而不仅衍生了不同组织，还引发了组织间的激烈竞争。工联主义早期阶段，很难将同一行业有着不同意识形态的工人组织起来；但到后来，无论国内层面还是国际层面，像这样团结工人成为一条准则。相反，国家组织可以迫使地方组织露出本来面目。

第二次世界大战之前，无政府主义者和工团主义者工会发挥了重要作用，特别是在南欧和拉丁美洲。意识形态斗争和其他争议最终导致了工会的分裂。墨西哥这样一个自1910年革命以来劳工权利影响深远的国家，工人组织如雨后春笋般涌现。据统计，到1940年，纺织工人建立了425个工会，隶属于8个不同的全国联合会。[81]

随着冷战的进行，共产主义者和社会主义者工会也不断涌现，成为西方同行的主要竞争对手。社会主义者工会采取的策略借鉴了天主教和新教工会，这些策略在少数几个国家发挥着重要作用。社会民主党人将阶级斗争的信条转换成第二次世界大战后的"社会市场经济"（德国将其称为莱茵模式），使得这种借鉴成为可能。[82] 因此，像美国劳工联合会（AFL）这样的工会也逐渐不再涉政。

工联主义在全球范围内的发展和传播都是通过模仿而进行的；就像以前的行会、互助会和类似组织一样，移民，特别是其中的水手，在其间发挥着重要作用。这在白人殖民地中极为显著，热带殖民地也同样出现了这种情况，不仅因为工人在模仿其他地区的同行，也因为这种模仿是自上而下的。这可以是共产主义组织、社会主义组织、基督教组织、国家组织、国际组织和超国家组织的一腔传播热情（如下面讨论的社会主义国际和共产主义国际），也可以是受宗教启发而掀起的运动，比如天主教会和教皇的《四十年》通谕（*Quadragesimo Anno*，1931）及其前身。

工会采取各种策略和手段来达成目标，但其核心是有关工资和工作环境的集体谈判，旨在达成集体劳动协议。这需要大量的交涉手段，但是他们也知道，他们有作为最终手段的谈判工具——罢工作为威胁。一旦开始罢工，工会将其意志强加给雇主的能力，或是控制其旗下工人的能力，就将在罢工的威胁中接受最终检验。若工会能够以雇佣工会成员作为条件威胁雇主，我们就会称其为"封闭型工会"（closed shop）。[83] 事实上，这与手工业行会的做法一样。在 19 世纪的欧洲，以及更加晚近的英国，这种"封闭型工会"在技术高超的手工业从业者中特别受欢迎。

当然，工人的团结也激发了对手的团结，即雇主的团结。雇主们在传统意义上互为竞争对手，但在集体行动和工人联合反抗的压力下，他们现在开始团结起来进行谈判。此外，他们还向地方或国家政府施加压力，迫使政府在工人和雇主之间作出选择。广义来讲，很长一段时间里，政治家和雇主同属一个社会阶层，他们比工人更有可能实现自身目标。他们的策略之一是组织起以工厂和公司为基础的工会，与工人独立控制的工会展开竞争。

这些由雇主组织的工会称为黄色工会。更极端的是"黄狗合同"（yellow-dog contracts）的强制性签订，这种情况在两次世界大战期间的美国尤为普遍，随后几十年里，新政下的新安排促进了工会的蓬勃发展。与"封闭型工会"相反，"黄狗合同"要求"工人为就业作出承诺：就业期间不隶属工会，不能参加一些特定活动，如集体谈判、罢工等。否则，工会有权解雇违反规定者"。[84]

同样，在战后的日本和韩国，工会和雇主之间的激烈冲突屡见不鲜，雇主也建立了严密的自上而下的工会。韩国造船业的几名工会成员甚至在最后一次尝试赢得争端，并保住他们的独立工会无果后，选择了自杀。其中一人受雇于釜山韩进重工船厂，在 2003 年 6 月 11 日至 10 月 17 日期间，他登上距离地面 35 米的 85 号起重机表示抗议。他在遗书中写道：

> 管理层似乎想让他们的刀子见血。那好！我会如你们所愿，把自己当作祭品。但是我们急需从这场斗争中得到一个结果。……他们用查封、逮捕、控告、拘留、解雇等手段威胁工会成员，试图将我们的工会变成"傀儡工会"，将工人变成任人摆布的"玩偶"。如果我们不能通过现在的斗争来改变这种操纵劳动的政策，我们所有人都会跌入深渊。因此，无论发生什么，我们都必须坚持斗争，直到取得胜利。我对一直信赖我、和我并肩作战的同志们表示感谢，同时也感到抱歉。[85]

有些工会分别对应一个或多个当地工厂主，这些地方工会之间的合作衍生了全国联合会，其主要目的是在地区之间工资水平没有太大差异的情况下，在全国范围内进行集体谈判。[86] 这样一来，特定工人群体的工作环境和薪酬将被排除在竞争之外。下一步是企业层面的"社会所有权"，即共享经济权力，以及员工参与商业决策和策略制定，这在斯堪的纳维亚半岛和德国等福利国家的繁荣时期堪称典范。[87]

有些国家的工会发展得很好，并取得了成功；有些国家的工会则出于种种原因未能付诸实践。纵观过去两个世纪以来的上述各种谈判，可以发现前一种国家的雇佣劳动者比后一种国家的雇佣劳动者取得了好得多的谈判成果。对于国家内部的不同部门来说，情况也是这样，最典型的例子是印度。在印度，工会和集体谈判仅限于"正规部门"，只占所有雇佣劳动者的 7%—8%。这类部门的工资尤其是社会保障，要远高于"非正规"或"非组织化"的部门。[88]

两次世界大战后的罢工浪潮或多或少与工会化的成功完成，以及工会数量的剧增相吻合，这并不是偶然。尽管这种成功不会持续太久，但其程度是除 20 世纪 50—60 年代以外最高的一次。毫无疑问，在过去的半个世纪里，工会成员数量和工会密度一直在下降。造成这种情况的原因有很多，最主要的包括（在世界不同地区，不同经济部门和工业部门，以下顺序各有不同）：政治结构变化和全球化；工会人员的专门化导致与普通成员的疏离；与企业的联系脱节，最终工会成员丧失专业技能和传统；富裕国家从制造业向服务业的转变过程中，其劳动力不可避免地出现异质性（heterogeneity）和非正式性（casualization）（详见第423 页）。[89]

组织的成功必然导致全职带薪工会领导人及其工作人员的专门化，并进而导致更多隐藏的内部关系。特别是集体谈判可能引起领导者与普通成员之间的冲突。毕竟，雇主和工会双方都必须牢牢将其成员控制在手里，以确保他们在约定期限内遵守合同。普通成员对这些工会专职成员的不满可能会导致所谓的"野猫式罢工"（即未经工会批准的罢工），以达成更合心意的合同条款。[90]

导致富裕国家工会消亡的一个基本原因，就是工厂和矿山的关闭，以及它们随后向劳动力成本较低国家的转移。1969—1976 年，美国关闭了大约 10 万家制造工厂，失业人数达 2230 万。[91] 布鲁斯·斯普林斯汀（Bruce Springsteen）的歌里唱出了在美国的这种深深挫败感，例如 1984 年的《我的家乡》（*My Hometown*）中提到了一家纺织厂的倒闭；同样，伊万·麦科尔（Ewan MacColl）在 1960 年的《矿工的妻子》（*Miner's Wife*）中哀叹英国煤矿工人的处境。这些担忧对于如今北大西洋地区的政治仍具有重要影响。

当然，新的工作机会也不断涌现，但重点是，旧的工厂已被高度工会化，几代人的集体行动经验已慢慢消失——消失在绝望的坚持中，比如亚瑟·斯卡吉尔（Arthur Scargill）所在的全国矿工工会为反对关闭英国煤矿而进行的长达一年的罢工。其他国家的新工厂几乎需要从头开始学习如何处理雇佣工人和管理层之间的权力关系。此外，将工作外包给承包商会缩短雇佣工人的职业生涯，而他们原本可以在此期间获得工会组织的经验。

去工会化的另一个原因是自 20 世纪 60 年代开始，这些国家的劳动力的异质性不断增强。[92] 例如，美国的女性、移民，特别是非裔美国人，所进入的工作领域很大程度上都是由本土白人男性主导的。[93] 后者的工会总是时刻警惕着减薪，本能地对前者这些群体持怀疑态度，他们认为，这些群体应该对这些较差的工作环境感到知足。战前几年里，雇主倾向于利用移民进行罢工破坏，这一行为使得上述情况越发严重。这种对来自陌生文化的新移民的排斥同时也削弱了工会的力量。工会始终坚持根据资历制

394

定福利规则，这会让其长期成员很满意，但同时也疏远了年轻人和其他外来者。

这并不是说，移民、少数族裔或女性容易融入和积极参与。奥地利社会民主党人阿道夫·布劳恩（Adolf Braun）在1914年指出：

> 男性在固定的时间工作、休息，然而女性的工作时间往往是（甚至可以说必然是）无穷无尽的。当女性完成工厂的工作回到家时，会发现还有更多的工作在等着她们。她们通常需要照顾他人，包括清洁、洗衣、做饭，这不仅是为她们自己，还为了她们的丈夫和孩子，甚至还有转租者、房客等。……工厂到家往往会有一段很长的路，如果下班时间晚了，就要穿过光线昏暗的地方，这对于男性员工来说没有什么问题，但是对于女性来说就很麻烦。这就是为什么即便被招募为工会成员，女工们也往往比男性同行更难完全参与进去。[94]

当然，除了这些结构性因素，政治因素也很重要。关于工会化，各国之间存在巨大差异，这取决于政党性质以及它们与雇主组织和工人组织间的合作关系。政府中左翼政客的存在、工会对失业救济金的介入，以及可工会化的劳动力规模等，都会导致这些差异。1980年前后，瑞典、丹麦、芬兰的工会密度最大（达到80%或以上）。冰岛、比利时、爱尔兰、挪威、奥地利和澳大利亚的这一比例在50%—90%，而在英国、加拿大、意大利、瑞士、联邦德国、荷兰和日本只有20%—49%；美国和法国的比例最低，低于20%。有时一些更加特殊的情况可以解释这种国家差异。[95] 比如说，法国工人很容易在罢工期间退出，并在冲突激增时再次加入，所以成员人数波动很大。

这些数据还揭示了国家政策如何直接影响到工会的寿命。[96] 一些福利国家，比如斯堪的纳维亚半岛诸国，将关键的行政职能委托给了工会（尤其是失业救济金方面），所以这些国家的工会成员人数自然很多。其他大多数西欧国家的情况则并非如此，特别是因为其集体劳工协议下具有普遍约束力的协议并不利于吸引人员入会，所以工会成员数量要少得多。荷兰就是如此。该国普通成员和高级忠诚成员都可以从工会提供的颇具吸引力的条件中获取相同利益。正如我们所看到的那样，近几十年来，分包、临时代理和工资总支出激增，使得工会里的工作比在1850—1980年主导整个行业的传统工厂中的工作要困难得多。

如果国家对工会进行打压，情况则会更糟，成员人数会更少。无论过去还是现在，独裁政权禁止一切独立意义上的工会。另一种现象就是工会完全由国家掌控，以社团主义的方式（即国家强制雇主和工人合作）存在，就像法西斯意大利和纳粹德国那样。最近，拉丁美洲、欧洲和阿拉伯国家的军政府废除了工会，将其领导人和活跃成员关进了监狱，或建立由国家严格控制的组织来对抗工会。在新的中央集权主义的领导下，这些假工会（也称"黄色工会"）也可以发挥文化作用，但它们无法履行其共同决定劳动关系的基本独立职能。[97]

除了像其他国家一样存在大量结构性因素外，种族隔离、

396 检查浪潮、对抗和镇压直接导致了美国工会成员偏少。[98] 工联主义在美国起源较早，由经验丰富的移民和 19 世纪末成功的劳工骑士团（成立于 1869 年，在农民、店主和劳工之间宣传合作社）推动。雇主通常与民事当局密切合作，采取紧急反对措施，包括法律行动、间谍活动、暴力和恐怖行为。1982 年在霍姆斯特德的卡内基钢铁厂进行的罢工反响最为恶劣，该工厂由亨利·克莱·弗里克（Henry Clay Frick）管理，他向平克顿国家侦查局的 300 名武装安全人员求助，但是失败了，后来又转而向宾夕法尼亚民兵组织的 8000 名民兵求助。这些民兵在那里停留了 95 天，加上反对罢工者的支持，弗里克最终取得了胜利。工人反抗的例子还有很多，特别是第一次世界大战到 20 世纪 30 年代，当时《瓦格纳法案》（Wagner Act，1935）颁布，扩大了工会的权利。其中许多成就受到 1947 年《塔夫脱—哈特莱法案》（Taft–Hartley Act）的限制，接着又受到麦卡锡主义的限制。因此，这场运动原本应该声势浩大，但最终不得不沦为技术工人领导的、局限于车间内部的小打小闹。

这不是工会国际主义历史重演的地方，但有一个特殊的方面除外，那就是工会国际主义对劳工立法产生了影响，从而影响到了跨国甚至全球的劳动条件。人们早已尝试过许多类似的合作形式，但最成功的无疑是 1919 年成立的国际劳工组织（ILO）。[99] 该组织基于工人间跨国和国际合作的悠久传统，始于连接城镇的熟练工组织，比如法国的手工业行会和德国的流浪工人协会。19 世纪，其他组织形式再次出现在跨境的移民工人，如水手之中（均见第 237—240 页）。这种合作旨在防止其他国家的罢工者入境（如 1901—1904 年，罢工者成功地穿越了西班牙加利西亚和葡萄牙北部之间的边境），并且减少不同国家同一行业工人之间的竞争。这种合作可能显得过于保守，但是这些接触也给他们提供了相互学习的机会，至少在不同国家的工人为同一家跨国公司工作时是这样。比如，20 世纪 90 年代，国际金属工人联合会（IMF）储存了 500 多家此类公司的档案。[100]

许多"国际组织"或许都很有名气，但是从鼓舞参与者士气到有组织的革命，它们的效力却千差万别。在总部位于伦敦的"万国民主联谊会"（Democratic Friends of All Nations，1844—1848/1853）等早期组织成立之后，第一国际（国际工人协会，1864—1876）诞生了，但规模仍然很小。第二国际在世界不同地区的成员更多，而且持续时间也更长。但是这一组织内部不仅在意识形态上（社会主义者与无政府主义者）有差异，在实际问题上也存在分歧，就像 1904 年和 1907 年代表大会上讨论国际劳工移民时显现出来的那样。尽管有着国际大团结的崇高理想，但是在白人移民殖民地成功建立的工会和工党还是完全反对"非白人"的自由移民。更广泛地说，直到 20 世纪，劳工运动中对殖民人口的种族歧视普遍存在，甚至在该运动倡导非殖民化后也没有改变。[101] 但是，在 1914 年那个决定命运的夏天，欧洲不同国家的劳工组织之间的团结似乎也比先前所预期的更加流于表面。

工会和政治党派在"国际组织"中合作，但在 1903 年，北大西洋社会主义者作为主要领头人建立了一个独立的全国工会联合会秘书处（Secretariat of National Trade Union Confederations）。

397

1913 年，该组织更名为国际工会联合会（International Federation of Trade Unions，IFTU），1949 年由国际自由工会联合会（International Confederation of Free Trade Unions，ICFTU）接管，能够与类似的工团主义团体相媲美。

无论是联合来自某一特定部门的工会，还是联合具有相同意识形态的所有类型组织，这些国际组织的目的都是试图影响公众舆论，一些组织甚至直接向政府发声。第一次世界大战后成立的国际联盟（以及它后来的继任者联合国）就作出了这种尝试，并立即成为世界的焦点。国际劳工组织于 1919 年作为《凡尔赛和约》（Versailles Treaty）的一部分正式成立，该和约宣布"和平只能建立在社会正义的基础上"。对此有所帮助的是，一些主要的政治家确信，国际工会运动对于他们避开"苏俄的阴影"来说很有用。[102] 相反，在其成立仅一个月后，国际劳工组织就利用《华盛顿公约》（Washington Convention），试图通过外交手段（和工会不同，国际劳工组织不能将罢工作为衡量的杠杆）说服成员国通过有关劳工标准的立法，比如说工业上保持每天 8 小时、每周 48 小时的工作制。[103] 其主要成就包括反对奴隶劳动和奴隶贸易。

398

工作和国家

受劳动关系和参与者策略的重大转变的影响，社会性质在过去两个世纪中发生了巨大变化。上述参与者既包括个人，也包括集体；既包括自发参与，也包括通过常设性组织参与。工作逐渐从家庭转移到公共领域，因此需要制定越来越多的规则来约束行为，还必须不断调整与工作相关的法律法规。[104] 各民族国家以牺牲地方的权力为代价，占据了主导地位，最终还参与制定了国际和超国家协议（比如反对奴隶贸易和奴隶制的废奴运动）。其部分原因是民族国家的法律体系开始出现，还有部分原因是这些国家的民主化。由于国家法律和地方法律之间的巨大差异在实践中开始显现，从而导致局部和整体之间无法协调。

在这种巨大的变化中，有两种传统引人注目：盎格鲁－撒克逊传统，以及欧洲大陆传统。在盎格鲁－撒克逊传统中，对现在仍然相关的两种法规进行了区分，一种是基于 1349 年的英国成文法，由政府和大众决定；另一种是更为重要的习惯法，由法官基于法理学确立（可追溯到 16 世纪晚期）。[105] 而在欧洲大陆，各国在法国大革命之后系统性地编撰了法律，取代了曾经的地方法规以及为这些法规服务的法院（至高无上的宪法之外，还包括单独的法典，如民法典、刑法典、商业法典、劳动法典、军法典等）。在这方面，英国殖民地最初追随英国本土的传统，但到后来，包括美国、澳大利亚在内的一些国家越来越多地将英国模式与欧洲大陆的法典模式结合起来。对于自雇的诉讼当事人、雇佣劳动者（包括个人和集体）、雇主及其各自的法律顾问（如大型工会设立的法律部门）来说，上述所有法规的实践当然都十分重要。

然而，在过去的两个世纪，我们可能会看到北大西洋地区及其分支地区掀起的巨大浪潮；19 世纪上半叶，旧的体制和组织（家庭、庄园、行会等）越来越多地倾向于放松管制和去组织化形式，此后一个世纪又发展为重新管制和组织重组，最后到

20 世纪末以降，进入了另一个放松管制和非组织化的时期。[106]

2008 年金融危机，再加上新冠疫情的影响，都使得钟摆现在可能正朝着相反的方向摆动。

　　顺便一提，在研究去组织化发展时，需要将家庭作为观察对象，但在这方面我们找不到任何 19 世纪晚期以来的记录。作为核心的工作单位，家庭最终不可更改地丧失了活力。这一切对于家庭内部劳动、个体劳动者和雇佣劳动者有何影响？正如第六章所指出的那样，雇佣劳动者的重要性日渐超过了家庭内部劳动者和个体劳动者，并获得迄今为止最多的关注。既然我们已经简要讨论过关于非自由劳动的立法，那此处姑且略过不谈。

　　最初，劳动关系出现在家庭内部，也就是户主、他的伴侣（通常情况下）与其他成人和儿童之间的关系（如果有奴隶的话还包括奴隶），这些关系现在慢慢地被纳入公共法律法规。在童工问题上尤为明显。国家能否接管责任，从而接管父亲（以及通过父亲接管母亲的）在家庭中的合法职权？显然，这在 19 世纪实践起来是非常困难的。在 1877—1878 年关于童工保护性立法的争论中，一名比利时议会议员坚决持反对意见：

> 　　工人也是父亲……毫无疑问，国家为了公众利益可以监管某些职业，比如说医药类职业；国家可以保护以昆虫为食的鸟类，确保它们不被猎杀；也可以保护家畜，确保它们不会被虐待。但是，有一类存在属于不可侵犯的私人领域，是国家所不能触碰的——那就是通过灵魂和我们紧密联结在一起的存在，那就是我们的孩子。[107]

然而，到了世纪之交时，相关舆论显然开始倾向于支持保护性立法。不过丈夫对他的妻子及其劳动和收入的权力限制，还需要多花近一个世纪的时间来改变。

同时，大家普遍同意的观点是，教育可以帮助个人发展，也有利于整个国家的经济发展。[108] 19 世纪美国初等教育的成功提高了劳动生产率，就是一个很好的例子。当然，来自旧大陆的移民年轻而有抱负，我们不能低估他们带来的影响，但直到 1900 年前后，英国以及后来的法国和德国才达到与美国相当的生产力水平。由于两次世界大战带来的毁灭性破坏，直到 20 世纪 60 年代，法国和德国才得以赶超英国。到 20 世纪 80 年代，法德两国已经超过了美国的劳动生产率；美国纵有通用、福特和克莱斯勒这样的大企业，仍落于法德之后。

教育是这些发展的关键因素。到 1945 年前后，美国已初步实现中等教育的普及，随后在高等教育方面也取得了巨大进展。但是由于美国对于优质大学进行私有化管理，因此这些大学的门槛很高，导致日本的全民教育水平很快超越了美国。美国的中小学教育倡导适度多样性（英国也是如此，只是程度较轻），以至于自 20 世纪八九十年代以来，捐赠资金充足的私立教育和捐赠资金较少的公立高等教育之间产生了巨大的鸿沟。

由于日本的教育体系普及全民，重点放在培养通识技能，所以日本能够孕育出一种不同于美国的管理模式。日本企业能够信任而且愿意信任他们的车间工人，让他们来发现并立即解决生产车间存在的问题。据加拿大经济学家威廉·拉扎尼克

（William Lazonick）的说法，美国管理者倾向于将车间熟练工人的判断视为一种威胁，而他们的日本同行却很乐意相信他们。出于上述原因，再加上极少的移民人数，很大程度上就能够解释日本的"工薪阶层"现象：正式工人终身就业，全身心投入在出口行业取得成功的公司。日本的劳动法适配于这一模式。但是，这里我们必须补充一点：正如英国只有成年男性在纺织厂获得成功，而将女性和儿童排除在外，日本的女性也在很大程度上只能充当"次要劳动力"。[109]

几个世纪以来，政府一直对商业行为进行监管，积累了丰富的经验，所以在这几个世纪里，个体劳动者发生的变化要小得多。一些国家逐渐消除了行会垄断现象，另一些国家则突然废除了行会垄断。所以，个体在市场上平等地订立合同、自由竞争等愿景似乎已经实现。但是，事情没有那么简单，想想那些在分配时经常被忽略的小农吧。特别是在土地租赁、营业场所租赁和防止高利贷方面，仍有很多事情需要做。[110]

我们在此不再深入讨论这个问题，而是再次集中讨论变化最大的一类群体：雇佣劳动者。从历史上来看，我们可以将雇佣劳动者的变化分为三个阶段：首先，1800 年前后，组织秩序的崩塌有利于最纯粹的市场运作，从而提高劳动合同的地位；其次，在 19 世纪，劳动者试图将这种劳动合同的运作方式变得更加公平，以获得结社和集会的权利，并最终获得罢工的权利（见第 404 页）；最后，国家开始与雇主与雇员合作，发挥的作用越来越积极，特别是在 20 世纪福利国家的出现——也包括 20 世纪末以来的局部倒退。

市场取代社团主义

法国大革命宣布每个成年男性公民都是自由而平等的，试图将个人从庄园和团体所施加的束缚中解放出来。[111]《阿拉德法令》（d'Allarde）在 1791 年 3 月废除了行会对职业的垄断："工作的能力是人类的首要权利之一。毫无疑问，这项权利是人类的一项财产……是首要的也是最神圣的财产，它不能被任何裁决所剥夺。"然而，印刷商、木匠和蹄铁匠紧接着开始利用他们新的政治集会和结社自由权，共同抵制减薪。勒·霞不列哀（Le Chapelier）（支持《阿拉德法令》的下院议员）承认需要更高工资来保证真正的自由，同时，他还激进地主张严禁设立任何联盟，包括工人和雇主组成的联盟："由工人组成的联盟目的在于提高工作工资，而那些由企业家组成的联盟则希望降低（上述工资）。"他对自己自相矛盾的观点作了如下解释：

虽然所有公民都应享有集会的权利，但是，从事某种职业的公民为了他们所谓的共同利益而聚集在一起，这种行为不应被允许。国家不是一个公司，只剩每个人的个人利益和集体利益。任何人都不能作为调解人或利用集体精神来疏远国家和公民之间的关系……我们必须重新设立劳动者个人对劳动时间的自由约定原则；每个劳动者有责任履行与雇主之间的协议。[112]

402

19 世纪的盎格鲁 – 撒克逊传统虽然并非基于法国大革命的原则，却也试图将雇主和雇员的关系简化成合同规定的纯粹合作关系，即两个人在有限时间内相互提供服务和报酬。用 1875 年英国法官乔治·杰赛尔爵士（Sir George Jessel）的话来说，具体就是："成年并具备完全理解能力的人……自由且自愿地签订……合同。"[113]

三十年后，纽约州立法规定了面包师的最长工作时间，围绕这一立法是否超出了宪法赋予的权力，美国最高法院法官佩卡姆（Peckham）进行了裁决，以类似的方式阐述了同样的原则。他认为，国家干预必须严格限制在"公众的安全、健康、道德和一般福祉"之内。

> 面包是否干净卫生，并不取决于面包师是否每天仅工作 10 个小时，或每周仅工作 60 个小时。……根据我们的判断，面包师在面包店工作的小时数，与他所制作面包的安全性和质量之间，事实上基本不存在联系。……无可辩驳的是，面包师这一阶层在智力上和能力上与从事其他行业或体力劳动的人是不平等的，或者说，没有国家的保护，对他们的独立判断和行动进行干预，他们就无法维护自己的权利，无法照顾好自己。国家绝不是他们的监护人。[114]

争取公平的市场环境

实际上，工薪阶层和雇主在现实中是完全不平等的，尤其是出于一些严格的形式原因——至少在很长一段时间内的盎格鲁－撒克逊传统中是如此。在英国，直到 1867 年，工人（而不是雇主！）仍然会因违反合同而面临刑事处罚，这严重阻碍了工会集体行动的发展，比如 1844 年英国北部煤场爆发的大罢工。

> 拉德克里夫煤矿（Radcliffe Colliery，位于诺森伯兰郡） 403
> 的代理商哄骗 32 名康沃尔郡的矿工取代老矿工，以 4 先令
> 的日薪雇佣他们一年。……4 周之后，支付给他们的钱仅为
> 每桶煤 4 便士，结果除 4 人外，其他人都潜逃了。……为了
> 逮捕逃跑的康沃尔人，警方提供了 50 英镑的悬赏。纽卡斯
> 尔警方抓获了其中 4 人，安排一队警力将他们一起带到了安
> 布尔。
>
> 这些可怜的家伙从星期一晚上开始一直被关在一起，
> 直到……星期二晚上，他们试图逃跑（并获得了成功）。……
> 其他潜逃的人被北希尔兹警察部队逮捕，后者派遣了一艘
> 配备警察部队和特警的蒸汽船把他们送去阿尔恩茅斯，最
> 后抵达阿尼克，让他们在地方法官面前认罪。[115]

尽管有此类阻碍的存在，英国工业中心的纺织工会还是设法和雇主达成了特殊协议，就好像各种法律不存在似的。

与英国形成对比的是，《法国民法典》（Code Civil）的第 1781 条并没有设立任何有关违反合同的刑事处罚，但是与此同时，雇主的话应被视为真相，且工人不能在任何法庭听证会上传唤证人。[116] 另外，法国工人（效仿许多欧洲大陆的工人）也比英吉利海峡对岸的工人们享有更多的自由权。在英国，收入不高

的债务人会遭到严厉的指控，被关进专门的债务人监狱，或被流放到北美或者后来的澳大利亚（见第 321 页）；[117] 相比之下，法国和许多大陆国家将债务视为商业问题，而不是刑事犯罪。

工人手册（livret ouvrier，简写为 livret）是一种强制性的个人工作证件，在 1749 年的旧制度下推出，上面列出了历任雇主的资料，后又于 1803 年重新启用，并被赋予了新的功能（相关法令于 1890 年被废除）。一方面，市长们开始负责工人手册的运送和登记，没有工人手册的工人将被视为流浪者，从而遭到逮捕并被判刑。另一方面，"旧的普通法允许雇主通过施加经济压力来留住负债的工人（现在是以工人手册的形式进行），允许债务在雇主之间流转。……也就是说，新雇主要从劳动者未来的工资中扣除部分金额来偿还前雇主，最高可达 1/8"。这一制度运行情况相当好，劳资调解委员会（conseils de prud'hommes，即劳资法庭）的成功调解就是很好的例证。[118]

尽管 19 世纪上半叶法国的仲裁和调解取得了成功，但纯粹的市场体系则被证明是站不住脚的——即使不考虑盎格鲁 – 撒克逊人对违约施加的有失公平的刑事制裁，也不影响上述结论。根据著名语言学家雅各布·格林和威廉·格林兄弟（Jacob and Wilhelm Grimm）编撰的德语词典，当强制贸易（Gewerbefrechheit）开始之时，自由贸易（Gewerbefreiheit）便已结束。[119] 这种自由贸易的敏感性在 19 世纪中叶有所增加，当时人们越来越不相信仲裁和调解的作用，英国尤其如此——参见手工业者和工人在英国宪章运动中扮演的角色，以及在 1848 年法国和德国革命中扮演的角色。人们的目光开始聚焦于工人组建联盟的权利，以便通过不断尝试集体行动（包括罢工）来提高自己的谈判能力。

从 19 世纪下半叶开始，越来越多国家的工人逐渐获得了参加工会的合法权利。过去，从法律层面上讲，这只有在少数国家能够实现，比如英国（虽然在行动上有着很严格的限制）。[120] 尽管 1799—1800 年的《结社法》（Combination Acts）宣传了调解和仲裁，并将劳工行动定为犯罪，但工人们仍可以和平地结社以提高工资，改善工作条件。1825 年，这些关于组织的规定被废除。但直到 1867 年，工人仍然会因违反合同而面临刑事处罚，这严重阻碍了工会的集体行动。法国允许手工业行会的存在，并在 19 世纪 60 年代默许大量工会的存在，但是直到 1884 年才将工会合法化。[121] 许多欧洲国家纷纷效仿这些原则。19 世纪，人们几乎花了整个世纪的时间来确保在各地建立工会的合法权利，允许工会采取集体行动，并废除了源自英国或法国的，那些令人不满的立法。

英国、法国和大多数其他欧洲国家一致承认了工会的权利，但并非所有国家都是如此。例如在美国，宪法规定的建立组织权，与佩卡姆法官一派持续不断地作出的、有敌意的法院裁决之间，就存在着紧张对立的关系；那可谓历史上一段非常混乱的时期。基于美国宪法第一修正案和第十三修正案，罗斯福总统于 1935 年颁布了联邦《国家劳动关系法》（National Labor Relations Act，也称为《瓦格纳法案》），但即便如此，也没能使上述紧张关系得到缓和。[122] 不出所料，欧洲人在殖民地实施这一权利法案的时间要比在本土晚得多。[123] 而在许多政治体制不同的国家，工会仍被禁止或被政府完全接管，以确保权力的完全掌控。

国家对劳动力市场越发关注

19 世纪下半叶开始，国家在再规约和再组织这一过程中扮演着越来越重要的角色，也成为独立的立法者和执法者。事实上，长期以来，国家一直扮演着雇主的角色，特别是对于士兵、水手和公务员而言；随着企业的国有化，尤其是共产主义国家废除生产资料私有制之后，这一角色的重要性日益增加。在福利国家，税收急剧增加，部分税收用于支持大批公务员来完成新赋予的任务。[124] 公务员这些新角色本质上是为了对抗劳动力市场上的假定平等，也可能蕴含着各种复杂交织的政治因素：从防御性保守主义（比如德国的俾斯麦以及教皇倡议），到社会民主共识，再到工人权利占主导地位的激进尝试。

就形式和领域而言，我们发现国家通过延续和扩展曾经的仲裁和调解方式来进行干预，比如，美国和英国是当事方自愿接受仲裁，加拿大、澳大利亚和新西兰则强制进行仲裁。[125] 另外，国家也会考虑保护那些没有能力捍卫自己利益的人，先是妇女儿童，然后是所有的工人，这体现在大量的工厂法案，和与之相伴的国家视察团。在这一领域，我们已经可以将其称为一场国际运动。人们不断尝试和模仿最成功的案例（当然是根据政治信仰来定义何谓成功），其中著名的例子就是日本的《工厂法》（Factory Act，1911）和中国的《工会条例》（Labour Union Law，1924）。[126] 这里有一个需要重点关注的地方，即这类法案将哪些工人包括在内，又将哪些工人排除在外。印度就是一个典型的例子。在印度，绝大多数雇佣劳动者按照规定属于非正规部门，根本不受国家保护。

此外，20世纪，国家取代了传统的地方当局，直接提高民生福祉，特别是提高雇佣劳动者的福祉。国家渐渐开始通过劳动立法来管理劳动者，这比通过差别化税收和贫困救济而实施的收入政策还要影响深远。

福利国家尝试过的解决办法有哪些？社会主义被西方国家看作极其危险的东西，为了寻找社会主义的替代品，所有的工业化国家都试图对工厂的安全和工作时间进行某种形式上的监管。国家对保险的干预同样重要。正如我们所看到的那样，发生冲突时，特殊法院有时候也会提供调解。下一阶段是国家干预劳动力市场仲裁、确定最低工资标准，最后制定失业条例，以及救济穷人。[127]

下文中，我将重点介绍一些重要的工人保险形式，特别是在第一次世界大战前那些针对工伤、疾病和失业的保险。工人保险有两类，分别是在英国和德国发展起来的，并在世界范围内得到了传播。[128]

针对工伤、疾病和失业的保险计划：两种模式

英国长期以来的基本对策是加强"自助"，特别是以互助保险形式开展的自助，大多数由友好协会组织、独立于雇主而设立，为因疾病和事故而暂时丧失工作能力的情况做准备。国家试图要求这些协会进行注册，以此提高它们的服务质量。相比之下，普鲁士各州以及1871年成立的德意志帝国也依赖自助，但

将其转变为强制性的、付费的，并由国家控制的保险。德国人这样做的理由是，虽然德国也实施了自由贸易（打破行会垄断，从而允许自由移民进入城镇，当然实施时间比英国晚得多），但是他们觉得有必要接管移民的部分社会保障条款。首先，更宽泛地说，1842 年新颁布的普鲁士穷人法适用于所有定期受雇的普鲁士居民，包括仆人、雇工和手工业者。其次，更具体地说，1845 年普鲁士的《工商管理条例》（Gewerbeordnung）授权地方当局，再次强加要求于当地特定行业技工基金。另外，1845—1865 年，普鲁士垄断了采矿业，并从 16 世纪开始一直强制性保持矿工的会员资格，由矿主和工人共同出资成立伤残保险。这样的立法为国家进一步推行强制性保险开创了先例。英国和德国在工伤保险和疾病保险方面的做法对比起来非常有趣，[129] 但是我们姑且将这些对比放到一边，先来集中讨论失业保险。

失业救济和就业中介

在行会和互助会的各项规定中，失业保险是最古老，但也最困难的一个方面（至少就有限的一段历史时期来说是如此）。[130] 之所以困难，是因为倘若成员来自同一行业，组织内所有成员都可能同时受到失业威胁。在更复杂的组织中也是这样，贸易的周期低迷将使任何体制都陷入无法克服的困境中。因此，即使这些规定存在，也会受到很多限制。通常情况下，此类规定在设立一段时间后才能生效，而且只是短期内有效。还有一种选择是救济穷人，但主要是让暂时失业（因此不失"体面"）的人员参与有用的工作，特别是公共工程。用英国大臣约瑟夫·张伯伦

（Joseph Chamberlain）在 1886 年的话来说："通过提供合理的低薪工作，我们就可以严格控制流浪汉和贫民。"[131] 但在一些地方，将公共工程作为解决方案遇到了许多阻碍。

在比较 19 世纪晚期德国和英国的国家社会政策时，我们再一次发现了重要差异。在德国，只有少数城镇存在失业保险，而在英国，1911 年颁布的《国家保险法》（National Insurance Act）中就包含了强制性的失业保险。问题再次出现：为什么两个成功的现代化工业国家存在如此巨大的差异？

1911 年英国的解决方案强制要求，正规就业者应为失业率高的行业（主要是建筑业）支付每周补助（其中工人分摊 38%，雇主分摊 38%，政府分摊 24%）。该补助在失业后一周开始发放，每年最多发放 15 周，罢工造成的失业除外。另外，国家会补贴工会的自发失业保险。第一次世界大战后，长期的大规模就业使得这一政策在 1921 年扩大到所有部门，并将固定费率的福利转变为包括家属津贴在内的福利。

像大多数欧洲国家一样，德国盛行所谓的根特体制——也就是说，国家只会向当地工会提供地方补贴。接受此类补贴的工会必须严格将它们的失业基金和一般基金（一般基金可用于补贴成员在罢工期间的损失）分离开来。德国的本土劳动力交易传统要比英国古老得多，1869—1900 年，劳动力交易所不受政府管控，但为了提高透明度，必须持许可证运行。随着越来越多的工会将失业救济金纳入一揽子计划，它们也试图占据部分就业中介市场。1903 年，非营利性中介占此类中介的 30%。当然，私人雇主掌控下的就业中介会为雇主提供许多方便，将劳工激进分子和其他重点工人列入黑名单。

1904—1905 年，德国共有 216 个公共的劳动力交易所，而英国只有 21 个。劳动力交易所在德国取得成功的部分原因是工会采用失业保险，从 1911 年起按照根特体制进行补贴。补贴由地方政府执行，部分资金来自慈善捐款，但是越来越多地来源于公共手段，使得福利在规定的最长天数内提高了 50%。劳动力交易所由雇主和工人代表平等管理，让工人能够判断失业情况是否真正出于自愿。事实上，管理层的组成对那些熟练的劳动者更为有利，原因是他们的工会在运营失业保险基金方面更加成功。同样，这有助于他们将特定分支的工人团结在一起。政治层面上，德国城镇对根特体制的接受标志着德国福利政策的根本性变化，说明政府已接受工会作为"监管社会问题的合法参与者"。[132]

然而，由于预先考虑了社会主义者、工会和工会支持者的力量，使得地方政府相信补贴工人的失业基金是一个好主意，所以这些劳动力交易所只涉及少数德国城镇和城市劳动力。根特体制在比利时就是这种情况。但是在德国大多数城镇，大部分政治家并不赞同工人组织。所以英国的方案更为成功，由于"有组织的劳动工人有效地融入了英国政治体系"。[133] 德国的情况则有所不同，劳动力加入工会的比例远远小于英国。

福利国家的兴起

迄今为止我们讨论的所有措施和立法，往好了说，只能视作改善甚至是优化市场运作的手段；往坏了说，则只是那些本质上并不公正的制度的权宜之计。那些赞成后一种解释的人试图通过摆脱（大企业的）雇主来消除市场或者消除大部分市场。然而，在共产主义国家——生老病死以及其他人生中可能存在的问题仍然存在，保险仍然是最优解，虽然不是工人自愿或被迫支付的，而是由一般税收提供资金来源。

早在福利国家这一概念出现之前，其他国家就以实际行动为其迫切需要作好了准备，它们直接雇佣的带薪工人越来越多。在施行征兵制之前，许多国家仍在训练职业军队，以获得必要的管理技能。执行征兵制也需要大量的官僚和管理技能。19、20世纪，民族国家（包括殖民地）的管理人员的工作不断增加，这也再一次证实了上述说法。

上述社会立法并不仅仅是集体行动的结果，也是个人投票产生的结果。[134]随着选举权和投票权不断普及，国家被迫不断地、密切地介入公民（不再是臣民）的工作情况，此外还很重视提供良好的工作条件和可观的收入。各国都向自己的公民承诺会成为最好的福利国家。这一承诺在世界大战期间以及战后尤其重要：为了回报公民为国家作出的巨大牺牲，国家将相应地确保公民的命运最终会得到改善——这样一来，所有的苦难才是值得的。

大多数工薪阶层选民的共同期望，以及民选官员对他们作出的种种承诺构成了主宰20世纪的紧张政治局势，迫使人数较少的雇主扮演起了游说者的角色，这也是他们天然会去积极扮演的角色。在第一次世界大战之前，强大的德国工业家中央协会（Central Association of German Industrialists，以钢铁集团为基础）就预感到了即将来临的浪潮。在1911年关于白领独立保险的法律颁布之后，该协会的主要成员亚历山大·蒂尔（Alexander

410

Tille）评论道：

> 这是一项立法措施，既不是基于贫困，也不是出于维护国家实力的考虑。它只是所谓社会政策的一个方面，即对选民的愿望进行考虑，并表达出对他们的关心。每当某一特定群体希望生活得更舒适时，政府就会制定相应的法律来满足他们，这在德国一旦成为惯例，用不了多久，我们就会成为社会主义国家。[135]

他的预言会比他想象的或担忧的时间实现得更早，但正如历史一次次证明的那样，对于他的组织和其他雇主组织在议会民主中表现出来的韧性，他的态度过于悲观了。

大多数国家从未宣称自己是福利国家，但是也没有否认过。有一个例外，就是那些从一开始就承诺建立理想国度的政党，虽然没有使用这一精确的术语。俄国革命及其模仿者就是最好的例子，当然还有社团主义政权，特别是在两次世界大战期间。这些政权认为议会民主是多余的，它们更重视为所有人实现更高的幸福和福祉。

不过，议会民主并不是凭空产生的。19世纪新兴的民族主义越来越重视人民的劳动，并希望将其用于国家建设。后来，越来越多的人关注到其执行情况。日本有一个很好的例子。1911年出现了一本为年轻女纺织工人编写的简单教科书《工厂女孩读本》（Factory Girls'Reader），其中有一篇关于"为国家而工作"的文章，很是关键。

　　各位，你们对国家最大的忠诚就是每天从早到晚尽其所能地工作，如果不工作，无所事事地待在家里，日本就会变得越来越穷。为了国家努力工作吧，让日本变成世界上最伟大的国家。无论年龄多大，相信你们每一个人都不想成为父母的负担，让父母不得不一直劳动。……为了家庭，为了国家，全身心投入工作中去吧。[136]

　　第一次世界大战首次增强了人们选择议会民主的意愿，以保证收入和其他福利——议会民主在那时才完全成熟，并非巧合。议会民主不再是一种补救办法，或在极端情况下防止社会动乱的措施，而是所有致力于拯救国家的人都具有的、一种普遍的权利（事实上，这里是指所有劳动者，特别是雇佣劳动者和个体劳动者的权利）。哪怕只是为了预防大规模失业这一最大的威胁，国家也应该对受薪工人付出关怀——短期来看，大规模失业会诱发示威活动，以及最坏情况下对商店的抢劫；长远来看，则是选举中的粗暴手段，以及执政党的更迭。

　　正如我们所见，战争前夕，核心工业国家已经通过立法。不同国家无论在执行层面有着多大的差异，总的趋势仍是在地方以及全国范围内统一福利政策管理，这样做不仅是为了与极端贫困作斗争，还是为了越来越多地设立强制性保险，特别是依靠工资的工人的保险（后来成为积极的劳动政策）。这样做的先决条件是发现失业现象。这在现在听起来可能会很奇怪，但直到19世纪90年代人们才开始使用"失业"一词。1891年法国人口普查并没有规定要将某人登记为失业者，直到 1896 年的人口普查才首次这样登记。到现在，法国政府已经明确地区分了自愿失业者（65 岁及以上的人精力不再充沛，因此不属于失业者）和真正失业者。[137]

统计学家认为失业是一种结构性现象，这种认识起源于 19世纪的最后几十年，那个时候人们发现了贸易周期的规律性。这一发现体现在 1909 年的《英国皇家委员会关于〈伊丽莎白贫民法〉的少数派报告》（Minority Report of British Royal Commission on the Poor Laws）中。传统意义上，这类报告的关注点在于临时性失业，但上述报告则提议放弃备受憎恨的地方救济计划。最重要的是，上述报告提出了替代方案：取代传统的救济计划，对中央政府部门承包的工作进行反周期调整。对从事此类工程的劳动者，应当给予正常工资标准的奖励。报告还提出在经济萧条时期向游资借款，为这些工程提供资金，并在繁荣时期偿还。[138]

第一次世界大战结束了漫长的 19 世纪，也结束了无休止的、有关穷人和失业者的官方和非官方报告，开启了一个更加活跃的新时期。战争期间产生这一重大变化的两个原因显而易见：第一，国家对包括劳动力市场在内的国民经济进行的大规模干预（也付出了各种代价，其中之一是牺牲了雇主的积极性）；[139] 第二，为了抚慰战争的创伤，并应对广泛存在的革命威胁，而必须认真对待工人群体对社会保障的要求。

当各国政府发现第一次世界大战并不只是几场战役，无法轻易结束时，便只好日益竭尽所能，动员国内的一切资源，其中也包括劳动力市场。大部分劳动力被迫投入军队服役，并就此一去不回。大约 1600 万人在战争中死亡或失踪，另外有 2000 万人受伤。为了满足更高的生产目标，越来越多的人，特别是女性（见第 337—378 页）被吸引甚至被迫进入劳动力市场，尤其是军工行业。

停战后的革命时期，政府开始宣布其公民享有从事有偿工作的权利，这与 1848 年法国革命者的旧主张相呼应。作为德国的第一部民主宪法，1919 年 8 月的《魏玛宪法》（Weimarer Verfassung）在第 163 条中规定："每个德国人都应得到机会，通过有偿劳动来养活自己；而当合适的岗位无法被提供时，此人之基本需求则应得到满足。"[140] 不过，争取自身权利的工人不仅局限于战败国。1919 年 3 月，因为担心失业（尤其是退伍军人的失业）带来的后果，英国的劳合·乔治（Lloyd George）内阁拒绝恢复金本位制（于 1914 年被废除）。在英国历史上，失业问题第一次在政治上凌驾于英国银行和财政部的意见之上。正如我们所见，许多国家会同时推出强制性的国家失业保险和国家组织的劳动力交易。1911 年尝试将两者合并后，英国在 1921 年引入了与劳动力交易相关的，几乎已经普及的强制性失业计划，从而成为首个引入该计划的国家。瑞典等其他国家建立了双重制度，由政府处理失业保险，雇主和工会则合作进行劳工调解。

20 世纪 30 年代的大萧条再一次加剧了关于如何引导劳动力市场的争论。德国坚持政治至上，英国则强调重视市场的作用。1909 年的《少数派报告》和威廉·贝弗里奇（William Beveridge）的新书《失业：工业问题》（*Unemployment: A Problem of Industry*, 1930）提供了今天被广泛接受的理论。贝弗里奇也和凯恩斯进行

413

了交流，指出失业只不过是劳动力市场供需匹配的经济问题。[141]
这些思想发展的结果就是 20 世纪 30 年代的自由派政府再次放弃
了黄金，实施了汇率政策。这些政策除了有利于保护主义外，还
有利于提高竞争力，从而增加就业机会。这一政策还促进了劳动
力交易和"国家公共事业"的反周期工作。最重要的是，它为那
些从事周期性贸易的人提供了国家层面的保险——可以缓解失业
状况，不过无法完全解决失业问题。

　　大多数中欧、东欧和南欧国家采取了不同的措施，更倾向
于政治优先于经济。德国给出的答案是国家完全垄断劳动力市场
监督：在希特勒上台的前几年，德国不再将普及劳动权利当成出
发点，而是把普及工作义务当作出发点。事实上，鉴于新形势，
强有力的市场政治甚至是独裁措施已被广泛接受。在 1934 年的
日内瓦会议上，国际劳工组织总干事哈罗德·巴特勒（Harold
Butler）认为，毫无疑问，意大利、美国、苏联和德国一同走在
经济建设的最前沿。他赞扬了意大利"在建立组织制度方面取得
的进步，该制度摆脱了基于个人主义的经济理论"。当时，意大
利工业领域的失业率比 1929 年高出 2.5 倍，所以巴特勒的论述
格外引人注目。意大利法西斯主义者的大多数政策并不是与时俱
进的。然而，他们在国际上得到了半官方的认可，这表明大萧条
对全球劳工政策的意识形态影响有多深。[142]

　　对于 20 世纪 30 年代已经高度中央集权的国家，以及英国等
其他国家来说，第二次世界大战标志着政府对经济的干预迅速扩
张和加强，甚至更甚于第一次世界大战。伦敦新实施了一项财政
政策，不仅旨在为战争提供资金，还试图通过降低个人预算来对

抗通货膨胀（通货膨胀是第一次世界大战遗留的巨大问题）。这种革命性的凯恩斯主义国家预算和国民账户一体化将在战后几十年持续下去。自1942年起，劳动和国民服务部（Ministry of Labour and National Service）组织了全面的人力规划。财政部失去了其核心作用，这表现在政府官僚机构中经济学家数量的激增，以及人们对理性智力的日益信任（将其视为解决社会问题的一种方式）上。这在战后的重建过程中也有所体现。像贝弗里奇和凯恩斯这样的自由主义者变得比保守党和工党更加重要。他们希望在不损害个人财产的前提下改革现有的经济体系。

1944年的《就业政策白皮书》（White Paper on Employment Policy）将摩擦性失业、结构性失业和一般失业区分开来，并呼吁"高质量且稳定"的就业。同年，贝弗里奇出版了名为《自由社会中的充分就业》（*Full Employment in a Free Society*）的作品。他主张，即使私人投资将继续下去，但是政府的规划需在公共部门规划中发挥更强有力的作用。这些思想不仅深刻地影响了英国的政论，而且影响了整个欧洲的政治活动。由于两大社会政治制度之间的竞争加剧，西欧各国政府比第一次世界大战后更加确信，必须通过社会和经济的根本性改革来回应工人们的要求。

值得注意的是，随着冷战在20世纪50年代初露势头，经济增长速度超乎预料，福利国家成为西欧的常态——达到了人们见惯不惊的程度。学术见解和政治意愿相结合，似乎得出了"创造"理想社会的最佳方案。凯恩斯主义的经济政策带来了普遍的乐观情绪，迈克尔·斯图尔特（Michael Stewart）在他的《凯恩斯及凯恩斯之后》（*Keynes and After*）一书中对这种情绪有所描述。这本广为流传的企鹅袖珍读本首次出版于 1969 年，后被多次重印并翻译为多种语言。斯图尔特这名威尔逊工党政府的高级顾问高兴地宣布：

> 第二次世界大战后，大规模失业自此结束，再未出现。尽管在 1945 年流传着一些可怕的预测，但英国现在已经享受充分就业三十余年。产生这种巨大转变的因素多种多样，但其中最重要的一点是：1936 年，约翰·梅纳德·凯恩斯（John Maynard Keynes）出版了《就业、利息和货币通论》（*The General Theory of Employment*）一书。[143]

这一时期的特点还包括对于国际协定的重视。欧洲各国政府认为国际协定对于福利国家的成功至关重要。有观点称只有这种协定才能防止一个国家被另一个国家卷入危机，造成不可预见的后果。英国在 20 世纪 40 年代末 50 年代初尤其重视此类协定，特别是以联合国经济及社会理事会（ECOSOC）为媒介所达成的协定。但是大部分协定因为美国的反对而作废。最后，在国际贸易组织（ITO）胎死腹中，布雷顿森林协定昙花一现之后，关税及贸易总协定（GATT）成为唯一遗留下来的此类协定。这与 20 世纪 40 年代的凯恩斯主义理想相去甚远。

在 20 世纪 70 年代及之后的世界经济危机期间，福利国家遭受了巨大的挑战。在继续讲述福利国家的故事之前，让我们将目光暂时转向苏联的福利制度，以及它与西方国家的福利制度之间存在的竞争。正如我们之前简要介绍过的一样，这种竞争同时存在于欧洲和世界其他地区。[144]

苏联是第一个采取彻底措施以确保其劳动人口获得公正收入的国家。[145]通过削减雇主的利润，接受法国大革命的平等思想，苏联试图在地球上建立一个工人的天堂。但是现实情况却有所不同。事实上，至少在 20 世纪 50 年代之前，苏联仍然是农业社会国家，且大多数时间处于恶劣气候之下。当然，加拿大的情况也与此相似。但不同的是，1914—1945 年，两次世界大战和一场旷日持久的内战给苏联带来了巨大的灾难。苏联领导层很清楚地认识到了这一点，因此号召群众耐心等待——在进入真正的共产主义天堂（即共产主义式的福利国家）之前，"社会主义"的过渡期是必要的。

在社会主义过渡期，薪资差异仍然是克服低生产力和低工业化等经济问题所必需的劳动激励措施。这涉及马克思在 1875 年《哥达纲领批判》（*Critique of the Gotha Programme*）中所写的内容。他认为，在这一阶段商品仍然稀缺，人们需要额外的激励来为最终目标奋斗。这个最终目标就是实现共产主义——不仅要实现物质的极大丰富，而且最终还要实现从按劳分配到按需分配的转变。列宁在《哥达纲领批判》第一版（1890—1891）的页边空白处写下了一句宣言："不劳动者不得食。"斯大林完全持相同意见，直截了当地将工会的平等主义称为"小资产阶级"（这种平等主义可以追溯到革命之前，直到 20 世纪 30 年代初的"大清洗"运动发起前仍十分强大）。到了 20 世纪六七十年代，苏联的学院派经济学家开始宣称，"过度平等"将会威胁到作为社会主义社会主要目标的共产主义建设。[146]

416

正如 1918—1977 年颁布的几部宪法所宣称的那样，共产主义理想和福利权利之间的限制，[147] 以及该国在极端不利的情况下革命性地转变为现代工业国家的事实，决定了苏联作为福利国家的独特性。为了满足人民需求，苏联对免费服务进行了区分，特别是在 7 岁至 17—18 岁这一年龄段的教育（加上部分幼儿园、大学的学费减免及补贴）。此外，还区分了医疗保健以及其余商品和服务的补贴价格。

为了让人们能够买得起食物、付得起房租等，国家作为生产资料的所有者，原则上需处理所有生产的商品和服务，将资金流入特定群体，包括养老金、救济金（但 1930 年后取消了失业津贴）、生育津贴、儿童津贴等，当然还有现金工资。20 世纪50 年代和 60 年代，人们表达了将更多的商品从按能力支付转为"按需分配"的希望。1961 年苏共通过的新纲领，也就是赫鲁晓夫对福利国家的设想，宣称共产主义将在食物、住房、城市交通和工厂食堂等领域得到实施，但实际未能实现。[148]

当时的改革认为农民应该自己照顾自己，因为他们现在是集体农场的成员。至于其余人（主要是在充分就业条件下的国家雇员），只有工伤事故和 1941 年以来的战争受害者才需要残疾抚恤金。其他需要帮助的人都是懒惰的人，他们游手好闲，不愿去工作。直到 20 世纪 60 年代，很大一部分人口生活在贫困中，人们才意识到这种制度是无法维持下去的。1965 年的 2.3 亿总人口中，至少有 5000 万国家雇员和雇员家属，再加上 3000 万集体农庄成员，其生活水准都处于贫困线以下。[149]

这一事实表明，即使实际人均收入可能在 1965—1990 年翻了一番，但是苏联作为福利国家仍遭遇了巨大失败。[150] 幸好苏联人民富有创造力，情况还不算特别糟糕。人们以所谓极具创造性的方式，将家里的祖母视为不可或缺的中心，利用规则来改善家庭层面的生活状况。[151] 这是蓬勃发展的巴布什卡（babushka，即俄语"祖母"）式家庭福利，作为对不完善的国家福利的补偿。因此，20 世纪 70 年代和 80 年代社会政策实施失败后，人们普遍怀疑国家是在强撑门面。所以，除了各种限制外，包括在中央市场的基础上引入市场在内的改革也就不足为奇了。

俄国革命推动了共产主义和资本主义世界观之间的竞争。双方不仅试图通过经济和政治手段推翻对方，而且它们在物质上的成功也发挥了作用，从福利制度中就可以看出来。在莫斯科的共产国际的指引下，全世界的共产党开始宣传"真正存在的社会主义"的优点。在 1936 年新宪法颁布时，斯大林曾向世界宣告："苏联的工人阶级是完全新的、摆脱了剥削的工人阶级，这样的工人阶级是人类历史上还从来没有过的。"[152]

两次世界大战期间，这种竞争在西方列强的殖民地尤为明显。在那里，殖民者的福利主张直到最近才有所体现，总体上还不算太成功。因此，即使是当时对开明殖民主义持最乐观态度的支持者，也不得不承认他们在这些方面的无能，而苏联此时拥有免费的教育和医疗，共产主义者完全可以引以为傲。

战后共产主义向东延伸到了中国，向西延伸到东欧、中欧和巴尔干半岛，各地都扬起了共产主义的风帆，包括世界上仍存在顽固殖民者的地区。不同福利政策的宣传在冷战中发挥了关键作用。[153] 正如战前一样，共产主义者承诺提供免费的教育和医疗（尽管负增长人口表明这些承诺的实施效果并非很好）以及工作权利，还很早就缩小了教育中的性别差距和社会不平等。比起安哥拉、莫桑比克或者越南，卡斯特罗领导下的古巴是海外最好的例子。

西方的福利国家观念也具有很大的吸引力。西方对紧缩措施的悲观情绪使其经常遗忘这一点。在20世纪八九十年代的民主化浪潮中，很多军事独裁和其他独裁政权消亡，同时民众运动改善了工资状况，生存安全更有保障。[154] 我们从阿根廷和巴西的例子就能看出这一点，这一时期的韩国也是如此。韩国四十年的威权统治随着民众运动而迎来尾声，1996—1997年的大罢工起了决定性作用。在民主和再分配的双重需求下，社会福利工作者及其工会和改革派精英共同合作，不断努力。[155]

随后迅速掀起的新自由主义市场改革造成了反弹，特别是1997年的亚洲金融危机和2008年的全球银行业危机，在这一背景下，很多成就依然得以幸存。韩国从1997年开始实行的全民社会保险计划已被蚕食殆尽，特别是在养老金领域；但值得骄傲的是，韩国国家医疗保健计划保留了下来。21世纪初，巴西和阿根廷的福利收益受到的影响最大。

陷入困境的福利国家

最先开始实施福利制度的国家，受到的危害也最为严重。1985年，撒切尔夫人的保守党政府发表了《就业：国家面临的挑战》（Employment: The Challenge for the Nation）白皮书，其核心信息是：政府的任务只是为私营企业创造出蓬勃发展的环境。

它与 1944 年白皮书的主要区别在于政府拒绝承担提供福利的责任，其唯一任务就是"为国家的努力制定框架"。[156] 这一版的白皮书认为政府不应像 1944 年时那样，把重点放在需求方面，而应通过培训青年人、宣传更好的管理制度和工资调整机制，以及实施更广泛、更宽松的管制方案，将注意力集中在劳动力供应方面。

从 1944 年版白皮书到 1985 年版白皮书，其国际视野方面的变化是惊人的。1985 年，人们不再讨论国际合作，只谈论国家政策："国外发生的事情完全被视为外部因素，不受政府控制。"可以说这反映了英国在过去四十年里国际影响力的不断下降，但同时也映射出一个事实："人们认为英国成功行动的范围大大缩减，几乎到了快要消失的程度。"

北大西洋地区所有国家都明显具有放松管制，以及不再自诩为福利国家的趋势。尽管如此，英国、美国和欧洲大陆之间仍然存在巨大的差异。早在里根时代之前很久，美国拥有特权的白人男性工作者和其他工薪阶层之间的区别就已经很显著。1960 年，美国公共知识分子保罗·古德曼（Paul Goodman）以其独特而又充满挑衅的方式，将"被排斥在社会之外"的美国贫穷劳动者（黑人、波多黎各人、墨西哥人以及移民农场劳工）与工厂工人进行了对比。

> 数量庞大的保守者、怪人、罪犯、天才、严肃者、男人和女人、食利者、自由职业者群体……这些群体的成员以各种方式在组织里徘徊——经营专卖店、尝试教学或提供其

他专业服务、抢劫银行、从事景观园艺等——但他们会发现很难适应，因为他们不懂得获得核准的技巧——自我推销、搞到基金会赠款、寻求官方工会的保护、合法挪用公款、对真相闭口不言、不分场合地露出哭泣和微笑表情，等等各种技巧。[157]

与西欧相比，美国的收入差距要大得多，而且随着生产力的提高，差距还在不断拉大——美国联邦最低工资的下调就能证实这一点。20世纪五六十年代，美国收入差距仍是世界最大；不过在20世纪七八十年代之后，上述差距减小了30%。[158]

欧洲国家在某种程度上采取了"莱茵经济模式"（Rhine Economic Model）[159]，反对里根和撒切尔的新自由主义模式——这是两种思路的对抗：是社会公平优先，还是效率优先？是妥协以达成合作共识，还是竞争和对抗？是追求长期稳定性，还是追求活力与变化，注重短期结果？归根结底，是将政府视为一个难于相处却非常重要的合作伙伴，政府和经济主体相辅相成，还是要求政府保持低调，与经济保持一定距离？值得注意的是，1989年民主德国和联邦德国合并之后的德国尽管遭遇了各种巨大困难，却坚持采用"莱茵经济模式"。而在欧洲之外，我们也不能简单地以过于悲观的口吻谈论福利国家的消亡；韩国就是高福利的例子。中国，甚至还有最近一段时间的印度，同样值得我们予以特别关注。

这并不意味着欧洲大陆没有发生任何变化。在2008年金融危机之后，显然欧洲的福利国家已经失去了部分可以吹嘘的资本。正如法国经济学家托马斯·皮凯蒂一针见血指出的那样，最后的结果是社会不平等的加剧。他还指出国民收入中用于劳动方面的比例也有所下降。[160] 需要明确的是，这主要是因为收入差距的扩大，而不是底层收入的不景气，特别是对于过去四十年的薪酬水平来说。虽然手机和其他电子设备随处可见，但皮凯蒂坚信，至少有一半的最低收入家庭的实际可支配收入在这些年里几乎没有增长，尤其是在美国——尽管欧洲大陆的劳动生产率，以及英国和美国的劳动生产率都在（不出所料地）迅速提高。[161] 这种不平等现象加剧的背后，可能隐藏着一个更重要的现象：北大西洋地区社会流动性的停滞。在 20 世纪上半叶，这些地区的工人们早已习惯了一代又一代不断提高生活水平，但很明显，这种流动性放缓了。对于很多地区，比如美国的"铁锈带"来说，最近几十年这种流动性已经完全消失。长远来看，许多工人和小独立生产者都对改善自己和后代的生活水平失去了希望。

　　我们已多次指出，在 1980 年之后，以英国和美国为首的大多数国家采取了截然不同的社会经济政策。在民主国家，这种政策也充分获得了选民的支持，特别是因为雇佣工人背弃了各种社会民主党派（英国的工党、美国的民主党等）。根据皮凯蒂的说法，由于工人阶级不再给社会主义、共产主义和社会民主党派投票，直接造成了"教育分裂局面的逆转"，又恰逢战后几十年教育机会显著增加和社会流动性增强："教育条件较差的群体开始相信，左翼政党现在更偏向于受过教育的新优势阶级及其子女，而不是背景平平的人。"比如在法国，"设法成功进入大学（特别是获得更高级的大学学位）的（工人阶级的）后代们，恰好就是那些继续投票给左翼政党的人，其投票频率与 1956 年受教育程度较低的选民相同"。而且，正如他所指出的，这种情况不仅发生在法国。[162]

国家内部收入不平等这一现象已经加剧，成为一种全球现象。与此同时，世界不同地区在经济上的巨大差距正在缩小，这首先应归功于中国的迅速发展，其次还有印度最近的发展——虽然二者拥有完全不同的政治制度。

***

我们已经见证了 1500—1800 年雇佣劳动的发展，这种劳动形式是农民的主要额外收入来源，这些农民生活在为数不多，且通常规模仍然较小的城镇之外。1800 年之后，雇佣劳动逐渐成为唯一的收入来源——目前对于全球大多数人口来说均是如此。雇佣劳动的出现在多个方面影响着我们看待工作的方式，以及我们作为劳动者，在个人、集体和政治框架内尝试捍卫自身利益的方式。

最初，雇佣劳动导向了男性养家糊口的意识形态，这种意识形态直到最近才有所减弱，以便将所有工作者囊括在内。除了种族隔离和由内至外的思维，我们还看到了在世界范围内出现的横向合作、工作自豪感、公平劳动关系等规范，比如作为主流的蒂尔的观点，还有更为极端的，拉法格和马列维奇的立场。也请千万不要忘记我们在本章中谈到的所有集体行动的例子。最后，请再回顾一下作为劳工组织和联合国之基石的原则，无论这些原则执行起来有多么困难。

工业化、效率和雇佣劳动之间的紧密联系，也使得工作时 422
间和休闲时间之间的平衡发生了倾斜。在更早之前的时代，除了
睡觉时间，人们其他大部分时间都必须花在工作上；而在 20 世
纪，休闲和教育取代了工作的地位。需要注意的是，在"全球北
方"（Global North），这一运动在几十年前就已经停止；但是在
"全球南方"（Global South），特别是最近几十年的中国，这一运
动方兴未艾。如果以家庭为单位进行分析，在"全球北方"我们
可以发现夫妻共同工作的时间再次增加；然而，他们的实际时薪
似乎已经停止增长几十年之久。在 20 世纪五六十年代，伴随着
福利平等分配的经济增长已经结束。[163]

为了维持开销，每个家庭（主要是在北大西洋地区及其分
支地区）都将更多时间花在工作上，但随之也付出了代价——
毫无疑问，我们对环境造成了有害的影响，付出了包括气候变
化在内的代价（这一主题超出了本书的讨论范围，姑且不谈）。
稍显夸张地说，越来越多的人没有足够的时间来将自己的工资
花出去。借用杰里米·里夫金（Jeremy Rifkin）的说法：尽管第
一次、第二次以及第三次工业革命已经过去，但工作的有用性
（the availability of jobs）并没有降低。

雇佣劳动者捍卫自己利益的方式与个体劳动者不同，后者
直到今天仍然主要依靠家庭的力量。除了个人策略外（其中地域
和社会流动性特别重要），雇佣劳动者还进一步发展出所谓的集
体抗争形式，首先便是工联主义；从历史上来看，可能还有更多
类型的集体行动和组织。个人策略和集体策略之间的平衡仍处于
变化之中。第一次世界大战后，工联主义一度取得成功；第二次

世界大战后其成功度更高。然而到了今天，这种类型的组织却显然陷入了困境。

传统集体行动的成功使得世界范围内出现了许多不同形式的福利国家，其共同点在于国家作为劳动仲裁者和福利提供者，发挥越来越大的作用。这已成为民主进程不可或缺的一部分。

但是，这些福利国家发挥了多大的作用，持续了多长时间，又产生了什么影响呢？以上问题，以及从长期角度对工作性质的总体反思，将是作为本书结尾的"展望"一章的主题。

展　望

艺术家法朗士·麦绥莱勒（Frans Masereel）

以绘画形式对一位实业家的观点

"世界要继续存在，就必须多生产少说话"

作出的回应（1919）

423　　　这部深刻的、跨越时间和空间的工作史来到了尾声，多个问题随之浮现，其中之一便是：本书是否告诉了我们今后将如何组织和开展工作？历史能否告诉我们，为了更好地支配我们共同的未来，我们需要做些什么？当然，我们可以划分出一般路径。例如在过去的几个世纪，我们先后经历了"大转型"（机械化的蒸汽动力导致农业在工业化国家的重要性不断下降）、"第二次大转型"（从 1970 年前后开始，服务业领先于制造业，同时国家放松了对市场的控制），以及当前所处的"自动化转型"等分水岭，才来到了今天。[1] 但是，如果我们回顾整个工作史，尤其是基于富裕国家过去几个世纪的经验，就有足够的理由对简单的断层线表示怀疑。不过，我们还是可以总结出四个关键要素，并在本书的叙述轨迹中将它们清晰地呈现出来。

424　　　首先，我对过于简单的预测基本上持保留态度，因为事实证明，本书所描述的所有主要发展总是会引起意想不到的反应。出现并不意味着不会消失——只需要想一想，公元前 500—公元 500 年，西欧和印度的市场经济是如何运行了 1000 年，却又突然消失了 500 年甚至更久。另一个例子是市场经济中非自由劳动力的兴衰再起。尽管奴隶制在 19 世纪被废除并受到了严厉批判，《凡尔赛和约》也确立了劳动人民的基本权利，但就在不久之前，很多国家又倒退回了非自由的劳动形式。家庭主妇向劳动力市场的进军也多次中断，人们对福利国家理想的接受程度也出现了波动。近几十年来，特别是在富裕国家，薪酬和工作保障停滞不前（可归纳为弹性化和不稳定化等概念）也可以算作一种反应。[2] 不然政府也不会在最近新冠疫情暴发后，为企业和工人提供大规模凯恩斯主义式的国家援助。在此之前，这似乎是不可想象的。

其次，从目前的例子来看，这些反应的性质和激烈程度并不容易预测；至少，不像工资大幅降低会引发罢工那么容易预测。例如，一百年前劳工运动便已兴起并达到顶峰，但今天的人们在采取集体行动来改善工作条件方面仍未取得成功。而这一切发生的同时，国家内部最富有的居民和其他人口之间的贫富差距几十年来一直在扩大和加深。预期的"经典"社会逆向运动并未如期而至，这种社会不平等的加剧似乎是新出现的，除非我们相信两次世界大战之间的"本土主义"（通常被称为民粹主义）排斥运动所提供的情感补偿与今天的运动之间存在确切且因此无法消除的相似之处。

再次，在数字化的影响下，过去几十年里，各国之间的繁荣水平和消费模式在全球范围内出现了前所未有的趋同，工作报酬也出现了类似的趋同。简而言之，中国人过上了更好的日子，而欧洲人和美国人（尤其是白人男性）必须接受生活水平的停滞甚至倒退。在真正全球化的世界中，这是一个新的细节，历史上没有过类似的情况。此外，我们也看到逆向运动的重新出现：由于北大西洋地区的自动化和劳动力成本上升而产生的"离岸"（将生产转移到低工资国家）趋势，如今再次出现了转向，特别是在中国，此即所谓"回流"。反过来，中国也没有坐以待毙，现在正认真追求工厂自动化。这对一个正处于老龄化边缘的国家来说并不奇怪，毕竟有日本和韩国在前。[3]

最后（这一点当然也并非不重要），对于大多数国家来说，全球化意味着国家层面的民主决策受到侵蚀。资本正在退出民族国家内部商定的游戏规则。不过，非正式经济活动正在兴起，它同样会吸收劳动人口——我们可以为非正式经济活动给出如下定义："在社会层面合法的（这一点与犯罪经济不同）有偿工作，并出于税收、社会保障和/或劳动法目的，而未向当局申报、注册，或向当局隐瞒。"在资本取消国家契约的地方，劳动获得的收益令人心酸。在欧盟，私营部门的劳动力总投入中约有 10% 来自非正式部门，占总增加值（GVA）的 14.3%（这一占比从波兰、罗马尼亚和立陶宛的 25% 到德国的 7% 不等）。欧洲以外的情况甚至更引人注目，根据对 36 个发展中国家的调查，大约60% 的非农业工人主要受雇于非正式经济。[4]

从这个角度看，全球化意味着北大西洋地区国家社会契约的终止，或者意味着在国家社会契约长期以来缺乏影响力的地方无法继续追求这种契约。大企业选择生产成本低（包括低工资）、税收低的国家，将增加的利润支付给高层管理人员和股东，并尽可能灵活地部署工人；其手段之一是由职业介绍所提供的外包服务。考虑到欧洲工会和大型国际公司之间的权力平衡发生改变（美国工会几乎没有发挥作用），许多劳动受害者的心态和政治倾向也发生了变化，他们中越来越多的人认为保护主义和限制国际劳动力迁移才是最佳解决方案。

如果说简单地追溯历史脉络并不容易，甚至也许并不可行，那么我提出了另一种策略，以便深入了解我们现在作为劳动人民的立场。首先，我将简要讨论部分在最近的文献中取得进展的设想。随后，也是最后，我想借助人类工作史中似乎存在的某些不变因素来展开思考。因为它们同样存在。

目前流传着许多关于未来的设想，其中大多数与我们无关，因为它们与劳动无关或只是间接性相关。[5] 但是，以下五点值得我们关注。

第一，无论是否处于民主社会，当前占主导地位的市场经济体系都是不可持续的。[6] 荷兰历史学家巴斯·范巴维尔对此进行的分析最为充分。范巴维尔基于历史论证，预计当前的市场经济将由于其内部弱点，不可逆转地走向灭亡。还有一些人则认为，自由劳动力不断增长，薪酬也不断增加的过去一个世纪，就其历史和未来而言，都是一个非常态的历史时期。

第二，从富裕国家内部日益加剧的社会不平等可以看出，市场经济正深陷困境。当然，社会不平等不同于国家之间的不平等，后者的程度正在急剧减轻。[7] 正如第七章所述，在富裕国家，特别是美国，薪酬水平已经低到工作不稳定的劳动者需要社会援助。因此，纳税人会补贴欠薪的雇主。[8] 令皮凯蒂尤为震惊的是，恢复强有力的累进税制导致了劳动力工资下降，而民主国家却缺乏集体行动和社会政治参与来阻止这一切。皮凯蒂和其他学者 [如英国发展研究教授盖伊·斯坦丁（Guy Standing）] 警告说，左翼的政治惰性为右翼身份主义政客提供了机会，（潜在的）受害者将因此而出现。[9]

上述都是相当悲观的观点；但也存在一些乐观主义者。

第三，在认识到当前体制存在危机的同时，人们对"资本"（尤其是通过国家干预）的复兴力量仍然普遍持乐观态度。这是民主国家的政策制定者和学者的主流立场。[10] 人们越来越意识到，到目前为止，资本是如何在国家保护之下蓬勃发展的（在美国也是如此），这表明市场和国家提供了最强大的可能组合。可以证明这一点的是：劳动力市场对具备计算机技能的劳动者的需求，与多数失业者受教育程度较低且/或不懂技术的状况，这二者之间存在不匹配；而政府正在努力消除或至少缓解这一不匹配。

第四，有一些顽固的新自由主义者认为问题并不算多；事实上，他们只看到了机会。尽管最近出现了严重的经济危机，如 2008 年的金融危机和 2020 年的新冠疫情，但他们相信雇佣劳动者会消失，并相信新人类，即拥有自己事业的创业者和专业人士总是在寻找机会。此外，这类未来的个体劳动英雄非常灵活，将在世界各地寻找新的挑战。[11]

第五，无论是乐观者还是悲观者，有些人对科技的最终加速抱有共同的期望，本书认为科技加速的最重要结果就是自动化。[12] 与此同时，工作和自由时间之间的平衡将发生前所未有的转变。乐观主义者预言自动化将带来更多休闲时间；悲观主义者则担心会出现大规模失业，购买力甚至会大幅下降，从而导致需求下降。此外，自动化将自食其果，而老龄化的劳动力将在这方面提供帮助。我们不太容易单纯用乐观或悲观来形容第三种变化，它完全与推动自动化的大型跨国公司有关。多数国家似乎都反对全球垄断，它们无法与 Amazon、Apple、IBM 和

Microsoft 等巨头抗衡。这些科技公司似乎越来越有能力决定公众的品位。这样做的最终后果是公民会减少，劳动公民也会减少，大家都变成纯粹的现成食物消费者，最终进入"面包和马戏团"社会——也就是尤瓦尔·赫拉利（Yuval Harari）的《购物时代》（"Age of Shopping"），甚至是阿道司·赫胥黎的《美丽新世界》（1932）。[13]

纵览整个人类工作史之后，我们能对工作的未来作出展望吗？虽然我们无法明确论证各种设想是否成立，但我们可以对现存的一些与未来工作有关的著名预测作出评价——这些预测包括"资本主义的终结"、不平等加剧、"自由"市场在分配工作和薪酬方面的作用，以及自动化的后果。

"资本主义"必然终结？

巴斯·范巴维尔对过去一千年有着有趣的想象，他的想象有据可查因此极具说服力，它表明经济"资本主义"的领跑者、主要的市场经济体——从巴格达的阿拔斯王朝到美利坚合众国，在几个世纪后将不可避免地遇到麻烦，因此不得不再次交出指挥棒。不可否认，这种统治权力的转让是历史上反复出现的现象。然而，值得注意的倒不是失去榜首的位置，也许更值得关注的事实是，在大多数情况下，从长远来看，"失败者"的境况并没有差多少。举个例子，与今天荷兰的繁荣相比，这个权力转让体系并没有那么具有自毁性，尽管荷兰的黄金时代已经过去很久。意大利北部、荷兰南部、荷兰共和国、英国和美国在与东亚竞争时的失利也是如此。[14] 为什么在可预见的未来，这种情况不会随着

428

主导地位的其他变化而继续下去呢？

　　当然，范巴维尔已经想到了这一点。他不否认，在过去，失败者或许有可能东山再起，尽管是在一个更保守的基础上。但他认为，在我们这个高度全球化的世界里，东山再起已经不可能了。在这个世界里，旧式帝国根本无法生存。但他的观点有说服力吗？首先，让我们考虑中国的例子。不管中国由中央管理的市场经济有什么问题，它仍在蓬勃有力地发展中。那么，一些劳动历史学家对自由雇佣劳动的特殊性质提出的论点又如何呢？最大的问题是，近几十年来劳动力部门的不稳定状况不可否认，对此进行的研究是否足够广泛和深入，以至可以简单地推断出未来的情况？

社会不平等加剧？

　　因此，我们回到皮凯蒂不可辩驳的论断，即自 20 世纪七八十年代以来收入差距不断扩大，特别是在富裕国家。在此之前，劳动者的收入有所增加；随后，他们的收入停滞不前，而与此同时，社会最顶层的收入却在飙升。

　　但故事并没有就此结束。如我们在第七章（见第 409—421 页）所见，在劳动收入停滞不前的情况下，普通人其他形式的收入正呈长期增长趋势。里根和撒切尔准备已久的意识形态胜利行军带来了北大西洋地区收入不平等的明显差距，但我们不应对社会保障支出和转移支付几乎自相矛盾的增长视而不见，这些支出通过住房福利、税收抵扣、儿童福利和国家保险福利等税收形式实现，正如彼得·斯洛曼（Peter Sloman）向英国所展示的那样，他称之为"新自由主义时代福利支出上升的悖论"。[15] 这意味着有子女的成年人收入中由政府支付而非雇主支付的比例将发生重大转变；前者较少以现金补贴的形式出现，而越来越多地以社会保险、住房补贴、良好的免费或国家教育等形式出现。在新千年前后，这对英国来说就意味着"家庭收入不平等的加剧在很大程度上被税收和福利制度化解了"。[16] 这不仅是从依赖雇主（和集体行动）转向依赖政府，还特别意味着后者直接参与家庭财务。毕竟，此类援助是经过"经济状况调查"的，而这种越来越数字化的调查可能影响深远，并破坏家庭事务中的自主权。

不出所料，我们发现支持者不仅包括政治左翼（比如 2003 年巴西总统卢拉推出的"家庭救助金计划"），也包括意识形态上的右翼经济学家和政治家，他们有时支持通过（全民）基本收入进行再分配。最著名的例子是自由市场的捍卫者米尔顿·弗里德曼，他在第二次世界大战期间就已经开始提出"负所得税"（Negative Income Tax）的提案。[17] 对他来说，两种方法的区别在于贡献的水平，最主要的还是政府是否有能力掌控并予以实施。然而，不可否认，在这两种情况下，我们都看到了工作与薪酬之间的差距在扩大，同时雇主的责任也在向政府转移。

在工作史的背景下，国家内部不断扩大的财富差距似乎是，几个世纪以来因为制度和意识形态对劳动的赞赏和报酬并不平等的遗留问题，这也许不足为奇。但显然，这并不能说明自古以来便沾沾自喜的扩张者是对的，也与他们普遍支持的意识形态，即对雇佣劳动的贬低相左。现状也反驳了扩张者们目前广为传播的观点——认为高回报只取决于努力和天赋等因素。

由奴隶制或明确的种姓制度主导的古代社会，或是由其他不平等形式（如种族隔离）主导的现代社会，都存在制度化的不平等。这类社会的不平等似乎是世代相传的，因此负担最重（这并不是说包括欧洲在内的世界其他地区就毫无缺点）。以近年来印度不平等现象的极端加剧为例。尽管自 1947 年独立以来，印度人曾努力尝试通过宪法（1950 年，由安贝德卡尔起草，他自己就是达利特*）来增加弱势种姓成员的社会机会，反过来又以"保留"的方式促进了平权行动；[18] 尽管印度人努力建立一个贝弗里奇式的福利国家，但不幸的是，由于受保护的"正式"部门和不受保护的"非正式"部门之间存在巨大的鸿沟，这个福利国家名存实亡。[19] 在美国，詹姆斯·鲍德温（James Baldwin）、马丁·路德·金和马尔科姆·艾克斯（Malcolm X）所呼吁的平权行动距离实现预期效果还有很长的路要走，正如"黑人的命也是命"（Black Lives Matter）运动所强调的那样。再比如后种族隔离时代的南非，还有巴西（另一个 130 年前才废除奴隶制的国家，存在种种遗留问题）。最有力的例证当然是阿拉伯世界那些石油资源丰富的国家，尽管这些国家内部也有不同的言论，但支持不平等的价值体系依然顽固地普遍存在。[20]

到目前为止，由公民（尤其是男性）组成的核心圈层至少

---

* 印度底层人被上等种姓称为"不可接触者"，即贱民，而他们自称为"被压迫的人"，即达利特（Dalit）。

享有最低限度的工作权利和公平补偿。但在一个地理流动性很大的世界里，我们（成年男性）和他们（其他人）之间的差异当然并不止于此。每个国家都有一个由劳动人民组成的外部圈层，他们只部分属于内部圈层，只是部分享有或根本不享有内部圈层成员的合法权益。他们主要是合法雇佣的外国工人。即使在欧盟内部，他们的权利也总是较少，有时甚至少得多，有时甚至远低于海湾国家的情况。[21] 最后，还有被剥夺公民权的非法移民，即无证移民。在最极端的情况下，外部圈层会沦为一个剥削少数劣等人的社会，其中没有任何形式的报酬。第二次世界大战向我们展示了许多这方面的例子，不幸的是，我们没办法保证将来可以排除这种可能性。[22]

合乎逻辑的后续问题是，与 20 世纪相比，面对日益扩大的福利差距，集体行动为何变得如此罕见？可以说，事实上集体行动并不是完全没有（比如韩国发生的激烈抗议）。我们也可以看到平权行动的部分成功，或至少看到它带来的希望，例如对印度的低种姓和一般女性而言。[23]

由于长达一个世纪的集体行动，北大西洋地区的下层阶级现在享受着从历史上来看较为合理的繁荣水平（同样是因为前面提到的转移支付），这一事实或许可以解释为什么缺乏强有力的集体反对运动。然而，不平等仍然普遍存在，我要补充的是，今天缺乏反对运动可能恰恰是这种不平等对处境糟糕的人产生心理影响的结果。也就是说，人们的精力已经从真正的问题，即社会不平等，转移到排斥他人上，这从民粹主义者对移民和少数族裔的普遍恐惧中可以看出（见第 424 页）。[24]

431

市场能解决分配问题吗

单靠市场本身，不能——尽管无处不在的新自由主义希望能够由市场来分配工作和报酬（新自由主义抱有如此希望已有一个世纪之久，至今这种希望仍然强烈）。过去的情况并非如此。在漫长的工业革命时期，英国采取了严重的保护主义和重商主义措施，牺牲了荷兰共和国的利益，后来又牺牲了美国的利益。事实上，历史上这种成功限制市场力量的例子不胜枚举，为一些国家带来了最大限度的利益。这是一种规则而非例外。新自由主义者乐观地认为，市场会带来好处，只有"自由"市场会公平分配工作和报酬；事实上，他们不仅误读了自己的历史教训，也误读了当代的情况。在当前情况下，由小企业家主导世界的理想是极不可能的。

最近的新冠疫情清楚地证明了这一观点。富裕国家政府被迫拨出巨额资金，以避免小企业主和自由职业者的利益受到某种程度的损害，但他们仍然是疫情最大的受害者。[25] 全世界有很多未受保护的移民劳工，他们的前景同样黯淡，与有组织、有长期合同的劳动者形成了鲜明对比——尽管从长远来看，如果疫情造成全球经济危机，后者的地位也将受到威胁。

矛盾的是，尽管低端劳动力市场的竞争正在加剧，但高端劳动力市场的竞争却在下降。在中国（某种意义上或许还有印度）以外，全球食品行业由联合利华、拜耳和宝洁主导，能源行业由飞利浦、西门子和通用电气主导，飞机行业由波音和空客主导。[26] 这似乎与这些大公司大幅裁员的事实相矛盾。1974 年，荷兰电子巨头飞利浦拥有近50万名员工，现在却只有3.7万名。这并不是因为公司陷入了危机，也不是因为其产品没有需求，更不是因为公司简单地分成了10个单元，每个单元有5万名员工。

　　这种情况的发展源于分包现象的激增。在许多劳动者仍然需要聚在一起工作的地方，例如高速公路旁的巨大配送中心，这些配送中心正在迅速取代城镇中心的商店，这不仅是无休止分包的结果，也是工资结构不同的结果。美国经济学家大卫·韦尔（David Weil）提供了许多类似的案例：

　　　　卓越仓储风险投资有限责任公司（PWV）是一家为其他企业提供临时工人的公司，它根据工人和船员装载卡车所需的总时间，向在南加州工作的装卸码头工作人员支付报酬。反过来，卓越仓储也会因施耐德物流公司装载的卡车数量而获得酬金。施耐德物流是一家全国性的物流和卡车运输公司，负责为沃尔玛管理配送中心。沃尔玛制定价格、时间要求和性能标准，施耐德则遵循这些标准。反过来，施耐德会根据这些价格、标准和自身的利润目标，与卓越仓储和其他提供工人的劳务中介签订合同。[27]

这一切除了导致工人时薪过低和大量加班外，还导致他们的工作场所极度分散。在上面的例子中，他们仍然是轮班工作的，但通常情况下并非如此，我们看到临时职业介绍所雇佣的工人，由就业服务机构支付其工资，但有义务遵守跨国公司的标准。而跨国公司本身只借助大量中介机构来监督整个过程。这

432

不仅是在疏离工人，更是在孤立他们，下文将对此进行详细介绍。

自动化会带来新的乌托邦吗？

正如我们所见，自动化已有数百年历史。自动化和数字化技术的迭代无处不在，它们对工作的影响看起来非常明显，但具体却很难判断。[28] 一个半世纪以来，人们一直承诺机械化会大幅缩短工作时间。一个例子是，英国著名哲学家伯特兰·罗素（Bertrand Russell）在 1918 年的《自由之路》（*Roads to Freedom*）一书中写道："在科学的帮助下……一天工作 4 小时，整个社会都会感到安逸。"另一个例子是雄辩的詹姆斯·利文斯顿（James Livingston）2016 年出版的著作，其书名显得过于自信：《不再工作：为什么充分就业是个坏主意》（*No More Work: Why Full Employment is a Bad Idea*）。[29]

毫无疑问，许多人的工作时间已经大幅缩短，尤其是在罗素和利文斯顿所关注的北大西洋地区。但值得注意的是，半个多世纪以来，工作时间一直停留在每个养家糊口的人大约 40 小时，或每个家庭 60—80 小时的水平。自动化的成果正在转化为越来越复杂的低价消费品，而未转化为更多的自由时间。这怎么可能？中等职业的激增或许可以给出解释。直接生产者的数量正在减少，但在商品到达消费者面前之前，已有大量中间商介入。

造成这种情况的原因有很多。最重要的可能是在日益匿名的世界中，消费者、消费者组织、国家政府和国际合作伙伴（如世界卫生组织，还有贸易条约监督机构）需要掌控权和安全感，因为这个世界的生产链漫长而复杂。换句话说，就是在全球范围内争取公平的竞争环境。这里没有进一步系统阐述的空间，但我们应该注意到加州科技专栏作家法尔哈德·曼朱（Farhad Manjoo）发人深省的观察。他自己是药剂师的儿子，他注意到"大多数药剂师受雇只是因为法律规定配药时必须有药剂师在场"。[30]再比如法律职业（尤其是盎格鲁－撒克逊传统的私法专家）的激增，[31]或者检测、打击和预防网络犯罪的专家的激增，这是数字化这一耀眼的大徽章的另一面。即使不能面面俱到，我们也应该考虑到需要更多协调的灵活工作的情况，以及同倦怠和其他工作压力所作的斗争。这同样适用于计算机时代对教育的永久需求。如果每个人都必须不断提高技能以跟上时代，那么就需要更多的"技能提升者"，包括数字支持专家。

显然，我们需要更多的检查员、控制者和监督者，更多的审计员、审查这些审计员的审计员以及更高一级的审计员等，无论是在私有部门还是在公共部门，无论是在雇佣劳动者还是在受雇的自由职业者的岗位上。不管怎样，到目前为止，新工作岗位的出现速度都快于旧工作岗位消失的速度。北大西洋地区、日本、韩国以及中国的人口老龄化问题，使得更多的有偿护理工作也经常被提及。这些都是事实，但本书对这种反直觉现象不可阻挡的发展提出了更有深度的解释，即我们对工作的基本需求。

434

工作：长期历史脉络

现在让我们后退一步，看看我们对整个人类工作史的探索揭示了什么。我发现了三个关键要素。

工作之意义，尤其是社会意义

　　我们通过工作联系在一起。本书从各个方面表明，尽管工作显然是由需求驱动的（赤裸裸的经济人），但人类之所以工作也是因为他们能在工作中产生自尊心并获得他人的尊重。[32] 这是无休止的休闲根本无法提供的。没有人比德裔美国哲学家汉娜·阿伦特更好地阐述了这一点："劳动的福祉在于，努力和满足感就像生产和消费生活资料一样紧密相连，因此幸福是这一过程本身的伴随物，就像快乐是健康身体的伴随物一样……除了痛苦的疲惫和愉悦的再生，没有持久的幸福。"[33] 她的美国学生理查德·桑内特（Richard Sennett）创造性地提出了这一理论，但通过引用威廉·莫里斯（William Morris）和约翰·拉斯金（John Ruskin）的观点将其缩小为"实用主义"。这意味着你用自己的双手工作，对于一个学者来说是相当了不起的："制作实物的工艺提供了对经验技术的洞察，可以塑造我们与他人的交往。把事情做好的困难和可能性都适用于建立人际关系。"[34] 这两个观察结果与大卫·里斯曼（David Riesman）的观点非常吻合，他在《孤独的人群：美国人性格变动之研究》（*The Lonely Crowd: A Study of the Changing American Character*，1950）中写道："男人需要感觉到满足：仅仅保住一份工作，然后通过消费与生活建立联系是不够的。……工作的解体给休闲带来的负担太大，难以应付：休闲本身无法挽救工作，反而会使工作失败，而且只有在工作有意义的情况下，休闲对大多数人才有意义。"[35] 这种对工作本身的渴望与薪酬水平无关，它或许也解释了为什么年轻一代对合同变更有着惊人的适应能力，正如社会学家贝丝·A. 鲁宾（Beth A. Rubin）以美国为例所证明的那样。鲁宾说，只要美国年轻人能工作，只要他们能参与，那么任何工作或任务他们都会考虑。[36]

合作是男性和女性的基本需求

正是因为工作既关乎自尊，也关乎获得他人的尊重，所以无论是在家庭这样的小社区，还是在车间、办公室或工厂，合作都至关重要。正如我们所见，最古老的愿望，甚至是在我们的祖先进化成人类之前，便已产生的愿望，就是一起工作、合作。再次引用灵长类动物学家弗朗斯·德瓦尔的话：同理心"建立在接近、相似和熟悉的基础上，这是完全符合逻辑的，因为它的演变是为了促进群体内合作"。这与"现代企业缺乏信任的风气形成了鲜明的对比，这种风气带来了麻烦，最近让许多人花光了积蓄，深感不快"。[37] 造成这种缺乏信任的原因之一是管理层和实际工作人员之间的差距太大，我们已经看到了这样的例子。就这一点而言，相关个体是雇佣劳动者还是独立的自由职业者，已经不再重要。

自新冠疫情以来，我们所有人都仿佛生活在一个大型实验性医学和社会科学实验室之中，这意味着更多的人对此有了深刻体会，包括那些劳动合同条件更好的人。感谢数字资源提供了在家工作的机会，在一个多世纪后，我们又把家庭变成了工作场所（想想那些"血汗工厂"的胡作非为吧）。根据组织行为学家詹皮耶罗·彼得里列里（Gianpiero Petriglieri）的说法，我们现在正成为"僵尸"："习惯了面对面工作的专业人士失去了以往的一些暗示，他们早已学会根据这些提示心照不宣地处理工作事务。现在他们有意识的头脑必须努力寻找新暗示来弥补过往那些他们熟悉的暗示。"[38] 这就是为什么我们在工作中被迫进行视频通话和会议（无论是否由于新冠疫情）时，会感到如此疲惫，甚至筋疲力尽。归根结底，线下见面对共同工作是至关重要的。

对公平的基本需求

从最早的时候起，我们就知道有些人想吃掉比他们应得的更多的社会蛋糕——至少根据自人类历史开始以来，我们所共有的平等主义原则来评价，他们的行为就是这样的。我们也看到，这些"扩张者"不能逍遥法外，而是必须补偿社群，即使只是象征性的补偿。因此，社会不平等是有社会心理限度的。[39] 从消极的意义上讲，这反映在 2008 年金融危机期间，人们对银行家的奖金和其他福利的普遍道德愤怒上。一个最近发生的较小例子是，许多国家呼吁提高医护人员的工资，以应对新冠疫情。换句话说，平等主义非常符合对个体差异（特别是努力方面的差异）的认识。皮凯蒂将其表述为我们需要"对人类平等有一个清晰的认识……一个充分认识到个人之间许多合理差异的愿景，特别是在知识和抱负方面，以及这些差异在决定如何配置社会和经济资源方面的重要性……理想的社会经济组织必须尊重构成人类财富的愿望、知识、才能和技能的多样性"。缺乏这一远见是很多国家失败的主要因素之一。[40] 人们在他们的群体内（也可以说是男性或女性在各自的群体内）同时为争取公平和平等而努力，并为实现个人的愿望和希望而奋斗。

我们在本书中遇到了两种针对上述问题的社会政治解决方案：再分配式神权政治，以及收入均衡化的福利国家及其前身［收入均衡化即"合理价格"（just price）的理念，在亚欧大陆已有两千多年的记录］。[41] 在我们所见过的各种神权政治中，平等主义是自上而下的，必须在强大的、正当化的意识形态的条件下引导人类的愿望和希望。通过这种方式，少数精英被合法化为牧师，即多数人共享的宇宙、全球和社会愿景的统治者。这类例子包括古埃及和前哥伦布文明，甚至种姓制度。不管我们现在怎么想。[42] 只要他们能够确保足够的再分配，平等主义就可以持续几个世纪甚至上千年。[43]

而福利国家显然是一种受平等主义启发的尝试，其目的是构建我们的社会，为许多人创造最有利的生存保障，并容纳有限数量的扩张者。[44] 历史，甚至我们最近的历史告诉我们，到目前为止，福利国家的保质期只有几十年，因为它本身也很容易受到威胁。[45] 尽管对其可行性持谨慎态度，但最近提出的深度国际协调财政改革建议也沿袭了福利国家的道路。

我们在此必须多加一笔，发出历史性的警告。正如我们所见，对公平的追求几乎不可避免地导致了"我们和他们"想法的不同：我们这类人是公平的，但涉及他者时，我们很快就会破例，无论是在获得工作机会方面，还是在工作条件和报酬方面。在这里，"他者"可以包括奴隶、低种姓人口，以及各种肤色的"外国人"。正式不平等制度也是如此。正式不平等制度基于法律规范下的奴隶制和农奴制，它们一直存在到一个半世纪前（比

437　如美国、巴西、阿拉伯国家，以及俄国）。种族隔离制度、对大部分劳动人口的排斥（曼德拉之前的南非和海湾国家），以及西式民主制度都是如此。

特别是西式民主制度，随着"我们"内部的公平性消失，排斥"他者"的趋势也上升了。自 2000 年以来，所谓的"社会本土主义陷阱"（Social–Nativist trap）尤其明显，也就是退回到捍卫民族、种族和宗教身份的过程中，结果产生了无数受害者。[46]但最终我们也可以反过来考虑——"我们"的工作报酬越公平，就越愿意让"他者"以民主的方式分享这一成果。这更加凸显了公平的重要性。

除了旧的主张外，近年来，也有人建议建立一个更加公正和可持续发展的社会。因为在新冠疫情的影响下，人们对全球依赖关系的认识不断提升。这些建议自下而上产生，以平台合作和其他类似"公地"（commons）的工作组织方式的形式出现，又自上而下，以成本计算（其中生产的社会和环境影响都被计算在内，并以更累进的完整税收形式传播）的形式出现。

**

当然，对未来社会组织的任何选择都取决于前面几页中数百万劳动女性和男性的经历。在人类历史上最长的时期（98% 的时间或更多），他们是由狩猎采集者组成的小群体。从大约 1 万年前开始，他们逐渐发展成为农民家庭。这些家庭之间的合作导致了城市、随后的城邦，以及最终的领土国家的劳动专门化。再后来，家庭合作建立在神权政治的贡赋—再分配的基础上，但很快就被大约两千五百年前的市场所取代。在此应当重申，商品、劳动力和服务市场不是最近才出现的现象。自公元 1500 年以来，它们就已经占据了主导地位，而且几十年来，它们一直都是我们今天所知的（家庭以外）经济建构的唯一方式。[47]

在当前历史阶段，越来越多的人认为，在欧洲大陆范围甚至全球范围内，我们有了新的机会来决定我们的工作生涯是什么样子的。人类漫长的历史给出了强烈的警示：在作出上述选择时，我们绝不能忽视三大原则——意义、合作、公平。这也是本书带给我们的启示。

注 释

对工作的历史、方法和理论的说明

1. Cf. Lourens & Lucassen 1992.
2. Weber 1909, 55–73, 181–2. 相关讨论的有力总结见：Ehmer & Lis 2009, 9–10; Lis 2009, 57 and Lis & Soly 2012［关于本文献的影响，参见：*TSEG*, 11 (2014), 55–174］；关于古典时代，参见：Loomis 1998; Van der Spek 2004; Migeotte 2009, 2–3, 173–8; Von Reden 2010, 8–11; Feinman & Garraty 2010; W.V. Harris 2011, esp. ch. 12; Andreau & Descat 2011, 91–4; Temin 2012; J.M. Hall 2014; Zuiderhoek 2015; Erdkamp 2015; Launaro 2015; J. Lucassen 2014a, 2014b, 2018a and 2018b.
3. Van der Linden 1989, ch. 8.
4. 关于马克思以后上述发展阶段的知识谱系，参见：Van der Linden 1989, 235–60.
5. Chayanov 1966 (cf. Dennison 2011, 12–17); Polanyi 1944, esp. 43–4 (cf. Wagner–Hasel 2003, 148–9).
6. 波兰尼（1944, 43–4）对此有所简述，一定程度上是对亚当·斯密的批判。关于人类学家和考古学家之间的争论，参见：Maurer 2006; Feinman & Garraty 2010; Peebles 2010; Haselgrove & Krmnicek 2012.
7. J. Lucassen 2018a. See also W.V. Harris 2011, chs 1, 11 and 12; Lipartito 2016.
8. Van Bavel 2016, 272–3. 此学者的方法不同于欧洲学者（包括有影响力的 Wallerstein）惯于自诩之独特性。参见：Feinman & Garraty 2010, 176; J. Lucassen 2018a.
9. Milanovic 2019, 2, 12; De Vito, Schiel & Van Rossum 2020, 6; 关于市场经济的历史，参见：Van der Spek, Van Leeuwen & Van Zanden 2015.
10. 可依次参见：Kocka 2018; Safley & Rosenband 2019; Harari 2014; Beckert 2015（"战争资本主义"，1600–1800/1850）; Manning 2020; Lazonick 1990; Piketty 2019; Versieren & De Munck 2019. 当然，上列大多数文献实际上措辞较为谨慎。Cf. Kocka & Van der Linden 2016. 11.De Vries & Van der Woude 1997.
12. 出色反驳，参见：Chalcraft 2005. 关于中国的相关讨论，可参见：Rosefielde & Leightner 2018, esp. 22, 58; Piketty 2019, 606–36; Milanovic 2019, 87–91.
13. 赫拉利（2014）和曼宁（2020）似乎回避了这一问题。
14. Quoted in D.M. Lewis 2018, 99.
15. Cf. Arendt 1958, 79.

16. A pedigree in J. Lucassen 2006b; Eggebrecht et al. 1980; Castel 1995.

17. Bücher 1919 (5th edn). 关于布歇尔其人，参见：Wagner–Hasel 2011;Spittler 2010; Backhaus 2000. 在毕歇尔所处之时代，其关于工作历史的论述得到了全球范围内的广泛阅读；作为对比，近年来的综述则大多局限在欧洲（西欧）。这也让毕歇尔的成就更为耀眼。

18. Veblen 1914; Arendt 1958. 另见：Tilgher 1977 and Budd 2011.

19. 关于劳动史的发展历程，参见：VanderLinden & J.Lucassen 1999; Heerma vanVoss & Vander Linden 2002; J.Lucassen 2006a 和 2018a;Vander Linden 2008; Vander Linden & L.Lucassen 2012; DeVito 2013; Hofmeester & Vander Linden 2018; Bosma & Hofmeester 2018; Eckert & Vander Linden2018; De Vito,Schiel & Van Rossum 2020. 我早年亦曾尝试撰写一部广泛的劳动史，参见：J.Lucassen 2000（仅限欧洲部分），and J.Lucassen 2013.

20. 到目前为止，最令人印象深刻的是：Lis & Soly 2012（自古典时代开始），此文献对我襄助甚多。其次是：Komlosy 2018（从 13 世纪开始）；Simonton & Montenach 2019(一卷关于古典时代，一卷关于中世纪，四卷关于后来的时期)；Cockshott 2019. 从早期历史开始的论述，参见：Shryock & Smail 2011; 关于非洲文化的研究，参见：Ehret 2016 and Suzman 2017 and 2020. 关于全球经济史，参见：Roy & Riello 2019; 关于全球史，参见：Beckert & Sachsemaier 2018.

21. Netting 1993, 1; Linares 1997. 作为对比方法，亦可参见：M.E. Smith 2012a.

22. Cf. Safley 2019. Segalen（1983）和 Thomas（2009）也提供了良好的例证。

23. 有一些重要的例外，参见本书各处的简要讨论：关于"资本主义"和"现代"两个概念的分析价值（上文）；对人类学、考古学和历史学之间的联系（第一章）；新石器革命对不平等的影响（第二章）；"现代主义者"和"原始主义者"之间的争议（第四章）；货币化与劳动关系之间的联系（第四章）；工业革命的影响（第六章）；迄今为止，非自由劳动的延展（第六章）。

引 言

1. 这仅限于中世纪 (晚期) 以来的资本主义时期 (cf. Charles Tilly 1981, chs 7–9; Van der Linden 2009). 早期尝试定义工作和劳动的例子，包括：Jevons 1879, 181–227; Jevons 1905, 71–119.

2. Tilly & Tilly 1998, 22–3. 他们的定义与国际劳工组织（ILO）使用的定义非常吻合 ;cf. Van der Linden & Lucassen 1999, 8–9; 关于定义问题以及工作与劳动之间的区别，另见：Conze 1972; Sahlins 1972, 81; S.L. Kaplan & Koepp 1986; Pahl 1988; Applebaum 1992; Thomas 1999; Kocka & Offe 2000; McCreery 2000, 3–4; Ehmer, Grebing & Gutschner 2002; Weeks 2011; Budd 2011; Graeber 2019.

3. Cf. also Van der Linden 1997b, 519.

4. Tilly & Tilly 1998, 23–4; 对于"可用的"（usable）一词的不同理解，参见：Applebaum 1992; Budd 2011; cf. Ulin 2002.

5. Zürcher 2013.

6. 蒂利父子（1998）并未给出"休闲"（leisure）、"假期 / 假日"（vacation/ holidays）、"周末"（weekend ）、"养老金"（pension）等概念的进一步说明。

7. 这一全球图景基于所谓的时间预算研究，该研究之对象为个体（动物或人类）分配给互斥性活动的时间量；参见：Anderson 1961, 102–7.

8. Anderson 1961, 39.

9. Anderson 1961, 40.

10. Anderson 1961, 42–9; cf. Thomas 1999, 256–7.

11. 关于本书中使用的基本概念"劳动关系"（labour relations），参见：Hofmeester et al. 2015. 相比关注（集体谈判）管理层和工会化工人之间关系的近现代北美"劳资关系"研究，上述文献更为全面，参见：Budd 2011, 1–2.

12. 关于按照"工作周期"进行收入集中的情况，参见：Lucassen 1987 and 2000. 关于家庭内部的不平等，参见：Bras 2014；其他文献中亦将其称为"协作性冲突"（cooperative conflict）（Sen 1989）。关于家庭内部的奴隶，参见：Culbertson 2011a; Tenney 2011; Muaze 2016. 关于塞内加尔同一家庭中夫妻各自的预算，参见：Moya 2017. 关于古代中国家庭的意识形态，参见：Rosefielde & Leightner 2018, ch. 9.

13. 亦称为"应对策略（coping strategies）"，参见：Engelen 2002; Kok 2002.

14. Feinman & Garraty 2010.

15. Cf. Netting 1993, esp. 17ff（关于马克思和恰亚诺夫），64（关于不必要的二分法）.

16. 此定义在 IISH–Collab 的"全球劳动关系（1500–2000）"研究项目中得到完善。参见：Hofmeester et al. 2015.

17. Tilly & Tilly 1998, 73–5, 87. See also pp. 350–8.

18. Lourens & Lucassen 1999; Kessler & Lucassen 2013; see also pp. 302–4.

19. 顺便提及，正如在第 389、第 395 页特别解释的那样，此处并不排除雇主和工人之间的合作。

20. Price & Feinman 2012; 另见：K.Davids2013a（其论述除涵盖国家和市场外，亦涉及宗教）.

21. Manning 2013; Lucassen & Lucassen 2014.

22. De Zwart & Van Zanden 2018.

第一章

1. Gilbreth 1911, 76. 毕歇尔在该问题上的论述与其相映成趣，参见：Backhaus 2000, 165.

2. 我使用"现代人类"（modern humans）这一术语（与 Reich 2018 相同），其他学者则使用"智人"（Homo sapiens）或"解剖学意义上的现代人类"（anatomically modern humans; AMH）等术语。Cf. Shryock & Smail 2011, ch. 3; Hatfield 2013, 8–10. 其他学者认为现代人类最早出现于 20 万—30 万年之前（参见：Manning 2020, ch. 2）。不过我认为上述分歧对本处的讨论并无影响。

3. Hrdy 2009, 205–8.

4. De Waal 2005; Hrdy 2009; Hatfield & Pittman 2013 (including Hatfield 2013). 值得注意的是，Suzman（2020）并未采用类似思维模式。据戴蒙德（1992）所述，300 万年前，黑猩猩和倭黑猩猩于进化树中分道扬镳（其论述含蓄地暗示了一个不太可能的断言：非人类灵长类动物的行为从那时起就没有显著进化；对其的反驳，可参见：Roebroeks 2010）。

5. Hrdy 2009, 116–18.

6. Hrdy 2009, 164–7. 她指出，在大多数情况下，仅有男性参与的狩猎是不成功的。

7. De Waal 1996; cf. Pagel 2012; Hatfield & Pittman 2013.

8. Milton 1992, 37; De Waal 1996.

9. R.B. Lee & Daly 2004; Suzman 2017 and 2020.

10. Hrdy 2009, 79; Lancy 2015, 123–5.

11. 感谢 Wil Roebroeks 分享此处洞见。

12. Pagel 2012, 6; cf. Hawke 2000; Coxworth et al. 2015.

13. Hrdy 2009, 85–95; cf. Kaare & Woodburn 2004; Aiello 2007, 20; Shryock, Trautmann & Gamble 2011, 39.

14. Morgan 2015; Pagel 2012, 278–80. 关于语言如何以及何时起源的棘手问题，参见：Shryock & Smail 2011; Hatfield & Pittman 2013; Villa & Roebroeks 2014; Manning 2020.

15. Aiello 2007.

16. Aiello 2007, 23; also Mussi 2007 on the Neanderthals.

17. Kaplan et al. 2007; 关于学徒期，见下文"狩猎和食物采集之实践"一段。

18. Nunn 2018.

19. E.A. Smith et al. 2010.

20. 在我看来，赫尔迪难以证明的假设，即母系本土化对异亲养育的发展至关重要，实属多余。Cf. Trautmann, Feeley–Harnik & Mitani 2011, 166, 172.

21. 史前史的编纂，参见：Barnard 2004; Graeme Barker 2006, 4–17; 关于比较学方法的发展与人类学的作用，参见：Kelly 1995, 1–37, 43, 49, 345–8. Cf. Adovasio, Soffer & Page 2007. 尽管比较法容易犯错，但对于像本书这样的历史分析来说，这一方法仍然必不可少。

22. De Waal 1996 and 2009. 他的观点与克鲁泡特金（Pyotr Kropotkin, *Mutual Aid*, 1902: who 'had an inkling about it'; and *The Conquest of Bread*, 1906)，尤其是罗伯特·路德罗·特里弗斯（Robert Ludlow Trivers）一致，后者是互惠利他主义理论的创始人，与约翰·罗尔斯（John Rawls）的观点相关。关于"所有人对所有人的战争"（霍布斯、赫胥黎、杜尔凯姆）与卢梭到克鲁泡特金的对立传统，参见：R.B. Lee & Daly 2004, 1; Kelly 1995, 1; Graeme Barker 2006, 44. Polanyi talks of 'reci- procity' with 'symmetry' (Polanyi 1944, chs 4–6; Polanyi, Arensberg & Pearson 1957; Dalton 1971).

23. Ames（2010）的著作详细阐述了注意事项，他强调人类在小规模社会中也有不平等和平等的能力，但同时承认，如果在小规模社会中实行不平等和平等，"它们的效果可能会更好，也更有可能持续下去"（37）。

24. De Waal 2009, 20–1; cf. Nystrom 2005.

25. Cf. Hatfield 2013, 13–14（人类从遗传和文化双重继承系统中获益）and Trautmann, Feeley–Harnik & Mitani 2011（人类的进化成功基于亲缘关系识别、避免乱伦、配对结合和世代重叠等特征，部分特征与不同种类的类人猿共享）。

26. De Waal 2005, ch. 6; De Waal 2009, ch. 7; cf. Mithen 2003, 506.

27. Pagel 2012.

28. 参见以下文献：Roebroeks 2007 (especially Anwar et al. 2007, 235–40 and Leonard et al. 2007, 35); Roebroeks 2010; Erlandson 2010; Pawley 2010; Shryock & Smail 2011; Langergraber et al. 2012; Hatfield 2013; Villa & Roebroeks 2014; Reich 2018; 请注意他在第 xxi 页的警告："这一领域发展得太快。当读者读到本书时，书中描述的一些进展可能已经被取代，甚至被抵触。"

29. Pagel 2012, 33–5; Hatfield 2013.

30. M.P. Richards 2007, 231; cf. Binford 2007.

31. Earle, Gamble & Poinar 2011. Cf. Heckenberger & Neves 2009; Bar-Yosef & Wang 2012; Manning 2013 and 2020.

32. R.B. Lee & Daly 2004, 466–7; cf. Mithen 2003, 10. 关于人口密度，参见：Kelly 1995, 221–32; Hrdy 2009, 26; De Waal 2009, 23; Klein Goldewijk 2011; Pagel 2012.

33. Reich 2018, see esp. his maps on 88, 156–7, 197, 202.

34. A.B. Smith 2004. Cf. Binford 2007, 196–204; Guthrie 2007, 160; Roebroeks 2010, 31–5. 关于尼安德特人与现代人类之间的高度相似性，参见：Villa & Roebroeks 2014.

441　35. 关于其他能力，参见：Joordens et al. 2014; 关于早期类人猿工具的更多信息，参见：Suzman 2020, ch. 3.

36. Kelly 1995, ch. 3; Graeme Barker 2006, 60–2.

37. Schrire 2009; cf. Sahlins 1972, 8–9. 这种类型的比较现在是"相互依存模式"（Kelly 1995, 24–33）的一部分，该模式承认狩猎采集者与农业或园艺邻居之间不同类型的相互依存关系。

38. R.B. Lee & Daly 2004, xiii, 1–3. 一般而言，除非涉及重要和明确的观点，否则我将使用 *CEHG* 这一参考文献，而不是提及 *CEHG* 几十位作者的名字；参见：Sahlins 1972, 48.

39. R.B. Lee & Daly 2004, 3; Schrire 2009.

40. R.B. Lee & Daly 2004, 175–87, 215–19, 231ff.; Dewar & Richard 2012, 505; cf. Suzman 2017 and 2020.

41. Kelly 1995, 24–33; 关于均衡的概述，参见：Rival 2004a；另见：Schrire 2009.

42. R.B. Lee & Daly 2004, 3–4; cf. Graeme Barker 2006, 42–4.

43. Kelly 1995, 162–203, quotation at 185; cf. Suzman 2017, ch. 3.

44. Sterelny 2013, 315–18.

45. Liebenberg 2006. 在纪录片《盛舞》（"The Great Dance"）中，在 1998 年和 2001 年拍摄了这些狩猎方法；cf. Suzman 2017, 274 and ch. 12.

46. Kehoe 2004, 37–9; cf. Mithen 2003, 288–91; cf. Graeme Barker 2006, 66–9, 237–8.

47. Shnirelman 2004b, 149; for similar cases cf. also R.B. Lee & Daly 2004, 158–9.

48. 关于动物学习（刺激增强）与人类学习（社会学习，经过长时间的学习会变得更加复杂和完善）之间的区别：Pagel 2012, 38–45; cf. Hatfield 2013, 13–19.

49. Binford 2007, 198; cf. Lancy 2015.

50. MacDonald 2007a and 2007b.

51. Scherjon et al. 2015; Suzman 2017 and 2020.

52. Reich 2018, 26–7.

53. 以下内容的大部分年代仍存在争议。Stiner et al. 2011; Hatfield & Pittman 2013; Manning 2020; Suzman 2020; 关于中国：Bar-Yosef & Wang 2012.

54. Roebroeks 2014; cf. Shryock & Smail 2011; Ehret 2016, 47; Pagel 2012, 59–68（他将这一跳跃归因于经过 10 万年的"随机漂移"后人口不断增长，导致小规模人口失去信息，从而减缓了文化进化的步伐）；批判性评论，参见：Vaesen et al. 2016; Hatfield & Pittman 2013.

55. Mithen 2003, 31, 518 fn. 7; A.B. Smith 2004; Graeme Barker 2006, 31; Binford 2007, 197–9; Guthrie 2007; Zeder 2012, 172; K. Brown et al. 2012; Germonpré et al. 2014; Ehret 2016, ch. 2; Suzman 2017, ch. 8; Manning 2020.

56. Kelly 1995, 31–2, 117–20; cf. Graeme Barker 2006, 47–9.

57. Mithen 2003, 371–80.

58. Bar–Yosef & Wang 2012, 330.

59. R.B. Lee & Daly 2004, 327, 329; McConvell 2010, 169ff.; 尼安德特人已经出现了带柄工具，参见：Roebroeks 2010, 31–5.

60. Rival 2004a, 80–1.

61. Shnirelman 2004b, 131. 今天，那些仍然坚持以狩猎采集为生的人也没有停滞不前。想想捕鱼和北部极地地区从事商业活动的捕猎者。

62. E.g. Gurven & Hill 2009.

63. Endicott 2004, 412; cf. Mithen 2003, 131–2; Kelly 1995, 297–301; MacDonald 2007b, 396.

64. Sterelny 2013, 319–23.

65. E.g. R.B. Lee & Daly 2004.

66. Toussaint 2004, 340; 使用火和准备食物始于 150 万年前的智人 (Leonard et al. 2007, 37–8; cf. Roebroeks 2010, 34).

67. Tonkinson 2004, 344–5.

68. R.B. Lee & Daly 2004, 337, 350, 354.

69. R.B. Lee & Daly 2004, 205–9; cf. Suzman 2017 and 2020.

70. Ichikawa 2004; 关于"特瓦人"比"俾格米人"更受欢迎，参见：Ehret 2016, 48.

71. Vidal 2004.

72. 这种任务分工在北极地区尚属未知：R.B. Lee & Daly 2004,138–9.

73. Respectively, Griffin & Griffin 2004; Ehret 2016, 399; Haas et al. 2020.

74. Peterson 2002.

75. Roosevelt 2004, 88; 关于男性和女性在捕鱼方面之相似性的最新论述，参见：R.B. Lee & Daly 2004, 299–301.

76. Villotte & Knüsel 2014.

77. 同样，这个年代也存在争议：Hrdy 2009, 276; Shryock & Smail 2011, 73; Pagel 2012, 258–62; Manning 2020, 68. 衣物是人类体毛稀少的原因还是结果仍不清楚，因为两者都有可能。此外，正如阿根廷火地岛的雅玛纳人所显示的那样，用脂肪涂抹身体、紧挨着睡觉和生火都是可能的御寒策略。

78. Hansell 2008.

79. Scherjon et al. 2015.

80. Adovasio, Soffer & Page 2007, 177–91, 212–15; cf. Shryock & Smail 2011, 73.

81. Tonkinson 2004, 344–5.

82. Sahlins 1972, 10–12, 28–32.

83. Sahlins 1972, 19, 38–9; Roebroeks 2014.

84. Clottes 2002, 6; González–Sainz et al. 2013.

85. Powell, Shennan & Thomas 2009; Vaesen 等（2016）警告说，不要过于轻易地使用人口学论据。

86. Manning 2020, 125–7.

87. Feinman & Garraty 2010.

88. Tonkinson 2004, 344–5.

89. R.B. Lee & Daly 2004, 238.

442

90. Pandya 2004, 245.

91. R.B. Lee & Daly 2004, 206; Sahlins 1972 (on Sahlins: Kelly 1995; Suzman 2017 and 2020).

92. Hrdy 2009, 22–3, 26.

93. Kelly 1995, 14–23 (quoting Bruce Winterhalder).

94. Kelly 1995, 20, 346–7.

95. Sahlins 1972, 53; Lancy 2015.

96. Hrdy 2009, 299.

97. Hrdy 2009, 268–9, 298.

98. Eaton & Eaton 2004, 450.

99. R.B. Lee & Daly 2004, 95; Suzman（2017、2020）的报告显示，狩猎采集者的工作时间要少得多，部分原因在于他强调的是男性。

100. Lancy 2015, 30, 66–70.

101. R.B. Lee & Daly 2004, 196.

102. Arcand 2004, 98.

103. Eaton & Eaton 2004, 450, 452.

104. 于此的较好概述，参见：Kelly 1995, 21；另见：Sahlins 1972, 14–24; Eaton & Eaton 2004, 450; R.B. Lee & Daly 2004, 95, 196; Suzman 2017 and 2020.

105. Cf. Hrdy 2009, 143–52, 171–94.

106. 狩猎采集者的照顾任务是有限度的；他们根本不可能允许自己抚养行动不便的受抚养人，因此杀婴和弑老事件频频发生：Sahlins 1972; Hrdy 2009.

107. Yetish et al. 2015. 此外，在狩猎采集者中，照顾婴儿（甚至是熟睡中的婴儿）要持续到晚上：Hrdy 2009, 145–7.

108. Sahlins 1972, 19, 23, 35–6.

109. Hrdy 2009, 91.

110. Nystrom 2005, 36; cf. Suzman 2020, 99.

111. 我对社交义务／休闲的这一有趣解释要归功于 Wil Roebroeks。

112. Sahlins 1972, 64.

113. 这种想法并不新鲜。Lewis Henry Morgan 将美洲原住民的生活方式推测为"生活中的共产主义"，1881 年马克思，特别是 1884 年恩格斯受此启发，创造了"原始共产主义"（primitive communism）一词：Graeme Barker 2006, 54–5; Kelly 1995, 29–33; cf. Flannery & Marcus 2012.

114. Rival 2004a, 81–2; Mithen 2003, 126.

115. Dunbar 2007, 97; Anwar et al. 2007, 246–9.

116. Dunbar 2007, 93, 96; cf. Manning 2020; Suzman 2020.

117. Kelly 1995, 209–13, 他解释说"神奇数字 500 和 25"的变化比想象的要多；Mithen 2003, 129, 529, endnote 13.

118. Dunbar 2007, 98–9.

119. Dunbar 2007, 102.

120. Kelly 1995, 10–14, 270–92.

121. Hrdy 2009, 271–2, 286–8; Kelly 1995, 270–2.

122. De Knijff 2010, 51–2. 母系社会并非所有灵长类动物都有：Langergraber et al. 2012.

123. Hrdy 2009, 143–52, 171–94, 关于父亲在狩猎采集者和农民之间的对比等；关于彩礼，参见：Kelly 1995, 277–89.

124. R.B. Lee & Daly 2004, 5, 27, 32–4; Kelly 1995, 288–92, 302–8; Mithen 2003, 298.　　443

125. Kelly 1995, 277, quoting June Helm.

第二章

1. Hoffman 2009; Manning 2020; Suzman 2020.

2. Graeme Barker 2006; Whittle & Cummings 2007; Shryock & Smail 2011.

3. Mithen 2003; Graeme Barker 2006; Stiner et al. 2011; Manning 2020.

4. Stiner et al. 2011, 250–3; cf. Sterelny 2013, 317.

5. 关于语言学的作用，参见：Price and Bar–Yosef 2011; Flannery & Marcus 2012; Ehret 2010 and 2016.

6. 更为谨慎的研究：R.B. Lee & Daly 2004, 466–7; Graeme Barker 2006, 398–401.

7. Graeme Barker 2006, ch. 2.

8. Rival 2004a.

9. McConvell 2010, 178; R.B. Lee & Daly 2004, 39; A.B. Smith 2004, 388.

10. Zeder 2011; cf. Netting 1993, 28–9.

11. For the following: Graeme Barker 2006; Price & Bar–Yosef 2011; Zeder 2011 and 2012; Whitehouse & Kirleis 2014; Manning 2020; Suzman 2020; cf. Whittle & Cummings 2007; Gifford–Gonzales & Hanotte 2011.

12. Heckenberger 和 Neves（2009, 253）将其称为"动植物管理"；在早期的出版物中，通常称为"文化控制"。

13. Zeder 2012, 171–81; cf. Gifford–Gonzales & Hanotte 2011.

14. Graeme Barker 2006, 145.

15. Gifford–Gonzales & Hanotte 2011, 3.

16. Price & Bar–Yosef 2011; Zeder 2011 and 2012; H. Xiang et al. 2014; Whitehouse & Kirleis 2014; Shelach–Lavi 2015; Ehret 2016.

17. Zeder 2011.

18. Zeder 2012, 177–8; Diamond 1998, 159, 169.

19. Graeme Barker 2006, 404–5; cf. Anthony 2007, 462–3.

20. Diamond 1998, 97ff.; 与其他大多数学者相比，埃雷特（2016）认为的非洲时间要早得多。

21. 根据 埃雷特（2016, 35–7, 51–2）的说法，他们是非洲人。

22. Roosevelt 2004, 89–90; cf. Graeme Barker 2006, ch. 7; Mithen 2003, ch. 2; Prestes Carneiro et al. 2019.

23. Gifford–Gonzales 2013.

24. Reich 2018, 100, 150–1; Ehret 2016.

25. Reich 2018, 96: 在欧洲，这导致了蓝眼睛、黑皮肤和黑头发的现有狩猎采集者与浅色皮肤、黑头发和棕色眼睛的移民农民的融合。从而形成了蓝眼睛、浅色皮肤和金发的北欧人。

26. Mithen 2003, ch. 43; Gifford–Gonzales & Hanotte 2011; Gifford–Gonzales 2013.

27. Roullier et al. 2013.

28. On Africa: Gifford–Gonzales & Hanotte 2011; Gifford–Gonzales 2013; Ehret 2016; Fourshey, Gonzales & Saidi 2018.

29. Heckenberger & Neves 2009; cf. Anthony 2007; Manning 2020.

30. Klein Goldewijk 2011.

31. Amin 2005, 112–24, 290–319 (for India c.1870–1880); Hommel 1969, 41–81 (for China c.1900–1920).

32. Hommel 1969, 42–4.

33. Graeme Barker 2006, 356–7, 368.

34. Thomas 1999, 333 (摘自约 1290 年用拉丁文撰写的关于英格兰普通法的论文 *Fleta*).

35. Anthony 2007, 72.

36. Amin 2005, 291–3, 297.

37. Amin 2005, 292.

38. Amin 2005, 297.

39. Thomas 1999, 335 (translation by Alexander Pope, 1715–1720).

40. J. Lucassen 1987, 52–8; Lambrecht 2019.

41. Khazanov 1994, 19.

42. Zeder 2012, 174.

43. Khazanov 1994, 19–25. 他说的不是现代奶牛养殖业，在现代奶牛养殖业中，完全定居的农民的收入完全或主要依赖于牲畜。

44. Khazanov 1994, 24; cf. Mithen 2003, 77–8; Diamond 1998, ch. 9.

45. Cross 2001.

46. Adovasio, Soffer & Page 2007, 269.

47. Lancy 2015.

48. Diamond 1998, 105, 98.

49. Eaton & Eaton 2004.

50. Lancy 2015, 101.

51. Lancy 2015, 109.

52. 请注意 Anthony（2007, 155）的警告：只有那些在道德和伦理上承诺眼睁睁看着家人挨饿，而不是让他们吃掉种畜的人，才能饲养驯养动物。种粮和种畜必须保存起来，不能吃掉，否则明年就没有庄稼和小牛了。

53. Eaton & Eaton 2004, 450–1. Cf. Sahlins 1972; Roosevelt 2004, 88–9; Shryock & Smail 2011, 72, 74.

54. Lancy 2015, 31, 85–7, 304–25.

55. Hrdy 2009, 274–5; De Knijff 2010, 49–50; Gronenborn 2007, 80–4; Bentley 2007; cf. Kok 2010, 218–31ff. 关于泰国新石器时代母系社会的维持：Bentley 2007, 129, fn. 2.

56. Lancy 2015, 141–4.

57. Hayden & Villeneuve 2012, 100–3.

58. Sterelny 2013, 313–15; Henrich, Boyd & Richerson 2012; Lancy 2015, 85–7; cf. Ehret 2010, 138; De Knijff 2010, 49–50.

59. 赫尔迪（2009）同意贾雷德·戴蒙德关于 5 万年前创新"大跃进"的观点。

60. Delêtre, McKey & Hodkinson 2011.

61. Bradley 2007; for China, see Shelach-Lavi 2015, 70–86, 97–8.

62. Matthews 2003, 78; cf. Peterson 2002; Graeme Barker 2006.

63. Adovasio, Soffer & Page 2007, 247–9, 268–9; cf. Peterson 2002.

64. Sahlins 1972, 41ff.; Diamond 1998, 10–106; Mithen 2003, 165–6, 495; Hrdy 2009, 299; Lancy 2015, 268–9; 这也是 Suzman（2020）的一个重要主题。

65. Mithen 2003, 58–9, 83–4; K.–C. Chang 1999, 46.

66. 在下文中，我将家庭视为一个单位，并充分意识到在这个单位中，不仅在任务分工上存在差异（正如我们刚刚看到的），而且在权力上也存在差异（参见：Costin 2001, 275）。

67. Costin 2001, 276. 与农业创新的年代一样，最早手工业的年代目前也在讨论之中，参见：Ehret 2016 and Manning 2020.

68. See ch. 3.

69. Bellwood 2013, 148; for Africa: Ehret 2016, 60–1.

70. Graeme Barker 2006, ch. 4. 关于这一点，中国的概况并不清楚。*Idem*, ch. 6; Shelach– Lavi 2015, chs 3 and 4.

71. Shelach–Lavi 2015, 71.

72. Shelach–Lavi 2015, 108–9, 122.

73. Shelach–Lavi 2015, 87; 关于欧洲：Graeme Barker 2006, 357–64; Gronenborn 2007, 77–84; 关于非洲：Ehret 2016, 57–9.

74. Graeme Barker 2006, 131–2, 159–60.

75. Costin 2001, 286; cf. McCorriston 1997; Ehret 2016; Manning 2020.

76. Hoffman 2009, 146 (他甚至谈到了"商业狩猎"); cf. Schrire 2009.

77. Bentley 2007.

78. Ehret 2010, 382–3.

79. R.B. Lee & Daly 2004, 276, 280.

80. Rival 2004a, 81–2.

81. Hayden & Villeneuve 2012, 95–6, 99; cf. Flannery & Marcus 2012; Manning 2020.

82. Borgerhoff Mulder 2009; E.A. Smith et al. 2010. 不过，牛比土地更适合被征用：: Shryock & Smail 2011, 257.

83. Kelly 1995, 221–32; cf. Ingold 2004, 400.

84. De Waal 2009, 161.

85. Kelly 1995, 203; Graeme Barker 2006, 56–7, 70.

86. Drennan, Peterson & Fox 2010; Feinman 2012.

87. Ehret 2016; Fourshey, Gonzales & Saidi 2018. 这与另一位非洲主义者苏兹曼（2020）的观点相悖。

88. Price & Bar–Yosef 2012, 161.

89. Aldenderfer 2012, 78; cf. Hayden & Villeneuve 2012.

90. Aldenderfer 2012, 86.

91. Aldenderfer 2012, 88; cf. Hayden & Villeneuve 2012, 132.

92. Shryock & Smail 2011, 64–5.

93. Mithen 2003, 506.

第三章

445

1. Peterson 2002, 125.

2. 关于这一术语：Matthews 2003, ch. 3; Wengrow 2006, 151–3: 然而，社会的复杂化与物质的简单化可能同时存在。

3. 此外，有时也会出现从农民演变回狩猎采集者的情况：Diamond 1998, 53–7, 63–5.

4. 参见"引言"中解释的全球劳动关系分类。

5. Wengrow 2006, 23–6.

6. Bellwood 2013, chs 6, 7, 9.

7. 早期的海上航行史与现代人类最初的扩张有关，需要穿越长达 200 公里的海峡：Manning 2020.

8. Bellwood 2013, 146–8.

9. Reich 2018, 199–204; cf. Ehret 2016; Manning 2020.

10. Wengrow 2006, 148–50; Gifford–Gonzales 2013.

11. Bellwood 2013, chs 6, 8, 9.

12. Bellwood 2013, 131, 147.

13. Bellwood 2013, 143, 150.

14. For Europe: De Grooth 2005; G. Cooney 2007, 558–61; cf. Bentley 2007, 125 ff.; Gronenborn 2007, 77–9.

15. Killick & Fenn 2012, 562; 在非洲，铜和铁的使用是在更加平等的环境下进行的（Ehret 2016）。

16. Killick & Fenn 2012, 563; cf. Anthony 2007.

17. Killick & Fenn 2012, 567 (quotation); E.W. Herbert 1984 and 1993.

18. Nash 2005.

19. Anthony 2007, 200–24.

20. Anthony 2007, 127, 174–7, 321–7; for Egypt–Sudan cf. Wengrow 2006, 17–19, 25; Romer 2012, 8–10.

21. Anthony 2007, 222 (quotation). 关于印欧语系的起源和分布的最新理论：Reich 2018; Manning 2020.

22. 关于乳糖耐受性：Khazanov 1994, 96; Pagel 2012, 263–4; De Knijff 2010.

23. 更多内容，参见：Anthony 2007, 67, 72, 277–9, 382–405, 425.

24. Khazanov 1994, xxxi–iii, 15ff., 122（"非自给自足，在许多情况下，我甚至可以说他们的经济是反自给自足的"）.

25. 接下来：Khazanov 1994, 44–59, 65–9, 89–122.

26. Khazanov 1994, 99; cf. Diamond 1998, 390–1; Mithen 2003, ch. 51.

27. Khazanov 1994, 55. 诗人是 Julian Tuwim (1894—1953)。

28. Wengrow 2006, 59–71.

29. Khazanov 1994, 63–5, 106–11; Wengrow 2006; Ehret 2016.

30. Khazanov 1994, 59–63, 102–6; Atabaki 2013.

31. Khazanov 1994, 123, 152; Atabaki 2013, 165; cf. Wengrow 2006, 63–5 for a critique of the primitivization of pastoralism.

32. Khazanov 1994, 126–7; 143–4（游牧民族中也盛行父系家庭，但可能早于母系血统，图阿雷格人中仍有母系家庭）.

33. Khazanov 1994, 130ff.

34. Anthony 2007, 321–2.

35. Shelach-Lavi 2015, 250.

36. I.J.N. Thorpe 2005; Parker Pearson 2005; cf. Pagel 2012, 88–98.

37. 以下是受到 Marija Gimbutas 极大启发的 Reich（2018）之后的内容。

38. Reich 2018, 98–114, 234–41.

39. Reich 2018, 237–41; cf. Seaford 2020.

40. Diamond 1998, 277, 286; cf. Hayden & Villeneuve 2012, 129; 关于因气候和环境变化狩猎采集者群体之间被迫进行竞争：Keeley 2014.

41. Keeley 2014, 30.

42. Khazanov 1994, 160–2, 181, 278–82.

43. Cf. Hårde 2005; cf. Fontijn 2005, 152; Kristiansen 2012; Hrdy 2009, 29–30, 169, 274; De Waal 2009, 22–4.

44. Diamond 1998, 141–2.

45. Leick 2002, xvii, 48; Matthews 2003, 109–10; Mithen 2003; K.–C. Chang 1999; R.P. Wright 2010; Beaujard 2019.

46. Leick 2002, 43–8, 77–8; Matthews 2003, 98–9; Wengrow 2006, 36–8, 76–83, 135–7; R.P. Wright 2010, 160–6, 183–7, 222–3.

47. Leick 2002, 22–3, 69.

48. Leick 2002, 52; cf. Van de Mieroop 2007, 55–9.

49. 卡尔·波兰尼（1886—1964）是这一概念的创始人：Polanyi 1944, chs 4–6; Polanyi, Arensberg & Pearson 1957; Dalton 1971. 波兰尼所说的"再分配"与"中心性"被马克斯·韦伯称为"Leiturgie"：Weber 1909, 80–91, 181, and Weber 1976, 153, 211, 818.

50. Schmandt–Besserat 1992; cf. Van de Mieroop 2007, 28–35.

51. Schmandt–Besserat 1992, 150–3, 161–3, 189.

52. Schmandt–Besserat 1992, 179–83.

53. Leick 2002, 137.

54. Anthony 2007, 283–4; cf. Van de Mieroop 2007, 202–3, 220–2.

55. R.P. Wright 2010, 205–6; more hesitant: Kenoyer 2008; Wade 2017; cf. Seaford 2020, 18.

56. Shelach–Lavi 2015, esp. chs 7 and 8; cf. contributions in Underhill 2013.

57. Liu, Zhai & Chen 2013.

58. Shelach–Lavi 2015, 131–2, 155–6, 188, 224; He 2013; Xu 2013.

59. Shelach–Lavi 2015, 156; He 2013, 266; Liu, Zhai & Chen 2013, 286. 请注意，并非所有提及的地区都使用同一种语言 (Bellwood 2013)。

60. Sinopoli（2001, 441–4）关于帝国的定义："具有异质种族和文化构成的大国……帝国合并的主要目标和／或结果是以生存和其他资源（包括人力）的形式攫取财富。"

61. Wengrow 2006, chs 2–5; cf. Beaujard 2019.

62. Leick 2002, 52–3, 76–80, 158–60.

63. Van de Mieroop 2007, 78–84.

64. Van de Mieroop 2007, 233–6; Fernández–Armesto & Smail 2011, 144.

65. Kelder 2010; Fischer 2007［尽管 Garlan（1995，3–35）强调了这一社会的奴隶特征］; cf. Garcia–Ventura 2018; 关于非洲更晚时期的类似政治体，参见：Monroe 2013.

67. Leick 2002, ch. 4; Van de Mieroop 2007, 64–73; Matthews（2003, chs 4–5）论证了为什么一千年前的乌鲁克可能成为这一荣誉的候选者；cf. Van der Spek 2008, 33–9. Van de Mieroop（2007, 45, 51）谈到了政治上分裂的城邦的早王朝时期

446

（前 2900—前 2350）。

68. Van de Mieroop 2007, 143–8, 182–3, 230–3; cf. Anthony 2007; Shelach-Lavi 2015, 257.

69. Leick 2002, 95; cf. Van de Mieroop 2007, 231.

70. Rotman 2009, 19, 26, 211 ('Servi autem ex eo appellati sunt, quod imperatores captivos vendere iubent ac per hoc servare nec occidere solent').

71. Parker Pearson & Thorpe 2005; T. Taylor（2005, 232）反其道而行之，假定史前存在强制劳动，"就像人们假定可以获得饮用水一样"。

72. Van de Mieroop 2007, 233; cf. Gelb 1972; Culbertson 2011a and 2011b; Tenney 2011; Kleber 2018; D.M. Lewis 2018; Beaujard 2019.

73. Leick 2002, 187. 根据 Asher-Greve（1997）的观点，军事化也可能产生截然不同的效果：强调男女之间的差异。

74. Jursa 2010; Van de Mieroop 2007; Matthews 2003, 182–8; Oka & Kusimba 2008. 贸易的起源要古老得多，考古发现表明，在人类史前的最初阶段，狩猎者和食物采集者群体就已经开始进行稀有物品的交换，当时没有太多的相互接触，有时甚至没有身体接触（关于"无声的易货贸易"，参见：Wicks 1992, 12）。

75. Barber 1994, ch. 7.

76. Leick 2002, 124–5. 她给出的最早的（强迫？）银币支付案例发生在约公元前 2250 年（Ibid., 99）。另见：Heymans 2018.

77. Adams 2006, 158–67.

78. Van de Mieroop 2007, 93–4, 115.

79. Scheidel 2009, 438–40. 与古埃及相比，这是相当有利的。

80. Leick 2002, 203, 205; Matthews 2003, 120–2; Van de Mieroop 2007, 94–103.

81. Leick 2002, 164 (without a more precise date).

82. Dandamaev 2009; Jursa 2010; Van der Spek 1998 and 2008; cf. Pirngruber 2012, 20–6.

83. Dandamaev 2009; Jursa 2010; Van der Spek et al. 2018. 对于没有硬币的货币：Heymans 2018.

84. Jursa 2010, 261–3, 680. 该资料中没有提到模制和烧制砖块，但我从后世手工模制砖块的生产数字中推断出了这一点（cf. Lourens & Lucassen 1999; Kessler & Lucassen 2013; W.P. Campbell 2003, 30–7）。

85. Jursa 2010, 662–3.

86. 以下内容主要基于：Romer 2012 and 2017，本书一般也沿用他对人名的拼写；cf. Donadoni 1997; Wengrow 2006; Wilkinson 2010.

87. Romer 2012, 70; cf. Brewer 2007; K.M. Cooney 2007, 162.

88. Brewer 2007; Bleiberg 2007; Moreno García 2008; cf. K.M. Cooney 2007, 谈到了"混合经济"。

89. Wengrow 2006, esp. 33–40, 263–8.

90. Wengrow 2006, 158–64; Romer 2012, 64–71.

91. Romer 2012, 169; Bleiberg 2007, 182.

92. Romer 2012, ch. 6; 在第 114 页，他批评了 Wengrow（2006）。

93. Moreno García 2008.

94. Kelder 2010; cf. Moreno García 2008; Hayden & Villeneuve 2012.

95. Fernández-Armesto & Smail 2011, 144; Romer 2017, 133–9.

96. al-Nubi 1997; Spalinger 2007; K.M. Cooney 2007, 164; Moreno García 2008, 119, fn. 59.

97. Kelder 2010, 117ff.

98. Romer 2012, xxxv; Romer 2017, 134.

99. Kelder 2010, 63–4, 82–3 (信使交换的贵重物品也可能包括精锐军队和适航水手; cf. Leick 2002, 95, 99).

100. Moreno García 2008, 110, 144.

101. Brewer 2007, 145; cf. Katary 2007.

102. Caminos 1997, 16–17.

103. Ockinga 2007, 253–4.

104. Romer 2012, 325–7.

105. Moreno García 2008, 118; cf. Brewer 2007, 134; 关于女性劳动: Feucht 1997; Stevens & Eccleston 2007.

106. Romer 2012, 276–85, 309–13, 319–20, 357, 363, 381; 关于港口和海事工作: Romer 2017, 259–72, 478–80, 379–414.

107. Romer 2012, 192; Romer 2017, 135–6.

108. Exell & Naunton 2007, 94–7; K.M. Cooney 2007, 168–73.

109. K.M. Cooney 2007, 171.

110. K.M. Cooney 2007, 170; Valbelle 1997, 39–40 and 44; 与此相比, 农民剩余的数量要少得多。

111. Romer 2017, 497.

112. Loprieno 1997.

113. Moreno García 2008, 123–42. 关于债务束缚, 参见: 118, 136; cf. Romer 2017, 492.

114. Von Reden 2007; Bleiberg 2007, 181–3; Moreno García 2008, 112–14, 146–9; Romer 2017, 136–7; Heymans 2018.

115. Shelach-Lavi 2015, 196–7, 217–20, 242–6; cf. Yuan 2013; Jing et al. 2013.

116. Shelach-Lavi 2015, 222–3.

117. Shelach-Lavi 2015, 255, cf. also 224–5. 请注意, 作为奴隶的战俘劳动力显然未被考虑在内; cf. Yuan 2013; Jing et al. 2013.

118. Shelach-Lavi 2015, 226, 269–305.

第四章

1. Kirch 2010; Pagel 2012, 36–7; Roullier et al. 2013; Reich 2018, 199–204.

2. 这也意味着远距离以物易物的可能性, 甚至意味着某些岛屿（如雅浦岛）恢复了某种采集者的生活, 其货币制度令人费解。参见: Gilliland 1975.

3. Khazanov 1994, 41–4, 111–15.

4. J. Lucassen 2007a (introduction), 2014b, 2018a; Mooring, Van Leeuwen & Van der Spek 2018; cf. Maurer 2006; Haselgrove & Krmnicek 2012; J.M Hall 2014, 275–81; Seaford 2020. Kuroda（2020）提供了货币史的最佳介绍。

5. Seaford 2020 (quotation on 61; italics in original); cf. Kuroda 2020, 41, 145, 202–3.

6. Haselgrove & Krmnicek 2012; cf. Aubet 2001, 138–43; Leick 2002, 99, 125; Kuroda 2020. Heymans（2018）指出, 囤积的 "黑木耳" 数量很少, 但与工资支付无

关。不过，Jursa（2010）确信这种联系。

7. P. Spufford 2008.

8. H.S. Kim 2001 and 2002.

9. Cohen 1992, xiv, 22 (fn. 92); Garlan 1995, 77; Schaps 2004, 156; J.M Hall 2014, 277 （公元前 5 世纪，最小的雅典银币重 0.044 克或 1/16 欧宝，或 1/48 标准日"最低工资"）; D.M. Lewis 2018, 40, 43. 参见 Jursa（2010）关于美索不达米亚公元前 6 世纪长时期使用的低重量银片。

10. J. Lucassen 2007a, Introduction (after Garlan 1995; Cohen 2002; Burke 1992).

11. Loomis 1998, 257; Trevett 2001, 25; Ashton 2001, 92–4.

12. J. Lucassen 2007a, Introduction, 23.

13. After Gabrielsen 1994, ch. 5.

14. Gabrielsen 1994, 124.

15. Von Reden 2007 and 2010. 奴隶制在托勒密时期也处于次要地位，特别是在生产部门（131–6）。关于罗马时代：Howgego 1992; Van Heesch 2007; Verboven 2009.

16. Von Reden 2007, ch. 2, 303–4.

17. Von Reden 2007, 60–5 [男性每年的盐税为 1.5 德拉克马（= 9 奥博尔 = 72 查柯），女性为 1 德拉克马].

18. Von Reden 2007, 81（在中埃及的大片地区，60% 的人口为耕种者；40% 为兼职农民）。

19. Von Reden 2007, 148.

20. Von Reden 2007, 138 (quotations), 147–8. 面对工资和收入的长期急剧下降（Scheidel 2010, 453; cf. Brewer 2007, 144），冯·瑞登（2010, ch. 6）强调了公元前 3 世纪价格的稳定性和内部市场的高度一体化，与之形成鲜明对比的是公元前 2 世纪价格的剧烈波动（Ibid., 154）。

21. Rowlandson 2001; Harper 2015; Erdkamp 2015.

22. Rathbone 1991; cf. Bagnall 1993.

23. Launaro 2015, 177.

24. Witzel 2006, 460–2.

25. Thapar 2002; Chakrabarti 2006（与此同时，也出现了非自由劳动）。

26. Bopearachchi 2015, I, 82–92. 印度西格劳斯的含银量低于波斯西格劳斯（属于完全不同的钱币），参见：J. Lucassen 2007a, 28–9; Bhandare 2006; Shrimali 2019.

27. Kautilya 1992; cf. Chakrabarti 2006; Jha 2018.

28. Bhandare 2006, 97.

29. H.P. Ray 2006; Majumdar 2015; 关于印度洋贸易：Seland 2014; Mathew 2015; Boussac, Salles & Yon 2018.

30. See Wang 2004, 9–16; J. Lucassen 2007a, 29–32; Scheidel 2009, 137–43; Haselgrove & Krmnicek 2012, 239–40; Thierry 1997 and 2015; B. Yang 2019.

31. Thierry 2015.

32. 在中国，牛粪的货币功能经常引起误解，导致作者过早地将牛粪的货币用途推定为货币（Harari 2014, 197–8）。然而，正如 Yuan（2013, 337）所说，商代早期墓葬中发现的牛粪没有货币功能。参见：Jing et al. 2013; Shelach–Lavi 2015; B. Yang 2019.

33. Pines et al. 2014, 320 (fn. 8 to ch. 6 by Robin D.S.Yates): 公元前 221 年之前，"如

果一个人很穷，无法支付罚金，那么他可以通过为政府工作来偿还罚金，如果你得到了食物，那每天可以得到6现金；如果你没有得到食物，那每天可以得到8现金"。这意味着，可以用1/4的工资获得每日口粮，这与沙伊德尔（2009，p. 182）的说法相矛盾，即秦朝的应征入伍者没有收到现金工资。

34. Thierry 2015, 442.

35. Pines in Pines et al. 2014, 234.

36. Pines et al. 2014; cf. Falkenhausen 2006; Shelach-Lavi 2015, ch. 11.

37. Cf. Barbieri-Low 2007, 7–9.

38. Pines et al., 2014, 19–28; cf. Falkenhausen 2006, 417.

39. Shelach-Lavi in Pines et al. 2014, 131.

40. Pines et al. 2014, 27 (Introduction), 223 (chapter by Robin D.S. Yates), 310 fn. 18 (chapter by Gideon Shelach-Lavi); Barbieri-Low 2007, 10, 212ff.

41. 与玛雅帝国覆灭的比较：Shelach-Lavi 2015, 121, 132–3, 308.

42. Shelach-Lavi 2015, 137–8; M.E. Lewis 2015, 286–94.

43. Wang 2007, 67.

44. Scheidel 2009, 11, 199.

45. Scheidel 2009, 4, 19, 76; M.E. Lewis 2015, 286–94.

46. Barbieri-Low 2007, 43 (translation Burton Watson).

47. Thomas 2009, 533–4 (translation Arthur Waley 1919).

48. Barbieri-Low 2007, 254, 256.

49. Barbieri-Low 2007, 26–9; cf. Lis & Soly 2012; 关于古代中国后期的工匠：Moll-Murata 2018.

50. Barbieri-Low 2007, 27.

51. Barbieri-Low 2007, 18.

52. Banaji（2016, 14）更倾向于将罗马（晚期）经济描述为"原现代"，而非"前资本主义"。

53. Lis & Soly 2012，其中颠覆了关于希腊人蔑视劳动的现有理论（例如：Arendt 1958, ch. 3）；Budd 2011；Hofmeester 2018；关于中国，参见：Barbieri-Low 2007, 36–66.

54. Lis & Soly 2012, 28.

55. Lis & Soly 2012, 48–51.

56. E.M. Harris 2002, 70–3; Vélissaroupolos-Karakostas 2002, 134–5; Kyrtatas 2002, 144–5; D.M. Lewis 2018.

57. Schaps 2004, 153–74 (quotation on p. 153); J.M. Hall（2014, 214–21, 262–8）将公元前500年前的佃农、雇佣劳动者和债务抵押人描述为"各种非自由身份的阶层"（p. 219）。

58. Cohen 1992, 61（雅典人偏好按日计酬可能与"社会价值观禁止公民在他人控制下持续工作"有关), 70–3.

59. Gallant 1991; D.M. Lewis 2018（他有时与同行意见相左，例如：Garlan 1995; Andreau & Descat 2011); Zurbach 2014.

60. Gallant 1991, 134（严格来说，这段引文与赛艇手有关，但与他后来在文中对雇佣军的论述完全一致）。

61. Van Heesch 2007; Verboven 2009.

62. Mainly after D.M. Lewis 2018; cf. Garnsey 1998; Temin 2012; Erdkamp 2015;

Launaro 2015.

63. Cf. Hrdy 2009, 275; Ehret 2010, 131–5; Rotman 2009, 57, 198.

64. Kolchin 1987, 53; cf. D.M. Lewis 2018, 281, fn. 45.

65. Cf. W.V. Harris 2011, 38.

66. Andreau & Descat 2011, 88.

67. Andreau & Descat 2011, 82–91, 107–8, 149–56.

68. Verboven 2011; Garnsey 1998, 77–87, 154–62, see esp. 86; Launaro 2015, 177; Erdkamp 2015, 31–2; Banaji 2016.

69. Rihll 1996; Andreau & Descat 2011; D.M. Lewis 2018.

70. 关于这个日期，参见：Van Dommelen 2012. 早在 10 世纪，殖民活动就已少量开始。与大多数作者一样，里尔（1996）也将殖民高潮推到了 6—8 世纪。

71. Rihll 1996, 111; D.M. Lewis 2018.

72. Garlan 1995, 71–3; Rihll 1996; Schaps 2004; Jameson 2002, 171.

73. Garlan 1995, 40, 61.

74. Andreau & Descat 2011, 120–8.

75. Andreau & Descat 2011, 46–65. 关于罗马奴隶贸易，另见：W.V. Harris 2011, ch. 3.

76. Schiavone 2013; cf. Andreau & Descat 2011, 141–9; W.V. Harris 2011, 286. 关于希腊世界的奴隶起义，参见：D.M. Lewis 2018.

77. Schiavone 2013, 97–103; Gregory of Nyssa（公元前 4 世纪）是在呼吁废除奴隶制方面影响最深远的古典作家，但即使是他也没有呼吁真正废除奴隶制：Andreau & Descat 2011, 136, 169.

78. Schiavone 2013, 41–4, 59–61, 116–17.

79. Schiavone 2013, 27–8, 68–9 (quotation on p. 69), 74; Andreau & Descat 2011, 144.

80. Andreau & Descat 2011, 14, 41–52; Harper 2011, 38–60; 另见：W.V. Harris 2011, 61. 关于约公元前 400 年和公元前 350 年至公元前 310 年的雅典，Garlan（1995, 61–6, 72–3）得出的数字是这个数字的两倍，这可以解释为战争导致大量供应的时间更短。关于雅典的自由劳动力，参见：Migeotte 2009, 93.

81. Harper 2011, 67–91, this in contrast to W.V. Harris 2011, 62–75, 88–103.

82. Harper 2011, 59–60：罗马社会最上层的 1.365% 拥有罗马社会 5% 最底层的奴隶；关于奴隶的主要作用，参见：*Idem*, ch. 6.

83. Harper 2011, 150–1, 157–8, 162–79; cf. Rotman 2009, 114–16; J. Lucassen 2013, annex 1.

84. Andreau & Descat 2011, 158.

85. 另一方面，父母可以将子女的劳动力出租 25 年：Andreau & Descat 2011, 162; H. Barker（2019）对基督教所谓的减轻影响持批判性态度，她称之为"基督教改善叙事"。

86. Sharma 2014.

87. Stillman 1973.

88. 我将不讨论其他种姓社会，例如非洲（Ehret 2016, 218–26）和太平洋地区，尤其是夏威夷（Flannery & Marcus 2012, 332–48）；Barbieri-Low 2007, 56–63：公元前 300 年至公元前 200 年的中国工匠并不受其职业的种类束缚，因为他们似乎至少享有一定的社会向上流动的可能性。

89. Jha 2018, 2020. 除非另有说明，我遵循他的解释，他的解释在很大程度上受到

Damodar Dharmanand Kosambi 和 R.S. Sharma 的启发。Cf. Thapar 2002; H.P. Ray 2003; Boivin 2005; Chakravarti 2006; Parasher-Sen 2006; Witzel 2006; Stein 2010; Olivelle & Davis 2018. Seaford（449 7002_CC21.indd 2020, 213–16）将种姓制度的全面发展的时间定得太早。关于印度移民运动的最新年代，参见：Reich 2018, ch. 6.

450

90. Klass 2020, 21–5.

91. Kautilya 1992, 33–53, 69, 88–9, 446–55; cf. Thapar 2002, 62–8, 122–5, 154.

92. Jha 2018; cf. Witzel 2006, 482–3; Olivelle & Davis 2018.《摩奴法典》后来于 18 世纪末在英国流行，是印度教徒的神圣法律（shastras）之选。

93. Fernández-Armesto & Smail 2011, 145.

94. Jha 2018, 160.

95. Jha 2018, 59–60.

96. Jha 2018, 161–2.

97. See also Witzel 2006.

98. Cf. Thapar 2002, 164–73; H.P. Ray 2003, esp. 245ff.; Falk 2006; Parasher-Sen 2006, 441–4; Witzel 2006.

99. H.P. Ray 2003, 165–87; Kearny 2004, 31–55; Tomber 2008; on guilds: Subbarayalu 2015 (cf. Verboven 2011 for Rome).

100. Jain 1995, 136–8; S.R. Goyal 1995; Sharma 2014. 另见：Wicks 1992, ch. 3; Shankar Goyal 1998; Thapar 2002, 460–1. Shrimali（2002）令人信服地驳斥了 Deyell（1990）的主要论点（该论点受到广泛好评：Subrahmanyam 1994, 11–15）；cf. Deyell 2017; Shrimali 2019.

101. 迄今为止，遗传学家发现的强制群体内婚制的最古老年代是 3000 年至 2000 年前安得拉邦的一个维西亚族群（Reich 2018, 144）和 1500 年至 1000 年前古吉拉特邦的一个帕特尔族群（Pemberton et al. 2012）；cf. Chaubey et al. 2006; Bittles 2005. 这可能与我关于种姓和货币化同时发生的时间一致。如果我们承认内婚制是以自上而下的方式在社会中传播的，那么这可能与我提出的种姓突破与去种姓化同时发生的时间相吻合。

102. 对这一类比的反对意见，参见：Stein 2010, 106–8.

103. 与此同时，直到 12 世纪，《政事论》等政治经济学文本也是如此，参见：Pollock 2005, 63–4 (cf. Kautilya 1992, 823). 关于南方的连续性：H.P. Ray 2006.

104. Jha 2018, 128, 159; H.P. Ray 2003, 224.

105. Jha 2018, 130–1 (quotation), 155; Stein 2010, 87–90; Falk 2006, 147–53; Jamison 2006; Kautilya（1992, 69–70）讲述了他所处时代的女性劳动：以纺纱和织布为生；卖淫（在国家妓院）；住家佣人；以及奴隶。Shrimali（2019, 186）证明了我们这个时代初期外姓或首陀罗女仆的价格为 50 卡珀帕纳。

106. Jamison 2006, 204–9.

107. Thapar 2002, 462–6; Jha 2018, 130, 153 (quotation), 161; Sharma 2014; Habib 2004.

108. J. Lucassen 2005, 430–2; M.E. Lewis 2015; Deng 2015; Guanglin 2015.

109. Deng 2015, 326 (quoting Eric Jones). 在这方面，他将宋朝与晚清进行了比较。令人震惊的是，正是在这两个时期，而且几乎只是在这个时候，多种钱币被制造出来，从而导致古代中国两次出现了短暂的多币种货币体系。

110. Deng 2015, 326; cf. M.E. Lewis 2015, 302.

111. 关于约公元 650 年后埃塞俄比亚的非货币化，参见：Ehret 2016, 201–7, 283.

112. Banaji 2016; Rio 2020.

113. Rotman 2009, 176, 179 (quotation).

114. Rotman 2009, 32, 41, 121; cf. Rio 2020, 136–41, 225–30; H. Barker 2019.

115. Rotman 2009, 173–6.

116. 根据 T. Taylor（2005）的研究，这些奴隶中包括大量性奴隶，他们在运输过程中和被卖掉后都会受到剥削。阿拉伯编年史家（如重要的 Ibn Fadlan，他于 10 世纪 20 年代从巴格达前往伏尔加河畔的喀山）对女奴和男奴的称呼，即 jariyeh 和 ghulam，都带有明显的性含义；cf. H. Barker 2019.

117. Rotman 2009, 159.

118. Rotman 2009, 57–81; cf. Ott 2015; T. Taylor 2005, 229–30.

119. Zürcher 2013; Chatterjee & Eaton 2006; H. Barker 2019.

120. J. Lucassen 2007a, 38–9, after Laiou 2002, in which C. Morrison 2002; C. Morrison & Cheynet 2002. Also Rotman 2009, 95–107, 198–200.

121. Rotman 2009, 33–4, 36, 44.

122. Heidemann 2010, 53–4.

123. Shatzmiller 1994, 38–40; Shatzmiller 2007, 150; 更详细的讨论，参见：Heidemann 1998, 2006, 2007, 2009a, 2009b, 2010, 2011, 2015 .

124. Kennedy 2015, 401; Van Bavel 2016, 84–5.

125. Gordon 2011, 73–4; cf. Toledano 2011. 注：白色是哀悼的颜色。

126. Shatzmiller 2007, 98–9, 159–60.

127. Kennedy 2015, 391–7; cf. Hofmeester 2018.

128. Heidemann 2006.

129. Nasr 1985; Udovitch 1961; J. Lucassen 2013.

130. Cf. Kennedy 2015, 390ff.

131. Sebeta 1997, 535; 关于希腊：Barber 1994, 273–83; 关于伊斯兰世界（犹太人）：Hofmeester 2011, 146; H. Barker 2019.

132. Shatzmiller 1994 and 2007 (quotation on p. 101).

133. Shatzmiller 2007, 129.

134. Hofmeester 2011, 151.

135. Russell 1972; Verhulst 1999; Buringh 2011, 71–5, 78, 290. 关于罗马帝国：Scheidel 2009, 11.

136. J. Lucassen 2007a, 40, heavily inspired by Bloch 1954, 11–33 and P. Spufford 1988.

137. Epstein 1991, 28–38.

138. Hodges & Cherry 1983, 141.

139. 有关这方面的特点，参见：De Hingh 2000.

140. Buringh 2011, 432; Rio 2020.

141. Slicher van Bath 1963a; Rio（2020, 135）表明，家庭奴隶制更有可能产生强硬的不自由做法。

142. Slicher van Bath 1963a, 49; Slicher van Bath 1963b and 1963c.

143. Buringh 2011, 77–94.

144. Buringh 2011, 81.

145. Buringh 2011, 347.

146. Wyatt 2011 and Rio 2020. 他们指出，在古代之后，奴隶制（尤其是妇女）并没有从欧洲消失——当然也没有废除——对战俘的奴役也没有消失。另见：pp.

157–9.

147. McKitterick 2008, 104; cf. Harper 2011, 497–509.

148. Rio 2020, 33.

149. Arnoux 2012; Toledano 2011; H. Barker 2019.

150. J. Lucassen 2014b; Deyell (1990) 认为低价值钱币填补了公元 500—1000 年银币消失后留下的空白，但这一观点并不令人信服。参见：Shrimali 2002 and 2019. 尽管很难确定牛粪作为小额零钱在孟加拉发展的时间，但自 14 世纪以来，牛粪在孟加拉的存在肯定有据可查（B. Yang 2019），在奥里萨邦和比哈尔邦直到 19 世纪也是如此。

151. Thapar 2002, 344–5; H.P. Ray 1986, 82–9; Fletcher 2012. 关于印度的手稿制作，参见：Buringh 2011, 104–5, 150–1, 156–7.

152. Thapar 2002, chs 9–10.

153. Wicks 1992; Coe 2003; Lieberman 2003; Scheidel 2015a; 见：B. Yang（2019）关于牛粪作为 1300 年的货币的论述。

154. Scheidel 2015a; Monson & Scheidel 2015; 更细致的方法：Barbieri–Low 2007, 254–6.

155. 万花筒般的概述，参见：Mann 2006.

156. Cf. Feinman & Garraty 2010. 另见：Maurer 2006（他将波兰尼的著作描述为 "一个关于'我们'已经失去的世界的道德故事和外来事物的汇编"）and Peebles 2010.

157. Feinman & Garraty 2010, 175. 关于玛雅，另见：Pines et al. 2014, among others, p. 308 (notes). See Diamond 1998, 53–63.

158. Scheidel 2015a, 2. 关于工作和劳动关系的历史，与美洲相比，非洲的早期资料仍然稀少。参见：Kusimba 2008; Monroe 2013; Ehret 2016.

159. M.E. Smith 2012b, 31; Joyce 2010, 51–3, 66–83; Kolata 2013, 123.

160. Lau 2013.

161. Joyce 2010.

162. Joyce 2010, 111.

163. Joyce 2010, 116, 142.

164. Joyce 2010, 147–8.

165. 主要基于：D'Altroy 2002 and 2015; Kolata 2013; cf. La Lone 1982 and 2000; Morris 2008. 关于早期文明：Kolata 1993; Lau 2013.

166. D'Altroy 2015, 31; D'Altroy 2002, ch. 9.

167. Kolata 2013, 139–45.

168. D'Altroy 2002, ch. 9, esp. 207: "一般原则是对投降者宽容"。关于几个前印加交战政治体的替代方案，参见：Lau 2013, ch. 4.

169. Quoted by Kolata 2013, 101–2.

170. D'Altroy 2002 and 2015; Kolata（1993, 205–42）认为，安第斯的蒂瓦纳库文明（约 500—1000）在农业生产的社会组织方面与印加文明有许多共同之处。

171. D'Altroy 2002, chs 8–9; D'Altroy 2015, 49, 54; Morris 2008, 310–2; Gil Montero 2011; Kolata 2013, 92–6, 110.

172. Earle & Smith 2012, 277–8.

173. Morris 2008, 309–10; D'Altroy 2002, ch. 7; Kolata 2013, ch. 5.

174. D'Altroy 2002, 176, cf. also 286.

175. 250—800/1000 年 的 古 典 时 代，首 都 位 于 蒂 卡 尔；后 来 大 约 800/850—1100/1200 年首都位于奇琴伊察，大约 1100/1200–1441 年，位于玛雅潘。

176. Demarest 2004; M.E. Smith 2012a, 14–15; Canuto et al.2018.

177. Andrews 1993, 54; Canuto et al. 2018. Demarest（2004）非常不愿得出这样的结论。

178. Fletcher 2012; Pyburn 2008 (heavily inspired by Netting 1993 and Stone, Netting & Stone 1990). 179. Andrews 1993, 49–52.

180. Andrews 1993, 48–9; Canuto 等人（2018）估计公元 700/800 年，玛雅中部低地总人口约为 1000 万，即大约每平方公里 100 人；cf. Demarest 2004.

181. Andrews 1993, 59 (quoting W. L. Rathje).

182. M.E. Smith 2012b and 2015; 为了解早期连续性，参见：Hirth 2008.

183. See M.E. Smith 2012b, 69; see Earle & Smith 2012.

184. M.E. Smith 2012b, 77.

185. Earle 和 Smith（2012, 240–1）对比发现印加帝国采用由国家提供资金的常规经济（staple finance）策略，商业化程度很低；而具有霸权性质的阿兹特克帝国家采用财富经济（wealth finance）策略，商业化程度高；关于霸权不同用途的研究，参见：Kolata 2013 .

186. Sinopoli 2001, 456; Joyce 2010, 50（指出这“提高了女性劳动力的需求和价值，使女性站在抵制增加贡献要求的最前沿”）; Beckert 2015, 15.

187. M.E. Smith 2012b, 81.

188. M.E. Smith 2012b, 94–107 (所有的奢侈手工业者和一些实用手工业者——其中一些组成了行会——都居住在城市里).

189. Earle & Smith 2012, 264.

190. M.E. Smith 2012b, 111, 116–19, 125, 170; Giraldez 2012, 152.

191. Giraldez 2012, 154.

192. M.E. Smith 2012b, 126.

193. M.E. Smith 2012b, 134 for quotations.

194. M.E. Smith 2012b, 52, 61, 130–4, 142–3, 154, 161–3, 321; M.E. Smith 2015, 73, 102–4.

195. Kessler 2012; see Chapter 5.

196. Giraldez（2012, 154 和其个人通信）质疑，为什么在 1518 年，搬运工人和其他当地劳工会要求西班牙人用可可豆支付工资，除非他们以前就知道这种做法。

197. M.E. Smith 2012b, 134, 136, 145–6.

198. M.E. Smith 2012b, 112, 116, 125, 141–2, 161, 212, 214, 225; D'Altroy 2002, 172（与印加人祭相比，印加人祭的牺牲者要多得多，而且牺牲者主要是印加年轻人）; Berdan 2014,190–1.

199. M.E. Smith 2012b, 154, 161, 210, 222–5; cf. Joyce 2010, 50, 62.

200. Wade 2017.

201. Guanglin 2015.

202. Slicher van Bath 1963a, 1963b and 1963c; Arnoux 2012.

203. Bloch 1967, 176–82, quotation 182; Arnoux 2012. 他还强调了什一税的再分配效应，它不仅为神职人员带来了收入，也使村里的穷人和残疾人得以生存；Beck, Bernardi & Feller 2014.

204. Scammell 1981, 40–7.

205. Kuroda 2020, ch. 6.

206. Hoffmann 2001.

207. Lis & Soly 1979, 1–8, 14–16; cf. Arnoux 2012.

208. Buringh 2011, 74, 290–1, 图书产量的增加证实了这一点，当然，现在也出现了商业性图书出版，超出了修道院的范围；*Idem* 348–58, 427–40.

209. Guha 2001; Lardinois 2002; Krishnan 2014.

210. Chandra 2014; Grewal 2014; Hussain 2003.

211. Moosvi 2011.

212. Kolff 1990, 10, 18–19 (quotation on p. 18), 58. 约拉哈或织工，被认为是最低贱的种姓，而谢赫则代表社区中的学术和宗教职能。无偿劳动：Levi 2002; Hussain 2014, 114–16.

213. J. Lucassen 2014b, 30 (after Deyell 1990); cf. Kulke & Rothermund 1990, 168–81; Subrahmanyam 1994; Habib 1994（第 103 页关于女性的引文 3）; J.F. Richards 1994.

214. Hussain 2003, esp. ch. 8; cf. Wicks 1992, ch. 3; Beckert 2015 for cotton.

215. Hussain 2003, 260.

216. Wicks 1992, 104; B. Yang 2019 for cowrie currency.

217. K. Hall 1994; Thapar 2002, ch. 11, 关于雇佣劳动：esp. p. 378; Ramaswamy 2004, 2011.

218. Sinopoli & Morrison 1995; Sinopoli 2001; K.D. Morrison & Sinopoli 2006; cf.Appadurai 1974.

219. Sinopoli & Morrison 1995, 91.

220. Sinopoli & Morrison 1995; Kulke & Rothermund（1990, 193–6）赞同 Burton Stein 对将毗奢耶那伽罗帝国描绘为 "军事封建主义" 的批评。

221. Chandra 2014; K. Davids & Lucassen 1995; Shatzmiller 1994, 55–68; Van Bavel 2016.

222. 关于测量和比较这些水平的尝试，参见：De Matos & Lucassen 2019; De Zwart & Lucassen 2020.

223. Van Zanden 2008; Van der Spek, Van Leeuwen & Van Zanden 2015.

224. Lis & Soly 1979, ch. 2; Cohn 2007; Van Nederveen Meerkerk 2008; Riello & Roy 2009; Beckert 2015; Van Bavel 2016.

225. Lis & Soly 1994; Harvey 1975, 38–9.

226. Prak & Wallis 2020.

227. Prak 2013; cf. K. Davids 2013b; Harvey 1975; Erlande–Brandenburg 1995, 80–85; Ramaswamy 2004.

228. Harvey 1975, 8–18 (quotation on pp. 8 and 9); Victor 2019.

229. Harvey 1975, ch. 3 (quotation on p. 48); Victor 2019.

230. Zürcher 2013.

231. Scammell 1981, 132; Ágoston 2005; J. Lucassen 2012a and b.

232. Harvey 1975, 71; Erlande–Brandenburg 1995.

233. Van Zanden 2008, 337, 351.

234. Van Zanden 2008, 337, 349.

235. Van Zanden, De Moor & Carmichael 2019；然而，Segalen（1983）认为西欧并未显著偏离印度模式。

236. Van Zanden, De Moor & Carmichael 2019, 24, 27, 39, 42, 46, 53, 56, 233–43.

237. Van Zanden 2008 (quotation on p. 348); Van Zanden, De Moor & Carmichael 2019.

453

238. Buringh 2011; 关于后期，参见：M. Spufford 1995.

239. Jackson 1989, esp. 627–8; cf. K. Davids 1994.

240. Blockmans 1980, 845–6; cf. Beck, Bernardi & Feller 2014.

241. Lis & Soly 1979, 48–52; Harvey 1975, 39–40; Cohn 2007; Humphries & Weisdorf 2019. 这也是欧洲最早的例子之一，国家而非城市（经济和劳动政策此前由城市负责）开始介入这个问题。Cf. Brady 1991, 137; Prak 2018.

242. Cohn 2007; Dumolyn 2017.

243. Slicher van Bath 1963a, 189–94; Lis & Soly（1979, 52）还提到朗格多克、莱茵、西班牙、波希米亚和斯堪的纳维亚。

244. Slicher van Bath 1963a, 192; cf. Arnoux 2012, chs 6–7.

245. 另见：5b and also 6c and 7b；关于秦朝的情况：Pines et al. 2014；更早期的例子：Verboven 2011; Subbarayalu 2015.

246. J. Lucassen, De Moor & Van Zanden 2008.

247. Harvey 1975, 24; Lis, Lucassen & Soly 1994.

248. Sonenscher 1989; Lis & Soly 1994; Knotter 2018, ch. 1.

249. Hussain 2003, 264–5; Mazumdar 1969.

250. 我们可能还会补充热带非洲的母系小型政治体（500/1000 年后逐渐转向父系且更加不平等，另见第 71 页；从约 1000 年开始，萨赫勒地区也在跨撒哈拉接触的影响下发生了变化，参见：Ehret 2016 and Green 2019）；也许在地方农村层面上，是印度的贾吉曼尼制度。

第五章

1. Abu-Lughod 1989; Vogel 2013; Deng 2011; Van Dyke 2005; Kirch 2010; Roullier et al. 2013; De Zwart & Van Zanden 2018; Manning 2020.

2. Kuroda 2020.

3. De Vries 1994, 2008, 2013. 关于最近的批评，尽管并不十分令人印象深刻：Safley 2019.

4. K. Davids & Lucassen 1995; Van Bavel 2016.

5. Sugihara 2013. 依我之见，De Vries（2013, 80）夸大了西欧与亚洲之间的差异。

6. Sugihara 2013, 20–1.

7. Sugihara 2013, 59.

8. Sugihara 2013, 25. 因此，只有垦殖空间，参见：L. Lucassen, Saito & Shimada 2014, 372–4。1600—1750 年，耕地总面积增加了 40%，大部分增长发生在 1690 年之前，通过将河床、海湾、海岸和沼泽地转变为稻田，种植能很好耐受水涝条件的占城稻。

9. Sugihara 2013, 27, 202; Matsuura 2016.

10. Sugihara 2013, 26（注意：1 tan ≈ 1/4 英亩）; cf. Beckert 2015.

11. Nagata 2005, 6.

12. L. Lucassen, Saito & Shimada 2014, 385–7.

13. Nagata 2005. For the *Ie*: Fauve-Chamoux & Ochiai 1998.

14. Nagata 2005, 141.

15. Izawa 2013, 19; cf. also Shimada 2006, 45–56, 94–101, 143–9, Nagase-Reimer 2013 and various contributions to N. Kim & Nagase-Reimer 2013 and Nagase-Reimer

2016. 注意：这些工人的数量可能有问题。Imai（2016, 12–14）指出，1713 年 Besshi（当时占全国产量的 1/4）的工人不超过 2825 人（包括 600 名炭工），但她补充说（p. 13, fn. 2），我们不知道某些地点有多少工人在那里工作。

16. Mathias 2013, 303.
17. Kuroda 2020, 34.
18. Pomeranz 2013; cf. Kuroda 2020. Cf. Huang 1990.
19. Li Bozhong 2003, 142–7.
20. Li Bozhong 2003, 173.
21. Kuroda 2020, 32–4.
22. Von Glahn 2003; Li Bozhong 2003; Deng 2011 and 2015; Guanglin 2015.
23. Huang 1990, chs 3 and 8.
24. Moll–Murata 2018, chs 7–8; Moll–Murata 2008a, ch. 3.3; K. Davids 2013a, ch. 2; Van Zanden 2013.
25. Moll–Murata 2018, 250–3; K. Davids 2013a, 70–1; Van Zanden（2013）对此有不同意见。
26. 这是比知识金字塔顶端的士人（他们通过一个原则上向所有人开放的功名考试制度获得工作，并通过文凭在政府中开始职业生涯）所占人口比例大得多的一部分（Moll–Murata 2018, 256–9）。
27. K. Davids 2013a, 120; 有关细微差别，参见：K. Davids 2013b.
28. K. Davids, 2013a, 138–42.
29. Moll–Murata 2018, 222–4, 277–8.
30. Shiuh–Feng 2016.
31. 这可以从以下的表格组合中看到：Shiuh–Feng 2016, 115–17 and Lin 2015, 163–4, 169–70.
32. Vogel 2013, ch. 3.
33. Y. Yang 2013.
34. Shiuh–Feng 2016, 89–94; cf. Kuroda 2020.
35. 关于汉族与其他民族接触的细微差别，参见：Giersch 2001.
36. Dieball & Rosner 2013; Lan 2013; Shiuh–Feng 2016. 少量铜去了云南本地的铸币局。
37. 这与海上航行的帆船相比是很低的，参见：J. Lucassen & Unger 2011.
38. N. Kim 2013, 182.
39. Wang et al. 2005 and Moll–Murata, Jianze & Vogel 2005, esp. Vogel 2005.
40. Wang et al. 2005, 5.
41. Vogel 2005; Burger 2005; Lin 2015; Jin & Vogel 2015.
42. Moll–Murata 2008b, 2013; Pomeranz 2013.
43. Pomeranz 2013, 118–19; Moll–Murata 2018, 271–2. 根据 Birge（2003, 240）的说法，女性地位从元朝开始恶化："从明朝开始，女儿很少从嫁妆中获得土地……而寡妇的贞节成为家族和社区美德的试金石。"
44. Pomeranz 2013, 119.
45. 因此他们类似于大多数较大的和大型的商人，他们通常基于家庭关系，在行会以外的各种城市中组织起来并保持相互联系，参见：Gelderblom 2013.
46. Moll–Murata 2013, 257.
47. Y. Yang 2013, 99ff.

48. Vogel 2005.

49. Vogel 2005, 411.

50. Moll–Murata 2015, 276.

51. Vanina 2004; Moosvi 2011; Mukherjee 2013; Beckert 2015; For wages, De Zwart & Lucassen 2020; De Matos & Lucassen 2019.

52. Parthasarathi 2001 and 2011; Riello & Roy 2009; I. Ray 2011; also Sukumar Bhattacharya 1969, 172ff.

53. Mukherjee 2013, ch. 3; Pearson 1994, 51ff.; 关于中国：K. Davids 2013a, 125ff.

54. R. Datta 2000; 关于 18 世纪末和 19 世纪：Van Schendel 1992, 3–8; Buchanan 1986a and 1986b; Amin 2005, 211–19, 289–346, 332–6.

55. 关于火药硝石，参见：Jacobs 2000, 96–100; Buchanan 1986a, 549–55; Colebrooke 1884, 110–15; Sukumar Bhattacharya 1969, 141–5; 关于靛蓝：Van Santen 2001; Van Schendel 2012.

56. Roy 2013, 113: 只有贫困的农民或远道而来的土地工人被雇佣为工厂工人。他们可能有足够的闲暇时间。无论如何，直到 20 世纪 40 年代，印度男性的平均工作年限也只有 182 天；cf. Pomeranz 2000, 212–15, 146–8.

57. Caland 1929, 74. Cf. Van Santen 2001. 尽管如此，跨越种姓界限的流动性还是可能的，正如来自 Colebrooke（1884, 104–7）、Vanina【2004, ch. 4 (esp. 125)】和 Parthasarathi（2011, 59–60）的作者所强调的。我的深刻印象是，这些是例外，确认了职业内婚的规则和规范。

58. 感谢 Ed van der Vlist 对这段古荷兰语的翻译。

59. R.K. Gupta 1984, 150–60; Sukumar Bhattacharya 1969, 173–84. 关于南印度的棉花工人：Parthasarathi 2001 and 2011.

60. Cf. R. Datta 2000, 185–213 and 294–304.

61. 关于南印度，Parthasarathi（2001, 13）提到，棉花纺织工有可能雇劳工（coolies）来准备在市场上用部分预付款购买的纱线。Cf. Wendt 2009.

62. R.K. Gupta 1984, 212, fn. 50. Cf. Parthasarathi 2001, 11–14, 29–32, 119–20; Subramanian 2009; and Ramaswamy 2014.

63. R. Datta 2000; cf. Parthasarathi 2011; Beckert 2015.

64. Wendt 2009, 211 (quotation), 212. For an even stronger distribution of activities among castes in western India, see Subramanian 2009, 257–60.

65. Amin 2005, 360：Fable XI, 首次以印地语发表于 1873 年。注意与 17 世纪诗歌 "The wife of the Gujar or Cowherd"（Raghavan 2017, 98）的相似性。法文版至少有 1240 年的历史 [Arnoux（2012, 286–7）指出梵文《五卷书》可能是原作]。有关女性的内容，参见：Moosvi 2011.

66. Das Gupta 1998. 尽管她的实证证据不适用于当前时期，且印度内部存在家庭结构的差异（Parthasarathi 2011, 73–5），但我仍然认为可以在这里使用她的观察结果。

67. Das Gupta 1998, 446–7.

68. Das Gupta 1998, 451–3.

69. Das Gupta 1998, all quotations from 450–9.

70. Denault 2009.

71. Roy 2013.

72. Van Rossum 2014; 关于织工群体迁移的封闭性，参见：Ramaswamy 2014.

73. J. Lucassen 2012a and 2012b; 关于公司和工厂规模，参见：Pollard 1965 and Huberman 1996.

74. Bellenoit 2017; cf. Sugihara 2013, 29–30：“东亚核心地区可能比南亚地区更重视大众识字率。” Cf. Studer 2015, 33.

75. Van Zanden 2013, 326–8, 339–40. 注意：阿拉伯世界的手稿生产高峰期在 800 — 1200 年，因此也早得多；参见：Buringh 2011.

76. Slicher van Bath 1963b and 1963c; 关于英国的情况：Muldrew 2011 for England.

77. Bieleman 1992; cf. De Vries 1974; J. Lucassen 1987.

78. De Vries 1974, 136–7.

79. Muldrew 2011, 19.

80. J. Lucassen 1987. 关于自 1500 年以来的季节性迁移的最新概述：Lucassen & Lucassen 2014.

81. J. Lucassen 1987, 117 (original December–January 1812/1813); cf. Lambrecht 2019.

82. J. Lucassen 1987, 118.

83. Kessler & Lucassen 2013.

84. J. Lucassen 1987, 96.

85. Ebeling & Mager 1997.

86. De Vries 1994, 2008, 2013. 关于这一概念的良好讨论：Muldrew 2011, 14–17.

87. Ogilvie & Cerman 1996; Ebeling & Mager 1997; Beckert 2015.

88. Fontana, Panciera & Riello 2010, 277–85; cf. Belfanti 1996.

89. Van Nederveen Meerkerk 2007; see also Van Nederveen Meerkerk 2006, 2008 and 2010.

90. Van Nederveen Meerkerk 2007, 289–90.。

91. Vandenbroeke 1996, 104–5.

92. M. Spufford 1984, 110–34 and 2000; cf. Muldrew 2011, esp. ch. 4; Thomas 2009, ch. 4; 关于对英国的收入影响：Humphries & Weisdorf 2019.

93. Holderness 1976, 86–92; Hudson 1996.

94. 基于：Lancy 2015, 17（更多育儿）; De Moor & Van Zanden 2006, ch. 5. and Van Zanden, De Moor & Carmichael 2019; 有关父权家庭内外的家庭策略，参见：Cashmere 1996; Bourke 1994.

95. Holderness 1976, 86–92; Hudson 1996; M. Spufford 1984 and 2000.

96. Snell 1985, ch. 6; cf. Van Nederveen Meerkerk 2007; Lis & Soly 1997.

97. Quotations from Hudson 1996, 64 and 65. King（1997，关于约克郡西部的研究）指出，家庭关系非常紧密，并且在此过程中得到保持。女性通常在 22 岁左右结婚，而丈夫最多大一两岁。父母通常还在世，并在必要时提供帮助（母亲更早断奶，表明生产性工作优先）。总的来说，他勾画了一个紧密的前工业化村落社区。

98. Snell 1985 83–4; cf. Muldrew 2011, 18–28; J. Lucassen 1987, 264–7.

99. 关于欧洲以外的行会，参见：Prak 2018, ch. 11.

100. Prak 2018; Prak & Wallis 2020.

101. K. Davids & Lucassen 1995, Introduction; Lucassen & Lucassen 2010, 19–32; cf. De Vries 1984; Prak 2018.

102. Lucassen & Lucassen 2010, 32. 在这里，我忽略了推力因素，如主要发生在农村的战争带来的频繁困苦。

103. Prak 2008; Bok 1994; De Vries & Van der Woude 1997, 342–3.

104. Reininghaus 2000; Van der Linden & Price 2000; Prak, Lis, Lucassen & Soly 2006; J. Lucassen, De Moor & Van Zanden 2008; Epstein & Prak 2008; Teulings 2019; Prak & Wallis 2020.

105. Epstein & Prak 2008; K. Davids 2013b.

106. Mokyr 2015.

107. Prak & Wallis 2020; cf. K. Davids 2013a, 138: "在技术信息的流通方面赶上中国之后，欧洲经历了一系列在明清中国未曾出现的进一步变化。"

108. Sheilagh Ogilvie（2007）对行会的负面有特别敏锐的观察，参见：Sarasúa 1997. 最近，这一点也受到了 Prak 和 Wallis（2020）的批评。

109. Schmidt 2009; Van Nederveen Meerkerk 2006 and 2010.

110. Knotter 2018, ch. 1.

111. Dobson 1980; Barret & Gurgand 1980; Truant 1994; Reith 2008.

112. De Moor, Lucassen & Van Zanden 2008; Prak 2018, ch. 11.

113. J. Lucassen 1995, 382–3; cf. Carlson 1994, 94–5.

114. Boter 2016.

115. Hay & Craven 2004; Pesante 2009; Deakin & Wilkinson 2005.

116. Steinfeld 1991; Humphries & Weisdorf 2019; 关于苏格兰的不自由形式：Whatley 1995a and 1995b.

117. Steinfeld 1991, 98; cf. Pesante 2009, G.R. Rubin 2000.

118. J. Lucassen 1995, 398.

119. Hay & Craven 2004, 116. 有关 1918 年前德国农场佣工较差地位的信息：Biernacki 1995, 309.

120. Lucassen & Lucassen 2010. 不幸的是，没有关于南亚和东南亚的估计数据。

121. Lucassen & Lucassen 2014, Introduction, 44–5.

122. 此外，为了加快速度，供应被取消，参见：Rieksen 2020; Zürcher 2013.

123. J. Lucassen & Unger 2011.

124. Van Lottum, Lucassen & Heerma van Voss 2011; Van Rossum 2014.

125. Van Lottum, Lucassen & Heerma van Voss 2011, 332–3.

126. Van Rossum 2014, 79–80, 95–7.

127. Van Rossum 2014, 80–8.

128. Van Rossum 2014, 281–7.

129. Rediker 1987, 2014; Van Rossum 2014; Jaffer 2015.

130. Thomas 1999, 256–7 (translated from Middle English by Brian Stone).

131. Cross 2001, 502; Humphries & Weisdorf 2019; 关于中世纪早期纺织工业中对劳动时间的控制的尝试，参见：Stabel 2014; 关于其他部门：Victor 2019, 134, 145; Versieren & De Munck 2019, 80–1.

132. Cross 2001, 502.

133. De Vries & Van der Woude 1997, 615–17; Noordegraaf 1985, 58–9.

134. Prak 2018; Teulings 2019.

135. Muldrew 2011; 关于近代早期欧洲的刺激物，另见：Roessingh 1976, 73–98.

136. C.A. Davids 1980; Rieksen 2020.

137. Sarasúa 1997.

138. Barret & Gurgand 1980, 196; cf. Amelang 2009.

139. More 1995, 243.

140. Looijesteijn 2009 and 2011.

141. Thompson 1968, 24–6; Skipp 1978, 105–7; Thomas 1999, 535.

142. Thomas 1999, 145–6.

143. 推动力，参见：Pomeranz 2000; Parthasarathi 2011; Vries 2013. 有关该书的讨论，参见：*TSEG* 12 (2015); Studer 2015; 最近的，见 Roy & Riello 2019 中的许多作者（包括 Pomeranz 本人）。

144. 当然，这些不是唯一因素。涉及许多辩论，例如，煤的可用性。有关相对完整的概述，参见：Goldstone 2015, 19. Goldstone 在对 Vries（2013）的评论中列出了一个因素，即劳动，描述为"丰富／稀缺、强度／勤奋、工资和质量或人力资本"。有关人力资源因素的有趣比较讨论，参见：Prak 2018.

145. 其他优秀研究，如：Including otherwise excellent studies like Humphries & Weisdorf 2019, 2883; Prak & Wallis 2020, 309, 315. 更为谨慎的研究：Prak 2018 is much more cautious.

146. Goldstone 2015; Beckert 2015.

147. O'Brien & Deng 2015.

148. De Zwart & Lucassen 2020.

149. R. Datta 2000, chs 5–6. Mukherjee（2013）对粮食贸易提供了更有利的看法。

150. Verlinden 1991; Walvin 2006; H. Barker 2019; Rio 2020.

151. Phillips 1991; Hofmeester & Lucassen 2020.

152. Verlinden 1955, 1977, 1991; Phillips 1991; Walvin 2006; Eltis & Richardson 2010; Ehret 2016; Green 2019.

153. H. Barker 2019; cf. Verlinden 1991, 71; Scammell 1981, 106–8; Green 2019; 关于马尔代夫贝壳同时出口到地中海和撒哈拉以南非洲，参见：B. Yang 2019.

154. Blumenthal 2009; 有关黑人作为种族类别，另见：H. Barker 2019.

155. Berthe 1991; McCreery 2000; cf. Semo 1993; M.E. Smith 2012a.

156. McCreery 2000, 94.

157. M.E. Smith 2012a; cf. Allen, Murphy & Schneider 2012.

158. McCreery 2000, 22–6; cf. Berthe 1991.

159. M.E. Smith 2012a, 291–2.

160. The term *repartimiento forzoso* is from Berthe 1991, 104.

161. McCreery 2000, 39.

162. McCreery 2000, 49.

163. Barragán Romano 2016, 2018; cf. Cole 1985; McCreery 2000, 31–3, 41–3; Mangan 2005; Gil Montero 2011.

164. Cole 1985, 1; 根据 Barragán Romano（2016 and 2018）的说法，盖丘亚语和艾马拉语中的 mita 意味着轮流工作。

165. Gil Montero 2011, 309.

166. Cole 1985, 24; cf. Mangan 2005, 26–7.

167. Barragán Romano 2018.

168. 在这里，我结合了 Gil Montero（2011）和 Barragán Romano（2018）的论点。

169. Mangan 2005.

170. 例如，在现在的佛罗里达北部和佐治亚州南部的蒂穆夸人（Timucua）中，参见：Milanich 1996, 134–6, 173–6.

171. Milanich 1996, 190–5.

172. Milanich 1996, 137, 160–6; Hemming 1984.

173. Saeger 2000; cf. Hemming 1984, 538.

174. Saeger 2000, 138–40.

175. Saeger 2000, 65–76.

176. 以下基于：Hemming 1984; 关于圭亚那，参见：Kars 2020.

177. Hemming 1984, 506.

178. Hemming 1984, 517.

179. Allen, Murphy & Schneider 2012, 887. 随后增加了债务劳役（peonaje）和实物工资制（强制从雇主或其亲属的商店购买商品），尤其是在殖民地时期之后，参见：McCreery 2000, 64–5; Semo 1993, 156–7.

180. McCreery 2000, 63, 65–7; Semo 1993, 88–9.

181. McCreery 2000, 56–60; Hemming 1984, 536–9.

182. McCreery 2000, ch. 3.

183. Berthe 1991; cf. H. Klein 1986.

184. McCreery 2000, 25–7.

185. Muaze（2016）讨论了巴西的家庭奴隶制。由于波托西的财富增加，非洲奴隶在秘鲁也变得重要。他们通过卡塔赫纳（现在的哥伦比亚）和波托韦洛（现在的巴拿马）运输，穿越地峡，然后运送到卡亚俄，利马的入境港口，参见：H. Klein 1986, 28–35; cf. Green 2019.

186. Moya Pons 2007, 16, 22–5, 57–63, 71–2; McCreery 2000, 48–54; cf. Bosma 2019.

187. McCreery 2000, 53.

188. Moya Pons 2007, 39–47, 57–63; Emmer 2000; Ribeiro da Silva 2012; Meuwese 2012.

189. Moya Pons 2007, 50–74, 86–94.

190. Galenson 1981 and 1989.

191. Tomlins 2004, 120; Bailyn 1988.

192. Tomlins 2004, 122.

193. Moya Pons 2007, 68; cf. Galenson 1986.

194. Moya Pons 2007, 67; H. Klein 1999, 32–46; Galenson 1989.

195. Austin 2013, 203 (quotation); 更高密度估算，参见：Green 2019; Ehret 2016. 有关非洲金属工具的使用，另见：E.W. Herbert 1984, 1993; Schmidt 1997.

196. Thomaz 2014; Ehret 2016.

197. Austin 203, 203.

198. E.W. Herbert 1984; Austin 2013; Thomaz 2014; Ehret 2016; Green 2019. 关于非洲的季节性 : Hurston 2018.

199. Manning 1990; H. Klein 1999; Lovejoy 2000, 2005 and 2011; Walvin 2006; Eltis & Richardson 2010; Toledano 2011; Green 2019.

200. 关于古典时代的奴隶制，当时黑奴并不优于其他奴隶，参见：pp. 134–42. 阿拔斯王朝统治伊拉克期间对奴隶的需求显著增加（Van Bavel 2016, 68–71; Gordon 2011）。

201. Lovejoy 2011, 43.

202. Lovejoy 2005, 19–33; Green 2019.

203. E.W. Herbert 1984, 113–23; Hogendorn & Johnson 1986; Beckert 2015; Green 2019;

B. Yang 2019; Kuroda 2020.

204. Eltis & Richardson 2010, 23. 这些数据由于新研究而有所变化。参见：Candido 2013; Paesie 2010; Van Rossum & Fatah–Black 2012.

205. Paesie 2016; for Asia cf. Van Rossum 2015b, 19–20, 36.

206. Eltis & Richardson 2010, 5; Lovejoy 2005, 15; cf. Toledano 2011.

207. Manning 1990, 171.

208. Green 2019; cf. D.M. Lewis 2018, 271.

209. Eltis & Richardson 2010, 136–53; 另见：Candido 2013，也涉及葡萄牙语国家和葡属非洲国家参与抓捕俘虏的情况。

210. Hurston 2018. 我使用了极好的荷兰－英语版（2019, 94–8, 108）。

211. Eltis & Richardson 2010, 159–66. 有关价格，参见：H. Klein 1999, 110.

212. Manning 1990.

213. Van Bavel 2016, 68–70. Cf. Gordon 2011.

214. Manning 1990, 170–1; H. Klein 1999, 126–7.

215. Manning 1990, 97–8, 113–23, 130–3; Lovejoy 2005, 3, 81–152, 355–84.

216. Cf. Candido 2013, 171–5.

217. Lovejoy 2000, 109.

218. Lovejoy 2005, 17–19.

219. Thomaz 2014, 77–80, 84–7.

220. Lovejoy 2005, 包括对 murgu（奴隶向主人支付的费用，以获得自行从事工资工作的权利）和 wuri（奴隶向主人按一天收入的 1/10 的比例支付费用，以获得进行贸易的权利）的讨论：见第 206–226 页。

221. Quoted in E.W. Herbert 1993, 222–3.

222. Green 2019.

223. Vink 2003; Van Rossum 2014, 2015a, 2015b, 2021a, 2021b; Mbeki & Van Rossum 2016; Brandon, Frykman & Røge 2019; Van Rossum et al. 2020; Van Rossum & Tosun 2021.

224. Singha 1998, 154–8; Chatterjee 1999, esp. ch. 1; Chatterjee & Eaton 2006; Levi 2002, 278–9; G. Campbell 2011 and 2012; Clarence–Smith 2015; G. Campbell & Stanziani 2015; Van Rossum et al. 2020; Van Rossum 2021b.

225. Saradamoni 1973; Reid 1998, 129–36; Reid 1999, 181–216; Vink 2003, 149–51, 156–7.

226. Kolff 1990, 10–15; Levi 2002; Stanziani 2014; G. Campbell 2011, 54–61. 高峰发生在公元前 200 年到公元 200 年、800 年至 1300 年，以及 1780 年至 1910 年，他估计在超过两千年的时间里，总数（包括 19 世纪来自东非的 150 万人）远远超过了涉及大西洋奴隶贸易的 1200 万人。此外，还必须加上"印度教印度和儒家远东"的陆路贸易；见 1841 年印度估算的 800 万奴隶。

227. Levi 2002, 281.

228. Levi 2002, 280; Kolff 1990, 11.

229. Levi 2002, 287.

230. Stanziani 2014, 88; cf. Toledano 2011; H. Barker 2019.

231. Kolchin 1987; Dennison 2011; Stanziani 2014.

232. Stanziani 2014, 61–72.

233. Stanziani 2014, 85.

234. Slicher van Bath 1963a, 280–2, 330; Kolchin 1987, 152; Dennison 2011, 35–6. 相同的情况也适用于豌豆、大麻和亚麻等作物。

235. Gentes 2008, 26.

236. Stanziani 2014, 55–6.

237. Kolchin 1987, 69, 151.

238. Kolchin 1987, 27, 39; Stanziani 2014, 120–1. 注意：教会财产分别于 1764 年和 1785 年在俄国和乌克兰被世俗化。

239. Kolchin 1987, 57, 62, 73 (quotation).

240. Kolchin 1987, 217.

241. Kolchin 1987, 73–5, 108, 212–17; Dennison 2011, 62–7, 87–92.

242. Kolchin 1987, 200–7; Dennison 2011, 93–131; 关于宗教的影响：Budd 2011, 22 .

243. Kolchin 1987, esp. chs 5 and 6; Dennison 2011, 42–3.

244. Kolchin 1987, 249–50. "旧十字"指的是旧信徒的异议运动。

245. Kolchin 1987, 334–43.

246. Kolchin 1987, 74 (quotation), 108, 224.

247. Dennison 2011, 230.

248. Dennison 2011, 149–80.

249. Dennison 2011, 132–48; 一些较富裕的农奴甚至可以购买农奴，当然，这需要领主的许可。通常，这种做法旨在为军队寻找替代兵员（Dennison 2011, 169–71）。

250. Kolchin 1987, 335–40; Gorshkov 2000; Moon 2002; Dennison 2011, 166, 171–8.

251. Stanziani 2014, 56; Kolchin 1987, 28–30, 279. 在西伯利亚，1678 年时还没有私有农奴，而 1719 年也仅有 3.4% 的民众为私有农奴，其余皆为国家农奴，见：Kivelson 2007.

252. Kivelson 2007; Boeck 2007; Znamenski 2007; Gentes 2008.

253. Kivelson 2007, 35.

254. Gentes 2008, 101–3; 关于苏格兰矿工的地位，参见：Whatley 1995a and 1995b.

255. Gentes 2008, 48–57.

256. Gentes 2008, 50.

257. Gentes 2008, 57.

258. Boeck 2007; Kessler 2014; Sunderland 2014.

259. Zürcher 2013; Kolchin 1987, 282–3.

260. Dennison & Ogilvie 2007.

第六章

1. 在经济史和社会史上，没有其他话题比该话题得到过更广泛的争论，例如：Pollard 1965; Lazonick 1990; Huberman 1996; Voth 2000; Rider & Thompson 2000; MacRaild & Martin 2000; Berg 2005; Allen 2009; Van Zanden 2009; Horn, Rosenband & Smith 2010; E. Griffin 2010; Stearns 2015; Greif, Kiesling & Nye 2015; Beckert 2015; Roy & Riello 2019.

2. Pomeranz 2000, 63–8; Deane 1969; Berg 2005; Broadberry, Fremdling & Solar 2010. 关于纺织的数据来源于：Deane 1969, 87.

3. K. Davids & Lucassen 1995.

4. Mokyr 2002; K. Davids 2013a and 2013b; cf. Prak & Wallis 2020.

5. Meisenzahl 2015, 330.

6. Kessler & Lucassen 2013.

7. Magnusson 2009; Broadberry, Fremdling & Solar 2010; Beckert 2015; Wong 2016.

8. J. Lucassen 2021.

9. Berg 2005. Cf. Schloss 1898, 1902（关于 Schloss 的信息，参见：W. Brown & Trevor 2014); Pollard 1965; Jacoby 1985; Lazonick 1990; Huberman 1996.

10. Berg 2005, 204. 注意：该文献并非意图讽刺。

11. Lazonick 1990; Huberman 1996.

12. Knotter 2018, 22–3; cf. Pollard 1965, 51ff; Jacoby 1985; Lazonick 1990; Huberman 1996.

13. Berg 2005, 198.

14. E. Griffin 2010, 160; Humphries & Weisdorf 2019.

15. Cf. Jones 2015, 404.

16. Meissner, Philpott & Philpott 1975. 我们可以区分那些无法谈话和唱歌的工作（不仅包括重工业，还包括需要集中脑力工作的地方）与那些可以谈话的工作以及需要谈话的工作（例如理发或零售工作）。

17. Berg 2005, 192, 253–4, 282–3; cf. Kessler & Lucassen 2013, 285–6.

18. Geary 1981; J. Lucassen 2006c; Horn 2010; Beckert 2015.

19. 在这里，我紧密跟随 Kessler 和 Lucassen（2013, 262–3）。Cf. Pollard 1965; Shlomowitz 1979; Lourens & Lucassen 1999; J. Lucassen 2013 and 2021; Berg 2005; 关于有限自由条件下的分包：Whatley 1995a and 1995b.

20. Lourens & Lucassen 2015, 2017; cf. Versieren & De Munck 2019.

21. Lourens & Lucassen 2015 and 2017, 23 (quoting *On Work and Wages,* 3rd edn, 1872).

22. Kessler & Lucassen 2013; cf. Pollard 1965, Lazonick 1990.

23. F.W. Taylor 1911, 72; cf. Kuromiya 1991. 泰勒曾担任工头，参见：Kanigel 2005, 147, 162–7 (quotation on 163).

24. Piketty 2019, ch. 6.

25. Kolchin 1987, 7, 37, 245–6; cf. for Africa: Lovejoy 2005, 207–26.

26. Van der Linden 2011a; Brass & Van der Linden 1997; cf. Hurston 2018, and the various chapters in these two volumes.

27. Verlinden 1977, 1020–46. For Portugal: Boxer 1969, 265–6 and Godinho 1992, 19–20; 关于葡萄牙帝国在西非的情况：Kloosterboer 1960, 67–78; Green 2019.

28. Toledano 2011; Erdem 1996; Hofmeester & Lucassen 2020; cf. Nieboer 1910, 136–7.

29. 关于欧洲和欧洲从马达加斯加往返运输奴隶的情况：Dewar & Richard 2012, 506–7. 关于对美洲的影响：Heuman & Burnard 2011, chs 6–8; 关于非洲：Pallaver 2014; Green 2019.

30. Saradamoni 1974; Baak 1997; Singh 2014.

31. Beckert 2015; Piketty 2019, chs 6 and 15; Greenhouse 2019.

32. 关于荷兰东印度群岛，参见：Baay 2015; Van Rossum 2015a, 2015b; Van Rossum & Tosun 2021. 关于长途运输：Kloosterboer 1960; 关于埃塞俄比亚：Fernyhough 2010.

33. Blum 1978; Kolchin 1987, esp. Epilogue; Burds 1991; and especially Dennison 2011,

231–3.

34. Espada Lima 2009.

35. Quoted in Van der Linden 2011b, 29.

36. Blackburn 1988 and 2011.

37. Kars 2020; cf. Dewulf 2018; 另见：the Palmares revolt (p. 275). 重要的是认识到，在奴隶制度与种姓等级紧密相连的地区（如喀拉拉邦），奴隶的抗议情况较少，参见：Saradamoni 1974.

38. Blackburn 1988, 144. 20 世纪晚期，古巴劳工运动发挥了类似作用，参见：Casanovas 1997.

39. Blackburn 1988, 440–1.

40. Blackburn 1988, 443.

41. Blackburn 1988, 444.

42. Eckert 2011, 351; Seibert 2011.

43. For the following: Zimmermann 2011.

44. Zimmermann 2011, 470; cf. Zilfi 2010, esp. 220–6 for opposition from the 'ulema.

45. Van der Linden & Rodríguez García 2016. 关于韩国，参见：Miller 2007. 关于荷兰东印度群岛的强制耕作，参见：Breman 1989 and Van Rossum 2021a. 通常，兵役征募本身不被视为对自由劳动原则的侵犯，但在某些情况下（特别是如果兵役时间非常长，例如三年或更久）可能会成为侵害。

46. Piketty 2019, 290–1.

47. Zimmermann 2011, 481, 488; 关于反对奴隶制的国际协议：Bales 2005, 40–68.

48. Breuker & Van Gardingen 2018.

49. Bade 2000, 232–45, 287–92; Roth 1997; Westerhoff 2012.

50. U. Herbert 1990, ch. 4.

51. U. Herbert 1990; 关于日本，参见：Palmer 2016; 关于中国：Cheng & Selden 1994, 648. U. Herbert 1990; Palmer 2016; Cheng & Selden 1994, 648. 根据 Kay 和 Miles（1992）的观点，一些战后在英国的"欧洲志愿工人"，例如来自波罗的海国家的，似乎与非自由劳动者相似。

52. The following after Kössler 1997; Van der Linden 1997a; Piketty 2019, ch. 12.

53. Roth 1997.

54. Homburg 1987; Patel 2005.

55. Mason 1966; 关于"二战"期间德国和日本之间的相似性，参见：Boldorf & Okazaki 2015.

56. Cheng & Selden 1994; Shen 2014; J. Li 2016; Piketty 2019, ch. 12; cf. Netting 1993, 109ff., 232ff.

57. Eltis 2011, 139; cf. Budd 2011, ch. 2; Van der Linden & Rodríguez García 2016; Kotiswaran 2017.

58. Kotiswaran 2017.

59. Kennan 1891, vol. I, 255; vol. II, 458.

60. Coldham 1992; Bailyn 1988; E. Richards 1996. 关于后来的流浪法，参见：McCreery 1997.

61. Pierre 1991. 其他殖民大国也有类似的惩教殖民地，如荷兰在 1926—1942 年的波文迪古尔（Boven-Digoel，巴布亚新内亚）。

62. Santiago-Valles 2016, 89–90; Piketty 2019, 581–2.

63. Pizzolato 2016. 关于美国黑奴制的长期负面影响：Angelo 1997; Krissman 1997; cf. Hurston 2018; 以及在巴西（特别是亚马孙的债务束缚）：Bales 1999 and 2005.

64. Molfenter 2016; Breman 1996; Olsen 1997; Baak 1997; Bales 1999; G. Campbell & Stanziani 2015.

65. Drèze & Sen 2013; Piketty 2019, 345–61.

66. Quotation in Van der Linden 2016, 321; Singh 2014.

67. 关于加纳，参见：Akurang-Parry 2010; 关于继续废奴主义传统的非政府组织，参见：Bales 2005.

68. Costello et al. 2015.

69. Cheng & Selden 1994, 652.

70. Ehmer 1996, 65.

71. Stone, Netting & Stone 1990; Netting 1993; Blum 1978; Vanhaute & Cottyn 2017.

72. Vanhaute & Cottyn 2017, 3; cf. Segalen 1983.

73. Netting 1993, 3.

74. Netting 1993, 34–41; cf. for France: Segalen 1983.

75. Netting 1993, 35.

76. Netting 1993, 31–2.

77. 这可能不如它看起来那样明显，因为文化规范经常阻止女性从事生产性工作，例如邻近的穆斯林豪萨人（Stone, Netting & Stone 1990, 11）。

78. Netting 1993, 73; Stone, Netting & Stone 1990.

79. Ulin 2002.

80. Netting（1993, 321）预测："但传统上集约化生产的地区，如亚洲的大型灌溉区，将继续是小农经济的堡垒，而在非洲和拉丁美洲逐渐增加的人口压力区域可能会逐步朝着相同的方向发展。"参见：Vanhaute 2021.

81. Barringer 2005. See also Crossick 1997b, 1–15.

82. 他也是 Hommel 1969（原作于 1937 年）的作者，并且是亨利·福特底特律美国创新博物馆的灵感来源，该博物馆也颂扬了工业革命。

83. Cf. contributions to Crossick 1997a; Haupt 2002; De Moor, Lucassen & Van Zanden 2008.

84. Bourillon 1997, 229.

85. Booth 1904, 57–8.

86. Booth 1904, 113–14.

87. Booth 1904, 117–18.

88. Booth 1904, 119. 关于血汗工厂，参见：Schloss 1898（他是 Booth 的合作者之一）; cf. W. Brown & Trevor 2014.

89. Piketty 2019, 591–5, 771–2, 789.

90. Hagen & Barrett 2007, 基于对厄瓜多尔施瓦尔人（Shuar）的研究。

91. Sarasúa 1997.

92. 这些是 De Moor 和 Van Zanden（2006）提出的解释历史上"女孩力量"差异的主要变量。有关其他变量，请参见：Brinton 2001.

93. Lancy 2015, 155; 关于女性农业劳动，参见：cf. Segalen 1983 .

94. Berg 2005, ch. 7; E. Griffin 2010, ch. 5; for Japan, see Tsurumi 1990.

95. Berg 2005, 137; Sinha, Varma & Jha 2019; Sinha & Varma 2019.

96. Davies 1977, 1–8; cf. Segalen 1983 for France.

97. Boter 2017, 80–81.

98. E.g. MacRaild & Martin 2000, 26–7; Boter 2017; Van der Vleuten 2016.

99. De Moor & Van Zanden 2006, 45–7; Heald 2019.

100. Wulff 1987; Tonioli & Piva 1988.

101. Siegelbaum 1988, 217–223.

102. Daniel 1989, 42–4.

103. Lancy 2015; Segalen 1983, ch. 7 and Conclusion.

104. Boter 2017; cf. Brinton 2001; Van der Vleuten 2016.

105. Goldin 2006, 5; Heald 2019.

106. Goldin 2006, 3–8.

462　107. 石油国家是一个重要例外，不是因为它们中的许多国家是伊斯兰国家，而是因为其公民收入较高，参见：Ross 2008.

108. Hrdy 2009, 167. 注意：这不是一个新现象：在 1574 年至 1821 年的英格兰，超过 1/4 的家庭由单身人士主导；寡妇占家庭的 12.9%（Berg 2005, 157）。Cf. Hahn 2002.

109. Hrdy 2009, 171.

110. L.T. Chang 2009, 51–3. 男性对应者，参见：Pun & Lu 2010. Also Chow & Xu 2001; S. Li & Sato 2006.

111. See the special edition of *The Economist*, 26 November 2011.

112. *The Economist*, 7 July 2018.

113. Atabaki 2013 (quotation on 168).

114. Vanhaute & Cottyn 2017, 3: 今天 96% 的农业从业者是小农户，其中 85% 的全球南方小农户耕作面积不足 2 公顷。

115. Voth 2000.

116. J. Lucassen 2012b; Broughton 2005.

117. Jacoby 1985; Kanigel 2005; Wood & Wood 2003; Suzman 2020, ch. 13.

118. Wood & Wood 2003, 441, 629 (as expressed in 1910 by Louis Dembitz Brandeis and in 1911 by Edward Mott Woolley); cf. Lazonick 1990.

119. Kanigel 2005, 520–1.

120. Gilbreth 1911, quotations on resp. 83 and 92–3.

121. Gilbreth 1911, 62–3, 71–2.

122. Graham 1999; Englander 2003, 234–5; Heald 2019, ch. 9. 有关企业福利，其中雇主视自己为"企业父亲"，福利工作者为"企业母亲"，照顾员工如"企业孩子"，参见：Mandell 2002.

123. Kanigel 2005, 486–550; Schneider 2003. 关于种植园奴隶管理对这些后续发展的影响，参见：Van der Linden 2010.

124. Kanigel 2005, 525; cf. Siegelbaum 1988, 1–2.

125. Gilbreth 1911; Jacoby 1985.

126. Kohli 2000, 378 (figures for 1980, 1985, 1990 and 1995); Lazonick 1990.

127. Zijdeman 2010; Netting 1993, esp. 76–7.

128. Biernacki 1995, 105–21, quotations at resp. 106 and 111 (cf. also 359: "他们接手织机以获取利润，仿佛他们是小型商品生产者"); Budd 2011, 50–2.

129. Biernacki 1995, 367, 375–6.

130. J. Lucassen 2006d.

131. J. Lucassen 2007b, 77–9.

132. Biernacki 1995, 134–40.

133. Biernacki 1995, 425–31 (quotation on 426).

134. Tilly & Tilly 1998, 74; Van der Linden & Lucassen 2001; Budd 2011; 关于英国: Pollard 1965. 有关专注于承诺的流行管理应用: Amabile & Kramer 2011; 有关历史决定的文化差异: Alam 1985.

135. Tilly & Tilly 1998, 74.

136. Turrell 1987, 149–63, quotation on 158. 关于工资水平的不同观点: 170–1.

137. J. Lucassen 2001, 13–14; Tilly & Tilly 1998, 205.

138. J. Lucassen 2001, 13–14; Van der Linden 2008, 180–1, 185–6; Meyer 2019.

139. Ohler 2015.

140. De Waal 2009, 38–39, 211.

141. Gilbreth 1911, 48–9; 关于舞蹈和运动作为情感交流手段的效果, 参见: McNeill 1995.

142. Siegelbaum 1988; Benvenuti 1989; cf. G.R. Barker 1955.

143. Siegelbaum 1988, 71–2.

144. Siegelbaum 1988, 172.

145. Siegelbaum 1988, 182, 230–1.

146. Benvenuti 1989, 46.

147. Gilbreth 1911, 15–16; 关于这两种砌砖方法的解释: 78.

148. Tilly & Tilly 1998, 217–27.

149. Wierling 1987.

150. Zürcher 2013. 再想想金伯利的封闭化合物 (Turrell 1987) 和日本丝绸工业的宿舍 (Tsurumi 1990)。

151. Siegelbaum 1988, 204–5; Brass & Van der Linden 1997, 354.

152. Lucassen & Lucassen 2014, pp. 31ff., 其中使用跨文化迁移率 (CCMRs: 14–16) 来比较欧亚大陆的不同部分. 此研究未提供其他大陆的类似数据; Manning 2020.

153. Kotiswaran 2017; Röschenthaler & Jedlowski 2017.

154. L.T. Chang 2009. Quotations from 9–10.

第七章

1. Lancy 2015; Van der Vleuten 2016; Heywood 2018.

2. Adam Smith 1812, 535. Cf. the comment by the editor J.R. McCulloch on 803–4 (notes 218–19) and Schumpeter 1972, 629–31. More generally, see Lis & Soly 2012.

3. Van Zanden et al. 2014.

4. Cited in Lancy 2015, 269. 我对文本作了略微简化, 但不影响本质。

5. Cunningham 1995; Cunningham and Viazzo 1996; Cunningham 2000; Rahikainen 2004; Goose and Honeyman 2012; Heywood 2018.

6. Van der Vleuten 2016; B. van Leeuwen & Van Leeuwen-Li 2014.

7. Lancy 2015, 282, 384–93.

8. Huynh, D'Costa & Lee-Koo 2015.

463

9. Goose & Honeyman 2012, 18.

10. B. van Leeuwen & Van Leeuwen-Li 2014; 有关不同类型殖民化的影响，参见：B. Gupta 2018.

11. Goose & Honeyman 2012, 4–5.

12. B. van Leeuwen & Van Leeuwen-Li 2014; Drèze & Sen 2013.

13. Pimlott 1976, 81, 145–6; cf. Bailey 1978; Suzman 2020.

14. Cross 1988 and 1989; Hennock 2007; Huberman & Minns 2007.

15. Karsten（1990）也提供了良好的历史回顾；Heerma van Voss 1994.

16. As quoted in the editorial introduction to Lafargue 1969, 78.

17. Huberman & Minns 2007; cf. Ehmer 2009a; McBee 2019.

18. 19 世纪，南非的祖鲁人（Zulu）担心在黑暗中外出（Atkins 1993, 91–2）。

19. Piketty 2019, 515–16.

20. Yamauchi et al. 2017; Suzman 2020, ch. 14 (also for other countries).

21. J. Lucassen 2000, 8–9.

22. Pearson 1994, 51–58. 近年来由于物流问题，数据有所波动，之前的显著增长似乎没有持续。

23. Pearson 1994, 37–8.

24. Pearson 1994, 134–5, 149–50.

25. 如果我们首先假设朝圣者增加和朝圣时间缩短的效果相互抵消，然后假设在 1600 年前后，朝圣者的平均工作年限为 35 年，那么这意味着他们（或她们）缺席 5 个月或 125 个工作日。这相当于每年平均 4 个工作日。对于整个穆斯林人口来说，这意味着每年少于 1 天。

26. Antonopoulos & Hirway 2010.

27. Zijdeman & Ribeiro da Silva 2014.

28. Ehmer 2009a and 2009b; Hennock 2007, chs 10–11 and 191–192: 在德国案例中，1889 年的法律结合了老年和失能的条款，在失能方面支出的金额远超 75 岁以上健康养老金领取者的支出。

29. Ehmer 2009a, 132.

30. M.H.D. van Leeuwen 2016, 220–1; Hu & Manning 2010.

31. Wylie 1884, 53–4.

32. Lafargue 1969, 123, 136. 在同一本小册子中，他还谴责了流动合作承包，因为这些工人，不论是法国的奥弗涅人（Auvergnian）、英国的苏格兰人、西班牙的加利西亚人、德国的波美拉尼人还是亚洲的中国人——认为"工作是有机需求的民族"——是"愚蠢的劳工'喜欢为了工作本身而工作'"；cf. Arendt 1958, 87–90.

33. 从荷兰语翻译中引述，参见：J. Lucassen 2013, 32.

34. Tilly & Tilly 1998, 114.

35. Burnett 1994, quotations on 189 and 295–6; cf. the more abstract S. Li & Sato 2006; Ehlert 2016.

36. 尽管这一主题在这里是针对大约 1850 年的工资工人展开的，但它的范围要广得多，最近的例子参见：Brandon, Frykman & Røge 2019. Cf. also Lis, Lucassen & Soly 1994; A. Bhattacharya 2017.

37. Hirschman 1970; Huberman & Minns 2007; Jacoby 1985; Lazonick 1990, chs 4–6; Huberman 1996 (也涉及地方层面).

38. Rose 2012, 301; for the following also T. Wright 1867.

39. Lourens & Lucassen 2015 and 2017. 有关团结的内容，参见：De Waal 2009 and Rosenblatt 2006; 有关公平和平等薪酬以及灵长类动物中的竞争，参见：De Waal 2009, 185–6, 195–7, 229ff.

40. J. Lucassen 2000, 43–55. 关于职业生涯，参见：Mitch, Brown & Van Leeuwen 2004; 关于中介的作用，参见：Wadauer, Buchner & Mejstrik 2015.

41. Scholliers 1996, 110–15.

42. Tilly & Tilly 1998; Wadauer, Buchner & Mejstrik 2015.

43. Truant 1994; Haupt 2002.

44. 关于印度 IT 专家在国外的劳动安排，恶名昭著的"劳务输出"：B. Xiang 2007.

45. Ramaswami 2007, quotation on 208.

46. 关于海事领域的例子，参见：Van Rossum 2014. 也考虑到在 #MeToo 辩论框架下女性的（缺乏）代理权。

47. L.T. Chang 2009, 58–9. Cf. Chow & Xu 2001; S. Li & Sato 2006.

48. Tilly & Tilly 1998, 216–27. 也应考虑到之前讨论的日本的过度工作 (p. 370)。

49. Löbker 2018, 70; cf. De Gier 2016.

50. Bouwens et al. 2018 (quotation on 48); cf. Hennock 2007, 339–40. 关于塔塔公司自 19 世纪 70 年代以来的社会政策的不同看法，参见：：Laila 1981（更传统）and Mamkoottam 1982（更批判）; S.B. Datta 1986; Bahl 1995.

51. 感谢 Chris Teulings 博士对以下段落的建议。Cf. Milanovic 2019, 25; cf. Suzman 2020, 352–9.

52. Piketty 2019, 421–2, 533; Milanovic 2019.

53. Jacoby 1985, 32, 137.

54. 关于以下内容，参见：Lucassen & Lucassen 2014. 另见：J. Lucassen 2000, 26–40, 65–7; Manning 2013 and 2020.

55. Stanziani 2008 and 2009a; Dennison 2011. 关于巴西的奴隶解放：Espada Lima 2009.

56. 当然，这些形式也可以由个人（例如，奴隶的逃跑）以及永久组织使用，特别是罢工，但也包括请愿。Atkins（1993）提供了 19 世纪南非不同形式的良好组合。Brandon, Frykman 和 Røge（2019）提供了所有自由和非自由劳工及其间的行动形式的卓越概述。

57. Rediker 1987 and cf. the mariners pp. 238–40.

58. 关于暴力和破坏，参见：Van der Linden 2008, 174–5, 181–2; 关于集体退出，参见：175–8. 关于以 uytgang 形式的集体退出，参见：Dekker 1990, 387–91; 关于慢工或 ca'canny，参见：pp. 351, 384.

59. J. Lucassen 2006c, 545–51.

60. J. Lucassen 2007b, 70.

61. J. Lucassen 2007b, 74.

62. Van der Linden 2008, 175, 197; Biernacki 1995, 438–41.

63. Van der Linden 2008, 175, 211, 253; Heerma van Voss 2002; cf. M.B. Smith 2012, 393–4, 397.

64. Van der Linden 2008, 211–15.

65. Van der Linden 2008, 215.

66. Van der Linden 2008, 179–207.

67. Quoted in Van der Linden 2008, 190.

68. Van der Linden 2008, 298–312.

69. 关于德国工会或其部分职能的存续（与英国、意大利北部和法国相比），参见：Biernacki 1995, ch. 6. Also Van der Linden 2008, 224.

70. Van der Linden 2008, 84–90; cf. Moya 2017.

71. Quoted in Van der Linden 2008, 85.

72. M.H.D. van Leeuwen 2016; Van der Linden 2008, 91–4, 109–31.

73. Van der Linden 2008, 151–69.

74. 这一表达由 Lenger（1991）创造。关于与前工业时期的连续性，参见：Epstein & Prak 2008, Introduction.

75. Boch 1989; J. Lucassen 2006b and 2006c; Christensen 2010; Knotter 2018 (esp. ch. 3); for the Islamic world, see also R. Klein 2000.

76. J. Lucassen 2006c, 528–33, quotation on 531.

77. Huberman 1996; Christensen 2010. 这一工艺控制模型阻碍了美国管理替代方案在英国的采用（Lazonick 1990）。

78. Van der Linden 2008, 220; Knotter 2018.

79. Biernacki 1995, ch. 9; Huberman 1996; cf. Van der Linden & Rojahn 1990.

80. Biernacki 1995, 423–5; Van der Linden 2008, 226–7; Heerma van Voss, Pasture & De Maeyer 2005; W. Thorpe 1989; Van der Linden & Thorpe 1990.

81. Christensen 2010, 765.

82. 德国社会民主党（SPD）在 1959 年于 Bad Godesberg 的大会上接受了"有人性的资本主义"（Capitalism with a human face），参见：Reinhardt 2014.

83. Van der Linden 2008, 225, 232–3, 251; 关于学徒的封闭式商店，参见：Biernacki 1995, 286–7 .

84. Van der Linden 2008, 227–32, 240; cf. Jacoby 1985; Lazonick 1990. 第三方，即试图干预谈判过程的所谓敲诈勒索者，也可能向雇主和员工勒索钱财。这种做法也可能腐蚀和损害工会（Witwer 2009; Greenhouse 2019）。

85. Shin 2017, 632. 赔偿：管理层威胁罢工者，称他们每个人都必须支付管理层所称的非法罢工造成的损害。关于最近工会的重要作用，参见：C.–S. Lee 2016.

86. 关于积极和消极影响，参见：Van der Linden 2008, 254–7; 另见：Deakin & Wilkinson 2005.

87. Piketty 2019, chs 11 and 17.

88. Sabyasachi Bhattacharya & Lucassen 2005. 关于造船业，参见：Fahimuddin Pasha 2017; 关于砖瓦制造，参见：J. Lucassen 2006c; 关于南亚的工会，参见：Candland 2001.

89. Cf. Benner 2002 and 2003.

90. Van der Linden 2008, 247–57; Greenhouse 2019.

91. Perchard 2019, 78.

92. Cf. August 2019; Tilly & Tilly 1998, ch. 9; Penninx & Roosblad 2000; Pizzolato 2004; Marino, Roosblad & Penninx 2017.

93. 例如，关于美国纺织工业，参见：Blewitt 2010, 552, 555. 在美国南部，工作、劳动力市场和工会是种族隔离的（Van der Linden & Lucassen 1995；Greenhouse 2019）。非裔美国人的活跃会员，特别是在第二次世界大战期间，以及他们在战争期间和战后在欧洲的经历，促成了缓慢的变化；关于工会在世界大战期间因女性劳动力参与而感到威胁，另见：Heald 2019 .

94. Quoted in Van der Linden 2008, 245–6.

95. Tilly & Tilly 1998, 246–50; for the US: Jacoby 1985; Greenhouse 2019.

96. Knotter 2018; Greenhouse 2019.

97. 关于印度，另见：Tharoor 2018, 190–1 and Van der Linden 2008, 223.

98. Tilly & Tilly 1998, 249–53; cf. Jacoby 1985; Montgomery 1987 and 1993; Lazonick 1990;Van der Linden & Lucassen 1995; Blewitt 2010; Greenhouse 2019; Jaffe（2021）描述了美国新兴的自下而上的工会化倡议。

99. Van der Linden 2008, ch. 12; cf. Van Holthoon & Van der Linden 1988; Knotter 2018.

100. Van der Linden 2008, 264.

101. Weill 1987; cf. Van Holthoon & Van der Linden 1988; Van der Linden & Lucassen 1995.

102. Van der Linden 2008, 263.

103. Cross 1988 and 1989; Heerma van Voss 1988.

104. Steinmetz 2000; Van der Linden & Price 2000. Cf. Tomka 2004; Frank 2010; Fineman & Fineman 2018.

105. Deakin 和 Wilkinson（2005, xi–xxiii）提供了关于在英格兰和威尔士（不包括有独立案例法的苏格兰）仍然有效的法规的全面概述，列出了 1598 年至 2004 年的 249 个案例和 103 部法规，其中 1349—1597 年 21 部，1598—2002 年 82 部。其他类似的列表，参见：Fineman & Fineman 2018, 392–8.

106. Piketty 2014 and 2019. 当然，对他的工作数值证明有着激烈的辩论。就我所知，这对我如何引用这一里程碑研究没有影响。此外，Segal（2020）指出，来自顶级收入群体的"劳动权益"带来了日益增长的不平等，这些群体能够为他们的个人消费购买他人的劳动，尤其是各种家政服务人员——我认为这是对战前年的回归。

107. Simitis 2000, 189.

108. 以下内容基于：Piketty 2019, 528–47.

109. Lazonick 1990, 284ff.

110. 关于英国圈地运动，参见：inter alia Snell 1985. 关于地主和他们的租户、高利贷和信贷，参见：Steinmetz 2000, chs 13–20.

111. Simitis 2000, 186–7; Hennock 2007; cf. Rimlinger 1971; Van der Linden 1996; M.H.D. van Leeuwen 2016.

112. Olszak 2000, 141–2.

113. Simitis 2000, 191.

114. Simitis 2000, 181–2. Cf. Zietlow 2018, 67–8.

115. Steinfeld 2001, 11–12; cf. Steinfeld 2009; Frank 2010.

116. Cottereau 2000, 208–12.

117. Johnson 2000; White 2016.

118. Lis & Soly 2012, 499, 504–6; Delsalle 1993; Steinfeld 2001, 243–6; Cottereau 2000, 208–12; also Horn 2010.

119. Simitis 2000, 186.

120. Thompson 1968; Pelling 1976; Dobson 1980, 121–2; Rule 1988; G.R. Rubin 2000; Hay 2004; Frank 2010.

121. Olszak 2000, 145.

122. Van Wezel Stone 2000; Zietlow 2018; Greenhouse 2019.

123. Steinfeld 2001, 246–9 for the colonies and 253–314 for the US.

124. Piketty 2019, 367–8.

125. Van der Linden & Price 2000.

126. Garon 2000; Shieh 2000.

127. 关于私人和国家的贫困救济，参见：Hennock 2007, chs 1–2; 关于最低工资：Piketty 2019, 530–3.

128. Hennock 2007.

129. Kocka 1980, 1981; Bichler 1997; Veraghtert & Widdershoven 2002; Hennock 2007; M.H.D. van Leeuwen 2016.

130. Hennock 2007, chs 16–17.

131. Hennock 2007, 295. 对于农业工人，他在 1885 年提倡"每人三英亩（1.2 公顷）和一头奶牛"。

132. Hennock 2007, 320 (因此也被标记为原型企业主义).

133. Hennock 2007, 328. 有关后续发展，参见：M.H.D. van Leeuwen 2016; Ehlert 2016. 对于中国，参见：S. Li & Sato 2006.

134. Steinfeld 2009; Greenhouse 2019.

135. Hennock 2007, 287.

136. Tsurumi 1990, 94; 这为后来"工薪阶层"（参见上文）现象作出了贡献。

137. Eichengreen & Hatton 1988, 5; Burnett 1994.

138. Tomlinson 1987, 6; Sloman 2019.

139. Fitzgerald 1988.

140. Lins 1923, 825.

141. Renwick 2017; also Rimlinger 1971.

142. Tonioli & Piva 1988, 241.

143. Tomlinson 1987, 106; Sloman（2019）展示了这并非一个人的展示。

144. 我将避免描述与法西斯主义、民族主义及其他社团主义模式的竞争，因为这覆盖的时间要短得多。在主要模式国家中，社团主义实验仅存在了一二十年。只有西班牙的弗朗哥和葡萄牙的萨拉查的新国家（Estado Novo）持续时间较长。这个国家也因其殖民政策而重要。此外，日本还与欧洲殖民地的福利主张进行竞争，例如与荷兰在印尼的竞争。

145. M.B. Smith 2012, 2015a & 2015b; McAuley 1991; also Rimlinger 1971; Madison 1968; Cook 1993; Tomka 2004; Piketty 2019, 578–606; Milanovic 2019.

146. McAuley 1991, 195. 参见 1936 年宪法第 12 条："不劳动的人不得吃饭"，这听起来像出自：Paul in 2 Thessalonians 3 (Kloosterboer 1960, 174).

147. M.B. Smith 2012; Cook 1993.

148. McAuley 1991, 193, 204; M.B. Smith 2012, 395–7.

149. McAuley 1991, 197.

150. McAuley 1991, 203–4. Cook 1993.Tomka 2004; Candland & Sil 2001.

151. Kessler 2008. 此外，直到 20 世纪 70 年代末，只有 1/4 的养老金年龄人士领取养老金，并且金额极低。McAuley 1991, 205–6; cf. M.B. Smith 2012, 392, 397–8.

152. M.B. Smith 2012, 389.

153. M.B. Smith 2012, 394–7; Tomka 2004.

154. C.-S. Lee 2016. 更为详细的比较（但仅限于 1945—1980 年）可见：Haggard &

Kaufman 2008.

155. Song 2009. Cf. Van der Linden & Price 2000.

156. Tomlinson 1987, 163–5 for this and following quotations; Piketty 2019; 关于英国， 467
参见：Sloman 2019; 关于荷兰，参见：Heijne & Noten 2020.

157. Goodman 1960, esp. 59–63. 他区分了美国社会中的三种地位：穷人、组织和独立者。

158. Piketty 2019, 531; Milanovic 2019.

159. Albert 1993. Cf. Candland & Sil 2001; Fellman et al. 2008; Piketty 2019.

160. Piketty 2014 and 2019; cf. Greer et al. 2017; Williams 2019; Sloman 2019.

161. 关键数据：Piketty 2019, 21–3, 260–1, 419–23, 492–3, 525–7.

162. Piketty 2019, chs 14 and 15, quotations on 755. 1950—1980年的"阶级裂痕"已被1990—2000年的"认同裂痕"所取代（958）；Milanovic 2019, 56–66.

163. McBee（2019，166–172）也明确指出了工作量的增加以及自20世纪70年代以来财富没有增长的事实。

展 望

1. The terminology is Polanyi's. This classification in Baldwin 2019.

2. J. Lucassen 2013, 25–31; Feinman 2012; Standing 2016; Piketty 2014 and 2019; Williams 2019; Sloman 2019; Heijne & Noten 2020; Manning 2020.

3. Ford 2017; Frankopan 2019.

4. Williams 2019, 111, 115. 而且国际劳工组织似乎对此无能为力。

5. 特别是关于重大军事冲突的情景，直到第三次世界大战，但也许更重要的是气候变化（Manning 2020）。人们不仅作为消费者参与其中，还作为生产者，这对劳工运动有影响（Fitzpatrick 2017）。

6. Van Bavel 2016; cf. Piketty 2019, 546–7. Van der Linden（2008）和 Stanziani（2019）强调了自1500年以来全球历史中自由工资劳动相对于非自由劳动关系的特殊性。

7. Piketty 2014 and 2019. 关于类似的论点（虽然出现的时间大致相同，但影响较小），参见：Luzkow 2015. 另见：Lawlor, Kersley & Steed 2009; Trappenburg, Scholten & Jansen 2014; Ford 2017; Jensen & Van Kersbergen 2017.

8. Piketty 2014 and 2019; Standing 2016. 再加上富国中的食品银行现象，在新冠疫情期间，其需求比以往任何时候都更加明显。

9. 尽管曼宁（2020）的分析在许多方面与皮凯蒂（2019）的观点一致，但曼宁更详细地阐述了环境的挑战（Piketty 2019, 235, also 254–5）。Cf. also the tenor of Drèze & Sen 2013.

10. Van der Spek, Van Leeuwen & Van Zanden 2015; Piketty 2019; Milanovich 2019（尽管这些都对当前发展持批评态度）。

11. 对于这一立场，参见：inter alia Sloman 2019; 关于历史根源的论述：Budd 2011, 38–9. 早期的一个例子是：Wells 1914, ch. 3 ('Off the Chain')，其中赞扬所有形式的全球移民劳动，视其为新型完全自由劳动者的巅峰，并可能对世界和平作出贡献。

12. Baldwin 2019[明显比 Ford（2017）更乐观，且在这方面肯定比 Harari（2014）更积极]; Cockshott 2019（在社会主义计划经济条件下的自动化）。

13. Harari 2014, 388–91, 436–7.

14. K. Davids & Lucassen 1995; cf. Lazonick 1990; Van der Spek, Van Leeuwen & Van Zanden 2015.

15. Sloman 2019, 17; 有关德国、法国、英国和瑞典税收支出的平均值，参见：Piketty 2019, 428, 458–60, 530; 关于美国的低收入和转移支付，参见：526–30. 关于荷兰，参见：Heijne & Noten 2020.

16. Sloman 2019, 206–7.

17. 记住，生产者对商品和服务（包括医疗服务和多种通信形式）有结构性需求，这在新冠疫情期间，全球北方国家通过税收资金保证失业者收入的反转，生动地体现了这一点。

18. Piketty 2019, 929–53. 关于反平等的印度民族主义的意识形态背景，参见：Drèze and Sen 2013, and Tharoor 2018 .

19. Ahuja 2019.

20. Piketty 2019; G. Campbell 2012; Green 2019; Greenhouse 2019. 最终，只有曼宁（2020）所提出的解决方案可能会提供安慰。

21. Piketty 2019, 649–55. 他表明中东地区是全球不平等的 "巅峰"。

22. 在我看来，纯粹从经济角度来看，维持少数 5%—10% 的过度消费的 "劣等人" 是可能的，但维持 1/4 或更多的人口则不可能。在这里，我假设国家——大多数国家——为重要的国内市场生产，如纳粹德国。当然，出口部门占主导地位的国家可以承受更多的种族隔离；比如种族隔离的南非和海湾国家，但也可以想到美国内战前的南方。

23. Piketty 2019, 352–7, 360–1. 不要忘记他们的个人策略，例如迁移。

24. 如果我们考虑到新自由主义的再分配，它引诱一些国家的贫困白人工人和独立生产者投票支持反工会和种族主义的候选人和政党，那么再分配式神权政治（redistributive theocracy）可能并不像我们想象的那样过时。

25. Heijne & Noten 2020, 70.

26. Heijne & Noten 2020, 78.

27. Weil 2014, 2; cf. Guendelsberger 2019; Greenhouse 2019; Jaffe 2021; and the sweating phenomenon (see pp. 329–31).

28. Ford 2017; Baldwin 2019; Garcia-Murillo & MacInnes 2019; cf. Benner 2002 and 2003; Suzman 2020, ch. 15.

29. Quotation in Sloman 2019, 69; Brynjolfsson & McAfee 2014; Livingston 2016.

30. Ford 2017, 167.

31. Cf. Deakin & Wilkinson 2005.

32. 我意识到这与 "反工作政治"（Weeks 2011）的思想相悖。

33. Arendt 1958, 107–8（也许多余，最后一句话不应被解释为基督教的自我牺牲，而应被视为通过完成成就获得的直接身体满足感）.

34. Sennett 2008, 8, 287, 289.

35. Quoted by McBee 2019, 157; 关于工作中（和学校中）关系的重要性，工作不仅是对失业的否定，还有通过工作实现的平等，参见：Clark et al. 2018; 另见：Thomas 2009, esp. chs 3 and 4; Budd 2011, chs 6, 7 and 9.

36. B.A. Rubin 2012; cf. Harari 2014, 437–44. 关于日本的过度现象和千禧一代的 "工作主义"，参见：pp. 338–41, 370, 410. Suzman（2017、2020）认为这种对工作的无限欲望（最终回到新石器时代），以及消费主义，是我们时代的主要问题；

cf. also Graeber 2019. Jaffe（2021）警告说，新自由主义系统是我们对工作的"奉献"的唯一受益者，因为它"让我们被剥削、疲惫和孤独"，这也是她书名的副标题所大声宣扬的。

37. De Waal 2009, 221（他提到 2008 年的金融危机）.

38. Petriglieri 2020，其中他提到心理治疗师 William F. Cornell 的观点。

39. 参见：Manning 2020, 249–56. 例如，Trappenburg, Scholten 和 Jansen（2014）也观察到"体面工资"的缓慢回归，在他们看来，这是一种朝向所谓的 Tinbergen Norm 的"再道德化"。这一标准传统上（但没有明确证据）归因于 1967 年获得诺贝尔经济学奖的荷兰人 Tinbergen。该标准设定了组织或企业内部最低工资与最高工资之间的理想差距为 1:5，具体取决于教育、努力、责任和辛劳。

40. Piketty 2019, 593–4.

41. Van der Spek, Van Leeuwen & Van Zanden 2015.

42. 目前的社会实际上具有比我们想象的更多的种姓特征。特别是，某些职业群体，如专业人士（和高级管理人员）的相对高薪，可以通过这一点解释，而不是通过长时间和昂贵的教育，正如通常情况一样。只需问自己为什么教育一定要那么贵。原因隐藏在机制本身。另见：Piketty 2019, 540–51.

43. 我不认为这种情况在不久的将来会在全球范围内重复，但通过最现代的通信手段，这种可能性不能完全排除。

44. 这当然可以很好地与其他地方应用的标准相结合，参见：L. Lucassen 2021.

45. 有些人只想到灾难，例如：Scheidel 2017；有关隐含批评，参见：Piketty 2019, 959. 对于极端悲观的变体，参见 Joseph Goebbels 关于 1944 年盟军轰炸的评论："炸弹恐怖对富人和穷人的住所都没有怜悯；在全面战争的劳工办公室面前，最后的阶级障碍已经消失"（Mason 1966, 141）。

46. Piketty 2019, 241–6, 645–59, 862–965. 在更一般的意义上，他称之为"边界问题"。

47. Milanovic（2019）那具有挑衅性的标题：《唯有资本主义：统治世界的体系的未来》（*Capitalism, Alone: The Future of the system that Rules the World*）。

参考文献

缩写列表

CUP   Cambridge University Press
EHR   *Economic History Review*
IRSH   *International Review of Social History*
JESHO   *Journal of the Economic and Social History of the Orient*
OUP   Oxford University Press
TSEG   *Tijdschrift voor Sociale en Economische Geschiedenis* [*The Low Countries Journal of Social and Economic History*]

Abu-Lughod, Janet. *Before European Hegemony: The World System A.D. 1250–1350* (New York: OUP, 1989).
Adams, Robert McC. 'Shepherds at Umma in the Third Dynasty of Ur: Interlocutors with a World beyond the Scribal Field of Ordered Vision', *JESHO*, 49 (2006), pp. 133–69.
Adovasio, J.M., Olga Soffer & Jake Page. *The Invisible Sex: Uncovering the True Roles of Women in Prehistory* (New York: Smithsonian Books/Harper Collins, 2007).
Ágoston, Gábor. *Guns for the Sultan: Military Power and the Weapons Industry in the Ottoman Empire* (Cambridge: CUP, 2005).
Ahuja, Ravi. 'A Beveridge Plan for India? Social Insurance and the Making of the "Formal Sector"', *IRSH*, 64 (2019), pp. 207–48.
Aiello, Leslie C. 'Notes on the Implications of the Expensive Tissue Hypothesis for Human Biological and Social Evolution', in Wil Roebroeks (ed.), *Guts and Brains: An Integrative Approach to the Hominin Record* (Leiden: Leiden UP, 2007), pp. 17–28.
Aktor, Mikael. 'Social Classes: Varna', in Patrick Olivelle & Donald R. Davis (eds), *Hindu Law: A New History of Dharmashastra* (Oxford: OUP, 2018), pp. 60–77.
Akurang-Parry, Kwabena O. 'Transformations in the Feminization of Unfree Domestic Labor: A Study of Abaawa or Prepubescent Female Servitude in Modern Ghana', *International Labor and Working-Class History*, 78 (Fall 2010), pp. 28–47.
Alam, M. Shahid. 'Some Notes on Work Ethos and Economic Development', *World Development*, 13(2) (1985), pp. 251–4.
Albert, Michel. *Capitalism versus Capitalism* (London: Whurr, 1993).
Aldenderfer, Mark. 'Gimme That Old Time Religion: Rethinking the Role of Religion in the Emergence of Social Inequality', in T. Douglas Price & Gary M. Feinman (eds), *Pathways to Power: New Perspectives on the Emergence of Social Inequality* (New York: Springer, 2012), pp. 77–94.
Allen, Robert C. *The British Industrial Revolution in Global Perspective* (Cambridge: CUP, 2009).
Allen, Robert C., Tommy E. Murphy & Eric B. Schneider. 'The Colonial Origins of the Divergence in the Americas: A Labor Market Approach', *The Journal of Economic History*, 72 (2012), pp. 863–94.
Amabile, Teresa & Steven Kramer. *The Progress Principle: Using Small Wins to Ignite Joy, Engagement and Creativity at Work* (Boston: Harvard Business Review Press, 2011).
Amelang, James S. 'Lifting the Curse: Or Why Early Modern Worker Autobiographers Did Not Write about Work', in Joseph Ehmer & Catharina Lis (eds), *The Idea of Work in Europe from Antiquity to Modern Times* (Farnham: Ashgate, 2009), pp. 91–100.
Ames, Kenneth M. 'On the Evolution of the Human Capacity for Inequality and/or Egalitarianism', in Douglas T. Price & Brian Hayden (eds), *Pathways to Power: New Perspectives on the Emergence of Social Inequality* (New York: Springer, 2010), pp. 15–44.
Amin, Shahid (ed.). *A Concise Encyclopaedia of North Indian Peasant Life: Being a Compilation of the Writings of William Crooke, J.E. Reid, G.A. Grierson* (Delhi: Manohar, 2005).
Anderson, Nels. *Work and Leisure* (New York: The Free Press of Glencoe, 1961).

Andreau, Jean & Raymond Descat. *The Slave in Greece and Rome* (Madison, WI.: University of Wisconsin Press, 2011).

Andrews, Anthony P. 'Late Postclassic Lowland Maya Archaeology', *Journal of World Prehistory*, 7(1) (March 1993), pp. 35–69.

Angelo, Larian. 'Old Ways in the New South: The Implications of the Recreation of an Unfree Labor Force', in Tom Brass & Marcel van der Linden (eds), *Free and Unfree Labour: The Debate Continues* (Bern: Peter Lang, 1997), pp. 173–200.

Anthony, David W. *The Horse, the Wheel, and Language. How Bronze-Age Riders from the Eurasian Steppes Shaped the Modern World* (Princeton/Oxford: Princeton UP, 2007).

Antonopoulos, Rania & Indira Hirway (eds). *Unpaid Work and the Economy: Gender, Time Use and Poverty in Developing Countries* (Basingstoke: Palgrave Macmillan, 2010).

Anwar, Najma, Katharine MacDonald, Wil Roebroeks & Alexander Verpoorte. 'The Evolution of the Human Niche: Integrating Models with the Fossil Record', in Wil Roebroeks (ed.), *Guts and Brains: An Integrative Approach to the Hominin Record* (Leiden: Leiden UP, 2007), pp. 235–69.

Appadurai, Arjun. 'Right and Left Hand Castes in South India', *The Indian Economic and Social History Review*, 11(2/3) (1974), pp. 216–59.

Applebaum, Herbert. *The Concept of Work: Ancient, Medieval and Modern* (Albany, NY: SUNY Press, 1992).

Arcand, Bernard. 'The Cuiva', in Richard B. Lee & Richard Daly (eds), *The Cambridge Encyclopedia of Hunters and Gatherers* (Cambridge: CUP, 2004), pp. 97–100.

Arendt, Hannah. *The Human Condition* (Chicago/London: University of Chicago Press, 1958).

Arnoux, Mathieu. *Le temps des laboureurs: Travail, ordre social et croissance en Europe (XIe–XIVe siècle)* (Paris: Albin Michel, 2012).

Asher-Greve, Julia M. 'The Essential Body: Mesopotamian Conceptions of the Gendered Body', *Gender & History*, 9(3) (1997), pp. 432–61.

Ashton, R.H.J. 'The Coinage of Rhodes 408–c.190 BC', in Andrew Meadows & Kirsty Shipton (eds), *Money and its Uses in the Ancient Greek World* (Oxford: OUP, 2001), pp. 90–115.

Atabaki, Touraj. 'From 'Amaleh (Labor) to Kargar (Worker): Recruitment, Work Discipline and Making of the Working Class in the Persian/Iranian Oil Industry', *International Labor and Working Class History*, 84 (Fall 2013), pp. 159–75.

Atkins, Keletso E. *The Moon is Dead! Give us our Money! The Cultural Origins of an African Work Ethic, Natal, South Africa, 1843–1900* (Portsmouth, NH: Heinemann, 1993).

Aubet, Maria Eugenia. *The Phoenicians and the West* (Cambridge: CUP, 2001).

August, Andrew. 'Work and Society', in Daniel J. Walkowitz (ed.), *A Cultural History of Work in the Modern Age* (London: Bloomsbury, 2019), pp. 127–40.

Austin, Gareth. 'Labour Intensity and Manufacturing in West Africa', in Gareth Austin & Kaoru Sugihara (eds), *Labour-Intensive Industrialization in Global History* (London/New York: Routledge, 2013), pp. 201–30.

Baak, Paul E. 'Enslaved Ex-Slaves, Uncaptured Contract Coolies and Unfree Freedmen: "Free" and "Unfree" Labour in the Context of Plantation Development in Southwest India', in Tom Brass & Marcel van der Linden (eds), *Free and Unfree Labour: The Debate Continues* (Bern: Peter Lang, 1997), pp. 427–55.

Baay, Reggie. *Daar werd wat gruwelijks verricht: Slavernij in Indië* (Amsterdam: Atheneum, 2015).

Backhaus, Jürgen H. (ed.) *Karl Bücher: Theory – History – Anthropology – Non-Market Economies* (Marburg: Metropolis, 2000).

Bade, Klaus. *Europa in Bewegung: Migration vom späten 18. Jahrhundert bis zur Gegenwart* (Munich: Beck, 2000).

Bagnall, Roger S. 'Managing Estates in Roman Egypt: A Review Article', *Bulletin of the American Society of Papyrologists*, 30 (1993), pp. 127–35.

Bahl, Vinay. *The Making of the Indian Working Class: The Case of the Tata Iron and Steel Company, 1880–1946* (New Delhi: Sage, 1995).

Bailey, Peter. *Leisure and Class in Victorian England. Rational Recreation and the Contest for Control, 1830–1885* (London/New York: Routledge, 1978).

Bailyn, Bernard. *The Peopling of British North America: An Introduction* (New York: Vintage, 1988).

Baldwin, Richard. *The Globotics Upheaval: Globalization, Robotics, and the Future of Work* (Oxford: OUP, 2019).

Bales, Kevin. *Disposable People: New Slavery in the Global Economy* (Berkeley: University of California Press, 1999).

Bales, Kevin. *Understanding Global Slavery: A Reader* (Berkeley: University of California Press, 2005).

Banaji, Jairus. *Exploring the Economy of Late Antiquity* (Cambridge: CUP, 2016).

Barber, Elizabeth Wayland. *Women's Work: The First 20,000 Years. Women, Cloth, and Society in Early Times* (New York & London: W.W. Norton, 1994).

Barbieri-Low, Anthony J. *Artisans in Early Imperial China* (Seattle & London: University of Washington Press, 2007).

Barker, Geoffrey Russell. *Some Problems of Incentives and Labour Productivity in Soviet Industry: A Contribution to the Study of the Planning of Labour in the U.S.S.R.* (Oxford: Blackwell, 1955).

Barker, Graeme. *The Agricultural Revolution in Prehistory: Why did Foragers become Farmers?* (Cambridge: CUP, 2006).

Barker, Hannah. *That Most Precious Merchandise: The Mediterranean Trade in Black Slaves, 1260–1500* (Philadelphia: PENN, 2019).

Barnard, Alan. 'Images of Hunters and Gatherers in European Social Thought', in Richard B. Lee & Richard Daly (eds), *The Cambridge Encyclopedia of Hunters and Gatherers* (Cambridge: CUP, 2004), pp. 375–83.

Barragán Romano, Rossana. 'Dynamics of Continuity and Change: Shifts in Labour Relations in the Potosí Mines (1680–1812)', *IRSH*, 61 (2016), pp. 93–114.

Barragán Romano, Rossana. 'Extractive Economy and Institutions? Technology, Labour and Land in Potosí, the Sixteenth to the Eighteenth Century', in Karin Hofmeester & Pim de Zwart (eds), *Colonialism, Institutional Change, and Shifts in Global Labour Relations* (Amsterdam: AUP, 2018), pp. 207–37.

Barret, P. & J.-N. Gurgand. *Ils voyageaient la France: Vie et traditions des Compagnons du Tour de France au XIXe siècle* (Paris: Hachette, 1980).

Barringer, Tim. *Men at Work: Art and Labour in Victorian Britain* (New Haven/London: Yale UP, 2005).

Bar-Yosef, Ofer & Youping Wang. 'Palaeolithic Archaeology in China', *Annual Review of Anthropology*, 41 (2012), pp. 319–35.

Bavel, Bas van. *The Invisible Hand? How Market Economies Have Emerged and Declined since AD 500* (Oxford: OUP, 2016).

Beaujard, Philippe. *The Worlds of the Indian Ocean: A Global History, vol. I* (Cambridge: CUP, 2019).

Beck, Patrice, Philippe Bernardi & Lauren Feller (eds). *Rémunérer le travail au Moyen Âge: Pour une histoire sociale du salariat* (Paris: Picard, 2014).

Beckert, Sven. *Empire of Cotton: A Global History* (New York: Knopf, 2015).

Beckert, Sven & Dominic Sachsenmaier (eds). *Global History, Globally: Research and Practice around the World* (London: Bloomsbury, 2018).

Belfanti, Carlo Marco. 'The Proto-Industrial Heritage: Forms of Rural Proto-Industry in Northern Italy in the Eighteenth and Nineteenth Centuries', in Sheilagh C. Ogilvie & Markus Cerman (eds), *European Proto-Industrialization* (Cambridge: CUP, 1996), pp. 155–70.

Bellenoit, Hayden J. *The Formation of the Colonial State in India: Scribes, Paper and Taxes, 1760–1860* (London & New York: Routledge, 2017).

Bellwood, Peter. *First Migrants: Ancient Migration in Global Perspective* (Chichester: Wiley Blackwell, 2013).

Benner, Chris. *Work in the New Economy: Flexible Labor Markets in Sillicon Valley* (Malden, MA: Blackwell, 2002).

Benner, Chris. '"Computers in the Wild": Guilds and Next-Generation Unionism in the Information Revolution', *IRSH*, 48 (2003), Supplement, pp. 181–204.

Bentley, Alex. 'Mobility, Specialisation and Community Diversity in the Linearbandkeramik: Isotopic Evidence from the Skeletons', in Alisdair Whittle and Vicki Cummings (eds), *Going Over: The Mesolithic-Neolithic Transition in North-West Europe* (Oxford: OUP, 2007), pp. 117–40.

Benvenuti, Francesco. *Stakhanovism and Stalinism, 1934–8* (Birmingham: Centre for Russian and East European Studies, 1989).

Berdan, F.F. *Aztec Archaeology and Ethnohistory* (Cambridge: CUP, 2014).

Berg, Maxine. *The Age of Manufactures: Industry, Innovation and Work in Britain*, 2nd edn (Abingdon, Oxon: Routledge, 2005).

Berthe, Jean-Pierre. 'Les formes de travail dépendant en Nouvelle-Espagne XVIe–XVIIIe siècles', in Annalisa Guarducci (ed.), *Forme ed evoluzione del lavoro in Europa: XIII-XVIII secc.* (Prato: Instituto F. Datini, 1991), pp. 93–111.

Bhandare, Shailendra. 'Numismatics and History: The Maurya-Gupta Interlude in the Gangetic Plain', in Patrick Olivelle (ed.), *Between the Empires: Society in India 300 BCE to 400 CE* (Oxford: OUP, 2006), pp. 67–112.

Bhattacharya, Ananda (ed.). *Adivasi Resistance in Early Colonial India: Comprising the Chuar Rebellion of 1799 by J.C. Price and Relevant Midnapore District Collectorate Records from the Eighteenth Century* (New Delhi: Manohar, 2017).

Bhattacharya, Sabyasachi & Jan Lucassen (eds). *Workers in the Informal Sector: Studies in Labour History 1800–2000* (New Delhi: Macmillan, 2005).

Bhattacharya, Sukumar. *The East India Company and the Economy of Bengal from 1704 to 1740* (Calcutta: Mukhopadhyay, 1969).

Bichler, Barbara. *Die Formierung der Angestelltenbewegung im Kaiserreich und die Entstehung des Angestelltenversicherungsgesetzes von 1911* (Bern: Peter Lang, 1997).

Bieleman, Jan. *Geschiedenis van de landbouw in Nederland 1500–1950* (Amsterdam: Boom Meppel, 1992).

Biernacki, Richard. *The Fabrication of Labor. Germany and Britain, 1640–1914* (Berkeley: University of California Press, 1995).

Binford, Lewis R. 'The Diet of Early Hominins: Some Things We Need to Know before "Reading" the Menu from the Archeological Record', in Wil Roebroeks (ed.), *Guts and Brains: An Integrative Approach to the Hominin Record* (Leiden: Leiden UP, 2007), pp. 185–222.

Birge, Bettine. 'Women and Confucianism from Song to Ming: The Institutionalization of Patrilineality', in Paul J. Smith & Richard von Glahn (eds), *The Song-Yuan-Ming Transition in Chinese History* (Cambridge, MA: Harvard UP, 2003), pp. 212–40.

Bittles, Alan H. 'Population Stratification and Genetic Association Studies in South Asia', *Journal of Molecular and Genetic Medicine*, 1(2) (December 2005), pp. 43–8.

Blackburn, Robin. *The Overthrow of Colonial Slavery 1776–1848* (London/New York: Verso, 1988).

Blackburn, Robin. 'Revolution and Emancipation: The Role of Abolitionism in Ending Slavery in the Americas', in Marcel van der Linden (ed.), *Humanitarian Intervention and Changing Labor Relations: The Long-Term Consequences of the Abolition of the Slave Trade* (Leiden/Boston: Brill, 2011), 155–92.

Bleiberg, Edward. 'State and Private Enterprise', in Toby Wilkinson (ed.), *The Egyptian World* (London/New York: Routledge, 2007), pp. 175–84.

Blewitt, Mary H. 'USA: Shifting Landscapes of Class, Culture, Gender, Race and Protest in the American Northeast and South', in Lex Heerma van Voss, Els Hiemstra-Kuperus & Elise van Nederveen Meerkerk (eds), *The Ashgate Companion to the History of Textile Workers, 1650–2000* (Farnham: Ashgate, 2010), pp. 531–57.

Bloch, Marc. *Esquisse d'une Histoire Monétaire de l'Europe* (Paris: Armand Colin, 1954).

Bloch, Marc. *Land and Work in Mediaeval Europe: Selected Papers*. Trans. by J.E. Anderson (Berkeley/Los Angeles: University of California Press, 1967).

Blockmans, W.P. 'The Social and Economic Effects of the Plague in the Low Countries: 1349–1500', *Revue Belge de Philologie et d'Histoire*, 58(4) (1980), pp. 833–66.

Blum, Jerome. *The End of the Old Order in Rural Europe* (Princeton: Princeton UP, 1978).

Blumenthal, Debra. *Enemies and Familiars: Slavery and Mastery in Fifteenth-Century Valencia* (Ithaca/London: Cornell UP, 2009).

Boch, Rudolf. 'Zunfttradition und frühe Gewerkschaftsbewegung: Ein Beitrag zu einer beginnenden Diskussion mit besonderer Berücksichtigung des Handwerks im Verlagssystem', in Ulrich Wengenroth (ed.), *Prekäre Selbständigkeit: Zur Standortbestimmung von Handwerk, Hausindustrie und Kleingewerbe im Industrialisierungsprozess* (Stuttgart: Steiner, 1989), pp. 37–69.

Boeck, Brian J. 'Claiming Siberia: Colonial Possession and Property Holding in the Seventeenth and Early Eighteenth Centuries', in Nicholas B. Breyfogle, Abby Schrader & Willard Sunderland (eds), *Peopling the Russian Periphery: Borderland Colonization in Eurasian History* (London/New York: Routledge, 2007), pp. 41–60.

Boivin, Nicole. 'Orientalism, Ideology and Identity: Examining Caste in South-Asian Archaeology', *Journal of Social Archaeology*, 5(2) (2005), pp. 225–52.

Bok, Marten Jan. 'Vraag en aanbod op de Nederlandse kunstmarkt, 1580–1700', PhD thesis, Utrecht University, 1994.

Boldorf, Marcel & Fetsuji Okazaki (eds). *Economies under Occupation: The Hegemony of Nazi Germany and Imperial Japan in World War II* (London/New York: Taylor & Francis, 2015).

Booth, Charles, assisted by Ernest Aves. *Life and Labour of the People in London, Second Series: Industry, vol. 5: Comparisons, Survey and Conclusions* (London: Macmillan, 1904).

Bopearachchi, Osmund. *From Bactria to Taprobane: Selected Works*, 2 vols (New Delhi: Manohar, 2015).

Borgerhoff Mulder, Monique et al. 'Intergenerational Wealth Transmission and the Dynamics of Inequality in Small-Scale Societies', *Science*, 326(5953) (30 October 2009), pp. 682–8.

Bosma, Ulbe. *The Making of a Periphery: How Island Southeast Asia Became a Mass Exporter of Labor* (New York: Columbia UP, 2019).

Bosma, Ulbe & Karin Hofmeester (eds). *The Life Work of a Historian: Essays in Honor of Marcel van der Linden* (Leiden/Boston: Brill, 2018).

Boter, Corinne. 'Marriages are Made in Kitchens: The European Marriage Pattern and Life-Cycle Servanthood in Eighteenth-Century Amsterdam', *Feminist Economics*, 23 (2016), pp. 68–92.

Boter, Corinne. 'Dutch Divergence? Women's Work, Structural Change, and Household Living Standards in the Netherlands, 1830–1914', PhD thesis, Wageningen University, 2017.

Bourillon, Florence. 'Urban Renovation and Changes in Artisans' Activities: The Parisian Fabrique in the Arts et Métiers Quarter during the Second Empire', in Geoffrey Crossick (ed.), *The Artisan and the European Town, 1500–1900* (Aldershot: Scolar Press, 1997), pp. 218–38.

Bourke, Joanna. 'Avoiding Poverty: Strategies for Women in Rural Ireland, 1880–1914', in J. Henderson & R. Wall (eds), *Poor Women and Children in the European Past* (London/New York, 1994), pp. 292–311.

Boussac, M.-F., J.-F. Salles & J.-B. Yon (eds). *Re-Evaluating the Periplus of the Erythraean Sea* (New Delhi: Manohar, 2018).

Bouwens, A.M.C.M. et al. *Door staal gedreven: Van Hoogovens tot Tata Steel, 1918–2018* (Bussum: TOTH, 2018).

Boxer, Charles R. *The Portuguese Seaborne Empire, 1415–1825* (London: Penguin, 1969).

Bradley, Richard. 'Houses, Bodies and Tombs', in Alisdair Whittle & Vicki Cummings (eds), *Going Over: The Mesolithic-Neolithic Transition in North-West Europe* (Oxford: OUP, 2007), pp. 347–55.

Brady Jr., Thomas A. 'The Rise of Merchant Empires, 1400–1700: A European Counterpoint', in James D. Tracy (ed.), *The Political Economy of Merchant Empires* (Cambridge: CUP, 1991), pp. 117–60.

Brandon, Pepijn, Niklas Frykman & Pernille Røge (eds). *Free and Unfree Labor in Atlantic and Indian Ocean Port Cities (1700–1850), IRSH*, 64, Special Issue 27 (2019).

Bras, Hilde. 'Inequalities in Food Security and Nutrition: A Life Course Perspective', Inaugural lecture, Wageningen University, 4 December 2014.

Brass, Tom & Marcel van der Linden (eds). *Free and Unfree Labour: The Debate Continues* (Bern: Peter Lang, 1997).

Breman, Jan. *Taming the Coolie Beast: Plantation Society and the Colonial Order in Southeast Asia* (New York: OUP, 1989).

Breman, Jan. *Footloose Labour: Working in India's Informal Economy* (Cambridge: CUP, 1996).

Breuker, Remco E. & Imke B.L.H. van Gardingen (eds). *People for Profit: North Korean Forced Labour on a Global Scale* (Leiden: Leiden Asia Centre, 2018).

Brewer, Douglas. 'Agriculture and Animal Husbandry', in Toby Wilkinson (ed.), *The Egyptian World* (London/New York: Routledge, 2007), pp. 131–45.

Brinton, Mary C. *Women's Working Lives in East Asia* (Stanford: Stanford UP, 2001).

Broadberry, Stephen, Rainer Fremdling & Peter Solar. 'Industry', in Stephen Broadberry & Kevin H. O'Rourke (eds), *The Cambridge Economic History of Modern Europe, Vol. I: 1700–1870* (Cambridge: CUP, 2010), pp. 164–86.

Broughton, Edward. 'The Bhopal Disaster and its Aftermath: A Review', *Environmental Health*, 4(1) (2005), pp. 1–6.

Brown, Kyle et al. 'An Early and Enduring Advanced Technology Originating 71,000 Years Ago in South Africa', *Nature*, 491 (22 November 2012), pp. 590–3.

Brown, William & Jonathan Trevor. 'Payment Systems and the Fall and Rise of Individualism', *Historical Studies in Industrial Relations*, 35 (2014), pp. 143–55.

Brynjolfsson, Erik & Andrew McAfee. *The Second Machine Age: Work, Progress and Prosperity in a Time of Brilliant Technologies* (New York: Norton, 2014).

Buchanan, Francis. *An Account of the District of Purnea in 1809–10* (New Delhi: Usha, 1986a).

Buchanan, Francis. *An Account of the District of Shahabad in 1812–13* (New Delhi: Usha, 1986b).

Bücher, Karl. *Arbeit und Rhythmus* (5th edn) (Leipzig: Reinecke, 1919).

Budd, John W. *The Thought of Work* (Ithaca/London: Cornell UP, 2011).

Burds, Geoffrey. 'The Social Control of Peasant Labor in Russia: The Response of Village Communities to Labor Migration in the Central Industrial Region, 1861–1905', in Esther Kingston-Mann & Timothy Mixter (eds), *Peasant Economy, Culture, and Politics of European Russia, 1800–1921* (Princeton: Princeton UP, 1991), pp. 52–100.

Burger, Werner. 'Minting During the Qianlong Period: Comparing the Actual Coins with the Mint Reports', in Christine Moll-Murata, Song Jianze & Hans Ulrich Vogel (eds), *Chinese Handicraft Regulations of the Qing Dynasty: Theory and Application* (Munich: Iudicium, 2005), pp. 373–94.

Buringh, Eltjo. *Medieval Manuscript Production in the Latin West: Explorations with a Global Database* (Leiden/Boston: Brill, 2011).

Burke, Edward M. 'The Economy of Athens in the Classical Era: Some Adjustments to the Primitivist Model', *Transactions of the American Philological Association*, 122 (1992), pp. 199–226.

Burnett, John. *Idle Hands: The Experience of Unemployment, 1790–1990* (London/New York: Routledge, 1994).

Caland, W. *De Remonstrantie van W. Geleynssen de Jongh* ('s-Gravenhage: Martinus Nijhoff, 1929).

Caminos, Ricardo A. 'Peasants', in Sergio Donadoni (ed.), *The Egyptians* (Chicago/London: University of Chicago Press, 1997), pp. 1–30.

Campbell, Gwyn. 'Slavery in the Indian Ocean World', in Gad Heuman & Trevor Burnard (eds), *The Routledge History of Slavery* (London/New York: Routledge, 2011), pp. 52–63.

Campbell, Gwyn (ed.). *Abolition and its Aftermath in Indian Ocean Africa and Asia* (Abingdon: Routledge, 2012).

Campbell, Gwyn & Alessandro Stanziani (eds). *Bonded Labour and Debt in the Indian Ocean World* (Abingdon: Routledge, 2015).

Campbell, W.P. *Brick: A World History* (London: Thames & Hudson, 2003).

Candido, Mariana P. *An African Slaving Port and the Atlantic World: Benguela and its Hinterland* (Cambridge: CUP, 2013).

Candland, Christopher. 'The Cost of Incorporation: Labor Institutions, Industrial Restructuring, and New Trade Union Strategies in India and Pakistan', in Christopher Candland & Rudra Sil (eds), *The Politics of Labor in a Global Age: Continuity and Change in Late-Industrializing and Post-Socialist Economies* (Oxford: OUP, 2001), pp. 69–94.

Candland, Christopher & Rudra Sil (eds). *The Politics of Labor in a Global Age: Continuity and Change in Late-Industrializing and Post-Socialist Economies* (Oxford: OUP, 2001).

Canuto, Marcello A. et al. 'Ancient Lowland Maya Complexity as Revealed by Airborne Laser Scanning of Northern Guatemala', *Science*, 361 (28 September 2018), pp. 1355–71.

Carlson, Marybeth. 'A Trojan Horse of Worldliness? Maidservants in the Burgher Household in Rotterdam at the End of the Seventeenth Century', in Els Kloek, Nicole Teeuwen & Marijke Huisman (eds), *Women of the Golden Age: An International Debate on Women in Seventeenth-Century Holland, England and Italy* (Hilversum: Verloren, 1994), pp. 87–96.

Casanovas, Joan. 'Slavery, the Labour Movement and Spanish Colonialism in Cuba (1850–1898)', in Tom Brass & Marcel van der Linden (eds), *Free and Unfree Labour: The Debate Continues* (Bern: Peter Lang, 1997), pp. 249–64.

Cashmere, John. 'Sisters Together: Women without Men in Seventeenth-Century French Village Culture', *Journal of Family History*, 21(1) (January 1996), pp. 44–62.

Castel, Robert. *Les métamorphoses de la question sociale: Une chronique du salariat* (Paris: Fayard, 1995).

Chakravarti, Uma. *Everyday Lives, Everyday Histories: Beyond the Kings and Brahmanas of 'Ancient' India* (New Delhi: Tulika, 2006).

Chalcraft, John T. 'Pluralizing Capital, Challenging Eurocentrism: Towards Post-Marxist Historiography', *Radical History Review*, 91 (2005), pp. 13–39.

Chandra, Satish. 'Some Aspects of Urbanisation in Medieval India', in Indu Banga (ed.), *The City in Indian History: Urban Demography, Society and Politics* (New Delhi: Manohar, 2014), pp. 81–6.

Chang, Kai & Fang Lee Cooke. 'Legislating the Right to Strike in China: Historical Development and Prospects', *Journal of Industrial Relations*, 57(3) (2015), pp. 440–55.

Chang, Kwang-Chih. 'China on the Eve of the Historical Period', in Michael Loewe & Edward L. Shaughnessy (eds), *Cambridge History of Ancient China* (Cambridge: CUP, 1999), pp. 37–73.

Chang, Leslie T. *Factory Girls: From Village to City in a Changing China* (New York: Spiegel & Grau, 2009).

Chatterjee, Indrani. *Gender, Slavery and Law in Colonial India* (Delhi: OUP, 1999).

Chatterjee, Indrani & Richard Maxwell Eaton (eds). *Slavery and South Asian History* (Bloomington/Indianapolis: Indiana UP, 2006).

Chaubey, Gyaneshwer et al. 'Peopling of South Asia: Investigating the Caste-Tribe Continuum in India', *BioEssays*, 29(1) (2006), pp. 91–100.

Chayanov, A.V. *On the Theory of Peasant Economy*, edited by Daniel Thorner, Basile Kerblay & R.E.F. Smith (Homewood: The American Economic Association, 1966).

Chen, Feng. 'Trade Unions and the Quadripartite Interactions in Strike Settlement in China', *The China Quarterly*, 201 (March 2010), pp. 104–24.

Cheng, Tiejun & Mark Selden. 'The Origins and Social Consequences of China's Hukou System', *The China Quarterly*, 139 (1994), pp. 644–68.

Chow, Nelson & Yuebin Xu. *Socialist Welfare in a Market Economy: Social Security Reforms in Guangzhou, China* (Aldershot: Ashgate, 2001).

Christensen, Lars K. 'Institutions in Textile Production: Guilds and Trade Unions', in Lex Heerma van Voss, Els Hiemstra-Kuperus & Elise van Nederveen Meerkerk (eds), *The Ashgate Companion to the History of Textile Workers, 1650–2000* (Farnham: Ashgate, 2010), pp. 749–71.

Clarence-Smith, William (ed.). *The Economics of the Indian Ocean Slave Trade in the Nineteenth Century* (London/New York: Routledge, 2015).

Clark, Andrew E. et al. *The Origins of Happiness: The Science of Well-Being Over the Life Course* (Princeton: Princeton UP, 2018).

Clottes, Jean. 'Paleolithic Cave Art in France', www.bradshawfoundation.com/clottes (visited 15 February 2020; extracted from *Adorant Magazine*, 2002).

Cockshott, Paul. *How the World Works: The Story of Human Labor from Prehistory to the Modern Day* (New York: Monthly Review Press, 2019).

Coe, Michael D. *Angkor and the Khmer Civilization* (London: Thames & Hudson, 2003).

Cohen, Edward E. *Athenian Economy and Society: A Banking Perspective* (Princeton: Princeton UP, 1992).

Cohen, Edward E. 'An Unprofitable Masculinity', in Paul Cartledge, Edward E. Cohen & Lin Foxhall (eds), *Money, Labour and Land: Approaches to the Economies of Ancient Greece* (London/New York: Routledge, 2002), pp. 100–12.

Cohn, Samuel. 'After the Black Death: Labour Legislation and Attitudes Towards Labour in Late-Medieval Western Europe', *EHR*, 60 (2007), pp. 457–85.

Coldham, Peter Wilson. *Emigrants in Chains: A Social History of Forced Emigration to the Americas 1607–1776* (Baltimore: Genealogical Publication Company, 1992).

Cole, Jeffrey A. *The Potosí Mita 1573–1700: Compulsory Indian Labor in the Andes* (Stanford: Stanford UP, 1985).

Colebrooke, Henry Thomas. *Remarks on the Husbandry and Internal Commerce of Bengal* (Calcutta: Statesman, 1884; originally 1804).

Conze, Werner. 'Arbeit', in Otto Brunner et al. (eds), *Geschichtliche Grundbegriffe: Historisches Lexikon zur politisch-sozialen Sprache in Deutschland, vol. 1* (Stuttgart: Klett-Cotta, 1972), pp. 154–215.

Cook, Linda J. *The Soviet Social Contract and Why It Failed: Welfare Policy and Workers' Politics from Brezhnev to Yeltsin* (Cambridge, MA/London: Harvard UP, 1993).

Cooney, Gabriel. 'Parallel Worlds or Multi-Stranded Identities? Considering the Process of "Going Over" in Ireland and the Irish Sea Zone', in Alisdair Whittle & Vicki Cummings (eds), *Going Over: The Mesolithic-Neolithic Transition in North-West Europe* (Oxford: OUP, 2007), pp. 544–66.

Cooney, Kathlyn M. 'Labour', in Toby Wilkinson (ed.), *The Egyptian World* (London/New York: Routledge, 2007), pp. 160–74.

Costello, Nancy et al. *Whispering Hope: The True Story of the Magdalene Women* (London: Orion, 2015).

Costin, Cathy Lynn. 'Craft Production Systems', in Gary M. Feinman & T. Douglas Price (eds), *Archaeology at the Millennium: A Sourcebook* (New York: Springer, 2001), pp. 273–326.

Cottereau, Alain. 'Industrial Tribunals and the Establishment of a Kind of Common Law of Labour in Nineteenth-Century France', in Willibald Steinmetz (ed.), *Private Law and Social Inequality in the Industrial Age: Comparing Legal Cultures in Britain, France, Germany and the United States* (Oxford: OUP, 2000), pp. 203–26.

Coxworth, James E. et al. 'Grandmothering Life Stories and Human Pair Bonding', *PNAS*, 112(38) (22 September 2015), pp. 11806–11811.

Cross, Gary S. *Worktime and Industrialization: An International History* (Philadelphia: Temple, 1988).

Cross, Gary S. *A Quest for Time: The Reduction of Work in Britain and France, 1840–1940* (Berkeley: University of California Press, 1989).

Cross, Gary S. 'Work Time', in Peter N. Stearns (ed.), *Encyclopedia of European Social History from 1300 to 2000, Vol. 4* (New York: Scribners, 2001), pp. 501–11.

Crossick, Geoffrey (ed.) *The Artisan and the European Town, 1500–1900* (Aldershot: Scolar Press, 1997a).

Crossick, Geoffrey. 'Past Masters: in Search of the Artisan in European History', in Geoffrey Crossick (ed.), *The Artisan and the European Town, 1500–1900* (Aldershot: Scolar Press, 1997b), pp. 1–40.

Culbertson, Laura (ed.). *Slaves and Households in the Near East* (Chicago: Oriental Institute, 2011a).

Culbertson, Laura. 'Slaves and Households in the Near East', in Laura Culbertson (ed.), *Slaves and Households in the Near East* (Chicago: Oriental Institute, 2011b), pp. 1–17.

Cunningham, Hugh. *Children and Childhood in Western Society since 1500* (London/New York: Longman, 1995).

Cunningham, Hugh. 'The Decline of Child Labour: Labour Markets and Family Economies in Europe and North America since 1830', *EHR*, 53 (2000), pp. 409–28.

Cunningham, Hugh & Pier Paolo Viazzo (eds). *Child Labour in Historical Perspective 1800–1985: Case Studies from Europe, Japan and Colombia* (Florence: UNICEF, 1996).

Dalton, George (ed.). *Primitive, Archaic and Modern Economies: Essays of Karl Polanyi* (Boston: Beacon Press, 1971).

D'Altroy, Terence N. *The Incas* (Malden, MA: Blackwell, 2002).

D'Altroy, Terence N. 'The Inka Empire', in Andrew Monson & Walter Scheidel (eds), *Fiscal Regimes and the Political Economies of Premodern States* (Cambridge: CUP, 2015), pp. 31–70.

Dandamaev, Muhammad A. *Slavery in Babylonia: From Nabopolassar to Alexander the Great (626–331 BC)* (DeKalb: Northern Illinois UP, 2009).

Daniel, Ute. *Arbeiterfrauen in der Kriegsgesellschaft: Beruf, Familie und Politik im Ersten Weltkrieg* (Göttingen: Vandenhoeck & Ruprecht, 1989).

Das Gupta, Monica. 'Lifeboat Versus Corporate Ethic: Social and Demographic Implications of Stem and Joint Families', in Antoinette Fauve-Chamoux & Emiko Ochiai (eds), *House and the Stem Family in Eurasian Perspective* (Proceedings of the C18 Session, Twelfth International Economic History Congress, August 1998), pp. 444–66.

Datta, Rajat. *Society, Economy and Market: Commercialization in Rural Bengal, c. 1760–1800* (New Delhi: Manohar, 2000).

Datta, Satya Brata. *Capital Accumulation and Workers' Struggle in Indian Industrialization: The Case of Tata Iron and Steel Company 1910–1970* (Stockholm: Almqvist & Wiksell, 1986).

Davids, C.A. *Wat lijdt den zeeman al verdriet: Het Nederlandse zeemanslied in de zeiltijd (1600–1900)* (Den Haag: Martinus Nijhoff, 1980).

Davids, Karel. 'Seamen's Organizations and Social Protest in Europe, c. 1300–1825', *IRSH*, 39, Supplement 2 (1994), pp. 145–69.

Davids, Karel. *Religion, Technology, and the Great and Little Divergences: China and Europe Compared c. 700–1800* (Leiden/Boston: Brill, 2013a).

Davids, Karel. 'Moving Machine-Makers: Circulation of Knowledge on Machine-Building in China and Europe Between c. 1400 and the Early Nineteenth Century', in Maarten Prak & Jan Luiten van Zanden (eds), *Technology, Skills and the Pre-Modern Economy in the East and the West. Essays Dedicated to the Memory of S.R. Epstein* (Leiden/Boston: Brill, 2013b), pp. 205–24.

Davids, Karel & Jan Lucassen (eds). *A Miracle Mirrored: The Dutch Republic in European Perspective* (Cambridge: CUP, 1995).

Davies, Margaret Llewelyn (ed.). *Life As We Have Known It by Co-Operative Working Women. With An Introductory Letter by Virginia Woolf. New Introduction by Anna Davin* (London: Virago, 1977).

Deakin, Simon & Frank Wilkinson. *The Law of the Labour Market: Industrialization, Employment and Legal Evolution* (Oxford: OUP, 2005).

Deane, Phyllis. *The First Industrial Revolution* (Cambridge: CUP, 1969).

Dekker, Rudolf. 'Labour Conflicts and Working Class Culture in Early Modern Holland', *IRSH*, 35 (1990), pp. 377–420.

Delêtre, Marc, Doyle B. McKey & Trevor R. Hodkinson. 'Marriage Exchanges, Seed Exchanges, and the Dynamics of Manioc Diversity', *PNAS*, 108(45) (8 November 2011), pp. 18249–54.

Delsalle, Paul. 'Du billet de congé au carnet d'apprentissage: Les archives des livrets d'employés et d'ouvriers (XVIe–XIX siècles)', *Revue du Nord*, 75 (1993), pp. 285–301.

Demarest, Arthur. *Ancient Maya. The Rise and Fall of a Rainforest Civilization* (Cambridge: CUP, 2004).

De Matos, Paulo Teodoro & Jan Lucassen. 'Early Portuguese Data for Wage Developments in India: Kannur (Cananor) 1516–1517', *Ler História*, 75 (2019), pp. 113–31.

Denault, Leigh. 'Partition and the Politics of the Joint Family in Nineteenth-Century North India', *The Indian Economic and Social History Review*, 46(1) (2009), pp. 27–55.

Deng, Kent Gang. 'Why Shipping "Declined" in China from the Middle Ages to the Nineteenth Centuries', in Richard W. Unger (ed.), *Shipping and Economic Growth 1350–1850* (Leiden/Boston: Brill, 2011), pp. 207–21.

Deng, Kent Gang. 'Imperial China under the Song and late Qing', in Andrew Monson & Walter Scheidel (eds), *Fiscal Regimes and the Political Economy of Premodern States* (Cambridge: CUP, 2015), pp. 308–42.

Dennison, Tracy K. *The Institutional Framework of Russian Serfdom* (Cambridge: CUP, 2011).

Dennison, Tracy K. & Sheilagh Ogilvie. 'Serfdom and Social Capital in Bohemia and Russia', *EHR*, 60 (2007), pp. 513–44.

De Vito, Christian G. 'New Perspectives on Global Labour History: Introduction', *Global Labour History* 1(3) (2013), pp. 7–31.

De Vito, Christian G., Juliane Schiel & Matthias van Rossum. 'From Bondage to Precariousness? New Perspectives on Labor and Social History', *Journal of Social History*, 54(2) (2020), pp. 1–19.

Dewar, Robert E. & Alison R. Richard. 'Madagascar: A History of Arrivals, What Happened, and Will Happen Next', *Annual Review of Anthropology*, 41 (2012), pp. 495–517.

Dewulf, Jeroen. *Grijs slavernijverleden? Over zwarte milities en redimoesoegedrag* (Amsterdam: AUP, 2018).

Deyell, John. *Living Without Silver: The Monetary History of Early Medieval North India* (Delhi: OUP, 1990).

Deyell, John. *Treasure, Trade and Tradition: Post-Kidarite Coins of the Gangetic Plains and Punjab Foothills, 590–820 CE* (Delhi: Manohar, 2017).

Diamond, Jared. *The Third Chimpanzee: The Evolution and Future of the Human Animal* (London: Harper Collins, 1992).

Diamond, Jared. *Guns, Germs and Steel: A Short History of Everybody for the Last 13,000 Years* (London: Vintage, 1998).

Dieball, Stefan & Hans-Joachim Rosner. 'Geographic Dimensions of Mining and Transport: Case Studies in Mountainous Yunnan', in Nanny Kim & Keiko Nagase-Reimer (eds), *Mining, Monies, and Culture in Early Modern Societies: East Asian and Global Perspectives* (Leiden/Boston: Brill, 2013), pp. 351–61.

Dikötter, Frank. *Mao's Great Famine: The History of China's Most Devastating Catastrophe, 1958–1962* (London: Bloomsbury, 2010).

Dillon, Nara. *Radical Inequalities: China's Revolutionary Welfare State in Comparative Perspective* (Cambridge, MA: Harvard University Asia Center, 2015).

Dobson, C.R. *Masters and Journeymen: A Prehistory of Industrial Relations 1717–1800* (London: Croom Helm, 1980).

Dommelen, Peter van. 'Colonialism and Migration in the Ancient Mediterranean', *Annual Review of Anthropology*, 41 (2012), pp. 393–409.

Donadoni, Sergio (ed.). *The Egyptians* (Chicago/London: University of Chicago Press, 1997).

Drennan, Robert D., Christian E. Peterson & Jake R. Fox. 'Degrees and Kinds of Inequality', in Douglas T. Price & Brian Hayden (eds), *Pathways to Power: New Perspectives on the Emergence of Social Inequality* (New York: Springer, 2010), pp. 45–76.

Drèze, Jean & Amartya Sen. *An Uncertain Glory: India and its Contradictions* (Princeton: Princeton UP, 2013).

Dumolyn, Jan. '"I thought of It at Work, in Ostend": Urban Artisan Labour and Guild Ideology in the Later Medieval Low Countries', *IRSH*, 62 (2017), pp. 389–419.

Dunbar, Robin I.M. 'Why Hominins Had Big Brains', in Wil Roebroeks (ed.), *Guts and Brains: An Integrative Approach to the Hominin Record* (Leiden: Leiden UP, 2007), pp. 91–105.

Dyke, Paul van. *The Canton Trade: Life and Enterprise on the China Coast, 1700–1845* (Hong Kong: Hong Kong UP, 2005).

Dyke, Paul van. 'Operational Efficiencies and the Decline of the Chinese Junk Trade in the Eighteenth and Nineteenth Centuries: The Connection', in Richard W. Unger (ed.), *Shipping and Economic Growth 1350–1850* (Leiden/Boston: Brill, 2011), pp. 224–46.

Earle, Timothy, Clive Gamble & Hendrik Poinar. 'Migration', in Andrew Shyrock & Daniel Lord Smail (eds), *Deep History: The Architecture of Past and Present* (Berkeley: University of California Press, 2011), pp. 191–218.

Earle, Timothy & Michael E. Smith. 'Household Economies Under the Aztec and Inka Empires: A Comparison', in Michael E. Smith (ed.), *The Comparative Archaeology of Complex Societies* (Cambridge: CUP, 2012), pp. 238–84.

Eaton, Richard Maxwell. 'The Rise and Fall of Military Slavery in the Deccan, 1450–1650', in Indrani Chatterjee & Richard Maxwell Eaton (eds), *Slavery and South Asian History* (Bloomington/ Indianapolis: Indiana UP, 2006), pp. 115–35.

Eaton, S. Boyd & Stanley B. Eaton III. 'Hunter-Gatherers and Human Health', in Richard B. Lee & Richard Daly (eds), *The Cambridge Encyclopedia of Hunters and Gatherers* (Cambridge: CUP, 2004), pp. 449–56.

Ebeling, Dietrich & Wolfgang Mager (eds). *Protoindustrie in der Region, Europäische Gewerbelandschaften vom 16. bis zum 19. Jahrhundert* (Bielefeld: Verlag für Regionalgeschichte, 1997).

Eckert, Andreas. 'Abolitionist Rhetorics, Colonial Conquest, and the Slow Death of Slavery in Germany's African Empire', in Marcel van der Linden (ed.), *Humanitarian Interventions and Changing Labor Relations: The Long-Term Consequences of the Abolition of the Slave Trade* (Leiden & Boston: Brill, 2011), pp. 351–68.

Eckert, Andreas & Marcel van der Linden. 'New Perspectives on Workers and the History of Work: Global Labor History', in Sven Beckert & Dominic Sachsenmaier (eds), *Global History, Globally: Research and Practice around the World* (London: Bloomsbury, 2018), pp. 145–61.

The Economist. 'Women in India Have Dropped Out of the Workforce. How Can They be Persuaded to Return to it?', *The Economist*, 428(9099) (7–14 July 2018), pp. 14–18.

Eggebrecht, Arne et al. *Geschichte der Arbeit: Vom Alten Ägypten bis zur Gegenwart* (Köln: Kiepenheuer & Witsch, 1980).

Ehlert, Martin. *The Impact of Losing Your Job: Unemployment and Influences from Market, Family, and State on Economic Well-Being in the US and Germany* (Amsterdam: Amsterdam UP, 2016).

Ehmer, Joseph. 'The "Life Stairs": Aging, Generational Relations, and Small Commodity Production in Central Europe', in Tamara K. Hareven (ed.), *Aging and Generational Relations Over The Life Course: A Historical and Cross-Cultural Perspective* (Berlin/New York: De Gruyter, 1996), pp. 53–74.

Ehmer, Joseph. 'Alter, Arbeit, Ruhestand. Zur Dissoziation von Alter und Arbeit in historischer Perspektive', in Ursula Klingenböck, Meta Niederkorn-Bruck & Martin Scheutz (eds), *Alter(n) hat Zukunft. Alterskonzepte* (Innsbruck/Vienna: Studienverlag, 2009a), pp. 114–40.

Ehmer, Joseph. 'Altersbilder im Spannungsfeld von Arbeit und Ruhestand. Historische und aktuelle Perspektive', *Nova Acta Leopoldina*, 99(363) (2009b), pp. 209–34.

Ehmer, Joseph, Helga Grebing & Peter Gutschner (eds). *"Arbeit": Geschichte – Gegenwart – Zukunft* (Leipzig: Universitätsverlag, 2002).

Ehmer, Joseph & Catharina Lis (eds). *The Idea of Work in Europe from Antiquity to Modern Times* (Farnham: Ashgate, 2009).

Ehret, Christopher. 'Linguistic Testimony and Migration Histories', in Jan Lucassen, Leo Lucassen & Patrick Manning (eds), *Migration History in World History: Multidisciplinary Approaches* (Leiden/ Boston: Brill, 2010), pp. 113–54.

Ehret, Christopher. *The Civilizations of Africa: A History to 1800*, 2nd edn (Charlottesville/London: University of Virginia Press, 2016).

Eichengreen, Barry J. & T.J. Hatton. 'Interwar Unemployment in International Perspective: An Overview', in Barry J. Eichengreen & T.J. Hatton (eds), *Interwar Unemployment in International Perspective* (Dordrecht: Kluwer, 1988), pp. 1–59.

Eltis, David. 'Was Abolition of the American and British Slave Trade Significant in the Broader Atlantic Context?', in Marcel van der Linden (ed.), *Humanitarian Interventions and Changing Labor Relations: The Long-Term Consequences of the Abolition of the Slave Trade* (Leiden & Boston: Brill, 2011), pp. 117–39.

Eltis, David & David Richardson. *Atlas of the Transatlantic Slave Trade* (New Haven/London: Yale UP, 2010).

Emmer, P.C. *De Nederlandse slavenhandel 1500–1850* (Amsterdam/Antwerpen: Arbeiderspers, 2000).

Endicott, Karen L. 'Gender Relations in Hunter-Gatherer Societies', in Richard B. Lee & Richard Daly (eds), *The Cambridge Encyclopedia of Hunters and Gatherers* (Cambridge: CUP, 2004), pp. 411–18.

Engelen, Theo. 'Labour Strategies of Families: A Critical Assessment of an Appealing Concept', *IRSH*, 47(3) (2002), pp. 453–64.

Englander, Susan Lyn. 'Rational Womanhood: Lillian M. Gilbreth and the Use of Psychology in Scientific Management, 1914–1935', in Michael C. Wood & John Cunningham Wood (eds), *Frank and Lillian Gilbreth: Critical Evaluations in Business Management, Vol. I* (London: Routledge, 2003), pp. 210–41.

Epstein, Steven A. *Wage Labor and the Guilds in Medieval Europe* (Chapel Hill, NC: University of North Carolina Press, 1991).

Epstein, Steven A. & Maarten Prak (eds). *Guilds, Innovation and the European Economy 1400–1800* (Cambridge: CUP, 2008).

Erdem, Y. Hakan. *Slavery in the Ottoman Empire and its Demise, 1800–1909* (Basingstoke/London: Macmillan, 1996).

Erdkamp, Paul. 'Agriculture, Division of Labour, and the Paths to Economic Growth', in Paul Erdkamp, Koen Verboven & Arjan Zuiderhoek (eds), *Ownership and Exploitation of Land and Natural Resources in the Roman World* (Oxford: OUP, 2015), pp. 18–39.

Erlande-Brandenburg, Alain. *The Cathedral Builders of the Middle Ages* (London: Thames & Hudson, 1995).

Erlandson, Jon M. 'Ancient Immigrants: Archeology and Maritime Migrations', in Jan Lucassen, Leo Lucassen & Patrick Manning (eds), *Migration History in World History: Multidisciplinary Approaches* (Leiden/Boston: Brill, 2010), pp. 191–214.

Espada Lima, Henrique. 'Freedom, Precariousness, and the Law: Freed Persons Contracting out their Labour in Nineteenth-Century Brazil', *IRSH*, 54 (2009), pp. 391–416.

Exell, Karen & Christopher Naunton. 'The Administration', in Toby Wilkinson (ed.), *The Egyptian World* (London/New York: Routledge, 2007), pp. 91–104.

Fahimuddin Pasha, S.M. 'Evolution and Development of the Shipbuilding Industry in Bharati Shipyard Ltd, Maharashtra (India), from the 1970s to 2010', in Raquel Varela, Hugh Murphy & Marcel van der Linden (eds), *Shipbuilding and Ship Repair Workers around the World: Case Studies 1950–2010* (Amsterdam: Amsterdam UP, 2017), pp. 547–62.

Falk, Harry. 'The Tidal Waves of Indian History: Between the Empires and Beyond', in Patrick Olivelle (ed.), *Between the Empires: Society in India 300 BCE to 400 CE* (Oxford: OUP, 2006), pp. 145–66.

Falkenhausen, Lothar von. *Chinese Society in the Age of Confucius (1000–250 BC): The Archaeological Evidence* (Los Angeles: Cotsen Institute of Archaeology, University of California, 2006).

Fauve-Chamoux, Antoinette & Emiko Ochiai (eds). *House and the Stem Family in Eurasian Perspective* (Proceedings of the C18 Session, Twelfth International Economic History Congress, August 1998).

Feinman, Gary M. 'A Dual-Processual Perspective on the Power and Inequality in the Contemporary United States: Framing Political Economy for the Present and the Past', in T. Douglas Price & Gary M. Feinman (eds), *Pathways to Power: New Perspectives on the Emergence of Social Inequality* (New York: Springer, 2012), pp. 255–88.

Feinman, Gary M. & Christopher P. Garraty. 'Preindustrial Markets and Marketing: Archaeological Perspectives', *Annual Review of Anthropology*, 39 (2010), pp. 167–91.

Fellman, Susanna et al. (eds). *Creating Nordic Capitalism: The Business History of a Competitive Economy* (London: Palgrave Macmillan, 2008).

Fernández-Armesto, Felipe, with Daniel Lord Smail. 'Food', in Andrew Shryock & Daniel Lord Smail (eds), *Deep History: The Architecture of Past and Present* (Berkeley: University of California Press, 2011), pp. 131–59.

Fernyhough, Timothy Derek. *Serfs, Slaves and Shifta: Modes of Production and Resistance in Pre-Revolutionary Ethiopia* (Addis Ababa: Shama, 2010).

Feucht, Erika. 'Women', in Sergio Donadoni (ed.), *The Egyptians* (Chicago/London: University of Chicago Press, 1997), pp. 315–46.

Fineman, Martha Albertson & Jonathan W. Fineman (eds). *Vulnerability and the Legal Organization of Work* (London/New York: Routledge, 2018).

Fischer, Josef. 'Freie und unfreie Arbeit in der mykenischen Textilproduktion', in M. Erdem Kabadaye und Tobias Reichardt (eds), *Unfreie Arbeit: Ökonomische und kulturgeschichtliche Perspektiven* (Hildesheim: Olms, 2007), pp. 3–37.

Fitzgerald, Robert. *British Labour Management and Industrial Welfare 1846–1939* (London/Sydney: Croom Helm, 1988).

Fitzpatrick, Tony. *A Green History of the Welfare State* (Abingdon: Routledge, 2017).

Flannery, Kent & Joyce Marcus. *The Creation of Inequality: How Our Prehistoric Ancestors set the Stage for Monarchy, Slavery, and Empire* (Cambridge, MA: Harvard UP, 2012).

Fletcher, Roland. 'Low-Density, Agrarian-Based Urbanism: Scale, Power, and Ecology', in Michael E. Smith (ed.), *The Comparative Archaeology of Complex Societies* (Cambridge: CUP, 2012), pp. 285–320.

Fontana, Giovanni Luigi, Walter Panciera & Giorgio Riello. 'The Italian Textile Industry, 1600–2000: Labour, Sectors and Products', in Lex Heerma van Voss, Els Hiemstra-Kuperus & Elise van Nederveen Meerkerk (eds), *The Ashgate Companion to the History of Textile Workers, 1650–2000* (Farnham: Ashgate, 2010), pp. 275–303.

Fontijn, David. 'Giving Up Weapons', in Mike Parker Pearson & I.J.N. Thorpe (eds), *Warfare, Violence and Slavery: Proceedings of a Prehistoric Society Conference at Sheffield University* (Oxford: BAR Publishing, 2005), pp. 145–54.

Ford, Martin. *The Rise of the Robots: Technology and the Threat of Mass Unemployment* (London: Oneworld, 2017).

Fourshey, Catherine Cymone, Rhonda M. Gonzales & Christine Saidi. *Bantu Africa: 3500 BCE to Present* (New York/Oxford: OUP, 2018).

Frank, Christopher. *Master and Servant Law: Chartists, Trade Unions, Radical Lawyers and the Magistracy in England, 1840–1865* (Farnham: Ashgate, 2010).

Frankopan, Peter. *The New Silk Roads: The Present and Future of the World* (London: Bloomsbury, 2019).

Gabrielsen, Vincent. *Financing the Athenian Fleet: Public Taxation and Social Relations* (Baltimore: Johns Hopkins UP, 1994).

Galenson, David W. *White Servitude in Colonial America: An Economic Analysis* (Cambridge: CUP, 1981).

Galenson, David W. *Traders, Planters, and Slaves: Market Behavior in Early English America* (Cambridge: CUP, 1986).

Galenson, David W. 'Labor Market Behavior in Colonial America: Servitude, Slavery and Free Labor', in David W. Galenson (ed.), *Markets in History: Economic Studies of the Past* (Cambridge: CUP, 1989), pp. 52–96.

Gallant, Thomas W. *Risk and Survival in Ancient Greece: Reconstructing the Rural Domestic Economy* (Cambridge: CUP, 1991).

Garcia-Murillo, Martha & Ian MacInnes. 'The Impact of AI on Employment: A Historical Account of its Evolution', *30th European Conference of the International Telecommunications Society (ITS): Towards a Connected and Automated Society*, Helsinki, 16–19 June 2019.

Garcia-Ventura, Agnès (ed.). *What's in a Name? Terminology Related to the Work Force and Job Categories in the Ancient Near-East* (Münster: Ugarit-Verlag, 2018).

Garlan, Yvon. *Les esclaves en Grèce ancienne: Nouvelle édition revue et complété* (Paris: Éditions la Découverte: 1995).

Garnsey, Peter. *Cities, Peasants, and Food in Classical Antiquity: Essays in Social and Economic History*, edited with addenda by Walter Scheidel (Cambridge: CUP, 1998).

Garon, Sheldon. 'Collective Labor Law in Japan Since 1912', in Marcel van der Linden & Richard Price (eds), *The Rise and Development of Collective Labour Law* (Bern: Peter Lang, 2000), pp. 199–226.

Geary, Dick. *European Labour Protest 1848–1939* (London: Methuen, 1981).

Gelb, Ignace J. 'From Freedom to Slavery', in D.O. Edzard (ed.), *Gesellschaftsklassen im Alten Zweistromland und in den angrenzenden Gebieten. XVIII. Rencontre assyriologique internationale, München, 29. Juni bis 3. Juli 1970* (Munich: Bayerische Akademie der Wissenschaften, 1972), pp. 81–92.

Gelderblom, Oscar. *Cities of Commerce: The Institutional Foundations of International Trade in the Low Countries, 1250–1650* (Princeton: Princeton UP, 2013).

Gentes, Andrew A. *Exile to Siberia 1590–1822* (Basingstoke: Palgrave Macmillan, 2008).

Germonpré, Mietje et al. 'Large Canids at the Gravettian Predmostí Site, the Czech Republic: The Mandible', *Quaternary International*, 359/360 (2014), pp. 261–79.

Gier, Erik de. *Capitalist Workingman's Paradises Revisited: Corporate Welfare Work in Great Britain, the USA, Germany and France in the Golden Age of Capitalism 1880–1930* (Amsterdam: Amsterdam UP, 2016).

Giersch, C. Pat. ' "A Motley Throng": Social Change on Southwest China's Early Modern Frontier, 1700–1800', *The Journal of Asian Studies*, 60(1) (2001), pp. 67–94.

Gifford-Gonzalez, Diane. 'Animal Genetics and African Archaeology: Why it Matters', *African Archaeological Review*, 30 (2013), pp. 1–20.

Gifford-Gonzalez, Diane & Olivier Hanotte. 'Domesticating Animals in Africa: Implications of Genetic and Archaeological Findings', *Journal of World Prehistory*, 24 (2011), pp. 1–23.

Gil Montero, Raquel. 'Free and Unfree Labour in the Colonial Andes in the Sixteenth and Seventeenth Centuries', *IRSH*, 56 (2011), Special Issue, pp. 297–318.

Gilbreth, Frank B. *Motion Study: A Method for Increasing the Efficiency of the Workman* (New York: D. Van Nostrand Company, 1911).

Gillilland, Cora Lee C. *The Stone Money of Yap: A Numismatic Survey* (Washington, DC: Smithsonian Institution, 1975).

Giraldez, Arturo. 'Cacao Beans in Colonial México: Small Change in a Global Economy', in John H. Munro (ed.), *Money in the Pre-Industrial World: Bullion, Debasements and Coin Substitutes* (London: Pickering and Chatto, 2012), pp. 147–61.

Glahn, Richard von. 'Towns and Temples: Urban Growth and Decline in the Yangzi Delta, 1100–1400', in Paul J. Smith & Richard von Glahn (eds), *The Song-Yuan-Ming Transition in Chinese History* (Cambridge, MA: Harvard UP, 2003), pp. 176–211.

Godinho, Vitorino Magelhaes. 'Portuguese Emigration from the Fifteenth to the Twentieth Century: Constants and Changes', in P.C. Emmer & M. Mörner (eds), *European Expansion and Migration: Essays on the Intercontinental Migration from Africa, Asia and Europe* (New York/Oxford: Berg, 1992), pp. 13–48.

Goldin, Claudia. *The Quiet Revolution that Transformed Women's Employment, Education and Family* (Cambridge, MA: National Bureau of Economic Research, 2006).

Goldstone, Jack A. 'Why and Where did Modern Economic Growth Begin?', *TSEG*, 12 (2015), pp. 17–30.

González-Sainz, C. et al. 'Not Only Chauvet: Dating Aurignacien Rock Art in Altxerri B Cave (Northern Spain)', *Journal of Human Evolution*, 65(4) (October 2013), pp. 457–64.

Goodman, Paul. *Growing Up Absurd* (New York: Vintage, 1960).

Goose, Nigel & Katrina Honeyman (eds). *Childhood and Child Labour in Industrial England: Diversity and Agency, 1750–1914* (Farnham: Ashgate, 2012).

Gordon, Matthew S. 'Preliminary Remarks on Slaves and Slave Labor in the Third/Ninth Century 'Abbasid Empire', in Laura Culbertson (ed.), *Slaves and Households in the Near East* (Chicago: Oriental Institute, 2011), pp. 71–84.

Gorshkov, Boris B. 'Serfs on the Move: Peasant Seasonal Migration in Pre-Reform Russia, 1800–61', *Kritika: Explorations in Russian and Eurasian History*, 1(4) (Fall 2000, New Series), pp. 627–56.

Goyal, S.R. *The Coinage of Ancient India* (Jodhpur: Kusumanjali, 1995).

Goyal, Shankar. *Ancient Indian Numismatics: A Historiographical Study* (Jodhpur: Kusumanjali, 1998).

Graeber, David. *Bullshit Jobs: A Theory* (London: Penguin, 2019).

Graham, Laurel D. 'Domesticating Efficiency: Lillian Gilbreth's Scientific Management of Homemakers, 1924–1930', *Signs: Journal of Women in Culture and Society*, 24(3) (1999), pp. 633–75.

Green, Toby. *A Fistful of Shells: West Africa from the Rise of the Slave Trade to the Age of Revolution* (Chicago: University of Chicago Press, 2019).

Greenhouse, Steven. *Beaten Down, Worked Up: The Past, Present, and Future of American Labor* (New York: Anchor Books, 2019).

Greer, Ian et al. *The Marketization of Employment Services: The Dilemmas of Europe's Work-First Welfare States* (Oxford: OUP, 2017).

Greif, Avner, Lynne Kiesling & John V.C. Nye (eds). *Institutions, Innovation, and Industrialization: Essays in Economic History and Development* (Princeton/Oxford: Princeton UP, 2015).

Grewal, J.S. 'Historical Writing on Urbanisation in Medieval India', in Indu Banga (ed.), *The City in Indian History: Urban Demography, Society and Politics* (New Delhi: Manohar, 2014), pp. 69–79.

Griffin, Emma. *A Short History of the British Industrial Revolution* (Basingstoke: Palgrave Macmillan, 2010).

Griffin, P. Bion & Marcus B. Griffin. 'The Agta of Eastern Luzon, Philippines', in Richard B. Lee & Richard Daly (eds), *The Cambridge Encyclopedia of Hunters and Gatherers* (Cambridge: CUP, 2004), pp. 289–93.

Gronenborn, Detlef. 'Beyond the Models: "Neolithisation" in Central Europe', in Alisdair Whittle & Vicki Cummings (eds), *Going Over: The Mesolithic-Neolithic Transition in North-West Europe* (Oxford: OUP, 2007), pp. 73–98.

Grooth, Marjorie de. 'Mijnen in het Krijt: De vuursteenwinning bij Rijckholt', in Leendert P. Louwe Kooijmans (ed.), *Nederland in de prehistorie* (Amsterdam: Bert Bakker, 2005), pp. 243–8.

Guanglin, Liu. 'Market Integration in China, AD 960–1644', in R.J. van der Spek, Bas van Leeuwen & Jan Luiten van Zanden (eds), *A History of Market Performance: From Ancient Babylonia to the Modern World* (London/New York: Routledge, 2015), pp. 308–38.

Guendelsberger, Emily. *On the Clock: What Low-Wage Work Did to Me and How it Drives America Insane* (New York: Little & Brown, 2019).

Guha, Sumit. 'The Population History of South Asia from the Seventeenth to the Twentieth Centuries: An Exploration', in Ts'ui-jung Liu, James Lee et al. (eds), *Asian Population History* (New York: OUP, 2001), pp. 63–78.

Gupta, Bishnupriya. 'Falling Behind and Catching Up: India's Transformation from a Colonial Economy', *Warwick Economic Research Papers*, 1147, January 2018.

Gupta, Ranjan Kumar. *The Economic Life of a Bengal District: Birbhum 1770–1857* (Burdwan: Burdwan University, 1984).

Gurven, Michael & Kim Hill. 'Why Do Men Hunt? A Reevaluation of "Man the Hunter" and the Sexual Division of Labor', *Current Anthropology*, 50(1) (February 2009), pp. 51–74.

Guthrie, R. Dale. 'Haak en Steek – The Tool that Allowed Hominins to Colonize the African Savanna and to Flourish There', in Wil Roebroeks (ed.), *Guts and Brains: An Integrative Approach to the Hominin Record* (Leiden: Leiden UP, 2007), pp. 133–64.

Haas, Randall et al. 'Female Hunters of the Early Americas', *Science Advances*, 6(45) (4 November 2020), eabd0310.

Habib, Irfan. 'The Price-Regulations of 'Ala'uddin Khalji – A Defence of Zia' Barani', in Sanjay Subrahmanyam (ed.), *Money and the Market in India 1100–1700* (Delhi: OUP, 1994), pp. 85–111.

Habib, Irfan. 'The Peasant Protest in Indian History', in Bhairabi Prasad Sahu (ed.), *Land System and Rural Society in Early India* (New Delhi: Manohar, 2004), pp. 205–36.

Hagen, E.H. & H.C. Barrett. 'Perinatal Sadness among Shuar women', *Medical Anthropology Quarterly*, 21 (2007), pp. 22–40.

Haggard, Stephan & Robert Kaufman. *Development, Democracy and Welfare States: Latin America, East Asia, and Eastern Europe* (Princeton/Oxford: Princeton UP, 2008).

Hahn, Sylvia. 'Women in older ages – "old" women?', *History of the Family*, 7 (2002), pp. 33–58.

Hall, Jonathan M. *A History of the Archaic Greek World ca. 1200–479 BCE*, 2nd edn (Chichester: Wiley Blackwell, 2014).

Hall, Kenneth. 'Price-making and Market Hierarchy in Early Medieval South India', in Sanjay Subrahmanyam (ed.), *Money and the Market in India 1100–1700* (Delhi: OUP, 1994), pp. 57–84.

Hansell, Mike. *Built by Animals: The Natural History of Animal Architecture* (Oxford: OUP, 2008).

Harari, Yuval Noah. *Sapiens: A Brief History of Humankind* (London: Vintage, 2014).

Hårde, Andreas. 'The Emergence of Warfare in the Early Bronze Age: The Nitra group in Slovakia and Moravia, 2200–1800 BC', in Mike Parker Pearson & I.J.N. Thorpe (eds), *Warfare, Violence and Slavery: Proceedings of a Prehistoric Society Conference at Sheffield University* (Oxford: BAR Publishing, 2005), pp. 87–105.

Harper, Kyle. *Slavery in the Late Roman World, AD 275–425* (Cambridge: CUP, 2011).

Harper, Kyle. 'Landed Wealth in the Long Term', in Paul Erdkamp, Koen Verboven & Arjan Zuiderhoek (eds), *Ownership and Exploitation of Land and Natural Resources in the Roman World* (Oxford: OUP, 2015), pp. 43–61.

Harris, Edward M. 'Workshop, Marketplace and Household: The Nature of Technical Specialization in Classical Athens and its Influence on Economy and Society', in Paul Cartledge, Edward E. Cohen & Lin Foxhall (eds), *Money, Labour and Land: Approaches to the Economies of Ancient Greece* (London/ New York: Routledge, 2002), pp. 67–99.

Harris, W.V. *Rome's Imperial Economy: Twelve Essays* (Oxford: OUP, 2011).

Harvey, John. *Mediaeval Craftsmen* (London/Sydney: Batsford, 1975).

Haselgrove, Colin & Stefan Krmnicek. 'The Archaeology of Money', *Annual Review of Anthropology*, 41 (2012), pp. 235–50.

Hatfield, Gary. 'Introduction: Evolution of Mind, Brain, and Culture', in Gary Hatfield & Holly Pittman (eds), *Evolution of Mind, Brain, and Culture* (Philadelphia: University of Pennsylvania Press, 2013), pp. 1–44.

Hatfield, Gary & Holly Pittman (eds). *Evolution of Mind, Brain, and Culture* (Philadelphia: University of Pennsylvania Press, 2013).

Haupt, Heinz-Gerhard (ed.). *Das Ende der Zünfte: Ein europäischer Vergleich* (Göttingen: Vandenhoeck & Ruprecht, 2002).

Hawke, Kristen. 'How Grandmother Effects plus Individual Variation in Frailty Shape Fertility and Mortality: Guidance from Human-Chimpanzee Comparisons', *PNAS*, 107, Supplement 2 (11 May 2000), pp. 8977–84.

Hay, Douglas & Paul Craven (eds). *Masters, Servants and Magistrates in Britain and the Empire 1562–1955* (Chapel Hill: University of North Carolina Press, 2004).

Hayden, Brian & Suzanne Villeneuve. 'Who Benefits from Complexity? A View from Futuna', in T. Douglas Price & Gary M. Feinman (eds), *Pathways to Power: New Perspectives on the Emergence of Social Inequality* (New York: Springer, 2012), pp. 95–145.

He, Nu. 'The Longshan Period Site of Taosi in Southern Shanxi Province', in Anne P. Underhill (ed.), *A Companion to Chinese Archeology* (Hoboken, NJ: Wiley-Blackwell, 2013), pp. 255–77.

Heald, Henrietta. *Magnificent Women and their Revolutionary Machines* (London: Unbound, 2019).

Heckenberger, Michael & Eduardo Góes Neves. 'Amazonian Archaeology', *Annual Review of Anthropology*, 38 (2009), pp. 251–66.

Heerma van Voss, Lex. 'The International Federation of Trade Unions and the Attempt to Maintain the Eight-Hour Working Day (1919–1929)', in Frits van Holthoon & Marcel van der Linden (eds), *Internationalism in the Labour Movement 1830–1940* (Leiden: Brill, 1988), pp. 518–42.

Heerma van Voss, Lex. *De doodsklok voor den goeden ouden tijd: De achturendag in de jaren twintig* (Amsterdam: Stichting Beheer IISG, 1994).

Hodges, Richard & John F. Cherry. 'Cost-Control and Coinage: An Archaeological Approach to Anglo-Saxon England', *Research in Economic Anthropology*, 5 (1983), pp. 131–83.

Hoffman, Carl L. 'Punan Foragers in the Trading Networks of Southeast Asia', in Carmel Schrire (ed.), *Past and Present in Hunter Gatherer Studies* (Walnut Creek, CA: Left Coast Press, 2009), pp. 123–49.

Hoffmann, Richard C. 'Frontier Foods for Late Medieval Consumers: Culture, Economy, Ecology', *Environment and History*, 7(2) (2001), pp. 131–67.

Hofmeester, Karin. 'Jewish Ethics and Women's Work in the Late Medieval and Early Modern Arab-Islamic World', *IRSH*, 56, Special Issue 19: The Joy and Pain of Work: Global Attitudes and Valuations, 1500–1650 (21 November 2011), pp. 141–64.

Hofmeester, Karin. 'Attitudes to Work', in Karin Hofmeester & Marcel van der Linden (eds), *Handbook of the Global History of Work* (Berlin/Boston: De Gruyter, 2018), pp. 411–31.

Hofmeester, Karin & Jan Lucassen. 'Ottoman Tax Registers as a Source for Labor Relations in Ottoman Bursa', *International Labor and Working Class History*, 97 (2020), pp. 28–56.

Hofmeester, Karin, Jan Lucassen, Leo Lucassen, Rombert Stapel & Richard Zijdeman. 'The Global Collaboratory on the History of Labour Relations, 1500–2000: Background, Set-Up, Taxonomy, and Applications', IISH Dataverse, V1 (26 October 2015). Available from: http://hdl.handle.net/10622/4OGRAD.

Hofmeester, Karin & Marcel van der Linden (eds). *Handbook of the Global History of Work* (Berlin/Boston: De Gruyter, 2018).

Hogendorn, Jan & Marion Johnson. *The Shell Money of the Slave Trade* (Cambridge: CUP, 1986).

Holderness, B.A. *Pre-Industrial England: Economy and Society from 1500 to 1750* (London/New Jersey: Dent/Rowman & Littlefield, 1976).

Holthoon, Frits van & Marcel van der Linden (eds). *Internationalism in the Labour Movement 1830–1940*, 2 vols (Leiden: Brill, 1988).

Homburg, Heidrun. 'From Unemployment Insurance to Compulsory Labour: The Transformation of the Benefit System in Germany 1927–1933', in Richard J. Evans & Dick Geary (eds), *The German Unemployed: Experiences and Consequences of Mass Unemployment from the Weimar Republic to the Third Reich* (London/Sydney: Croom Helm, 1987), pp. 92–103.

Hommel, Rudolf P. *China at Work: An Illustrated Record of the Primitive Industries of China's Masses, Whose Life is Toil, and thus an Account of Chinese Civilization* (Cambridge, MA/London: MIT, 1969).

Horn, Jeff. 'Avoiding Revolution: The French Path to Industrialization', in Jeff Horn, Leonard N. Rosenband & Merritt Roe Smith (eds), *Reconceptualizing the Industrial Revolution* (Cambridge, MA/London: MIT, 2010), pp. 87–106.

Horn, Jeff, Leonard N. Rosenband & Merritt Roe Smith (eds). *Reconceptualizing the Industrial Revolution* (Cambridge, MA/London: MIT, 2010).

Howgego, Christopher. 'The Supply and Use of Money in the Roman World 200 B.C. to A.D. 300', *The Journal of Roman Studies*, 82 (1992), pp. 1–31.

Hrdy, Sarah Blaffer. *Mothers and Others: The Evolutionary Origins of Mutual Understanding* (Cambridge, MA: Harvard UP, 2009).

Hu, Aiqun & Patrick Manning. 'The Global Social Insurance Movement since the 1880s', *Journal of Global History*, 5 (2010), pp. 125–48.

Huang, Philip C.C. *The Peasant Family and Rural Development in the Yangzi Delta, 1350–1988* (Stanford: Stanford UP, 1990).

Huberman, Michael. *Escape from the Market: Negotiating Work in Lancashire* (Cambridge: CUP, 1996).

Huberman, Michael & Chris Minns. 'The Times They Are Not Changin': Days and Hours of Work in Old and New Worlds, 1870–2000', *Explorations in Economic History*, 44 (2007), pp. 538–76.

Hudson, Pat. 'Proto-Industrialization in England', in Sheilagh C. Ogilvie & Markus Cerman (eds), *European Proto-Industrialization* (Cambridge: CUP, 1996), pp. 49–66.

Humphries, Jane & Jacob Weisdorf. 'Unreal Wages? Real Income and Economic Growth in England, 1260–1850', *Economic Journal*, 129 (2019), pp. 2867–87.

Hurston, Zora Neale. *Barracoon: The Story of the Last 'Black Cargo'* (London: Amistad, 2018).

Hurston, Zora Neale. *Barracoon: Oluale Kossola, overlevende van het laatste slavenschip* (Amsterdam: De Geus, 2019).

Hussain, Syed Ejaz. *The Bengal Sultanate: Politics, Economy and Coins (AD 1205–1576)* (Delhi: Manohar, 2003).

Hussain, Syed Ejaz. *Shiraz-I Hind: A History of Jaunpur Sultanate* (New Delhi: Manohar, 2014).

Huynh, Kim, Bina D'Costa & Katrina Lee-Koo. *Children and Global Conflict* (Cambridge: CUP, 2015).

Ichikawa, Mitsuo. 'The Mbuti of Northern Congo', in Richard B. Lee & Richard Daly (eds), *The Cambridge Encyclopedia of Hunters and Gatherers* (Cambridge: CUP, 2004), pp. 210–14.

Imai Noriko. 'Copper in Edo-Period Japan', in Keiko Nagase-Reimer (ed.), *Copper in the Early-Modern Sino-Japanese Trade* (Leiden/Boston: Brill, 2016), pp. 10–31.

Ingold, Tim. 'On the Social Relations of the Hunter-Gatherer Band', in Richard B. Lee & Richard Daly (eds), *The Cambridge Encyclopedia of Hunters and Gatherers* (Cambridge: CUP, 2004), pp. 399–410.

Izawa, Eiji. 'Developments in Japanese Copper Metallurgy for Coinage and Foreign Trade in the Early Edo Period', in Nanny Kim and Keiko Nagase-Reimer (eds), *Mining, Monies, and Culture in Early Modern Societies: East Asian and Global Perspectives* (Leiden/Boston: Brill, 2013), pp. 13–24.

Jackson, Richard P. 'From Profit-Sailing to Wage Sailing: Mediterranean Owner-Captains and their Crews during the Medieval Commercial Revolution', *Journal of European Economic History*, 18(3) (Winter 1989), pp. 605–28.

Jacobs, Els M. *Koopman in Azië: De handel van de Verenigde Oost-Indische Compagnie tijdens de 18de eeuw* (Zutphen: Walburg Pers, 2000).

Jacoby, Sanford M. *Employing Bureaucracy: Managers, Unions and the Transformation of Work in American Industry, 1900–1945* (New York: Columbia UP, 1985).

Jaffe, Sarah. *Work Won't Love You Back: How Devotion to Our Jobs Keeps Us Exploited, Exhausted, and Alone* (New York: Bold Type Books, 2021).

Jaffer, Aaron. *Lascars and Indian Ocean Seafaring, 1780–1860: Shipboard Life, Unrest and Mutiny* (Woodbridge: The Boydell Press, 2015).

Jain, Rekha. *Ancient Indian Coinage: A Systematic Study of Money Economy from Janapada Period to Early Medieval Period (600 BC to AD 1200)* (New Delhi: Printwork, 1995).

Jameson, Michael H. 'On Paul Cartledge, "The Political Economy of Greek Slavery"', in Paul Cartledge, Edward E. Cohen & Lin Foxhall (eds), *Money, Labour and Land: Approaches to the Economies of Ancient Greece* (London/New York: Routledge, 2002), pp. 167–74.

Jamison, Stephanie W. 'Women "Between the Empires" and "Between the Lines"', in Patrick Olivelle (ed.), *Between the Empires: Society in India 300 BCE to 400 CE* (Oxford: OUP, 2006), pp. 191–214.

Jensen, Carsten & Kees van Kersbergen. *The Politics of Inequality* (London: Palgrave Macmillan, 2017).

Jevons, W. Stanley. *The Theory of Political Economy* (London: Macmillan, 1879).

Jevons, W. Stanley. *The Principles of Economics: A Fragment of a Treatise on the Industrial Mechanisms of Society and Other Papers* (London: Macmillan, 1905).

Jha, D.N. *Ancient India in Historical Outline*, 3rd enlarged edn (New Delhi: Manohar, 2018).

Jha, D.N. *Against the Grain: Notes on Identity, Intolerance and History* (New Delhi: Manohar, 2020).

Jin, Cao & Hans Ulrich Vogel. 'Smoke on the Mountain: The Infamous Counterfeiting Case of Tongzi District, Guizhou province, 1794', in Jane Kate Leonard & Ulrich Theobald (eds), *Money in Asia (1200–1900): Small Currencies in Social and Political Contexts* (Leiden/Boston: Brill, 2015), pp. 188–219.

Jing, Zhichun et al. 'Recent Discoveries and Some Thoughts on Early Urbanization at Anyang', in Anne P. Underhill (ed.), *A Companion to Chinese Archaeology* (Hoboken, NJ: Wiley-Blackwell, 2013), pp. 343–65.

Johnson, Paul. 'Creditors, Debtors, and the Law in Victorian and Edwardian England', in Willibald Steinmetz (ed.), *Private Law and Social Inequality in the Industrial Age: Comparing Legal Cultures in Britain, France, Germany and the United States* (Oxford: OUP, 2000), pp. 485–504.

Jones, Eric. 'The Context of English Industrialization', in Avner Greif, Lynne Kiesling & John V.C. Nye (eds), *Institutions, Innovation, and Industrialization: Essays in Economic History and Development* (Princeton/Oxford: Princeton UP, 2015), pp. 397–409.

Joordens, Josephine C.A. et al. 'Homo erectus at Trinil on Java Used Shells for Food Production and Engraving', *Nature* (3 December 2014). DOI: 10.1038/nature13962.

Joyce, Arthur A. *Mixtecs, Zapotecs, and Chatinos: Ancient Peoples of Southern Mexico* (Chichester: Wiley-Blackwell, 2010).

Jursa, Michael. *Aspects of the Economic History of Babylonia in the First Millennium BC: Economic Geography, Economic Mentalities, Agriculture, the Use of Money and the Problem of Economic Growth* (Münster: Ugarit Verlag, 2010).

Kaare, Bwire & James Woodburn. 'The Hadza of Tanzania', in Richard B. Lee & Richard Daly (eds), *The Cambridge Encyclopedia of Hunters and Gatherers* (Cambridge: CUP, 2004), pp. 200–4.

Kanigel, Robert. *The One Best Way: Frederick Winslow Taylor and the Enigma of Efficiency* (Cambridge, MA: MIT, 2005).

Kaplan, Hillard S. et al. 'The Evolution of Diet, Brain and Life History among Primates and Humans', in Wil Roebroeks (ed.), *Guts and Brains: An Integrative Approach to the Hominin Record* (Leiden: Leiden UP, 2007), pp. 47–90.

Kaplan, Steven L. & Cynthia Koepp (eds). *Work in France: Representations, Meaning, Organization, and Practice* (Ithaca: Cornell UP, 1986).

Kars, Marjoleine. *Blood on the River: A Chronicle of Mutiny and Freedom on the Wild Coast* (New York: The New Press, 2020).

Karsten, Luchien. *Arbeidstijdverkorting in historisch perspectief, 1817–1919* (Amsterdam: Stichting IISG, 1990).

Katary, Sally L.D. 'Land Tenure and Taxation', in Toby Wilkinson (ed.), *The Egyptian World* (London/New York: Routledge, 2007), pp. 185–201.

Kautilya. *The Arthashastra*. Edited, rearranged, translated and introduced by L.N. Rangarajan (New Delhi: Penguin, 1992).

Kay, Diana & Robert Miles. *Refugees or Migrant Workers? European Volunteer Workers in Britain 1946–1951* (London: Routledge, 1992).

Kearny, Milo. *The Indian Ocean in World History* (New York/London: Routledge, 2004).

Keeley, Lawrence. 'War Before Civilization', in Todd K. Shackelford & Ranald D. Hansen (eds), *The Evolution of Violence* (New York: Springer, 2014), pp. 23–31.

Kehoe, Alice B. 'Blackfoot and Other Hunters of the North American Plains', in Richard B. Lee & Richard Daly (eds), *The Cambridge Encyclopedia of Hunters and Gatherers* (Cambridge: CUP, 2004), pp. 36–40.

Kelder, Jorrit M. *The Kingdom of Mycenae: A Great Kingdom in the Late Bronze Age Aegean* (Bethesda, MD: CDL Press, 2010).

Kelly, Robert L. *The Foraging Spectrum: Diversity in Hunter-Gatherer Lifeways* (Washington, DC/London: Smithsonian Institution Press, 1995).

Kennan, George. *Siberia and the Exile System*, 2 vols (London: Osgood, 1891).

Kennedy, Hugh. 'The Middle East in Islamic Late Antiquity', in Andrew Monson & Walter Scheidel (eds), *Fiscal Regimes and the Political Economy of Premodern States* (Cambridge: CUP, 2015), pp. 390–403.

Kenoyer, Jonathan Mark. 'Indus Urbanism: New Perspectives on its Origin and Character', in Joyce Marcus & Jeremy A. Sabloff (eds), *The Ancient City: New Perspectives on Urbanism in the Old and New World* (Santa Fe, NM: School for Advanced Research Press, 2008), pp. 183–208.

Kessler, Gijs. 'A Population under Pressure: Household Responses to Demographic and Economic Shock in the Interwar Soviet Union', in Donald Filtzer, Wendy Z. Goldman, Gijs Kessler (eds), *A Dream Deferred: New Studies in Russian and Soviet Labour History* (Bern: Peter Lang, 2008), pp. 315–42.

Kessler, Gijs. 'Wage Labor and the Household Economy: A Russian Perspective, 1600–2000', in Marcel van der Linden & Leo Lucassen (eds), *Working on Labor: Essays in Honor of Jan Lucassen* (Leiden/Boston: Brill, 2012), pp. 351–69.

Kessler, Gijs. 'Measuring Migration in Russia: A Perspective of Empire, 1500–1900', in Jan Lucassen & Leo Lucassen (eds), *Globalising Migration History: The Eurasian Experience (16th–21st Centuries)* (Leiden/Boston: Brill, 2014), pp. 71–88.

Kessler, Gijs & Jan Lucassen. 'Labour Relations, Efficiency and the Great Divergence: Comparing Pre-Industrial Brick-Making across Eurasia, 1500–2000', in Maarten Prak & Jan Luiten van Zanden (eds), *Technology, Skills and the Pre-Modern Economy in the East and the West. Essays Dedicated to the Memory of S.R. Epstein* (Leiden/Boston: Brill, 2013), pp. 259–322.

Khazanov, Anatoly M. *Nomads and the Outside World*, 2nd edn (Madison: University of Wisconsin Press, 1994).

Killick, David & Thomas Fenn. 'Archaeometallurgy: The Study of Preindustrial Mining and Metallurgy', *Annual Review of Anthropology*, 41 (2012), pp. 559–75.

Kim, Henry S. 'Archaic Coinage as Evidence for the Use of Money', in Andrew Meadows & Kirsty Shipton (eds), *Money and its Uses in the Ancient Greek World* (Oxford: OUP, 2001), pp. 8–21.

Kim, Henry S. 'Small Change and the Moneyed Economy', in Paul Cartledge, Edward E. Cohen & Lin Foxhall (eds), *Money, Labour and Land: Approaches to the Economies of Ancient Greece* (London/New York: Routledge, 2002), pp. 44–51.

Kim, Nanny. 'Keeping Books and Managing a State Transport: Li Bolong's Copper Convoy of 1807', in Nanny Kim & Keiko Nagase-Reimer (eds). *Mining, Monies, and Culture in Early Modern Societies: East Asian and Global Perspectives* (Leiden/Boston: Brill, 2013), pp. 133–83.

Kim, Nanny & Keiko Nagase-Reimer (eds), *Mining, Monies, and Culture in Early Modern Societies: East Asian and Global Perspectives* (Leiden/Boston: Brill, 2013).

King, Steve A. 'Protoindustrielle Entwicklung in zwei Gemeinden Yorkshires (1660 bis 1830)', in Dietrich Ebeling & Wolfgang Mager (eds), *Protoindustrie in der Region, Europäische Gewerbelandschaften vom 16. bis zum 19. Jahrhundert* (Bielefeld: Verlag für Regionalgeschichte, 1997), pp. 221–54.

Kirch, Patrick V. 'Peopling of the Pacific: A Holistic Anthropological Perspective', *Annual Review of Anthropology*, 39 (2010), pp. 131–48.

Kivelson, Valerie. 'Claiming Siberia: Colonial Possession and Property Holding in the Seventeenth and Early Eighteenth Centuries', in Nicholas B. Breyfogle, Abby Schrader & Willard Sunderland (eds), *Peopling the Russian Periphery: Borderland Colonization in Eurasian History* (London/New York: Routledge, 2007), pp. 21–40.

Klass, Morton. *Caste: The Emergence of the South Asian Social System* (New Delhi: Manohar, 2020).

Kleber, Kristin. 'Dependent Labor and Status in the Neo-Babylonian and Achaemenid Periods', *Alter Orient und Altes Testament: Veröffentlichungen zur Kultur und Geschichte des Alten Orients und des Alten Testaments*, 440 (2018), pp. 441–64.

Klein, Herbert. *African Slavery in Latin America and the Caribbean* (New York/Oxford: OUP, 1986).

Klein, Herbert. *The Atlantic Slave Trade* (Cambridge: CUP, 1999).

Klein, Rüdiger. 'Arbeit und Arbeiteridentitäten in islamischen Gesellschaften: Historische Beispiele', in Jürgen Kocka & Claus Offe (eds), *Geschichte und Zukunft der Arbeit* (Frankfurt/New York: Campus, 2000), pp. 163–74.

Klein Goldewijk, Kees et al. 'The HYDE 3.1 Spatially Explicit Database of Human-Induced Global Land-Use Change Over the Past 12,000 Years', *Global Ecology and Biogeography*, 20(1) (January 2011), pp. 73–86.

Kloosterboer, Willemina. *Involuntary Labour since the Abolition of Slavery: A Survey of Compulsory Labour throughout the World* (Leiden: Brill, 1960).

Knijff, Peter de. 'Population Genetics and the Migration of Modern Humans (*Homo Sapiens*)', in Jan Lucassen, Leo Lucassen & Patrick Manning (eds), *Migration History in World History: Multidisciplinary Approaches* (Leiden/Boston: Brill, 2010), pp. 39–57.

Knotter, Ad. *Transformations of Trade Unionism: Comparative and Transnational Perspectives on Workers Organizing in Europe and the United States, Eighteenth to Twenty-First Centuries* (Amsterdam: AUP, 2018).

Kocka, Jürgen. *White Collar Workers in America 1890–1940: A Social-Political History in International Perspective* (London/Beverly Hills: SAGE, 1980).

Kocka, Jürgen. 'Capitalism and Bureaucracy in German Industrialization before 1914', *EHR*, New Series, 34(3) (1981), pp. 453–68.

Kocka, Jürgen (ed.). *Work in a Modern Society: The German Historical Experience in Comparative Perspective* (New York: Berghahn, 2010).

Kocka, Jürgen. 'Capitalism and its Critics: A Long-Term View', in Ulbe Bosma & Karin Hofmeester (eds), *The Life Work of a Labor Historian: Essays in Honor of Marcel van der Linden* (Leiden/Boston: Brill, 2018), pp. 71–89.

Kocka, Jürgen & Marcel van der Linden (eds). *Capitalism: The Reemergence of a Historical Concept* (London: Bloomsbury, 2016).

Kocka, Jürgen & Claus Offe (eds). *Geschichte und Zukunft der Arbeit* (Frankfurt/New York: Campus, 2000).

Kohli, Martin. 'Arbeit im Lebenslauf: alte und neue Paradoxien', in Jürgen Kocka & Claus Offe (eds), *Geschichte und Zukunft der Arbeit* (Frankfurt/New York: Campus, 2000), pp. 362–82.

Kok, Jan (ed.). *Rebellious Families: Household Strategies and Collective Action in the Nineteenth and Twentieth Centuries* (New York/Oxford: Berghahn, 2002).

Kok, Jan. 'The Family Factor in Migration Decisions', in Jan Lucassen, Leo Lucassen & Patrick Manning (eds), *Migration History in World History: Multidisciplinary Approaches* (Leiden/Boston: Brill, 2010), pp. 215–50.

Kolata, Alan L. *The Tiwanaku: Portrait of an Andean Civilization* (Cambridge, MA/Oxford: Blackwell, 1993).

Kolata, Alan L. *Ancient Inca* (Cambridge: CUP, 2013).

Kolchin, Peter. *Unfree Labor: American Slavery and Russian Serfdom* (Cambridge, MA: Harvard UP, 1987).

Kolff, Dirk H.A. *Naukar Rajput and Sepoy: The Ethnohistory of the Military Labour Market in Hindustan, 1440–1850* (Cambridge: CUP, 1990).

Komlosy, Andrea. *Work: The Last 1,000 Years* (London/New York: Verso, 2018).

Kössler, Reinhart. 'Wage Labour and Despoty in Modernity', in Tom Brass & Marcel van der Linden (eds), *Free and Unfree Labour: The Debate Continues* (Bern: Peter Lang, 1997), pp. 91–105.

Kotiswaran, Prabha (ed.). *Revisiting the Law and Governance of Trafficking, Forced Labor and Modern Slavery* (Cambridge: CUP, 2017).

Krishnan, Parameswara. *Glimpses of Indian Historical Demography* (Delhi: B.R. Publishing Corporation, 2014).

Krissman, Fred. 'California's Agricultural Labor Market: Historical Variations in the Use of Unfree Labor, c. 1769–1994', in Tom Brass & Marcel van der Linden (eds), *Free and Unfree Labour: The Debate Continues* (Bern: Peter Lang, 1997), pp. 201–38.

Kristiansen, Kristian. 'Decentralized Complexity: The Case of Bronze Age Northern Europe', in T. Douglas Price & Gary M. Feinman (eds), *Pathways to Power: New Perspectives on the Emergence of Social Inequality* (New York: Springer, 2012), pp. 169–92.

Kulke, Hermann & Dietmar Rothermund. *A History of India* (London/New York: Routledge, 1990).

Kuroda, Akinobu. *A Gobal History of Money* (London/New York: Routledge, 2020).

Kuromiya, Hiroaki. 'Workers' Artels and Soviet Production Relations', in Sheila Fitzpatrick et al. (eds), *Russia in the Era of NEP: Explorations in Soviet Society and Culture* (Bloomington: Indiana UP, 1991), pp. 72–88.

Kusimba, Chapurukha M. 'Early African Cities: Their Role in the Shaping of Urban and Rural Interaction Spheres', in Joyce Marcus & Jeremy A. Sabloff (eds), *The Ancient City: New Perspectives on Urbanism in the Old and New World* (Santa Fe, NM: School for Advanced Research Press, 2008), pp. 229–46.

Kyrtatas, Dimitris J. 'Domination and Exploitation', in Paul Cartledge, Edward E. Cohen & Lin Foxhall (eds), *Money, Labour and Land: Approaches to the Economies of Ancient Greece* (London/New York: Routledge, 2002), pp. 140–55.

Lafargue, Paul. *Le droit à la paresse: Présentation nouvelle de Maurice Dommanget* (Paris: François Maspéro, 1969).

Laila, Russi M. *The Creation of Wealth: A Tata Story* (Bombay: IBH, 1981).

Laiou, Angeliki E. (ed.). *The Economic History of Byzantium: From the Seventh through the Fifteenth Century*, 3 vols (Dumbarton Oaks: Harvard UP, 2002).

La Lone, Darrell. 'The Inca as a Nonmarket Economy: Supply on Command versus Supply and Demand', in Jonathon E. Ericson & Timothy K. Earle (eds), *Contexts for Prehistoric Exchange* (New York: Academic Press, 1982), pp. 291–316.

La Lone, Darrell. 'Rise, Fall, and Semiperipheral Development in the Andean World-System', *Journal of World-Systems Research*, 6(1) (2000), pp. 67–98.

Lambrecht, Thijs. 'Harvest Work and Labor Market Regulation in Old Regime Northern France', in Thomas Max Safley (ed.), *Labor Before the Industrial Revolution: Work, Technology and their Ecologies in an Age of Early Capitalism* (London/New York: Routledge, 2019), pp. 113–31.

Lan, Yong. 'Three Scroll Maps of the Jinshajiang and the Qing State Copper Transport System', in Nanny Kim & Keiko Nagase-Reimer (eds), *Mining, Monies, and Culture in Early Modern Societies: East Asian and Global Perspectives* (Leiden/Boston: Brill, 2013), pp. 329–47.

Lancy, David F. *The Anthropology of Childhood: Cherubs, Chattel, Changelings*, 2nd edn (Cambridge: CUP, 2015).

Langergraber, Kevin E. et al. 'Generation Times in Wild Chimpanzees and Gorillas Suggest Earlier Divergence Times in Great Ape and Human Evolution', *PNAS*, 109(39) (25 September 2012), pp. 15716–21.

Lardinois, Roland. 'Pouvoirs d'État et dénombrements de la population dans le monde indien (fin XVIIe–début XIXe siècle)', *Annales-HSS* (March–April 2002), pp. 407–31.

Lau, George F. *Ancient Alterity in the Andes* (London/New York: Routledge, 2013).

Launaro, Alessandro. 'The Nature of the Village Economy', in Paul Erdkamp, Koen Verboven & Arjan Zuiderhoek (eds), *Ownership and Exploitation of Land and Natural Resources in the Roman World* (Oxford: OUP, 2015), pp. 173–206.

Lawlor, Ellis, Helen Kersley & Susan Steed. *A Bit Rich? Calculating the Real Value to Society of Different Professions* (London: The New Economic Foundation, 2009).

Lazonick, William. *Competitive Advantage on the Shop Floor* (Cambridge, MA: Harvard UP, 1990).

Lee, Cheol-Sung. *When Solidarity Works: Labor-Civic Networks and Welfare States in the Market Reform Era* (Cambridge: CUP, 2016).

Lee, Richard B. & Richard Daly (eds). *The Cambridge Encyclopedia of Hunters and Gatherers* (Cambridge: CUP, 2004).

Leeuwen, Bas van & Jieli van Leeuwen-Li. 'Education since 1820', in Jan Luiten van Zanden et al. (eds), *How Was Life? Global Well-Being Since 1820* (Geneva/Amsterdam: OECD/CLIO INFRA, 2014), pp. 87–100.

Leeuwen, Marco H.D. van. *Mutual Insurance 1550–2015: From Guild Welfare and Friendly Societies to Contemporary Micro-Insurers* (London: Palgrave Macmillan, 2016).

Leick, Gwendolyn. *Mesopotamia: The Invention of the City* (London: Penguin, 2002).

Lenger, Friedrich. 'Beyond Exceptionalism: Notes on the Artisanal Phase of the Labour Movement in France, England, Germany and the United States', *IRSH*, 36 (1991), pp. 1–23.

Leonard, William R., Marcia L. Robertson & J. Josh Snodgrass. 'Energetics and the Evolution of Brain Size in Early *Homo*', in Wil Roebroeks (ed.), *Guts and Brains: An Integrative Approach to the Hominin Record* (Leiden: Leiden UP, 2007), pp. 29–46.

Levi, Scott C. 'Hindus beyond the Hindu Kush: Indians in the Central Asian Slave Trade', *Journal of the Royal Asiatic Society*, Series 3, 12(3) (2002), pp. 277–88.

Lewis, David M. *Greek Slave Systems in their Eastern Mediterranean Context, c. 800–146 BC* (Oxford: OUP, 2018).

Lewis, Mark E. 'Early Imperial China, from the Qin and Han through Tang', in Andrew Monson & Walter Scheidel (eds), *Fiscal Regimes and the Political Economy of Premodern States* (Cambridge: CUP, 2015), pp. 282–307.

Li, Ju. 'Contentious Politics of a Generation of State Workers in China since the 1960s', *IRSH*, 61 (2016), pp. 197–222.

Li, Shi & Hiroshi Sato. *Unemployment, Inequality and Poverty in Urban China* (London/New York: Routledge, 2006).

Li Bozhong. 'Was there a "Fourteenth-Century Turning Point"? Population, Land, Technology, and Farm Management', in Paul J. Smith & Richard von Glahn (eds), *The Song-Yuan-Ming Transition in Chinese History* (Cambridge, MA: Harvard UP, 2003), pp. 135–75.

Liebenberg, Louis. 'Persistence Hunting by Modern Hunter-Gatherers', *Current Anthropology*, 47(6) (December 2006), pp. 1017–26.

Lieberman, Victor. *Strange Parallels: Southeast Asia in Global Context, c. 800–1830, Vol. 1: Integration on the Mainland* (Cambridge, CUP: 2003).

Lin, Man-houng. 'The Devastation of the Qing Mints, 1821–1850', in Jane Kate Leonard & Ulrich Theobald (eds), *Money in Asia (1200–1900): Small Currencies in Social and Political Contexts* (Leiden/Boston: Brill, 2015), pp. 155–87.

Linares, Olga F. 'Robert McC. Netting', in *Biographical Memoirs*, vol. 71 (Washington, DC: The National Academies of Science, Engineering, Medicine, 1997). Available from: https://www.nap.edu/read/5737/chapter/10 (retrieved on 27 July 2020).

Linden, Marcel van der. 'Het westers marxisme en de Sovjetunie: Hoofdlijnen van structurele maatschappijkritiek (1917–1985)', PhD thesis, Universiteit van Amsterdam, 1989.

Linden, Marcel van der (ed.). *Social Security Mutualism: The Comparative History of Mutual Benefit Societies* (Bern: Peter Lang, 1996).

Linden, Marcel van der. 'Forced Labour and Non-Capitalist Industrialization: The Case of Stalinism (c. 1929–c. 1956)', in Tom Brass & Marcel van der Linden (eds), *Free and Unfree Labour: The Debate Continues* (Bern: Peter Lang, 1997a), pp. 351–62.

Linden, Marcel van der. 'The Origins, Spread and Normalization of Free Labour', in Tom Brass & Marcel van der Linden (eds), *Free and Unfree Labour: The Debate Continues* (Bern: Peter Lang, 1997b), pp. 501–23.

Linden, Marcel van der. *Workers of the World: Essays toward a Global Labor History* (Leiden/Boston: Brill, 2008).

Linden, Marcel van der. 'Charles Tilly's Historical Sociology', *IRSH*, 54 (2009), pp. 237–74.

Linden, Marcel van der. 'Re-constructing the Origins of Modern Labor Management', *Labor History*, 51 (2010), pp. 509–22.

Linden, Marcel van der (ed.). *Humanitarian Intervention and Changing Labor Relations: The Long-Term Consequences of the Abolition of the Slave Trade* (Leiden & Boston: Brill, 2011a).

Linden, Marcel van der. 'Studying Attitudes to Work Worldwide, 1500–1650: Concepts, Sources, and Problems of Interpretation', *IRSH*, 56 (2011b, Special Issue), pp. 25–43.

Linden, Marcel van der. 'Dissecting Coerced Labor', in Marcel van der Linden & Magaly Rodríguez García (eds), *On Coerced Labor: Work and Compulsion after Chattel Slavery* (Leiden/Boston: Brill, 2016), pp. 293–322.

Linden, Marcel van der & Jan Lucassen (eds). *Racism and the Labour Market: Historical Studies* (Bern: Peter Lang, 1995).

Linden, Marcel van der & Jan Lucassen. *Prolegomena for a Global Labour History* (Amsterdam: IISH, 1999).

Linden, Marcel van der & Jan Lucassen. *Work Incentives in Historical Perspective: Preliminary Remarks* (Amsterdam: IISH Research Papers 41, 2001).

Linden, Marcel van der & Leo Lucassen (eds). *Working on Labor: Essays in Honor of Jan Lucassen* (Leiden/Boston: Brill, 2012).

Linden, Marcel van der & Richard Price (eds). *The Rise and Development of Collective Labour Law* (Bern: Peter Lang, 2000).

Linden, Marcel van der & Magaly Rodríguez García (eds). *On Coerced Labor: Work and Compulsion after Chattel Slavery* (Leiden/Boston: Brill, 2016).

Linden, Marcel van der & Jürgen Rojahn (eds). *The Formation of Labour Movements 1870–1914: An International Perspective*, 2 vols (Leiden: Brill, 1990).

Linden, Marcel van der & Wayne Thorpe (eds). *Revolutionary Syndicalism: An International Perspective* (Aldershot: Scolar Press, 1990).

Lins, W. 'Arbeitsmarkt und Arbeitsnachweis', in *Handwörterbuch der Staatswissenschaften*, Vol. I (Jena: Fischer, 1923), pp. 824–39.

Lipartito, Kenneth. 'Reassembling the Economic: New Departures in Historical Materialism', *American Historical Review* (February 2016), pp. 101–39.

Lis, Catharina. 'Perceptions of Work in Classical Antiquity: A Polyphonic Heritage', in Joseph Ehmer & Catharina Lis (eds), *The Idea of Work in Europe from Antiquity to Modern Times* (Farnham: Ashgate, 2009), pp. 33–68.

Lis, Catharina, Jan Lucassen & Hugo Soly (eds). *Before the Unions: Wage Earners and Collective Action in Europe, 1300–1850, IRSH*, 39(2) (1994).

Lis, Catharina & Hugo Soly. *Poverty and Capitalism in Pre-Industrial Europe* (Hassocks, Sussex: Harvester Press, 1979).

Lis, Catharina & Hugo Soly. ' "An Irresistible Phalanx": Journeymen Associations in Western Europe, 1300–1800', *IRSH*, 39(2) (1994), pp. 11–52.

Lis, Catharina & Hugo Soly. 'Städtische Industrialisierungswege in Brabant und Flandern: De Heyder & Co. in Lier (1750 bis 1815)', in Dietrich Ebeling & Wolfgang Mager (eds), *Protoindustrie in der Region. Europäische Gewerbelandschaften vom 16. bis zum 19. Jahrhundert* (Bielefeld: Verlag für Regionalgeschichte, 1997), pp. 297–319.

Lis, Catharina & Hugo Soly. *Worthy Efforts: Attitudes to Work and Workers in Pre-Industrial Europe* (Leiden/Boston: Brill, 2012).

Liu, Le, Shaodong Zhai & Xingcan Chen. 'Production of Ground Stone Tools at Taosi and Huizui: A Comparison', in Anne P. Underhill (ed.), *A Companion to Chinese Archaeology* (Hoboken, NJ: Wiley-Blackwell, 2013).

Livingston, James. *No More Work: Why Full Employment is a Bad Idea* (Chapel Hill: University of North Carolina Press, 2016).

Löbker, Gerard, Hans van den Broek & Hans Morssinkhof. *Bij Stork* (Zwolle: WBooks, 2018).

Looijesteijn, Henk. "Born to the Common Welfare": Pieter Plockhoy's Quest for a Christian Life (c. 1620–1664)', PhD thesis, European University Institute Florence, November 2009.

Looijesteijn, Henk. 'Between Sin and Salvation: The Seventeenth-Century Dutch Artisan Pieter Plockhoy and his Ethics of Work', *IRSH*, 56 (2011), pp. 69–88.

Loomis, William T. *Wages, Welfare Costs and Inflation in Classical Athens* (Ann Arbor: University of Michigan Press, 1998).

Loprieno, Antonio. 'Slaves', in Sergio Donadoni (ed.), *The Egyptians* (Chicago/London: University of Chicago Press, 1997), pp. 185–219.

Lottum, Jelle van, Jan Lucassen & Lex Heerma van Voss. 'Sailors, National and International Labour Markets and National Identity, 1600–1850', in Richard W. Unger (ed.), *Shipping and Economic Growth 1350–1850* (Leiden/Boston: Brill, 2011), pp. 309–51.

Lourens, Piet & Jan Lucassen. 'Marx als Historiker der niederländischen Republik', in Marcel van der Linden (ed.), *Die Rezeption der Marxschen Theorie in den Niederlanden* (Trier: Schriften aus dem Karl-Marx-Haus, 1992), pp. 430–54.

Lourens, Piet & Jan Lucassen. *Arbeitswanderung und berufliche Spezialisierung: Die lippischen Ziegler im 18. und 19. Jahrhundert* (Osnabrück: Rasch, 1999).

Lourens, Piet & Jan Lucassen. 'Labour Mediation among Seasonal Workers, Particularly the Lippe Brickmakers, 1650–1900', in Sigrid Wadauer, Thomas Buchner & Alexander Mejstrik (eds), *History of Labour Intermediation: Institutions and Finding Employment in the Nineteenth and Early Twentieth Centuries* (New York/Oxford: Berghahn, 2015), pp. 335–67.

Lourens, Piet & Jan Lucassen. 'Die lippischen Ziegler um 1800', in Bettina Joergens & Jan Lucassen (eds), *Saisonale Arbeitsmigration in der Geschichte: Die lippischen Ziegler und ihre Herkunftsgesellschaft* (Essen: Klartext, 2017), pp. 73–88.

Lovejoy, Paul. *Transformations in Slavery: A History of Slavery in Africa* (Cambridge: CUP, 2000).

Lovejoy, Paul. *Slavery, Commerce and Production in the Sokoto Caliphate of West Africa* (Trenton/Asmara: Africa World Press, 2005).

Lovejoy, Paul. 'Slavery in Africa', in Gad Heuman & Trevor Burnard (eds), *The Routledge History of Slavery* (London/New York: Routledge, 2011), pp. 35–51.

Lucassen, Jan. *Migrant Labour in Europe 1600–1900: The Drift to the North Sea* (London: Croom Helm, 1987).

Lucassen, Jan. 'Labour and Early Modern Economic Development', in Karel Davids & Jan Lucassen (eds), *A Miracle Mirrored: The Dutch Republic in European Perspective* (Cambridge: CUP, 1995), pp. 367–409.

Lucassen, Jan. 'In Search of Work', Research paper 39 (Amsterdam: IISH, 2000).

Lucassen, Jan. 'Work Incentives in Historical Perspective: Preliminary Remarks on Terminologies and Taxonomies', in Marcel van der Linden & Jan Lucassen, *Work Incentives in Historical Perspective: Preliminary Remarks* (Amsterdam: IISH, 2001).

Lucassen, Jan. 'Coin Production, Coin Circulation, and the Payment of Wages in Europe and China 1200–1900', in Christine Moll-Murata, Song Jianze & Hans Ulrich Vogel (eds), *Chinese Handicraft Regulations of the Qing Dynasty* (Munich: Iudicium, 2005), pp. 423–46.

Lucassen, Jan (ed.). *Global Labour History: A State of the Art* (Bern: Peter Lang 2006a).

Lucassen, Jan. 'Writing Global Labour History c. 1800–1940: A Historiography of Concepts, Periods and Geographical Scope', in *Global Labour History: A State of the Art* (2006b), pp. 39–89.

Lucassen, Jan. 'Brickmakers in Western Europe (1700–1900) and Northern India (1800–2000): Some Comparisons', in *Global Labour History: A State of the Art* (2006c), pp. 513–62.

Lucassen, Jan. 'Leiden: Garenmarkt. Een land van immigranten', in Maarten Prak (ed.), *Plaatsen van herinnering: Nederland in de zeventiende en achttiende eeuw* (Amsterdam: Bert Bakker, 2006d), pp. 63–73.

Lucassen, Jan (ed.). *Wages and Currency: Global Comparisons from Antiquity to the Twentieth Century* (Bern: Peter Lang, 2007a).

Lucassen, Jan. 'The Brickmakers' Strike on the Ganges Canal 1848–1849', in Rana Behal & Marcel van der Linden (eds), *India's Labouring Poor: Historical Studies, c. 1600–c. 2000* (Delhi: Fountain Books, 2007b), pp. 47–83.

Lucassen, Jan. 'Working at the Ichapur Gunpowder Factory in the 1790s', *Indian Historical Review*, 39(1) (2012a), pp. 45–82 (Part 1) and 39(2) (2012b), pp. 251–71 (Part 2).

Lucassen, Jan. 'Outlines of a History of Labour', Research paper 51 (Amsterdam: IISH, 2013).

Lucassen, Jan. 'Deep Monetization: The Case of the Netherlands 1200–1940', *TSEG*, 11 (2014a), pp. 73–121.

Lucassen, Jan. 'Deep Monetization, Commercialization and Proletarianization: Possible Links, India 1200–1900', in Sabyasachi Bhattacharya (ed.), *Towards a New History of Work* (New Delhi: Tulika, 2014b), pp. 17–55.

Lucassen, Jan. 'Workers: New Developments in Labor History since the 1980s', in Ulbe Bosma & Karin Hofmeester (eds), *The Lifework of a Labor Historian* (Leiden/Boston: Brill, 2018a), pp. 22–46.

Lucassen, Jan. 'Wage Labour', in Karin Hofmeester & Marcel van der Linden (eds), *Handbook of the Global History of Work* (Berlin/Boston: De Gruyter, 2018b), pp. 395–409.

Lucassen, Jan. 'Between Self-Employment and Wage Labour: Co-operative Subcontracting Among Manual Brickmakers c. 1600–1900', in Karin Hofmeester (ed.), *Moving In and Out of Self-Employment: A Labour Relation in Historical Perspective* (2021; forthcoming).

Lucassen, Jan & Leo Lucassen. 'The Mobility Transition in Europe Revisited, 1500–1900: Sources and Methods', Research paper 46 (Amsterdam: IISH, 2010).

Lucassen, Jan & Leo Lucassen (eds). *Globalising Migration History: The Eurasian Experience (16th–21st Centuries)* (Leiden/Boston: Brill, 2014).

Lucassen, Jan, Tine de Moor & Jan Luiten van Zanden (eds). 'The Return of the Guilds', *IRSH*, 53 (Supplement, 2008).

Lucassen, Jan & Richard W. Unger. 'Shipping, Productivity and Economic Growth', in Richard W. Unger (ed.), *Shipping and Economic Growth 1350–1850* (Leiden/Boston: Brill, 2011), pp. 3–44.

Lucassen, Leo. 'Beyond the Migration State: Western Europe since World War II', in James Hollifield & Neil Foley (eds), *Globalizing the Nation State* (Stanford: Stanford UP, 2021; forthcoming).

Lucassen, Leo, Osamu Saito & Ryuto Shimada. 'Cross-Cultural Migrations in Japan in a Comparative Perspective, 1600–2000', in Jan Lucassen & Leo Lucassen (eds), *Globalising Migration History: The Eurasian Experience (16th–21st Centuries)* (Leiden/Boston: Brill, 2014), pp. 262–409.

Luzkow, Jack Lawrence. *The Great Forgetting: The Past, Present and Future of Social Democracy and the Welfare State* (Manchester: Manchester UP, 2015).

MacDonald, Katharine. 'Ecological Hypotheses for Human Brain Evolution: Evidence for Skill and Learning Processes in the Ethnographic Literature on Hunting', in Wil Roebroeks (ed.), *Guts and Brains: An Integrative Approach to the Hominin Record* (Leiden: Leiden UP, 2007a), pp. 107–32.

MacDonald, Katharine. 'Cross-cultural Comparison of Learning in Human Hunting: Implications for Life History Evolution', *Human Nature*, 18 (2007b), pp. 386–402.

MacRaild, Donald M. & David E. Martin. *Labour in British Society, 1830–1914* (Basingstoke: Macmillan, 2000).

Madison, Bernice Q. *Social Welfare in the Soviet Union* (Stanford: Stanford UP, 1968).

Magnusson, Lars. *Nation, State and the Industrial Revolution: The Visible Hand* (London/New York: Routledge, 2009).

Majumdar, Susmita Basu. 'Money Matters: Indigenous and Foreign Coins in the Malabar Coast (Second Century BCE–Second Century CE)', in K.S. Mathew (ed.), *Imperial Rome, Indian Ocean Regions and Muziris: New Perspectives on Maritime Trade* (New Delhi: Manohar, 2015), pp. 395–423.

Malevitsj, Kazimir. *Luiheid als levensdoel: Uit het Russisch vertaald door Ineke Mertens* ('s-Hertogen-bosch: Voltaire, 2006).

Mamkoottam, Kuriakose. *Trade Unionism: Myth and Reality. Unionism in the Tata Iron and Steel Company* (Delhi: OUP, 1982).

Mandell, Nikki. *The Corporation as Family: The Gendering of Corporate Welfare, 1890–1930* (Chapel Hill: University of North Carolina Press, 2002).

Mangan, Jane E. *Trading Roles: Gender, Ethnicity, and the Urban Economy in Colonial Potosí* (Durham, NC/London: Duke UP, 2005).

Mann, Charles C. *1491: New Revelations of the Americas Before Columbus* (New York: Knopf, 2006).

Manning, Patrick. *Slavery and African Life: Occidental, Oriental, and African Slave Trades* (Cambridge: CUP, 1990).

Manning, Patrick. *Migration in World History*, 2nd edn (London/New York: Routledge, 2013).

Manning, Patrick. *A History of Humanity: The Evolution of the Human System* (Cambridge: CUP, 2020).

Marino, S., J. Roosblad & R. Penninx (eds). *Trade Unions and Migrant Workers: New Contexts and Challenges in Europe* (Cheltenham: Edward Elgar, 2017).

Mason, T.W. 'Labour in the Third Reich, 1933–1939', *Past & Present*, 33 (1966), pp. 112–41.

Mathew, K.S. (ed.). *Imperial Rome, Indian Ocean Regions and Muziris: New Perspectives on Maritime Trade* (New Delhi: Manohar, 2015).

Mathias, Regine. 'Picture Scrolls as a Historical Source on Japanese Mining', in Nanny Kim & Keiko Nagase-Reimer (eds), *Mining, Monies, and Culture in Early Modern Societies: East Asian and Global Perspectives* (Leiden/Boston, Brill, 2013), pp. 311–28.

Matsuura, Akira. 'The Import of Chinese Sugar in the Nagasaki Junk Trade and its Impact', in Keiko Nagase-Reimer (ed.), *Copper in the Early Modern Sino-Japanese Trade* (Leiden/Boston: Brill, 2016), pp. 157–74.

Matthews, Roger. *The Archaeology of Mesopotamia: Theory and Approaches* (London/New York: Routledge, 2003).

Maurer, Bill. 'The Anthropology of Money', *Annual Review of Anthropology*, 35 (2006), pp. 15–36.

Mazumdar, B.P. 'New Forms of Specialisation in Industries of Eastern India in the Turko-Afghan Period', *Proceedings of Indian History Congress*, 31 (1969), pp. 226–33.

Mbeki, Linda & Matthias van Rossum. 'Private Slave Trade in the Dutch Indian Ocean World: A Study into the Networks and Backgrounds of the Slavers and the Enslaved in South Asia and South Africa', *Slavery & Abolition*, 38 (2016), pp. 95–116.

McAuley, A. 'The Welfare State in the USSR', in Thomas Wilson & Dorothy Wilson (eds), *The State and Social Welfare: The Objectives of Policy* (London/New York: Routledge, 1991), pp. 191–213.

McBee, Randy. 'Work and Leisure', in Daniel J. Walkowitz (ed.), *A Cultural History of Work in the Modern Age* (London: Bloomsbury, 2019), pp. 157–72.

McConvell, Patrick. 'The Archaeo-Linguistics of Migration', in Jan Lucassen, Leo Lucassen & Patrick Manning (eds), *Migration History in World History: Multidisciplinary Approaches* (Leiden/Boston: Brill, 2010), pp. 155–88.

McCorriston, Joyce. 'Textile Extensification, Alienation, and Social Stratification in Ancient Mesopotamia', *Current Anthropology*, 38(4) (1997), pp. 517–35.

McCreery, David J. 'Wage Labor, Free Labor, and Vagrancy Laws: The Transition to Capitalism in Guatemala, 1920–1945', in Tom Brass & Marcel van der Linden (eds), *Free and Unfree Labour: The Debate Continues* (Bern: Peter Lang, 1997), pp. 303–24.

McCreery, David J. *The Sweat of Their Brow: A History of Work in Latin America* (New York/London: Sharpe, 2000).

McKitterick, Rosamond. *Charlemagne: The Formation of a European Identity* (Cambridge: CUP, 2008).

McNeill, William. *Keeping Together in Time: Dance and Drill in Human History* (Cambridge, MA: Harvard UP, 1995).

Meisenzahl, Ralf R. 'How Britain Lost its Competitive Edge', in Avner Greif, Lynne Kiesling & John V.C. Nye (eds), *Institutions, Innovation, and Industrialization: Essays in Economic History and Development* (Princeton/Oxford: Princeton UP, 2015), pp. 307–35.

Meissner, Martin, Stuart B. Philpott & Diana Philpott. 'The Sign Language of Sawmill Workers in British Columbia', in *Sign Language Studies*, 9 (Winter 1975), pp. 291–308.

Meuwese, Mark. *Brothers in Arms, Partners in Trade: Dutch-Indigenous Alliances in the Atlantic World, 1595–1674* (Leiden & Boston: Brill, 2012).

Meyer, Stephen. 'The Political Culture of Work', in Daniel J. Walkowitz (ed.), *A Cultural History of Work in the Modern Age* (London: Bloomsbury, 2019), pp. 141–56.

Mieroop, Marc van de. *A History of the Ancient Near East ca. 3000–323 BC*, 2nd edn (Malden/Oxford/Carlton: Blackwell, 2007).

Migeotte, Léopold. *The Economy of the Greek Cities: From the Archaic Period to the Early Roman Empire* (Berkeley: University of California Press, 2009).

Milanich, Jerald T. *The Timucua* (Oxford: Blackwell, 1996).

Milanovic, Branko. *Capitalism, Alone: The Future of the System that Rules the World* (Cambridge, MA: Belknap Press, 2019).

Miller, Owen. 'Ties of Labour and Ties of Commerce: Corvée among Seoul Merchants in the Late 19th Century', *JESHO*, 50(1) (2007), pp. 41–71.

Milton, Katherine. 'Civilizations and its Discontents', *Natural History*, 101(3) (1992), pp. 36–43.

Mitch, David, John Brown & Marco H.D. van Leeuwen (eds). *Origins of the Modern Career* (Aldershot: Ashgate, 2004).

Mithen, Steven. *After the Ice: A Global Human History, 20,000–5000 BC* (Cambridge, MA: Harvard UP, 2003).

Mokyr, Joel. *The Gifts of Athena: Historical Origins of the Knowledge Economy* (Princeton: Princeton UP, 2002).

Mokyr, Joel. 'Peer Vries's Great Divergence', *TSEG*, 12 (2015), pp. 93–104.

Molfenter, Christine. 'Forced Labour and Institutional Change in Contemporary India', in Marcel van der Linden & Magaly Rodríguez García (eds), *On Coerced Labor: Work and Compulsion after Chattel Slavery* (Leiden/Boston: Brill, 2016), pp. 50–70.

Moll-Murata, Christine. 'State and Crafts in the Qing Dynasty (1644–1911)', Habilitation thesis, Universität Tübingen, 2008a.

Moll-Murata, Christine. 'Chinese Guilds from the Seventeenth to the Twentieth Centuries: An Overview', in Tine de Moor, Jan Lucassen & Jan Luiten van Zanden (eds), 'The Return of the Guilds', *IRSH*, 53, Supplement 16 (2008b), pp. 5–18.

Moll-Murata, Christine. 'Guilds and Apprenticeship in China and Europe: The Jingdezhen and European Ceramics Industries', in Maarten Prak & Jan Luiten van Zanden (eds), *Technology, Skills and the Pre-Modern Economy in the East and the West. Essays Dedicated to the Memory of S.R. Epstein* (Leiden/Boston: Brill, 2013), pp. 205–57.

Moll-Murata, Christine. 'Legal Conflicts Concerning Wage Payments in Eighteenth- and Nineteenth-Century China: The Baxian Cases', in Jane Kate Leonard & Ulrich Theobald (eds), *Money in Asia (1200–1900): Small Currencies in Social and Political Contexts* (Leiden/Boston: Brill, 2015), pp. 265–308.

Moll-Murata, Christine. *State and Crafts in the Qing Dynasty (1644–1911)* (Amsterdam: Amsterdam UP, 2018).

Moll-Murata, Christine, Song Jianze & Hans Ulrich Vogel (eds). *Chinese Handicraft Regulations of the Qing Dynasty* (Munich: Iudicium, 2005).

Monroe, J. Cameron. 'Power and Agency in Precolonial African States', *Annual Review of Anthropology*, 42 (2013), pp. 17–35.

Monson, Andrew & Walter Scheidel (eds). *Fiscal Regimes and the Political Economy of Premodern States* (Cambridge: CUP, 2015).

Montgomery, David. *The Fall of the House of Labor: The Workplace, the State, and American Labor Activism, 1865–1925* (Cambridge: CUP, 1987).

Montgomery, David. *Citizen Worker: The Experience of Workers in the United States with Democracy and the Free Market in the Nineteenth Century* (Cambridge: CUP, 1993).

Moon, David. 'Peasant Migration, the Abolition of Serfdom, and the Internal Passport System in the Russian Empire c. 1800–1914', in David Eltis (ed.), *Coerced and Free Migration: Global Perspectives* (Stanford: Stanford UP, 2002), pp. 324–57.

Moor, Tine de & Jan Luiten van Zanden. *Vrouwen en de geboorte van het kapitalisme in West-Europa* (Amsterdam: Boom, 2006).

Moor, Tine de, Jan Lucassen & Jan Luiten van Zanden. 'The Return of the Guilds: Towards a Global History of the Guilds in Pre-Industrial Times', *IRSH*, 53, Supplement 16 (2008), pp. 5–18.

Mooring, J.A., Bas van Leeuwen & R.J. van der Spek. 'Introducing Coinage: Comparing the Greek World, the Near East and China', in R.J. van der Spek & Bas van Leeuwen (eds), *Money, Currency and Crisis: In Search of Trust, 2000 BC to AD 2000* (London/New York: Routledge, 2018), pp. 132–48.

Moosvi, Shireen. 'The world of labour in Mughal India (c. 1500–1750)', *IRSH*, 56, Supplement 19 (2011), pp. 245–61.

More, Thomas. *Utopia: Latin Text and English Translation*, edited by George M. Logan, Robert M. Adams & Clarence H. Miller (Cambridge: CUP, 1995).

Moreno García, Juan Carlos. 'La dépendance rurale en Égypte ancienne', *JESHO*, 51 (2008), pp. 99–150.

Morgan, T.J.H. et al. 'Experimental Evidence for the Co-evolution of Hominin Tool-Making Teaching and Language', *Nature Communications*, 6, 6029 (2015).

Morris, Craig. 'Links in the Chain of Inka Cities: Communication, Alliance, and the Cultural Production of Status, Value and Power', in Joyce Marcus & Jeremy A. Sabloff (eds), *The Ancient City: New Perspectives on Urbanism in the Old and New World* (Santa Fe, NM: School for Advanced Research Press, 2008), pp. 299–319.

Morrison, Cécile. 'Byzantine Money: Its Production and Circulation', in Angeliki E. Laiou (ed.), *The Economic History of Byzantium: From the Seventh to the Fifteenth Century* (Washington, DC: Dumbarton Oaks, 2002), pp. 909–66.

Morrison, Cécile & Jean-Claude Cheynet. 'Prices and Wages in the Byzantine World', in Angeliki E. Laiou (ed.), *The Economic History of Byzantium: From the Seventh to the Fifteenth Century* (Washington, DC: Dumbarton Oaks, 2002), pp. 815–77.

Morrison, Kathleen D. & Carla M. Sinopoli. 'Production and Landscape in the Vijayanagara Metropolitan Region: Contributions to the Vijayanagara Metropolitan Survey', in J.M. Fritz, R.P. Brubaker & T.P. Raczek (eds), *Vijayanagara: Archaeological Exploration, 1999–2000* (New Delhi: Manohar, 2006), pp. 423–36.

Moya, Ismaël. *De l'argent aux valeurs: Femmes, économie et société à Dakar* (Paris: Société d'ethnologie, 2017).

Moya Pons, Frank. *History of the Caribbean: Plantations, Trade and War in the Atlantic World* (Princeton: Markus Wiener, 2007).

Muaze, Mariana. 'Ruling the Household: Masters and Domestic Slaves in the Paraíba Valley, Brazil, during the Nineteenth Century', in Dale W. Tomich (ed.), *New Frontiers of Slavery* (New York: SUNY Press, 2016), pp. 203–24.

Mukherjee, Tilottama. *Political Culture and Economy in Eighteenth-Century Bengal: Networks of Exchange, Consumption and Communication* (New Delhi: Orient Black Swan, 2013).

Muldrew, Craig. *Food, Energy and the Creation of Industriousness: Work and Material Culture in Agrarian England, 1550–1780* (Cambridge: CUP, 2011).

Mussi, Margherita. 'Women of the Middle Latitudes: The Earliest Peopling of Europe from a Female Perspective', in Wil Roebroeks (ed.), *Guts and Brains: An Integrative Approach to the Hominin Record* (Leiden: Leiden UP, 2007), pp. 165–83.

Nagase-Reimer, Keiko. 'Water Drainage in the Mines in Tokugawa Japan: Technological Improvements and Economic Limitations', in Nanny Kim & Keiko Nagase-Reimer (eds), *Mining, Monies, and Culture in Early Modern Societies: East Asian and Global Perspectives* (Leiden/Boston: Brill, 2013), pp. 25–42.

Nagase-Reimer, Keiko. 'Introduction', in *Copper in the Early Modern Sino-Japanese Trade* (Leiden/Boston: Brill, 2016), pp. 1–9.

Nagata, Mary Louise. *Labor Contracts and Labor Relations in Early Modern Central Japan* (London/New York: Routledge Curzon, 2005).

Nash, George. 'Assessing Rank and Warfare-Strategy in Prehistoric Hunter-Gatherer Society: A Study of Representational Warrior Figures in Rock-Art from the Spanish Levant, Southeast Spain', in Mike Parker Pearson & I.J.N. Thorpe (eds), *Warfare, Violence and Slavery: Proceedings of a Prehistoric Society Conference at Sheffield University* (Oxford: BAR Publishing, 2005), pp. 75–86.

Nasr, Seyyed Hossein. 'Islamic Work Ethics', in Jaroslav Pellikan, Joseph Kitagawa & Seyyed Hossein Nasr, *Comparative Work Ethics: Judeo-Christian, Islamic, and Eastern* (Washington, DC: Library of Congress, 1985), pp. 51–62.

Nederveen Meerkerk, Elise van. 'Segmentation in the Pre-Industrial Labour Market: Women's Work in the Dutch Textile Industry, 1581–1810', *IRSH*, 51 (2006), pp. 189–216.

Nederveen Meerkerk, Elise van. 'De draad in eigen handen: Vrouwen en loonarbeid in de Nederlandse textielnijverheid, 1581–1810', PhD thesis, Free University Amsterdam, 2007.

Nederveen Meerkerk, Elise van. 'Couples Cooperating? Dutch Textile Workers, Family Labour and the "Industrious Revolution", c. 1600–1800', *Continuity and Change*, 23 (2008), pp. 237–66.

Nederveen Meerkerk, Elise van. 'Market wage or discrimination? The Remuneration of Male and Female Wool Spinners in the Seventeenth-Century Dutch Republic', *EHR*, 63 (2010), pp. 165–86.

Netting, Robert McC. *Smallholders, Householders: Farm Families and the Ecology of Intensive, Sustainable Agriculture* (Stanford: Stanford UP, 1993).

Nieboer, H.J. *Slavery as an Industrial System: Ethnological Researches* (The Hague: Nijhoff, 1910).

Noordegraaf, L. *Hollands welvaren? Levensstandaard in Holland 1450–1650* (Bergen: Octavo,1985).

al-Nubi, Sheikh 'Ibada. 'Soldiers', in Sergio Donadoni (ed.), *The Egyptians* (Chicago/London: University of Chicago Press, 1997), pp. 31–59.

Nunn, Patrick. *The Edge of Memory: Ancient Stories, Oral Tradition and the Post-Glacial World* (London: Bloomsbury Sigma, 2018).

Nystrom, Pia. 'Aggression and Nonhuman Primates', in Mike Parker Pearson & I.J.N. Thorpe (eds), *Warfare, Violence and Slavery: Proceedings of a Prehistoric Society Conference at Sheffield University* (Oxford: BAR Publishing, 2005), pp. 35–40.

O'Brien, Patrick & Kent Deng. 'Can the Debate on the Great Divergence be Located Within the Kuznetsian Paradigm for an Empirical Form of Global Economic History?', *TSEG*, 12 (2015), pp. 63–78.

Ockinga, Boyo G. 'Morality and Ethics', in Toby Wilkinson (ed.), *The Egyptian World* (London/New York: Routledge, 2007), pp. 252–62.

Ogilvie, Sheilagh. '"Whatever is, is right"? Economic institutions in pre-industrial Europe', *EHR*, 60 (2007), pp. 649–84.

Ogilvie, Sheilagh & Markus Cerman (eds). *European Proto-Industrialization* (Cambridge: CUP, 1996).

Ohler, Norman. *Der totale Rausch: Drogen im Dritten Reich* (Cologne: Kiepenheuer & Witsch, 2015).

Oka, Rahul & Chapurukha M. Kusimba. 'The Archaeology of Trade Systems. Part 1: Towards a New Trade Synthesis', *Journal of Archaeological Research*, 16 (2008), pp. 339–95.

Olivelle, Patrick & Donald R. Davis Jr (eds). *Hindu Law: A New History of Dharmasastra* (Oxford: OUP, 2018).

Olsen, Wendy K. 'Marxist and Neo-Classical Approaches to Unfree Labour in India', in Tom Brass & Marcel van der Linden (eds), *Free and Unfree Labour: The Debate Continues* (Bern: Peter Lang, 1997), pp. 379–403.

Olszak, Norbert. 'The Historical Development of Collective Labour Law in France', in Marcel van der Linden & Richard Price (eds), *The Rise and Development of Collective Labour Law* (Bern: Peter Lang, 2000), pp. 141–54.

Ott, Undine. 'Europas Sklavinnen und Sklaven im Mittelalter: Eine Spurensuche in Osten des Kontinents', *WerkstattGeschichte*, 23(1–2) (March 2015), pp. 31–53.

Paesie, Ruud. 'Zeeuwen en de slavenhandel: Een kwantitatieve analyse', *Zeeland*, 19(1) (2010), pp. 2–13.

Paesie, Ruud. *Slavenopstand op de Neptunus: Kroniek van een wanhoopsdaad* (Zutphen: Walburg Pers, 2016).

Pagel, Mark. *Wired for Culture: Origins of the Human Social Mind* (New York/London: W.W. Norton, 2012).

Pahl, R.E. (ed.). *On Work: Historical, Comparative and Theoretical Approaches* (Oxford: Basil Blackwell, 1988).

Pallaver, Karin. 'Population Developments and Labor Relations in Tanzania: Sources, Shifts and Continuities from 1800 to 2000', *History in Africa*, 41 (2014), pp. 307–35.

Palmer, David. 'Foreign Forced Labor at Mitsubishi's Nagasaki and Hiroshima Shipyard: Big Business, Militarized Government, and the Absence of Shipbuilding Workers' Rights in World War II Japan', in Marcel van der Linden & Magaly Rodríguez García (eds), *On Coerced Labor: Work and Compulsion after Chattel Slavery* (Leiden/Boston: Brill, 2016), pp. 159–84.

Pandya, Vishvajit. 'The Andaman Islanders of the Bay of Bengal', in Richard B. Lee & Richard Daly (eds), *The Cambridge Encyclopedia of Hunters and Gatherers* (Cambridge: CUP, 2004), pp. 243–7.

Parasher-Sen, Aloka. 'Naming and Social Exclusion: The Potcast and the Outsider', in Patrick Olivelle (ed.), *Between the Empires: Society in India 300 BCE to 400 CE* (Oxford: OUP, 2006), pp. 415–55.

Parker Pearson, Mike. 'Warfare, Violence and Slavery in Later Prehistory: An Introduction', in Mike Parker Pearson & I.J.N. Thorpe (eds), *Warfare, Violence and Slavery: Proceedings of a Prehistoric Society Conference at Sheffield University* (Oxford: BAR Publishing, 2005), pp. 19–33.

Parker Pearson, Mike & I.J.N. Thorpe (eds). *Warfare, Violence and Slavery: Proceedings of a Prehistoric Society Conference at Sheffield University* (Oxford: BAR Publishing, 2005).

Parthasarathi, Prasannan. *The Transition to a Colonial Economy: Weavers, Merchants and Kings in South India 1720–1800* (Cambridge: CUP, 2001).

Parthasarathi, Prasannan. *Why Europe Grew Rich and Asia Did Not: Global Economic Divergence, 1600–1850* (Cambridge: CUP, 2011).

Patel, Kiran Klaus. *Soldiers of Labor: Labor Service in Nazi Germany and New Deal America, 1933–1945* (Cambridge: CUP, 2005).

Pawley, Andrew. 'Prehistoric Migration and Colonization Processes in Oceania: A View from Historical Linguistics and Archeology', in Jan Lucassen, Leo Lucassen & Patrick Manning (eds), *Migration History in World History: Multidisciplinary Approaches* (Leiden/Boston: Brill, 2010), pp. 77–112.

Pearson, M.N. *Pious Passengers: The Hajj in Earlier Times* (New Delhi: Sterling Publishers, 1994).

Peebles, Gustav. 'The Anthropology of Credit and Debt', *Annual Review of Anthropology*, 39 (2010), pp. 225–40.

Pelling, Henry. *A History of British Trade Unionism* (Harmondsworth: Pelican, 1976).

Pemberton, Trevor J. et al. 'Impact of Restricted Marital Practices on Genetic Variation in an Endogamous Gujarati Group', *American Journal of Physical Anthropology*, 149 (2012), pp. 92–103.

Penninx, Rinus & Judith Roosblad. *Trade Unions, Immigration and Immigrants in Europe 1960–1993* (Oxford: Berghahn, 2000).

Perchard, Andrew. 'Workplace Cultures', in Daniel J. Walkowitz (ed.), *A Cultural History of Work in the Modern Age* (London: Bloomsbury, 2019), pp. 77–92.

Pesante, Maria Luisa. 'Slaves, Servants and Wage Earners: Free and Unfree Labour, from Grotius to Blackstone', *History of European Ideas*, 35 (2009), pp. 289–320.

Peterson, Jane. *Sexual Revolutions: Gender and Labor at the Dawn of Agriculture* (Walnut Creek, CA: Altamira Press, 2002).

Petriglieri, Gianpiero. 'We are all Zoombies now, but it has to stop', *Financial Times*, 14 May 2020.

Phillips, William D. Jr. 'The Old World Background of Slavery in the Americas', in Barbara L. Solow (ed.), *Slavery and the Atlantic System* (Cambridge: CUP, 1991), pp. 43–61.

Pierre, M. 'La Transportation', in J.-G. Petit et al. (eds), *Histoire des galères, bagnes et prisons xii-xxes siècles: Introduction à l'histoire pénale de la France* (Toulouse: Privat, 1991), pp. 231–59.

Piketty, Thomas. *Capital in the Twenty-First Century* (Cambridge, MA: Harvard UP, 2014).

Piketty, Thomas. *Capital and Ideology* (Cambridge, MA: Harvard UP, 2019).

Pimlott, J.A.R. *The Englishman's Holiday* (Hassocks: Harvester, 1976).

Pines, Yuri et al. (eds). *Birth of an Empire: The State of Qin Revisited* (Berkeley: University of California Press, 2014).

Pirngruber, Reinhard Wilfried. 'The Impact of Empire on Market Prices in Babylon in the Late Achaemenid and Seleucid Periods c. 400–140 B.C.', PhD dissertation, Free University Amsterdam, 2012.

Pizzolato, Nicola. 'Workers and Revolutionaries at the Twilight of Fordism: The Breakdown of Industrial Relations in the Automobile Plants of Detroit and Turin, 1967–1973', *Labor History*, 45(4) (November 2004), pp. 419–43.

Pizzolato, Nicola. ' "As Much in Bondage as they was Before": Unfree Labor During the New Deal (1935–1952)', in Marcel van der Linden & Magaly Rodríguez García (eds), *On Coerced Labor: Work and Compulsion after Chattel Slavery* (Leiden/Boston: Brill, 2016), pp. 208–24.

Polanyi, Karl. *The Great Transformation* (New York/Toronto: Farrar & Rinehart, 1944).

Polanyi, Karl, Conrad M. Arensberg & Harry W. Pearson. *Trade and Market in the Early Empires: Economies in History and Theory* (Glencoe, IL: The Free Press, 1957).

Pollard, Sidney. *The Genesis of Modern Management: A Study of the Industrial Revolution in Great Britain* (London: Edward Arnold, 1965).

Pollock, Sheldon. *The Ends of Man at the End of Premodernity: 2004 Gonda Lecture* (Amsterdam: Royal Netherlands Academy of Arts and Sciences, 2005).

Pomeranz, Kenneth. *The Great Divergence: China, Europe and the Making of the Modern World Economy* (Princeton: Princeton UP, 2000).

Pomeranz, Kenneth. 'Labour-Intensive Industrialization in the Rural Yangzi Delta: Late Imperial Patterns and their Modern Fates', in Gareth Austin & Kaoru Sugihara (eds), *Labour-Intensive Industrialization in Global History* (London/New York: Routledge, 2013), pp. 122–43.

Powell, Adam, Stephen Shennan & Mark G. Thomas. 'Late Pleistocene Demography and the Appearance of Human Behavior', *Science*, 324(5932) (5 June 2009), pp. 1298–1301.

Prak, Maarten. 'Painters, Guilds, and the Market during the Dutch Golden Age', in S.R. Epstein & Maarten Prak (eds), *Guilds, Innovation, and the European Economy, 1400–1800* (Cambridge: CUP, 2008), pp. 143–71.

Prak, Maarten. 'Mega-Structures of the Middle Ages: The Construction of Religious Buildings in Europe and Asia, c.1000–1500', in Maarten Prak & Jan Luiten van Zanden (eds), *Technology, Skills and the Pre-Modern Economy in the East and the West. Essays Dedicated to the Memory of S.R. Epstein* (Leiden/Boston: Brill, 2013), pp. 131–59.

Prak, Maarten. *Citizens without Nations: Urban Citizenship in Europe and the World c. 1000–1789* (Cambridge: CUP, 2018).

Prak, Maarten, Catharina Lis, Jan Lucassen & Hugo Soly (eds). *Craft Guilds in the Early Modern Low Countries: Work, Power, and Representation* (Aldershot: Ashgate, 2006).

Prak, Maarten & Patrick Wallis (eds). *Apprenticeship in Early Modern Europe* (Cambridge: CUP, 2020).

Prestes Carneiro, Gabriela et al. 'Pre-Hispanic Fishing Practices in Interfluvial Amazonia: Zooarchaeological Evidence from Managed Landscapes on the Llanos de Mojos Savanna', *PLOS ONE*, 14(5) (15 May 2019).

Price, T. Douglas & Ofer Bar-Yosef. 'The Origins of Agriculture: New Data, New Ideas', *Current Anthropology*, 52(S4) (October 2011), pp. S163–74.

Price, T. Douglas & Ofer Bar-Yosef. 'Traces of Inequality and the Origins of Agriculture in the Ancient Near East', in T. Douglas Price & Gary M. Feinman (eds), *Pathways to Power: New Perspectives on the Emergence of Social Inequality* (New York: Springer, 2012), pp. 147–68.

Price, T. Douglas & Gary M. Feinman (eds). *Pathways to Power: New Perspectives on the Emergence of Social Inequality* (New York: Springer, 2012).

Pun, Ngai & Lu Huilin. 'Unfinished Proletarianization: Self, Anger, and Class Action among the Second Generation of Peasant-Workers in Present-Day China', *Modern China*, 36(5) (2010), pp. 493–519.

Pyburn, K. Anne. 'Pomp and Circumstance before Belize: Ancient Maya Commerce and the New River Conurbation', in Joyce Marcus & Jeremy A. Sabloff (eds), *The Ancient City: New Perspectives on Urbanism in the Old and New World* (Santa Fe, NM: School for Advanced Research Press, 2008), pp. 477–95.

Raghavan, T.C.A. *Attendant Lords: Bairam Khan and Abdur Rahim, Courtiers & Poets in Mughal India* (New Delhi: HarperCollins, 2017).

Rahikainen, Marjatta. *Centuries of Child Labour: European Experiences from the Seventeenth to the Twentieth Century* (Aldershot: Ashgate, 2004).

Ramaswami, Shankar. 'Masculinity, Respect, and the Tragic: Themes of Proletarian Humor in Contemporary Industrial Delhi', in Rana Behal & Marcel van der Linden (eds), *India's Labouring Poor: Historical Studies, c. 1600–c. 2000* (Delhi: Fountain Books, 2007), pp. 203–27.

Ramaswamy, Vijaya. 'Vishwakarma Craftsmen in Early Medieval Peninsular India', *JESHO*, 47 (2004), pp. 548–78.

Ramaswamy, Vijaya. 'Gender and the Writing of South Indian History', in Sabyasachi Bhattacharya (ed.), *Approaches to History: Essays in Indian Historiography* (New Delhi: ICHR, 2011), pp. 199–224.

Ramaswamy, Vijaya. 'Mapping Migrations of South Indian Weavers Before, During and After the Vijayanagar Period: Thirteenth to Eighteenth Centuries', in Jan Lucassen & Leo Lucassen (eds), *Globalising Migration History: The Eurasian Experience (16th–21st Centuries)* (Leiden/Boston: Brill, 2014), pp. 91–121.

Rathbone, Dominic. *Economic Rationalism and Rural Society in Third-Century A.D. Egypt: The Heroninos Archive and the Appianus Estate* (Cambridge: CUP, 1991).

Ray, Himanshu Prabha. *Monastery and Guild: Commerce under the Satavahanas* (Delhi: OUP, 1986).

Ray, Himanshu Prabha. *The Archaeology of Seafaring in Ancient South Asia* (Cambridge: CUP, 2003).

Ray, Himanshu Prabha. 'Inscribed Pots, Emerging Identities: The Social Milieu of Trade', in Patrick Olivelle (ed.), *Between the Empires: Society in India 300 BCE to 400 CE* (Oxford: OUP, 2006), pp. 130–43.

Ray, Indrajit. *Bengal Industries and the British Industrial Revolution (1757–1857)* (London/New York: Routledge, 2011).

Reden, Sitta von. *Money in Ptolemaic Egypt: From the Macedonian Conquest to the End of the Third Century BC* (Cambridge: CUP, 2007).

Reden, Sitta von. *Money in Classical Antiquity* (Cambridge: CUP, 2010).

Rediker, Marcus. *Between the Devil and the Deep Blue Sea: Merchant Seamen, Pirates and the Anglo-American Maritime World, 1700–1750* (Cambridge: CUP, 1987).

Reich, David. *Who We Are and How We Got There: Ancient DNA and the New Science of the Human Past* (New York: Pantheon, 2018).

Reid, Anthony. *Southeast Asia in the Age of Commerce 1450–1680: Volume One. The Lands below the Winds* (Chiangmai: Silkworm Books, 1998).

Reid, Anthony. *Charting the Shape of Early Modern Southeast Asia* (Chiangmai: Silkworm Books, 1999).

Reinhardt, Max. *Gesellschaftspolitische Ordnungsvorstellungen der SPD-Flügel seit 1945: Zwischen sozialistischer Transformation, linkem Reformismus und Marktideologie* (Baden-Baden: Nomos, 2014).

Reininghaus, Wilfried (ed.). *Zunftlandschaften in Deutschland und den Niederlanden im Vergleich* (Münster: Aschendorf, 2000).

Reith, Reinhold. 'Circulation of Skilled Labour in Late Medieval and Early Modern Central Europe', in S.R. Epstein & Maarten Prak (eds), *Guilds, Innovation, and the European Economy, 1400–1800* (Cambridge: CUP, 2008), pp. 114–42.

Renwick, Chris. *Bread for All: The Origins of the Welfare State* (London: Allen Lane, 2017).

Ribeiro da Silva, Filipa. *Dutch and Portuguese in Western Africa: Empires, Merchants and the Atlantic System, 1580–1674* (Leiden & Boston: Brill, 2012).

Richards, E. 'Migration to Colonial Australia: Paradigms and Disjunctions', in Jan Lucassen & Leo Lucassen (eds), *Migration, Migration History: Old Paradigms and New Perspectives* (Bern: Peter Lang, 1996), pp. 151–76.

Richards, John F. 'The Economic History of the Lodi Period: 1451–1526', in Sanjay Subrahmanyam (ed.), *Money and the Market in India 1100–1700* (Delhi: OUP, 1994), pp. 137–55.

Richards, Michael P. 'Diet Shift in the Middle/Upper Palaeolithic Transition in Europe? The Stable Isotope Evidence', in Wil Roebroeks (ed.), *Guts and Brains: An Integrative Approach to the Hominin Record* (Leiden: Leiden UP, 2007), pp. 223–34.

Rider, Christine & Michéal Thompson (eds). *The Industrial Revolution in Comparative Perspective* (Malabar, FL: Krieger, 2000).

Rieksen, Evert Jan. 'Voetstappen zonder echo: Het oud-Hollandse 2ᵉ/3ᵉ/1ᵉ regiment jagers – 33ᵉ regiment lichte infanterie aan het werk in de Franse Tijd 1806–1814', PhD thesis, Free University Amsterdam, 2020.

Riello, Giorgio & Tirthankar Roy (eds). *How India Clothed the World: The World of South Asian Textiles, 1500–1850* (Leiden/Boston: Brill, 2009).

Rihll, Tracey. 'The Origin and Establishment of Ancient Greek Slavery', in M.L. Bush (ed.), *Serfdom and Slavery: Studies in Legal Bondage* (London/New York: Longman, 1996), pp. 89–111.

Rimlinger, Gaston V. *Welfare Policy and Industrialization in Europe, America and Russia* (New York: Wiley, 1971).

Rio, Alice. *Slavery after Rome, 500–1100* (Oxford: OUP, 2020).

Rival, Laura M. 'Introduction: South America', in Richard B. Lee & Richard Daly (eds), *The Cambridge Encyclopedia of Hunters and Gatherers* (Cambridge: CUP, 2004a), pp. 77–85.

Rival, Laura M. 'The Huaorani', in Richard B. Lee & Richard Daly (eds), *The Cambridge Encyclopedia of Hunters and Gatherers* (Cambridge: CUP, 2004b), pp. 100–4.

Roebroeks, Wil (ed.). *Guts and Brains: An Integrative Approach to the Hominin Record* (Leiden: Leiden UP, 2007).

Roebroeks, Wil. *The Neandertal Experiment* (Leiden: tweeëndertigste Kroon-voordracht, 2010).

Roebroeks, Wil. 'Art on the move', *Nature*, 514 (9 October 2014), pp. 170–1.

Roessingh, H.K. *Inlandse tabak: Expansie en contractie van een handelsgewas in de 17ᵈᵉ en 18ᵈᵉ eeuw in Nederland* (Wageningen: A.A.G. Bijdragen 20, 1976).

Romer, John. *A History of Ancient Egypt: From the First Farmers to the Great Pyramid* (London: Penguin, 2012).

Romer, John. *A History of Ancient Egypt: From the Great Pyramid to the Fall of the Middle Kingdom* (London: Penguin, 2017).

Roosevelt, Anna C. 'Archeology of South American Hunters and Gatherers', in Richard B. Lee & Richard Daly (eds), *The Cambridge Encyclopedia of Hunters and Gatherers* (Cambridge: CUP, 2004), pp. 86–91.

Röschenthaler, Ute & Alessandro Jedlowski (eds). *Mobility between Africa, Asia and Latin America: Economic Networks and Cultural Interaction* (London: Bloomsbury, 2017).

Rose, Clare. 'Working Lads in Late-Victorian London', in Nigel Goose & Katrina Honeyman (eds), *Childhood and Child Labour in Industrial England: Diversity and Agency, 1750–1914* (Farnham: Ashgate, 2012), pp. 297–313.

Rosefielde, Steven & Jonathan Leightner. *China's Market Communism: Challenges, Dilemmas, Solutions* (London/New York: Routledge, 2018).

Rosenblatt, Paul C. *Two in a Bed: The Social System of Couple Bed Sharing* (New York: SUNY Press, 2006).

Ross, Michale L. 'Oil, Islam and Women', *American Political Science Review*, 102(1) (February 2008), pp. 107–23.

Rossum, Matthias van. *Werkers van de wereld: Globalisering, arbeid en interculturele ontmoetingen tussen Aziatische en Europese zeelieden in dienst van de VOC, 1600–1800* (Hilversum: Verloren, 2014).

Rossum, Matthias van. *Kleurrijke tragiek: De geschiedenis van slavernij in Azië onder de VOC* (Hilversum: Verloren, 2015a).

Rossum, Matthias van. '"Vervloekte goudzucht": De VOC, slavenhandel en slavernij in Azië', *TSEG*, 12 (2015b), pp. 29–57.

Rossum, Matthias van. 'Towards a Global Perspective on Early Modern Slave Trade: Prices of the Enslaved in the Indian Ocean, Indonesian Archipelago and Atlantic Worlds', *Journal of Global History* (2021a; forthcoming).

Rossum, Matthias van. 'Slavery and its Transformations: Prolegomena for a Global and Comparative Research Agenda', *Comparative Studies in Society and History* (2021b; forthcoming).

Rossum, Matthias van & Karwan Fatah-Black. 'Wat is winst? De economische impact van de Nederlandse trans-Atlantische slavenhandel', *TSEG*, 9 (2012), pp. 3–29.

Rossum, Matthias van & Merve Tosun. 'Corvée Capitalism: The Dutch East India Company, Labour Regimes and (Merchant) Capitalism', *Journal of Asian Studies* (2021; forthcoming).

Rossum, Matthias van et al. *Testimonies of Enslavement: Sources on Slavery from the Indian Ocean World* (London: Bloomsbury Academic, 2020).

Roth, Karl-Heinz. 'Unfree Labour in the Area under German Hegemony, 1930–1945: Some Historical and Methodological Questions', in Tom Brass & Marcel van der Linden (eds), *Free and Unfree Labour: The Debate Continues* (Bern: Peter Lang, 1997), pp. 127–43.

Rotman, Youval. *Byzantine Slavery and the Mediterranean World* (Cambridge, MA: Harvard UP, 2009).

Roullier, Caroline et al. 'Historical Collections Reveal Patterns of Diffusion of Sweet Potato in Oceania Obscured by Modern Plant Movements and Recombination', *PNAS*, 110(6) (2013), pp. 2205–10.

Rowlandson, Jane. 'Money Use among the Peasantry of Ptolomaic and Roman Egypt', in Andrew Meadows & Kirsty Shipton (eds), *Money and its Uses in the Ancient Greek World* (Oxford, OUP 2001), pp. 145–55.

Roy, Tirthankar. 'Labour-Intensity and Industrialization in Colonial India', in Gareth Austin & Kaoru Sugihara (eds), *Labour-Intensive Industrialization in Global History* (London/New York: Routledge, 2013), pp. 107–21.

Roy, Tirthankar & Giorgio Riello (eds). *Global Economic History* (London: Bloomsbury Academic, 2019).

Rubin, Beth A. 'Shifting Social Contracts and the Sociological Imagination', *Social Forces*, 91(2) (December 2012), pp. 327–46.

Rubin, Gerry R. 'The Historical Development of Collective Labour Law: The United Kingdom', in Marcel van der Linden & Richard Price (eds), *The Rise and Development of Collective Labour Law* (Bern: Peter Lang, 2000), pp. 291–341.

Rule, John (ed.). *British Trade Unionism 1750–1850: The Formative Years* (London/New York: Longman, 1988).

Russell, J.C. 'Population in Europe 500–1500', in Carlo M. Cipolla (ed.), *The Fontana Economic History of Europe: The Middle Ages, Vol. 1* (Glasgow: Collins/Fontana, 1972).

Saeger, James Schofield. *The Chaco Mission Frontier: The Guaycuruan Experience* (Tucson: University of Arizona Press, 2000).

Safley, Thomas Max (ed.). *Labor Before the Industrial Revolution: Work, Technology and their Ecologies in an Age of Early Capitalism* (London & New York: Routledge, 2019).

Safley, Thomas Max & Leonard N. Rosenband. 'Introduction', in Thomas Max Safley (ed.), *Labor Before the Industrial Revolution: Work, Technology and their Ecologies in an Age of Early Capitalism* (London & New York: Routledge, 2019), pp. 1–19.

Sahlins, Marshall. *Stone Age Economics* (Chicago: Aldine Publishing Company, 1972).

Santen, H.W. van. *VOC-dienaar in India: Geleynssen de Jongh in het land van de Groot-Mogol* (Franeker: Van Wijnen, 2001).

Santiago-Valles, Kelvin. 'Forced Labor in Colonial Penal Institutions across the Spanish, U.S., British, French Atlantic, 1860s–1920s', in Marcel van der Linden & Magaly Rodríguez García (eds), *On Coerced Labor: Work and Compulsion after Chattel Slavery* (Leiden/Boston: Brill, 2016), pp. 73–97.

Saradamoni, K. 'Agrestic Slavery in Kerala in the Nineteenth Century', *The Indian Economic and Social History Review* 10(4) (1973), pp. 371–85.

Saradamoni, K. 'How Agrestic Slavery was Abolished in Kerala', *The Indian Economic and Social History Review* 11(2/3) (1974), pp. 291–308.

Sarasúa, Carmen. 'The Role of the State in Shaping Women's and Men's Entrance into the Labour Market: Spain in the Eighteenth and Nineteenth Centuries', *Continuity and Change*, 12(3) (1997), pp. 347–71.

Scammell, Geoffrey Vaughn. *The World Encompassed: The First European Maritime Empires c. 800–1650* (Berkeley: University of California Press, 1981).

Schaps, David M. *The Invention of Coinage and the Monetization of Ancient Greece* (Ann Arbor: University of Michigan Press, 2004).

Scheidel, Walter. 'The Monetary Systems of the Han and Roman Empires', in *Rome and China: Comparative Perspectives on Ancient World Empires* (Oxford: OUP, 2009), pp. 137–207.

Scheidel, Walter. 'Real Wages in Early Economies: Evidence for Living Standards from 1800 BCE to 1300 CE', *JESHO*, 53 (2010), pp. 425–62.

Scheidel, Walter. 'Building for the State: A World-Historical Perspective', *Princeton/Stanford Working Papers in Classics*, Version 1.0 (May 2015a).

Scheidel, Walter (ed.). *State Power in Ancient China and Rome* (New York: OUP, 2015b).

Scheidel, Walter. *The Great Leveler: Violence and the History of Inequality from the Stone Age to the Twenty-First Century* (Princeton: Princeton UP, 2017).

Schendel, Willem van (ed.). *Francis Buchanan in Southeast Bengal* (New Delhi: Manohar, 1992).

Schendel, Willem van. 'Green Plants into Blue Cakes: Working for Wages in Colonial Bengal's Indigo Industry', in Marcel van der Linden & Leo Lucassen (eds), *Working on Labor: Essays in Honor of Jan Lucassen* (Leiden/Boston: Brill, 2012), pp. 47–73.

Schendel, Willem van. 'Beyond Labor History's Comfort Zone? Labor Regimes in Northeast India, from the Nineteenth to the Twenty-First Century', in Ulbe Bosma & Karin Hofmeester (eds), *The Life Work of a Labor Historian: Essays in Honor of Marcel van der Linden* (Leiden/Boston: Brill, 2018), pp. 174–207.

Scherjon, Fulco, Corrie Bakels, Katharine MacDonald & Wil Roebroeks. 'Burning the Land: An Ethnographic Study of Off-Site Fire Use by Current and Historically Documented Foragers and Implications for the Interpretation of Past Fire Practices in the Landscape', *Current Anthropology*, 56(3) (June 2015), pp. 299–326.

Schiavone, Aldo. *Spartacus* (Cambridge, MA: Harvard UP, 2013).

Schloss, David. *Methods of Industrial Remuneration*, 3rd edn, revised and enlarged (London: Williams & Norgate, 1898).

Schloss, David. *Les modes de rémunération du travail: Traduit sur la 3e édition, précédé d'une introduction, et augmenté de notes et d'appendices par Charles Rist* (Paris: Giard & Brière, 1902).

Schmandt-Besserat, Denise. *Before Writing, Vol. I: From Counting to Cuneiform; Vol II: A Catalogue of Near Eastern Tokens* (Austin: University of Texas Press, 1992).

Schmidt, Ariadne. 'Women and Guilds: Corporations and Female Labour Market Participation in Early Modern Holland', *Gender & History*, 21(1) (2009), pp. 170–89.

Schmidt, Peter R. *Iron Technology in East Africa: Symbolism, Science and Archaeology* (Bloomington: Indiana UP, 1997).

Schneider, William H. 'The Scientific Study of Labor in Interwar France', in Michael C. Wood & John Cunningham Wood (eds), *Frank and Lillian Gilbreth: Critical Evaluations in Business Management, Vol. II* (London: Routledge, 2003), pp. 196–229.

Scholliers, Peter. *Wages, Manufacturers and Workers in the Nineteenth-Century Factory: The Voortman Cotton Mill in Ghent* (Oxford: OUP, 1996).

Schrire, Carmel (ed.). *Past and Present in Hunter Gatherer Studies* (Walnut Creek, CA: Left Coast Press, 2009).

Schumpeter, Joseph A. *History of Economic Analysis* (London: Allen & Unwin, 1972).

Seaford, Richard. *The Origins of Philosophy in Ancient Greece and Ancient India: A Historical Comparison* (Cambridge: CUP, 2020).

Sebeta, Judith Lynn. 'Women's Costume and Feminine Civic Morality in Augustan Rome', *Gender & History*, 9(3) (1997), pp. 529–41.

Segal, Paul. 'Inequality as Entitlements over Labour', Working Paper 43 (London: LSE Inequalities Institute, 2020).

Segalen, Martine. *Love and Power in the Peasant Family: Rural France in the Nineteenth Century* (Chicago: Chicago UP, 1983).

Seibert, Julia. 'More Continuity than Change? New Forms of Unfree Labor in the Belgian Congo 1908–1930', in Marcel van der Linden (ed.), *Humanitarian Interventions and Changing Labor Relations: The Long-Term Consequences of the Abolition of the Slave Trade* (Leiden & Boston: Brill, 2011), pp. 369–86.

Seland, Eivind Heldaas. 'Archaeology of Trade in the Western Indian Ocean, 200 BC–AD 700', *Journal of Archaeological Research*, 22 (2014), pp. 367–402.

Semo, Enrique. *The History of Capitalism in Mexico: Its Origins, 1521–1763* (Austin: University of Texas Press, 1993).

Sen, A.K. 'Cooperation, Inequality and the Family', *Population and Development Review*, 15, Supplement (1989), pp. 61–76.

Sennett, Richard. *The Craftsman* (New Haven/London: Yale UP, 2008).

Sharma, R.S. 'Urbanism in Early Historical India', in Indu Banga (ed.), *The City in Indian History: Urban Demography, Society and Politics* (New Delhi: Manohar, 2014), pp. 9–18.

Shatzmiller, Maya. *Labour in the Medieval Islamic World* (Leiden: Brill, 1994).

Shatzmiller, Maya. *Her Day in Court: Women's Property Rights in Fifteenth-Century Granada* (Cambridge MA: Harvard UP, 2007).

Shelach-Lavi, Gideon. *The Archaeology of Early China: From Prehistory to the Han Dynasty* (Cambridge: CUP, 2015).

Shen, Jianfa. 'From Mao to the Present: Migration in China since the Second World War', in Jan Lucassen & Leo Lucassen (eds), *Globalising Migration History: The Eurasian Experience (16th–21st Centuries)* (Leiden/Boston: Brill, 2014), pp. 335–61.

Shieh, G.S. 'Cultivation, Control and Dissolution: The Historical Transformation of the Labour Union Act of Taiwan, 1911–1990', in Marcel van der Linden & Richard Price (eds), *The Rise and Development of Collective Labour Law* (Bern: Peter Lang, 2000), pp. 265–90.

Shimada, Ryuto. *The Intra-Asian Trade in Japanese Copper by the Dutch East-India Company during the Eighteenth Century* (Leiden: Brill, 2006).

Shin, Wonchul. 'The Evolution of Labour Relations in the South Korean Shipbuilding Industry: A Case Study of Hanjin Heavy Industries, 1950–2014', in Raquel Varela, Hugh Murphy & Marcel van der Linden (eds), *Shipbuilding and Ship Repair Workers around the World: Case Studies 1950–2010* (Amsterdam: Amsterdam UP, 2017), pp. 615–36.

Shiuh-Feng, Liu. 'Copper Administration Reform and Copper Imports from Japan in the Qianlong Reign of the Qing Dynasty', in Keiko Nagase-Reimer (ed.), *Copper in the Early Modern Sino-Japanese Trade* (Leiden/Boston: Brill, 2016), pp. 72–117.

Shlomowitz, Ralph. 'Team Work and Incentives: The Origins and Development of the Butty Gang System in Queensland's Sugar Industry, 1891–1913', *Journal of Comparative Economics*, 3 (1979), pp. 41–55.

Shlomowitz, Ralph. 'The Transition from Slave to Freedmen Labor in the Cape Colony, the British West Indies, and the Postbellum American South: Comparative Perspectives', in Tom Brass & Marcel van der Linden (eds), *Free and Unfree Labour: The Debate Continues* (Bern: Peter Lang, 1997), pp. 239–48.

Shnirelman, Victor A. 'Archeology of North Eurasian Hunters and Gatherers', in Richard B. Lee & Richard Daly (eds), *The Cambridge Encyclopedia of Hunters and Gatherers* (Cambridge: CUP, 2004a), pp. 127–31.

Shnirelman, Victor A. 'The Itenm'i', in Richard B. Lee & Richard Daly (eds), *The Cambridge Encyclopedia of Hunters and Gatherers* (Cambridge: CUP, 2004b), pp. 147–51.

Shrimali, Krishna Mohan. 'Money, Market and Indian Feudalism: AD 60–1200)', in Amiya Kumar Bagchi (ed.), *Money & Credit in Indian History: From Early Medieval Times* (New Delhi: Tulika, 2002), pp. 1–39.

Shrimali, Krishna Mohan. 'The Monetary History of Early India: Distinctive Landmarks', in Susmita Basu Majumdar & S.K. Bose (eds), *Money and Money Matters in Pre-Modern South Asia. Nicholas G. Rhodes Commemoration Volume* (New Delhi: Manohar, 2019), pp. 173–220.

Shryock, Andrew & Daniel Lord Smail (eds). *Deep History: The Architecture of Past and Present* (Berkeley: University of California Press, 2011).

Shryock, Andrew, Thomas R. Trautmann & Clive Gamble. 'Imagining the Human in Deep Time', in Andrew Shryock and Daniel Lord Smail (eds), *Deep History: The Architecture of Past and Present* (Berkeley: University of California Press, 2011), pp. 21–52.

Siegelbaum, Lewis H. *Stakhanovism and the Politics of Productivity in the USSR, 1935–1941* (Cambridge: CUP, 1988).

Simitis, Spiros. 'The Case of the Employment Relationship: Elements of a Comparison', in Willibald Steinmetz (ed.), *Private Law and Social Inequality in the Industrial Age: Comparing Legal Cultures in Britain, France, Germany and the United States* (Oxford: OUP, 2000), pp. 181–202.

Simonton, Deborah & Anne Montenach (eds). *A Cultural History of Work*, 6 vols (London: Bloomington 2019).

Singh, Anankoha Narayan. 'Regulating Slavery in Colonial India', *Labour & Development*, 21 (2014), pp. 102–20.

Singha, Radhika. *A Despotism of Law: Crime and Justice in Early Colonial India* (Delhi: OUP, 1998).

Sinha, Nitin & Nitin Varma (eds). *Servants' Pasts, 18th–20th Centuries, Vol. 2* (New Delhi: Orient Blackswan, 2019).

Sinha, Nitin, Nitin Varma & Pankaj Jha (eds). *Servants' Pasts, 16th–18th Centuries, Vol. 1* (New Delhi: Orient Blackswan, 2019).

Sinopoli, Carla M. 'Empires', in Gary M. Feinman & T. Douglas Price (eds), *Archaeology at the Millennium: A Sourcebook* (New York: Springer, 2001), pp. 439–71.

Sinopoli, Carla M. & Kathleen D. Morrison. 'Dimensions of Imperial Control: The Vijayanagara Capital', *American Anthropologist*, 97 (1995), pp. 83–96.

Skipp, Victor. *Crisis and Development: An Ecological Case Study of the Forest of Arden 1570–1674* (Cambridge: CUP, 1978).

Slicher van Bath, Bernhard H. *The Agrarian History of Western Europe A.D. 500–1850* (London: Arnold, 1963a).

Slicher van Bath, Bernhard H. 'De oogstopbrengsten van verschillende gewassen, voornamelijk granen, in verhouding tot het zaaizaad', *A.A.G. Bijdragen*, 9 (1963b), pp. 29–125.

Slicher van Bath, Bernhard H. 'Yield Ratios, 810–1820', *A.A.G. Bijdragen*, 10 (1963c), pp. 1–264.

Sloman, Peter. *Transfer State: The Idea of a Guaranteed Income and the Politics of Redistribution in Modern Britain* (Oxford: OUP, 2019).

Smith, Adam. *An Inquiry into the Nature and the Wealth of Nations. A careful reprint of edition (3 volumes) 1812 with notes by J.R. McCulloch* (London: Ward, Lock & Co, n.d.).

Smith, Andrew B. 'Archeology and Evolution of Hunters and Gatherers', in Richard B. Lee & Richard Daly (eds), *The Cambridge Encyclopedia of Hunters and Gatherers* (Cambridge: CUP, 2004), pp. 384–90.

Smith, Eric Alden et al. 'Wealth Transmission and Inequality Among Hunter-Gatherers', *Current Anthropology*, 51(1) (February 2010), pp. 19–34.

Smith, Mark B. 'Social Rights in the Soviet Dictatorship: The Constitutional Right to Welfare from Stalin to Brezhnev', *Humanity*, 3(3) (Winter 2012), pp. 385–406.

Smith, Mark B. 'The Withering Away of the Danger Society: The Pensions Reform 1956 and 1964 in the Soviet Union', *Social Science History*, 39(1) (March 2015a), pp. 129–48.

Smith, Mark B. 'Faded Red Paradise: Welfare and the Soviet City after 1953', *Contemporary European History*, 24(4) (October 2015b), pp. 597–615.

Smith, Michael E. (ed.). *The Comparative Archaeology of Complex Societies* (Cambridge: CUP, 2012a).

Smith, Michael E. *The Aztecs*, 3rd edn (Oxford: Wiley-Blackwell, 2012b).

Smith, Michael E. 'The Aztec Empire', in Andrew Monson & Walter Scheidel (eds), *Fiscal Regimes and the Political Economies of Premodern States* (Cambridge: CUP, 2015), pp. 71–114.

Snell, K.D.M. *Annals of the Labouring Poor: Social Change and Agrarian England 1660–1900* (Cambridge: CUP, 1985).

Sonenscher, Michael. *Work and Wages: Natural Law, Politics and the Eighteenth-Century French Trades* (Cambridge: CUP, 1989).

Song, Jesook. *South Koreans in the Debt Crisis: The Creation of a Neoliberal Welfare Society* (Durham, NC/London: Duke UP, 2009).

Spalinger, Anthony. 'The Army', in Toby Wilkinson (ed.), *The Egyptian World* (London/New York: Routledge, 2007), pp. 118–28.

Spek, R.J. van der. 'Cuneiform Documents on the Parthian History: The Rahimesu Archive. Materials for the Study of the Standard of Living', in Josef Wiesehöfer (ed.), *Das Partherreich und seine Zeugnisse* (Stuttgart: Steiner, 1998), pp. 205–58.

Spek, R.J. van der. 'Palace, Temple and Market in Seleucid Babylonia', in V. Chankowski et F. Duyrat (eds), *Le roi et l'économie: Autonomies locales et structures royales dans l'économie de l'empire séleucide. Topoi, Orient-Occident*, Supplement 6 (2004), pp. 303–32.

Spek, R.J. van der. 'Feeding Hellenistic Seleucia on the Tigris and Babylon', in Richard Alston & Otto M. van Nijf (eds), *Feeding the Ancient Greek City* (Leuven: Peeters, 2008), pp. 33–45.

Spek, R.J. van der, Bas van Leeuwen & Jan Luiten van Zanden (eds), *A History of Market Performance: From Ancient Babylonia to the Modern World* (London/New York: Routledge, 2015).

Spek, R.J. van der et al. 'Money, Silver and Trust in Mesopotamia', in R.J. van der Spek & Bas van Leeuwen (eds), *Money, Currency and Crisis: In Search of Trust, 2000 BC to AD 2000* (London/New York: Routledge, 2018), pp. 102–31.

Spittler, Gerd. 'Beginnings of the Anthropology of Work: Nineteenth-Century Social Scientists and their Influence on Ethnography', in Jürgen Kocka (ed.), *Work in a Modern Society: The German Historical Experience in Comparative Perspective* (New York: Berghahn, 2010), pp. 37–54.

Spufford, Margaret. *The Great Reclothing of Rural England: Petty Chapmen and their Wares in the Seventeenth Century* (London: The Hambleton Press, 1984).

Spufford, Margaret. 'Literacy, Trade and Religion in the Commercial Centres of Europe', in Karel Davids & Jan Lucassen (eds), *A Miracle Mirrored: The Dutch Republic in European Perspective* (Cambridge: CUP, 1995), pp. 229–83.

Spufford, Margaret. 'The Cost of Apparel in Seventeenth-Century England, and the Accuracy of Gregory King', *EHR*, 53 (2000), pp. 677–705.

Spufford, Peter. *Money and its Use in Medieval Europe* (Cambridge: CUP, 1988).

Spufford, Peter. 'How Rarely did Medieval Merchants Use Coin?', Van Gelder lecture 5, Stichting Nederlandse Penningkabinetten, Utrecht, 2008.

Stabel, Peter. 'Labour Time, Guild Time? Working Hours in the Cloth Industry of Medieval Flanders and Artois (Thirteenth–Fourteenth Centuries)', *TSEG*, 11 (2014), pp. 27–53.

Standing, Guy. *The Precariat: The New Dangerous Class* (London: Bloomsbury, 2016).

Stanziani, Alessandro. 'Serfs, Slaves, or Wage Earners? The Legal Status of Labour in Russia from a Comparative Perspective, from the Sixteenth to the Nineteenth Century', *Journal of Global History*, 3 (2008), pp. 183–202.

Stanziani, Alessandro. 'The Legal Status of Labour from the Seventeenth to the Nineteenth Century: Russia in a Comparative European Perspective', *IRSH*, 54 (2009a), pp. 359–89.

Stanziani, Alessandro. 'The Travelling Panopticon: Labor Institutions and Labor Practices in Russia and Britain in the Eighteenth and Nineteenth Centuries', *Comparative Studies in Society and History*, 51(4) (October 2009b), pp. 715–41.

Stanziani, Alessandro. *After Oriental Despotism: Eurasian Growth in a Global Perspective* (London: Bloomsbury, 2014).

Stanziani, Alessandro. 'Labour Regimes and Labour Mobility from the Seventeenth to the Nineteenth Century', in Tirthankar Roy & Giorgio Riello (eds), *Global Economic History* (London: Bloomsbury Academic, 2019), pp. 175–94.

Stearns, Peter. *Debating the Industrial Revolution* (London: Bloomsbury, 2015).

Stein, Burton. *A History of India*, 2nd edn, edited by David Arnold (Chichester: Wiley-Blackwell, 2010).

Steinfeld, Robert J. *The Invention of Free Labor: The Employment Relation in English and American Law and Culture, 1350–1870* (Chapel Hill/London: University of North Carolina Press, 1991).

Steinfeld, Robert J. *Coercion, Contract and Free Labor in the Nineteenth Century* (Cambridge: CUP, 2001).

Steinfeld, Robert J. 'Suffrage and the Terms of Labor', in David Eltis, Frank D. Lewis & Kenneth L. Sokoloff (eds), *Human Capital and Institutions: A Long Run View* (Cambridge: CUP, 2009), pp. 267–84.

Steinmetz, Willibald (ed.). *Private Law and Social Inequality in the Industrial Age: Comparing Legal Cultures in Britain, France, Germany and the United States* (Oxford: OUP, 2000).

Sterelny, Kim. 'Human Behavioral Ecology, Optimality, and Human Action', in Gary Hatfield & Holly Pittman (eds), *Evolution of Mind, Brain, and Culture* (Philadelphia: University of Pennsylvania Press, 2013), pp. 303–24.

Stevens, Anne & Mark Eccleston. 'Craft Production and Technology', in Toby Wilkinson (ed.), *The Egyptian World* (London/New York: Routledge, 2007), pp. 146–59.

Stillman, Norman A. 'The Eleventh Century Merchant House of Ibn 'Akwal (A Geniza Study)', *JESHO*, 16 (1973), pp. 15–88.

Stiner, Mary C. et al. 'Scale', in Andrew Shryock & Daniel Lord Smail (eds), *Deep History: The Architecture of Past and Present* (Berkeley: University of California Press, 2011), pp. 242–72.

Stone, Glenn Davis, Robert McC. Netting & M. Priscilla Stone. 'Seasonality, Labor Scheduling, and Agricultural Intensification in the Nigerian Savanna', *American Anthropologist*, New Series, 92(1) (1990), pp. 7–23.

Studer, Roman. *The Great Divergence Reconsidered. Europe, India, and the Rise of Global Economic Power* (Cambridge: CUP, 2015).

Subbarayalu, Y. 'Trade Guilds in South India up to the Tenth Century', *Studies in People's History*, 2(1) (2015), pp. 21–6.

Subrahmanyam, Sanjay. 'Introduction' in Sanjay Subrahmanyam (ed.), *Money and the Market in India 1100–1700* (Delhi: OUP, 1994), pp. 1–56.

Subramanian, Lakshmi. 'The Political Economy of Textiles in Western India: Weavers, Merchants and the Transition to a Colonial Economy', in Giorgio Riello & Tirthankar Roy (eds), *How India Clothed the World: The World of South Asian Textiles, 1500–1850* (Leiden/Boston: Brill, 2009), pp. 253–80.

Sugihara, Kaoru. 'Labour-Intensive Industrialization in Global History: An Interpretation of East Asian Experiences', in Gareth Austin & Kaoru Sugihara (eds), *Labour-Intensive Industrialization in Global History* (London/New York: Routledge, 2013), pp. 20–64.

Sunderland, Willard. 'Catherine's Dilemma: Resettlement and Power in Russia: 1500s–1914', in Jan Lucassen & Leo Lucassen (eds), *Globalising Migration History: The Eurasian Experience (16th–21st Centuries)* (Leiden/Boston: Brill, 2014), pp. 55–70.

Suzman, James. *Affluence without Abundance: The Disappearing World of the Bushmen* (London: Bloomsbury, 2017).

Suzman, James. *Work: A History of How We Spend Our Time* (London: Bloomsbury, 2020).

Taylor, Frederick Winslow. *The Principles of Scientific Management* (New York: Harper, 1911).

Taylor, Tim. 'Ambushed by a Grotesque: Archeology, Slavery and the Third Paradigm', in Mike Parker Pearson & I.J.N. Thorpe (eds), *Warfare, Violence and Slavery: Proceedings of a Prehistoric Society Conference at Sheffield University* (Oxford: BAR Publishing, 2005), pp. 225–33.

Temin, Peter. *The Roman Market Economy* (Princeton/Oxford: Princeton UP, 2012).

Tenney, Jonathan S. 'Household Structure and Population Dynamics in the Middle Babylonian Provincial "Slave" Population', in Laura Culbertson (ed.), *Slaves and Households in the Near East* (Chicago: Oriental Institute, 2011), pp. 135–46.

Teulings, Chris. *Gildepenningen: hun rol binnen de ambachtsgilden van de Noordelijke Nederlanden* (Woudrichem: Pictures Publishers, 2019).

Thapar, Romila. *The Penguin History of Early India: From the Origins to* AD *1300* (London: Penguin, 2002).

Tharoor, Shashi. *Why I am a Hindu* (New Delhi: Aleph, 2018).

Thierry, François. *Monnaies chinoises. I. L'antiquité préimpériale* (Paris: BNF, 1997).

Thierry, François. 'Archéologie et Numismatique: Les cinq découvertes qui ont bouleversé l'histoire monétaire du Chin', in Wolfgant Szaivert et al. (eds). *TOYTO APECHTH XΩPA: Festschrift für Wolfgang Hahn zum 70. Geburtstag* (Vienna: VIN, 2015), pp. 433–51.

Thomas, Keith (ed.). *The Oxford Book of Work* (Oxford: OUP, 1999).

Thomas, Keith. *The Ends of Life: Roads to Fulfilment in Early Modern England* (Oxford: OUP, 2009).

Thomaz, Luís Filipe F.R. *Oranjemund Coins: Shipwreck of the Portuguese Carrack "Bom Jesus" (1533)* (Lisbon/Windhoek: IISTP/National Museum of Namibia, 2014).

Thompson, Edward. *The Making of the English Working Class* (Harmondsworth: Penguin, 1968).

Thorpe, I.J.N. 'The Ancient Origins of Warfare and Violence', in Mike Parker Pearson & I.J.N. Thorpe (eds), *Warfare, Violence and Slavery: Proceedings of a Prehistoric Society Conference at Sheffield University* (Oxford: BAR Publishing, 2005), pp. 1–18.

Thorpe, Wayne. *'The workers themselves': Revolutionary Syndicalism and International Labour, 1913– 1923* (Dordrecht: Kluwer, 1989).

Tilgher, Adriano. *Work: What it Has Meant to Men Through the Ages* (New York: Harcourt, Brace & Co., 1930; Arno Press, 1977).

Tilly, Charles. *As Sociology Meets History* (New York: Academic Press, 1981).

Tilly, Chris & Charles Tilly. *Work under Capitalism* (Boulder, CO: Westview Press, 1998).

Toledano, Ehud. 'An Empire of Many Households: The Case of Ottoman Enslavement', in Laura Culbertson (ed.), *Slaves and Households in the Near East* (Chicago: Oriental Institute, 2011), pp. 85–97.

Tomber, Roberta. *Indo-Roman Trade: From Pots to Pepper* (London: Duckworth, 2008).

Tomka, Béla. *Welfare in East and West: Hungarian Social Security in an International Comparison 1918– 1990* (Berlin: Akademie Verlag, 2004).

Tomlins, Christopher. 'Early British America, 1585–1830: Freedom Bound', in Douglas Hay & Paul Craven (eds), *Masters, Servants and Magistrates in Britain and the Empire 1562–1955* (Chapel Hill: University of North Carolina Press, 2004), pp. 117–52.

Tomlinson, Jim. *Employment Policy: The Crucial Years 1939–1955* (Oxford: Clarendon Press, 1987).

Tonioli, Gianni & Francesco Piva. 'Unemployment in the 1930s: The Case of Italy', in Barry J. Eichengreen & T.J. Hatton (eds), *Interwar Unemployment in International Perspective* (Dordrecht: Kluwer, 1988), pp. 221–45.

Tonkinson, Robert. 'The Ngarrindjeri of Southeastern Australia', in Richard B. Lee & Richard Daly (eds), *The Cambridge Encyclopedia of Hunters and Gatherers* (Cambridge: CUP, 2004), pp. 343–7.

Toussaint, Sandy. 'Kimberley Peoples of Fitzroy Valley, Western Australia', in Richard B. Lee & Richard Daly (eds), *The Cambridge Encyclopedia of Hunters and Gatherers* (Cambridge: CUP, 2004), pp. 339–42.

Trappenburg, Margot, Wouter Scholten & Thijs Jansen (eds). *Loonfatsoen: Eerlijk verdienen of graaicultuur* (Amsterdam: Boom, 2014).

Trautmann, Thomas R., Gilliam Feeley-Harnik & John C. Mitani. 'Deep Kinship', in Andrew Shryock & Daniel Lord Smail (eds), *Deep History: The Architecture of Past and Present* (Berkeley: University of California Press, 2011), pp. 160–88.

Trevett, Jeremy. 'Coinage and Democracy at Athens', in Andrew Meadows & Kirsty Shipton (eds), *Money and its Uses in the Ancient Greek World* (Oxford: OUP, 2001), pp. 25–34.

Truant, Cynthia Maria. *The Rites of Labor: Brotherhoods of Compagnonnage in Old and New Regime France* (Ithaca: Cornell UP, 1994).

Tsurumi, E. Patricia. *Factory Girls: Women in the Thread Mills of Meiji Japan* (Princeton: Princeton UP, 1990).

Turrell, Robert Vicat. *Capital and Labour on the Kimberley Diamond Fields 1871–1890* (Cambridge: CUP, 1987).

Udovitch, Abraham L. 'Labor Partnerships in Early Islamic Law', *JESHO*, 10 (1961), pp. 64–80.

Ulin, Robert C. 'Work as Cultural Production: Labour and Self-Identity among Southwest French Wine-Growers', *Journal of the Royal Anthropological Institute (N.S.)*, 8 (2002), pp. 691–702.

Underhill, Anne P. (ed.). *A Companion to Chinese Archaeology* (Hoboken, NJ: Wiley-Blackwell, 2013).

Vaesen, Krist, Mark Collard, Richard Cosgrove & Will Roebroeks. 'Population Size Does Not Explain Past Changes in Cultural Complexity', *PNAS* (4 April 2016), pp. E2241–7.

Valbelle, Dominique. 'Craftsmen', in Sergio Donadoni (ed.), *The Egyptians* (Chicago/London: University of Chicago Press, 1997), pp. 31–59.

Vandenbroeke, Christiaan. 'Proto-Industry in Flanders: A Critical Review', in Sheilagh C. Ogilvie & Markus Cerman (eds), *European Proto-Industrialization* (Cambridge: CUP, 1996), pp. 102–17.

Vanhaute, Eric. *Peasants in World History* (New York/Abingdon: Routledge, 2021; forthcoming).

Vanhaute, Eric & Hanne Cottyn. 'Into their Lands and Labours: A Comparative and Global Analysis of Trajectories of Peasant Transformation', *ICAS Review Paper Series No. 8* (February 2017) https://biblio.ugent.be/publication/8512518/file/8512519 (retrieved on 24 April 2018).

Vanina, Eugenia. *Urban Crafts and Craftsmen in Medieval India (Thirteenth–Eighteenth Centuries)* (New Delhi: Munshiram Manoharlal, 2004).

Veblen Thorstein V. *The Instinct of Workmanship and the State of the Industrial Arts* (New York: Augustus M. Kelly, originally 1914).

Vélissaroupolos-Karakostas, Julie. 'Merchants, Prostitutes and the "New Poor": Forms of Contract and Social Status', in Paul Cartledge, Edward E. Cohen & Lin Foxhall (eds), *Money, Labour and Land: Approaches to the Economies of Ancient Greece* (London/New York: Routledge, 2002), pp. 130–9.

Veraghtert, Karel & Brigitte Widdershoven. *Twee eeuwen solidariteit: De Nederlandse, Belgische en Duitse ziekenfondsen tijdens de negentiende en twintigste eeuw* (Amsterdam/Zeist: Aksant, 2002).

Verboven, Koenraad. 'Currency, Bullion and Accounts: Monetary Modes in the Roman World', *Revue Belge de Numismatique et de Sigillographie*, 140 (2009), pp. 91–124.

Verboven, Koenraad. 'Introduction: Professional Collegia: Guilds or Social Clubs?', *Ancient Society*, 41 (2011), pp. 187–95.

Verhulst, Adriaan. *The Rise of Cities in North-West Europe* (Cambridge: CUP, 1999).

Verlinden, Charles. *L'esclavage dans l'Europe médiévale. I: Péninsule Ibérique-France; II: Italie, Colonies italiennes du levant, Levant latin, Empire byzantine* (Ghent: Faculté de Philosophie et Lettres, 1955, 1977).

Verlinden, Charles. 'Le retour de l'esclavage aux XVe et XVIe siècles', in Annalisa Guarducci (ed.), *Forme ed evoluzione del lavoro in Europa: XIII–XVIII secc.*, Serie II Atti delle 'Settimane di Studi' e altri Convegni No. 13 (Prato: Instituto F. Datini, 1991), pp. 65–92.

Versieren, Jelle & Bert de Munck. 'The Commodity Form of Labor: Discursive and Cultural Traditions to Capitalism(s) and Labor in the Low Countries' Ceramic Industries (1500–1900)', in Thomas Max Safley (ed.), *Labor Before the Industrial Revolution: Work, Technology and their Ecologies in an Age of Early Capitalism* (London & New York: Routledge, 2019), pp. 70–95.

Victor, Sandrine. '"Quand le Bâtiment Va, Tout Va": The Building Trade in the Latin West in the Middle Ages', in Thomas Max Safley (ed.), *Labor Before the Industrial Revolution: Work, Technology and their Ecologies in an Age of Early Capitalism* (London & New York: Routledge, 2019), pp. 132–49.

Vidal, Hern N.J. 'The Yamana of Tierra del Fuego', in Richard B. Lee & Richard Daly (eds), *The Cambridge Encyclopedia of Hunters and Gatherers* (Cambridge: CUP, 2004), pp. 114–18.

Villa, Paola & Wil Roebroeks. 'Neanderthal Demise: An Archaeological Analysis of the Modern Human Superiority Complex', *PLOS ONE*, 9(4) (April 2014), pp. 1–10.

Villotte, Sébastien & Christopher J. Knüsel. '"I Sing of Arms and of a Man . . .": Medial Epicondylosis and the Sexual Division of Labour in Prehistoric Europe', *Journal of Archaeological Science*, 43 (March 2014), pp. 168–74.

Vink, Markus. '"The World's Oldest Trade": Dutch Slavery and Slave Trade in the Indian Ocean in the Seventeenth Century', *Journal of World History*, 14 (2003), pp. 131–77.

Vleuten, Lotte van der. 'Empowerment and Education: A Historical Study into the Determinants of Global Educational Participation of Women, ca. 1850–2010', PhD thesis, Radboud Universiteit Nijmegen, 2016.

Vogel, Hans Ulrich. 'Unrest and Strikes at the Metropolitan Mints in 1741 and 1816 and their Economic and Social Background', in Christine Moll-Murata, Song Jianze & Hans Ulrich Vogel (eds), *Chinese Handicraft Regulations of the Qing Dynasty: Theory and Application* (Munich: Iudicium, 2005), pp. 395–422.

Vogel, Hans Ulrich. *Marco Polo Was in China, New Evidence from Currencies, Salt and Revenues* (Leiden/Boston: Brill, 2013).

Voth, Hans-Joachim. *Time and Work in England 1750–1830* (Oxford: Clarendon Press, 2000).

Vries, Jan de. *The Dutch Rural Economy in the Golden Age 1500–1700* (New Haven/London: Yale UP, 1974).

Vries, Jan de. *European Urbanization 1500–1800* (London: Methuen, 1984).

Vries, Jan de. 'The Industrial Revolution and the Industrious Revolution', *The Journal of Economic History*, 54 (1994), pp. 249–70.

Vries, Jan de. *The Industrious Revolution: Consumer Behavior and the Household Economy, 1650 to the Present* (Cambridge: CUP, 2008).

Vries, Jan de. 'The Industrious Revolutions in East and West', in Gareth Austin & Kaoru Sugihara (eds), *Labour-Intensive Industrialization in Global History* (London/New York: Routledge, 2013), pp. 65–84.

Vries, Jan de & Ad van der Woude. *The First Modern Economy: Success, Failure, and Perseverance of the Dutch Economy, 1500–1815* (Cambridge: CUP, 1997).

Vries, Peer. *Escaping Poverty: The Origins of Modern Economic Growth* (Goettingen/Vienna: Vienna UP, 2013).

Vries, Peer. 'Replies to my Commentators', *TSEG*, 12 (2015), pp. 105–20.

Waal, Frans de. *Good Natured: The Origins of Right and Wrong in Humans and Other Animals* (Cambridge, MA: Harvard UP, 1996).

Waal, Frans de. *Our Inner Ape: The Best and Worst of Human Nature* (London: Granta Books, 2005).

Waal, Frans de. *The Age of Empathy: Nature's Lessons for a Kinder Society* (New York: Harmony Books, 2009).

Wadauer, Sigrid, Thomas Buchner & Alexander Mejstrik (eds). *History of Labour Intermediation: Institutions and Finding Employment in the Nineteenth and Early Twentieth Centuries* (New York/ Oxford: Berghahn, 2015).

Wade, Lizzie. 'Unearthing Democracy's Rules', *Science*, 355 (17 March 2017), pp. 1114–18.

Wagner-Hasel, Beate. 'Egoistic Exchange and Altruistic Gift', in Gadi Algazi, Valentin Groebner & Bernhard Jussen (eds), *Negotiating the Gift: Pre-Modern Figurations of Exchange* (Göttingen: Vandenhoeck & Ruprecht, 2003), pp. 141–71.

Wagner-Hasel, Beate. *Die Arbeit des Gelehrten: Der Nationalökonom Karl Bücher (1847–1930)* (Frankfurt: Campus, 2011).

Wallerstein, Immanuel. *The Modern World System*, vols I–III (New York/London: Academic Press, 1974–1989).

Walvin, James. *Atlas of Slavery* (Harlow: Pearson/Longman, 2006).

Wang, Helen. *Money on the Silk Road: The Evidence from Eastern Central Asia to c. AD 800* (London: British Museum, 2004).

Wang, Helen. 'Official Salaries and Local Wages at Juyan, North-West China, First Century BCE to First Century CE', in Jan Lucassen, *Wages and Currency: Global Comparisons from Antiquity to the Twentieth Century* (Bern: Peter Lang, 2007), pp. 59–76.

Wang, Helen et al. (eds). *Metallurgical Analysis of Chinese Coins at the British Museum* (London: British Museum, 2005).

Weber, Max. 'Agrarverhältnisse im Altertum', in *Handwörterbuch der Staatswissenschaften* (Jena: Gustav Fischer, 1909), pp. 52–188.

Weber, Max. *Wirtschaft und Gesellschaft*, edited by Johannes Winckelman (Tübingen: Mohr, 1976).

Weeks, Kathi. *The Problem with Work: Feminism, Marxism, Antiwork Politics, and Postwork Imaginaries* (Durham, NC/London: Duke UP, 2011).

Weil, David. *The Fissured Workplace: Why Work Became So Bad for So Many and What Can be Done to Improve it* (Cambridge, MA: Harvard UP, 2014).

Weill, Claudie. *L'Internationale et l'Autre: Les Relations interethniques dans la IIe Internationale (discussions et débats)* (Paris: Arcantère, 1987).

Wells, H.G. *An Englishman Looks at the World, Being a Series of Unrestrained Remarks upon Contemporary Matters* (London: Cassel, 1914).

Wendt, Ian C. 'Four Centuries of Decline? Understanding the Changing Structure of the South Indian Textile Industry', in Giorgio Riello & Tirthankar Roy (eds), *How India Clothed the World: The World of South Asian Textiles, 1500–1850* (Leiden/Boston: Brill, 2009), pp. 193–215.

Wengrow, David. *The Archaeology of Early Egypt: Social Transformations in North-East Africa, 10,000 to 2650 BC* (Cambridge: CUP, 2006).

Westerhoff, Christian. *Zwangsarbeit im Ersten Weltkrieg: Deutsche Arbeitskräftepolitik im besetzten Polen und Litauen 1914–1918* (Paderborn: Schöningh, 2012).

Wezel Stone, Katherine van. 'Labor and the American State: The Evolution of Labor Law in the United States', in Marcel van der Linden & Richard Price (eds), *The Rise and Development of Collective Labour Law* (Bern: Peter Lang, 2000), pp. 351–76.

Whatley, Christopher A. 'Scottish "Collier Serfs" in the 17th and 18th Centuries: A New Perspective', *VSWG-Beiheft*, 115 (1995a), pp. 239–55.

Whatley, Christopher A. 'Collier Serfdom in Mid-Eighteenth-Century Scotland: New Light from the Rothes MSS', *Archives*, 22(93) (1995b), pp. 25–33.

White, Jerry. *Mansions of Misery: A Biography of the Marshalsea Debtors' Prison* (London: Bodley Head, 2016).

Whitehouse, Nicki J. & Wiebke Kirleis. 'The World Reshaped: Practices and Impacts of Early Agrarian Societies', *Journal of Archaeological Science*, 51 (2014), pp. 1–11.

Whittle, Alasdair & Vicki Cummings (eds). *Going Over: The Mesolithic-Neolithic Transition in North-West Europe* (Oxford: OUP, 2007).

Wicks, Robert S. *Money, Markets, and Trade in Early Southeast Asia: The Development of Indigenous Monetary Systems to AD 1400* (Ithaca, NY: Cornell UP, 1992).

Wierling, Dorothee. *Mädchen für alles: Arbeitsalltag und Lebensgeschichte städtischer Dienstmädchen um die Jahrhundertwende* (Berlin: Dietz, 1987).

Wilkinson, Toby (ed.). *The Egyptian World* (London/New York: Routledge, 2010).

Williams, Colin C. *The Informal Economy* (Newcastle upon Tyne: Agenda, 2019).

Witwer, David. *Shadow of the Racketeer: Scandal in Organized Labor* (Urbana, IL/Chicago: University of Illinois Press, 2009).

Witzel, Michael. 'Brahmanical Reactions to Foreign Influences and to Social and Religious Change', in Patrick Olivelle (ed.), *Between the Empires: Society in India 300 BCE to 400 CE* (Oxford: OUP, 2006), pp. 457–99.

Wong, R. Bin. 'Divergence Displaced: Patterns of Economic and Political Change in Early Modern and Modern History', lecture, Utrecht University, 26 May 2016.

Wood, Michael C. & John Cunningham Wood (eds). *Frank and Lillian Gilbreth: Critical Evaluations in Business Management*, 2 vols (London: Routledge, 2003).

Wright, Rita P. *The Ancient Indus: Urbanism, Economy, and Society* (Cambridge: CUP, 2010).

Wright, Thomas. *Some Habits and Customs of the Working Classes by a Journeyman Engineer* (1867; reprint New York: Kelley, 1967).

Wulff, Birgit. 'The Third Reich and the Unemployed: The National-Socialist Work-Creation Schemes in Hamburg 1933–1934', in Richard J. Evans & Dick Geary (eds), *The German Unemployed: Experiences and Consequences of Mass-Unemployment from the Weimar Republic to the Third Reich* (London/Sydney: Croom Helm, 1987), pp. 281–302.

Wyatt, David. *Slaves and Warriors in Medieval Britain and Ireland, 800–1200* (Leiden/Boston: Brill, 2011).

Wylie, Alex. *Labour, Leisure and Luxury: A Contribution to Present Practical Political Economy* (London: Longmans, Green and Co., 1884).

Xiang, Biao. *Global 'Body Shopping': An Indian Labor System in the Informal Technology Industry* (Princeton/Oxford: Princeton UP, 2007).

Xiang, Hai et al. 'Early Holocene Chicken Domestication in Northern China', *PNAS*, 111(49) (December 9, 2014), pp. 17564–9.

Xu, Hong. 'The Erlitou Culture', in Anne P. Underhill (ed.), *A Companion to Chinese Archaeology* (Hoboken, NJ: Wiley-Blackwell, 2013), pp. 300–22.

Yamauchi, Takashi et al. 'Overwork-Related Disorders in Japan: Recent Trends and Development of a National Policy to Promote Preventive Measures', *Industrial Health*, 55(3) (2017), pp. 293–302.

Yang, Bin. *Cowrie Shells and Cowrie Money: A Global History* (London/New York: Routledge, 2019).

Yang, Yuda. 'Silver Mines in Frontier Zones: Chinese Mining Communities along the Southwestern Borders of the Qing Empire', in Nanny Kim & Keiko Nagase-Reimer (eds), *Mining, Monies, and Culture in Early Modern Societies: East Asian and Global Perspectives* (Leiden/Boston: Brill, 2013), pp. 87–114.

Yetish, Gandhi et al. 'Natural Sleep and its Seasonal Variations in Three Pre-Industrial Societies', *Current Biology*, 25 (2 November 2015), pp. 2862–8.

Yuan, Guangkuo. 'The Discovery and Study of the Early Shang Culture', in Anne P. Underhill (ed.), *A Companion to Chinese Archaeology* (Hoboken, NJ: Wiley-Blackwell, 2013), pp. 323–42.

Zanden, Jan Luiten van. 'The Road to the Industrial Revolution: Hypotheses and Conjectures about the Medieval Origins of the "European Miracle"', *Journal of Global History*, 3 (2008), pp. 337–59.

Zanden, Jan Luiten van. *The Long Road to the Industrial Revolution: The European Economy in a Global Perspective, 1000–1800* (Leiden/Boston: Brill, 2009).

Zanden, Jan Luiten van. 'Explaining the Global Distribution of Book Production before 1800', in Maarten Prak & Jan Luiten van Zanden (eds), *Technology, Skills and the Pre-Modern Economy in the East and the West. Essays dedicated to the memory of S.R. Epstein* (London/Boston: Brill, 2013), pp. 323–40.

Zanden, Jan Luiten van, Tine de Moor & Sarah Carmichael. *Capital Women: The European Marriage Pattern, Female Empowerment, and Economic Development in Western Europe, 1300–1800* (Oxford: OUP, 2019).

Zanden, Jan Luiten van et al. (eds). *How Was Life? Global Well-Being Since 1820* (Geneva/Amsterdam: OECD/CLIO INFRA, 2014).

Zeder, Melinda A. 'The Origins of Agriculture in the Near East', *Current Anthropology*, 52(S4) (October 2011), pp. S221–35.

Zeder, Melinda A. 'The Domestication of Animals', *Journal of Anthropological Research*, 68(2) (Summer 2012), pp. 161–89.

Zietlow, Rebecca E. 'The Constitutional Right to Organize', in Martha Albertson & Jonathan W. Fineman (eds), *Vulnerability and the Legal Organization of Work* (London/New York: Routledge, 2018), pp. 13–33.

Zijdeman, Richard L. 'Status Attainment in the Netherlands 1811–1941: Spatial and Temporal Variation before and after Industrialization', PhD thesis, Utrecht University, 2010.

Zijdeman, Richard L. & Filipa Ribeiro da Silva. 'Life Expectancy since 1820', in Jan Luiten van Zanden et al. (eds), *How Was Life? Global Well-Being Since 1820* (Geneva/Amsterdam: OECD/CLIO INFRA, 2014), pp. 101–16.

Zilfi, Madeline C. *Women and Slavery in the Late Ottoman Empire: The Design of Difference* (Cambridge: CUP, 2010).

Zimmermann, Susan. 'The Long-Term Trajectory of Anti-Slavery in International Politics: From the Expansion of the European International System to Unequal International Development', in Marcel van der Linden (ed.), *Humanitarian Interventions and Changing Labor Relations: The Long-Term Consequences of the Abolition of the Slave Trade* (Leiden & Boston: Brill, 2011), pp. 435–97.

Znamenski, Andrei A. ' "The Ethic of Empire" on the Siberian Borderland: The Peculiar Case of the "Rock People", 1791–1878', in Nicholas B. Breyfogle, Abby Schrader & Willard Sunderland (eds), *Peopling the Russian Periphery: Borderland Colonization in Eurasian History* (London/New York: Routledge, 2007), pp. 106–27.

Zuiderhoek, Arjan. 'Introduction: Land and Natural Resources in the Roman World in Historiographical and Theoretical Perspective', in Paul Erdkamp, Koen Verboven & Arjan Zuiderhoek (eds), *Ownership and Exploitation of Land and Natural Resources in the Roman World* (Oxford: OUP, 2015), pp. 1–17.

Zurbach, Julien. 'La Formation des Cités Grecques: Statuts, Classes et Systèmes Fonciers', *Annales-HSS*, 68(4) (October–December 2014), pp. 957–98.

Zürcher, Erik-Jan (ed.). *Fighting for a Living: A Comparative History of Military Labour 1500–2000* (Amsterdam: Amsterdam UP, 2013).

Zwart, Pim de & Jan Lucassen. 'Poverty or Prosperity in Northern India? New Evidence on Real Wages, 1590s–1870s', *EHR*, 73 (2020), pp. 644–67.

Zwart, Pim de & Jan Luiten van Zanden. *The Origins of Globalization, World Trade in the Making of the Global Economy, 1500–1800* (Cambridge: CUP, 2018).

索 引

图书在版编目（CIP）数据

理解工作：一部人类劳动史 /（荷）扬·卢卡森
(Jan Lucassen) 著；王小可译 . -- 北京：社会科学文
献出版社 , 2024. 11. -- ISBN 978-7-5228-4035-2

Ⅰ . F249.19

中国国家版本馆 CIP 数据核字第 2024XQ4002 号

审图号：GS（2024）3377号

理解工作：一部人类劳动史

著　　者 /〔荷〕扬·卢卡森（Jan Lucassen）
译　　者 / 王小可

出 版 人 / 冀祥德
责任编辑 / 王　雪　杨　轩
责任印制 / 王京美

出　　版 / 社会科学文献出版社（010）59367069
　　　　　　地址：北京市北三环中路甲29号院华龙大厦　邮编：100029
　　　　　　网址：www. ssap. com. cn
发　　行 / 社会科学文献出版社（010）59367028
印　　装 / 三河市东方印刷有限公司

规　　格 / 开本：889mm×1194mm　1/32
　　　　　　印张：22.25　插页：0.25　字数：492千字
版　　次 / 2024年11月第1版　2024年11月第1次印刷
书　　号 / ISBN 978-7-5228-4035-2
著作权合同
登 记 号 / 图字01-2024-4145号
定　　价 / 138. 00元

读者服务电话：4008918866